Accounting Classics

21世纪会计系列教材

会计信息系统原理与应用（第2版）

——基于用友ERP-U8V10.1版

Principle and Application of Accounting Information System

毛华扬 刘红梅 王婧婧 编著

中国人民大学出版社
·北京·

前言

本书主要讲述会计信息化的一般原理、会计信息系统的建立和日常管理及会计软件的应用方法。

本书基于 Windows 10 专业版环境在用友 ERP-U8V10.1 上实现业务应用，主要涉及基础设置、总账、固定资产、薪资、采购与应付、销售与应收、库存与存货核算、期末业务与报表等业务。通过本书的学习，学习者能了解我国会计信息化的发展过程，掌握会计信息系统的构成和建立方法，懂得会计信息化的一般原理和管理方法，熟练掌握用友 ERP-U8V10.1 的应用方法，为实际工作和进一步的学习打下良好基础。

在会计软件应用部分，按照财务和业务一体化的统一的案例进行分模块按步骤的操作，在关键环节和阶段留有结果以检查对照，学习者完全可以独立完成并掌握主要方法。教师在讲解本部分时，主要对流程、各类业务处理方法、模块之间的联系等进行深度讲解，以加深学习者对会计信息系统架构、数据流、业务处理方法的理解。

本书提供每个阶段的实验账套，如果某些部分不安排实验，则可以直接导入某阶段的账套，然后在该基础上继续处理下一阶段业务。会计软件操作部分还录制有视频，在学习中可参考。

本书主要用作会计、财务管理、审计、会计信息化等专业的会计信息化课程教学和实验用书。

本书由毛华扬（重庆理工大学，第 1～3 章）、刘红梅（重庆城市管理职业学院，第 7～10 章）、王婧婧（重庆工商大学融智学院，第 4～6 章）编写完成。

本教材在编写中还参考了一些资料，主要参考资料见本书的参考文献，在此对文献作者表示谢意。在写作中，特别参考了用友 ERP-U8 的相关技术资料、培训资料、帮助信息，在此向用友公司特别表示谢意。

限于时间，本书内容一定还存在不少不足，欢迎业界同仁和读者指正，有什么意见和建议请反馈至 landmao@126.com，以便在下一版中修改。

本书大部分章节配有操作视频讲解，读者可扫描下方或相关章节的二维码，观看操作视频讲解。为服务读者，专门建立了 QQ 群（229187202），需要本书实验账套、教学 PPT 及教学软件的可在群中提出或发邮件联系。对于读者通用性问题，会在微信公众号“茅草根信息化杂谈”上回答，如有后续资料也会在上面发布。

操作视频讲解

茅草根信息化杂谈

微信扫描二维码，关注我的公众号

RUC讨论

扫一扫二维码，加入群聊。

本书所使用或涉及的相关软件、资料、商标和著作权归所属公司，在案例中使用的人名、公司名均为虚构。

目 录

第 1 章 会计信息化概论

Chapter 1

1.1 会计信息系统基础

1.1.1 会计信息系统

会计信息系统（Accounting Information System）是企业信息系统中的一个重要子系统，它是以提供会计信息为目的，采用现代信息处理技术，对会计信息进行采集、存储、处理及传送，完成会计反映、控制职能的系统。

在整个会计信息系统中，会计信息处于核心的地位，从会计信息的收集、处理到会计信息的输出，最终传递给决策者和使用者，都是一个信息流动的过程。而在这个过程中，伴随着对会计活动的管理与控制。

1. 会计信息的收集

会计数据是指在会计工作中，从不同来源和渠道获得的记录在单、证、账、表上的各种原始会计资料。会计数据的来源广泛，既有企业内部生产经营活动产生的，也有企业外部与企业相关的各种经济活动产生的诸多资料。会计数据的数量繁多，不仅是指每个会计期间需要处理的数据量大，更重要的是会计数据是一种随着企业生产经营活动的持续进行而源源不断产生并需要进行处理的数据。

会计信息是指会计数据经过加工处理后产生的、为会计管理和企业管理所需要的经济信息。它包括反映过去所发生的财务信息，即有关资金的取得、分配与使用的信息，如各种账、资产负债表、利润表等；管理所需要的定向信息，如各种财务分析报表；对未来具有预测作用的决策信息，如年度计划、规划、资金预算等。会计通过信息的提供与使用来反映过去的经济活动，控制目前的经济活动，预测未来的经济活动。

会计信息的收集，实际上是根据会计工作的目的汇集原始会计数据的过程。随着信息技术的发展，现代的会计信息收集已成为管理信息系统的一部分，会计信息收集不再局限于会计核算方面，而更多趋向于会计管理、决策等多个方面。

2. 会计信息的处理

会计信息处理从手工处理发展到利用计算机、网络等信息技术进行处理是一个重大变革。这种变革对会计理论和会计实务提出了一系列新课题，在推动会计自身发展和变革的同时，也促进会计信息化的进一步完善和发展。

现代会计信息处理是指应用信息技术对会计数据进行输入、处理和输出的过程，主要表现为用计算机代替人工记账、算账和报账，以及替代部分在手工环境下由人脑完成的对会计信息的分析、判断。现代会计信息处理不仅引起了会计系统内在的变化，强化了系统的能力，同时也提高了会计工作和会计信息的质量。

现代会计信息处理的特点如下：以计算机为计算工具，数据处理代码化，速度快、精度高；数据处理人机结合，系统内部控制程序化、复杂化；数据处理自动化，账务和业务处理一体化；信息处理规范化，会计档案存储电子化；增强系统的预测和辅助决策功能。

3. 会计信息的输出

一个完整的会计处理系统，不仅需要有灵活、方便、正确的输入方式和功能齐全的数据处理功能，还必须提供一个完善方便的输出系统。

会计信息系统的主要输出方式包括显示输出、打印输出和数据文件输出。显示输出的特点是：速度快、成本低，但输出的会计数据的应用者局限在会计信息系统内部，不易交流。打印输出的特点是：速度慢、成本高，适用于输出必须打印的情况。数据文件输出的特点是：速度快、成本较低，易于转换，但不直观，存储介质易受损坏，安全性较差。

随着声音、图像等多媒体技术的应用，会计数据的表现形式将越来越丰富。同时，随着对会计信息系统数据接口的标准化，数据文件输出将越来越重要。如记账凭证、会计账簿等，可以数据文件的形式存储在存储介质中，需要时调用会计软件的显示输出功能进行查询或者打印。

1.1.2 会计信息系统与会计信息化

1. 会计电算化

“会计电算化”一词是 1981 年中国会计学会在于长春市召开的“财务、会计、成本应用电子计算机专题讨论会”上提出的。它是指将电子计算机技术应用到会计业务处理工作中，用计算机来辅助会计核算和管理，通过会计软件指挥计算机替代手工完成或手工很难完成的会计工作，即电子计算机在会计应用中的代名词。

广义的会计电算化包括与实现会计工作电算化有关的所有工作，如会计电算化软件的开发和应用、会计电算化人才的培训、会计电算化的宏观规划、会计软件的应用和维护、会计电算化的制度建设、会计电算化软件市场的培育与发展等。

会计电算化在我国从启蒙到现在，已经走过了 40 余年的历程，取得了很大成效。

实施会计电算化的企业数量逐步上升，形成了商品化通用会计软件产业，同时政府的管理和调控作用也得到加强，这些都体现了会计电算化带来的新思想、新方法和新作用，会计工作的作用和地位得到很大的提升。

2. 会计信息化

1999 年 4 月在于深圳举行的“会计信息化理论专家座谈会”上，根据当时会计电算化的发展状况，会计理论界的专家提出了“从会计电算化到会计信息化”的发展方向，首次明确提出“会计信息化”这一概念。

会计信息化是指企业利用计算机、网络通信等现代信息技术手段开展会计核算，以及利用上述技术手段将会计核算与其他经营管理活动有机结合的过程。

会计信息化是指采用现代信息技术，对传统的会计模型进行重构，建立信息技术与会计学科高度融合的、充分开放的现代会计信息系统。这种会计信息系统将全面运用现代信息技术，通过网络系统，使业务处理高度自动化，信息高度共享，能够主动实时报告会计信息。它不仅仅是信息技术运用于会计上的变革，更代表一种与现代信息技术环境相适应的新兴的会计思想。

3. 会计信息化与会计电算化的主要区别

（1）目标。会计电算化是立足于会计核算业务的计算机处理，会计信息化是为了实现会计业务全面信息化，充分发挥会计在企业管理中的核心作用。

（2）理论基础。会计电算化是以传统会计理论和计算机技术为基础的，而会计信息化的理论基础还包含信息技术、系统论和信息论等现代技术手段和管理思想。

（3）功能范围。会计电算化以实现业务核算为主，会计信息化不仅进行业务核算，还有会计信息管理和决策分析，并能够根据信息管理的原理和信息技术重组会计信息处理的流程，与 ERP、电子商务等构成一个一体化的信息管理系统。

（4）信息输入输出方式。信息输入方面，会计电算化强调由会计部门自己输入，而在会计信息化下，大量的数据可以从企业内外其他系统中直接获取；信息输出方面，会计电算化强调由财务部门自己打印输出，并且报送其他机构，而在会计信息化下，企业内外的各个机构、部门都可以根据授权直接从系统当中或从 Internet 上获取财务信息。

1.1.3　会计信息系统的基本目标

会计信息系统的目标，就是通过信息化的手段，提高工作效率，提供更加全面、准确的信息，为管理决策服务，从而促进管理水平的提高，最终获取更高的经济效益。其基本目标主要有以下几个方面。

1. 减轻会计人员工作强度，提高工作效率

利用计算机技术，把繁杂的记账、算账、结账工作交给高速的计算机处理，从而减轻会计人员的工作强度。同时会计软件具有很高的精确性和逻辑判断能力，可以避免手工操作产生的误差，通过高速的数据处理达到提高工作效率的目的。

2. 促进会计职能的转变

在手工情况下，会计人员长期处于繁重的手工核算工作中，没有时间和精力来更好地参与管理、决策。应用会计信息系统后，会计人员可以从繁重的手工操作中解放出来，有时间和精力，也就有条件参与企业管理与决策，为提高企业现代化管理水平和经济效益服务。

3. 准确、及时地提供会计信息

手工条件下，由于大量会计信息需要记录、加工、整理，会计信息的提供速度较慢，也难以全面提供管理所需要的信息，一定程度上影响了经营决策工作。实施会计信息系统后，大量的信息都可以及时记录、汇总、分析，甚至实现实时跨地域传送，向企业管理者、股东等有关方面提供准确、及时的会计信息。

4. 提高人员素质，提升会计管理水平

会计工作的信息化给会计工作增添了新内容，要求会计人员提高自身素质，更新知识结构。第一是必须掌握会计信息系统的有关知识；第二是为了参与企业管理，要更多地学习经营管理知识；第三，实现会计信息系统后，会计工作由会计软件系统和会计人员共同完成，这样就强化了会计规范化工作，提升了会计工作的管理水平。

5. 实现企业管理信息化，提高企业经济效益

会计是价值管理的主要手段，实施会计信息系统的根本目的是通过核算手段和会计管理决策手段的现代化，提高会计信息收集、整理、传输、反馈的及时性和准确度，提高会计的分析决策能力，更好地满足管理的需要，提供管理所需的会计信息，从而更好地发挥会计参与管理、参与决策的职能，为提高现代化管理水平和提高经济效益服务。由此应认识到两点：（1）满足管理的需要、为管理服务、提高经济效益是实施会计信息系统工作的出发点，是会计电算化的核心；（2）实施会计信息系统不是单纯的数据搬家，是按管理的需要对会计工作的改革与发展，是会计管理工作的一个飞跃。

会计信息系统是企业管理信息化的重要组成部分。企业管理信息化的目标和任务，就是要用现代化的方法去管理企业，以提高经济效益。因而，实施会计信息系统不仅要使会计工作本身现代化，最终目标是要使企业管理信息化，达到提高企业经济效益的目的。

1.1.4 现代信息技术对会计工作的影响

现代信息技术包括感测技术、通信技术和计算机技术。感测技术扩展人的感觉器官的功能，主要指信息的识别、检测、提取、变换，其目的是高精度、高效率地实时采集各种形式的信息。通信技术延伸了信息传输系统的功能，主要指信息的发送、传输以及接收的技术，其目的是高效、不失真地传递和交换各种形式的信息。计算机技术扩展了思维器官的功能，主要用于信息的数字化输入、存储、处理、分析、检索和输出。

现代信息技术在会计领域的应用及其迅速发展，使得会计系统成为一个全新的对会计数据进行收集、加工、处理和存储的会计信息系统，这样许多在手工业务中无法解决或者相当烦琐的会计问题在计算机环境中迎刃而解，同时信息技术也给会计学科带来深刻的影响，不仅表现在数据处理工具和信息载体的巨大变革上，还表现在对会计核算方法、会计理论等方面的巨大冲击与挑战上。

1. 会计行业面临的重大挑战

社会的发展，市场竞争的加剧，信息技术在非会计领域的成功应用，企业数据库的不断完善，使得会计行业面临重大挑战。目前会计工作的流程与数据处理是基于手工处理环境的，会计数据单调、反映面窄，传统会计报表简单，详尽性和及时性差，会计系统所提供的信息质量远远不能满足管理的需要。会计系统如果不根据企业管理发展的需要重新整合，那么会计工作将不能满足现代企业管理提出的要求。

2. 会计职能的发展与变革

会计职能是会计目标的具体化，会计的基本职能是反映和控制。现代信息技术对会计的这两大基本职能将产生重大的影响。

从会计反映职能上看，现代信息技术条件下，由于计算机处理环境的网络化和电子交易形式的出现，基于计算机网络的会计信息处理系统已经成熟。在这种会计信息处理系统中，企业发生的各项经济业务都能自动地从企业的内部和外部采集相关的会计核算资料进行实时反映。

从会计控制的职能上看，由于会计信息系统实现了实时自动处理，因此，会计的控制和参与经营决策职能将显得更为重要。会计控制职能主要是监督自动处理系统的过程和结果，监督国家财经法规和国家统一会计制度的执行情况，通过网络对企业经济活动进行远程和实时监控。会计参与经营决策职能主要是通过建立完善的、功能强大的预测决策支持系统来实现的。

3. 对会计理论体系的影响

现代信息技术的发展使传统的企业组织形式、会计基础理论体系等都遭受了前所未有的冲击和挑战，具体表现在以下几个方面。

（1）对会计理论基础的挑战。对会计核算的理论前提——四个基本假设提出了质疑。

会计主体：“虚拟企业”的出现，企业对会计信息的多元化需求，使传统会计主体的概念大大延伸。

持续经营：网络“虚拟公司”为了完成一个目标，可在短时间内组建起来，而在完成目标任务后便解体。

会计分期假设：会计信息的实时性可以及时产生所需的数据（如产品日成本、日报表），不受会计期间的任何限制。

货币计量：经济社会的一体化、数字化、网络化，电子商务中电子货币、虚拟货币的出现，会计职能由核算型向管理型的转变，使会计系统能够采集和提供货币与相关非货币形态的信息。

（2）收集会计信息的变化。收集信息可以通过以下几种方式：手工编制的凭证；其他业务子系统（如生产部门、人力资源部门）对业务（入库单、工资表）处理后，自动编制的机制凭证；账务处理子系统定期（月、年）处理固定业务（如计提折旧、结转损益）产生的机制凭证。

收集信息的内容不同：通过对各个部门的信息接口转换和接收信息，现代化工具（如扫描仪、电子笔、传感器、脉冲信号式数据采集装置）的应用，使系统收集信息的深度和广度都大大提高，其内容包括货币形态的与非货币形态的信息、历史的或未来的信息。

（3）记账规则的变化。利用同一基础数据便可实现会计信息的多元重组，消除了信息处理过程中诸多分类与再分类的技术环节。在手工条件下的所谓总账、日记账、明细账、辅助账的配置已失去其存在的意义，与之采用的根据记账凭证汇总表登记总账、平行登记、错账更正（划线更正法、红字更正法）、结账、对账、试算平衡等记账规则（技术方法）的重要性也将逐渐降低或被新方法替代。

（4）会计核算形式的变化。会计系统可以根据需要从数据库中生成各种形式和内容的账簿，传统会计为减少登账工作量而建立的各种会计核算形式的作用将减弱，会计信息化下多种模式均可实现。

（5）会计核算方法的变化。可以充分利用计算机的运算和存储能力，在执行主体认定计算方法的同时，根据需要也可选用其他备选方法进行运算，从而比较和分析不同核算方法的差异。

（6）账簿体系的变化。账簿组织过程不同：账簿只不过是根据记账凭证数据库按会计科目进行归类、统计的中间结果。

账簿外观形式不同：突破了传统会计的分类界限。根据需要，任何一个会计科目均可以生成日记账、三栏账或多栏账、虚拟账。受打印限制，不能打印订本式账簿，所有账页均采用活页式。

（7）会计信息交换方式的变化。传统的会计信息交换方式主要以纸质介质为主，当前已实现与企业管理信息系统一体化、网络化、远程通信化。这种交换方式使会计信息的传递更加迅速、安全、准确、直观，会计信息交换实现多元化。

（8）财务会计报告的变化。不同的报表使用者对会计信息的关注点不同，投资人关注企业目前的财务状况和经营成果，潜在投资人更关心企业未来的投资收益，经营者侧重的是政府的有关政策和同行业其他企业的相关收入、成本等信息。这便对传统财务会计报告模式提出了挑战，财务会计报告有以下新的要求：

提供分部报告。对于一个大型企业或跨国公司而言，由于不同地区、不同行业的分、子公司所面临的机会和风险不同，要求提供分部报告。

提供多元计价报告，满足企业同时提供现行成本和历史成本信息的要求。

提供定期与实时相结合的报告。面临一个产品生命周期不断缩短、竞争日趋激烈、创新不断加速、经营活动不确定性日益显著的时代，如果我们还按月、按年编制月报、年报，则不能满足企业决策的需要。必须建立一套能提供实时信息的财务报告制度。一方面，定期的报告仍将存在，作为财务成果分配的依据；另一方面，随时提供实时报告，作为决策的依据。

（9）企业内部控制的变化。计算机信息处理的集中性、自动性，使传统职权分割的控制作用近乎消失，信息载体的改变及其共享程度的提高，又使手工系统以记账规则为核心的控制体系失效。企业内部控制的主要方法有：

制度控制，包括组织控制、计划控制、硬件控制、软件维护控制、文档控制等。

操作人员使用权限的控制，对进入系统的操作人员按其不同职能，通过设置相应密码，进行分级控制管理。

程序控制，包括会计信息处理过程中的输入控制、处理控制、输出控制、预留审计线索等。

（10）会计工作组织体制的变化。在手工会计中，会计工作组织体制以会计事务的不同性质作为主要依据。一般手工会计中划分如下专业组：材料组、成本组、工资组、资金组、综合组等，它们之间通过信息资料传递交换建立联系，相互稽核牵制，使会计工作正常运行。操作方式是对数据分散收集、分散处理、重复记录。

会计信息化后，会计工作的组织体制以数据的不同形式作为主要依据。操作方式是集中收集、统一处理、数据共享，使会计信息的提取、应用更适应现代化管理要求。

（11）会计职能的变化。会计工作由传统的事后核算朝事中控制、事前预测决策的方向发展，会计职能由核算型向管理型转移。

（12）会计人员素质的变化。会计人员不仅要具有会计、管理和决策方面的知识，还应具有较强的计算机应用能力，能利用信息技术实现对信息系统及其资源的分析和评价。

4. 对会计实务的变革

现代信息技术的应用改变了会计人员的处理工具和手段。由于大量的会计反映（核算）工作实现了自动化处理，会计人员的工作重点将从事中记账算账、事后报账转向事先预测、规划，事中监督控制，事后分析、决策的管理模式。

传统的会计语言和企业会计文化将发生质的变化。会计语言中的一些核心词汇（记账凭证、账簿、报表等）的作用将逐渐淡化。

由于企业管理全面信息化的实现，会计信息源和信息表示结构由一元化走向多元化。即会计工作中的最终信息将直接来源于各种业务过程，记账凭证作为手工环境下重要实体的作用将逐步减小。

网络和数据库技术的发展和应用，使各级管理者和投资者可以实时地通过企业网站访问存储于会计信息系统中的共享信息。因此，代替凭证、账簿、报表的将是原始信息、分析决策信息等；而信息的收集、存储、传递、处理、加工、打印等，将代替传统会计中制作凭证、记账、结账、出报表等环节。

会计实务的重点将由原来的编制凭证、记账、结账、编制报表等，转向收集信息、存储信息、加工信息、传递信息、查询信息等。

5. 会计观念需要不断创新和思考

企业除了追求营业利润，更多的是要关注自身产品的市场占有率、人力资源的开发和使用情况，以及保持良好的社会形象。同时，知识经济拓展了企业经济资源的范围，使企业资源趋于多元化。人力资源将成为资产的重要组成部分，并为企业所拥有及控制，为企业提供未来经济效益。因此，会计工作必须树立增值观念，将增值作为企业经营的主要目的，定期编制增值表，反映企业增值的情况及其在企业内外各受益主体之间的分配情况。

在信息时代，信息传播、处理和反馈的速度大大加快，产品生命周期不断缩短，市场竞争日趋激烈，企业的经营风险明显加大，因此，会计工作还要树立风险观念。

会计工作既是一种生成信息、供应信息的工作，也是一种利用信息参与管理的工作。企业管理的信息化也对会计人员提出了更高的要求，企业如何进行会计核算，如何推进会计及企业管理的信息化，又如何利用信息化的手段提高企业市场竞争力，实现管理创新正成为会计人员面临的难题。

6. 现代信息技术将推动会计信息系统的不断发展

目前国内建立的会计信息系统基本上都是用于处理已发生的会计业务，反映和提供已完成的经营活动的信息。然而，现代经济活动的复杂性、多样性和瞬时性，对管理者提出了更高的要求。每一个管理者都需要依靠科学预测来做出决策，而管理者的决策方式已从经验决策方式转向科学决策方式，应当充分利用会计数据资源，加强智能型会计决策支持系统的开发与应用，会计决策支持系统是综合应用运筹学、管理学、会计学、数据库技术、人工智能、系统论和决策理论等多门学科构建的。

现代信息技术的飞速发展使会计信息系统将朝模拟人的智能方向发展。系统将会有听觉、视觉、触觉等功能，能模拟人的思维推理能力，具有思考、推理和自动适应环境变化的功能。随着时代的发展，越来越多的新技术将融入会计信息化工作中，推动会计信息化的发展和进步。

1.1.5 对会计信息化工作的正确认识

1. 会计核算是信息化工作的基础

会计信息化工作的最终目标是为管理、决策服务，达到这个目标的手段无外乎以下几个方面：一是利用计算机计算准确、处理数据量大的特点，处理会计业务，从而更全面、更准确地提供管理、决策所需的财务信息；二是利用计算机处理数据速度快的特点处理会计业务，从而更快捷地提供各种管理、决策所需的财务信息；三是利用计算机能快速分类整理数据的优势，按管理的需要，对会计核算数据进行各种加工、处理，从而筛选出管理所需的信息；四是使会计人员从繁杂的手工核算工作中解脱出来，利用他们懂财务、了解情况的优势，参与分析、参与管理、参与决策。要达到这四方面的要求，首先就要实现会计核算工作的信息化。会计核算工作的信息化是实施会计信息系统工作的基础。

2. 开展会计信息化是一项循序渐进的工作

会计信息化是一项系统工程。在开展这项工作之前，就需要做好各种规划工作，考虑到问题的方方面面，做好各项安排，为会计信息化工作的全面开展、实现全面信息化打下基础。

3. 实施会计信息系统是一项系统工程

实施会计信息系统，涉及具体的会计管理工作、会计软件、计算机和操作使用人员，它是涉及方方面面的一项系统工程。

4. 实施会计信息系统后，重要的是系统的应用工作

实施会计信息系统的最终目的是利用计算机更好地完成会计工作，提高会计信息收集、整理、反馈的灵敏度与准确度，更好地发挥会计参与管理的职能，为提高管理水平和经济效益服务。因此会计信息系统的建立仅仅是会计信息化工作的开始，更重要的是在系统建立后的组织管理、系统的运行和维护等工作。这些工作是直接为达到会计信息化目标服务的，是长期实现会计信息化目标的保证，是实现会计信息化后会计的本职工作。

1.1.6　我国会计信息化的发展过程

在历史上，随着生产的发展和生产规模的逐步扩大，会计也随之发展变化。经过长期实践，会计逐步由简单到复杂，经历了手工操作、机械化和信息化几个阶段，逐步形成了一门独立的新兴科学，在会计工作中发挥着重要作用。

我国会计信息化的发展主要分为以下几个阶段。

1. 探索发展阶段（1979—1988 年）

1979 年财政部拨款 500 万元，用于长春第一汽车制造厂的会计电算化试点工作。1981 年 8 月在财政部、第一机械工业部、中国会计学会的支持下，中国人民大学和第一汽车制造厂联合召开了“财务、会计、成本应用电子计算机专题讨论会”。以此为标志，1979 年是中国会计电算化的起点。

在 1979—1988 年期间，会计电算化从无到有，在中国开始生根发芽。行政部门包括当时的财政部、机械工业部、铁道部、兵器工业部等，纷纷在全国各地做探索性的试点，全国高等院校也加入研究的行列，这个阶段属于探索阶段。但从整个国家来讲，基本上是各自为政，国家各职能部门都在摸着石头过河，摸索能够适应自身需要的解决方案。这个阶段的中国会计电算化，水平不高，功能单一且不通用，还没有形成大规模的商品化会计软件公司与市场。

1988 年，中国会计学会首届会计电算化学术讨论会在吉林召开。在这次会议上，与会专家形成共识：发展通用会计软件和引入市场机制是中国会计电算化发展的出路。同年，财政部在上海召开会议，对制定各省区计算机应用规划、实施财务软件的评审工作做了统一部署。

2. 政府推动发展阶段（1989—1998 年）

1989—1998 年期间，会计软件逐步实现了通用化、商品化，市场上成立了数百家财务软件公司。这个时期的中国会计电算化，发展非常迅速，会计软件依托 DOS 平台，功能上也基本属于核算型。从 1994 年开始，Windows 会计软件才逐步引起重视，但真正普及是在 1998 年后。

在这 10 年中，在财政部及各省区财政厅（局）的推动下，商品化会计软件逐步走向成熟，市场竞争机制逐步完善，通过市场竞争机制使会计软件生产厂家从几百家逐渐向十余家集中，会计电算化产业也在这个时期形成。

3. 市场化发展阶段（1999 年以来）

1998 年，财政部撤销了全国性的会计电算化管理部门——会计电算化处，这是中国会计电算化发展第三阶段即市场化阶段开始的标志。当时的大背景是，国家机关进行机构改革，部分转变职能，将属于市场的交给市场，行业性的管理逐步转向行业协会。在财政部强有力的推动与管理下，中国会计电算化不断发展壮大并走向成熟，会计电算化应用逐渐普及，行政推广已经没有必要，会计软件评审等工作逐渐失去意义。随着会计电算化的发展，市场机制的自发调节趋于完善，会计电算化管理开始由政府管理转向行业协会自律。这个时期的会计软件逐步转向管理型，大型的财务软件公司开始向 ERP 转型。

1998 年后，行业协会开始逐步发挥作用。在理论研究方面，中国会计学会会计信息化专业委员会成了组织者和实施者。在市场方面，中国软件行业协会财务及企业管理软件分会也在逐步发挥作用。财政部继续发挥着宏观管理会计电算化的作用。在会计核算软件数据接口方面，通过审计署、国家标准化管理委员会的推动，整个管理更加宏观和长远化。

2008 年 11 月，财政部牵头，会同工业和信息化部、人民银行、审计署、国资委、国家税务总局、银监会、证监会、保监会等共同成立会计信息化委员会，旨在为推进我国会计信息化建设提供组织保障、协调机制和智力支持。

2009 年，财政部发布了《关于全面推进我国会计信息化工作的指导意见》（财会〔2009〕6 号），对 2006—2020 年的会计信息化工作进行了规划和部署。

2010 年和 2011 年，GB/T 24589—2010《财经信息技术　会计核算软件数据接口》系列国家标准发布，包括“第 1 部分：企业”、“第 2 部分：行政事业单位”、“第 3 部分：总预算会计”和“第 4 部分：商业银行”，有关 ERP 的数据接口标准也在研究制定中。

2010 年 10 月，国家标准化管理委员会和财政部在北京发布可扩展商业报告语言（XBRL）技术规范系列国家标准和企业会计准则通用分类标准。XBRL 有效增强了信息的准确性和及时性，有利于从不同角度和不同层次对信息进行深加工和精细化处理，大幅提高了信息利用的广度、深度和精度，不仅在财会领域单一应用，更可以不断拓展到财政管理、税务管理、金融监管、国有资产管理、企业风险管理与内部控制的众多方面。

2013 年，财政部重新修订发布了《企业会计信息化工作规范》（财会〔2013〕20 号），规范了信息化环境下的会计工作。

1.1.7 我国会计信息化的发展趋势

我国的会计信息化工作处在一个改革的时代，各种技术不断推陈出新，各种动力不断推动我国会计信息化向更高的水平发展。

1. 朝管理一体化方向扩展

管理一体化是指从整个单位的角度开展计算机在管理中的应用工作。会计信息化工作只是整个管理信息化的一个有机组成部分，需要其他部门信息化的支持，同时也给其他部门提供支持和提出要求。如今许多单位的会计信息化工作已有了一定的基础，具备了向其他部门扩展的条件。网络、数据库等计算机技术的发展也在技术上提供了向管理一体化发展的可能。从发展趋势来看，会计信息化工作将逐步与其他业务部门的信息化工作结合起来，由单纯会计业务工作的信息化朝建立财务与统计信息综合数据库、综合利用会计信息的方向发展。

2. 单位会计信息化将朝集团会计信息化方向发展

单位会计信息化是集团会计信息化的基础，集团会计信息化的发展将促进单位的会计信息化工作。

经过多年的努力，基层单位会计信息化水平大大提高，但在软件应用的品种、水平、范围等方面参差不齐。数据大集中、软件大统一是必然的趋势，在大型企业集团尤其如此。

3. 软件技术与管理组织措施日趋结合

信息化会计系统是一个人机系统，仅有良好的软件是不够的，必须有一套与之紧密结合的组织措施，才能充分发挥其效用，并保证会计信息的安全与可靠。在会计信息化的初期，工作重点主要放在软件的开发与应用上。随着会计信息化工作的进一步深入，与会计信息化应用相适应的管理制度在实践中得到了逐步提高和完善。

4. 会计信息化的开展与管理将朝规范化、标准化方向发展

2004 年，国家标准化管理委员会发布了 GB/T 19581—2004《信息技术 会计核算软件数据接口》标准，2010 年后又发布了 GB/T 24589 系列《财经信息技术 会计核算软件数据接口》标准，这个标准的贯彻执行将解决各种会计软件之间及其他相关软件之间的数据接口问题，以实现会计信息的相互规范传递、会计工作信息化后的审计，从而为更充分和更广泛地利用会计信息服务。2010 年国家标准化管理委员会又发布了 GB/T 25500 系列《可扩展商业报告语言（XBRL）技术规范》，为财务报告的信息化发布铺平了道路。

规范化、标准化将提升整个会计信息化的水平。

5. 会计软件技术发展趋势

（1）支持跨平台运行。同一套程序编码可以在多种硬件平台和操作系统上运行，企业可以根据业务需要和投资能力选择最合适的平台，并且帮助企业顺利实现不同应用水平阶段的平稳过渡。在企业建设管理系统初期，可能选择普通的 PC 网络，投资相对较低，随着应用规模的扩大，需要更大处理能力的硬件环境，如选择中小型机、服务器等。这样一来，跨平台的软件系统显示出很好的优势，也能充分保护用户的投资。

（2）支持多种应用系统数据交换。不少企业已经建立了自己的应用系统。在电子商

务时代，企业将会要求新系统能与原有系统进行数据交换和集成，从而有效利用已有投资。例如，已经采用会计软件的用户希望整个销售和生产管理系统也能与目前的信息化会计系统进行数据共享。企业间（特别是企业与供应商之间、企业与客户之间）的数据交换将帮助企业有效提升整个供应链的竞争力。

（3）系统高度集成。进入系统的数据要能根据事先的设定以及管理工作的内在规律和内在联系，传递到相关的功能模块中，达到数据高度共享和系统高度集成。

（4）分布式应用。新一代会计信息系统是超大规模的，它将不再是集中在同一局域网络服务器上的系统，因此，支持分布式应用和分布式数据库是会计软件的一个重要特征。

（5）多语种支持及个性化用户界面。跨国企业的管理和企业的跨国交易必然带来对会计软件多语种支持的需求。一套应用系统应当可以按照用户的设定，在不同的用户端显示不同语种的应用界面。由此还可以引申出另一种功能，即可以由用户自行设定应用系统输出界面上使用的术语和界面格局，形成个性化的用户界面，不同行业的用户也可以面对专业性更强的界面。

（6）高可靠性和安全性。大规模的系统、分布式应用、广泛的网络连接需要系统具有更高的可靠性和更强的安全控制。远程通信线路故障、多用户操作冲突、共享数据的大量分发与传递，需要会计系统有超强的稳定性，并能够对出现的各种意外情况做出正确处理。黑客入侵、越权操作等现象需要会计系统有健全的安全防线。对系统内部数据记录的存取及删改权限的管理、系统操作日志的建立等，都是必不可少的安全措施。

（7）面向电子商务应用。随着电子商务的发展，企业各种对外的业务活动已经延伸到了互联网上，实现网络经营。所以，新的系统要能从企业的实际出发来设计电子商务工作模式，实现财务、电子商务一体化。会计证据也从纯粹的纸质部分转换为电子数据。

6. 计算机审计将由绕过计算机审计向穿透计算机审计发展

随着信息化管理体系的逐步形成、复合型会计信息化人才的不断涌现、计算机审计技术的不断发展，我国的计算机审计工作将由绕过计算机审计向穿透计算机审计发展，从而更充分地保证会计信息的真实、可靠，保护单位和国家的经济利益。

1.2 会计信息化的基本内容

1.2.1 开展会计信息化工作的基本条件

1. 转变思想观念

转变思想观念主要指单位的领导、会计人员、计算机应用人员对会计信息化的含义、必要性要有正确的理解，不应对会计信息化有片面与错误的认识。只有相关人员对会计信息化有了正确的认识，建立会计信息系统工作才能顺利健康地进行；只有单位领导对会计信息化的含义、必要性有了正确的认识，他们才会积极主动地支持和参与这项工作，正确地领导这项工作的开展。正确的思想认识是建立会计信息系统的前提。

2. 搞好基础工作

搞好基础工作主要指会计工作的规范化、标准化、制度化。对基础工作较差的单位应先进行基础工作的整顿，同时也应认识到会计信息化工作的开展也将促进基础工作的加强。推进财会工作的规范化、标准化、制度化，是一个改进管理的过程。对会计信息化工作来说，良好的基础工作一般表现在以下几个方面。

（1）健全的岗位责任制和内部稽核制度。

（2）会计人员的业务素质与其工作相适应。

（3）主要原材料、能源消耗和工时耗用有定额，费用开支有标准或预算，并认真执行。

（4）各种原始记录的格式、内容、填制方法、签署、传递、汇集、反馈等，有统一要求和规范，做到真实、完整、正确、清晰、及时。

（5）物资出入库经过计量、检验，手续齐备。

（6）发生的经济业务都取得或填制合法的原始凭证。

（7）记账凭证及其填制符合国家统一会计制度的内容和要求，并经有关责任人员签章。

（8）会计科目和核算内容符合国家统一会计制度所规定的内容和要求，并经有关责任人员签章。

（9）固定资产归口分级管理，做到账、卡、物三相符，固定资产及折旧核算正确。

（10）成本、销售、材料、产成品等的核算符合国家有关规定，核算正确。

（11）应有财产清查制度，并严格执行。

此外，在建立会计信息系统时，还应注意以下几点。

- 对会计科目、往来单位、人员、部门、产成品、材料等应进行编码。编码应齐全、标准、规范，便于计算机处理。在手工核算下，主要是重视名称，而不太重视编码；实行会计信息化后，处理信息、查询信息主要通过编码进行，所以编码工作非常重要。各种编码将构成一个编码体系，在编码时要统一考虑，才能充分发挥编码的作用。
- 应改变按“师父教徒弟的办法”进行核算的做法。应严格按照统一的会计制度进行各项会计核算工作。
- 应按国家统一会计制度设计单位的会计制度。
- 各种账簿的设置应规范、易于计算机处理。

3. 人才储备

人才储备主要是指单位有开展会计信息化所需的人才。单位不同，实现会计信息化的方式不同，对人才的需求就不一样。这里仅介绍选用商品化会计软件单位的人才需求。由于商品化会计软件厂家对客户提供的服务较多，目前会计软件已经较为成熟，所以，选用商品化会计软件的单位对人才技术的要求并不高。具备较好的日常维护能力的人才，是应用会计信息系统的重要保障。

4. 资金准备

开展任何一项工作都需要一定的资金，建立会计信息系统也不例外。但是，单位大小不同，实现会计信息化的方式不同，开展信息化业务的规模大小、项目多少不同，对资金的需求也就不同。

建立会计信息系统的费用一般包括：硬件费用、软件费用、准备费用、运行维护费用等，详情如表1-1所示。

表1-1 会计信息化费用项目

费用类型	项目	备注
硬件费用	主机	网络服务器等
	终端机	工作站或其他兼容机
	外围设备	打印机、UPS、路由器等
	环境成本	房屋、地毯、空调等
软件费用	软件成本	系统软件、会计软件（开发或购置）
准备费用	机房建设、改造	装修、建设等
	安装及调试成本	主机、空调、电源、UPS、软件
	培训费用	开发与使用人员的培训
运行维护费用	维护费用	维护人员的工资、所用工具、材料等
	使用成本	操作人员的工资、消耗材料、网络费用等

1.2.2 开展会计信息化工作的基本内容

建立会计信息系统是一项系统工程，应按系统工程的方法来开展，即按下述步骤进行：可行性研究，规划，编制实施计划，建立会计信息系统，建立信息化后的组织与管理体系。

1. 可行性研究

可行性研究是指开展信息化工作的可能性和经济性，主要包括组织、技术、经济三方面。组织可行性是指单位内外环境是否为建立会计信息系统创造了必要的条件；技术可行性是指单位所能组织和拥有的技术力量能否保证会计信息系统工作的正常开展；经济可行性是指开展信息化工作所带来的有形效益与无形效益同耗用成本的对比情况。

可行性分析一般按下述步骤进行：(1) 进行初步调查；(2) 根据初步调查，确定目标和所要解决的问题；(3) 确定约束因素，包括经济上、技术上、组织上的制约因素；(4) 确定各种可选方案；(5) 对各种可选方案进行可行性评价，主要是研究各种方案在经济上、技术上、组织上的可行性；(6) 确定方案，明确实施计划。

2. 规划

会计信息系统规划是对近几年单位会计信息化工作所要达到的目标，以及如何有效地、分步骤实现这个目标而作的规划。它实质上是单位开展会计信息化工作的中长期规划，是对单位开展会计信息化工作所做的一个总体可行性研究。规划期一般以5

年为宜，第一年的计划应该相当可靠，第二年的计划应比较可靠，第三年以后的计划可以粗略和概括一些，计划至少要根据每年的情况变化调整一次，以使计划符合实际。

规划一般按下述步骤进行：(1) 研究确定单位的总体目标和会计部门的局部目标；(2) 综合考察建立会计信息系统的外部环境制约，包括经济、技术、组织等单位内部制约与上级主管部门、国家的有关政策法令等外部制约；(3) 确定会计信息系统的总体目标，确定近几年内建立一个什么样的会计信息系统；(4) 分析确定单位的会计信息需求，即确定输入、输出什么信息，对外提供哪些数据接口；(5) 确定所要建立系统的总体结构，可用数据流程图、功能图、层次图、数据结构图等工具来表示；(6) 确定所要建立系统的资源需求，包括硬件、软件、人力和其他日常支出等；(7) 制定会计信息系统总体目标的分步骤实施规划，即将总体目标结合单位现有的条件，确定分步实施计划；(8) 选择实现的途径；(9) 确定实施计划，即最后确定当前所要建立的会计信息系统、实现途径、具体实施计划等。

3. 编制实施计划

编制实施计划是根据目标和规划，确定人力、物力、财力的具体安排和工作时间表。

4. 建立会计信息系统

建立会计信息系统主要是组织人力、财力、物力，建立会计信息系统，这是会计信息化规划与实施计划的具体落实。

5. 建立信息化后的组织与管理体系

会计信息系统的建立仅仅是整个会计信息化工程的第一步，更重要的是如何有效地对会计部门的人、财、物等各要素进行计划、组织、协调和控制，有效地运行会计信息系统，使得信息化后的会计工作水平有根本性的提高，会计部门参与分析、参与控制、参与管理、参与决策的职能和作用得以充分的发挥。这就要求构建信息化后的组织与管理体系。信息化后会计部门的组织主要是指信息化后单位组织机构的调整，以及各项职能、职责的重新划分。信息化后会计工作的管理，一方面是指怎样更好地运行已建立的会计信息系统和保证会计信息系统安全、正常地运行的一系列制度及控制措施；另一方面是指信息化后，会计部门如何积极参与单位的预测、决策、控制等管理活动，当好领导的参谋。在此，需要说明的是，信息化后会计工作的组织与管理实质上是密不可分的，组织工作是管理工作的一部分，管理工作又是以组织工作为基础，管理工作的好坏首先取决于组织工作的好坏。

1.3 会计信息系统的构成

1.3.1 会计信息系统概述

按单位的类型划分，会计信息系统可以分为工业企业会计信息系统、商业企业会计信息系统和行政事业单位会计信息系统等。在每类会计信息系统中，又分为三个层次，即核算型、管理型和决策支持型。

（1）核算型会计信息系统。这种系统一般由账务处理、销售及应收、采购及应付、存货核算、工资核算、固定资产核算、报表、领导查询等子系统构成，它注重对经济业务的事后反映。

（2）管理型会计信息系统。这种系统主要注重预算管理、制定计划、在执行过程中进行控制、对执行情况进行检查、对数据进行分析等，扩展了会计信息系统的职能，使其从简单的事后核算转变为事前计划、事中控制、事后核算和分析。

（3）决策支持型会计信息系统。它是在管理型会计信息系统的基础上，进一步为经营决策者提供帮助，帮助其做出科学的决策。

通常所说的会计信息系统一般指核算型会计信息系统和管理型会计信息系统，决策支持型会计信息系统通常归入企业决策支持系统之中。

1.3.2 按单位类型划分会计信息系统

1. 工业企业会计信息系统

工业企业的特点是它要对购进的商品（原材料）进行加工，使之成为产成品，然后进行销售。工业企业的特点决定了工业企业的会计信息系统主要对其供、产、销过程进行核算、反映和控制，因此，必然需要建立与生产过程有关的会计子系统。尽管不同的生产特点要求不同的核算方法，但其核算的内容大同小异，因此，其子系统划分的方法基本一致，如图1－1所示。

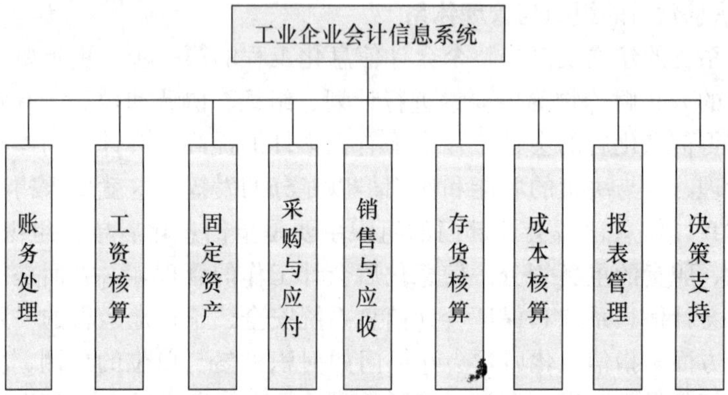

图1－1 工业企业会计信息系统的结构

这种子系统的划分方法也有一些差异，如有的会计软件将账务处理系统中有关现金银行的功能独立出来，专门设立现金银行或出纳管理子系统，以加强对现金和银行存款的管理。报表子系统是为适应软件通用化和商品化的要求而设计的，报表的主要数据一般来自账务处理、成本核算和产成品及销售核算等子系统。

2. 商业企业会计信息系统

商业企业主要从事商品的销售活动，因此有关材料、原料方面的核算很少甚至没有，固定资产管理要求比较简单，成本计算方法单纯，工作量少，但商品采购业务、存货管理、销售业务等方面的工作量较大。

3. 其他类型的会计信息系统

对各种定位的会计信息系统来说，它们之间有一定的差别，但基本模块大体是一致的，不同之处主要体现在管理的要求、模块的复杂度上。一般来说，账务、工资、固定资产、报表等模块是可以公用的，差异不是很大。专用性最强的是成本核算模块和其他一些根据管理特点设计的专用业务模块。

1.3.3 会计信息系统中各个子系统的功能

会计软件是指企业使用的专门用于会计核算、财务管理的计算机软件、软件系统或者其功能模块。会计软件具有以下功能：为会计核算、财务管理直接采集数据；生成会计凭证、账簿、报表等会计资料；对会计资料进行转换、输出、分析、利用。

会计软件的基本结构可以从系统的功能层次结构反映出来。功能结构是指系统按其功能分层分块的结构形式，即模块化的结构。一个系统可以划分为若干个子系统，每个子系统可划分为几个功能模块，每个功能模块再划分为若干个层次，每个层次沿横向分为若干个模块，每个模块都有相对独立的功能。一个子系统对应一个独立完整的管理职能，在系统中有较强的独立性；一个功能模块完成某一管理业务，是组成子系统的基本单位；一个程序模块则实现某一具体的加工处理，是组成功能模块的基本要素。各层之间、每个模块之间也有一定的联系。通过这种联系，将各层、各模块组成一个有机的整体，去实现系统目标。

大部分会计软件按会计核算功能划分为若干个相对独立的子系统，系统每一部分的功能简单明了且相对独立，各子系统的会计信息相互传递与交流，从而形成完整的会计信息系统。会计软件中能够相对独立地完成会计数据输入、处理和输出功能的各个部分，称为会计软件的子系统。

一款典型的会计软件主要有账务处理、工资核算、固定资产核算、存货核算、成本核算、销售核算、应收及应付账款、会计报表、财务分析等子系统。根据行业的特点，也可以将一些模块扩展深入或简化合并，形成不同定位的会计信息系统。这些模块之间的关系及流程如图 1－2 所示。

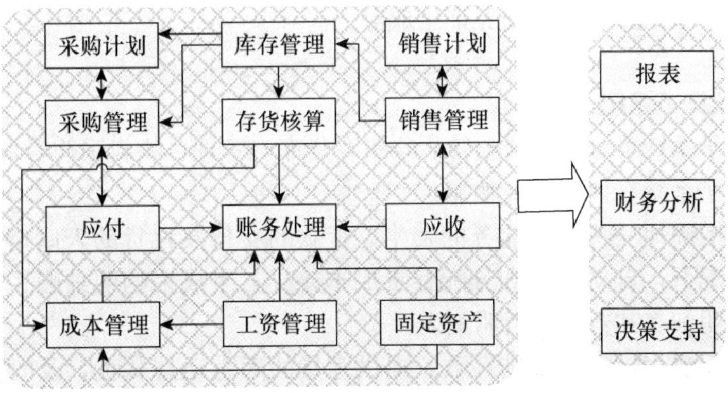

图 1－2 模块关系及流程

1. 账务处理子系统

账务处理子系统是会计软件的核心系统，它以会计凭证为原始数据，按会计科目、统计指标体系对记账凭证所载的经济内容，进行记录、分类、计算、加工、汇总，输出总分类账、明细分类账、日记账及其他辅助账簿、凭证和报表。

账务处理子系统的主要功能有初始建账（包括凭证类型及格式设置、会计科目编码的设置、期初科目余额设置等各种初始化数据输入），凭证的输入、修改、审核、记账、查询及汇总，日记账、总分类账及明细分类账的生成、查询及打印，期末结账、出纳管理、银行对账、往来账管理、部门核算、项目核算等。

账务处理子系统在会计软件中也叫总账管理子系统。

2. 工资核算子系统

工资核算子系统完成工资数据的修改、计算，工资发放，费用的汇总和分摊，生成工资结算单、职工工资发放条、工资结算汇总表、工资费用分配汇总表、票面分解一览表、职工福利费计提分配表等，并自动编制工资转账凭证传递给账务处理子系统。部分工资核算子系统还有人事基本信息、考勤信息、工资历史信息等基本信息管理，工资代储，个人所得税计算，养老保险及个人收入台账等处理功能。

工资核算子系统的主要功能有工资初始设置（包括工资类型设置、工资项目定义、工资项目计算公式定义、工资分配凭证定义、工资表打印格式定义等），职工工资基础资料编辑，工资增减变动及工资数据编辑，工资计算汇总，生成工资转账凭证，各种工资单、工资汇总表及发放表的查询、打印等。

3. 固定资产核算子系统

固定资产核算子系统主要用于固定资产明细核算及管理。该子系统实现固定资产卡片管理、固定资产增减变动核算、折旧的计提与分配等工作，生成固定资产卡片、固定资产统计信息表、固定资产登记簿、固定资产增减变动表、固定资产折旧计提表，并自动生成折旧等转账凭证传递到账务处理子系统。

固定资产核算子系统的主要功能有固定资产卡片结构设置、固定资产分类编码设置、固定资产折旧方法定义、固定资产折旧凭证定义、固定资产卡片输入及修改、固定资产变动资料输入、固定资产折旧的计算、固定资产明细账查询与打印、固定资产计算、固定资产增减查询、折旧凭证生成等。

4. 存货核算子系统

存货核算子系统可分为存货核算、物料存货库房管理、物料采购管理。

存货核算子系统有如下主要功能：

（1）及时准确地反映采购业务的发生、货款的支付及存货的入库情况。在按计划成本计价的情况下，自动计算和分配存货成本差异，生成采购明细账、成本差异明细账、在途材料明细表和暂估材料明细表。

（2）正确反映存货的收发结存数，提供存货的库存动态状况，及时反馈各种积压和短缺存货信息，生成存货明细账、存货库存信息表等。

（3）根据各部门各产品领用物料情况，自动进行物料费用的分配，生成物料费用分配表。对于供销售的存货要计算销售成本。

（4）自动编制转账凭证传递给账务处理子系统和成本核算子系统。

5. 成本核算子系统

成本核算子系统实现各种费用的归集和分配，及时准确地计算出产品的总成本和单位成本，并自动编制转账凭证供账务处理子系统使用。

成本核算子系统的主要功能有产品目录结构设置，在产品的成本初始、产品产量等统计数据输入，成本有关子系统费用数据归集，费用汇总分配，成本计算，产品成本汇总表、商品生产成本表及主要产品单位成本表计算、查询、打印，成本转账凭证生成等。

6. 销售核算子系统

销售核算子系统一般要和存货核算子系统中的库存商品核算相联系，实现对销售收入、销售费用、销售税金、销售利润的核算。

销售核算子系统的主要功能有合同录入、查询、修改，往来单位编码管理，商品代码管理，人员编码管理，未核销业务初始录入，发票录入、修改及记账，收款单录入、修改及记账，应收账款自动及手动核销，应收账款总账及各种销售明细账、账龄分析表的查询及打印，销售转账凭证定义、生成等。

7. 应收、应付账款子系统

应收账款子系统完成各应收账款的登记、冲销工作，动态反映各客户信息及应收账款信息，并可进行账龄分析和坏账估计。应收账款子系统主要有如下基本功能：

（1）客户管理：提供有关客户的信息，如使用币种、付款条件、付款方式、付款银行、信用状态、联系人、地址等。此外，还有各类交易信息。

（2）发票管理：具有将订单信息传递到发票，并按订单查询发票的功能，列出需要审核的发票，打印已经审核的发票，提供发票调整的审计线索，查询历史资料。

（3）账龄分析：建立应收账款客户的付款到期期限以及为客户打印结算单的过期信息，并打印对账单。

应付账款子系统完成各应付账款的登记、冲销及应付账款的分析预测工作，及时反映各流动负债的数额及偿还流动负债所需的资金。

应付账款模块与采购模块、库存模块完全集成。应付账款子系统有如下主要功能：

（1）供应商管理：提供物料的供应商信息，如使用币种、付款条件、付款方式、付款银行、信用状态、联系人、地址等。此外，还有各类交易信息。

（2）发票管理：将发票输入之后，可以验证发票上所列物料的入库情况，核对采购订单物料，计算采购单和发票的差异，查看指定发票的所有采购订单的入库情况，列出指定发票的有关支票付出情况及指定供应商的所有发票和发票调整情况。

（3）支票管理：处理多个付款银行与多种付款方式，能够进行支票验证和重新编号，将开出支票与银行核对，查询指定银行开出的支票，作废支票和打印支票。

（4）账龄分析：根据指定的过期天数和未来天数计算账龄，也可以按照账龄列出应付账款的余额。

8. 会计报表子系统

会计报表子系统按国家统一的会计制度规定，根据会计资料编制会计报表，向公司管理者和相关部门提供财务报告。会计报表子系统实现各种会计报表的定义和编制，并可进行报表分析和报表汇总。该系统生成的会计报表包括对外会计报表（资产负债表、利润表、现金流量表）和会计管理需要的会计报表。

会计报表子系统的主要功能有新表登记、表格格式定义、报表变动单元数据来源及计算公式定义、报表编制及公式校验、报表合并、报表汇总、报表查询及报表输出等。

9. 财务分析子系统

财务分析是在核算的基础上对财务数据进行综合分析，不同的会计软件其分析的内容也有所不同，一般功能有预算分析、前后期对比分析、图形分析等。

1.3.4 会计信息系统各子系统之间的关系

1. 账务处理子系统与其他子系统间的关系

（1）总体关系。账务处理子系统是会计信息系统的核心，其主要作用是管理账簿和有关按科目分类的指标。其他子系统一般是核算和业务管理模块。它们之间的关系如图1-3所示。

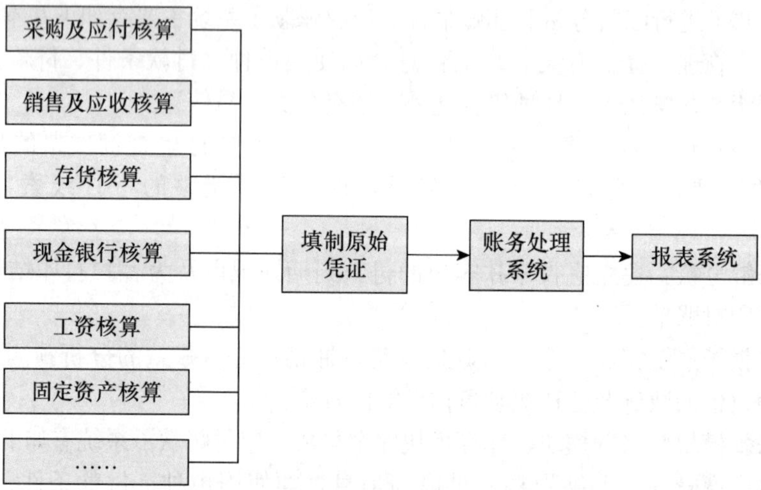

图1-3 账务系统与会计信息系统

（2）账务处理子系统与工资核算子系统间的数据联系。工资核算子系统的主要任务是计算职工的应发工资、实发工资、计提有关费用、代扣款项，并将工资费用进行分配。工资核算涉及银行存款、应付工资、生产成本、制造费用、管理费用、销售费用、在建工程等科目。核算的结果通常以凭证的形式传递给账务处理子系统。

（3）账务处理子系统与固定资产核算子系统间的数据联系。固定资产核算子系统的主要任务是管理固定资产卡片，反映固定资产增减变动，计提折旧，分配折旧费用等。固定资产核算涉及固定资产、累计折旧、在建工程、固定资产清理、制造费用、管理费用等科目。核算的结果通常以凭证的形式传递给账务处理子系统。

（4）账务处理子系统与存货核算子系统间的数据联系。存货核算的主要任务是反映存货的收、发、结存情况，归集材料成本差异、商品进销差价等，成本计算，结转各种发出商品的成本及差异。存货核算涉及的科目有：原材料、材料采购、应付账款、生产成本、制造费用、管理费用、材料成本差异、商品进销差价等。核算结果通常以凭证的形式传递给账务处理子系统。

（5）账务处理子系统与销售及应收核算子系统间的数据联系。销售及应收核算子系统主要是核算销售收入、应交税金及应收款项。在核算过程中，都要生成记账凭证传递到账务处理子系统。同时销售及应收核算子系统还与现金银行核算子系统传递数据，现金银行核算模块在收到款项后会核销对应的款项。因此业务核算模块不但与账务处理子系统相联系，业务系统彼此之间也存在联系。

（6）账务处理子系统与报表子系统的数据联系。报表子系统编制上报的会计报表和内部管理用的报表。上报的会计报表（资产负债表、利润表、现金流量表等）的数据基本能从账务处理子系统各科目的余额、本期发生额、累计发生额、实际发生额等数据项目中获取。内部管理用的报表比较复杂，可以从账务处理子系统中取数，也可以从其他子系统中取数，例如可以从销售及应收核算子系统中取数，以编制销售明细表等。

2. 存货核算子系统与其他子系统之间的联系

存货核算子系统从采购及应付核算子系统获得存货增加的数量及取得成本，以反映存货数量的增加数和购进存货的成本。存货核算子系统从销售及应付核算子系统获得存货发出的数量，以反映存货数量的减少数。

存货核算子系统取得了存货的增加和减少数量，才能得出期末存货的数量；取得了购进存货的成本，才能正确地算出已销售出库存货的成本和期末存货的成本。

存货核算子系统要将售出商品（或者因其他原因出库的商品）的成本数据以凭证的形式传递到账务处理子系统。

3. 销售及应收核算子系统和其他子系统之间的联系

销售及应收核算子系统要将销售商品的数量转给存货核算子系统，以便存货核算子系统在期末正确计算销售成本并进行成本结转。

销售及应收核算子系统将应收款项数据传入现金银行子系统，以便在收到款项后对相应的应收款项进行核销。

销售及应收核算子系统要将销售收入及应交税金数据以凭证形式传给账务处理子系统进行核算。

4. 会计信息系统各子系统之间的关系

会计信息系统的各个子系统间存在着多种复杂的数据关系，其基本关系如图 1－4 所示。

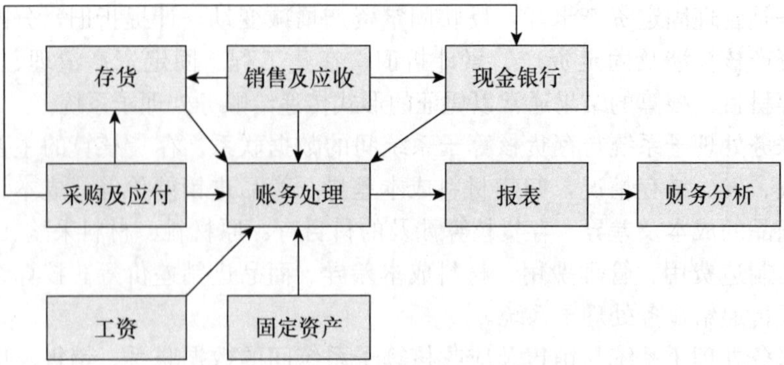

图1-4 会计信息系统各子系统之间的关系

1.4 会计信息系统的模式

1.4.1 会计信息系统在组织上的差别

会计的手工业务是一个比较规范的系统，主要表现在有规范的会计准则、会计制度，都按业务分为账务与报表、工资、固定资产、往来、采购、成本、销售等组织核算。具体组织业务时，在一些规模较大的单位分为资金、成本、综合、销售、财务等业务分工部门；在一些规模较小的单位则只成立不分下属部门的财务管理部门；在一些小的单位则只有一两个会计人员，只成立会计室；再小的单位则请兼职会计人员或代理记账公司完成会计核算工作。影响会计信息系统的因素主要有以下几个方面。

1. 规模的大小

它主要指人数、固定资产规模、产值产量、销售业务量、管理的组织模式。在不同的规模下，会计的业务量不同，会计的要求也不同。比如在小规模的单位里，主要是手工作坊式的管理，会计业务量不大，只需要完成账务和报表的处理，其他核算非常简单，会计人员也只有几个人，甚至一个人。

2. 会计业务的组织形式

随着规模的扩大，在业务上需要进行分工，规模越大，要求分工越细。分工的形式一般是按业务内容分成几个组（室、科、处），在每个组内又按业务内容分工，由若干人完成。

3. 单位内部的组织形式

会计信息化的物理组织模式一般分为两种：其一是集中核算组织模式，在这种组织模式下，各业务核算部门的房间一般都相邻；其二是分散组织模式，在这种模式下，某些核算科室相距较远（如销售核算部门与销售业务部门不在一起等），如果有分支机构，就会分布在不同的地域。

4. 对业务分析的要求

不同规模的单位对业务分析的要求不同。小规模单位，由于业务量小，数据不多，并不需要计算机辅助分析和管理，会计信息化的目标主要是用计算机替代手工记账和完成报表的编制工作；中等规模的单位，业务分工较细，需要各个核算模块辅助会计核算；大规模的核算单位，业务分工很细，数据量大，对会计提供信息的速度和质量都有较高要求，各个业务核算部门之间往往有一定的距离，必须有各核算模块辅助整个会计核算。

1.4.2 实施会计信息系统的几个层次

1. 基本应用层

基本应用层主要是账务和报表的应用。其他核算如工资、固定资产等业务处理量很小，非常简单，一般不用单独核算，只设立辅助账进行核算就可以了。

2. 核算应用层

核算应用层主要是账务与报表、工资、固定资产、采购核算、往来核算、成本核算、销售核算。主要任务是完成日常业务处理，基本实现会计核算的会计信息化。

3. 管理应用层

一些大中型规模单位，经济过程十分复杂，数据量大，光凭人脑已难以分析。在这一层上，主要是对核算后生成的数据进行分析，基本方法是对比、差额、比率，以及应用一些分析模型进行资金、成本、利润等的分析和管理。

在应用模块上，就需要全面预算、资金管理、资产管理、合并报表等。同时，还需要和 ERP 一体化，实现生产经营、财务的集中管理。

4. 决策支持应用层

决策支持系统（Decision Support System，DSS）是为克服管理信息系统的不足而发展起来的直接针对决策层，为中高层管理者提供有效的决策支持的信息系统。会计决策支持系统（A-DSS）是决策支持系统的一个分支，模型库中主要存放预测、计划、分析、投资等方面的基本模型。

1.4.3 会计信息系统的物理组织模式

1. 单机组织模式

单机组织模式是在一台计算机上运行会计信息系统。这种模式的优点是维护简单，投资很少，适用于业务量不大的单位。该模式的缺点比较多，包括：(1) 每次仅能一人上机处理数据，不方便；(2) 不能同时处理多项业务，实时性差；(3) 已生成的会计信息仅能在一台计算机上利用，信息的共享性差；(4) 一台计算机能处理的会计业务有限，对业务量大或有许多项会计业务需要开展会计信息化的单位不可行。

2. 多用户组织模式

多用户组织模式是以一台高档微型计算机为主机（也可用大中型计算机），另根据需要连接若干终端实现数据的集中处理。其网络结构如图 1-5 所示。

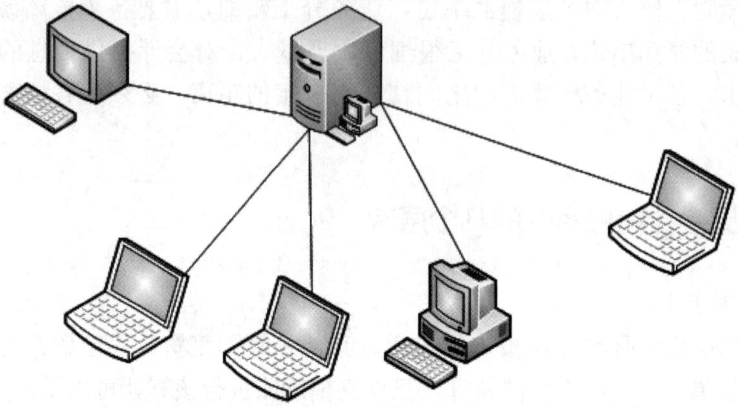

图 1-5 多用户组织模式

这种组织模式的优点是系统维护简单，可靠性高，投资也较少，能够实现会计数据的实时处理。缺点是运行效率受主机影响很大，挂接的终端数量有限，而且只要主机有问题，系统就会全部瘫痪。这种模式适用于业务处理量不是很大的单位。如果主机采用大中型计算机，就能实现大中型规模应用，相应的投资和维护费用也会大大增加。

3. 网络组织模式

网络组织模式是使用一台高档计算机服务器，另外根据需要连接若干计算机终端。其物理组织的逻辑模式如图 1-6 所示。

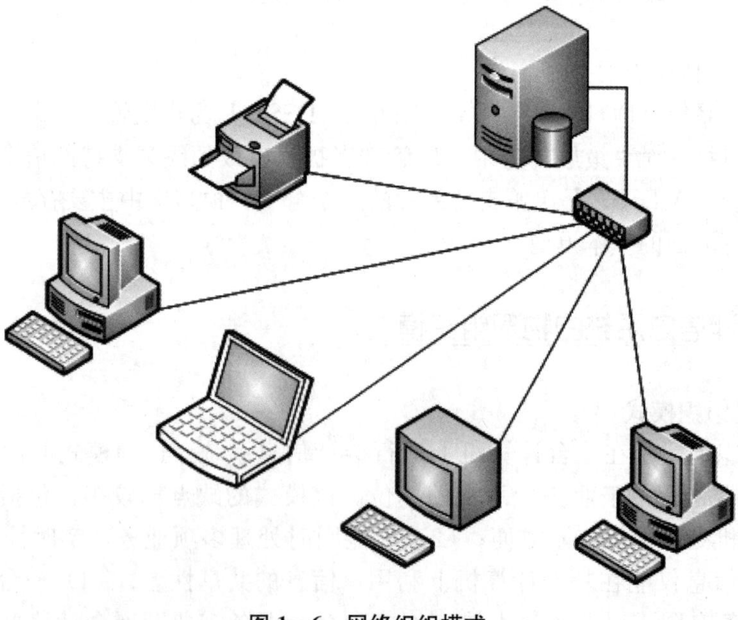

图 1-6 网络组织模式

这种模式的缺点是投资较高，维护难度相对较大。其优点有：(1) 处理的所有数据都存放在服务器内，可以共享；(2) 可多人同时操作，对一项业务或多项业务进行处理，实时性好；(3) 可将会计业务之间的联系体现在一套会计软件系统中，充分体现了会计是一个信息系统的特点；(4) 工作站的数量可以达到几百甚至上千个，适应性较强；(5) 可通过互联网或专线实现局域网之间的连接，实现一个较大的网络数据处理系统。对于大型单位和跨地区的单位，它都是一种比较好的组织模式。

1.4.4　网络体系架构

随着网络技术不断发展，尤其是基于 Web 的信息发布和检索技术、Java 计算技术以及网络分布式对象技术的飞速发展，很多应用系统的体系结构从 C/S 结构向更加灵活的 B/S 及 C/B/S 多级分布结构演变，使得软件系统的网络体系结构跨入一个新阶段。

1. C/S 结构

C/S 结构，即 Client/Server（客户机/服务器）结构。此结构把数据库内容放在远程的服务器上，而在客户机上安装相应软件。C/S 软件一般采用两层结构。它由两部分构成：前端是客户机，即用户界面结合了表示与业务逻辑，接受用户的请求，并向数据库服务提出请求，通常是个人计算机；后端是服务器，即数据管理系统将数据提交给客户端，客户端将数据进行计算并将结果呈现给用户。还要提供完善的安全保护及对数据的完整性处理等操作，并允许多个客户同时访问同一个数据库。在这种结构中，服务器的硬件必须具有足够的处理能力，这样才能满足各客户的要求。

目前，C/S 结构在技术上已经很成熟，它的主要特点是交互性强、具有安全的存取模式、网络通信量低、响应速度快、利于处理大量数据。但是该结构的程序是针对性开发，变更不够灵活，维护和管理的难度较大。通常只局限于小型局域网，不利于扩展。而且，由于该结构的每台客户机都需要安装相应的客户端程序，分布处理功能弱且兼容性差，不能实现快速部署安装和配置，因此缺少通用性，有较大的局限性。该结构要求具有一定专业水准的技术人员去完成。

2. B/S 结构

B/S 结构，即 Browser/Server（浏览器/服务器）结构，就是只安装维护一台服务器，而客户端采用浏览器运行软件。它是随着互联网技术的兴起，对 C/S 结构的一种变化和改进。它主要利用不断成熟的 WWW 浏览器技术，结合 Javascript 语言和 ActiveX 技术。B/S 结构的优势明显，许多软件公司竞相采用。

在 B/S 体系结构系统中，用户通过浏览器向分布在网络上的许多服务器发出请求，服务器对浏览器的请求进行处理，将用户所需信息返回到浏览器。而其余如数据请求、加工、结果返回、动态网页生成、对数据库的访问和应用程序的执行等工作全部由网络服务器完成。随着 Windows 将浏览器技术植入操作系统内部，这种结构已成为当今应用软件的首选体系结构。显然B/S结构应用程序相对于传统的C/S结构应用程序是一个非常大的进步。

B/S结构的主要特点是分布性强、维护方便、开发简单且共享性强、总体拥有成本低。但是数据安全性、对服务器要求过高、数据传输速度慢、更新页面一小部分数据就要回传整个页面等方面的不足是有目共睹的，难以实现传统模式下的特殊功能要求。例如通过浏览器进行大量的数据输入或进行报表的应答、专用性打印输出都比较困难和不便，相对于发展已非常成熟的C/S的一系列应用工具来说，这些技术的开发复杂，并没有完全成熟的技术工具供使用。

3. 两种网络体系结构的比较

(1) 硬件环境不同。C/S建立在局域网的基础上，通过专门服务器提供连接和数据交换服务。所处理的用户不仅固定，并且处于相同区域，要求拥有相同的操作系统。B/S建立在广域网的基础上，信息自己管理，有比C/S更大的适应范围，一般只要有操作系统和浏览器就行；与操作系统平台关系最小；面向不可知的用户群。

(2) 结构不同。C/S软件一般采用两层结构，而B/S采用三层或多层结构。这两种结构的不同点是两层结构中客户端参与运算，而三层结构中客户端并不参与运算，只是简单地接收用户的请求，显示最后的结果。由于三层结构中客户端并不需要参与计算，所以对客户端的计算机配置要求较低。虽然B/S采用了逻辑上的三层或多层结构，但在物理上的网络结构仍然是原来的以太网或环形网。这样，各层之间的通信都需占用同一条网络线路，网络通信量大。而C/S只有两层结构，网络通信量只包括客户端与服务器之间的通信量，网络通信量低。所以，C/S处理大量信息的能力是B/S无法比拟的。

(3) 处理模式不同。B/S的处理模式与C/S相比，大大简化了客户端，只要装上操作系统、网络协议软件以及浏览器即可，这时的客户机成为瘦客户机，而服务器则集中了所有的应用逻辑。

(4) 构件重用性不同。在构件的重用性方面，C/S程序从整体进行考虑，具有较低的重用性。而B/S对应的是多重层次结构，要求构件具有相对独立的功能，具有较好的重用性。

(5) 系统维护不同。系统维护是在软件生存周期中开销最大的一部分。C/S程序由于其本身的整体性，必须整体考察并处理出现的问题。而B/S结构中，客户端不必安装及维护。B/S结构在构件组成方面只变更个别构件，开发、维护等工作都集中在服务器端。当需要升级时，只需更新服务器端的软件，而不必更换客户端软件，实现系统的无缝升级。这样就减少了系统维护与升级的成本和工作量，使用户的总体拥有成本（TCO）大大降低。

(6) 对安全的要求不同。由于C/S采用配对的点对点的结构模式，并采用适用于局域网、安全性比较好的网络协议（例如微软公司的NetBEUI协议），安全性可得到较好的保证。C/S一般面向相对固定的用户群，程序更加注重流程，可以对权限进行多层次校验，提供了更安全的存取模式，对信息安全的控制能力很强。一般高度机密的信息系统适宜采用C/S结构。而B/S采用点对多点、多点对多点这种开放的结构模式，并采用TCP/IP这一类运用于互联网的开放性协议，其安全性只能靠数据服务器上管理密码的数据库来保证。所以B/S对安全以及访问速度比C/S有更高的要求。而互联网技术中这些关键的安全问题远未解决。

(7) 速度不同。由于C/S在逻辑结构上比B/S层数要少，对于相同的任务，C/S完成的速度总比B/S快，这使得C/S更利于处理大量数据。

(8) 交互性与信息流不同。交互性强是C/S固有的一个优点。在C/S结构中，客户端有一套完整的应用程序，在出错提示、在线帮助等方面功能强大，并且可以在子程序间自由切换。传统的B/S结构虽然由Javascript和AJAX提供了一定的交互能力，但与C/S的一整套客户应用相比是太有限了。C/S的信息流单一，而B/S可处理如B-B，B-C，B-G等信息并具有流向的变化。

1.4.5 软件层次结构

1. 传统的两层结构

传统的两层结构，即C/S软件体系结构，是20世纪90年代成熟起来的技术，很快即成为业界软件开发的主流，其最大优点在于系统结构简单，程序运行、一次性开发效率高。目前国内开发的管理信息系统（MIS）多是基于两层结构的C/S结构。这种两层结构将应用一分为二，服务器端（后台）通常是关系型数据库，客户端（前台）包括用户界面和其他应用逻辑，直接与数据库通信，完成与用户的交互任务。

C/S体系结构具有强大的数据操作和事务处理能力，模型思想简单，易于人们理解和接受。但随着企业规模的日益扩大，软件的复杂程度不断提高，当需求发生变化，需要修改程序时，由于业务逻辑代码和用户界面代码是紧耦合的，修改一个必然会影响到另一个，这样一来，软件升级、代码重用都非常困难。

2. 基于B/S的三层结构

B/S构架一般采用三层软件层次结构，在数据管理层（Server）和用户界面层（Client）之间增加了一层结构，称为中间件（Middleware），使整个体系结构成为三层。三层结构是伴随着中间件技术的成熟而兴起的，核心概念是利用中间件将应用分为表示层、业务逻辑层和数据存储层三个不同的处理层次，这种三层结构在层与层之间相互独立，一层的改变不会影响其他层的功能。

这种三层结构的示意图如图1－7所示。

(1) 展现层。展现层（表示层）是应用的用户接口部分，它担负着用户与应用间的对话功能。它用于检查用户从键盘等输入的数据，显示应用输出的数据。为使用户能直观地进行操作，一般要使用图形用户接口，操作简单、易学易用。在变更用户接口时，只需改写显示控制和数据检查程序，而不影响其他两层。检查的内容也只限于数据的形式和取值的范围，不包括有关业务本身的处理逻辑。

(2) 逻辑层。逻辑层相当于应用的本体，它是将具体的业务处理逻辑编入程序中。而处理所需的数据则要从表示层或数据层取得。逻辑层不应包括用户界面和对数据库操作的SQL语句。

(3) 数据层。数据层就是数据库管理系统，负责管理对数据库数据的读写。数据

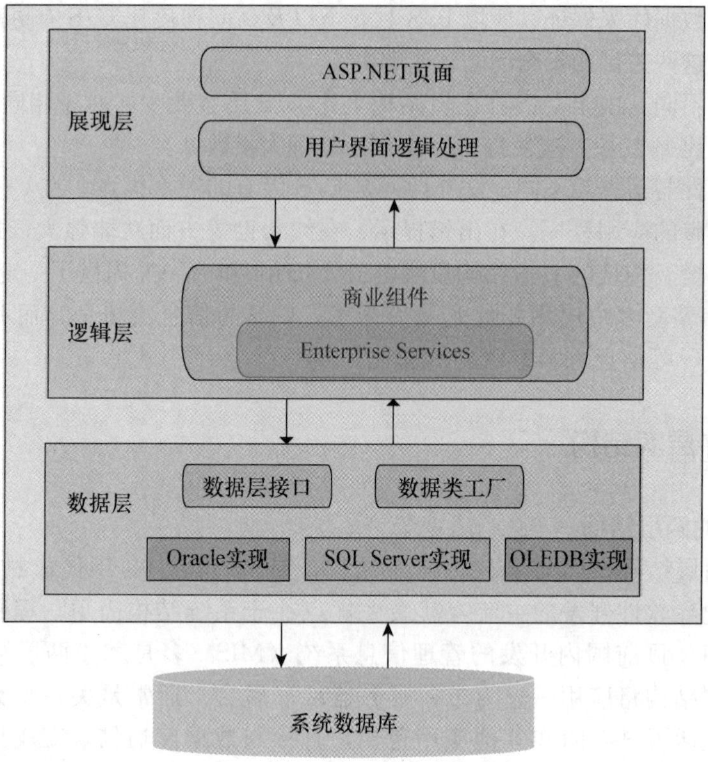

图1-7 软件三层结构示意图

库管理系统必须能迅速执行大量数据的更新和检索。因此，一般从逻辑层传送到数据层的要求大多使用SQL语言。

这种基于B/S构架的三层结构可将逻辑层和数据层分别放在不同的服务器中，所以灵活性很高，能够适应客户机数目的增加和处理负荷的变动，适合大规模的分布式应用。

3. 两种结构比较

与传统的两层结构相比，基于B/S的三层结构具有以下优点：

（1）结构清晰，易于理解。允许合理地划分三层结构的功能，使之在逻辑上保持相对独立性，从而使整个系统的逻辑结构更为清晰，能提高系统和软件的可维护性和可扩展性。

（2）允许更灵活有效地选用相应的平台和硬件系统，使之在处理负荷能力与处理特性上分别适应结构清晰的三层，并且这些平台和各个组成部分可以具有良好的可升级性和开放性。例如，最初用一台服务器，将数据层和逻辑层都配置在这台服务器上。随着业务的发展，用户数和数据量逐渐增加，这时，就可以将这台服务器作为逻辑层的专用服务器，另外追加一台专用于数据层的服务器。若业务进一步扩展，用户数进一步增加，则可以继续增加逻辑层的服务器数目，用以分割数据库。清晰、合理地分割三层结构并使其独立，可以使系统构成的变更非常简单。因此，被分成三层的应用基本上不需要修正。

（3）易修改，可维护性强。三层结构中，各层逻辑上是独立的，各层的应用可以并行开发，各层也可以选择各自最适合的开发语言，使之能并行地而且是高效地进行开发，达到较高的性能价格比，对每一层的处理逻辑的开发和维护也会更容易些。

（4）可移植性强，重用粒度大。各层之间以及各层内的逻辑之间都是相对独立的，可移植性和重用性较强，可以实现体系结构级的重用。

（5）允许充分利用逻辑层有效地隔离开表示层与数据层，未授权的用户难以绕过逻辑层而利用数据库工具或黑客手段去非法地访问数据层，这就为严格的安全管理奠定了坚实的基础；整个系统的管理层次也更加合理和可控制。

1.4.6　集团会计信息系统模式

1. 集团会计信息系统的构成

集团结构的组织是一种垂直模式，由基层单位、中间单位的会计信息系统和集团会计信息系统构成，集团会计信息系统的基本构成如图1-8所示。

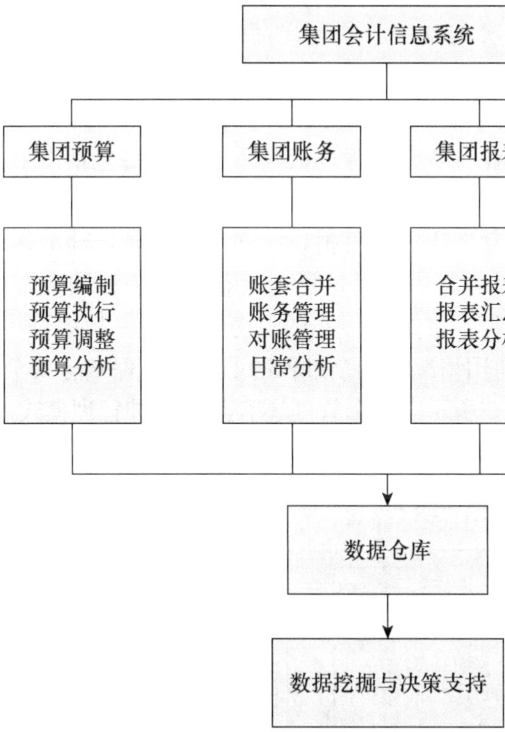

图1-8　集团会计信息系统

集团会计信息系统中，全面预算和资金管理属于业务运行管理和监控的系统，其主要管理内容如下。

（1）全面预算。企业编制适合企业自身的预算，既能满足管理者的需求，同时又起到责权利均衡的作用，对于企业十分重要。全面预算管理是由一系列预算构成的体系，各项预算之间相互联系，关系比较复杂，很难用一个简单的办法准确描述。图1-9是一个简化的例子，反映了各预算之间的主要关系。

全面预算管理是以企业的经营目标为基础，以销售额为出发点，进而延伸到生产、

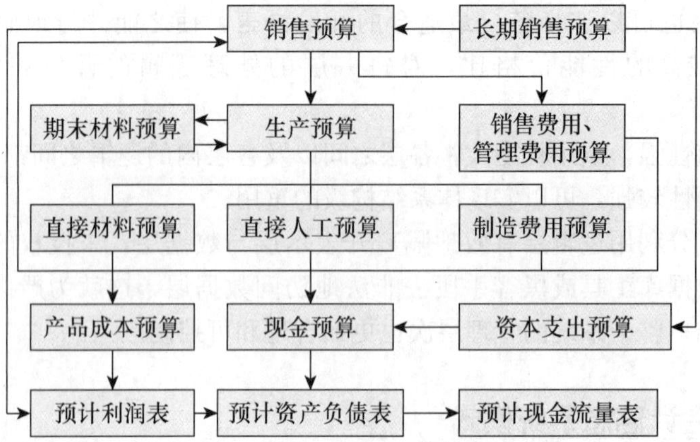

图1-9　全面预算管理体系

成本、费用和资金收支的各个方面，最后编制预计财务报表的一种整体预算。其特点是以销定产，使预算的每一个部分、每一项指标围绕着企业经营决策所确定的目标利润来制定。具体编制全面预算时，应先编制营业预算和专门决策预算。在营业预算中，又应首先编制销售预算，然后依次编制生产预算、直接材料预算、直接人工预算、制造费用预算、期末存货预算、销售及管理费用预算等，同时编制各项专门决策预算。最后，根据业务预算和专门决策预算再编制财务预算。各项预算相互牵制、互为因果。

（2）资金管理。作为集团企业，资金的管理极其重要，主要包括以下方面：1）加强资金预算和资金分析。对开户单位的资金流动做到事前预算、事中控制和事后分析。利用先进的计算机信息技术，自动产生资金日报，加强资金分析，辅助领导科学决策。2）有效地利用资金沉淀，降低财务费用；通过资金运作，发挥集团资金效益。3）优化流程，提高效率。简化业务流程，将结算中心的业务前移，提高结算中心的工作效率。4）加强资金监控。对资金使用情况进行全过程的监控，确保资金安全运行。

资金集中管理模式如图1-10所示。资金管理还有其他多种管理模式。

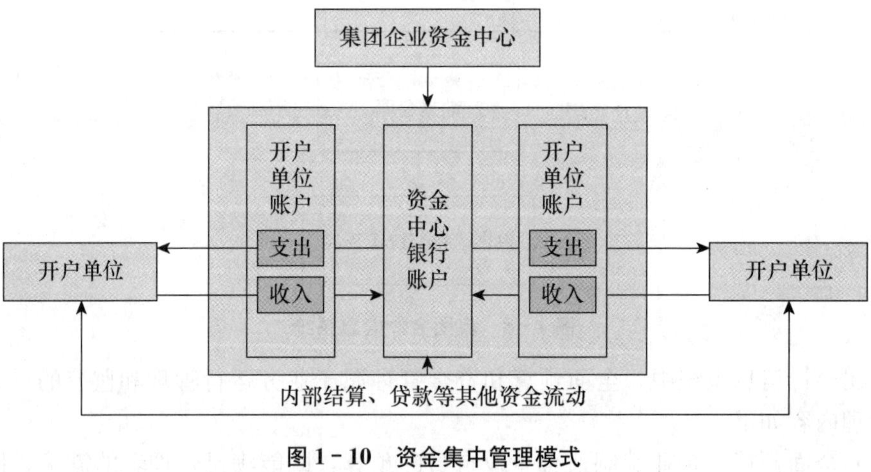

图1-10　资金集中管理模式

2. 集团企业会计信息系统的部署模式

集团企业部署模式如图1-11所示。这种模式较为复杂，可能会有几种模式共存。

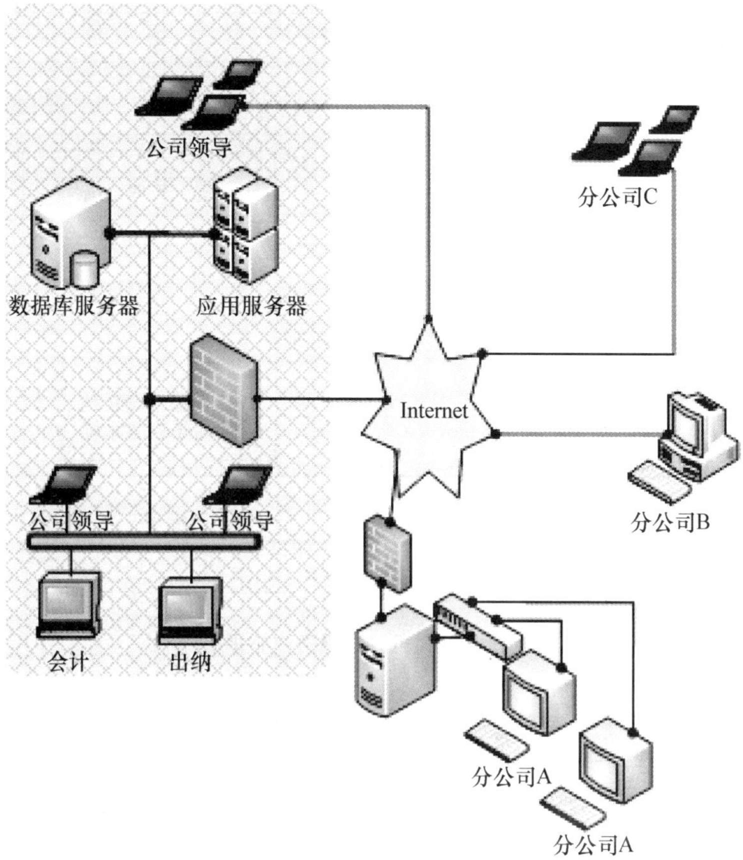

图 1－11　集团企业部署模式图

3. 财务共享服务中心

财务共享服务中心是基于信息技术，以市场视角为内外客户提供专业化财务信息服务的财务管理模式，是网络经济与企业管理共享思想在财务领域的最新应用。它是将分散于各业务单位、重复性高、易于标准化的财务业务进行流程再造与标准化，并集中到财务共享服务中心统一进行处理，达到降低成本、提高客户满意度、改进服务质量、提升业务处理率目的的作业管理模式。

财务共享服务中心之所以能帮助企业节约成本并提高工作效率，首先在于建立了标准化的流程、操作规范、执行标准，通过将不同地点的实体会计业务集中在一个中心进行记账和报告，分、子公司不再建立财务部门，保证了会计记录和报告的规范、结构统一，且节省了系统和人工成本。其次，财务共享服务中心囊括了分支机构的所有财务数据，可以促进简单易行的数据汇总和数据分析，使跨系统、跨地域、跨部门整合数据更方便，也促进内部审计获取数据的多样性和及时性。

统一的信息系统平台是成功实施财务共享服务的前提条件，通过数据信息在系统平台内实现共享，达到集中核算、集中管理、共享服务的目的。一般来说，财务共享服务中心的系统平台有财务核算系统、资金管理系统、网络报销系统、影像管理系统、电子档案系统等，如图 1－12 所示。

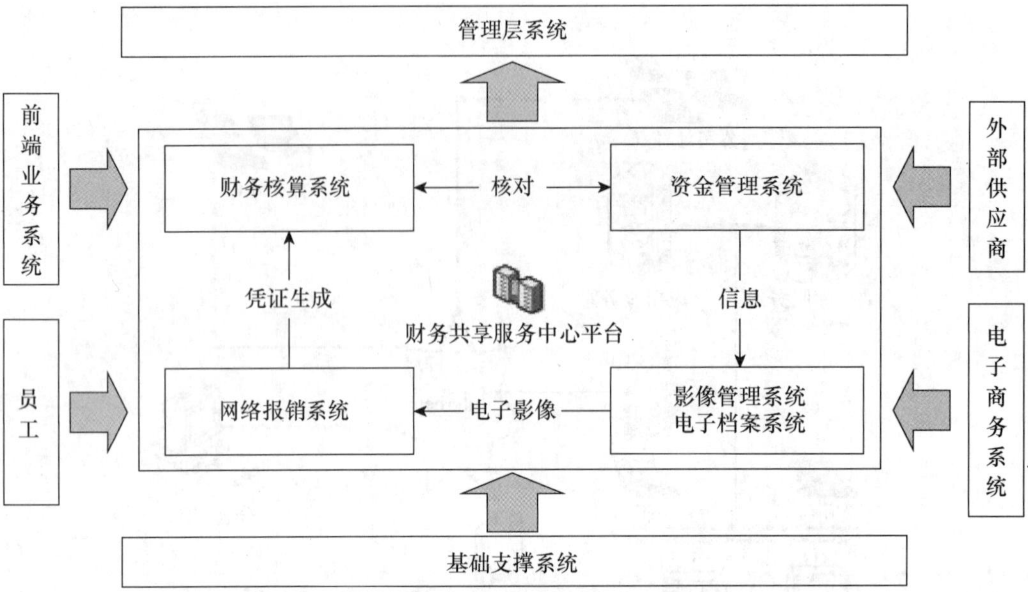

图 1-12 财务共享服务中心平台

1.4.7 ERP 与会计信息系统的关系

1. ERP 的发展过程

20 世纪 40 年代，由于计算机系统还没有出现，不可能利用计算机系统解决库存问题。为解决库存控制问题，人们提出了订货点法。到了 20 世纪 60 年代，随着计算机的出现和发展，短时间内对大量数据的复杂运算成为可能，人们为解决订货点法的缺陷，提出了一种库存订货计划方法，即物料需求计划（Material Requirements Planning，简称时段式 MRP）或称基本 MRP。

随着人们认识的加深及计算机系统的进一步普及，到了 20 世纪 70 年代，MRP 的理论范畴也得到了发展。为解决采购、库存、生产、销售的管理，发展了生产能力需求计划、车间作业计划以及采购作业计划理论，出现了闭环 MRP（Closed-loop MRP），作为企业的一种生产计划与控制系统。

到了 20 世纪 80 年代，伴随着计算机网络技术的发展，企业内部信息得到充分共享，闭环 MRP 集合了采购、库存、生产、销售、财务、工程技术等子系统，发展成了 MRPⅡ理论，即制造资源计划（Manufacture Resource Planning，英文缩写还是 MRP，为了区别于基本 MRP 而记为 MRPⅡ），作为一种企业经营生产管理信息系统。

进入 20 世纪 90 年代，随着计算机网络技术的迅猛发展，统一的国际市场已经形成。针对国际化的销售和采购市场以及全球的供需链环境，企业 MRPⅡ面临着需求的挑战。由于 MRPⅡ系统仅仅包括制造资源，而不包括面向供需链管理的概念，因此无法满足企业对资源全面管理的要求。在这种环境下，20 世纪 80 年代 MRPⅡ主要面向企业内部资源全面计划管理的思想，逐步发展成为 20 世纪 90 年代怎样有效利用和管理整体资源的管理思想，企业资源计划（Enterprise Resources Planning，ERP）随之产生。

ERP 是由美国加特纳公司（Gartner）在 20 世纪 90 年代初期首先提出的，它是一种面向企业供需链的管理，可对供需链上的所有环节进行有效的管理，这些环节包括订单、采购、库存、计划、生产制造、质量控制、运输、分销、服务与维护、财务管理、人事管理等。

2. ERP 软件的基本构成

ERP 扩展了业务管理的范围及深度，包括质量、设备、分销、运输、多工厂管理、数据采集接口等。ERP 的管理范围涉及企业的所有供需过程，是对企业运作实施的全面管理。ERP 的基本结构如图 1－13 所示。

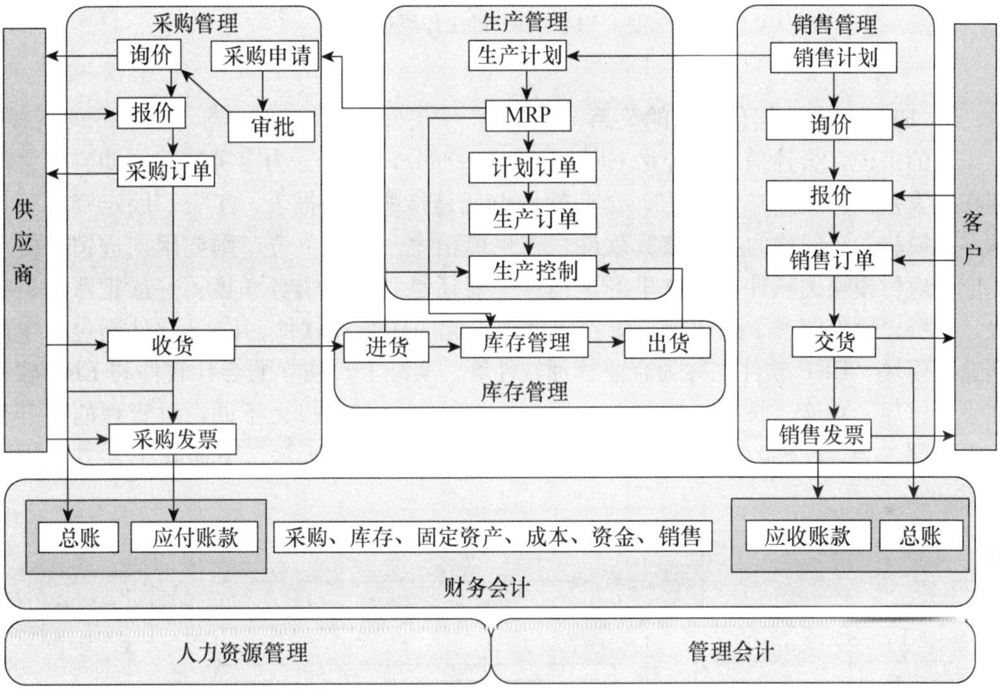

图 1－13　ERP 的基本构成

在实际应用中，ERP 往往泛指企业管理软件，ERP 本身是一个动态的发展过程，针对具体的软件，其具体包含的内容比 ERP 所包含内容少或多都是正常的。

将 ERP 的经营业务充分简化，以信息流、工作流、资金流、物流、增值流抽象出 ERP 的工作原理图，如图 1－14 所示。

ERP 理论所表示的企业生产经营运作过程如下：客户将对产品的需求传递给企业的销售部门；销售部门又将客户的需求传递给企业的生产部门安排和组织生产；生产部门将生产所需的原材料需求信息传递给企业的采购部门；采购部门将企业的原材料需求传递给供应商。供应商将原材料供给企业，企业将原材料投入生产，生产出产品销售给客户。在整个过程中还贯穿着财务和成本管理，客户的资金流向企业，企业将资金投入到销售、生产和采购等各项业务中，企业还将一些资金作为原材料货款付给供应商。这是一个企业的简单运作过程，企业的实际工作由于受各种各样的内外部环境的影响要比这复杂得多。

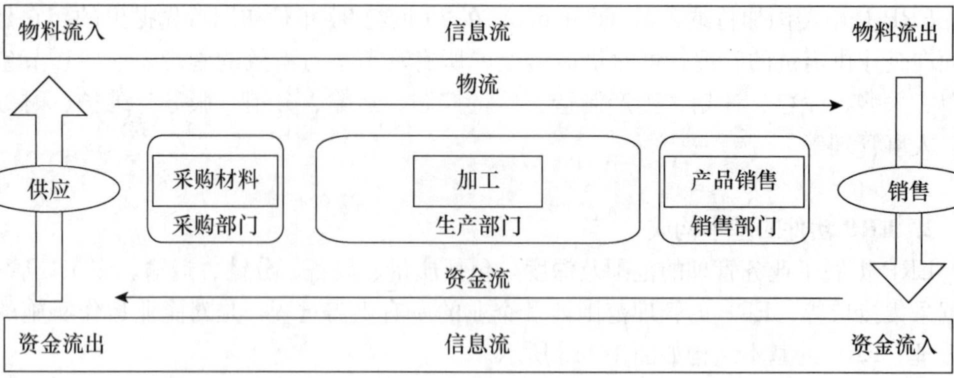

图 1-14 ERP 的工作原理图

3. ERP 与会计信息系统的关系

总的来说，会计信息系统是 ERP 系统的一部分，但又分为多种情况，使它们之间存在很大差别。就小单位而言，会计软件也就是指账务、报表、工资、固定资产等最基本的模块，一般称为会计核算软件。在规模稍大一点的单位，则要用到进销存模块和应收应付模块的软件，但这里的进销存主要还是立足于财务角度，一般把账务、报表、工资、固定资产、进销存、应收应付等一起叫作会计软件。ERP 软件则包含生产制造等模块，ERP 软件也称为企业管理软件等。实际上，独立的会计软件和 ERP 软件在设计思想、功能、技术、实施、应用、维护等方面存在很大不同，对管理的提升也大大不同。会计软件与 ERP 模块之间的关系如图 1-15 所示。下面就主要方面进行说明。

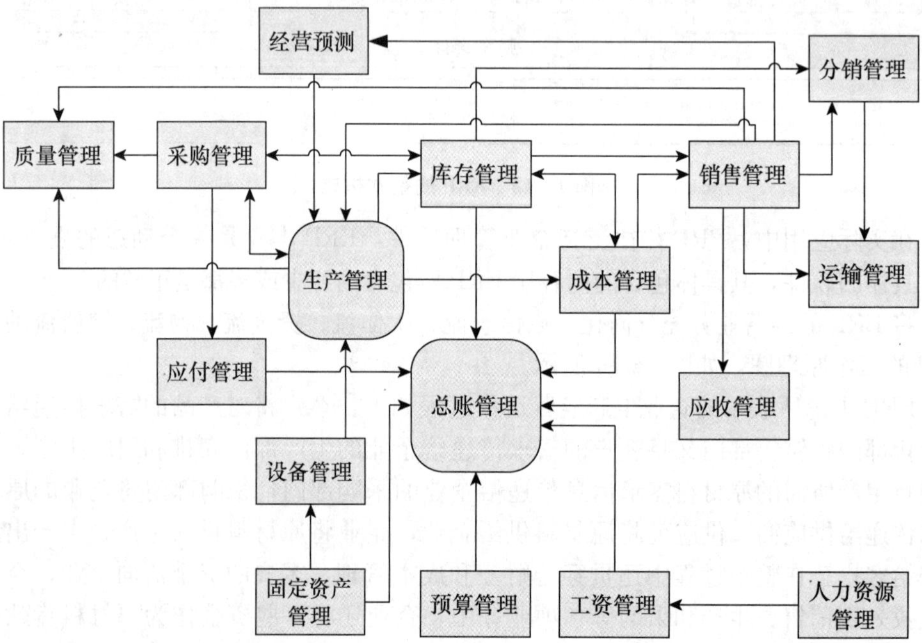

图 1-15 会计软件与 ERP 模块之间的关系图

(1) 从范围上看，会计软件是 ERP 的一部分。ERP 软件一般按照模块可以分成：财务管理、销售管理、后勤管理（采购管理、售后服务管理和库存管理）、生产管理和人力资源管理等。因此 ERP 涵盖的管理范围比会计软件广，它对企业的整个资源进行有效的整合，使企业的资源能够得到最有效的利用。会计软件是 ERP 中的一个组成部分，可以单独使用或与其他模块紧密集成使用。

(2) 从工作原理的角度，会计软件主要是针对企业业务进行核算和管理，因此核算前提是对各项业务单据编制凭证手工输入系统，系统再进行汇总和分析。会计人员大部分的时间仍然要面对烦琐的凭证录入工作而无法将时间用在管理工作上。而 ERP 中企业的业务是以流程为导向，会计模块通过 ERP 中的自动凭证制作系统将这些流程紧密集成在一起，针对不同的业务类型自动触发会计业务事件，而这些会计业务事件对应的凭证已经预先定义会计科目和相关参数，所以当业务发生时，系统自动产生会计凭证，并自动登记有关账簿。会计人员的工作内容就是对这些凭证进行审核或由系统自动审核，这样就极大地减轻会计人员的工作量，将时间集中在管理工作上。

(3) 从会计软件与 ERP 核心的角度，会计软件的核心是总账，以此为中心设置了许多分类账，如往来账、存货账、销售账等，它从财务的角度将企业的活动资金化。财务信息十分重要，它是经营的成果数据，体现了一个企业的业绩和价值。财务信息的“结果”来源于供、产、销等活动。制造企业的核心价值是将低价值的原材料通过生产加工，生产出较高价值的符合市场需求的产品，通过市场的分销渠道以适当的营销方式使用户接受其产品。制造企业通过物流的增值来体现自身的价值，围绕整个物流增值过程的供应链管理的核心基础是产品的属性（有关生产、计划、成本、财务、库存等）、产品的结构（BOM）和产品的生产工艺。ERP 软件正是以此为核心，进行整个供应链的管理和规划，并通过凭证接口等方式与财务集成，将供、产、销等业务数据及时、准确地转化为会计上所需要的信息，从而对企业的经营过程进行控制。

(4) 从功能上，目前会计软件主要以核算为基本目的，从表面上已经能够满足企业的会计核算要求。但是从深层次和管理角度，管理人员或决策高层更需要的是对各项业务进行分析。如通过财务提供的销售收入、成本和销售毛利从多角度（如客户类型、产品、销售流向区域、销售部门、业务员业绩、计划等）来分析销售情况，如果单纯从会计数据加工就无法完全满足要求。ERP 软件则是以业务流程为导向，因此各种发生的会计数据能够与业务联系在一起，在分析时就能够与业务联系起来，进行不同层次的分析。

(5) 从实施角度，会计软件实施相对较为简单，一般由开发商的分支机构或代理实施，或者由使用单位直接实施，实施周期也短，单体企业一般一两个月就可完成。而 ERP 的实施则很复杂，一般由咨询服务机构等第三方实施，实施时间少则几个月，多则半年、一年甚至几年，实施费用很高，甚至往往超过购买 ERP 软件本身的费用。从实施的风险角度，会计软件由于规范性较强，变化相对较小，所以实施的成功率很高，一般只存在应用深度问题，而不存在无法应用的问题。ERP 软件则不同，由于涉及企业的各种业务，而且关联性非常强，业务的变化往往引起整个应用模式的变化，实施的风险就很大。即使是现在可以应用，市场、业务、管理的变化也可能导致 ERP

软件无法运行下去。

(6) 从应用角度，会计软件一般是区间性要求，如一天、一月、一年，而ERP软件则是实时性要求，如生产是24小时的连续生产，则各环节也要求同步。在实际应用过程中对人员的要求也不一样，会计软件涉及的人员较少，要求操作人员对计算机和自己的业务比较熟悉就可以了，而ERP则基本上涉及整个企业的员工，还要求使用者对企业的整体情况有所了解，才能实现内部的协同工作。在应用成本上，会计软件的应用费用主要是消耗材料和较少的服务费，而ERP软件一般有按年收取的软件更新费用，服务费用也比会计软件高得多。

1.5 会计信息化下的会计核算方法

会计核算方法是对经济业务进行完整、连续和系统的记录和计算，为经营管理提供必要的信息所应用的方法。会计信息化后，由于计算工具和运行模式的不同，为完成会计核算任务而采用的方法已产生较大的变化。它们之间相互结合应用，形成了新的方法。

1.5.1 建立账套

在会计信息系统中，应用会计软件开展会计核算工作，先要在系统中建立当前会计主体独立使用的账套。所谓账套，就是会计核算单位记录一套账务数据所用的计算机电子文件的集合，它是通过会计软件进行会计核算生成的，并存储在计算机中。建立账套时，一般至少需要以下参数：(1) 账套编号，编号便于计算机进行数据处理，以区别不同的账套；(2) 账套名称，一般为核算单位的名称；(3) 行业和采用的会计制度，通过本项能够确定具体的会计科目体系；(4) 起始会计期间，即在会计信息系统中进行会计核算的开始期间；(5) 会计科目编码结构，可以用来确定科目级数、每级的位数；(6) 编码规则方案，有关部门编码、人员编码、往来单位编码、物料编码等的编码规则，形成本账套的编码方案。在一个会计软件中，通过建立多个账套，就可以为多个会计主体完成会计核算任务。

1.5.2 基础设置

基础设置就是在账套建立的基础上，全面地构建会计的核算体系，主要包括以下两方面。

(1) 操作人员设置：将会计人员的职责分工在系统中加以明确，同时使系统具有了合法的使用者。

(2) 编码体系设置：在系统中建立起用于进行会计核算的会计科目体系、往来单位代码体系、部门代码体系、人员代码体系、物料代码体系等。

会计科目体系在编码体系中是最重要的，通过会计科目，分别对会计对象的不同内容进行反映和监督，是会计核算的主要形式。在大部分会计资料中（如凭证、账簿、报表等)，都要以会计科目作为直接对象来加以反映，通过会计科目建立一个完整的核算体系。

往来单位代码等也要按照核算单位的要求，建立相应的编码体系。

1.5.3　业务初始化

业务初始化就是输入初始余额，将原来已经存在于手工系统的业务初始数据转入信息化系统中，如科目余额、固定资产余额、应收应付余额、物料余额等，以便进行信息化后的会计核算。

初始设置完成后，需要启用账套。启用账套后即进入日常业务处理阶段，一般不能再修改初始余额和编码规则等参数。

1.5.4　填制凭证与登记账簿

填制凭证和登记账簿这两种传统会计方法目前仍然是会计信息系统业务处理的核心。会计信息系统与手工会计系统形式上的一个差别就是这些会计档案的存在形式不同，这就决定了填制凭证与登记账簿等方法有着明显的区别。在会计信息系统中，填制凭证有两种方式：一种是直接在系统中填制凭证；另一种是手工制好凭证后输入凭证。两种方式都体现为会计软件的一个较为重要的输入功能。

与传统会计方法相比，会计信息系统中的填制凭证及登记账簿主要有以下几个方面的特点：(1) 凭证中各数据项根据类型、范围和勾稽关系进行有效控制。如会计分录中的会计科目必须在设置的会计科目表中已经存在，并且是最底层的明细科目；根据当前科目的属性确定是否具有某些项目，如往来单位、结算单据号码等；借贷方金额必须相等；事先要确定借方或贷方、必有或必无科目、非法对应科目等；编号可以自动连续；日期可以限制顺序等。(2) 键盘操作较之手工处理更容易导致错误发生，因而凭证填制在操作功能上分为填制、修改、删除等步骤，以进行正确性控制。(3) 填好的凭证同样需要“审核”，信息化系统的审核可在程序中再次检验凭证的正确性。(4) 登记账簿之前可以汇总，而不是必须汇总；信息化系统可根据需要随时对任意范围的凭证进行汇总；计算机不会因疏漏出现总账与明细账登记结果不一致的情况，当然在记账之前则不必进行试算平衡。(5) 登记账簿主要是更新相关科目的发生额和余额，真正的账簿一般是在账簿查询时生成的。

还有一种特殊的填制凭证的方法是自动转账凭证。自动转账凭证的设置是一次定义、多次反复应用的一劳永逸的初始化工作，凭证模板建立以后，相关参数可不必调整，或只在业务变化以及会计核算方法变更时做少量修改即可。具体是由用户对凭证的全部要素项目进行定义，并保存为转账模板，由系统根据模板自动生成记账凭证。自定义转账凭证中的凭证类型、摘要、会计科目、借贷方向、金额来源公式等都必须由用户自己来定义，其中金额来源公式的设置涉及各种账簿与凭证的金额关系，以及需要掌握不同会计软件所约定的语法规范。自动转账的意义在于多次重复应用，只有对于不同会计期间须重复多次处理的业务，才能在反复应用中体现出简便、快捷的优势。税金计提、成本结转、损益结转等业务都具有一定的时间性，也有一定的规律性，这类在不同会计期间重复发生又基本稳定的业务，最能体现软件自动处理的优势。

自动转账有两种情形：一种是直接从账务数据中取数生成记账凭证，如结转期间损益；另一种是要通过函数进行较为复杂的运算才能得到凭证上所需的数值，如计算并分配应付福利费。自动转账又分为两个层次：一个层次是在总账系统（或称账务处理系统）中定义并使用的自动转账；另一个层次是在各个子系统中定义和使用自动转账，如工资系统中的工资费用分配、固定资产系统中的折旧费用分配等。自动转账一旦完成定义，即可在不同会计期间重复使用，大大提高了系统的效率。

1.5.5 期末结账

期末结账分为月结账和年结账两种。

月结账每月月底都需要进行，结账不仅要结转各账户的本期发生额和期末余额，还要进行一系列处理。如检查会计凭证是否全部审核、记账；科目之间有关数据是否平衡；相关辅助账是否进行了处理；其他业务处理系统是否结账等。与手工结账相比，信息化后结账工作全部由计算机自动完成，更加规范。

年结账是指系统自动产生下一年度的初始数据文件（如凭证库文件、科目余额发生额文件等），并结转年度余额，同时自动对固定资产等相关数据进行跨年度连续使用的处理。

1.5.6 编制会计报表

在会计软件中，编制会计报表分为两个步骤。第一步是设计阶段，即设计会计报表格式，定义数据来源计算公式；第二步是使用阶段，在具体会计期间，自动生成当期会计报表的结果。设计完成的会计报表可以长期使用，一般在每年会根据新的科目设置、业务变化做相应的变动。

1.6 复习题

1.6.1 思考题

1. 什么叫会计信息系统?
2. 什么叫会计信息化？简述我国的会计信息化的发展过程。
3. 开展会计信息化的基本条件是什么?
4. 会计信息化的基本内容是什么?
5. 会计软件一般由哪些功能模块组成，具体完成哪些任务?
6. 会计信息化后的核算方法是什么?
7. 一个单位有12个会计人员，拟开展会计信息化工作，需使用账务（含往来、现金银行）、报表、工资和固定资产等几个模块，其中报表、工资、固定资产分别需要 2 个人应用，其余的人员处理账务和相应的管理工作。请进行有关调查，制定一个建立本单位会计信息系统所需硬件及软件的解决方案，并对可能出现的问题提出建议。

1.6.2　判断题

1. 会计信息化之所以促进了会计工作的规范化，是由于会计信息化对会计数据的输出提供了一系列规范化的控制和格式。（　　）

2. 会计信息化是进行会计核算的人机相结合的控制系统。（　　）

3. 会计信息化下的审计线索、审计程序和手工方式下有很大不同。（　　）

4. 不同的会计软件，基本模块的功能大致相同。（　　）

5. 财政部于 1989 年制定并印发了《会计核算软件基本功能规范》。（　　）

6. 财政部于 1994 年制定并印发了《会计核算软件管理的几项规定（试行)》。（　　）

7. “会计电算化”是对用电子计算机处理会计业务的通俗称谓。（　　）

8. 财政部于 2013 年发布了《企业会计信息化工作规范》。（　　）

9. 2004 年，国家标准化管理委员会发布了 GB/T 24589—2010《财经信息技术 会计核算软件数据接口》。（　　）

10. 会计软件各子系统之间往往保持相对独立，它们之间基本不存在数据传输关系。（　　）

11. 会计软件各子系统的数据始终是围绕账务处理子系统进行传递。（　　）

1.6.3　单项选择题

1. 财政部于（　　）年制定并印发了我国第一个会计电算化管理制度《会计核算软件管理的几项规定（试行)》。

A. 1989　　B. 1990　　C. 1994　　D. 1995

2. “会计电算化”一词是中国会计学会于（　　）年在长春会议上提出的。

A. 1989　　B. 1990　　C. 1981　　D. 1995

3. 我国会计电算化的开始时间一般认为是（　　）年。

A. 1979　　B. 1990　　C. 1981　　D. 1994

4. 使用会计软件的最基本目的是（　　）。

A. 提高单位的总体管理水平　　B. 替代手工进行会计核算工作

C. 简化账务处理流程　　D. 减少财务部门的人员编制

5. 发展会计信息化的瓶颈是（　　）。

A. 硬件　　B. 人才　　C. 制度　　D. 软件

6. 会计信息化是通过（　　）替代手工完成或手工很难完成的会计工作。

A. 操作系统　　B. 计算机

C. 会计软件指挥计算机　　D. 系统软件指挥计算机

7. 会计软件是以（　　）和会计方法为核心，以会计制度为依据，以计算机及其应用技术为技术基础，以会计数据为处理对象的软件系统。

A. 会计理论　　B. 税务制度
C. 计算机及其应用技术　　D. 会计数据
8. 学习会计信息化的过程中，重要的是理解和掌握（　　）。
A. 计算机基本知识　　B. 会计知识
C. 会计和计算机知识的有机结合　　D. 会计和计算机的区别
9. 实现会计信息化的最终目的是为（　　）服务。
A. 管理、决策　　B. 税务　　C. 会计监督　　D. 审计
10. （　　）是一切会计信息化工作的基础。
A. 会计管理电算化　　B. 会计核算电算化
C. 会计决策电算化　　D. 会计流程电算化
11. 会计信息化系统由（　　）直接使用。
A. 会计人员　　B. 计算机人员
C. 软件维护人员　　D. 单位负责人
12. 安装一个会计软件，可以供（　　）核算单位进行账务等的管理。
A. 1 个　　B. 5 个　　C. 10 个　　D. 多个
13. 会计数据处理过程可以简单概括为（　　）。
A. 输入—计算—打印　　B. 输入—处理—输出
C. 输入—分类—打印　　D. 输入—处理—打印
14. 在会计软件中，其核心子系统是（　　）。
A. 报表子系统　　B. 账务处理子系统
C. 财务分析子系统　　D. 成本核算子系统

1.6.4 多项选择题

1. 会计人员要通过会计信息化培训，掌握（　　）技能。
A. 计算机基本操作　　B. 会计核算软件基本操作
C. 对会计业务进行简单分析利用的　　D. 会计核算软件分析和设计
2. 会计软件实施前的准备工作主要包括（　　）。
A. 全面清理手工会计业务工作　　B. 规范会计业务处理工作
C. 会计数据的整理和准备　　D. 进行人员的培训
3. 在开展会计信息化工作的过程中，应着重做好（　　）等方面的工作。
A. 会计信息化管理和制度的建立　　B. 会计信息系统建立
C. 会计人员培训　　D. 计算机审计
4. （　　）的正确选择与配置，是开展会计信息化工作的一个重要前提。
A. 会计档案　　B. 计算机硬件设备
C. 会计机软件　　D. 会计凭证
5. 实施会计信息化的费用主要由（　　）等部分组成。
A. 硬件费用　　B. 软件费用　　C. 准备费用　　D. 运行维护费用
6. 会计信息化的费用项目主要是（　　）。
A. 硬件费用　　B. 软件费用　　C. 运行维护费用　　D. 人员招聘费用

7. 会计软件一般由（　　）组成。

A. 模块　　B. 操作系统　　C. 数据库　　D. 会计软件文档

8. 会计信息化下的会计核算方法包括（　　）。

A. 建立账套　　B. 基础设置和业务初始化

C. 填制凭证与登记账簿　　D. 期末结账和编制会计报表

第 2 章 Chapter 2 会计信息系统的建立与运行管理

2.1 会计软件的开发方法

2.1.1 会计软件开发的一般方法

会计软件由一系列指挥计算机执行会计工作的程序代码、存储会计数据或信息的文件（库）及有关的文档技术资料组成。会计软件的开发方法很多，当前比较流行和实用的方法为软件工程方法，即采用生命周期方法和各种结构设计技术来开发会计软件。它主要分为四大阶段，即系统分析、系统设计、系统实施和系统维护，一般要经过问题定义、可行性研究、需求分析、一般设计、详细设计、编码和单元测试、综合测试和维护等八个步骤。

1. 会计软件开发的阶段

（1）系统分析阶段。系统分析阶段主要完成问题定义、可行性研究和需求分析。

1）问题定义。主要确定“问题是什么”，由系统分析员根据对业务问题的理解，提出“关于系统目标与规模的报告书”，请使用部门审查和认可。

2）可行性研究。主要从技术上、组织上、经济上论证工程的可行性与最优方案。为此，系统分析员应做出基本的需求分析与概要设计，并写出“可行性研究报告”。如结论认为该项目值得进行，则应接着制定“项目实施计划”。

3）需求分析。主要确定使用部门对软件系统的全部需求，并用“需求规格说明书”的形式准确表达出来。

（2）系统设计阶段。系统设计阶段包括总体设计和详细设计。总体设计的主要任务是确定软件的总体结构，画出由模块组成的“软件结构图”或“层次图”。通常它还被称为概要设计、结构设计和一般设计。详细设计主要指针对单个模块的设计，为每一模块提供一个“模块过程性描述”，详细说明实现该模块功能的算法和数据结构，所以有时也称为算法设计。

（3）系统实施。系统实施包括编码和单元测试及综合测试。编码和单元测试主要是为每一模块编制正确的源程序，即按照选定的语言，把模块的过程性描述翻译成源程序，并验证其正确性。综合测试的主要任务是通过各种类型的测试（及相应的调试）使软件达到预定的要求。例如，将各个模块组装起来，进行集成测试，或通过人机运行方式来进行测试。

（4）系统维护。系统维护的主要任务是使软件持久地满足用户的需要。具体地说，当软件在使用过程中发现错误时应该加以改正，即实施正确性维护；当环境改变时应该修改软件以适应新的环境，即做适应性维护；当使用部门有新要求时应该及时改进软件以满足使用部门的新需要，即做完善性维护。

2. 生命周期法

生命周期法主要采用结构化的方法，用系统的思想，按用户需求第一的原则，自顶向下对会计信息系统进行分析与设计。它特别强调以下几个方面。

（1）面向用户。开发一个系统的成败，主要看它是否满足用户的业务要求，因为一切技术和方法的出发点都是服务于业务。开发过程面向用户，可以使用户更多地了解新系统，并随时从业务和用户角度提出新的要求，使分析人员能更多地了解用户的要求，更深入地调查和分析管理业务。只有在充分了解用户业务的情况下，才有可能设计出满足用户业务要求的软件。

（2）严格区分工作阶段。结构化方法强调将整个系统的开发过程分为若干阶段，每个阶段都有明确的任务和目标以及预期要达到的阶段成果，而且前一阶段的成果就是后一阶段的依据。在没有进行详细的调查与分析前，绝对不能急于动手设计，急于求成必然导致最终达不到目标。这样，每一步都经过深入的调查和分析，即使有问题也能及时发现，以形成自我控制机制。

（3）结构化、模块化、自顶向下进行开发。其基本思想就是站在整体的角度，将各项具体的业务或组织放到整体中加以研究，以确保全局的正确性，然后再一步步地深入处理局部问题，这就是自顶向下的分析设计思想。按自顶向下的思想对系统进行分析设计以后，其具体的实现过程就是采用自底向上的方法，即一个模块一个模块地开发、调试，然后再由几个模块联调，最后是整个系统的联调，投入试运行。

（4）工作文件的标准化和文档化。在每一阶段都要有详细的文字记录，把本步骤的研究结果及出现的问题，完整地记录下来形成文字资料。在系统分析过程中，无论是调查得到的材料，还是同用户交流的意见，每一步均要有明确的资料记载，而且记载所用的图形和书写格式要规范，使用户和参加本项工作的人易于理解，便于在内部和外部进行交流。

2.1.2　会计信息系统的总体分析与设计

1. 总体分析与设计的内容

会计信息系统的总体分析与设计，犹如建立一座高楼大厦需要分析和设计一样重要，具有以下主要意义。

（1）明确系统的目标。会计信息系统是一个功能多样、处理类型不同、结构复杂、规模差异巨大的系统，它由许多相互联系的子系统共同实现对经济活动的反映和监督功能。总体分析与设计阶段的中心任务就是合理划分子系统，通过划分子系统，使系统分析与设计人员进一步明确系统的全部功能。同时，又将复杂庞大的系统设计工作分解成各子系统的设计，从而大大降低系统设计的复杂程度和难度。

（2）合理划分各子系统之间的界限。会计信息系统的一大优点是实现数出一门、资源共享。要实现这个目标，就必须合理组织系统的内部结构和数据资源，将数据传递接口化，最大限度地实现子系统之间数据资源的共享，建立既能满足各子系统需要，又使用方便、冗余度低的合理高效的系统结构。

（3）合理建立公用信息与公用功能，实现系统的一体化管理。一方面在会计信息系统中有不少数据文件是各个子系统公用的，这就需要建立公用的数据标准，只有这样才能实现数据的共享，避免系统的不一致性；另一方面，在各个子系统中都有部分是公用的，在分析与设计时要将其独立出来，以便于独立设计，这样就避免了重复开发和系统实现上的不一致性。

（4）统一界面与操作，提高系统的总体水平。在会计信息系统的各子系统设计中，由于涉及许多设计人员，很容易出现界面和操作方法的不一致性。因此在设计中要统一设定，方便用户操作和使用，提高系统的规范化水平。

（5）制定标准代码文件，统一数据交换标准。在会计信息系统中，如往来单位代码、部门代码、物料代码、产品代码、科目代码、人员代码等都是系统的公用标准数据，必须在设计系统前就进行详细分析和设计，因为这些公用文件一旦变动，将使所有的子系统都产生连锁反应，波及整个系统。

（6）规范会计信息系统，实现系统的通用化。总的来说，各单位的业务管理很难完全相同，但其中有些子系统的功能和处理方法基本相近（如账务处理系统、报表系统等），核心系统基本相同。因此，可以设计标准的基本系统，然后根据不同行业或单位对业务的要求再扩充系统，以实现在一定范围内推广和移植有通用价值的子系统，大大减少会计信息系统的重复开发费用，规范会计业务处理，提高软件的社会效益。

（7）统一设计，分步实施。由于会计信息系统的发展越来越复杂，包含的模块也越来越多，在总体分析和设计后，可将系统划分为若干个子系统，再对各个子系统进行分步实施。

2. 总体分析与设计的原则

在总体分析与设计中，要遵循以下原则。

（1）满足行业或企业的要求。在针对具体的行业或企业设计系统时，由于组织不同、管理的模式不同和对会计信息的需求不同，必然导致会计系统的划分以及对功能的要求不同。如工业企业与商业企业、集团企业与非集团企业等都有较大差异，在设计时必须充分考虑到。

（2）遵循结构化设计方法。在划分子系统时，要遵循结构化分析与设计的原则，尽量使各子系统有较高的聚合度，相互之间有较低的耦合度，使系统独立性强，结构合理，可靠性高。

（3）通用性和公用性要求。凡能通用的子系统，要尽可能将通用的部分独立。对在会计信息系统中能公用的模块，要尽量公用，以减少开发工作量和增强系统的一致性。

（4）可扩充性。在设计时，要先设计出系统的核心，以此为出发点向外延伸和扩展。对不能马上实现的部分要设置预备功能，保留数据接口，待以后扩展为完整的系统。会计信息系统设计通常是以账务处理子系统为核心的，然后再建立其他子系统。在设计每一个子系统时，也是先设计子系统的核心部分，然后分步实现。一般的方法是先基本功能，后辅助功能，最后设计维护功能。

（5）输入输出的规范化。会计数据的具体输出格式往往有所不同。为了规范输出格式，要在分析手工格式的基础上进行规范化。但在计算机系统内部数据的组织要摆脱手工处理的习惯，以计算机数据库管理理论为指导，以节约存储、利于处理、利于维护、利于扩充来进行分析和设计。

2.1.3　会计信息系统软件设计的通用技术

我国的会计信息化工作经过 40 余年的发展，在会计信息系统设计方面已经从设计专用系统过渡到通用系统，能够在一定程度上适应多数专用需求。由于会计信息系统的通用化，大大降低了成本，实现了产品化开发，加速推动了整个会计信息化的发展。

通过会计信息化行业的多年探索和积累，通用化方法主要体现在以下方面。

1. 核算方法

会计核算工作是在国家统一的会计制度下进行的，在相关的规章中已经对会计科目、凭证、账簿、报表等进行了规范，对固定资产折旧方法、材料成本核算方法、成本核算方法等都有具体的规定，这就为会计信息系统的通用打下了最根本的业务基础。按照这些规范设计出的会计信息系统已经具备了一定的通用性。

从计算机进行数据处理的方法来看，业务管理软件都是按照初始化、数据输入、数据编辑、数据加工、数据输出、系统维护等方面进行设计。会计数据的处理过程也是这样，按照原始凭证和记账凭证进行输入，然后进行复核、记账、输出账簿和报表。

如固定资产的折旧，可以将各种核算方法都设计在软件中，供具体单位选用。在工资管理中，每个单位的计算方法都是不同的，因此可以采用计算公式方式，由具体的单位根据实际情况进行定义。

因此，会计核算方法的通用性为会计信息系统实现通用奠定了基础。

2. 参数法

每个单位使用会计软件，其流程、方法、业务处理方式、结果的表现都不尽相同，因此要实现通用，就要设置一系列的参数。这种参数化方法是实现软件通用的关键所在。主要有以下几个方面的参数：

（1）系统运行参数。如软件安装的目录、IP 地址、数据库连接等。会计软件系统要在企业运行，需要技术环境，也与部署方式有关。因此就需要通过一系列的控制数据来确定环境，如采用的数据库、主服务器、中间件部署的服务器、网络服务器、在企业的部署方式（如是独立运行，还是总部与分支机构一体化管理，等等）、特殊硬件支持参数。

（2）与单位相关的参数。在会计软件系统中，由一系列的控制数据实现对业务的特殊处理和控制，使业务按照事先定义的控制范围、期间、行业进行具体的处理。例如，“会计期间”实现对会计业务的期间处理和输出报表；“科目级数和位数”实现对所有科目级次和位数的控制；“使用的会计制度”实现对行业的控制及其相关业务的特殊控制；“操作人员权限”实现对会计人员的岗位分工和内部的牵制。还有科目、凭证类型、汇率、单位代码、人员代码、部门代码、物料代码等，都是根据单位的需要进行设置的共享性数据。

（3）业务控制参数。在会计软件系统中，业务的处理是靠业务规则或业务方法来进行控制的，各企业由于业务、管理的方法均有所不同，就需要按照各企业的要求通过软件的实施来实现，也就是按照实际情况来选择或自己定义业务规则，如成本核算方法、折旧方法、报表取数方法、计提职工福利费方法等。

（4）使用习惯参数。这是将单位、个人的使用习惯用一些参数保存下来，以适应单位或者个人的一种参数化方法。如专门设置的凭证格式、账簿格式、报表格式、使用颜色、功能定制等参数。

3. 通用转账法

通用转账是一种高速的凭证数据输入方法，它是指在计算机中预先一次性定义转账凭证，然后由计算机根据业务数据自动编制凭证，将指定的某一科目余额、发生额全部或者部分转入另一指定科目，或者是其他业务数据转入科目，在转入过程中一般还需要过滤、计算等处理，从而实现凭证数据的自动高速输入。如汇兑损益、工资分配、固定资产增加、固定资产减少、固定资产折旧、提取职工福利费、期末结转损益等凭证都是通用转账凭证。

通用转账凭证分为两类：一类是根据业务的特点，通过软件设计固化到业务系统中；另一类是用户根据需要，完全自行定义。

4. 报表编制定义法

报表编制通过设计电子表格软件实现编表功能，不仅能编制对外披露的财务会计报告，也能编制对内有助于管理和决策的管理会计报告。

财务报表关系到企业多方面的经济利益，国家统一会计制度详细规范了它的编制方法。会计报表的特点是，常规的报表格式固定不变，但数据来源有所不同，比如1月的报表就取1月的数据，2月就取2月的数据，但报表的格式是相同的。

通用报表程序设计的思想是：根据报表目录、报表框架结构（格式）数据库、报表数据来源及计算公式数据库中的内容，按照指定期间，由程序自动完成编制并打印输出。因此，报表的通用设计包含报表名称的确定、报表格式（表头和表体）的定义（即不同用户可以根据自己的实际需要自行定义表格的表头栏目）、取数和计算公式的定义、钩稽关系公式的定义。

5. 成本核算定义法

一般而言，各企业制造成本核算需经历以下几个共同的步骤：按成本项目归集陆续发生的费用；期末将归集的间接费用在各成本计算对象之间进行分配；按成本计算对象归集成本费用；将各成本计算对象归集的累计成本费用在本期完工产品与期末在产品之间进行分配；最后编制完工产品成本汇总表，据以结转完工产品成本。对此可归纳为归集、分配、再归集、再分配和汇总五个步骤，这是成本核算的共性，反映成本核算数据的通用流程，一般企业要依次经过这五个步骤。

成本核算个性主要表现在两个方面：一是决定成本计算对象，如品种法的成本计算对象是各产品品种，分步法的成本计算对象是各生产步骤的半成品和最终生产步骤的产成品等；二是选择费用分配方法，在前述两个分配环节都有很多费用分配方法可供选用。

在成本费用的归集中，可以通过各个模块向成本核算模块集中。

在分配中，无论选择何种分配方法，其分配过程就是四个因素，即分配对象、分配依据、分配标准和分配归属，它们都集中反映在各种二维形式的分配表中。因此，紧紧抓住成本核算的共性，将费用归集表内容、成本核算计算单、分配方法等标准化，再利用类似报表的方式进行具体的定义，就可实现成本核算的通用化。

6. 账簿通用法

对总账、分类账、日记账等格式和内容，会计软件通过规范与灵活的处理方式实现了通用，并在通用的基础上，实现了日期、格式、条件的灵活设定，提供了动态账簿和组合账簿两种手段，以实现更高层次的通用。

（1）动态账簿。实现会计信息化后，账簿实际上是由计算机生成的，因此要充分利用计算机速度快的优点，充分地为管理提供信息。动态账簿就是将同一科目下的明细科目进行模糊合并，以满足特殊的账簿要求。其方法是对同一级科目下的各级进行模糊合并，比如在科目中使用“?”号可随意归并某一位、某几位、某一级、某几级，随机生成动态账簿，满足管理上的动态信息需要。例如，管理费用的科目设置是，一级为管理费用，二级为部门，三级为费用项目。如果需要查询某项目的全部明细，就可以将中间的部门忽略掉。如果需要查询全部门的明细，则可以将最后一级忽略掉。

（2）组合账簿。组合账簿就是根据经济含义将不同的科目进行合并（即跨科目合并），形成新的账簿，满足管理上账簿重组的需要。其科目可以是相同一级科目下的明细科目，也可以是不同的一级科目。实际上，除获得明细账外，同样也可以得到汇总的账簿，方法是一样的。

7. 数据接口的通用法

接口分为两类：一是数据的导入；二是数据的导出。

对会计信息系统而言，数据的导入有三种方法：一是从其他会计软件导入以前的数据，以完成替换软件后数据的继续使用；二是导入自身导出的数据，在系统恢复过程中使用；三是与 ERP 软件接口，相互交换数据。

导出数据主要是为了提供数据输出接口，以利于自身和第三方软件应用。如向 ERP 软件提供数据，为审计软件提供数据。此外，对于使用者的一些不能预见的需求，可以通过导出的数据（如输出与 Excel 兼容的数据），进行进一步的处理，以满足特殊需求。输入、输出的数据一般采用 txt，Excel，XML 等格式，以便于相关的软件处理。

国家编制并发布会计软件数据接口标准后，就实现了更大范围的通用。

8. 一套数据、多种目的的应用法

由于国内会计软件受到以前会计软件中编码方法的影响，基本上还是采用固定编码技术，这种编码技术最大的缺陷就是只能满足一个维度的应用，需要其他维度时只能采用另外的编码。在业务处理方面，或许这种缺陷还不是很突出，但在业务分析方面，这种缺陷就充分暴露了。

根据国外ERP软件编码发展的经验，采用动态编码是新一代编码的必然趋势，这种技术已经趋于成熟，应该在编码中广泛应用。当然，这种编码技术对原来的应用习惯、软件设计都有一定的影响，但其灵活性能够满足以前不能满足的很多需求。

(1) 基于基础代码的多维代码动态编码处理技术。会计科目是进行会计核算和提供会计信息的基础，也是对外报告会计信息、对内进行经营管理所必需的。会计科目编码是会计信息系统的核心编码。

在一些会计软件中，会计科目不是等长的，而且按照明细程度把会计科目分成不同的等级。一般一级科目为4位，在这个科目下面的子目，又用后续的多位数字区分，可以有二级、三级甚至是四级以上的科目。

例如，现金是一级科目，编码为1001，银行存款也是一级科目，编码为1002。在现金这个一级科目下面，又有次级分类，如人民币和美元分别用01和02表示。在人民币下，还可以继续划分子目。最后，就形成下面的科目结构：

“1001”	现金	第一级
“100101”	现金——人民币	第二级
“10010101”	现金——人民币——总部机关	第三级
“10010102”	现金——人民币——一分公司	第三级
“100102”	现金——美元	第二级
“10010201”	现金——美元——总部机关	第三级
“10010202”	现金——美元——一分公司	第三级
“1002”	银行存款	第一级
“100201”	银行存款——人民币	第二级
“10020101”	银行存款——人民币——工行	第三级

具有结构性的会计科目既可以简化汇总统计信息的工作，又可以直接在会计科目上反映出总账和分类账的部分关系。

另一种编码方法是，取消汇总科目级，会计科目直接定义到最明细的等级，所有的会计科目都是同等级的，会计科目结构也演变成单层结构。同样以上面的10个科目为例，它们在软件中被定义为下面的5个科目：

“10010101”	现金——人民币——总部机关
“10010102”	现金——人民币——一分公司
“10010201”	现金——美元——总部机关
“10010202”	现金——美元——一分公司
“10020101”	银行存款——人民币——工行

其中的汇总级科目被取消了，只定义最明细级的科目，而且所有科目同在一个级

别，会计科目层次结构变成了单层结构。

利用单层会计科目结构来设计数据处理的功能，一般使用“虚拟科目”这一功能来实现数据的分级汇总。“虚拟科目”是会计科目主数据之外的一套结构，由汇总节点和会计科目组成，汇总节点由上到下，层层展开，最底层的汇总节点被分配到对应的会计科目，用于对会计科目数据进行汇总分析。采用这样的设计方法，就可以有多套虚拟科目，也就是说，可以使用不同的分类标准，把会计科目按照不同的报表或者数据要求，以不同的会计科目结构进行汇总。

（2）基于编码组合的动态编码技术。以前的编码大多使用线性编码方式，如科目就是分段逐级编码，只能够反映单维度的信息。

动态编码技术是采用组合码的方式，分段编码，编码可以任意组合或者任意抽取，这样就能够使用同样的数据实现各种不同需要的分类归集和分析。

A1	A2	A3	A4	A5	A6	A7

A1 至 A7 表示七组编码，各组的编码位数不等。其中的某些组也可以为空。在应用时，可以从中选择任意组进行编码组合，根据这种组合进行数据处理。

以科目为例说明：A1 为总账科目“管理费用”；A2 为费用项目，如办公费、出差费、招待费、折旧费等；A3 为部门；A4 为人员。

当需要按照办公费进行汇总和分析时，则使用“管理费用”＋“办公费”；需要按照部门进行办公费汇总和分析，则使用“部门”＋“办公费”＋“管理费用”；需要按照部门管理费用汇总和分析，则使用“部门”＋“管理费用”；等等。

9. 会计软件技术的通用法

现代的计算机技术已经可以做到根据用户需要，自己定制界面、工作流、输出格式、计算方法；不仅可以实现通用化，还能够满足用户的特殊定制要求，实现更大范围的通用。从技术的角度讲，比较重要的是人机界面技术和工作流技术。

（1）人机界面技术。计算机按照机器的特性去行为，人按照自己的方式去思考和行为。把人的思维和行为转换成机器可以接受的方式，把机器的行为方式转换成人可以接受的方式，这个转换就是人机界面。使计算机在人机界面上适应人的思维特性和行动特性，这就是以人为本的人机界面设计思想。

人机界面已经经历了四个阶段。

1）命令语言：在图形显示、鼠标、高速工作站等技术出现之前，现实可行的界面方式只能是命令和询问方式，通信完全以正文形式并通过用户命令和用户对系统询问的响应来完成。

2）菜单选项：这种方式与命令行方式相比不易出错，可以大大缩短用户的培训时间，减少用户的击键次数，可以使用对话管理工具，使错误处理能力有了显著提高。但使用起来仍然乏味，可能出现菜单层次过多及菜单选项复杂的情形，必须逐级进行选择，不能一步到位，导致交互速度太慢。

3）面向窗口的点选界面：即窗口（Windows）、图标（Icons）、菜单（Menus）、指示器（Pointing Device）四位一体，形成桌面（Desktop）。这种方式能同时显示不同种类的信息，使用户可在几个工作环境中切换而不丢失几个工作之间的联系；用户可通过下拉式菜单方便执行控制型和对话型任务；引入图标、按钮和滚动条技术，提高了交互效率。

4）自然语言：使用自然语言与应用软件进行通信，把第三代界面技术与超文本、多任务概念结合起来，使用户可同时执行多个任务。

目前人机交互在向体感技术、视觉感知技术等方面发展，越来越符合人们的思维习惯。

（2）工作流技术。工作流就是一系列相互衔接、自动进行的业务活动或任务。工作流是针对工作中具有固定程序的常规活动而提出的一个概念。它通过将工作活动分解成定义良好的任务、角色、规则和过程来进行执行和监控，达到提高生产组织水平和最终工作效率的目的。

工作流在流程管理中的应用分为三个阶段：流程建模、流程仿真和流程改进。流程建模是用清晰和形式化的方法表示流程的不同抽象层次，可靠的模型是流程分析的基础。流程仿真是为了发现流程存在的问题，为流程的改进提供指导。这三个阶段是不断演进的过程。它们的无缝连接是影响工作流模型性能的关键，也是传统流程建模和流程仿真集成存在的主要问题。

通过工作流技术，原来固化设计的流程管理就可以在使用时设定或者调整，实现流程控制的通用化。

2.2 会计信息化工作的基本要求

2.2.1 规范的会计信息化工作是会计工作的基本保证

会计核算必须执行一系列的规章、制度和方法，这在手工方式下靠会计人员来具体执行，由上级部门、审计部门、税务部门等进行检查。实现会计信息化，原来进行数据处理的环节由计算机代替，而且由程序自动处理，十分隐蔽。为此，我国经过多年的探索，建立了会计软件的基本评估体系，以确认会计软件是否满足有关要求。

会计信息系统是一个数据处理系统，从会计软件的整个运行过程来看，可分为输入、处理和输出三个阶段。在输入阶段，操作人员将经过审核的原始凭证或记账凭证输入电子计算机。在处理阶段，计算机对输入的数据自动进行处理，登记机内账簿，生成相应的报表和资料。最后一个阶段是输出阶段，计算机将会计账簿、报表等会计信息通过打印机、显示器等设备输出。会计软件和相应数据的安全、可靠是软件运行的基本保证，贯穿于从输入到输出的全过程。财政部曾在（89）财务字第65号文件《会计软件管理的几项规定（试行）》中对上述四个方面提出了十条基本要求。1994年6月，财政部又发布了《会计电算化管理办法》、《商品化会计软件评审规则》和《会计核算软件基本功能规范》三个文件，进行严格的规范。2013年，财政部发布了《企业会计信息化工作规范》，对会计信息化工作进行系统的规范。

2.2.2　会计软件和服务

1. 对会计软件的要求

(1) 合法性要求。会计软件应当保障企业按照国家统一会计准则制度开展会计核算，不得有违背国家统一会计准则制度的功能设计。

会计软件的界面应当使用中文并且提供对中文处理的支持，可以同时提供外国或者少数民族文字界面对照和处理支持。

会计软件应当提供符合国家统一会计准则制度的会计科目分类和编码功能。

会计软件应当提供符合国家统一会计准则制度的会计凭证、账簿和报表的显示和打印功能。

(2) 标准化要求。会计软件应当支持相关的国家标准。软件供应商在会计软件中集成可扩展商业报告语言（XBRL）功能，便于企业生成符合国家统一标准的 XBRL 财务报告。

会计软件应当具有符合国家统一标准的数据接口，满足外部会计监督需要。

(3) 会计信息可追溯性要求。

1) 会计软件要确保数据的可信赖性，不得提供非正常段变更数据。会计软件应当提供不可逆的记账功能，确保对同类已记账凭证的连续编号，不得提供对已记账凭证的删除和插入功能，不得提供对已记账凭证日期、金额、科目和操作人的修改功能。

信息化条件下，对数据的增、删、改前所未有地便利。但便利性是把双刃剑，它能提高会计工作的效率，同时也对会计核算过程的可信赖、可追溯造成威胁。如会计软件提供反审核、反记账、反结账等各种逆向操作功能，导致会计核算过程失去严肃性，核算结果随意可变。这种变更数据的情况不符合会计信息化的要求。

2) 操作日志。会计软件应当记录并生成用户操作日志，确保日志的安全、完整，提供按操作人员、操作时间和操作内容查询日志的功能，并能以简单易懂的形式输出，以满足企业内部监督的需要。

操作日志应当满足以下要求：

一是完整性。会计软件必须能保证日志记录的完整，将所有对会计核算结果可能形成影响的用户操作记录下来，包括对核算结果有直接影响的数据录入、修改、插入、删除，对核算工作所依赖的基础数据（如会计科目表、银行账户信息、辅助核算项目信息、人员信息）的维护。

二是安全性。会计软件应当采取技术手段，保证用户操作日志中的任何信息不被用户以任何手段修改和删除。

三是可查询性。用户操作日志必须提供对各类操作的查询，以便会计监督人员筛选出想要的信息。否则，庞大的记录数据就是信息垃圾，没有实用价值。查询应当可以按照操作人员姓名或者用户名、操作的时间范围、操作内容等各种条件分别或者组合进行。这里的操作是业务层面的概念，例如，记账凭证的录入、修改，记账会计期间的打开、关闭，会计科目的增加，尚未记账凭证的删除，凭证审核的取消，等等。

日志功能应当记录具体操作内容、操作人以及精确到分秒的操作时间。对于不同的操作，需要记录的操作内容是不一样的。例如，对于科目的增加，系统应当记录增加的科目名称、代码以及属性。对于记账凭证的修改，应当记录修改的项目以及修改前后的内容。对于已结账期间的重新开启，应当记录开启期间的起止日期。

2. 会计软件服务

以远程访问、云计算等方式提供会计软件的供应商，应当在技术上保证客户会计资料的安全、完整。对于由于供应商原因造成客户会计资料泄露、毁损的，客户可以要求供应商承担赔偿责任。

客户以远程访问、云计算等方式使用会计软件生成的电子会计资料归客户所有。

软件供应商应当提供符合国家统一标准的数据接口供客户导出电子会计资料，不得以任何理由拒绝客户导出电子会计资料的请求。

以远程访问、云计算等方式提供会计软件的供应商，应当做好本厂商不能维持服务情况下，保障企业电子会计资料安全以及企业会计工作持续进行的预案，并在相关服务合同中与客户就该预案做出约定。

软件供应商应当努力提高会计软件相关服务质量，按照合同约定及时解决用户使用中的故障问题。

会计软件存在影响客户按照国家统一会计准则制度进行会计核算问题的，软件供应商应当为用户免费提供更正程序。

软件供应商采用呼叫中心、在线客服等方式为用户提供实时技术支持。

软件供应商应当就如何通过会计软件开展会计监督工作，提供专门教程和相关资料。

2.2.3 企业会计信息化工作管理

1. 会计信息化工作的组织和管理

企业应当充分重视会计信息化工作，加强组织领导和人才培养，不断推进会计信息化在本企业的应用。

企业开展会计信息化工作，应当根据发展目标和实际需要，合理确定建设内容，避免投资浪费。

企业开展会计信息化工作，应当注重整体规划，统一技术标准、编码规则和系统参数，实现各系统的有机整合，消除信息孤岛。

企业应当指定专门机构或者岗位负责会计信息化工作。

未设置会计机构和配备会计人员的企业，由其委托的代理记账机构开展会计信息化工作。

企业开展会计信息化工作，应当注重信息系统与经营环境的契合，通过信息化推动管理模式、组织架构、业务流程的优化与革新，建立健全适应信息化工作环境的制度体系。

2. 开展会计信息化的实现方式

企业配备会计软件，应当根据自身技术力量以及业务需求，考虑软件功能、安全性、稳定性、响应速度、可扩展性等要求，合理选择购买、定制开发、购买与开发相结合等方式。

定制开发包括企业自行开发、委托外部单位开发、企业与外部单位联合开发。

企业通过委托外部单位开发、购买等方式配备会计软件，应当在有关合同中约定操作培训、软件升级、故障解决等服务事项，以及软件供应商对企业信息安全的责任。

3. 会计信息系统应用

企业应当促进会计信息系统与业务信息系统的一体化，通过业务的处理直接驱动会计记账，减少人工操作，提高业务数据与会计数据的一致性，实现企业内部信息资源共享。

企业应当根据实际情况，开展本企业信息系统与银行、供应商、客户等外部单位信息系统的互联，实现外部交易信息的集中自动处理。

企业进行会计信息系统前端系统的建设和改造，应当安排负责会计信息化工作的专门机构或者岗位参与，充分考虑会计信息系统的数据需求。

企业应当遵循企业内部控制规范体系要求，加强对会计信息系统规划、设计、开发、运行、维护全过程的控制，将控制过程和控制规则融入会计信息系统，实现对违反控制规则情况的自动防范和监控，提高内部控制水平。

对于信息系统自动生成且具有明晰审核规则的会计凭证，可以将审核规则嵌入会计软件，由计算机自动审核。未经自动审核的会计凭证，应当先经人工审核再进行后续处理。

处于会计核算信息化阶段的企业，应当结合自身情况，逐步实现资金管理、资产管理、预算控制、成本管理等财务管理信息化。

处于财务管理信息化阶段的企业，应当结合自身情况，逐步实现财务分析、全面预算管理、风险控制、绩效考核等决策支持信息化。

分公司、子公司数量多、分布广的大型企业、企业集团应当探索利用信息技术促进会计工作的集中，逐步建立财务共享服务中心。实行会计工作集中的企业以及企业分支机构，应当为外部会计监督机构及时查询和调阅异地存储的会计资料提供必要条件。

企业会计信息系统数据服务器的部署应当符合国家有关规定。数据服务器部署在境外的，应当在境内保存会计资料备份，备份频率不得低于每月一次。境内备份的会计资料应当能够在境外服务器不能正常工作时，独立满足企业开展会计工作的需要以及外部会计监督的需要。

企业会计资料中对经济业务事项的描述应当使用中文，可以同时使用外国或者少数民族文字对照。

4. 会计信息的使用与管理

（1）企业内部资料。会计软件应当具有会计资料归档功能，提供导出会计档案的接口，在会计档案存储格式、元数据采集、真实性与完整性保障方面，符合国家有关电子文件归档与电子档案管理的要求。

无纸化管理的内部生成会计资料有会计凭证、账簿和辅助性会计资料。这里的会计凭证包括原始凭证和记账凭证，会计账簿包括总账、明细账和日记账，辅助性会计资料则含义宽泛，包括固定资产卡片、项目辅助账、银行存款余额调节表等各种会计资料。

企业应当建立电子会计资料备份管理制度，确保会计资料的安全、完整和会计信息系统的持续、稳定运行。

企业不得在非涉密信息系统中存储、处理和传输涉及国家秘密、关系国家经济信息安全的电子会计资料；未经有关主管部门批准，不得将其携带、寄运或者传输至境外。

企业内部生成的会计凭证、账簿和辅助性会计资料，同时满足下列条件的，可以不输出纸面资料：

- 所记载的事项属于本企业重复发生的日常业务；
- 由企业信息系统自动生成；
- 可及时在企业信息系统中以人类可读形式查询和输出；
- 企业信息系统具有防止相关数据被篡改的有效机制；
- 企业对相关数据建立了电子备份制度，能有效防范自然灾害、意外事故和人为破坏的影响；
- 企业对电子和纸面会计资料建立了完善的索引体系。

（2）外部资料。外部获取会计资料是指所记载内容需要企业外部人员或者机构认可的会计资料。这类资料的范围比较广，主要是原始凭证，如发票、银行回单等。此外，还包括银行对账单、购销合同等其他外部获取资料。需要注意的是，外部获取资料不等于外部制作的资料，一份会计资料由本企业制作，但经过了外部认可，也属于这里所说的外部获取会计资料。

企业获得的需要外部单位或者个人证明的原始凭证和其他会计资料，同时满足下列条件的，可以不输出纸面资料：

- 会计资料附有外部单位或者个人的、符合《中华人民共和国电子签名法》的可靠的电子签名；
- 电子签名经符合《中华人民共和国电子签名法》的第三方认证；
- 实施企业会计准则通用分类标准的企业，应当按照有关要求向财政部报送XBRL财务报告。

2.2.4 会计信息化工作监督

企业使用会计软件具体由财政部门监督。

财政部采取组织同行评议、向用户企业征求意见等方式，对软件供应商提供的会计软件情况进行检查。

软件供应商提供的会计软件不符合要求的，财政部可以约谈该供应商主要负责人，责令限期改正。限期内未改正的，由财政部予以公示，并将有关情况通报相关部门。

2.3 商品化会计软件的选择

2.3.1 实现会计信息系统的途径

会计信息化的实现就是指建立会计信息系统，建立信息化后的组织管理体系。由于会计信息系统的建立不仅需要高素质的会计业务人员，而且需要高水平的计算机人才，因此，一般以建立起会计信息系统为实现会计信息化的标志。

当前我国实现会计信息化的主要途径有三种。

1. 购买商品化会计软件

购买商品化会计软件建立会计信息系统主要是指购置商品化软件厂家的通用会计软件，经过实施过程，完成会计信息系统的建立。该方式有见效快、费用省、维护有保障、软件水平高、安全可靠性好等优点。

2. 自行开发与购买商品化会计软件相结合

自行开发与购买商品化会计软件相结合建立会计信息系统主要是指结合商品化会计软件的优势，增加或减少商品化软件满足不了或不太符合本单位的功能，建立更为完善的、有一定针对性的会计信息系统。

3. 自行开发会计软件

自行开发会计软件建立会计信息系统主要是指依靠本单位的力量，或与外单位联合开发本单位使用的会计软件，建立会计信息系统。该方式有适应本单位需求、有利于培养本单位的开发使用人员等的优点，也有周期长、对本单位人员技术水平要求高、开发成本高、软件水平不易上档次、维护频繁等缺点。一些特殊行业，如部分银行就采用这种方式。

2.3.2 商品化会计软件选择的步骤

商品化会计软件的选择方法本质上与会计软件的开发方法是一致的，因为其要达到的目标相同。一般采用下述步骤。

（1）进行初步的需求分析，确定对软件的功能、安全性、可靠性及其他性能的要求。如确定账务模块应有建账、科目及编码增删改、记账凭证录入及复核、记账、结账、年终结账、账簿查询、数据备份与恢复、凭证及账簿打印等功能。

（2）对商品化软件供应商进行调查。了解有关商品化软件供应商有哪些定位的会计软件品种和功能模块，以及这些软件对设备和系统环境的要求及使用情况、维护情况。

（3）选择几家商品化软件供应商进行调查，了解其产品。首先通过网站了解相关的初步情况。然后通过阅读产品简介、观看产品演示，以及询问、讨论等方式，观察其是否满足本单位的需求，如会计业务岗位的设置、会计科目的编码方案、业务处理模式等。

（4）确定 1～3 家的产品，再争取到其用户单位参观，详细了解产品的使用情况、对客户的服务情况、本地代理的维护能力等。

（5）了解具体的招标或谈判方式，确定选择的对象。具体确定软件模块、价格、付款方式、试用条件、后续维护、人员培训等问题。

2.3.3 商品化会计软件的评价

虽然商品化会计软件的评价没有固定的指标，是一项比较复杂的工作，但其需要了解的问题、范围及要求是相对固定的，是可以考察的，主要包括以下几方面。

1. 会计软件符合国家有关法规、制度要求的情况

会计工作要遵循国家统一会计制度和其他财经法规中的有关规定，会计信息系统作为其重要组成部分也不例外。同时，作为一种技术产品，会计软件还应满足国家相关部门对会计软件的管理规定。

2. 适用性

适用性主要是指会计软件适用于本单位会计业务处理的性能。是否适用主要应根据所做的需求分析来确定。一般主要应评价：软件的功能是否满足本单位的要求；软件输出的信息是否满足本单位的要求；软件需输入的信息本单位是否能提供，是否方便提供；软件提供的接口是否能满足本单位会计信息化工作进一步开展的要求，软件提供的数据接口是否满足会计软件数据接口国家标准的要求，是否满足我国 XBRL 标准的要求。如使用单位是大型企业，由于业务量大，不可能一人多岗，所以，岗位设置是一人一岗，就要考察该软件是否能达到此要求。

3. 通用性

通用性是指会计软件满足不同的企事业单位、不同的会计工作需要及单位会计工作不同时期需要的性能，其包括纵向与横向两方面的通用性。纵向的通用性指会计软件适应单位不同时期会计工作需要的性能；横向的通用性是指会计软件适应不同单位会计工作需要的性能。对商品化会计软件两个方面都应考虑。对通用性主要应考察以下几个方面。

（1）各种自定义功能是否能满足使用单位的要求。对于会计工作中不十分规范、变化较多的处理，通用软件一般都是通过自定义功能来实现通用的。例如，通用报表生成系统中，就应由使用人员定义数据来源、报表项目的算法、打印格式等。

（2）各种编码方案是否有由使用人员自定义的功能，即编码规则定义和增删改等维护功能。例如，会计科目的分级数和每级科目的长度及编号就应由使用人员按有关会计制度的规定自行设置，且对会计科目及其编码应有增删改功能，以保证适应核算内容的变化。

（3）对一些无法直接实现通用的功能是否设有可选功能，是否满足通用要求。在一些功能无法直接实现通用的情况下，应增加可选功能，由使用单位选择组合以满足使用的具体要求。例如，成本核算就可设置定额核算法、平行结转法、分步法等成本核算的可选方法，由单位自己来选择。

（4）对一些变化较多的算法可由使用人员进行自定义。例如，由使用人员自定义成本核算中的产品费用归集公式。

（5）软件的系统初始设置及维护功能是否能充分设置本单位所需的各种初始数据。如建账的科目余额是否能适应单位不同时期的要求进行各种非程序性的维护。

（6）会计软件是否提供了对外符合有关标准的数据接口。如哪些数据提供了数据输出和输入接口，提供了哪些形式的接口等。

4. 安全可靠性

安全性是指会计软件防止会计信息泄露和被破坏的能力。可靠性是指软件防错、查错、纠错的能力。评价会计软件的安全可靠性主要考察以下内容：软件提供的各种可靠性保证措施结合起来，是否能有效地防止差错的发生，在错误发生时是否能及时查出并能进行修改；安全性保证措施是否能有效地防止会计信息的泄露和被破坏。主要应从以下几方面进行考察。

（1）是否有数据备份与恢复功能，并能有效地备份与恢复各种历史数据。

（2）是否有权限设置功能，并能最大限度地保证各有关人员只能执行其权限范围内的工作。

（3）软件中是否采用了各种容错技术，保证会计人员操作失误时，及时发现和纠正错误。

（4）软件是否将会计业务存在各种勾稽关系的特点融于软件中，随时检查各种生成数据的正确性。

（5）对各种上机操作是否留有记录，以便随时追踪查询各种失误与安全隐患。

5. 易使用性

易使用性是指会计软件易学、易操作的性能。对它的评价主要从以下几个方面着手：用户操作手册内容是否完整、通俗易懂；联机帮助是否充分；软件操作是否简便易学；软件操作过程中的难点是否设有辅助功能，辅助功能是否实用；软件提供的界面是否清晰，并符合会计人员的习惯；对操作的关键环节是否具有特别控制，如结账、删除往年数据等；软件是否按会计工作的需要，由易到难等。

6. 先进性

先进性是指该软件在同类产品中的先进程度，包括安全性、可靠性、功能的完备性、通用性、运行效率、软件技术平台的先进性和软件设计的优良性等。先进性是单位选择商品化会计软件的考虑因素之一，但对于会计工作，主要应考虑其实用性，即前 5 个评价标准。

2.4 会计信息系统实施

2.4.1 实施方法论

1. 实施方法概论

会计信息系统的实施是非常重要的工作，它关系到系统应用的成败。实施会计信息系统，不但要满足各种各样的企业要求，更要有充分的思想去准备改变企业中原有的一切不合理的因素，包括人们的思维方式和行为方式。特别是在一些大型企业，要使会计信息系统的实施和运行管理获得成功，除了领导重视、具备相应的技术和物质条件外，还需要有正确的实施方法。

会计信息系统的实施方法论，实际是以项目管理思想为主导，结合会计信息系统的特点建立起来的一套管理方法。实施工作一般由软件提供商实施方或第三方实施机构和具体应用单位共同来实现。

2. 项目管理方法论

项目管理方法贯穿会计信息系统项目的始终，为整个项目管理提供了一个协同一致的框架，使得软件实施方与企业之间能够按照计划、控制、验收三个工作程序来达成实施目标。因此，项目管理方法也是应用实施管理方法和定制开发管理方法的基础，这一方法又叫“金三角项目管理法”，如图2-1所示。

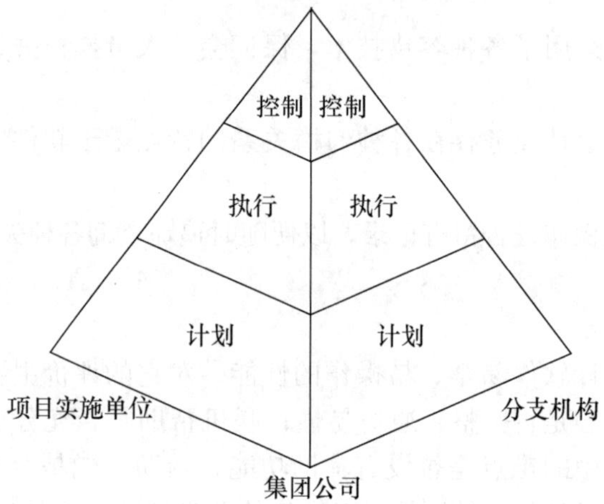

图2-1 金三角项目管理法

在每一个进程中确保集团公司、分支机构、项目实施单位三方明确各自的职责，彼此协同，共同保障实施进度和实施的质量。这种彼此协同的关系称为“协同三角”。同时，每一个进程都按计划、执行、控制的工作程序来推进项目实施，使得项目进程像一曲优美和谐的三部和声。每一进程的工作程序称为“程序三角”。这两个“三角”组成了协同工作程序金三角，共同支撑项目各个进程的有序进行，如图2-2所示。

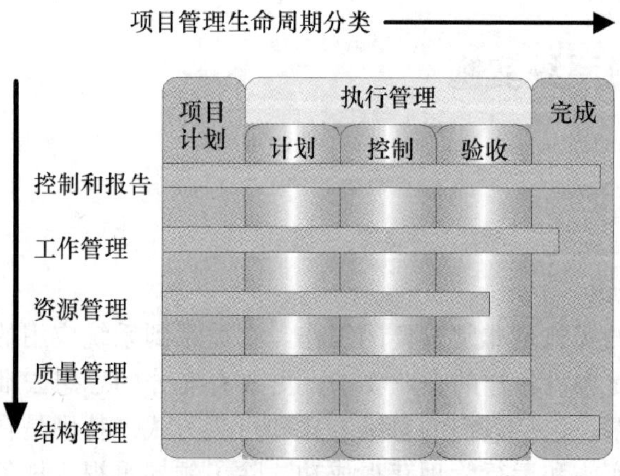

图2-2 项目管理方法

3. 定制开发方法论

定制开发方法是软件实施方为快速、深度满足客户需求，实现客户价值的产品二次开发管理方法论。这一方法是建立在软件实施方软件平台之上的，已经具备的业务对象及开发工具为敏捷配置和开发应用提供了坚实的基础。定制开发方法可分为需求模型、系统设计和产品化三个阶段，如图 2－3 所示。

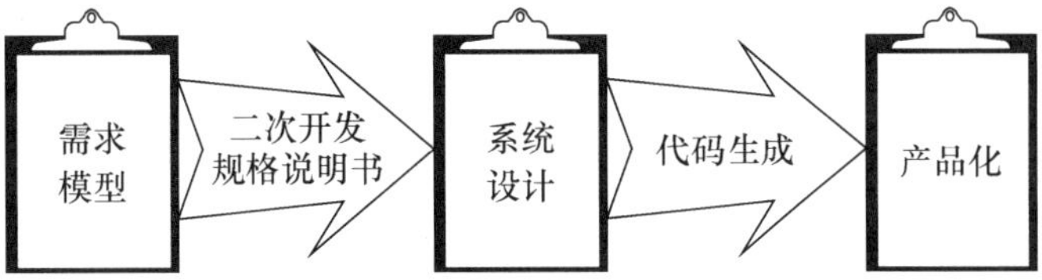

图 2－3　定制开发方法

第一阶段：需求模型。需求模型阶段的目标是在最短的时间里为快速构建系统提供足够的信息，决定系统做什么，并与用户达成一致。在需求模型阶段，还要定义培训策略、数据转换、测试、文档和移交等。

第二阶段：系统设计。系统设计的目标是建立一个可使用的应用模型。

第三阶段：产品化。产品化阶段是将新的应用系统与原有系统整合，确保产品风格一致、稳定、符合客户要求。其目标还包括安装新的应用系统，为用户使用和管理新应用系统做准备，然后转向产品。一旦系统开始运行，这一阶段的目标就是监控应用，确保应用系统运行平稳并为将来的产品提升做准备。

4. 应用实施方法论

应用实施方法能满足用户的不同业务需求，快速建立客户的应用。从定义用户的实施方法、策略到新的系统上线运行，应用实施方法包含项目组织、系统调研、项目准备、项目培训、系统试运行、系统切换、运行维护 7 个阶段，以尽可能地减少用户的实施风险，保证系统快速、高质量地实施应用。

2.4.2　项目实施前

1. 明确实施目标

软件实施方项目实施的主要目标是为企业提供先进的管理思想、管理模式和管理手段，以增强企业的核心竞争力，提升企业的市场竞争力，改善企业经营管理绩效。

以上的目标是在宏观上要达到的应用效果，但缺乏实用性，在实施过程中应有阶段性的目标，比如，实现企业手工业务处理信息化；满足企业的基本需求。

2. 制定实施策略

引进先进的管理理念和技术成熟的会计信息系统，只是第一步，只有通过成功的实施才能充分发挥其功能。基于集团公司项目的背景、目标、实施范围，以及对集团公司管理项目的研究分析，提出了如下切实可行的实施策略。

- 分阶段实施：先试点，后推广。
- 分步骤进行：分部门、分阶段，先关键业务部门，后辅助业务部门；建立可重用的系统实施模板；试点阶段重点投入，并积累经验。

3. 实施的关键因素

为实现建立集成化会计信息系统的目标，必须注意以下成功的关键因素。

- 更新传统的观念和认识，与先进的管理思想接轨。
- 调整和优化业务流程和内部机构，以保证项目顺利进行。
- 明确项目的成功实施是双方的共同利益和责任。
- 明确实施过程也是软件实施方技术转移的过程，因此实施将采用双方合作的方式。
- 确立明确的阶段目标和业务处理需求。
- 建立层次结构合理、功能齐全、职责明确的项目组织结构。
- 挑选合适的双方人员在项目小组中承担合适的职责。
- 按照各自的职责，及时解决实施过程中出现的问题。
- 及时审阅和响应对方提交的文件。
- 定期检查项目进度与阶段目标及阶段成果。

在整个项目中，每个阶段皆有其关键点，关键点控制的好坏决定了项目80%以上的成功与否。在这些控制点，双方的专家团队对相关的关键点进行质量审查，以保证项目的成功。

2.4.3 项目实施中

根据应用实施方法论，项目实施的过程分为七个步骤，即项目组织、系统定义、项目准备、项目培训、系统试运行、系统切换、项目验收，如图2－4所示。

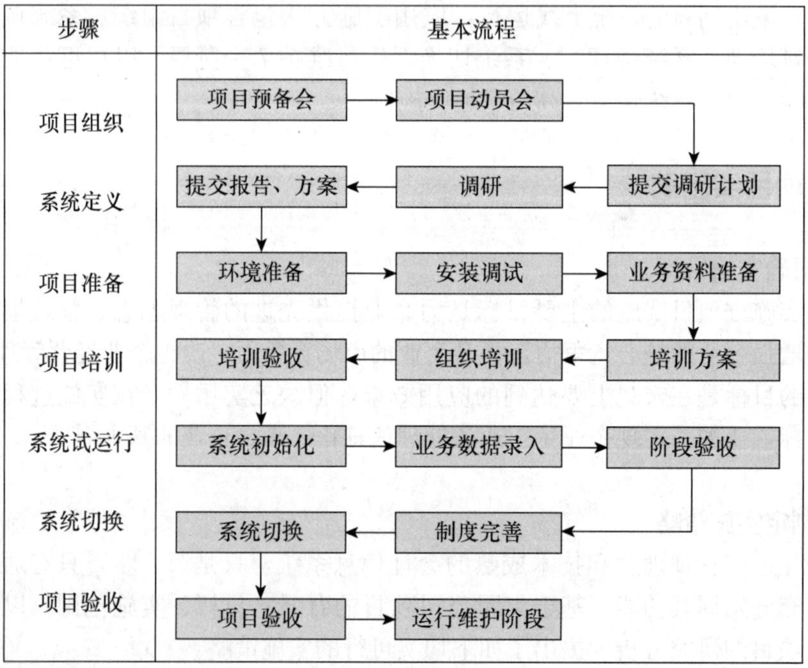

图2－4 项目实施流程

1. 项目组织

（1）项目预备会。项目预备会是项目开始的第一次会议，意义重大，应高度重视。项目预备会应完成如下工作。

1）软件实施方和集团公司双方见面交流，增进相互了解。介绍项目团队和客户主要成员的姓名、职务、各自的职责和作用。通过初步的交流，可以大致判断客户主要领导的性格和作风，便于后续实施中把握交谈的尺度。

2）确定项目组成员名单。项目组成员是项目实施成功的组织保障，而项目组成员协同一致、有序作业是项目组织的基本要求。成立项目组，明确人员职责，使各部门相关人员能够在职责的要求下积极地参与项目的实施，是保证项目成功的必要条件。项目组织阶段的重点工作是项目有关各方组成项目小组，并清晰界定各自的工作范围、工作程序及规范。

项目组应该由客户项目小组、软件实施方项目小组双方共同构成。

客户项目小组由项目总监、项目经理和项目组成员构成。

- 项目总监：领导整个项目组织对项目进行总体规划，提出项目管理及实施目标，协调整体资源，负责对项目实施的策略性问题及实施过程中的重大问题做出决策。一般情况下是总会计师或者副总经理以上职务担任此重要角色。
- 项目经理：负责本项目实施中与实施方项目组成员协调及实施工作安排，掌握项目实施进度，确认实施方提交的相关实施报告、成果，定期向项目总监汇报工作。一般是信息化主管担任此重要角色。
- 项目组成员：项目组成员是财务部门经理及主要代表，他们熟悉本部门业务，与实施方的咨询顾问、实施顾问共同设计和实施解决方案，定义客户化配置。

软件实施方项目小组由项目总监、项目经理、咨询顾问和实施顾问构成。

- 项目总监：项目总监负责本项目实施过程中与用户单位的总体协调及实施工作安排；总体协调软件实施方资源，与用户项目小组保持良好沟通，对项目实施的策略性问题及实施过程中的重大问题做出决策。
- 项目经理：项目经理在项目实施过程中与用户单位对软件实施方内部资源进行协调，确保实施工作能够顺利进行；参与制定实施方案，站在集团总部层面掌握整个项目的实施进度，对整个实施过程进行监控，并对实施提出指导性意见或建议。
- 咨询顾问：咨询顾问负责数据库及软件产品的安装和软硬件环境调试；对用户系统管理员进行培训；负责演示产品；参与需求调研，并参与需求调研报告的讨论、编写；根据需求调研报告编写项目解决方案并为用户讲解。
- 实施顾问：实施顾问的职责是严格执行项目经理出具的项目主计划和阶段实施详细计划；参与需求报告的讨论与编写；在项目经理的指导下，设计软件实施方案；对用户进行软件功能和系统实施方案培训；结合系统特点和项目实际情况，帮助用户整理和准备业务数据；指导和帮助用户进行软件系统初始化工作；帮助和指导用户规范业务流程，指导业务数据录入；每天交付项目实施工作总结，及时向项目经理反馈系统实施过程中遇到的各种问题。

实施顾问的首要任务是传播知识，培训和教育客户项目小组，有效地控制项目进度，保障项目向着既定目标前进。因此，实施顾问切忌陷入项目之中，把本该由客户项目小组或客户做的事情揽到自己身上，从而失去对项目的总体控制。

3）确定实施目标。项目预备会的一个重要目标是进一步明确实施的目标。针对每个项目，客户都会提出各种不同的目标，可能是短期的目标，也可能是中长期的目标。熟悉这些目标有助于制定出符合客户要求的实施计划书。

4）提交实施建议书。在项目预备会上，软件实施方需要提交项目实施建议书，并对此项目实施建议书加以讲解，让客户明白软件实施方将如何实施，需要哪些步骤，实施工期要多久，客户应该着手准备的设备、场地、财务基础数据以及其他需要的资料等。

（2）项目动员会。

1）项目动员会的目的。项目动员会的目的如下：

- 向项目组全体成员和主要人员传达项目的使命和目标，确保每一位成员都明确自己的任务和职责；调动成员的积极性，使个人的目标与团队的目标一致。
- 让用户尽力配合和支持软件实施方的工作，并加强项目负责人的领导权威。
- 向全体人员阐明项目计划，解释项目进度安排。
- 向全体人员解释项目的实施程序，包括项目形成的文件、报告、会议以及实施过程中项目成员间如何进行沟通和协调。

2）项目动员会的参与者。项目动员会要求软件实施方项目总监、项目经理、项目组全体成员，用户方高层领导及财务部门全体成员、项目经理及项目组成员与会。

3）会议的议程。会议的议程包括：

- 用户领导讲话，说明项目背景、管理改造的期望、领导的决心；宣读双方项目组成员的名单；对部门提出具体要求，强调配合软件实施方的各项工作。
- 软件实施方项目负责人讲话。

4）会议形成的结果。项目动员会结束后，要有详细的会议记录，并提交需求调研计划，如表2-1所示。

表2-1 需求调研计划表样

起止时间	业务部门	调研内容	实施方咨询顾问	备注

2. 系统定义

系统定义阶段的主要工作是需求调研。在一个项目中，调研分析阶段是十分重要的，调研是否完整、清晰直接影响到系统是否适合用户的需求，从而影响实施的进度，甚至项目的成败。对用户业务需求了解得越清楚，越有利于软件实施过程。调查和讨论用户需求旨在使咨询顾问和用户自己能够理解和明确企业的全部业务处理流程、主要业务的处理方式、业务处理流程中存在的问题及其解决方案。在对客户进行调研之后，还要对调研的结果和目前系统的状况进行分析。根据调研分析报告，最终出具系统解决方案、系统实施方案及网络架构建议等。

（1）需求调研的目的。需求调研的目的如下：

- 通过分析用户的业务目标及策略，了解用户当前的业务处理流程，并对其进行重组，提出系统解决方案。

- 通过详细的调研，制定切实可行的实施方案。
- 通过调研进一步确认软件需求，为软件增值开发提供依据。

（2）需求调研的过程。需求调研是项目成功的关键所在，其调研过程如图 2－5 所示。

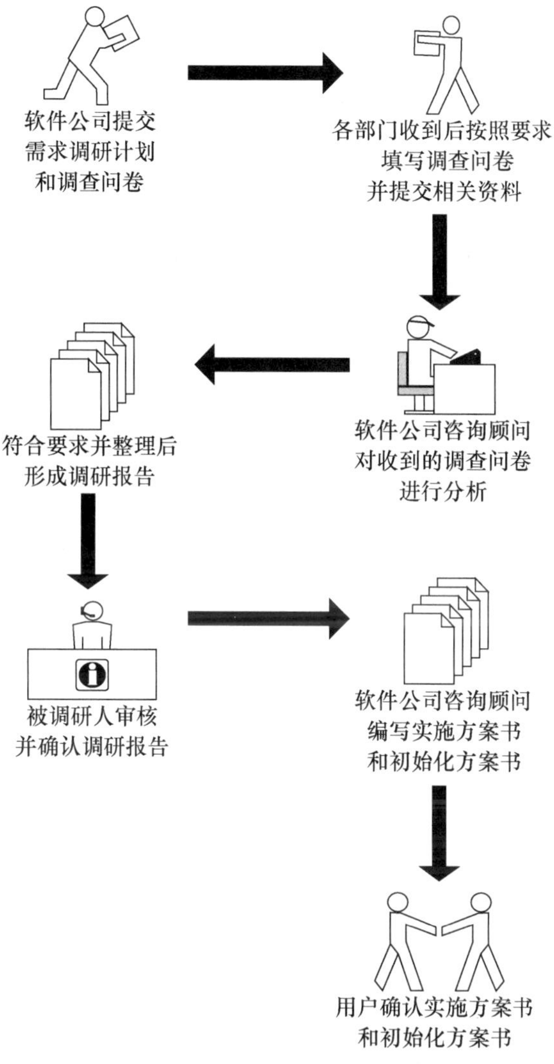

图 2－5　需求调研过程

（3）需求调研的主要内容。需求调研的主要内容如下：

- 用户基本信息，包括单位性质、经营范围、规模、组织架构、管理现状以及内外部资源等。
- 信息化现状，包括服务器、工作站的数量及配置，网络架构，以前使用什么软件，使用情况如何等。
- 部门及岗位职责，包括部门内各科室的主要职责，以及各岗位的人员名单及其职责。
- 业务流程，包括核算流程、预算流程、费用报销流程、资金收支流程、工资计算及发放流程、银行对账流程、往来对账流程、报表编制流程等。

- 财务基本资料，包括会计科目、会计期间、固定资产管理、记账凭证类型和格式、各种财务报表、账簿和统计报表等。
- 业务需求，主要是各岗位提出的对软件的要求。

（4）需求调研的形式和技巧。

1）调研的形式。通常情况下，软件公司通过与用户面对面沟通、用户填写调查问卷及流程图等形式来进行需求调研。与用户项目领导小组或各部门负责人以及业务人员的面谈通常进行多次，从多个角度获得信息。

2）调研的技巧。调研是一项讲究方法和技巧的工作，良好的调研能力是咨询顾问和实施顾问必备的基本素质。在调研中会面临不同类型的调查对象，如何引导调查对象的思路，问出自己关心的问题，取得很好的效果，就要看顾问的调研技巧了。调查对象的类型是多种多样的，常见的有以下几种：

- 正常配合型。这种类型的调查对象熟悉业务，表达能力强，容易沟通。因此，应尽可能从多个角度了解更多信息。
- 挤牙膏型。这种类型的调查对象一般不太善于言辞，或对业务不是非常清楚，通常是你问一句，他回答一句，如果不提问，一般不会主动表达。面对这样的调查对象，顾问要多询问，可采用渐进式方法，启发调查对象。
- 激动型。这种类型的调查对象比较善于表达，经常会由于各种原因跑题或发牢骚等。尽管如此，仍然会有一些信息能够帮助咨询顾问或实施顾问发现管理中的各种问题。但是，为了把握有限的时间，我们必须抓住重点，按时完成预定目标。如果碰到这样的调查对象，应该把握调研的关键，引导调查对象在正确的方向上正常地发挥。

（5）需求调研的结果。

1）形成用户确认的调研报告。

2）编写实施方案书并经用户确认。

实施方案书的主要内容如下：

1. 项目背景

（1）管理现状，主要是管理方面的问题。

（2）软件系统现状，包括曾用过哪些系统，运行的效果，存在的问题等。

（3）业务需求，主要记录用户的需求，包括合理需求和不合理需求，在软件中能实现的和不能实现的需求。

（4）应用目标，即将用户的期望整理成具体的实施目标。

2. 实施范围及地点

（1）组织范围，即具体实施的单位及地点。

（2）软件模块，即主要实施的软件模块及部署的站点。

3. 解决方案

（1）硬件及网络架构。

（2）业务流程设计。

（3）软件应用方案。

（4）二次开发方案。

4. 系统实施

(1) 项目组成员名单。

(2) 工作进度安排。

(3) 培训方案。

(4) 项目验收过程。

(5) 附表。

3）编写“初始化方案书”并经用户确认。初始化方案书的主要内容如下：

1. 机构编码及部门编码
2. 角色编码
3. 用户编码
4. 权限分配明细
5. 科目体系及会计期间
6. 币种汇率
7. 科目明细表
8. 人员编码
9. 辅助核算编码
10. 供应商及客户编码
11. 记账凭证类型编码
12. 固定资产类型编码
13. 固定资产编码规则
14. 其他编码
15. 数据录入计划

…………

3. 项目准备

这个过程不一定要在调研完成后启动，也可以根据具体情况与需求调研交替进行。

(1) 环境的准备。一般情况下，如果项目的实施周期较长，为项目组建立一个适宜的工作环境是保证项目组高效工作的必要条件。项目组需要一个相对独立的空间，以方便讨论问题，设计解决方案等。

同时用户单位自身的环境也需要准备，如办公场地、机器设备、人员安排等方面的准备工作都要在实施前完成。

(2) 软件交付及安装调试。软件安装一般由软件实施方的实施人员负责。安装过程需要完成如下几步：

1）产品交付。实施方向用户说明全套软件产品的组成，包括软件光盘、配套用户手册、软件保护装置，并当面打开包装进行清点，核实无误后，协助用户填写《用户回执卡》并装入产品盒中的信封内。

2）安装与调试。软件的运行应基于一定的系统软件，如 UNIX 或 Windows 操作系统、Oracle 数据库、SQL Server 数据库、浏览器等。如果中间件也是由软件实施方提供，则还要负责中间件的安装。

软件安装完成后，应调试软件是否能够正确使用。

3）安装验收。软件安装调试成功后，需要用户方确认“系统安装调试验收表”。其内容主要是：安装了哪些软件模块、软件的版本号、运行检查是否正常等。

（3）用户初始数据的准备。在软件的实施过程中，用户初始数据的准备工作非常重要，它往往关系到整个项目实施的成败。一个项目即使计划得再好，实施方案再科学，实施控制再严谨，如果用户的初始数据准备有误，整个实施工作也将一文不值。因此，软件实施方要针对用户的业务需求，提供初始数据准备清单，由软件实施方协助用户按照要求进行初始数据的准备工作。

初始数据包括总账、明细账、1～2个月的记账凭证、1～2个月的财务报表、工资发放表、固定资产及累计折旧明细账、现金及银行存款日记账等。初始数据需要设计好表格，编制相关的说明和注意事项，然后由双方讨论、收集、整理、验证。

4. 项目培训

（1）做好培训的意义。项目培训是整个项目实施过程中非常重要的环节，项目培训效果的好坏将直接影响实施工期和实施质量，能够减少后续大量的服务工作。因此，我们必须认真对待，不能有丝毫放松和懈怠。

（2）项目培训方案。项目培训方案指导实施顾问进行正确培训的方法，它是在进行系统调研过程中与用户共同确认的培训方案，在实施方案书中应该详细加以描述。

项目培训方案主要包括以下内容：

1）培训目标。这里的目标是使用户了解项目实施过程，理解项目管理的重要性，能够熟练操作软件，能够进行简单的软件维护。

2）培训对象及内容。针对不同的对象，培训的内容也不尽相同。

- 领导培训。主要讲解企业集团的财务管理理念及重点、项目管理方法、领导在实施过程中的重要作用及软件基本功能和操作，如软件登录和退出，报表查询和分析等。
- 系统管理员培训。主要讲解数据库、中间件、管理软件的安装及简单维护，重点讲解管理软件的系统管理功能及操作，如机构、角色、用户、权限分配、编码分配等。
- 一般操作员培训。主要讲解软件应用功能及操作技巧。如如何新增一个编码，如何进行初始数据的录入，如何填制凭证，如何查询和修改凭证，如何查询账表，使用注意事项和操作技巧有哪些等。当然，在系统调研过程中，调查对象普遍提出的问题也要有针对性地做出解释。

3）培训计划。培训计划的内容主要有：

- 培训时间和地点。
- 参与人员及分组，如表2-2所示。

表2-2 培训人员分组表

分组	姓名	职务或岗位	联系方式
领导组			
系统管理员组			
操作员组			

- 培训日程安排，如表 2-3 所示。

表 2-3　培训日程表

日期	时间	内容	培训人员	培训讲师	辅导员
______月 ______日	上午______				
	下午______				

4）培训考核。培训的考核是培训环节必不可少的步骤，主要针对系统管理员和一般操作人员进行考核。考核由笔试和上机两部分组成。考核通过后应当发给合格证，以鼓励大家认真学习和重视考核。

（3）培训的反馈和验收。培训前，需要向每个培训人员发放意见反馈表，在培训结束时收集上来，总结和统计培训的效果，分析培训中存在的不足。

培训结束时，用户需要填写培训验收表，确认培训环节的成功，这意味着又一个里程碑的完成。

5. 系统试运行

（1）初始数据录入。根据初始化方案录入机构、操作人员、各类编码以及期初数据（科目期初、往来期初、固定资产期初、银行账期初等）。

重要编码如科目表等录入后，需要打印出来让录入者签字确认。

当所有期初数据录入完毕并核对无误后，由用户在初始化验收表上签字确认。

（2）业务数据录入。当初始编码录入完成后，即可进行业务数据的录入，某些业务不需要等初始数据全部录入完毕才进行业务数据录入，这样可以大大提高工作效率。

录入的业务数据一般是离当前日期 1～2 个月的数据，主要是记账凭证、固定资产业务、工资发放业务等，也可以由用户决定从何时的数据开始录入，这些在初始化方案中已经确定，并且已经准备完成。

（3）报表生成。在业务数据录入时，可以将客户的账表设置好，包括报表的取数公式也要定义完毕并通过审核。特别是报表的合并和汇总，要将设计好的流程和方法全部进行实际操作验证。

当最后生成的报表与原数据核对无误后，软件实施方和用户需要共同签字确认一个月账单录入验收表。

（4）试运行。从初始数据录入开始到第一个月的报表生成，属于模拟运行阶段。试运行阶段主要是与原系统或手工并行阶段。通过系统试运行能够让用户积累操作经验和技巧，明白业务处理流程，为系统的正式上线打下坚实的基础。

6. 系统切换

系统切换是指系统在试运行后，方案的可行性得到证实，就可以正式使用了，将用户的业务数据完整地反映在系统中。为了保证切换的成功，项目领导小组要及时地发布指令，逐步进行系统的切换。一般来讲，能有一个新老系统并行的运行期间，风险就更小些。这是软件实施最后也是关键的阶段。

系统切换之前，应建立各种软件运行制度，包括权限管理制度、机构设置制度、编码统一制度、报表管理制度、财务控制制度、计算机操作规范等，并下发关于正式启用会计信息系统的通知，以引起各部门、岗位人员的高度重视。

系统切换运行时，需要充分考虑系统切换的实际工作量以及人员等因素的影响；对涉及系统切换的相关部门、岗位、人员进行明确分工，规定系统切换的起止时间、工作范围和工作内容。系统切换可根据用户的要求来决定应采取的步骤，可以一次性切换所有模块，也可以按模块分批切换。

7. 项目验收

系统切换并正常运行后，需要对整个实施工作进行验收和评估，需要双方签字认可整个实施工作，并由实施小组提交书面实施总结。项目的整体验收标志着项目实施的终结。

项目验收后，事实证明系统是安全、可靠、可行的，就可以正式投入运行。系统进入正式运行后，项目组根据系统的情况，完善以前的系统使用说明书和系统维护说明书，并在运行中做好有关的记录和报告，及时发现运行中的问题，以便进行维护和提高。

从实施方的角度，此项目进入日常服务阶段。

2.4.4 项目实施后

项目不是实施完成即万事大吉，软件实施方还要通过如下手段实现从软件实施方的咨询实施到用户的知识转移：

- 贯穿实施全过程的培训工作。
- 针对不同角色（从公司领导到操作员）的培训。
- 多种形式的培训，如课堂培训、实战培训、方法培训等。
- 软件实施后，软件实施方形成模板，在用户的下属机构或相关机构进行推广。

2.4.5 实施控制

1. 实施控制的原则

（1）严格按照实施方案中的实施计划执行。好的项目实施方案是项目实施成功的灵魂和核心，是项目实施的基本依据，所以在项目实施过程中首先要严格按照实施方案执行。

（2）在实施过程中随时检测和调整项目实施计划。在项目实施过程中有很多突发事件随时影响着项目的变化，实施方案也需要随同这些变化进行相应的调整，才能始终具有指导作用。

（3）在实施过程中，项目双方人员要充分及时地进行信息交流。充分及时的信息交流是项目控制的关键，是调整方案的依据，只有项目双方人员有效的沟通，才能促使项目实施在有序的状态下顺利进行。

（4）随时记录项目进展情况。实施人员要记录项目实施中的每一个变化细节，作为控制和调整方案的依据。

2. 实施控制的内容

（1）目标控制。明确的目标导向是目标控制的关键，如果目标不明确，工作范围将不能确定，这将导致交付物、应用效果、工期和成本的不确定。统一的管理模式和应用架构为程序化的作业提供有效的基础，也为项目实施在资源配置、实施进度安排和成本控制上提供了科学的算法，是目标控制及高效实施的重要保障。

（2）进度控制。进度控制的意义在于严格控制双方在实施过程中耗费的资源和成本。进度控制需要客户做好实施准备，精确计算实施工期，合理配置资源。

在项目实施过程中，有很多因素会对既定的项目进度产生影响。进度控制的主要方法举例如下：

● 项目小组每周召开两次项目例会，参加人员为双方项目组成员，由软件实施方项目组长召集并主持。在例会上对实施工作完成情况予以检查，总结项目进展情况，同时提出目前存在的问题并得出双方认可的解决办法、后续工作的进程和任务调整等，并形成会议纪要。例会结束后整理出项目进展报告，发送给双方项目总监。

● 视情况随时召集审议总体项目进展及项目风险和争议问题的会议。参会人员为项目组长及用户单位项目组领导，形成会议纪要，并报告给双方项目总监，由双方高层协商确定。

（3）质量控制。

1）质量控制步骤。对于质量控制，我们主要遵循以下步骤：

● 项目组双方详尽地界定工作范围，提供详细的实施方案。

● 坚持分阶段（里程碑）提交工作成果和验收的原则。在实施过程中每完成一个阶段的工作都由用户验收认可，方能进行下一个进程。

● 根据实施情况及时调整并修改实施方案，使之始终能够起到指导作用，同时也为实施质量提供依据。

● 对实施文档进行完整的管理。在实施过程中，会产生很多文档，如需求建议、解决方案、项目执行情况、最终结论、实施总结等，所有文档都必须标准化，以备查阅及考核。

2）质量审查。审查是以计划的内容为基础，以目标和方法为依据，对涉及的各种技术工作进行描述，同时提交执行文档和软件。所有提交审查的记录将会作为活动的审计线索被保存。

质量审查以测试为主，一般包括模块测试、联合测试、系统测试、集成测试及测试结果确认。

在进行上述各类测试前，必须先拟定测试计划，确定测试数据和可接受的测试结果以及测试环境和测试人员，测试完成后编写测试结果文档。

测试任务可由下列人员进行：模块设计者、重要的功能设计者、重要测试人员、专职测试人员。

测试结果文档有以下几种：保存打印的测试结果，如报表打印、屏幕打印等；由主要测试者验收签字的单元测试报告；由主要功能设计者验收签字的系统测试方案；由主要测试者、实施小组成员、客户项目经理验收签字的集成测试报告。

3）文档管理。在项目实施过程中，由于项目实施的复杂性、多方人员参加以及时间跨度长等因素，任何需求、建议、解决方案和结论都必须文档化、标准化，以便查阅和引用。下列项目资料将在实施期间收集：

- 工作过程记录。
- 顾问现场工作日程表和日志。
- 需求改变表和日志。
- 问题与风险报表和日志。
- 周、月、季、年、阶段工作总结报告。
- 会议备忘录和日志。
- 项目资料收集。
- 项目管理文档。
- 模块实施过程中客户提交的各类文档。
- 客户化文档和模块开发文档。
- 客户提交的需求文档。
- 客户需求改变报告和批准书。
- 测试方案和测试结果报告。
- 客户签署的阶段成果确认书。
- 项目总结报告。

2.5 会计信息化组织及岗位

2.5.1 会计信息化工作组织的要求

会计信息化后，会计人员的分工和职能有所变化。正确组织会计信息化工作，对于完成会计任务、发挥会计在管理中的作用，具有重要的意义。会计信息化总的职能未变，由于会计数据处理工作由计算机完成，会计人员的主要工作是收集会计数据，参与经营管理与经营决策。会计系统是一个人机系统，从使用角度讲，人要录入数据和进行设备的维护与管理；从软件设计角度讲，本方为参与开发软件的要增加软件设计方面的人员。因此，根据会计信息化工作的特点，要做好会计工作，必须根据本单位实际情况建立专门的会计信息化机构或有关岗位从事会计信息化工作，使会计信息化工作得以顺利开展。

对基层单位来说，除了要按国家对会计工作的统一要求来组织会计工作外，还应注意以下要求：

（1）既要考虑会计信息化工作的特点，又要按单位经营管理的特点来组织会计工作。对会计信息化人员、会计业务人员的配备，都必须结合本单位业务的特点和经营规模的大小等情况做合理的安排。

（2）对会计机构的设置、会计业务人员和会计信息化人员的配备，应力求精简、合理，节约人力，降低费用。

（3）会计业务人员和会计信息化人员的配备要合理。实现会计信息化后，会计业务人员与会计信息化人员之间的分工比较明确，必须根据实际情况确定会计业务人员和会计信息化人员之间的比例，以达到最佳的配备。

2.5.2　会计信息化后会计部门的组织形式

会计信息化部门如何组织，应根据各单位的实际情况来设置。大中型企事业单位一般都有信息中心或计算中心，因此，在进行会计信息化工作的组织时要统一考虑。组织过程中要注意两个问题：一是怎样处理与信息中心的关系；二是怎样处理会计部门内部的关系。

会计信息化工作的组织对每一个单位来说都有自己的特殊情况，还与会计信息化的发展程度有关。所以，应根据每一个阶段的需要来建立或调整相应的机构，做到既满足会计信息化工作需要，又节省人力、物力。

2.5.3　会计信息化人员管理

1. 会计信息化人员构成

在应用会计软件过程中，会计信息化人员由以下几种构成：系统管理人员、系统维护人员、业务操作员、数据审核员、档案管理人员、财务分析人员、电算审查人员，这类人员统称为系统应用人员。在整个会计系统的岗位中，不同的人员有不同的分工与职责，在不同的岗位上发挥不同的作用。

对于自行开发会计软件的单位，有系统分析人员，系统设计人员，系统编程、调试人员，统称为开发人员。

对会计信息化人员管理的基本方法是：按照责、权、利相结合的基本管理原则，明确系统内各类人员的职责、权限并尽量将之与各类人员的利益挂钩，即建立健全岗位责任制。这样一方面可以加强内部控制，保护资金财产的安全；另一方面可以提高工作效率，充分发挥系统的运行效率。

2. 会计信息化岗位职责

会计信息化后，根据单位规模的大小和实际情况设置具体管理岗位。在会计软件应用中，各岗位的基本职责如下。

（1）系统管理人员。系统管理人员也称电算主管，负责协调计算机及会计信息系统的运行工作，要求具备会计和计算机知识，以及相关的会计信息化组织管理的经验。电算主管可由会计主管兼任，采用大中小型计算机和计算机网络会计软件的单位，应该设立此岗位。系统管理人员的权限很大，一般可调用所有的功能和程序，但不能调用系统的源程序及详细的技术资料。系统管理人员不能由软件的开发人员担任。根据实际情况，也可以将部分职能分配给其他的人员负责。

其具体职责如下：

1）负责会计信息系统的日常管理工作，监督并保证系统的有效、安全、正常运行，在系统发生故障时，应及时到场，监督与组织有关人员恢复系统的正常运行。

2）协调系统各类人员之间的工作关系。

3）负责组织和监督系统运行环境的建立，以及系统建立时的各项初始化工作。

4）负责系统各有关资源（包括设备、软件、数据及文档资料等）的调用、修改和更新的审批。

5）负责系统操作运行的安全性、正确性、及时性检查。

6）负责计算机输出的账表、凭证数据正确性和及时性的检查与审批。

7）负责做好系统运行情况的总结，提出更新软件或修改软件的需求报告。

8）负责规定系统内各使用人员的权限等级。

9）负责系统内各类人员的工作质量考评，以及提出任免意见。

（2）业务操作员。业务操作员也称软件操作员，负责输入记账凭证和原始凭证等会计数据，输出记账凭证、会计账簿、报表和进行部分会计数据处理工作，要求具备会计软件操作知识，达到会计信息化初级知识培训的水平。一般由基本会计岗位（原手工会计业务岗位）的会计人员兼任软件操作岗位的工作。业务操作员是系统运行中的关键人员，不能由系统开发人员担任，不能调用非自己权限内的功能。

其主要职责如下：

1）负责本岗位业务的录入、处理与输出。

2）严格按照系统操作说明进行操作。

3）系统操作过程中发现故障，应及时报告系统管理员，并做好故障记录及上机记录等事项。

4）做到当日账当日清。

5）按规定打印系统所有的明细账、总分类账和会计报表，以及自动转账凭证。

（3）数据审核员。数据审核员也称审核记账员，负责对输入计算机的会计数据（记账凭证和原始凭证等）进行审核，操作会计软件登记机内账簿，对打印输出的账簿、报表进行确认。此岗位要求具备会计和计算机知识，达到会计信息化初级知识培训的水平，可由主管会计兼任。

其主要职责如下：

1）负责输入数据凭证的审核工作，包括各类代码的合法性、摘要的规范性和数据的正确性。

2）负责输出数据正确性的审核工作。

3）对不真实、不合法、不完整、不规范的凭证或票据退还各有关人员更正、补齐，再行审核。

4）对于不符合要求的凭证和不正确的输出账表数据，不予签章确认。

（4）系统维护人员。系统维护人员也称电算维护员，负责保证计算机硬件、软件的正常运行，管理机内会计数据。此岗位要求具备计算机和会计知识，经过会计信息化中级知识培训。采用大型、中型、小型计算机和计算机网络会计软件的单位，应设立此岗位，此岗位在大中型企业中应由专职人员担任。系统维护人员了解所用的软件，所以，其不能从事系统的业务操作工作。

其主要职责如下：

1）定期检查软硬件设备的运行情况。

2）负责系统运行中软硬件故障的排除工作。

3）负责系统的安装和调试工作。

4）负责与有关会计人员，利用软件提供的通用功能，进行满足新需求的操作维护工作。

（5）电算审查人员。电算审查人员负责监督计算机及会计软件系统的运行，防止利用计算机进行舞弊，要求具备计算机和会计知识，达到会计信息化中级知识培训的水平。此岗位可由会计稽核人员或内部审计人员兼任。采用大型、中型、小型计算机和大型会计软件的单位，可设立此岗位。

其主要职责如下：

1）协助制定有关的内部控制措施和制度。

2）对有关数据及现象进行分析，发现线索。

3）进行日常审查。

（6）财务分析人员。财务分析人员负责对计算机内的会计数据进行分析，提交有关分析报告。要求具备计算机和会计知识，达到会计信息化中级知识培训的水平。采用大型、中型、小型计算机和计算机网络会计软件的单位，可设立此岗位，可由主管会计兼任。

其主要职责如下：

1）协助建立日常的分析制度和规范。

2）提交有关的常规分析报告。

3）完成领导下达的有关分析任务。

（7）档案管理人员。档案管理人员负责保管各类数据和会计档案，应具备计算机常识，如 U 盘、光盘的使用与保护等，一般应由能做好安全保密的人员担任。

其主要职责如下：

1）负责系统的各种开发文档、系统操作手册、各类数据 U 盘、光盘及各类账表、凭证、资料的备份和存档保密工作。

2）做好各类数据、资料、账表、凭证的安全保密工作，不得擅自借出。

3）按规定期限，向各类有关人员催交备份数据及存档数据。

2.6　会计信息化后的使用管理

2.6.1　会计信息化后使用管理的意义

会计信息化后的使用管理主要是通过对系统运行的管理，保证系统正常运行，完成预定任务，保证系统内各类资源的安全与完整。虽然会计系统的使用管理主要体现为日常管理工作，却是系统正常、安全、有效运行的关键。如果单位的操作管理制度不健全或执行不得力，就会给舞弊行为以可乘之机；如果操作不正确，就会造成系统内数据的破坏或丢失，影响系统的正常运行，也会造成录入数据的不正确，影响系统的运行效率，直至输出不正确的账表；如果各种数据不能及时备份，则有可能在系统发生故障时，使得会计工作不能正常进行；如果各种差错不能及时记录，则有可能使系统错误运行，输出不正确、不真实的会计信息。信息化后的使用管理主要包括机房的管理与上机操作的管理。

2.6.2 机房管理

设立机房主要有两个目的：一是给计算机设备创造一个良好的运行环境，保护计算机设备，使其稳定运行；二是防止非法人员进入机房，保护机房内的设备、机内的程序与数据的安全。办公条件较好的单位，一般是将服务器等重要设备放置在机房，其终端设备放置在办公室，以便于日常工作。具体管理是通过制定与贯彻执行机房管理制度来实施的。机房管理的主要内容包括：

（1）有权进入机房人员的资格审查。如果业务操作也在机房进行，系统管理员、操作员、录入员、审核员、维护人员以及其他经批准的有关人员可进入机房，系统维护员一般不能单独留在机房。

（2）机房内的各种环境要求。例如，机房的卫生要求、温度湿度要求、防火要求。

（3）机房内各种设备的管理要求。

（4）机房中禁止的活动或行为。如严禁吸烟、喝水等。

（5）设备和材料进出机房的管理要求。

如果机房只放置服务器等重要设备，则机房一般只能允许系统管理员和维护人员进入，相应的制度要分开制定。

2.6.3 操作管理

操作管理是指对计算机及系统操作运行的管理工作，其主要体现在建立与实施各项操作管理制度上。操作管理的任务是建立会计系统的运行环境，按规定录入数据，执行各子模块的运行操作，输出各类信息，做好系统内有关数据的备份及故障时的恢复工作，确保计算机系统的安全、有效、正常运行。操作管理制度主要包括以下内容。

（1）上机运行系统的规定。上机运行系统的规定主要是指明哪些人员能上机运行系统，哪些人员不能上机运行系统。一般来说包括以下内容：

1）系统管理员、业务操作员、系统维护员、数据复核员及其他经系统管理员批准的有关人员，有权上机运行系统。

2）非指定人员不能上机运行系统。

3）业务操作员、数据审核员由系统管理员根据业务需要确定。

4）与业务无关人员及脱离会计工作岗位的人员不得上机运行系统。

5）系统操作运行人员需经培训合格后方可上机运行系统。

（2）操作权限。操作权限是指系统的各种操作人员所能运行的操作权限，主要包括以下内容：

1）业务操作员应严格按照凭证或单据输入数据，不得擅自修改已复核的凭证数据，如发现差错，应在复核前及时修改或向系统管理员反映。已输入计算机的数据，在登账前发现差错，可由业务操作人员进行改正，如在登账之后发现差错，必须另制作凭证，以红字冲销或补充登记，录入计算机。

2）除了软件维护员之外，其他人员不得直接打开数据库进行操作，不允许随意增删和修改数据、源程序和数据库结构。

3）出纳人员、软件开发人员不允许进行系统性的操作。

4）系统软件、系统开发的文档资料，均由系统管理员负责并指定专人保管，未经系统管理员许可，其他人员不得擅自复制、修改和借出。

5）存档的数据如光盘、移动硬盘、纸质账表和凭证及各文档资料等，由档案管理员按规定统一复制、核对、保管。

6）系统维护人员必须按有关的维护规定进行操作。

（3）操作规程。操作规程主要指操作运行系统中应注意的事项，它们是保证系统正确、安全运行，防止各种差错的有力措施。其主要包括以下内容：

1）各操作使用人员在上机操作前后，应进行上机操作登记，填写姓名、上机时间和下机时间、操作内容，供系统管理员检查核实。如果会计软件有自动记录上机日志的功能，也可以用上机日志代替。

2）操作人员的操作密码应注意保密。

3）操作人员必须严格按操作权限操作，不得越权或擅自上机操作。

4）每次上机完毕，应及时做好所需的各项备份工作，以防发生意外事故。

5）未经批准，不得使用格式化、删除等命令或功能，更不允许使用系统级工具对系统进行分析或修改系统参数。

6）不能使用来历不明的存储介质和进行各种非法拷贝工作，以防止计算机病毒的传入。

2.6.4　计算机替代手工记账

采用计算机替代手工记账，是指应用会计软件输入会计数据，由计算机对会计数据进行处理，并打印输出会计账簿和报表。计算机替代手工记账是会计信息化的目标之一。

采用计算机替代手工记账的单位，应当具备的基本条件如下：

（1）配有适用的会计软件，并且计算机与手工进行会计核算双轨运行 3 个月以上，计算机与手工核算的数据相一致，且软件运行安全可靠。

（2）配有专用的或主要用于会计核算工作的计算机或计算机终端。

（3）配有与会计信息化工作需要相适应的专职人员，其中上机操作人员已具备会计信息化初级以上专业知识和操作技能，取得财政部门核发的有关培训合格证书。

（4）已建立健全的内部管理制度。包括岗位分工制度、操作管理制度、机房管理制度、会计档案管理制度、会计数据与软件管理制度等。

计算机替代手工记账的过程是会计工作从手工核算向信息化核算的过渡阶段，由于计算机与手工并行工作，会计人员的工作强度比较大，需要合理安排财务会计部门的工作，提高工作效率。

计算机与手工并行工作期间，可采用计算机打印输出的记账凭证替代手工填制的记账凭证，根据有关规定进行审核并装订成册，并据以登记手工账簿。如果计算机与手工核算结果不一致，要由专人查明原因并向本单位领导书面报告。一般来讲，计算机与手工并行的时间在 3 个月左右。

在实施计算机替代手工记账后，应该加强运行过程中的管理工作，使系统达到会计工作管理的需要。

2.7 会计信息化后的维护管理

2.7.1 会计信息化后维护管理的意义

要使会计系统正常、稳定、高效地运行，就要求不断维护和优化核算系统；系统在设计中必然存在考虑不周的情况，系统在运行过程中也必然会出现各种问题，也要求对系统进行维护。现有统计资料表明，软件系统生命周期中各部分的工作量，软件维护的工作量一般占50%以上；经验表明，维护工作要贯穿系统的整个生命周期，不断重复出现，直到系统过时和报废为止；经验也表明，随着系统规模的扩大和复杂性的增加，维护费用在整个系统的建立与运行中的比例越来越大。维护是整个系统生命周期中最重要、最费时的工作。

系统的维护包括硬件维护与软件维护两部分。软件维护主要包括正确性维护、适应性维护、完善性维护三种。正确性维护是指诊断和改正错误的过程；适应性维护是指当单位的会计工作发生变化时，为了适应而进行的软件修改活动；完善性维护是指为了满足用户增加功能或改进已有功能的需求而进行的软件修改活动。软件维护还可分为操作维护与程序维护两种。操作维护主要是利用软件的各种自定义功能来修改软件的一些参数，以适应会计工作的变化，实质上是一种适应性维护；程序维护主要是指各项需要修改程序的维护工作。

2.7.2 会计信息化后的维护管理

维护管理工作主要是通过制定维护管理制度和组织实施来实现。维护管理制度的主要内容如下。

（1）系统维护的任务。系统维护的任务主要包括以下几个方面：

1）实施对系统硬件设备的日常检查和维护，以保证系统的正常运行。

2）在系统发生故障时，排除和恢复运行。

3）在系统扩充时负责安装、调试，直至运行正常。

4）在系统环境发生变化时，随时做好适应性维护工作。

（2）系统维护的承担人员。在硬件维护工作中，较大的维护工作一般由研制单位进行。使用单位一般只进行一些小的维护工作，主要通过一些基本命令或各种软件工具即可满足要求，会计部门一般不配备专职的硬件维护员，硬件维护员可由软件维护员担任，即通常所说的系统维护员。

对于使用商品化软件的单位，程序维护工作由软件厂家负责，单位负责操作维护，单位可不配备专职维护员，而由指定的系统操作员兼任。

对于自行开发软件的单位，一般应配备专职的系统维护员。系统维护员负责系统的硬件设备和软件的维护工作，及时排除故障，确保系统的正常运行；负责日常的各类代码、标准摘要、数据及源程序的改正性维护、适应性维护工作，有时还负责完善性的维护。

(3) 软件维护的内容。软件维护的内容包括操作维护与程序维护。操作维护主要是一些日常维护工作，程序维护包括正确性维护、完善性维护和适应性维护。

(4) 硬件维护的内容。硬件维护的内容主要包括以下几个方面：

1) 定期进行检查，并做好检查记录。

2) 在系统运行过程中，出现硬件故障时，及时进行故障分析，并做好检查记录。

3) 在设备更新、扩充、修复后，由系统管理员与维护员共同研究决定，并由系统维护人员实施安装和调试。

(5) 系统维护的操作权限。操作权限主要是指明哪些人能进行维护操作，何种情况下可进行维护。其主要内容如下：

1) 维护操作一般由系统管理员或指定的专人负责，业务操作员、档案管理员等其他人员不得进行维护操作，系统管理员可进行操作维护，但不能进行程序维护。

2) 不符合维护规定手续的，不允许进行软件修改操作。

3) 一般情况下，维护操作不应影响系统正常的运行。

4) 不得进行任何未做登记记录的软硬件维护操作。

(6) 软件的修改手续。对于自行开发的会计软件或自行增值开发的程序，为了防止各种非法修改软件的行为，对软件的修改应有审批手续。修改手续的主要内容如下：

1) 由系统管理员提出软件修改请求报告。

2) 由有关领导审批请求报告。

3) 以前的源程序清单存档。

4) 手续完备后，实施软件的修改。

5) 软件修改后形成新的文档资料。

6) 发出软件修改后使用变更通知。

7) 进行软件修改后的试运行。

8) 根据运行的情况做出总结并修改文档资料。

9) 发出软件修改版本后正式运行的通知。

10) 软件和源程序做新的备份，并同定稿的文档资料存档。这里的文档主要应包括维护的审批人、提请人、维护人的姓名，维护时间，修改原因，修改的内容，修改后的情况和效果。

2.8　会计信息化档案管理

2.8.1　会计信息化档案管理的意义

会计信息化的档案主要包括各种打印输出的账簿、报表、凭证，存储会计数据和程序的存储介质，系统开发运行中编制的各种文档以及其他会计资料。会计系统的档案管理在整个会计信息化工作中起着重要的作用。

1. 良好的档案管理是会计信息化工作连续进行的保障

会计系统的档案是会计档案的重要组成部分。会计档案是各项经济活动的历史记录，也是检查各种责任事故的依据。只有会计档案保存良好，才能连续反映单位的经济情况，才能了解单位经营管理过程的各种弊端、差错、不足，才能保证信息前后期的相互利用，才能保证系统操作的正确性、可继续培训性和系统的可维护性。

2. 良好的档案管理是会计系统维护的保证

在会计信息化后的档案中，对于自行开发或增值开发的单位，各种开发文档是其中的重要内容。对会计系统来说，其维护工作有以下特点：

（1）理解别人编写的程序通常非常困难，而且软件文档越不全、越不符合要求，理解就越困难。

（2）会计系统是一个非常庞大的系统，甚至其中的一个子系统也非常复杂，而且其跨越了会计与计算机两方面的专业知识，了解与维护系统非常困难。

所以，如果没有保存完整的系统开发文档、使用和维护文档，系统的维护将非常困难，甚至不可能。如果出现这样的情况，将很可能导致系统停止运转，严重影响会计工作的连续性。

3. 良好的档案管理是保证系统内数据信息安全完整的关键环节

当系统程序、数据出现故障时，往往需要利用备份的程序与数据进行恢复；当系统处理需要以前年度或机内没有的数据时，也需要将备份的数据复制到机内；系统的维护也需要各种开发文档或使用说明。因此，保存良好的档案是保证系统内数据信息安全完整的关键环节。

4. 良好的档案管理是会计信息得以充分利用，更好地为管理服务的保证

让会计人员从繁杂的事务性工作中解脱出来，充分利用计算机的优势，及时为管理人员提供各种管理决策信息，是会计信息化的最高目标。俗话说，“巧妇难为无米之炊”。对计算机来说也一样，计算机内没有相应的数据，什么样的分析数据也无法提供。因此，要实现会计信息化的根本目标，就必须要有保存完好的会计数据。只有良好的档案管理，才可能在出现各种系统故障的情况下，及时恢复被毁坏的数据；只有保存完整的会计数据，才可能利用各个时期的数据，进行对比分析、趋势分析、决策分析。因此，良好的档案管理是会计信息得以充分利用，更好地为管理服务的保证。

2.8.2 会计信息化档案管理的任务

1. 监督、保证按要求生成各种档案

按要求生成各种档案是档案管理的基本任务。对于自主开发或增值开发的单位来说，各种开发文档应由开发人员编制，会计部门应监督开发人员提供完整、符合要求的文档；各种会计报表与凭证应按国家的要求打印输出；各种会计数据应定期备份，重要的数据应强制备份；计算机源程序应有多个备份。

2. 保证各种档案的安全与保密

会计信息是加强经济管理、处理各方面经济关系的重要依据，绝不允许随意泄露、毁损和遗失。各种会计信息资料的丢失与毁损自然会影响到会计信息的安全与保密；各种开发文档及程序的丢失与破坏都会危及运行的系统，从而危及系统中会计信息的安全与完整。所以，各种档案的安全与保密是与会计信息的安全密切相关的，我们应加强档案管理，保证各种档案的安全与保密。

3. 保证各种档案得到合理利用

档案中的会计信息资料是了解企业经济情况、进行分析决策的依据；各种开发文档是系统维护的保障；各种会计信息资料及系统程序是系统出现故障时恢复系统，系统连续运行的保证。

2.8.3　会计信息化档案管理的方法

1. 会计信息化档案的生成与管理办法

计算机代替手工记账后，会计档案除指手工编制的凭证、账簿和会计报表外，还包括计算机打印输出的会计凭证、会计账簿、会计报表，存有会计信息的存储介质，会计系统开发的全套文档资料。对手工形成的会计凭证、会计账簿和会计报表等会计档案，在此不再论述，可参见《会计档案管理办法》（1998 年 8 月 21 日财政部、国家档案局发布）。

（1）记账凭证的生成与管理。计算机代替手工记账单位的记账凭证有两种方式。

1）由原始凭证直接录入计算机，由计算机打印输出。在这种情况下记账凭证上应有录入员的签名或盖章，稽核人员的签名或盖章，会计主管人员的签名或盖章。收付款记账凭证还应有出纳人员的签名和盖章。相关的签名在信息化下可以通过软件自动生成并打印出来。打印生成的记账凭证应视同手工填制的记账凭证，按《会计档案管理办法》的有关规定立卷归档保管。

2）手工事先做好记账凭证，计算机录入记账凭证后进行处理。在这种情况下，保存手工记账凭证与机制凭证皆可，如保存手工记账凭证，可按《会计档案管理办法》的有关规定进行处理与保管；如保存机制记账凭证，其处理与保管办法与手工记账凭证的处理与保管办法相同。需要强调的是，在计算机记账后发现记账凭证录入错误时，保存手工记账凭证的，需同时保存为进行冲账处理而编制的手工记账凭证；保存机制记账凭证的，需同时保存进行冲账处理的机制记账凭证。

（2）会计账簿、报表的生成与管理。已由计算机全部或部分代替手工记账的，其会计账簿、报表以计算机打印的书面形式保存。这主要是考虑到当前磁性或其他介质的可靠性不强和保存条件要求较高等情况而定的。其保存期限按《会计档案管理办法》的规定办理。但财政部同时考虑到计算机打印的特殊情况，在会计资料生成方面进行了一些灵活规定，除要求日记账每天打印外，一般账簿可以根据实际情况和工作需要按月或按季、按年打印；发生业务少的账簿，可满页打印。现金、银行存款账可采用计算机打印输出的活页账页装订。

（3）磁性介质及其他介质的管理。存有会计信息的磁性介质及其他介质，在未打印成书面形式输出之前，应妥善保管并留有副本。一般来说，为了便于利用计算机进行查询及在会计系统出现故障时进行恢复，这些介质都应视同相应会计资料或档案进行保存，直至会计信息完全过时为止。

（4）系统开发的文档资料的管理。系统开发的全套文档资料视同会计档案保管，保管期截至该系统停止使用或有重大更改之后的5年。

2. 会计系统档案管理制度

档案管理一般是通过制定与实施档案管理制度来实现的。档案管理制度一般包括以下内容。

（1）存档的手续。主要是指各种审批手续，如打印输出的账表，必须有会计主管、系统管理员的签章才能存档保管。

（2）各种安全保证措施。例如，备份介质、刻录光盘上应贴写保护标签，存放在安全、洁净、防热、防潮的场所。

（3）档案管理员的职责与权限。

（4）档案的分类管理办法。

（5）档案使用的各种审批手续。例如，调用源程序就应由有关人员审批，并且记录调用人员的姓名、调用内容、归还日期等。

（6）各类文档的保存期限及销毁手续。例如，打印输出账簿就应按《会计档案管理办法》的规定保管期限进行保管。

（7）档案的保密规定。例如，任何伪造、非法涂改变更、故意毁坏数据文件、账册等的行为都将进行相应的处理。

2.9 复习题

2.9.1 思考题

1. 会计软件开发主要分为哪几步？每一阶段的工作主要有哪些？
2. 对会计软件的要求主要有哪些？
3. 结合实际，谈谈选择商品化会计软件主要应当考虑哪些因素。
4. 实施的目标如何制定？实施过程主要有哪些阶段？怎样对实施的效果进行评价？
5. 会计信息化的运行管理主要包括哪些方面？

2.9.2 判断题

1. 与手工会计不同，会计信息化下不存在明显的岗位分工问题，可以由一个操作员完成整个证、账、表的工作。（ ）
2. 为使会计软件更具针对性，企业应首选采用定点开发方式。（ ）
3. 实现会计信息化后，为保证万无一失，会计核算人员应由部分程序研制人员兼任。（ ）

4. 进行会计数据的输入、备份和输出，对审核过的凭证数据及时登记入账，是系统维护人员的职责。（　）

5. 项目实施只需要软件实施方成立项目组。（　）

6. 项目实施需要双方联合成立项目组。（　）

7. 实施方案书在项目实施开始时提交。（　）

8. 当企业原来的业务处理方法、核算方法与国家法规有冲突时，实施方案应当首先考虑合法性。（　）

9. 企业在安排人员进入实施小组时，重点考虑的是人员的计算机水平。（　）

2.9.3 单项选择题

1. 一般情况下，企业开展会计信息化应选择（　）。

A. 商品化软件　B. 自行开发软件
C. 委托软件公司开发软件　D. 定点开发软件

2. 一般情况下，账务处理子系统不具备（　）功能。

A. 记账　B. 期末转账
C. 编制会计报表　D. 结账

3. 专用会计软件与通用会计软件的最大区别是（　）。

A. 会计软件功能不同　B. 不需要设置账套
C. 能满足单位特殊经济业务的需要　D. 操作更简单

4. 核算型会计软件不包括的功能是（　）。

A. 工资核算　B. 固定资产核算
C. 成本核算　D. 预算功能

5. 在会计信息化下，财务分工主要是通过（　）实现的。

A. 设置操作人员权限　B. 内部管理制度的规定
C. 相互监督　D. 由操作员自身设置

6. 会计档案资料保管员不负责保存（　）。

A. 软件公司宣传资料　B. 计算机会计数据
C. 凭证　D. 各种账表

7. 具有人员分工操作权限的是（　）。

A. 电算维护员　B. 电算主管员　C. 软件操作员　D. 审核记账员

8. 下列（　）工作是会计信息化使用单位负责的。

A. 会计软件的操作和日常维护　B. 会计软件修改
C. 会计软件的版本升级　D. 会计软件的功能扩充

9. 会计信息化单位负责会计软件的操作维护工作，具体可由（　）负责。

A. 会计主管　B. 操作员　C. 系统维护员　D. 审核员

10. 项目预备会需要（　）参加。

A. 双方高层领导和项目组成员　B. 双方高层参加
C. 双方项目经理参加　D. 双方全员参加

11. 培训阶段针对不同对象的培训分为（　）。

A. 领导培训、系统管理员培训、一般操作员培训
B. 领导培训、系统管理员培训、一般操作员培训、项目实施人员培训
C. 系统管理员培训、一般操作员培训
D. 系统管理员培训、一般操作员培训、项目实施人员培训
12. 项目培训分为（　　）阶段。
A. 培训方案、组织培训、培训验收　　B. 培训方案、培训验收、组织培训
C. 组织培训、培训验收、培训方案　　D. 培训验收、培训方案、组织培训
13. 如果在实施时发现会计软件有的功能不能满足用户合法合理的需要，而又不能更换为另一种会计软件时，应该（　　）。
A. 终止实施　　B. 不理睬会计软件用户的需要
C. 对会计软件做二次开发　　D. 请用户用手工完成需要的功能
14. 在会计数据处理过程中，最为关键的环节是（　　）。
A. 数据采集　　B. 数据加工　　C. 数据存储　　D. 数据输出

2.9.4 多项选择题

1. 会计数据的输入方式有（　　）。
A. 手工键盘输入　　B. U盘输入　　C. 光盘输入　　D. 网络传输输入
2. 企业取得会计软件的方式有（　　）。
A. 购买　　B. 自行开发　　C. 委托开发　　D. 联合开发
3. 会计软件实施前的准备工作主要包括（　　）。
A. 全面清理手工会计业务工作　　B. 规范会计业务处理工作
C. 会计数据的整理和准备　　D. 进行人员的培训
4. 计算机替代手工记账需建立的基本管理制度有（　　）。
A. 操作管理制度　　B. 硬件管理制度
C. 软件管理制度　　D. 审计制度
5.（　　）属于系统维护员的职责。
A. 定期检查软件、硬件的运行情况　　B. 负责软件的安装和调试工作
C. 对系统进行功能完善、欠缺的改善　　D. 负责会计数据的录入
6. 企业的会计软件实施组应有（　　）参加。
A. 企业的计算机人员　　B. 企业的会计人员
C. 政府财政主管部门的人员　　D. 国家税务主管部门的人员
7. 会计软件实施时必有的步骤包括（　　）。
A. 确定会计业务处理流程　　B. 任命会计部门的负责人
C. 培训操作者　　D. 会计软件的初始设置
8. 会计软件中的备份功能非常重要，在进行这一工作时应该（　　）。
A. 注明备份时间　　B. 备份介质有两份以上
C. 删除数据前先备份　　D. 先恢复数据

第 3 章 Chapter 3 系统管理与基础设置

本章操作视频讲解

3.1 会计信息系统应用前的准备工作

3.1.1 确定会计核算规则

在手工核算下，某些会计基础工作较差的单位，会计工作规范化较差，账、证、表格式内容混乱，核算方法、程序不统一。同一类业务，不同的人做法不完全相同，而且不符合有关要求。会计信息系统对会计核算的过程、相应的处理流程、方法和有关约定、要求都是规范的，不提供某一具体核算的不规范处理方法。因此，会计信息系统与本单位手工核算方法之间不可避免地有一定差别。要消除这些差别，必须对单位会计核算业务进行整理、调整，确定其信息化后的核算规则，使之满足会计核算软件的要求。

1. 确定会计核算的输入数据源及会计档案形式

在会计信息系统中，会计业务流程起始于原始凭证以及依此填写的记账凭证，基于输入系统的凭证数据，即可形成各类账、表及相关会计报告。凭证被称为会计信息系统的数据源，而各类账簿、报表及相关会计报告则为会计信息系统所提供的财务信息。

在会计信息系统中，数据源形式会变得复杂一些，其实时性要求也会更高。例如，在一笔电子结算业务过程中，会计信息系统既可以接受电子数据作为数据源（如用银行提供的电子化数据作为银行对账单的数据源、用电子商务系统中的用户订单作为销售订单的数据源），也可以接受业务发生以后的相关纸介质传票作为数据源。无疑，前者的实时性明显优于后者，但其安全性尚有赖于电子商务技术提高。应根据会计信息系统提供的功能和单位的实际需要确定会计核算的数据源，最好是以接受电子数据作为即时数据源，同时辅以接受纸介质传票作为验证数据源的方式，重组会计业务流程。

这样，才能够满足现代财务管理对会计信息系统的要求。

会计信息系统的输出结果有各种凭证、单据、账簿、会计报表，查询、汇总、统计及分析报表等。可以将这些输出（如凭证、单据、账簿、会计报表）的全部打印件作为会计档案，甚至可以直接使用电子介质作为电子会计档案，也可以部分使用会计信息系统提供的打印件作为会计档案，部分使用手工原始单据作为会计档案。这些都应在会计信息系统使用前事先确定。在本单位会计人员计算机应用能力不高，首次进行会计信息化的初期，可采用较稳妥的方案，如可以使用会计信息系统提供的账簿、会计报表作为正式的会计档案，而凭证、出入库单、销售单、发票、现金账、银行账采用手工填写方式。在会计信息化应用较成熟后，可以采用会计信息系统提供的所有输出作为会计档案，甚至可以使用会计信息系统产生的各种输出单据（如销售发票、支票等）。

2. 记账程序的确定

目前手工核算方式下一般有记账凭证记账程序、科目汇总表记账程序、汇总记账凭证程序、日记账记账程序、多栏式日记账程序、日记总账程序等几种形式。使用会计信息系统后，业务量大小已不是主要矛盾，信息化核算没有必要沿用手工记账程序记账，没有必要对记账凭证进行汇总或科目汇总等，可以依据记账凭证直接登记明细账、日记账，然后登记总分类账。各种业务的不同需求可以通过程序处理满足。

3. 科目编码方案的确定

会计信息系统一般都对会计科目编码做原则性规定，并允许各单位根据自身要求进行设置。因此软件使用前需确定本单位会计科目体系及其编码。信息化条件下，会计科目设置既要符合会计准则和会计制度的规定，又要满足本单位会计核算和管理要求，同时要考虑该会计信息系统对会计科目编码的规定要求。

我国会计制度对总账科目及其编码，由财政部统一规定。在保证核算指标统一性的前提下，可根据实际需要并按规定对统一规定的总账科目做必要的补充。至于明细科目，有的在国家会计制度中规定，有的则可根据企业管理需要由企业自行规定。科目设置首先应满足会计核算和管理要求；其次应满足会计核算的要求；再次应满足管理要求；最后应满足编制报表的需要。

4. 凭证、账簿的规范化

会计信息系统中，一般都规定记账凭证的种类和格式。不管怎样规定，都需对手工记账凭证进行规范统一，以满足计算机输入需要。在会计信息系统使用前，要确定哪些明细账为数量金额式，哪些为三栏式或多栏式。为了保证从手工方式到信息化方式的顺利转换，还必须核对账目，保证账证相符、账账相符、账实相符。科目期末余额必须整理，同时还应注意往来账、银行账的清理。

5. 固定资产、材料、工资、成本、销售核算业务的规范化

固定资产折旧形式目前主要有三种，即综合折旧法、分类折旧法和个别折旧法。

在手工环境下一般是按分类折旧法计提折旧，使用计算机后可按单台计提折旧。因此若软件提供单台折旧方法，应尽量实现单台折旧。

对材料核算，在信息化情况下，可核算到大类或小类，个别种类甚至可核算到规格，尽量根据本单位材料核算的需要，而不考虑会计信息系统中数据量的多少，制定比较合理可行的分类及核算规则。

工资计算方法的差别目前越来越大，有计时、计件工资，有工效挂钩的效益工资、奖励和浮动工资等。可以利用会计信息系统提供的工资项目及项目间计算公式的自定义功能，制定能反映单位具体情况的工资核算方法。

成本核算方法的确定，一方面看企业生产特点，另一方面要看企业管理要求。企业生产可分为大量生产、成批生产和单件生产。手工核算方法一般都已考虑生产特点，由于手工核算的局限性，其成本核算往往难以满足企业管理的需要。成本核算方法一般都从计算产品成本出发，而对于成本控制、部门责任成本的核算与考核目标成本的计算等很少考虑。随着企业逐步走向市场，成为独立的商品生产者，对于内部管理的要求越来越高，成本核算除了满足产品成本计算外，还要在成本过程控制、责任成本和目标成本的考核方面发挥作用，因此在设计成本核算方案时，要充分考虑这些管理的需要。

销售核算业务涉及很多种类型，单位的规模不同对业务的细化差异较大，有的甚至将一些关键环节也忽略了。因此需要从销售计划、报价、发货、库存、销售发票进行分析，理顺流程。对销售成本的核算方法要具体到物料，根据物料的具体情况采用合适的结算方法。对相关的会计凭证制作，要形成规范性要求，不要因人而异，应提高数据的准确性。

3.1.2 会计基础数据的准备

一个单位应用会计信息系统，需要将手工账搬到计算机电子账上，这就需要将会计岗位分工、会计科目、期初余额等数据录入会计信息系统中，在录入前就先要准备好这些会计资料。

1. 确定信息化会计岗位及其岗位的具体操作任务

根据手工会计岗位来确定哪些会计人员需要使用会计信息系统，具体信息化操作岗位如何划分，可以使用如表 3-1 所示的信息化操作员岗位分配表，实际工作中要根据单位要求来细化。

表 3-1 信息化操作员岗位分配表

信息化岗位	操作员	制单	复核	记账	查询	打印	岗位功能	会计科目
报账	李东平	√			√		凭证制作	1001，1002
	王敏		√	√	√	√	凭证复核	1001，1002
资金管理	黄飞华	√			√		凭证制作	2202，1002
	陈新		√	√	√	√	凭证复核	2202，1002
⋮								

在确定信息化会计岗位的同时，还需制定相应的信息化会计制度。

2. 规范手工会计科目及科目性质

手工会计下的会计科目由总账科目和明细科目组成，其中总账科目也称为一级科目，它由应用单位使用的会计制度决定，而明细科目需要分几级，由应用单位根据自己的会计核算特点制定。

应用会计信息系统前，需要整理出所有的明细会计科目，并按实际需要进行分级。

由于会计科目具有一定的类别、性质及方向，故整理明细会计科目的同时也要清楚它们的辅助性质情况，具体可以使用如表3-2所示的科目调查表的形式进行整理。

表3-2 科目调查表

科目编码	科目名称	科目类别	余额方向	科目性质	明细账种类	辅助账种类	备注
1001	库存现金	资产	借	现金	日记账		总账科目
1002	银行存款	资产	借	银行	日记账		总账科目
100201	银行存款——工行	资产	借	银行	日记账		明细科目
100203	银行存款——外币	资产	借	银行	日记账	外币账	明细科目
1601	固定资产	资产	借	普通	三栏账	数量账	总账科目
2202	应付账款	负债	贷	往来	三栏账		总账科目
6602	管理费用	损益	借	普通	多栏账		总账科目
⋮							

3. 整理会计科目的期初余额及累计发生额

对整理出的所有会计科目，收集需要试运行会计期间月份的期初余额和累计发生额。可以使用如表3-3所示的期初余额表进行整理。

表3-3 期初余额表

科目编码	科目名称	方向	期初余额	借方累计发生	贷方累计发生	备注

如果是当年第一个会计月份，就不需要会计科目的累计发生额。要注意完整地收集最底层明细科目的余额、发生额，避免遗漏，以保证会计基础数据的准确。

4. 其他辅助会计资料

其他辅助会计资料有应用单位的名称全称及简称、使用的会计制度类型、会计主管名称、年月会计期间范围、各种凭证单据类型、往来单位清单、内部部门清单、内部人员清单、产品清单、职工工资数据、固定资产卡片、材料名称及相关信息、产品名称编码、产品定额成本、工时费用定额等。

3.1.3　准备软件应用环境

任何一个应用软件系统都必须在一定的环境下才能使用，本书中主要讲解的是 Windows 操作系统下运行的会计信息系统的应用环境。在准备软件的环境时，必须与软件供应商联系，明确软件的运行环境，特别是在什么样的环境下更为稳定，稳定对于会计信息系统至关重要。主要包括以下方面：

（1）网络服务器及网络操作系统的安装及配置。

（2）服务器端网络数据库系统软件的安装及配置。

（3）应用端数据库软件的安装及配置。

如果使用单用户版本会计信息系统，可以不安装网络服务器部分软件。不同品牌的会计信息系统的支撑环境要求不同，具体应用时应参考其使用说明。

3.1.4　安装的一般方法

安装的一般方法如下：

（1）将会计信息系统光盘放入光盘驱动器。

（2）选择光盘驱动器目录，在目录中双击 Setup 或者 Install 应用程序图标运行安装程序。

（3）根据安装向导提示选择安装目录和应用系统内容进行安装。

（4）安装完毕后使用鼠标左键点击窗口上的系统图标运行软件。

不同品牌的会计信息系统的安装方法可能有所差异，应参考其使用说明。

3.1.5　用友 ERP-U8 介绍

用友 ERP-U8 企业应用套件（简称用友 ERP-U8）是面向中型企业的管理软件。它适应中国企业高速成长且逐渐规范发展的状态，蕴涵中国企业先进管理模式，体现各行业业务最佳实践，有效支持中国企业国际化战略的信息化经营平台。用友 ERP-U8 提供财务管理、供应链管理、生产制造管理、客户关系管理、人力资源管理、办公自动化和商业智能等集成化功能，具体可根据实际需要选用。

本实验采用用友 ERP-U8V10.1 版，主要内容包括基础设置、总账、采购与应付、销售与应收、库存、存货核算、固定资产、薪资、UFO 报表等模块的实际应用，操作系统采用 Windows 10 专业版，数据库为 SQL Server 2008 Express SP3。

本书重点讲解供应链业务与财务的一体化处理方法；如需要学习生产管理等模块，请参考其他资料。

用友 U8 是用友股份公司系列产品中面向中型制造企业、商贸企业、开展 B2C 贸易的传统企业及新型线上贸易企业，提供财务会计、供应链、生产制造、人力资源管理、商业智能等功能，帮助企业实现人、财、物、产、供、销的管理。

用友 U8 提供业务财务一体化解决方案，是一个集成应用平台，其结构如图 3－1 所示。

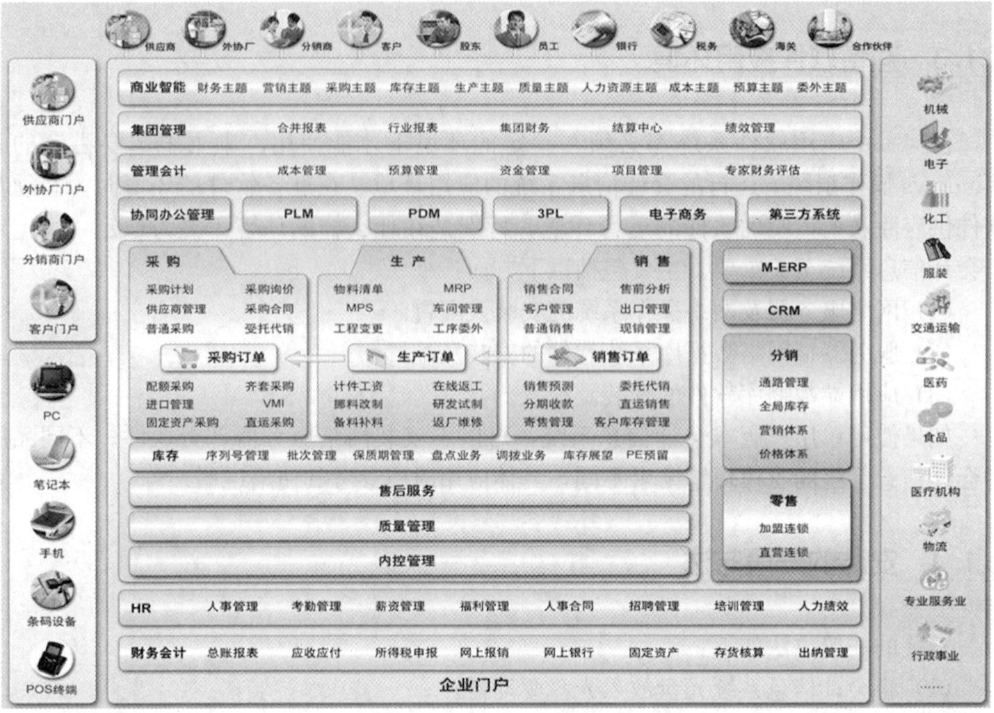

图 3-1 集成应用平台

在业务上，U8 是一体化的处理平台，其财务业务一体化的流程如图 3-2 所示。

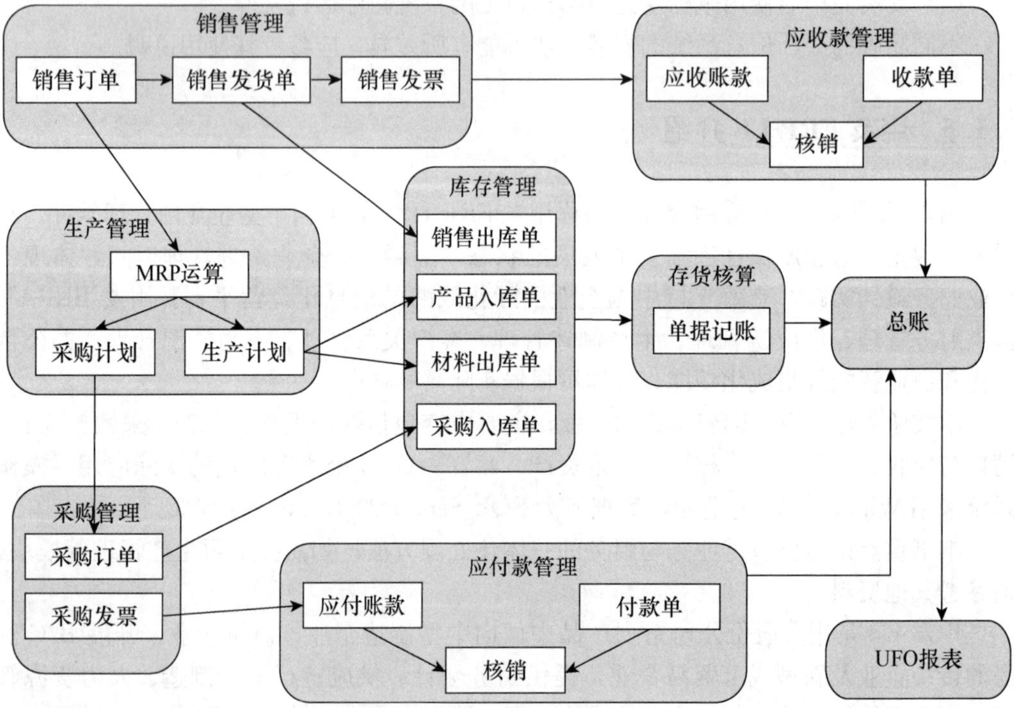

图 3-2 财务业务一体化流程

3.2 安　装

3.2.1 安装注意事项

在单机上安装用友ERP-U8，需要注意以下问题：

（1）操作系统：Windows 10专业版。

（2）数据库：SQL Server 2008 Express SP3。

（3）Windows 10安装的权限：管理员或超级用户。

（4）Windows 10用户权限控制：设置为最低，即对安装不做限制。

（5）安全管理软件：安全卫士、杀毒软件之类在安装过程中必须停止运行。最好先卸载，安装成功后再安装安全管理类软件。

（6）其他软件：可以安装Office、输入方法、浏览器、即时通信类软件。由于管理软件之间容易产生冲突，因此不能在同一环境中再安装其他品牌的管理软件。

3.2.2 安装环境的准备

1. 安装IIS

Internet Information Services（IIS，互联网信息服务）是由微软公司提供的基于Windows的互联网基本服务。

IIS的默认安装不完全，需要我们自己手动添加进行安装。

进入“开始”菜单，在所有应用菜单里选择“Windows系统”里的“控制面板”。

（1）进入控制面板后，选择“程序”，再选择“程序和功能”中的“启用或关闭Windows功能”，如图3-3所示。

图3-3　Windows功能

（2）选择“Internet Information Services”进行设置。

选择“Internet Information Services”，然后单击“确定”，系统会自动安装（需要联网）。

选择“Internet Information Services”，进入后要把加号都点开，简单的做法是选取可选的全部项目，如图3-4所示。

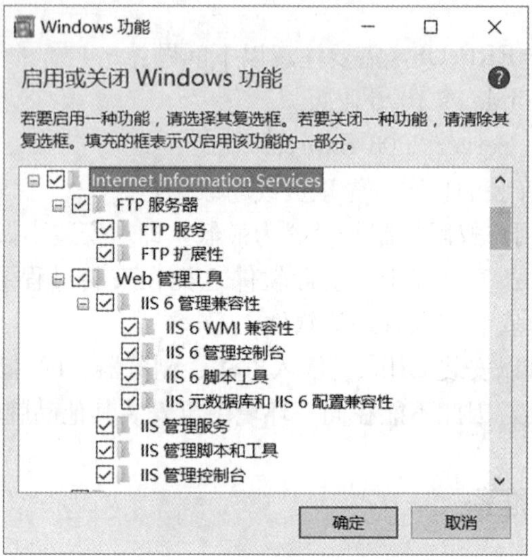

图3-4 Internet信息服务设置

（3）选择Internet Information Services可承载的Web核心，选择“确定”完成。

进行相关设置后，选择“确定”后，系统会自动完成IIS的安装（需要在联网状态下，下载有关更新程序），然后重新启动。

2. 安装.NET FRAMEWORK 3.5

选择“.NET FRAMEWORK 3.5（包括.NET 2.0和3.0）”，如图3-5所示。

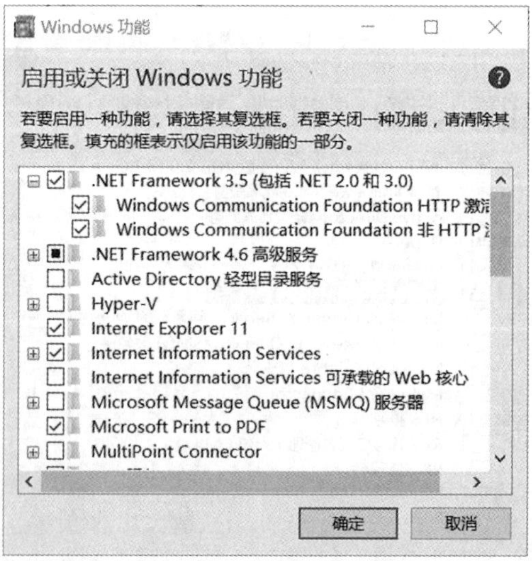

图3-5 安装.NET FRAMEWORK 3.5

单击“确定”后系统会从网络上下载相关程序进行安装。

3. 更改用户账户控制设置

为了安全起见，Windows 10 对用户的权限进行了控制，以防止非法软件被安装，但在安装一些软件时是需要最高权限的，否则表面上似乎安装完成，但由于安装人员的权限不够，导致在修改有关系统参数时不成功，从而导致安装后无法使用。这种问题是安装程序在安装过程中发生的，不一定进行提示，出现错误的时候很难寻找原因和解决办法。

选择“控制面板”|“用户账户”|“更改用户账户控制设置”，然后设为最低，如图3-6所示。

图3-6 用户账户控制设置

4. 更改计算机名称

选择“控制面板”|“系统和安全”|“系统”，在用友 U8 系统中，计算机名不能使用“-”特殊字符，如需要更改，可选择计算机名的“更改设置”功能完成。将计算机名称改为“BIGATL”(也可更改为其他名字)。

设定后重新启动，计算机名称更改完成。

5. 日期分隔符设置

用友 U8 中，要求日期分隔符号设置为“-”，设置的方法为：进入 Windows 10 控制面板，选择“时钟、语言和区域”，再选择“更改日期、时间或数字格式”，设置短日期的格式(设置为 yyyy-MM-dd 格式)。

3.2.3 安装数据库

1. 下载 SQL 2008 Express SP3

用友 U8 使用微软的 SQL Server 数据库，这里使用 Microsoft SQL 2008 Express SP3 版本（免费版）。作为学习使用，其功能已经能满足需要。

可以在互联网上搜索“SQL 2008 Express SP3”，选择从微软网站下载，X64 位版本选择 SQLEXPR _ x64 _ CHS. EXE（SQLEXPR32 _ x86 _ CHS. exe 只能在 32 位的 Windows 下运行；SQLEXPR _ x86 _ CHS. exe 既可以在 32 位，也可以在 64 位 Windows 下运行；SQLEXPR _ x64 _ CHS. exe 只能在 64 位 Windows 下运行）。

2. 安装 SQL Server 2008 Express SP3

在安装之前，一定要停用或卸载杀毒软件、360 安全卫士之类的安全管理软件。

安装方法：选择 SQLEXPR _ x64 _ CHS. EXE，单击右键选择“以管理员身份运行”。

进入后选择“安装”，如图 3－7 所示。

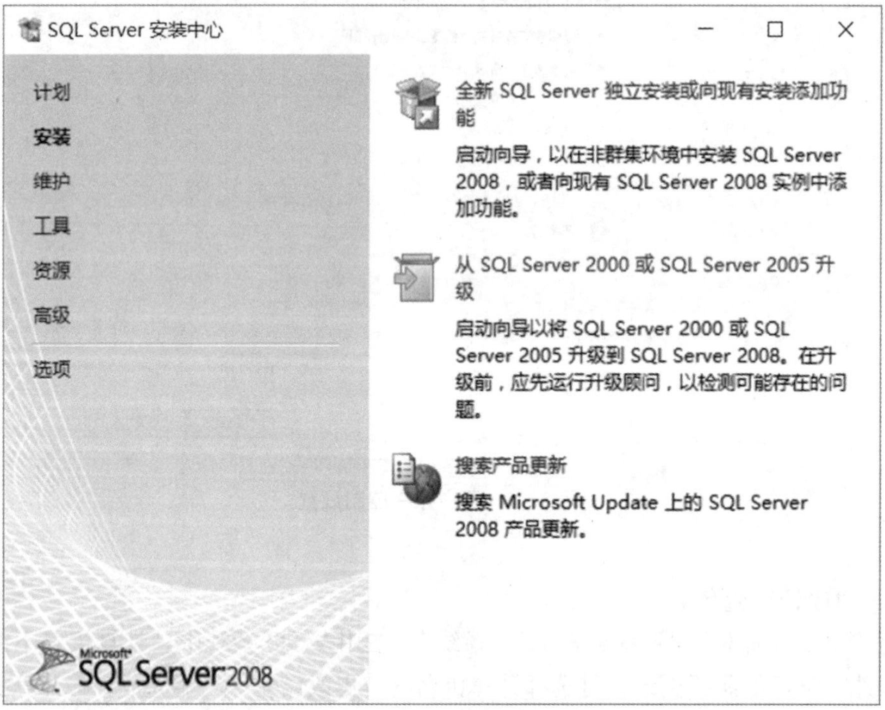

图 3－7 安装中心

选择“全新 SQL Server 独立安装或向现有安装添加功能”，首先进入“安装程序支持规则”，通过检测后单击“确定”，再输入“产品密钥”，这里按照默认进入下一步“许可条款”，选择“我接受许可条款”，然后进入下一步“安装程序支持文件”，单击“安装”，首先完成安装程序支持规则的检测，然后进入下一步“功能选择”，单击“全选”后如图 3－8 所示。

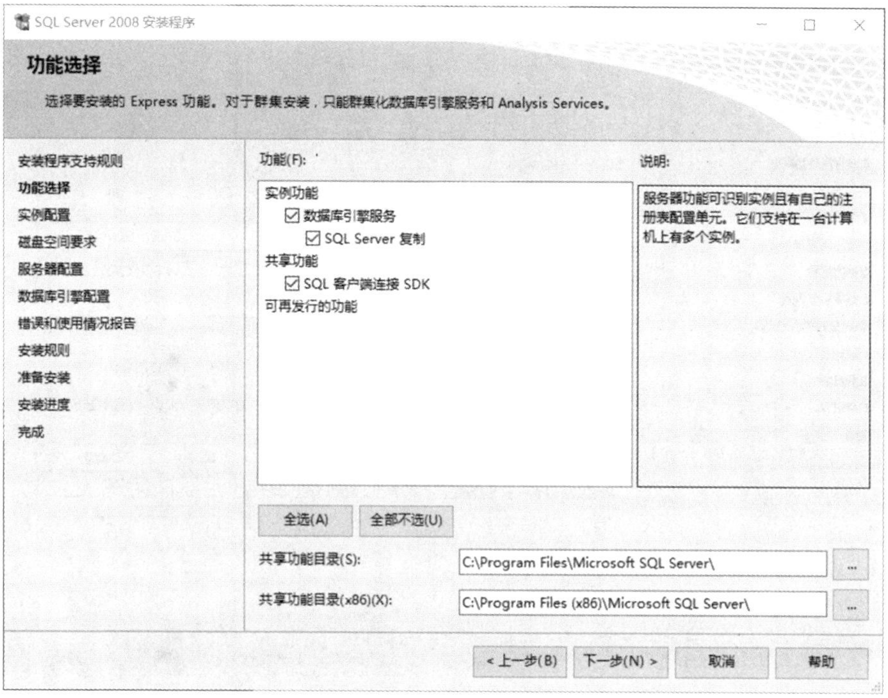

图 3-8　功能选择

进入下一步“实例配置”，选择“默认实例”，如图 3-9 所示。

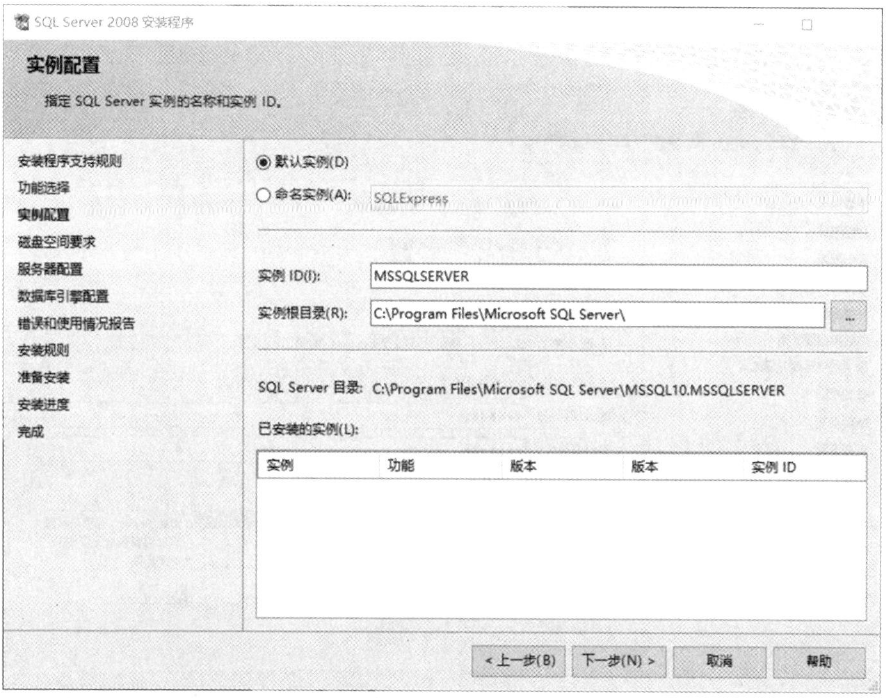

图 3-9　实例配置

进入下一步“磁盘空间要求”显示安装程序对空间的需求量，然后进入下一步“服务器配置”，账户名选择“NETWORK SERVICE”，密码为空，如图 3-10 所示。

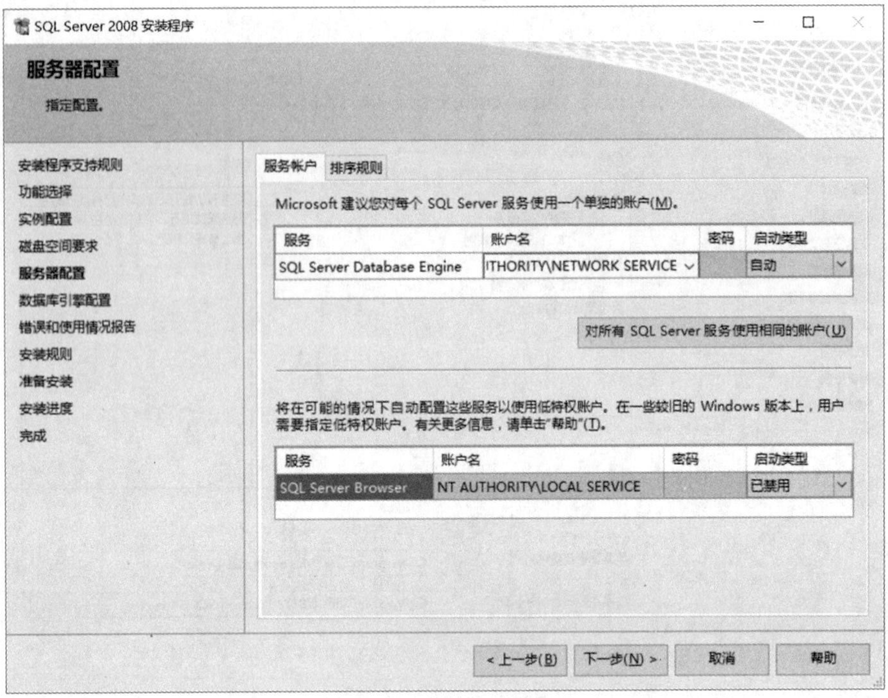

图 3-10　服务器配置

进入下一步“数据库引擎配置”，身份认证模式选择“混合模式”，密码设置为“bigdata”，指定 SQL Server 管理员，单击“添加当前用户”后如图 3-11 所示。

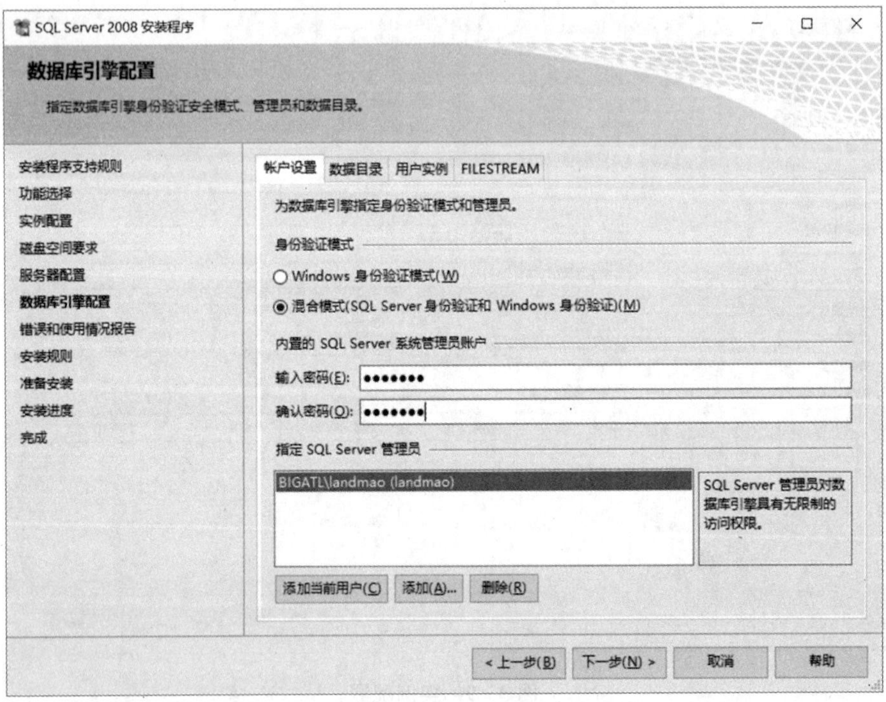

图 3-11　数据库引擎配置

进入后面的步骤进行安装，直至安装完成，然后重新启动系统。

重新启动后，在 Windows“开始”程序中选择“Microsoft SQL Server 2008”|“SQL Server 配置管理器”，可以看到该服务已运行，如图 3-12 所示。

图 3-12　SQL Server 配置管理器

如果服务没有启动，单击右键，选择“启动”，就会启动 SQL Server。

3. 安装向后兼容包

进入“用友新道教育 U8AllinOne”目录（用友新道专版）中的“3rdprogram”子目录，执行 SQLServer2005_BC_x64 程序（向后兼容程序）进行安装。

3.2.4　用友 U8 安装

1. 安装环境检测

先进入“用友新道教育 U8AllinOne”目录（用友新道专版），选择 Setup.exe 安装程序，单击右键选择“以管理员方式运行”，然后单击“下一步”，在“许可证协议”窗口选择“接受协议”，然后单击“下一步”进入客户信息设置，输入公司名称，这里输入的公司名称对后面的实际应用没有影响，可自行输入。单击“下一步”后进入“选择目的地位置”，一般按照默认选择，也可以更改，如图 3-13 所示。

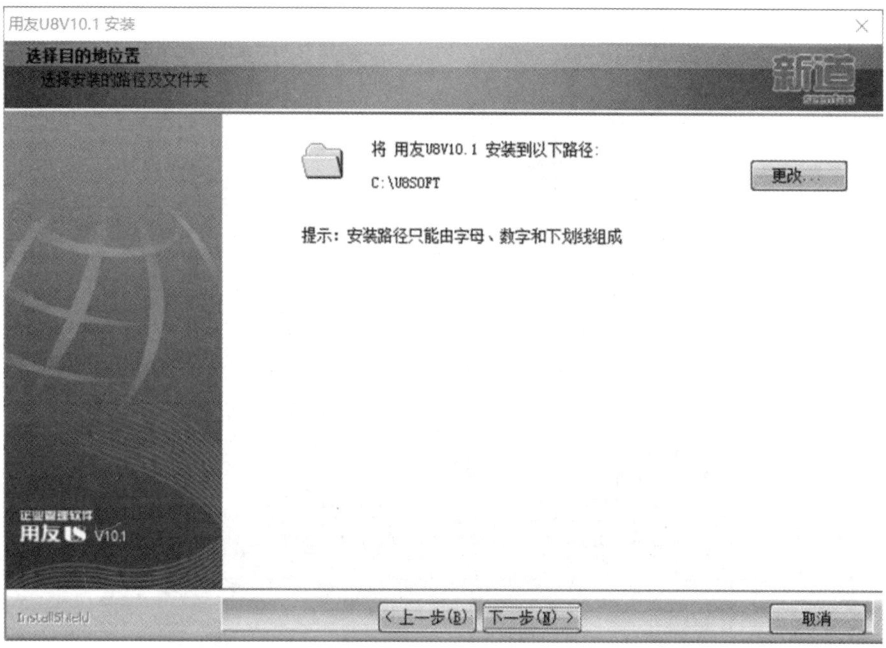

图 3-13　目的地位置

单击“下一步”，在“安装类型”窗口，选择“全产品”，也就是全部组件在同一台机器安装，如图3-14所示。

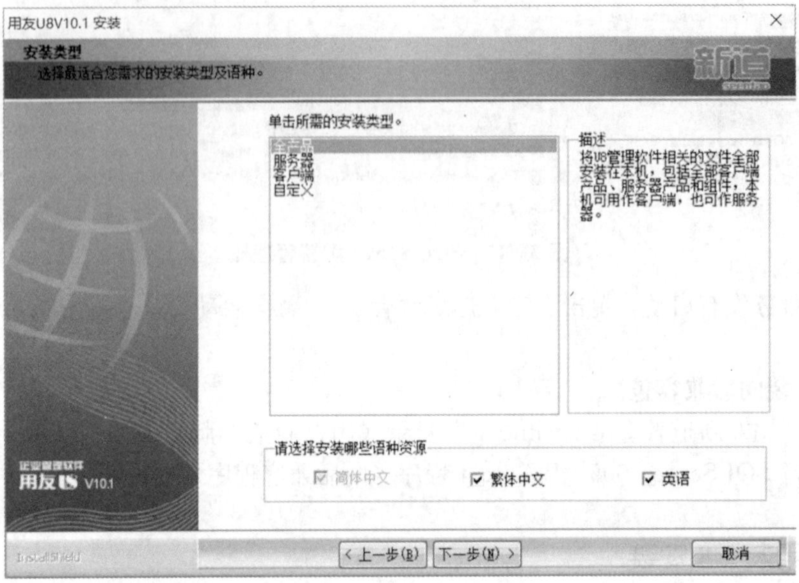

图3-14　安装类型选择

可不选择“繁体中文”和“英语”，然后单击“下一步”，进入“环境检测”窗口，单击“检测”，如图3-15所示。

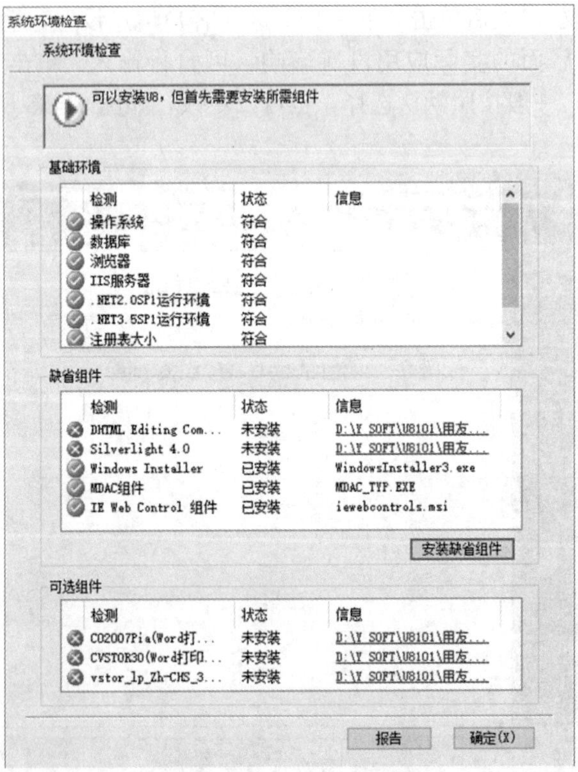

图3-15　系统环境检查

单击“安装缺省组件”，完成相关缺省组件的安装。

2. 安装

系统环境检查通过后，单击“确定”，进入“可以安装程序了”窗口，选择“安装”进行具体的安装。

安装将持续较长时间，具体与所用机器性能有关。

安装完毕，需要重新启动计算机。

重新启动后系统提示进行数据源配置，在数据库处输入“bigatl”，在 SA 口令处输入“bigdata”。数据库名就是本机机器名，SA 的密码就是安装数据库时设置的，这需要根据自己的设置来输入。单击“测试连接”，应显示“测试成功”，否则说明数据库没有连接上，注意检查数据库名和密码，如图 3－16 所示。

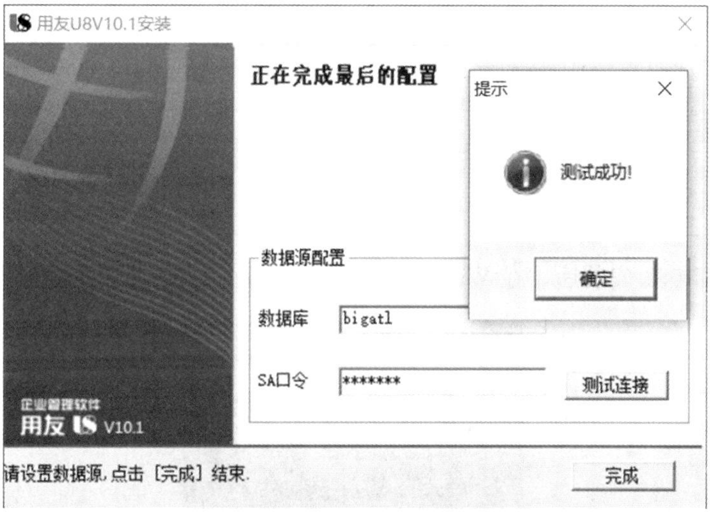

图 3－16　测试连接

之后还会提示是否初始化数据库。这里不选择初始化，留待在系统管理中完成。

3. U8 功能构成

用友 U8V10.1 安装后，其功能构成如表 3－4 所示，在 Windows 10 下是在 Windows“开始”菜单下的。

表 3－4　用友 U8V10.1 功能构成

一级功能	二级功能	三级功能
UAP	U8API 资源管理	
	UAP	
工作流	工作流控制台	
	工作流设计器	
企业应用集成（EAI）	U8EAI 环境检测与修复工具	
	U8EAI 接口设置	
	企业应用集成	

续表

一级功能	二级功能	三级功能
系统服务	科目工具	财务函数转换
		系统科目转换工具
	数据复制	
	数据解压缩工具	
	系统管理	
	应用服务器配置	
	语言配置工具	
	远程配置	
	诊断工具	
	专家财务数据库维护	
	总账工具	
U8 实施维护工具		
快速使用向导		
企业信息门户		
企业应用平台		
远程注册授权		

用友 U8V10.1 安装后，在 Windows 10 应用中显示的功能如图 3-17 所示。

图 3-17　用友 U8V10.1 功能

可以根据需要选择具体的功能完成相关任务。

3.3　系统管理

3.3.1　系统管理功能概述

系统管理负责对整个系统的公共任务进行统一管理，包括账套管理、操作员及其权限的设置等。

系统管理功能的基本流程一般是：以系统管理员注册的方式进入 U8 的系统管理窗口，建立账套，添加新的操作员并设置新操作员权限，指定该账套的账套主管，然后以账套主管重新注册系统管理功能，进行账套启用的设置。

1. 新建账套

U8 软件属于通用型商品化管理软件，系统中并没有任何与使用单位相关的信息，因此要使用计算机进行账务处理工作，首先必须进行账套文件设置，以存放企业开展会计工作的信息。账套中存放的内容包括会计科目、记账凭证、账簿、会计报表等。建立账套是在建账向导指引下进行的，主要确定账套号、账套名称、企业所属行业、记账本位币、会计科目体系结构、会计期间的划分和设置账套启用期间等。这一过程称为新建账套。

2. 年度账管理

在 U8 系统中，每个账套都存放企业不同年度的财务数据，称为年度账。在一个新的会计年度开始时，都应在系统中设置新的年度账套，并将上年度账套的期末余额结转到新的年度账套中，开始新一年的业务核算工作。

需要注意的是，只有账套主管才有权限进行有关年度账的操作。

3. 恢复和备份

备份账套功能是指将所选的账套数据进行备份。

恢复账套功能是指将以前备份的账套数据引入本系统中。该功能不仅方便企业将备份数据恢复，而且有利于集团公司将子公司的账套数据定期地引入母公司系统中，方便账套数据的分析和合并工作。

恢复和备份功能只能由系统管理员进行操作。

年度账的恢复和备份操作方法与一般账套的操作方法相同，不同的是年度账的恢复与备份是针对账套中的某一年度数据，而不是整个账套的数据，并且年度账的恢复与备份只能由账套主管进行操作。

4. 系统管理员与账套主管

系统管理功能只允许系统管理员和账套主管两种用户登录。

系统管理员负责整个系统的运行维护工作，包括进行账套建立、恢复、备份；为账套设置操作员、权限；指定账套的账套主管等。

账套主管负责所指定账套的维护工作，包括账套参数的修改，年度账的建立、清空、恢复、备份、结转，以及该账套的操作员权限设置。

3.3.2　建账

实验资料

重庆西江科技有限公司生产的主产品是创智 X 号收银称重一体机及配合使用的手

持扫描器、桌面扫描器，应用于各种超市，同时公司代理与创智 X 号相关的配套用品（如服务器、专用数据备份器等）。一车间主要生产创智 X 号产品，二车间主要生产手持扫描器、桌面扫描器。

（1）账套信息。

账套号：999（具体实验中用学号、学员号代替）；账套名称：重庆两江科技有限公司；采用默认账套路径；启用会计期：2019 年 4 月；会计期间：默认。

（2）单位信息。

单位名称：重庆两江科技有限公司；单位简称：两江科技；单位地址：重庆市两江新区新光大道 9999 号；法人代表：孙正；邮政编码：401147；联系电话及传真：0231234567；税号：110119120130999。

企业类型：工业；行业性质：2007 新会计制度科目。

有外币核算。

（3）分类编码方案。该企业的分类编码方案如下：

科目编码级次：4222；客户和供应商分类编码级次：2；存货分类编码级次：122；部门编码级次：12；地区分类编码级次：2；结算方式编码级次：2；收发类别编码级次：12；其余使用默认。

（4）数据精度。

该企业对存货数量、单价小数位定为 2，均为默认。

（5）系统启用。

启用总账系统，启用时间为 2019－04－01。

实验过程

在建账过程中，务必停止 360 安全软件等的运行，否则它们将拦截建账过程，使建账不成功。

选择 Windows 10 应用的“用友 U8V10.1”|“系统管理”，启动用友 U8 系统管理窗口。

选择“系统”|“初始化数据库”，按照前面安装 SQL Server 2008 时的设置，数据库实例为 bigatl；SA 口令为 bigdata。在“初始化数据库实例”窗口中输入，如图 3－18 所示。

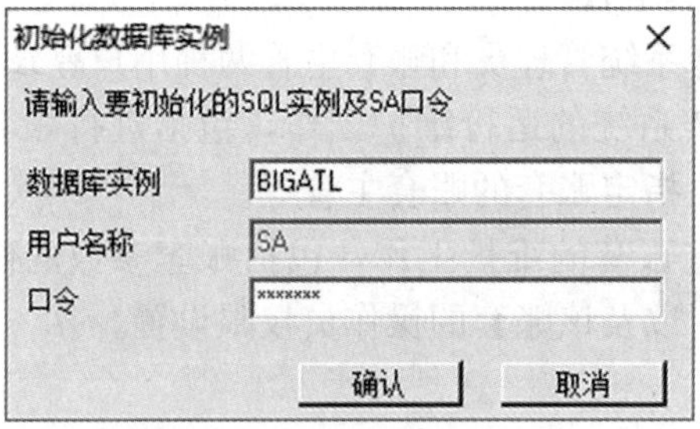

图 3－18　初始化数据库实例

系统提示“确定初始化数据库实例吗”时，选择“是”，然后等待一段时间，直到出现如图 3－19 所示的登录界面，输入系统预置的系统管理员“admin”。再单击账套选择，等待一会后会出现“(default)”。

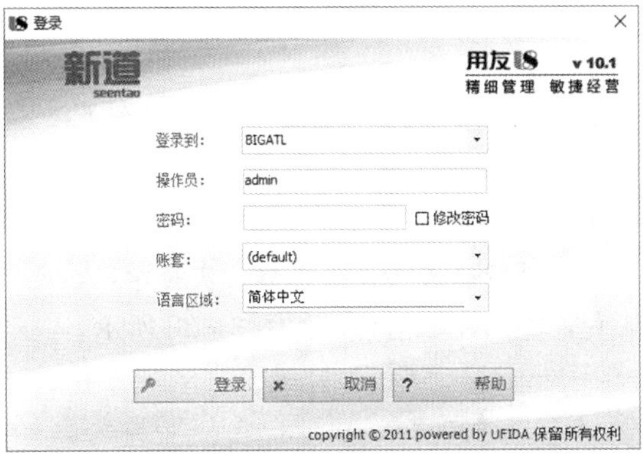

图 3-19　登录

如果在登录过程中，账套中不显示“(default)”，可以选择“用友 U8V10.1”|“应用服务器配置”，如图 3-20 所示。

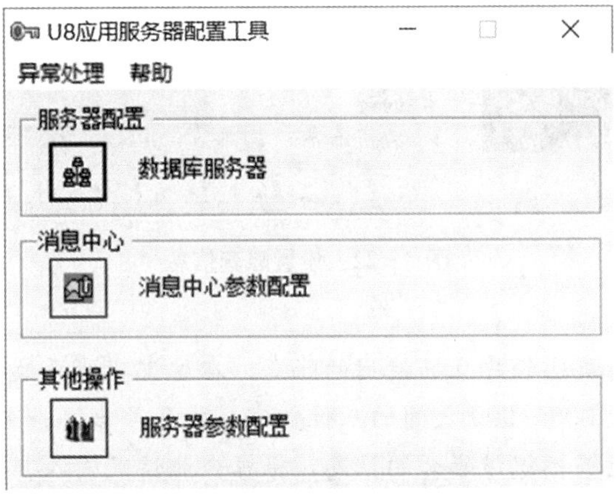

图 3-20　应用服务器配置

选择“数据库服务器”，可以对数据源进行修改，如图 3-21 所示。

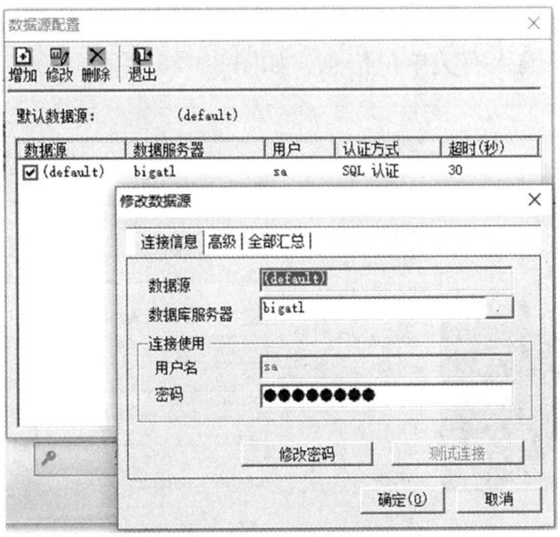

图 3-21　修改数据源

如果数据库服务器名称是错误的，可以在这里进行更改。

操作提示

服务器是指C/S结构下的服务器名，如果U8是安装在单机上运行，则是指本计算机名。

第一次运行时，系统管理员密码为空，为安全考虑，应在第一次运行时点击“修改密码”按钮，对系统管理员密码进行设置。作为实验学习，也可以不改。

登录后进行创建账套，输入建账信息，如图3-22所示。

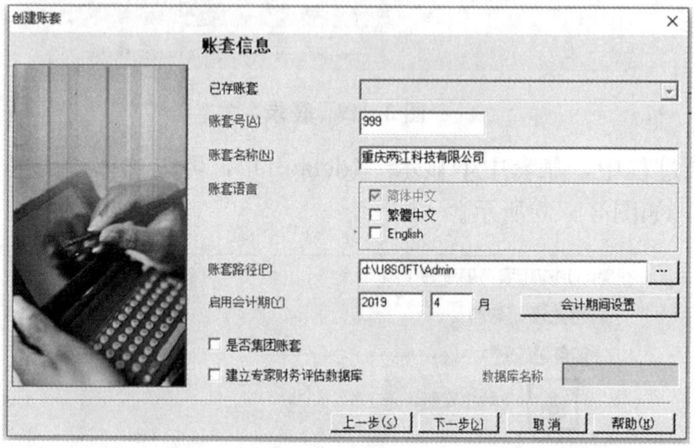

图3-22　设置账套信息

操作提示

“已存账套”是系统已经建立并使用的账套，在这里不能更改。

“账套号”一般是000～999之间的三位数字，账套号唯一，不能重复。

“账套名称”是能够标识该账套的信息，根据企业情况输入。

“账套路径”是存放账套数据的位置，一般用系统默认的路径即可，也可以自行确定。

“启用会计期”用来输入新建账套将被启用的时间，具体到“月”，用户可根据实际情况，点击“会计期间设置”按钮进行设置。

单击“下一步”，输入有关单位信息，如图3-23所示。

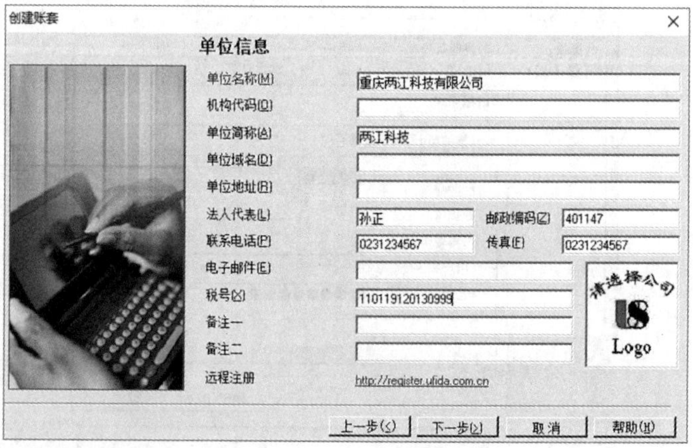

图3-23　单位信息

单击“下一步”，进入核算类型设置，如图 3－24 所示。

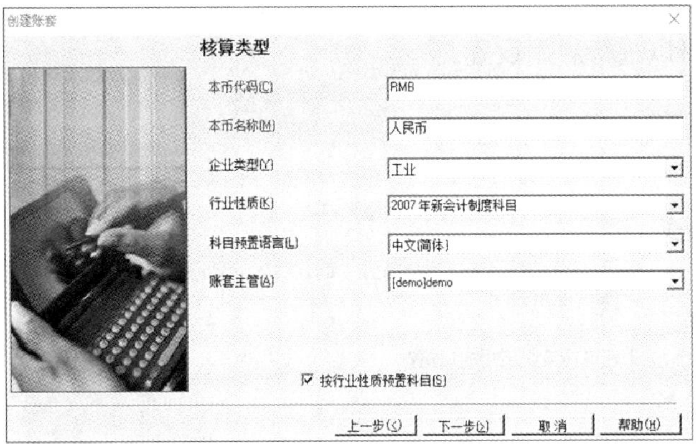

图 3－24　核算类型设置

然后设置基础信息，具体设置如图 3－25 所示。

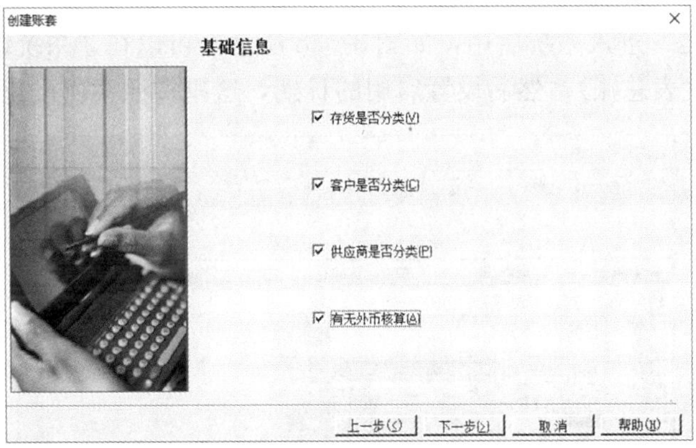

图 3－25　基础信息

进入下一步后单击“完成”，进入系统建账过程，需要等待一段时间，结束后设置编码方案，如图 3－26 所示。

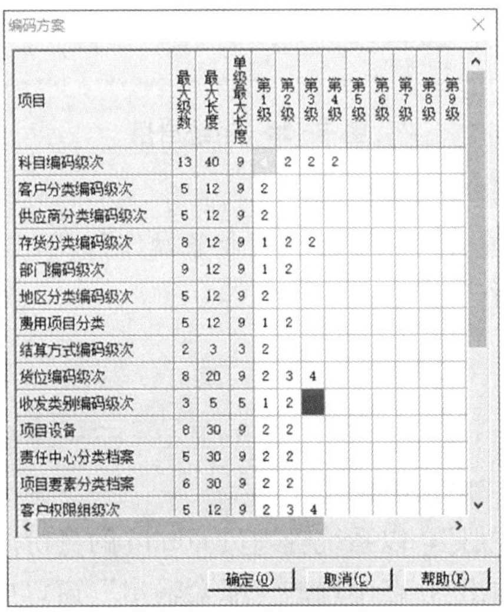

图 3－26　编码方案

先选择“确定”，然后关闭窗口（若不关闭窗口，会一直停留在此处）。再设置数据精度，各项目均设置为 2。单击“确定”，等到出现如图 3－27 所示的提示，才表明建账完成。这时可以进行启用设置。

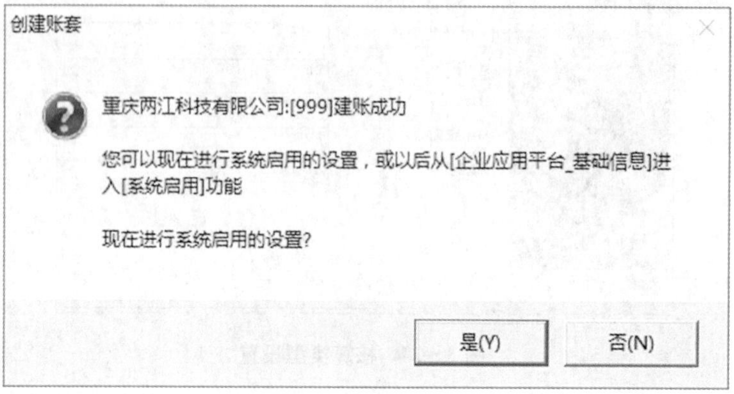

图 3－27　创建账套完成

可以选择“是”进入系统启用，如图 3－28 所示。可以在“系统编码”项目上单击某系统（如 GL 代表总账），然后设置启用的日期，这里按照案例设置为 2019－04－01。

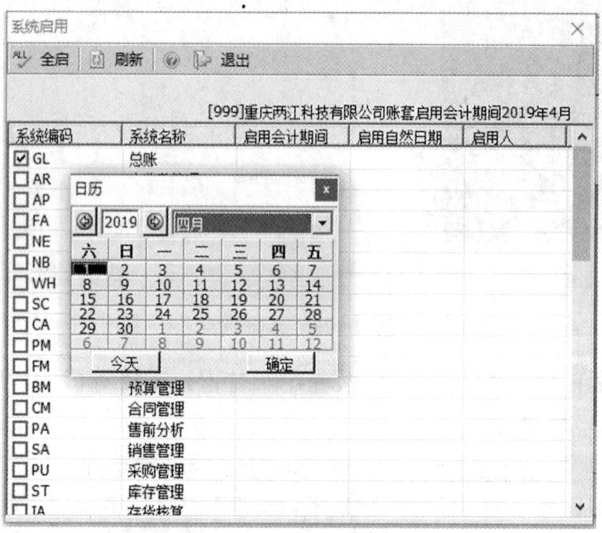

图 3－28　系统启用

启用后退出建账过程，完成建账。

这时系统提示“进入企业应用平台进行业务操作”，单击“确定”返回到系统管理下，可以进行其他设置工作。

3.3.3　账套备份方法

选择“用友 U8V10.1”|“系统管理”。

（1）选择“系统”|“注册”，以系统管理员 admin 的身份注册系统管理。

（2）选择“账套”|“输出”，在出现的“账套输出”窗口中选择需要备份的账套号；

如果备份后源账套需要删除，则选中“删除当前输出账套”，那么备份完成后，系统中将不存在当前账套数据（此功能谨慎使用）。

选择输出账套的备份位置，可以自由选定。

备份信息如图3-29所示。

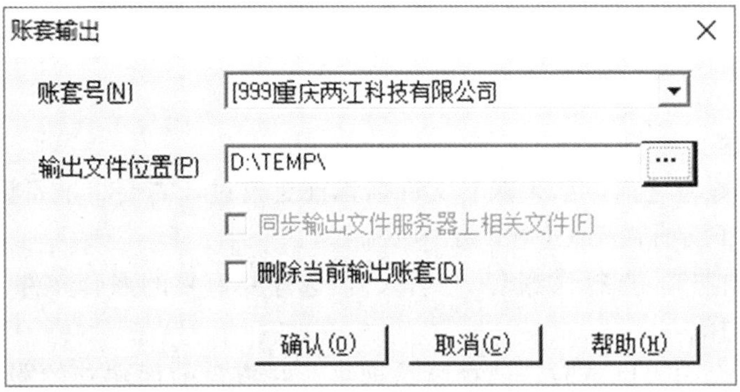

图3-29　账套输出

单击“确认”，等待一会儿后，系统会提示输出成功。

备份的文件为UFDATA.BAK和UfErpAct.Lst两个文件，文件的大小在1.5G左右。

3.3.4　恢复实验账套的方法

实验资料

恢复实验账套。也可以恢复自己备份的账套。

实验过程

1. 初始化数据库

如果已经建账，就不用再初始化数据库，直接进入下一步——引入账套。

采用恢复账套，建账过程就可以简约，只输入主要参数即可。

选择“用友U8V10.1”|“系统管理”，启动U8系统管理窗口。

选择“系统”|“初始化数据库”。

在“初始化数据实例”窗口，按照前面安装SQL Server 2008时的设置，数据库实例为bigatl，SA口令为bigdata。

单击“确定”后，系统提示“确定初始化数据库实例吗”时，选择“是”（如果曾经建过账，则会提示已经存在系统数据库，询问是否覆盖，相关提示均选择“是”即可），然后会等待一会儿，系统完成后出现登录界面。用“admin”用户登录（无密码）。

登录后，按照案例输入建账信息，账套号输入“999”，账套号是关键信息。

单击“下一步”，输入单位名称，其他信息不用输入。

后面均单击“下一步”，使用默认值，直到完成。

单击“完成”，提示“可以建账了吗”，选择“是（Y）”，系统将进行建账（如果与以前建账的账号相同，会提示删除以前的账套，这里选择删除)，需要等待一段时间以后，才完成数据库建账（建账过程中，若提示已经存在某某数据库，均选择覆盖)。

后面的设置均可以采用默认设置。

建账过程完毕后，回到系统管理中。以上步骤与建账是一致的，只是可以省略输入一些辅助信息，最主要的是要输入账套号。引入账套后，就使用了新引入账套的设置。

2. 引入账套

在正式引入账套之前，如果账套文件名称被更改过，需要将准备恢复的账套文件名字分别改为 UFDATA. BAK 和 UfErpAct. Lst。

在系统管理窗口，选择“账套”|“引入”，选择要恢复的账套文件 UfErpAct. Lst，具体目录自己选择。

出现选择账套引入目录时，选择默认即可，并覆盖前面建立的账套。引入完毕，系统显示引入成功的提示。

然后按照案例进行操作，具体的阶段业务要根据恢复的是哪个账套文件来确定。

3.3.5 财务分工、账套信息修改

实验资料

角色权限表如表 3 - 5 所示。

表 3-5 角色权限表

角色代码	角色名称	角色权限
DATA-MANAGER	账套主管	系统的全部模块权限
91	出纳业务	财务会计：总账—出纳；总账—凭证—出纳签字；出纳管理
92	日常业务	财务会计：总账；应收款管理；应付款管理；固定资产；出纳管理 供应链：销售管理；采购管理；库存管理；存货核算 人力资源：薪资管理；计件工资管理
93	采购业务	基本信息：公共目录设置；公共单据 财务会计：应付款管理；总账—账表—供应商往来辅助账 供应链：采购管理；库存管理；存货核算
94	仓库业务	供应链：库存管理
95	销售业务	基本信息：公共目录设置；公共单据 财务会计：应收款管理；总账—账表—客户往来辅助账 供应链：售前分析；销售管理；库存管理；存货核算

根据业务变化需要，可进行调整。

财务分工如表 3 - 6 所示，初始密码均设置为“123”。

表3-6 财务分工

编号	姓名	角色	主要业务权限	所属部门
01	何沙（实验者本人的名字）	账套主管	负责财务业务一体化管理和业务处理工作。具有系统所有模块的全部权限。	财务部
02	赵小兵	出纳业务	负责现金、银行账的管理工作。	
03	孙胜业	日常业务	负责日常业务处理工作。	
04	李天华	采购业务	主要负责采购业务处理工作。	采购部
05	刘一江	销售业务	主要负责销售业务处理工作。	销售部
06	陈瓜瓜	仓库业务	主要负责仓库管理工作。	仓储部

在实验中，主要由何沙（即操作者本人）来完成各项业务处理，需要出纳签字的由赵小兵完成，审核、记账的工作由孙胜业完成。实际工作中则具体按照岗位完成相关业务处理工作。

实验过程

1. 角色设置

（1）选择“用友U8V10.1”|“系统管理”，进入后选择“系统”|“注册”，操作员输入“admin”，没有密码，然后登录。

（2）在系统管理窗口，选择“权限”|“角色”，进入“角色管理”窗口，如图3-30所示。

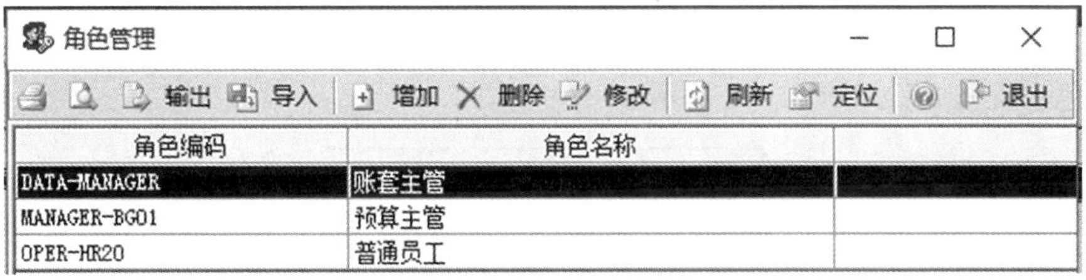

图3-30 角色管理

操作提示

（1）角色和用户。

拥有某个身份的一类人员相当于一个做某类工作的用户组，这就是角色。

用户就是指一个个具体的业务操作员。一个用户可以归属于不同的角色，一个角色可以包含多个不同的用户。

已经赋予某角色的权限，归属于该角色的每个用户均共同享有相同的权限。也可以单独为某个用户增加指定其所属角色不拥有的某些权限。

（2）账套主管。

账套主管拥有包括总账在内所有子系统模块的处理权限，还包括修改账套、备份账套、管理年度账、设置操作员等系统管理权。

角色编码可以自定，如果先设置了各操作员，在这里设置的时候，可同时把某角色赋予具体的某个操作员。账套主管（DATA-MANAGER）角色系统已经设置，可保留使用。已经存在的角色，可以进行修改。点击“增加”按钮，增加新的角色，将所有角色添加完成，如图3-31所示。

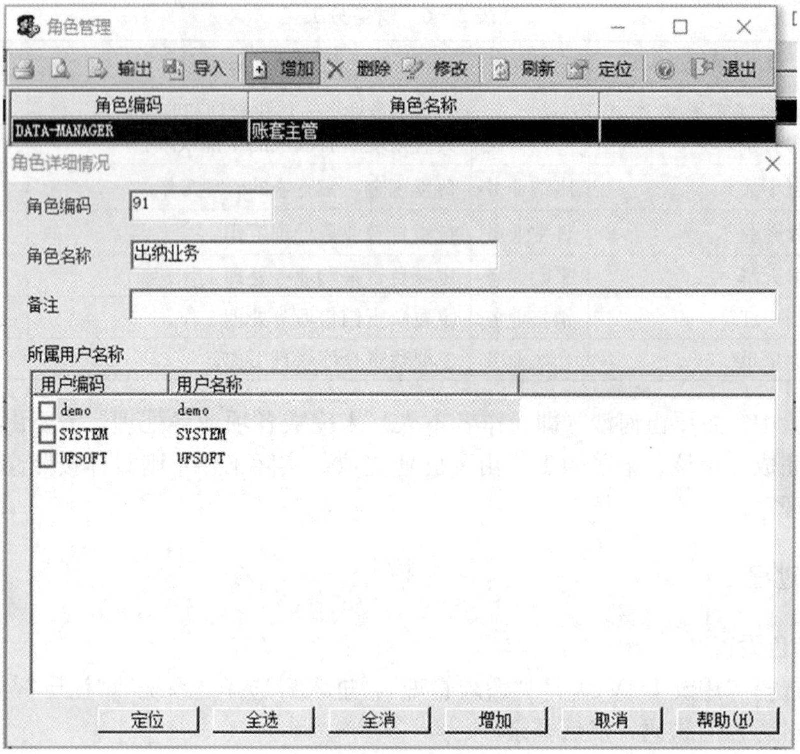

图 3－31　增加角色

输入编码和角色名称后，单击“增加”完成输入，继续输入下一个。

角色设置完成后如图 3－32 所示。

图 3－32　角色管理

（3）设置角色权限。角色就相当于一个组，一个组里面可以有多个业务操作人员，给角色授权就相当于给这一个组的人员统一授权。

在系统管理窗口，选择“权限”功能下的“权限”子功能，进入“操作员权限”窗口，选择角色（如“出纳业务”），再单击“修改”按钮，按照角色的功能权限进行设置，如图 3－33 所示。

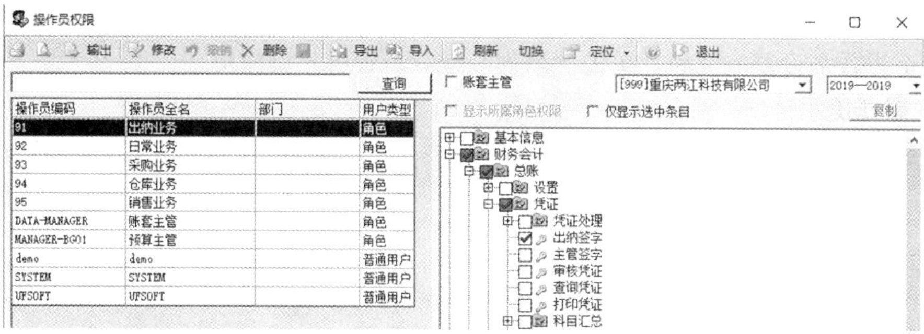

图 3 - 33　出纳角色权限设置

具体方法是该角色拥有哪些功能权限，就逐一加以选择。

设置后单击“保存”按钮完成设置。其他角色按照同样方法设置，在实际的业务操作过程中，根据需要可随时调整。

2. 用户设置

在系统管理窗口，选择“权限”|“用户”，进入“用户管理”窗口，如图 3 - 34 所示。

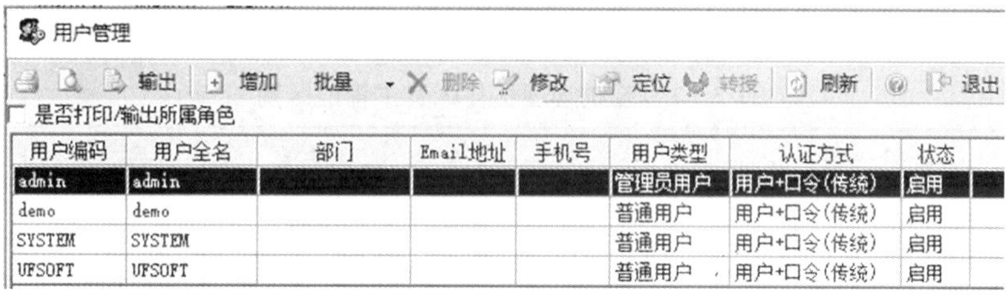

图 3 - 34　用户管理

单击“增加”，输入操作员的具体信息，如图 3 - 35 所示。

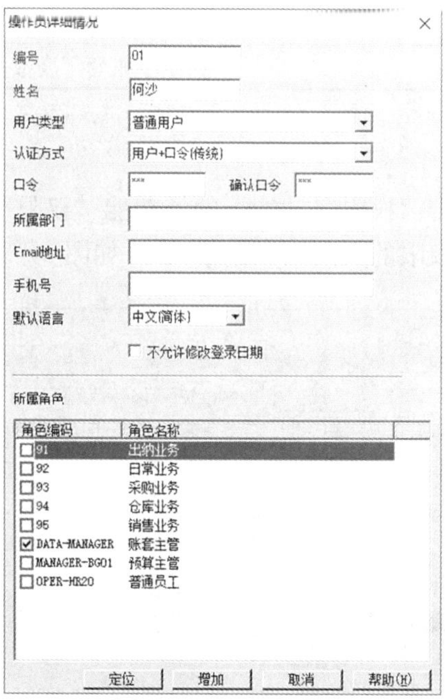

图 3 - 35　操作员详细情况

在设置用户的时候，可以分配角色，分配了角色后就具有了这个角色所拥有的权限。一个操作员设置完成后，单击“增加”继续设置另一操作员。

操作提示

角色和用户编号不能重复。

设置完成后如图3-36所示。

图3-36 用户管理

系统管理员与账套主管的区别如表3-7所示。

表3-7 系统管理员与账套主管的区别

系统管理员（admin）	账套主管（DATA-MANAGER）
建立账套	修改本账套信息
删除账套	删除本账套年度账
账套全部的数据备份和恢复	本账套年度账的数据备份和恢复
设置操作员	为本账套操作员赋权
赋权	新建本账套年度账
清除异常任务	结转本账套上年数据
清除所有锁定	清空本账套年度数据

3. 设置操作员权限

在系统管理窗口，点击“权限”功能下的子功能“权限”，进入“操作员权限”窗口，选择具体要设置操作权限的人员（如赵小兵），如图3-37所示。

图3-37 操作员权限

单击“显示所属角色权限”，再选中“仅显示选中条目”，则会显示该角色已经分配的权限，如图 3－38 所示。

图 3－38　显示所属角色权限

这时还可以根据需要，在所分配角色权限的基础上，再增加其他权限。方法是先单击“修改”，然后再选择需要增加的权限，最后单击“保存”完成设置。

角色和用户的关系是：这个用户属于哪个角色，那么这个角色所拥有的功能权限他就同样拥有。但这个用户除了已经拥有该角色的功能权限外，还可以增加新的权限。一个用户也可以属于多个角色，当然也就能拥有多个角色的功能权限。

4. 修改账套信息

在系统管理下，以账套主管“01”，即何沙的身份重新注册系统管理功能，日期选择 2019 年 4 月的日期，账套选择重庆两江科技有限公司，如图 3－39 所示。

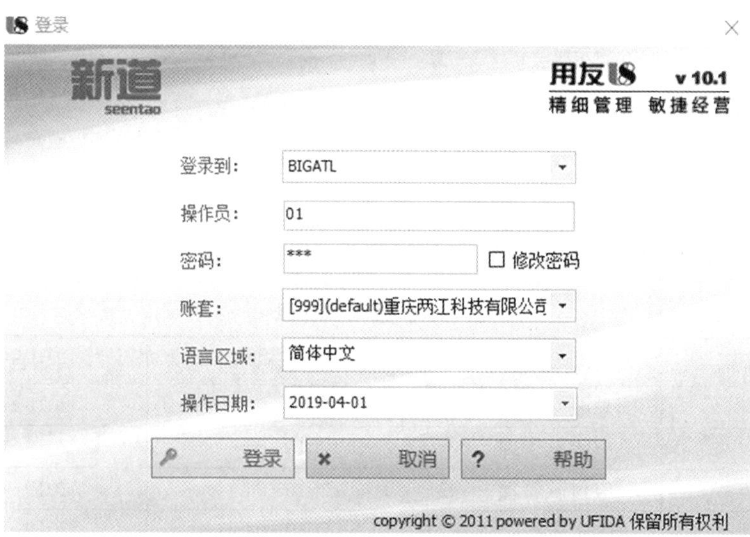

图 3－39　以账套主管登录系统管理

选择“账套”|“修改”，进入修改账套参数过程。进入账套信息修改窗口，与建账时输入信息的方式是相同的，若有变化，在此完成修改（有些部分已经锁定，不能修改）。

3.4 基础设置

3.4.1 基础设置概述

1. 准备工作

ERP软件在正式应用前，还要做一些准备工作，主要包括确定会计核算规则、准备所需的初始基础数据，这些工作将直接影响后续的使用效果。

2. 基础设置操作方法

U8软件的基础信息设置包括三部分：一是与总账有关的基础信息，如设置会计科目、设置凭证类型等；二是与供应链业务有关的信息，如设置采购类型和销售类型、设置收发类别、设置仓库档案等；三是总账与供应链业务都共同需要的基础信息，如设置部门职员、设置外币种类、设置存货分类等。业务系统的部分基础数据可以在使用该业务系统时设置。

登录U8企业应用平台后，选择“基础设置”模块设置相关基础数据。

基础信息设置在账套初始化工作中处于非常重要的地位，其数据档案的分类划分是否合理、准确，将直接关系到整个U8软件系统能否协调一致，功能是否能充分利用。而要进行基础信息设置，其信息编码必须满足编码方案与数据精度的定义。

基础设置中的信息可以集中设置，也可以分散设置。集中设置就是将基础信息全部设置完成后再使用业务系统。分散设置是先设置部门、人员、客户、供应商等基本信息，其他设置在使用相关业务模块时完成。

3.4.2 系统启用

实验资料

按照要使用的业务，启动的模块如表3-8所示。

表3-8 启动模块表

系统编码	系统名称	启用会计期间	启用自然日期
GL	总账	2019-04	2019-04-01
AR	应收款管理	2019-04	2019-04-01
AP	应付款管理	2019-04	2019-04-01
FA	固定资产	2019-04	2019-04-01
SC	出纳管理	2019-04	2019-04-01

续表

系统编码	系统名称	启用会计期间	启用自然日期
PA	售前分析	2019-04	2019-04-01
SA	销售管理	2019-04	2019-04-01
PU	采购管理	2019-04	2019-04-01
ST	库存管理	2019-04	2019-04-01
IA	存货核算	2019-04	2019-04-01
WA	薪资管理	2019-04	2019-04-01

实验过程

系统启用设定用友 U8 应用系统中的各个子系统开始使用日期，只有启用的子系统才能登录进行业务处理。

系统的启用主要有两种方法：

(1) 创建账套时启用。这种方法在前面已经使用过。

(2) 在企业应用平台中启用。

选择“用友 U8V10.1”|“企业应用平台”，用账套主管身份登录。

进入后选择左下部的“基础设置”，再单击左上部的“基本信息”，最后选择“系统启用”，如图 3-40 所示。

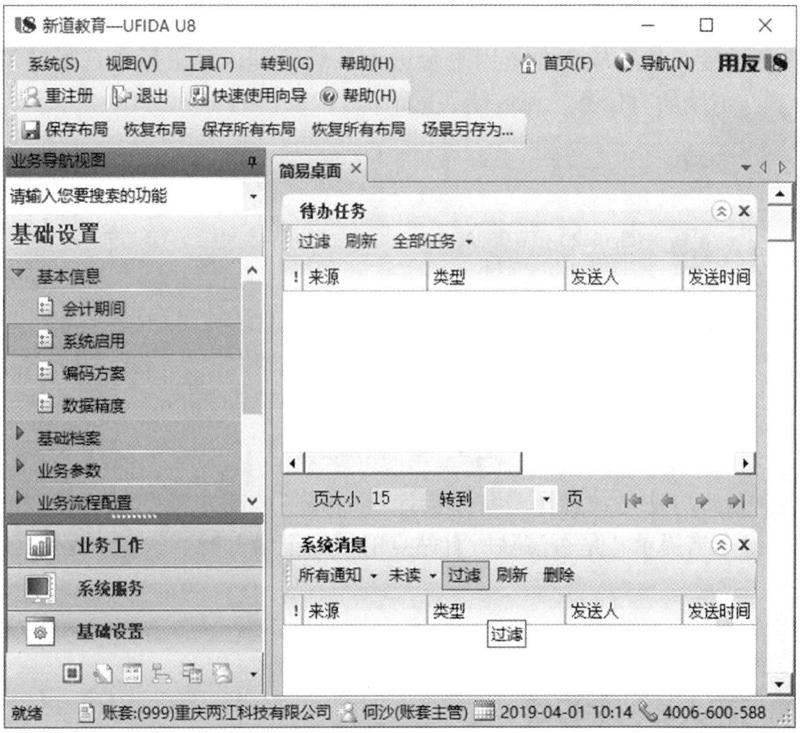

图 3-40　基础设置

双击“系统启用”，然后设定启用的模块。

还可以选择基本信息下的编码方案、数据精度功能，进行相关参数的修改。

3.4.3 系统出错处理方法

在应用 U8 过程中，有时会由于非正常关机或非正常退出等原因而使系统出错。

处理的方法是，用 admin 登录系统管理，然后选择“视图”|“清除异常任务”，如图 3-41 所示。

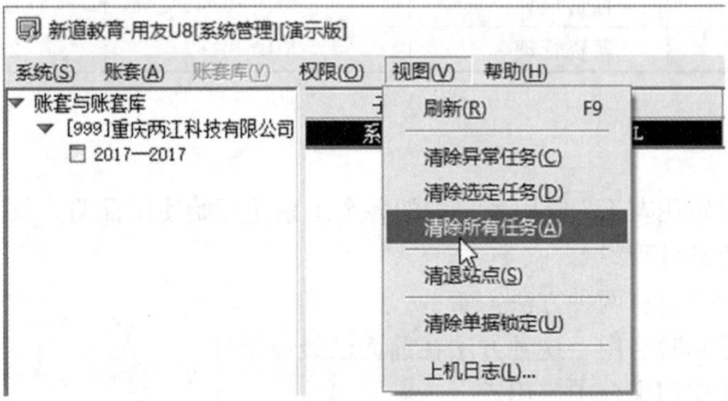

图 3-41 清除任务

选择“视图”|“清除所有任务”等命令，清除系统的出错问题，具体可根据出错情况选择。

对于单据类操作锁定的问题，如图 3-42 所示，可以先登录 U8 企业应用平台，进入出错的上级功能，然后从企业应用平台进入系统管理。登录后先选择“清除单据锁定”，再选择“清除所有任务”完成错误的清除。

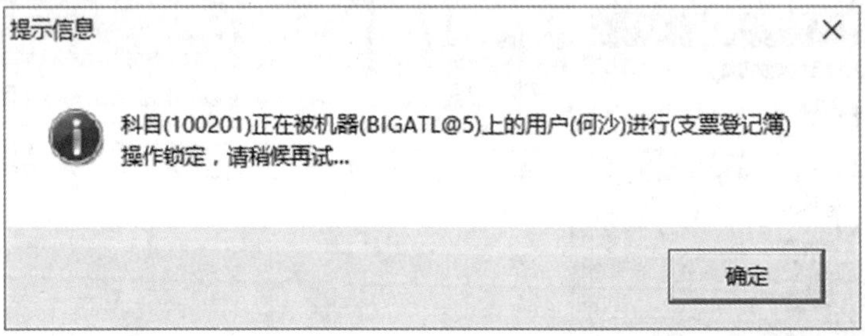

图 3-42 操作锁定

还有一种处理方法是：选择“财务会计”|“总账”|“期末”|“对账”，在对账窗口按“Ctrl+F6”键，当提示“是否清除所有站点的锁定记录”时，选择“是”，完成错误的清除。

处理完成后再重新登录 U8 企业应用平台处理业务。

3.4.4 部门和人员档案设置

实验资料

重庆两江科技有限公司分类档案资料如下。

1. 部门档案

部门档案如表 3－9 所示。

表 3－9　部门档案

部门编码	部门名称	部门属性	部门编码	部门名称	部门属性
1	管理中心	管理部门	3	制造中心	生产管理
101	行政部	综合管理	301	一车间	生产制造
102	财务部	财务管理	302	二车间	生产制造
2	供销中心	供销管理	4	物流中心	物流管理
201	销售部	市场营销	401	仓储部	库存管理
202	采购部	采购管理	402	运输部	运输管理

2. 人员类别

101：管理人员；102：经营人员；103：车间管理人员；104：车间工人。

3. 人员档案

人员档案如表 3－10 所示。

表 3－10　人员档案

人员编码	人员姓名	性别	人员类别	行政部门	是否业务员	是否操作员	对应操作员编码
101	孙正	男	管理人员	行政部	是		
102	宋嘉	女	管理人员	行政部	是		
201	何沙	男	管理人员	财务部	是	是	01
202	赵小兵	女	管理人员	财务部	是	是	02
203	孙胜业	女	管理人员	财务部	是	是	03
301	李天华	女	经营人员	采购部	是	是	04
302	杨真	男	经营人员	采购部	是		
401	刘一江	男	经营人员	销售部	是	是	05
402	朱小明	女	经营人员	销售部	是		
501	陈瓜瓜	男	经营人员	仓储部	是	是	06
601	罗忠	男	经营人员	运输部	是		

具体操作时，何沙改为操作者的名字。

人员均为在职人员。是业务人员的，费用归属为所在部门，生效日期从 2019 年 4 月 1 日起计算。

实验过程

1. 修改单位信息

登录进入 U8 企业应用平台后，选择“基础设置”|“基础档案”|“机构人员”|“本单位信息”，可以修改本单位信息。单位信息在建账时输入过，如果有错误信息或需补充信息，可以在这里更正或补充。

2. 部门档案设置

登录进入U8企业应用平台后，选择"基础设置"|"基础档案"|"机构人员"|"部门档案"，弹出"部门档案"窗口，点击工具栏上的"增加"按钮，然后在窗口右边栏中录入部门编码、部门名称等信息，如图3-43所示。

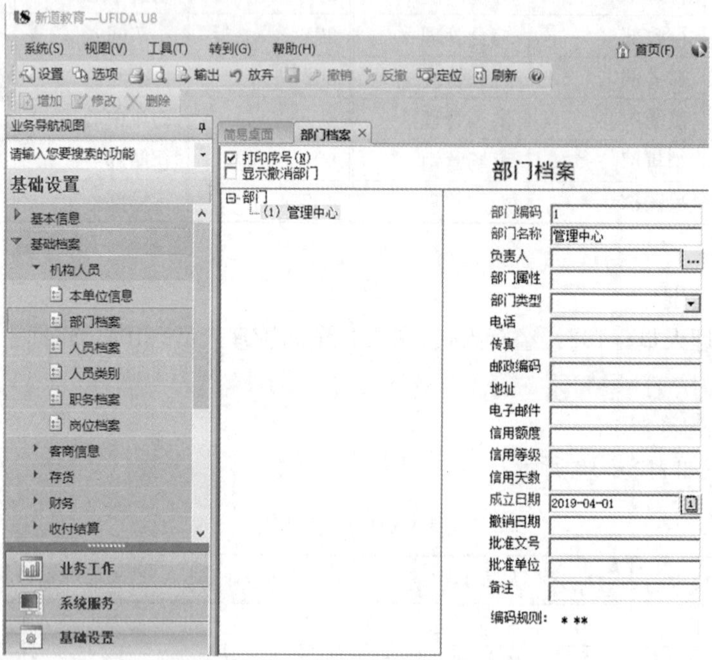

图3-43 部门信息

录入完一个部门的信息后点击工具栏上的"保存"按钮，保存当前录入的部门信息，然后单击"增加"按钮继续输入，也可对已经输入的信息单击"修改"按钮进行修改。输入完成后的部门信息如图3-44所示。

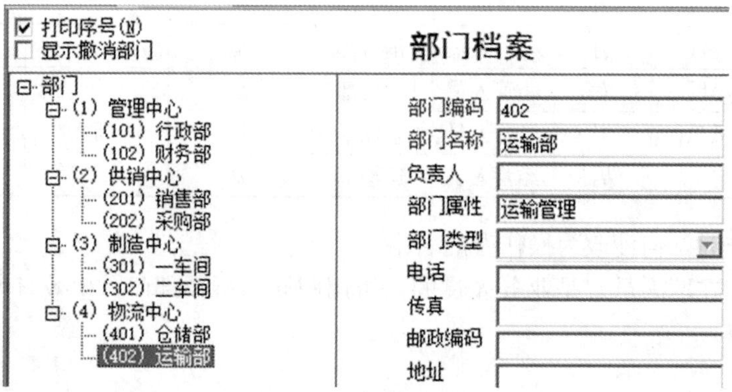

图3-44 部门信息

操作提示

部门信息录入错误的，应先在窗口左边栏中选中需要修改的部门，然后点击"修改"按钮，在右边栏中进行修改，改正后点击"保存"按钮。

部门编码不能修改，只能删除该部门后再重新增加。

在部门信息录入栏的下面，若显示编码原则为“*　**”，表示部门编码级次为 2 级，其中第一级 1 位，第二级 2 位。其他档案信息的设置窗口也有编码规则提示。而且必须先录入上级部门，然后才能录入下一级部门档案。

如果实际编码与系统编码规则不符，可以选择“基础设置”|“基本信息”|“编码方案”功能，对编码规则重新进行设置。

3. 人员类别设置

在 U8 企业应用平台，选择“基础设置”|“基础档案”|“机构人员”|“人员类别”，弹出“人员类别”窗口，先删除系统预置的人员类别，然后单击“增加”按钮，录入档案编码、档案名称等信息，如图 3－45 所示。

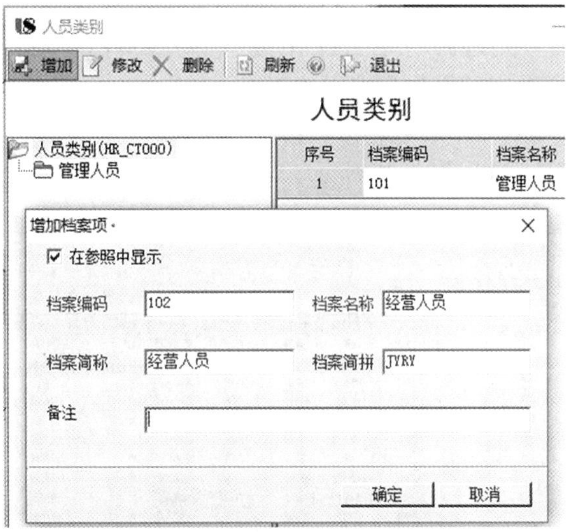

图 3－45　人员类别

设置完成后如图 3－46 所示。

图 3－46　人员类别

4. 人员档案设置

在 U8 企业应用平台，选择“基础设置”|“基础档案”|“机构人员”|“人员档案”，然后单击“增加”按钮，录入人员的相关信息，如图 3－47 所示。

图 3-47　人员信息

对于是操作员的，先选择“是否操作员”，然后单击“对应操作员名称”后的“…”重新选择，这样对应的操作员编码才正确。

一个人员的信息输入完毕后，单击“保存”按钮。

人员档案设置完成后如图 3-48 所示。

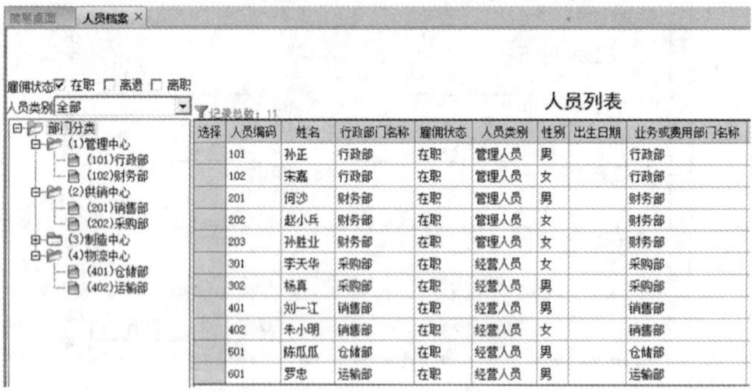

图 3-48　人员档案

显示的具体内容可以单击工具栏上的“栏目”按钮，根据需要进行调整，如图 3-49 所示。

图 3-49　显示栏目调整

操作提示

业务员在会计科目辅助核算和业务单据中可以选到，而操作员不能被选到。

业务员是在业务单据中会使用的人员，如领料人等签字的人员，操作员一般只是录入、查看数据的人员。

3.4.5 客户和供应商档案设置

实验资料

1. 地区分类

01：东北；02：华北；03：华东；04：华南；05：西北；06：西南；07：华中。

2. 供应商分类

01：原料；02：成品。

3. 客户分类

01：批发；02：零售；03：代销；04：专柜。

4. 供应商档案

供应商档案如表 3－11 所示。

表 3－11 供应商档案

供应商编号	供应商名称	所属分类码	所属地区	税号	开户银行	银行账号	地址	邮编	分管部门	分管业务员
01	重庆大江公司（简称：大江）	01	西南	98462	中行	3367	重庆市巴南区大江路 1 号	410001	采购部	李天华
02	成都大成公司（简称：大成）	01	西南	67583	中行	3293	成都市青羊区大成路 1 号	610001	采购部	李天华
03	南京天华商行（简称：天华）	02	华东	72657	工行	1278	南京市重庆路 22 号	230187	采购部	杨真
04	上海大坤公司（简称：大坤）	02	华东	31012	工行	5076	上海市浦东新区广州路 6 号	200232	采购部	杨真

5. 客户档案

客户档案如表 3－12 所示。

表 3－12 客户档案

客户编号	客户名称	所属分类码	所属地区	税号	开户银行（默认值）	银行账号	地址	邮编	分管部门	分管业务员
01	重庆嘉陵公司（简称：嘉陵）	01	西南	32788	工行双碑支行	3654	重庆市沙坪坝区双碑路 9 号	400077	销售部	刘一江

续表

客户编号	客户名称	所属分类码	所属地区	税号	开户银行（默认值）	银行账号	地址	邮编	分管部门	分管业务员
02	天津大华公司（简称：大华）	01	华北	32310	工行东风支行	5581	天津市滨海区东风路8号	300010	销售部	刘一江
03	上海长江公司（简称：长江）	04	华东	65432	工行海东支行	2234	上海市徐汇区海东路1号	200032	销售部	朱小明
04	辽宁飞鸽公司（简称：飞鸽）	03	东北	03251	中行三好支行	0548	沈阳和平区三好路88号	110008	销售部	朱小明
05	湖北朝华公司（简称：朝华）	02	华中	01121	中行宜昌支行	1717	宜昌市大坝路77号	443000	销售部	朱小明

实验过程

1. 地区分类

在U8企业应用平台，选择“基础设置”|“基础档案”|“客商信息”|“地区分类”，然后单击“增加”按钮，录入地区分类的相关信息，如图3－50所示。

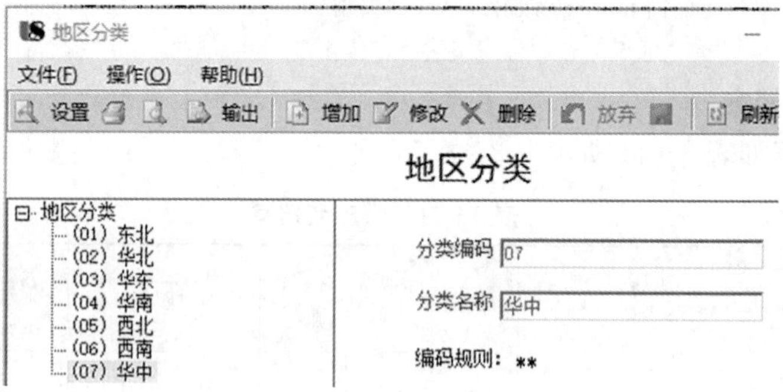

图3－50 地区分类

2. 供应商分类

在U8企业应用平台，选择“基础设置”|“基础档案”|“客商信息”|“供应商分类”，然后单击“增加”按钮，录入供应商分类的相关信息，如图3－51所示。

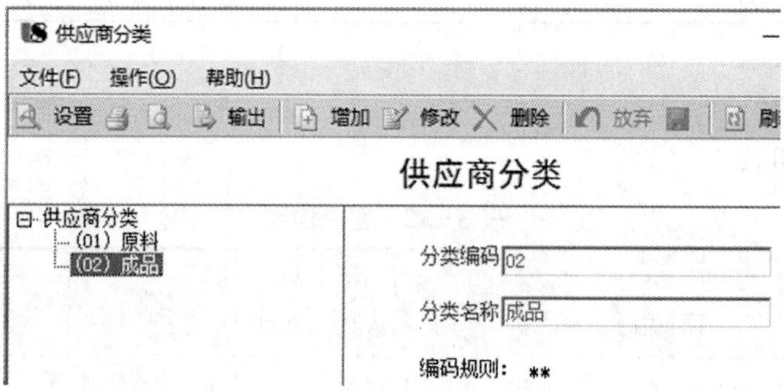

图3－51 供应商分类

3. 客户分类

在 U8 企业应用平台，选择“基础设置”|“基础档案”|“客商信息”|“客户分类”，然后单击“增加”按钮，录入客户分类的相关信息，如图 3－52 所示。

图 3－52　客户分类

4. 供应商档案设置

在 U8 企业应用平台，选择“基础设置”|“基础档案”|“客商信息”|“供应商档案”，然后单击“增加”按钮，录入供应商的相关信息，如图 3－53 所示。

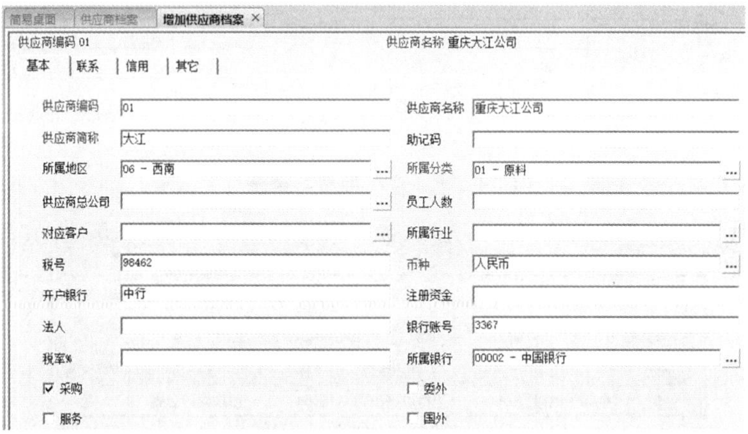

图 3－53　供应商档案（基本）

在“联系”页输入信息，如图 3－54 所示。

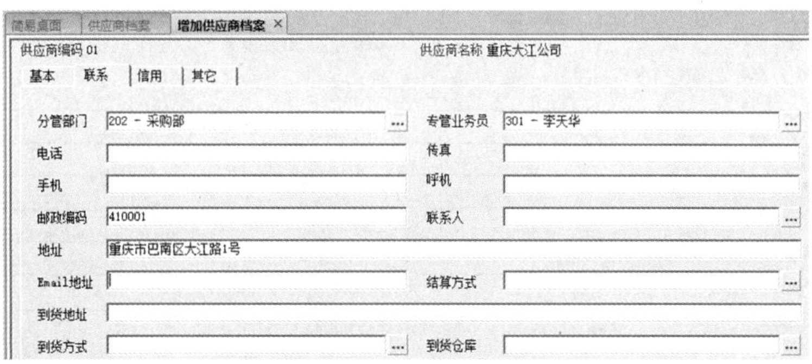

图 3－54　供应商档案（联系）

一个单位信息输入完成后点击“保存”按钮结束，然后输入其他单位的信息。

设置完成的供应商档案如图 3－55 所示。

供应商档案

序号	选择	供应商编码	供应商名称	供应商简称	地区名称	纳税人登记号	开户银行	银行账号	专营业务员名称
1		01	重庆大江公司	大江	西南	98462	中行	3367	李天华
2		02	成都大成公司	大成	西南	67583	中行	3293	李天华
3		03	南京天华商行	天华	华东	72657	工行	1278	杨真
4		04	上海大坤公司	大坤	华东	31012	工行	5076	杨真

图 3－55　供应商档案

5. 客户档案设置

在 U8 企业应用平台，选择“基础设置”|“基础档案”|“客商信息”|“客户档案”，然后单击“增加”按钮，录入客户的相关信息，如图 3－56 所示。

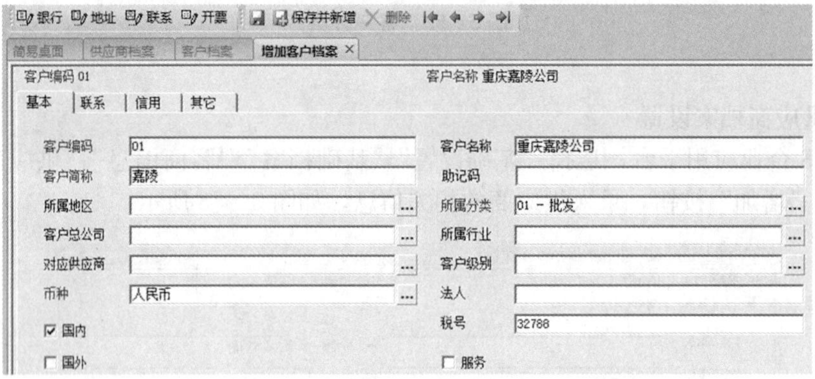

图 3－56　客户档案（基本）

单击工具栏上的“银行”按钮，输入客户银行档案，如图 3－57 所示。

图 3－57　客户银行档案

在“联系”页输入信息，如图 3－58 所示。

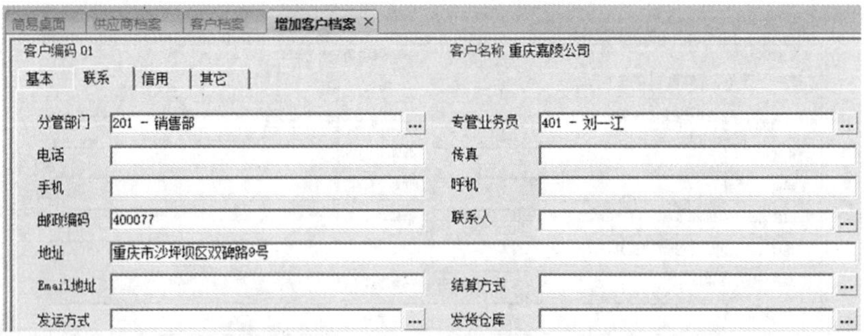

图 3－58　客户档案（联系）

选择“基础设置”|“基础档案”|“客商信息”|“客户档案”，就可以查看客户信息，如图 3 - 59 所示。

客户档案

序号	选择	客户编码	客户名称	客户简称	客户分类名称	地区名称	纳税人...	开户银行	银行账号
1		01	重庆嘉陵公司	嘉陵	批发	西南	32788	工行双碑支行	3654
2		02	天津大华公司	大华	批发	华北	32310	工行东风支行	5581
3		03	上海长江公司	长江	专柜	华东	65432	工行海东支行	2234
4		04	辽宁飞鸽公司	飞鸽	代销	东北	03251	中行三好支行	0548
5		05	湖北朝华公司	朝华	零售	华中	01121	中行宜昌支行	1717

图 3 - 59　客户档案

3.5　复习题

3.5.1　思考题

1. 在单机上安装用友 ERP-U8 系统，系统环境应如何准备？
2. 简述安装数据库和用友 ERP-U8 的主要流程。
3. 用友 ERP-U8 中系统管理部分的作用是什么？
4. 建账的主要流程是怎样的？
5. 用友 ERP-U8 中基础设置部分的作用是什么？

3.5.2　判断题

1. 用友 ERP-U8 管理软件不分单机和网络版本，视具体的应用模式而定。（　）
2. 用友 ERP-U8 在 Windows 家庭版、专业版、旗舰版、服务器版都能安装和运行。（　）
3. 在系统管理中，可以随时进行初始化数据库，对当前应用的账套数据没有影响。（　）
4. 账套号是区分不同账套的唯一标识。（　）
5. 财务分工一旦设定，在后续的工作中就不能更改。（　）
6. 操作员的密码一旦设定，就不能更改。（　）
7. 用户自动拥有所属角色的所有权限，同时可以额外增加角色中没有包含的权限。（　）
8. 在用友 ERP-U8 管理系统中，只能有一个系统管理员，但可以有多个账套主管。（　）
9. 设置基础档案之前应首先确定基础档案的分类编码方案，基础档案的设置必须遵循分类编码方案中的级次和各级编码长度的设定。（　）
10. 在用友 ERP-U8 系统中，引入账套时只能按系统默认路径引入，不能自由选择。（　）
11. 用友 ERP-U8 管理系统中各子系统的启用时间必须大于等于账套的启用期间。（　）

12. 在会计信息化下，会计主体的界限划分主要是通过账套设置来完成的。 （　　）
13. 会计主体与会计账套是一一对应的，即一个会计主体对应一个会计账套。 （　　）
14. 我国会计核算是以人民币作为记账本位币，因此不允许出现外币记账。 （　　）
15. 操作员可以随时修改自己的密码。 （　　）
16. 一年内可以进行多次建账。 （　　）
17. 报表数据只能从账簿中采集。 （　　）
18. 每个操作员都可以到系统管理中查看上机日志。 （　　）

3.5.3 单项选择题

1. 安装用友 ERP-U8 系统时，不需要注意的问题是（　　）。
A. 安装前关闭所有的杀毒软件和安全管理软件
B. 最好专机专用
C. 机器名不能为大写
D. 校准计算机的时钟
2. 安装用友 ERP-U8 管理系统时，需要注意的问题是（　　）。
A. 机器名不能带“-”字符　　B. 机器名不能为大写
C. 不能先安装 Office 软件　　D. 不能先安装输入法软件
3. 用友 ERP-U8 要求 Windows 的短日期格式为（　　）。
A. yyyy. MM. dd　　B. yyyy/MM/dd　　C. yy/MM/dd　　D. yyyy-MM-dd
4. 用友 ERP-U8 连接数据库需要（　　）。
A. 计算机名和数据库的 SA 密码
B. 数据库服务器名和 SA 的密码
C. Windows 登录密码和数据库的 SA 密码
D. 操作员的登录密码和数据库的 SA 密码
5. 在具体的企业安装用友 ERP-U8 软件时，以下说法正确的是（　　）。
A. 服务器与工作站都需要安装数据库
B. 服务器上需要安装数据库，而工作站上不需要
C. 工作站上需要安装数据库，而服务器上不需要
D. 服务器与工作站都不需要安装数据库
6. 一般情况下，用友 ERP-U8 第一次使用在（　　）最为合适。
A. 1月　　B. 年末　　C. 季初　　D. 季末
7. 用友 ERP-U8 可以管理（　　）账。
A. 1套　　B. 2套　　C. 3套　　D. 多套
8. 有权在系统中建立账套的是（　　）。
A. 企业总经理　　B. 系统管理员（admin）
C. 账套主管　　D. 操作员
9. （　　）不属于企业基础档案的设置。
A. 部门档案　　B. 人员档案　　C. 客户档案　　D. 多栏账定义
10. （　　）主要用于设置本单位职员个人信息资料。

A. 客户档案　　B. 部门档案　　C. 职员档案　　D. 客户分类

11. 会计科目级次设置的主要目的是（　　）。

A. 提高操作速度　　B. 简化会计操作程序

C. 方便会计信息化工作　　D. 决定会计核算的明细程度

12. 企业首次实施会计信息化，首先必须做的工作是（　　）。

A. 财务分工　　B. 建立账套

C. 初始数据录入　　D. 设置会计科目编码

13. 账套设置不包括的内容是（　　）。

A. 单位名称　　B. 会计期间设置

C. 编制报表　　D. 会计科目设置

14. 会计科目主要是根据（　　）设置的。

A. 企业自身业务特点　　B. 财政部的规定

C. 企业会计准则的规定　　D. 对方单位的需要

15. 账务处理子系统以（　　）作为处理对象。

A. 会计账簿　　B. 记账凭证　　C. 会计报表　　D. 原始凭证

16. 一个账套可以设置（　　）账套主管。

A. 1 个　　B. 2 个　　C. 多个　　D. 999 个

3.5.4　多项选择题

1. 在用友 ERP-U8 管理系统中，系统管理提供的安全控制功能包括（　　）。

A. 系统运行过程的监控　　B. 设置数据自动备份

C. 清除系统的非正常任务　　D. 病毒检测

2. 安装用友 ERP-U8 系统时，需要注意的问题包括（　　）。

A. 安装前关闭所有的杀毒软件　　B. 最好专机专用

C. 机器名不能为大写　　D. 机器名不能带“-”字符

3. 用友 ERP-U8 系统采用三层架构体系，即逻辑上分为（　　）。

A. 客户端　　B. 网络交换机

C. 数据库服务器　　D. 应用服务器

4. 在引入账套时，账套的文件必须为（　　），系统才能引入。

A. UFDATA. BAK　　B. XXUFDATA. BAK

C. XXUfErpAct. Lst　　D. UfErpAct. Lst

5. 可以登录系统管理的用户是（　　）。

A. 账套主管　　B. 系统管理员　　C. 出纳　　D. 会计

6. 系统管理员的操作权限有（　　）。

A. 建立账套　　B. 分配操作员权限

C. 设置账套主管　　D. 年度账结转

第 4 章

Chapter 4 总账业务

本章操作视频讲解

4.1 总账业务处理

4.1.1 总账的处理流程

信息化条件下，数据处理工作可借助于计算机设备集中快速完成，所以不再考虑各种手工流程，而是结合计算机的特点，以记账凭证处理程序流程为主，采用一种全新的如图 4－1 所示的核算处理流程。

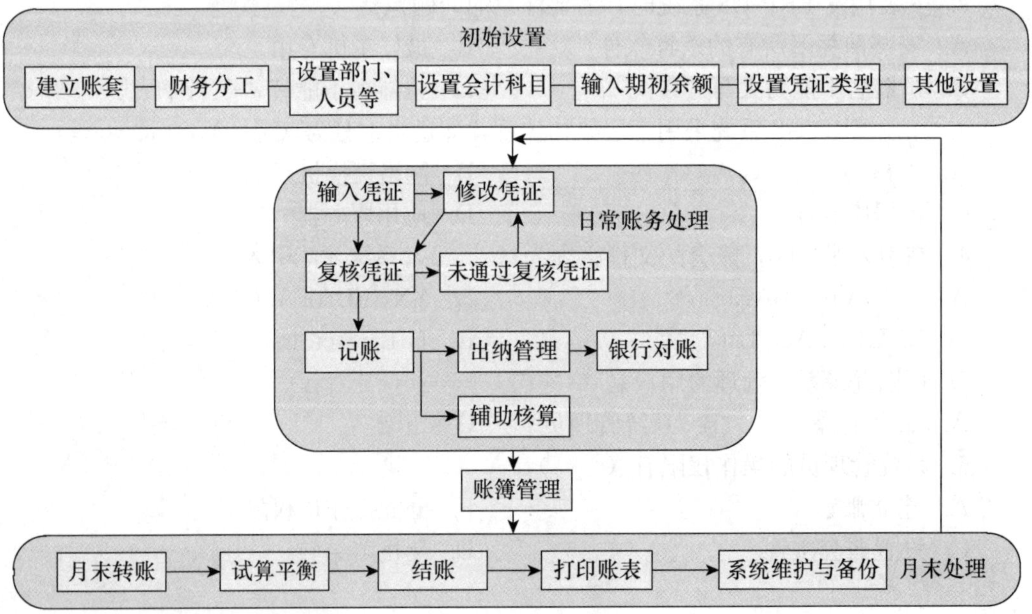

图 4－1 总账处理流程

4.1.2　总账与其他子系统之间的数据关系

信息化后，各模块之间的数据关系是隐藏在系统中的，业务处理直接影响相关系统的数据，其主要关系如图 4－2 所示。

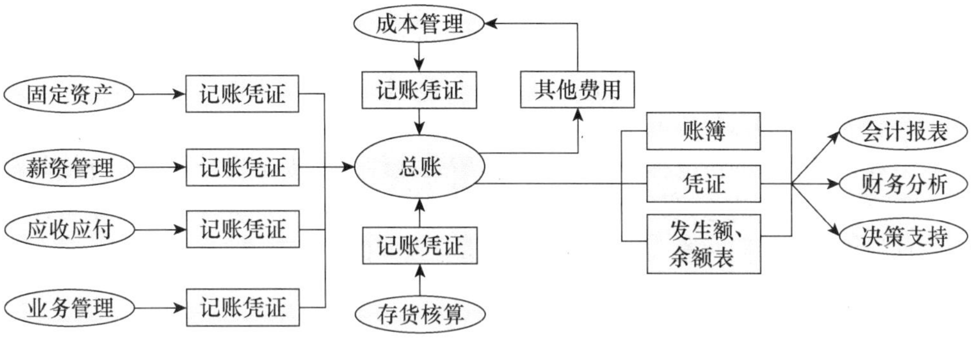

图 4－2　总账与其他子系统之间的数据关系

4.1.3　日常总账处理

日常总账处理主要是围绕凭证进行的总账处理工作。它是总账处理子系统中使用最频繁的功能模块，主要功能模块有会计凭证的录入修改、会计凭证的审核（复核）、会计凭证的记账（过账）、会计凭证的查询打印及会计凭证的汇总等。

凭证是总账核算的基础，是会计软件中最重要的业务数据，是总账处理的核心功能。凭证处理的及时性和正确性是总账处理的基础。凭证是登记账簿的依据，在实行计算机处理总账后，电子账簿的准确与完整完全依赖于凭证，因而必须确保凭证输入的准确、完整。

1. 凭证处理工作流程

总账处理软件中处理凭证的流程与手工处理凭证相似，其工作流程如图 4－3 所示。

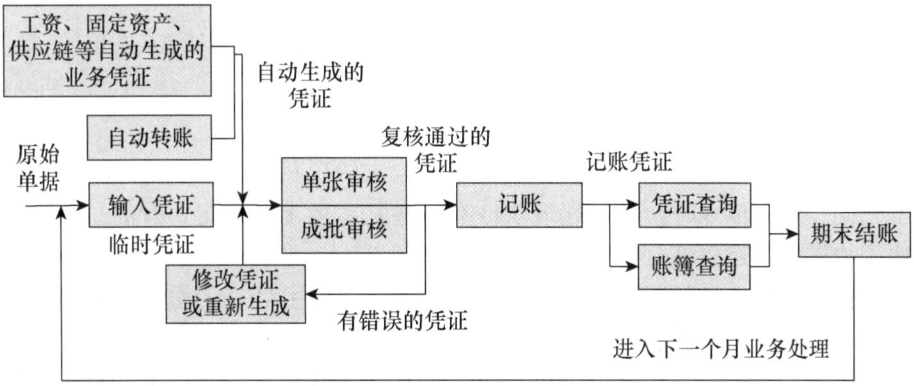

图 4－3　凭证处理的流程

常规的日常凭证制作过程是将每个月会计期间的凭证输入总账处理软件中，通过复核记账后，再经过月末结账，进入下一个月会计期间，然后重复进行相同的处理过程。凭证录入后，可以立即进行复核记账，也可以在以后进行复核记账。

与手工账务处理中一样，凭证一般是按月会计期间进行编号的。用户登录时，总账处理软件会将当前的日期作为软件的默认日期，这个日期也是凭证录入时系统默认的制单日期，当然这个日期在会计期间日期范围中对应的月会计期间也是默认的月会计期间。

某些特殊情况下（一般是月初），在输入本月会计期间凭证的同时，可能还需要输入上个月会计期间的部分凭证（一般是月末结转凭证），总账处理软件将这种同时处理两个月会计期间凭证的情况称为跨月处理。跨月处理的前提是上个月份会计期间没有结账，因为对于一般的总账处理软件，只要没有进行结账的月会计期间，就可以输入凭证，这样就能处理同时输入相连两个月份会计期间的凭证。

2. 凭证输入及修改

凭证是指用于登记明细账、日记账等账簿的各种记账凭证。在输入凭证前，应将有关会计科目及相应的初始余额通过设置会计科目和科目余额初始功能输入总账处理软件的数据库中，同时凭证类型亦通过设置凭证类型功能定义。

凭证输入及修改功能是总账处理软件中使用最频繁的功能，软件一般都提供了全屏幕凭证编辑功能，每张凭证包括的行数不受限制。在输入过程中，还提供各种联机帮助、辅助计算器等功能。为保证凭证输入的正确性，软件采用了大量的正确性检验控制措施，能自动发现输入中的某些错误。

凭证输入格式在不同的总账处理软件中是有一定差异的，但输入的项目基本上相同，凭证录入与修改过程简单直观。其正常的操作流程如图 4-4 所示。

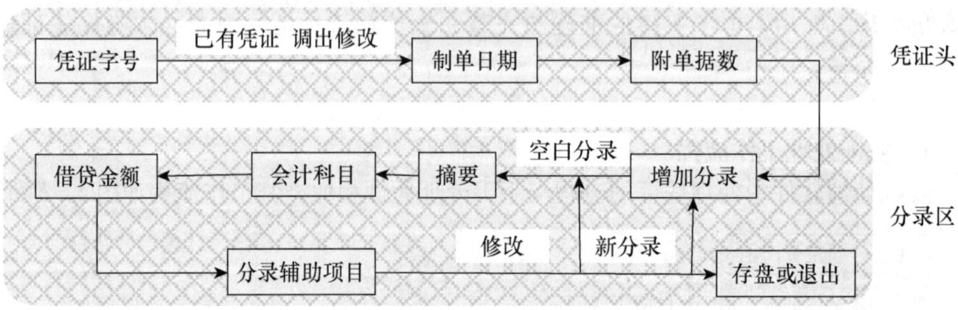

图 4-4 凭证录入与修改的操作流程

凭证录入与修改过程中有许多需要使用者输入的项目，这些项目的含义和手工凭证基本相同。但在输入时，总账处理软件有一些基本要求和规定，有的总账处理软件为方便用户操作，还提供一些辅助输入手段。

（1）凭证字号：是凭证的唯一标识。输入新的凭证字号表示增加新凭证，输入旧的凭证字号表示修改旧的凭证。凭证字号一般由凭证类型和凭证序号两部分组成，例如，“收款 22”表示本月第 22 号收款凭证。同一类型凭证按月会计期间从 1 开始连续编号，不允许重号，亦不允许漏号。如果出现重复的凭证号，总账处理软件会自动提示操作者修改。若出现漏号，系统一般也提供了相应的检查措施。

(2) 凭证日期：即制单日期，包括年、月、日。凭证日期必须在当前的会计期间范围内，凭证日期的先后顺序和正确性将影响经济业务在明细账和日记账中的顺序。

3. 会计凭证查询、打印及汇总

凭证查询功能可以设置各种查询条件查询任何月日、任何类型的凭证，而且可以指定某类凭证的序号范围。

凭证查询的范围有凭证类型、凭证号范围、制单日期范围、金额范围、会计科目范围、制单人、是否复核、是否记账等。

有的总账处理软件对未记账凭证还具有模拟记账功能。模拟记账并不是真记账，只显示出模拟记账后的余额表和相关账簿。

凭证的查询也可以在明细账簿查询时通过明细账来直接调用。查询后可打印。

4. 会计凭证的审核

审核凭证即审核人员按照会计制度，对制单人输入的会计凭证与原始凭证进行核对，审查认为有误的凭证应返回制单人修改后再审核。对于审查无误的凭证，经审核人审核后，便可据以登记有关账簿，包括总账、明细账及相关辅助账。实际上“审核”也就是对凭证数据表记上审核标志。

凭证审核的目的在于防止输入人员有意或无意的错误操作，要求非凭证输入人员使用凭证审核功能，以便形成牵制关系。因此制单人与审核人不能为同一人，如果当前操作员为该凭证的制单人时，应先更换操作员，再进行审核记账工作。

取消审核是指从已审核的凭证上抹去审核人员的姓名，使该张凭证成为未审核的凭证。抹去后该张凭证可以修改，总账软件一般要求审核人员只能取消自己审核过的凭证。

凭证一经审核，就不能修改、删除，只有取消审核后才可以进行修改或删除。

出纳审核是指出纳人员对涉及现金科目、银行科目的凭证进行的专门审核。

5. 会计凭证的记账

凭证记账实现对已审核过的会计凭证进行批量或单张记账的功能。实际上“记账”也就是对凭证数据表打上记账标志，同时计算这些凭证所有分录所对应会计科目余额表的相应数据。

凭证记账的同时还对各科目的本月发生额进行累加，产生各科目最新的本月发生额和累计发生额。根据期初余额也就能求出最新的余额。各科目的发生额和余额在总账处理软件中用一个称为会计科目余额表的数据表存放。

有的总账处理软件也将记账称为过账、登账，记过账的凭证就可以在各种明细账、日记账查询中出现。

实际工作中，一般由审核凭证人员做凭证记账工作，也可以专门指定人员。

在记账过程中，为保证数据的正确，应尽量保证机器正常运行，不允许关机或重启动，有条件的单位应尽量配备不间断供电电源，以防止在记账过程中突然停电造成数据错误甚至系统损坏。

在一些单位，凭证是先打印并进行相关的人工审核，在这种情况下也可选择批量审核与批量记账，以提高效率。

6. 错误凭证的处理

凭证制作中出现错误是难免的，处理错误的凭证一般采用如下方法：

（1）记账前发现错误。如果在凭证记账前发现凭证有错误，处理十分简单，先取消审核，然后再对凭证进行修改或删除该错误凭证。

（2）记账后发现凭证有误。凭证记账后，凭证的内容已记入总账、明细账等相关账簿中，若发现错误，就需要出更正凭证。一般是出“红字”凭证冲销后，再重新输入正确的凭证进行调整。更正方法是先出一张“红字”凭证冲销错误的凭证，然后再补输一张正确的凭证，并进行审核记账。

“红字”凭证是一张和原凭证会计科目及其他辅助内容完全相同的凭证，只是凭证的金额为负数（红字），须在凭证的摘要中写明是冲销哪一张凭证。注意，冲销凭证时不允许使用金额为正数、借贷方向相反的“蓝字”凭证进行冲销。

如果科目无误，仅仅是金额错误，可以采用补充登记法进行更正。

4.2 总账设置

4.2.1 设置总账参数

实验资料

总账控制参数如表4-1所示。

表4-1 总账控制参数表

选项卡	参数设置
凭证	不勾选“制单序时控制” 可以使用应收、应付、存货受控科目 不勾选“现金流量科目必录现金流量项目”选项 自动填补凭证断号 银行科目结算方式必录 凭证编号方式采用系统编号 其他使用默认设置
账簿	按照默认设置
凭证打印	按照默认设置
预算控制	按照默认设置
权限	出纳凭证必须经由出纳签字；允许修改、作废他人填制的凭证 可查询他人凭证
会计日历	会计日历为1月1日—12月31日；数量小数位、单价小数位设置为2位；本位币精度2位
其他	外币核算采用固定汇率；部门、个人、项目按编码方式排序

实验过程

在U8企业应用平台，选择“业务工作”|“财务会计”|“总账”|“设置”|“选项”进行

总账参数的设置，先单击“编辑”，然后进行设置，如图 4－5 所示。

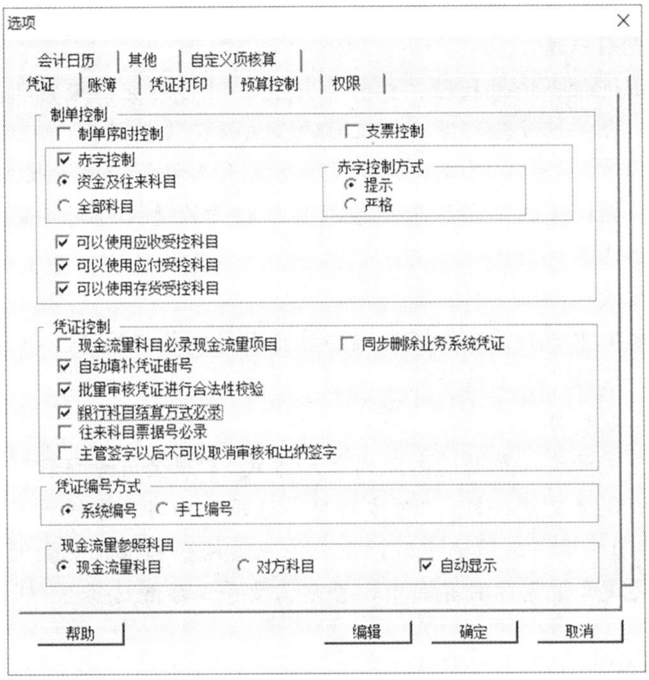

图 4－5　总账（凭证）控制参数设置

其他按照实验资料进行设置。

操作提示

- 制单控制

主要设置在填制凭证时，系统应对哪些操作进行控制。

制单序时控制：此项和“系统编号”选项联用，制单时凭证编号必须按日期顺序排列，4 月 25 日编制到 27 号凭证，则 4 月 26 日只能开始编制 28 号凭证，即制单序时，如果有特殊需要可以将其改为不序时制单。

支票控制：在制单时使用银行科目编制凭证时，系统针对票据管理的结算方式进行登记，如果录入支票号在支票登记簿中已存在，系统提供登记支票报销的功能；否则，系统提供登记支票登记簿的功能。

赤字控制：在制单时，当“资金及往来科目”或“全部科目”的最新余额出现负数时，系统将予以提示。系统提供提示、严格两种方式，可根据需要进行选择。

可以使用应收受控科目：若科目为应收款管理系统的受控科目，为了防止重复制单，只允许应收系统使用此科目进行制单，总账系统是不能使用此科目制单的。所以如果要在总账系统中也能使用这些科目填制凭证，则应选择此项。注意：总账和其他业务系统使用了受控科目会引起应收系统与总账对账不平。

可以使用应付受控科目、可以使用存货受控科目的含义与可以使用应收受控科目类似。

- 凭证控制

现金流量科目必录现金流量项目：在录入凭证时如果使用现金流量科目，则必须输入现金流量项目及金额。

自动填补凭证断号：如果选择凭证编号方式为系统编号，则在新增凭证时，系统按凭证类别自动查询本月的第一个断号默认为本次新增凭证的凭证号。如无断号则为新号，与原编号规则一致。

批量审核凭证进行合法性校验：批量审核凭证时针对凭证进行二次审核，提高凭证输入的正确率，合法性校验与保存凭证时的合法性校验相同。

银行科目结算方式必录：填制凭证时结算方式和票据号必须录入。

同步删除业务系统凭证：在总账删除与业务相关的凭证时同步删除业务系统的凭证，否则只删除总账系统的凭证。

● 凭证编号方式

在填制凭证功能中一般按照凭证类别按月自动编制凭证编号，即“系统编号”，但需要人工编号时，选择“手工编号”。

● 现金流量参照科目

用来设置现金流量录入界面的参照内容和方式。“现金流量科目”选项选中时，系统只参照凭证中的现金流量科目；“对方科目”选项选中时，系统只显示凭证中的非现金流量科目。“自动显示”选项选中时，系统依据前两个选项将现金流量科目或对方科目自动显示在指定现金流量项目界面中，否则需要手工参照选择。

4.2.2 外币设置

实验资料

外币及汇率：币符为USD；币名为美元；固定汇率为1∶7.00。

实验过程

选择“基础设置”|“基础档案”|“财务”|“外币设置”，录入币符“USD”，币名“美元”，点击“确定”按钮。再选择增加的币种“美元”，选择“固定汇率”，记账汇率列输入期初汇率，如图4-6所示。

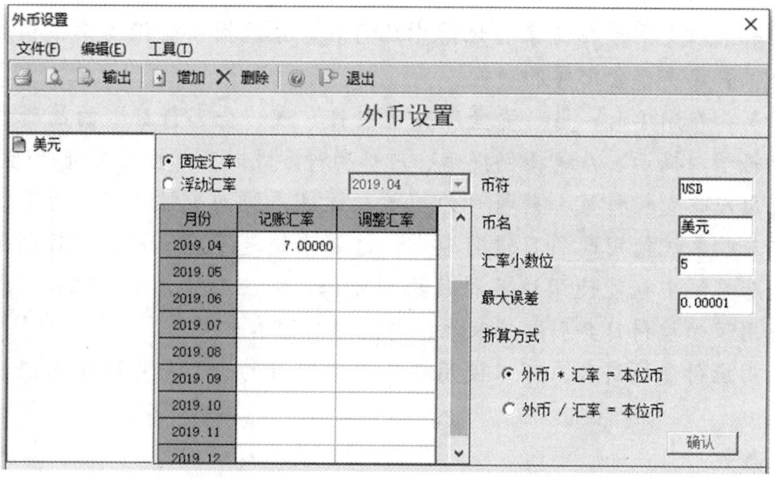

图4-6 外币设置

4.2.3 设置会计科目

实验资料

企业使用的会计科目如表 4－2 所示。

表 4－2 会计科目表

科目代码	科目名称	辅助核算	方向	币别计量
1001	库存现金	日记账	借	
1002	银行存款		借	
100201	工行	日记账/银行账	借	
100202	中行	日记账/银行账，外币核算	借	美元。账页：外币金额式
1122	应收账款	客户往来/受控：应收系统	借	
1123	预付账款	供应商往来/受控：应付系统	借	
1221	其他应收款		借	
122101	应收单位款	客户往来/受控：应收系统	借	
122102	应收个人款	个人往来	借	
1403	原材料		借	
140301	生产用原材料	数量核算	借	吨
140399	其他用原材料	数量核算	借	吨
1604	在建工程		借	
160401	人工费	项目核算	借	
160402	材料费	项目核算	借	
160499	其他	项目核算	借	
1901	待处理财产损溢		借	
190101	待处理流动资产损溢		借	
190102	待处理固定资产损溢		借	
2202	应付账款	供应商往来/受控：应付系统	贷	
2203	预收账款	客户往来/受控：应收系统	贷	
2211	应付职工薪酬		贷	
221101	工资		贷	
221102	职工福利费		贷	
2221	应交税费		贷	
222101	应交增值税		贷	
22210101	进项税额		贷	
22210105	销项税额		贷	
222102	应交消费税		贷	
222199	其他		贷	
2231	应付利息		贷	

续表

科目代码	科目名称	辅助核算	方向	币别计量
223101	借款利息		贷	
4104	利润分配		贷	
410415	未分配利润		贷	
5001	生产成本		借	
500101	直接材料	项目核算	借	
500102	直接人工	项目核算	借	
500103	制造费用	项目核算	借	
500104	折旧费	项目核算	借	
500199	其他	项目核算	借	
5101	制造费用		借	
510101	工资		借	
510102	折旧费		借	
510103	租赁费		借	
6601	销售费用		借	
660101	工资	部门核算	借	
660102	福利费	部门核算	借	
660103	办公费	部门核算	借	
660104	差旅费	部门核算	借	
660105	招待费	部门核算	借	
660106	折旧费	部门核算	借	
660199	其他	部门核算	借	
6602	管理费用		借	
660201	工资	部门核算	借	
660202	福利费	部门核算	借	
660203	办公费	部门核算	借	
660204	差旅费	部门核算	借	
660205	招待费	部门核算	借	
660206	折旧费	部门核算	借	
660299	其他	部门核算	借	
6603	财务费用		借	
660301	利息支出		借	
660302	利息收入		借	
660303	汇兑损益		借	

项目核算部分在后面项目目录设置时再补充。

将“库存现金 1001”科目指定为现金总账科目；将“银行存款 1002”科目指定为银行总账科目；将“库存现金 1001”“工行 100201”“中行 100202”科目指定为现金流量科目。

实验过程

1. 设置会计科目

（1）增加科目。选择“基础设置”|“基础档案”|“财务”|“会计科目”，如图 4－7 所示。

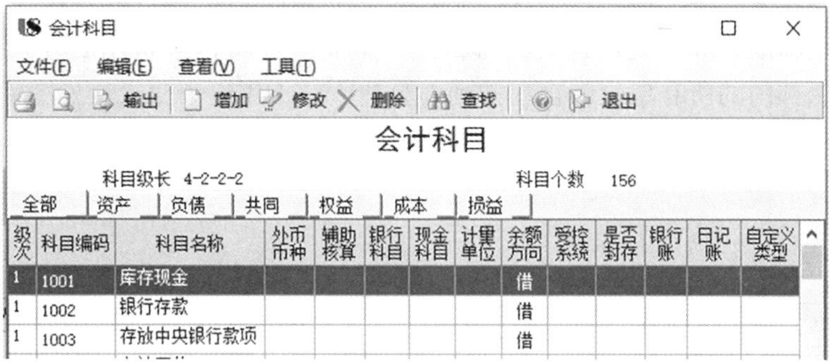

图 4－7　会计科目

单击“增加”功能，可以增加科目，如图 4－8 所示。

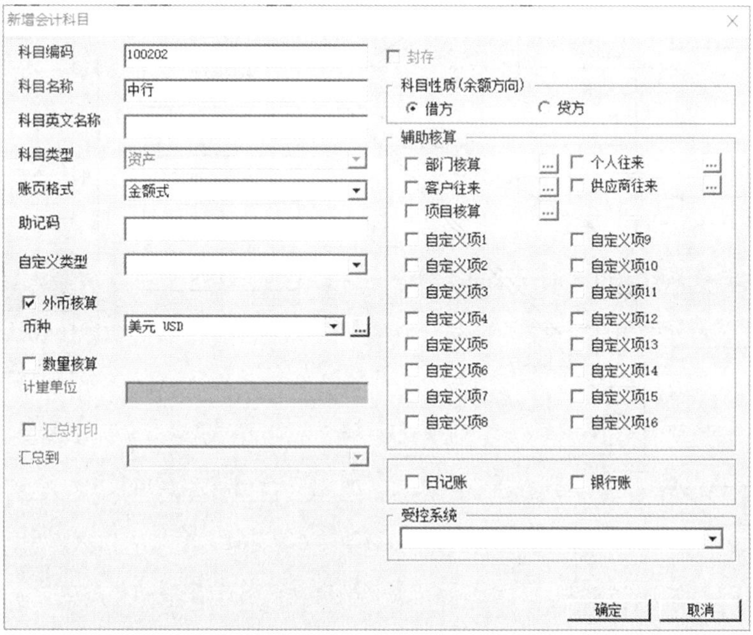

图 4－8　增加科目

在设置科目过程中，特别要注意辅助核算的设置。

1）科目辅助核算属性的概念。科目的辅助核算属性是赋予某个具体科目之上的项目，可从不同角度来反映科目所记录的数据，为决策层提供不同角度的资料。系统中科目的辅助核算可以设置为部门核算、个人往来、客户往来、供应商往来、项目核算，还可以自定义核算项目。

- 客户往来、供应商往来：一般用于应收或应付的科目。
- 部门核算、个人往来：同时选择时，如果统计了哪个部门的费用、收入等，还可以细化到具体某个职员上。即哪个部门哪个职员发生了多少费用，或实现多少销售收入。也可以单独设置。

- 项目核算：设置在哪个科目中，相对比较灵活，可以按照项目进行归集核算。

如果预置的核算项目不够使用，还可以自定义其他项目。

2）设置辅助核算。如果不使用辅助核算项目，就需要在相关的科目输入具体的部门或者人员、往来单位、项目等。这样输入的工作量大，而且容易出错。

如果使用辅助核算，就在相关的科目进行设置，如将销售费用的办公费设置了部门核算，那么部门的所有单位就自动挂到办公费下，不用逐个输入，如图 4-9 所示。

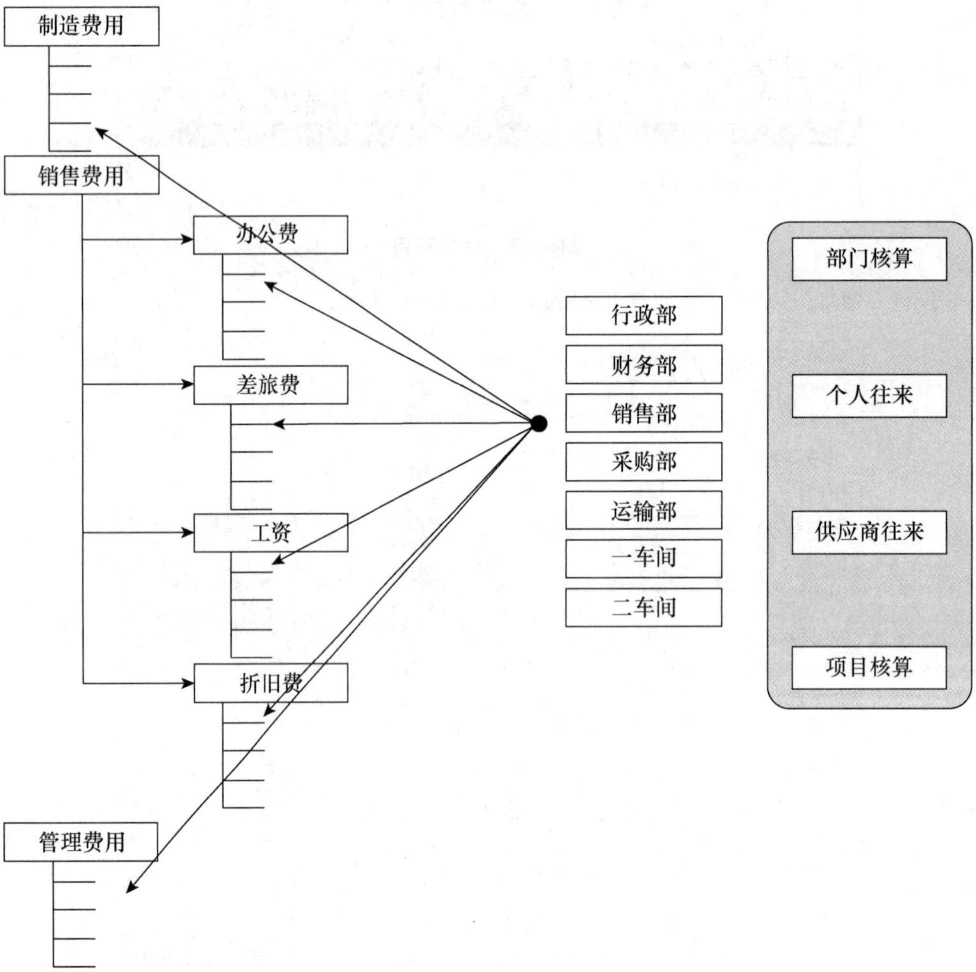

图 4-9 使用辅助核算

3）辅助核算的作用。

第一，简化会计科目体系。进行辅助核算时，可以用相关的辅助档案代替明细科目，从而起到简化会计科目体系的作用。当相关信息发生变动时不会影响到会计科目，会计科目体系变得相对稳定。

第二，对同一数据，提供多个分析入口和统计口径。如差旅费，如果设置了部门、人员、项目，就对这一个数据产生了多种分析途径。

第三，实现多重关系下查询和分析数据。使用传统明细科目核算时，只能进行单向查询，而使用辅助核算时，可以进行任意的组合查询。如科目、部门、人员、项目，就可以从多个维度/多种组合来查询和分析数据。

（2）修改科目。在“会计科目”窗口，双击某科目，然后单击“修改”按钮对科目进行修改，修改完成单击“确定”按钮。

2. 指定会计科目

选择“基础设置”|“基础档案”|“财务”|“会计科目”，再选择“编辑”|“指定科目”，指定库存现金科目为现金总账科目，如图 4－10 所示。

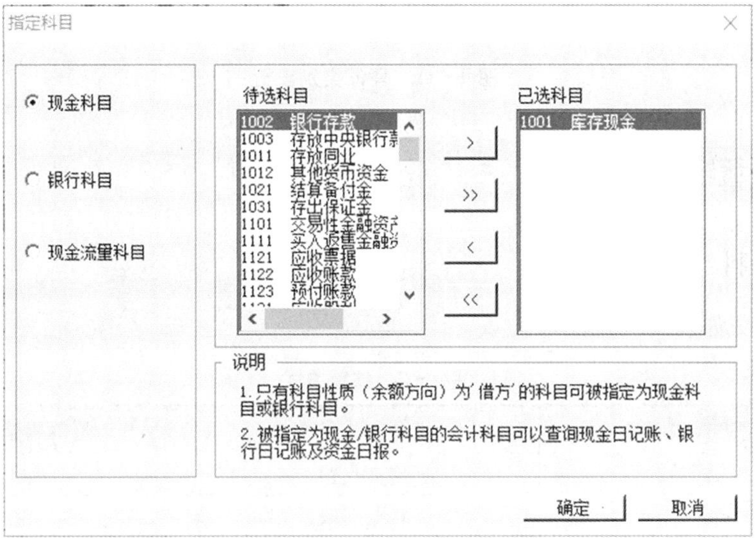

图 4－10　现金总账科目

选择银行存款科目为银行总账科目。

选择“库存现金 1001”“工行 100201”“中行 100202”科目为现金流量科目。

4.2.4　设置凭证类别

实验资料

凭证类别如表 4－3 所示。

表 4－3　凭证类别表

凭证类别	限制类型	限制科目
收款凭证	借方必有	1001，100201，100202
付款凭证	贷方必有	1001，100201，100202
转账凭证	凭证必无	1001，100201，100202

实验过程

选择“基础设置”|“基础档案”|“财务”|“凭证类别”，再选择收款凭证、付款凭证、转账凭证预置模式，进入凭证类别设置后，先双击“修改”，然后选择限制类型和限制

科目，设置结果如图 4－11 所示。

图 4－11　凭证类别设置

4.2.5　设置结算方式

实验资料

结算方式如表 4－4 所示。

表 4－4　结算方式

结算方式编码	结算方式名称	是否票据管理
01	现金支票	否
02	转账支票	否
03	现金	否
99	其他	否

实验过程

选择“基础设置”|“基础档案”|“收付结算”|“结算方式”，单击“增加”，输入结算方式，如图 4－12 所示。

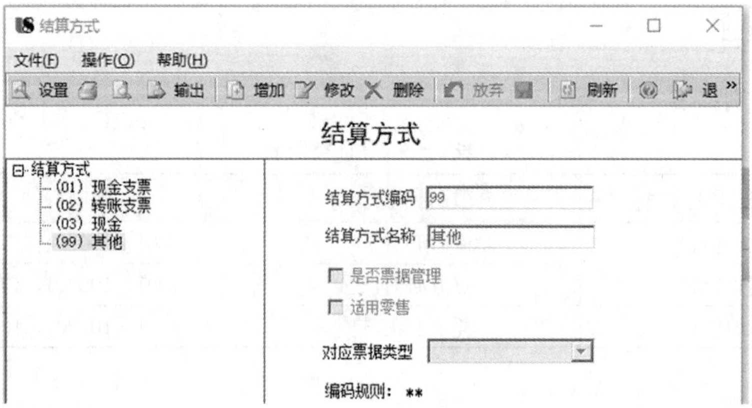

图 4－12　结算方式

4.2.6　设置项目目录

实验资料

本单位项目核算大类项目为“研发项目”，如表4-5所示。

表4-5　项目目录

项目大类：研发项目

项目分类编码	项目分类	项目代码	项目名称
1	自行研发项目	01	创智系统N1号
		02	创智系统N2号
2	委托研发项目	10	专用数据备份器
3	主产品项目	20	创智X号
4	辅助产品项目	30	手持扫描器
		31	桌面扫描器

实验过程

1. 设置项目大类

选择“基础设置”|“基础档案”|“财务”|“项目目录”，进入“项目档案”窗口，单击“增加”，输入新项目大类名称“研发项目”，如图4-13所示。

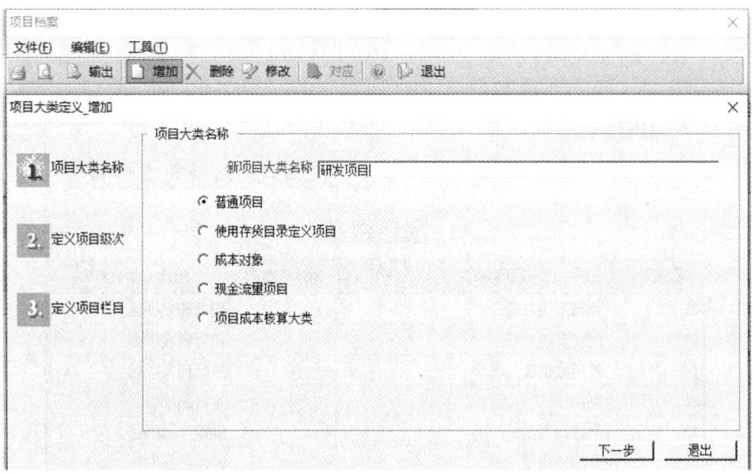

图4-13　增加项目大类

单击“下一步”，定义项目级次，本处采用默认值，即只有1级。

单击“下一步”，定义项目栏目，本处采用默认设置。单击“完成”结束项目大类设置。

2. 定义项目分类

在项目大类中选择“研发项目”。

选择“项目分类定义”页，单击右下角的“增加”，输入项目信息，输入一个项目后点击“确定”完成，如图 4-14 所示。

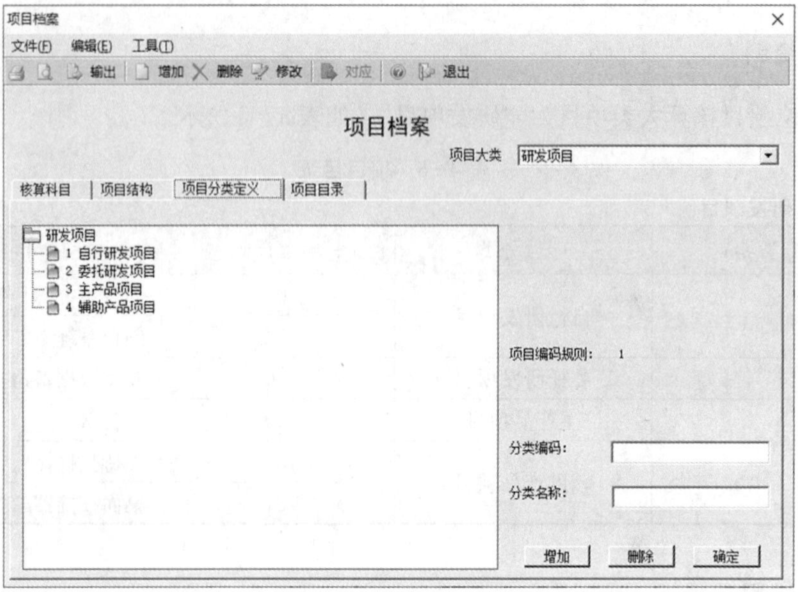

图 4-14 增加项目分类

3. 定义项目目录

先选择项目大类“研发项目”，再选择“项目目录”选项卡，单击右下角的“维护”按钮，进入“项目目录维护”窗口，然后单击“增加”输入项目信息，如图 4-15 所示。

项目编号	项目名称	是否结算	所属分类码	所属分类名称
01	创智系统N1号		1	自行研发项目
02	创智系统N2号		1	自行研发项目
10	专用数据备份器		2	委托研发项目
20	创智X号		3	主产品项目
30	手持扫描器		4	辅助产品项目
31	桌面扫描器		4	辅助产品项目

图 4-15 项目目录维护

“是否结算”若标识为“Y”，则该项目将不能再使用。标识的方法是在“是否结算”栏下对要标识的项目进行双击，再双击则取消标识的“Y”。设置完成后，退出“项目目录维护”窗口。

操作提示

在操作过程中，新增一行后，若不再输入，可按 ESC 键退出该行（一些行可能会按两次 ESC 键），相当于删除该行。

4. 指定核算科目

在“项目档案”窗口中，先选择项目大类为“研发项目”，然后选择“核算科目”页，将待选科目选入，这些科目是在科目定义时设定了项目核算的，单击“确定”完成，如图 4－16 所示。

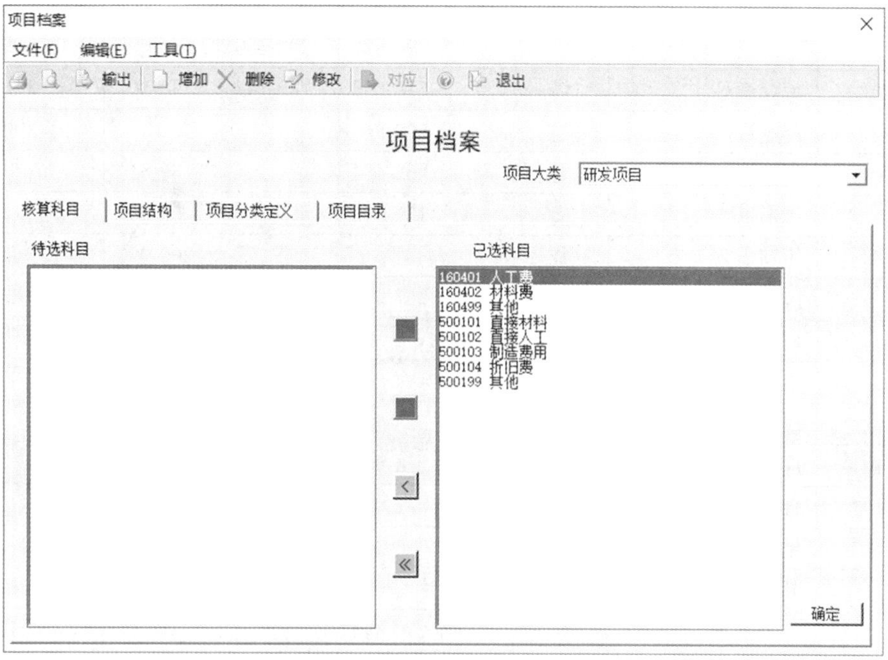

图 4－16　指定项目大类的核算科目

操作提示

可以建立多个项目大类。

一个项目大类可以指定多个科目，一个科目只能指定一个项目大类。

4.2.7　录入会计科目期初余额

实验资料

（1）2019 年 4 月份会计科目期初余额表如表 4－6 所示。

表 4－6　会计科目期初余额

科目代码	科目名称	方向	年初余额	累计借方	累计贷方	期初余额
1001	库存现金	借	6 756	18 889	18 860	6 785
1002	银行存款	借	1 143 786	469 251	401 980	1 211 057
100201	工行	借	443 786	469 251	401 980	511 057
100202	中行	借	700 000 美元：100 000			700 000 美元：100 000
1122	应收账款	借	297 600	60 000	200 000	157 600
1221	其他应收款	借	2 100	7 000	5 300	3 800

续表

科目代码	科目名称	方向	年初余额	累计借方	累计贷方	期初余额
122102	应收个人款	借	2 100	7 000	5 300	3 800
1231	坏账准备	贷	7 000	3 000	6 000	10 000
1403	原材料	借	790 820	293 180	80 000	1 004 000
140301	生产用原材料	借	790 820	293 180	80 000	1 004 000
1405	库存商品	借	3 518 858	140 142	90 000	3 569 000
1601	固定资产	借	3 690 860			3 690 860
1602	累计折旧	贷	69 484		39 511	108 995
1701	无形资产	借	117 000		58 500	58 500
2001	短期借款	贷			200 000	200 000
2202	应付账款	贷	367 407	150 557	60 000	276 850
2211	应付职工薪酬	贷	4 800	16 000	19 400	8 200
221101	工资	贷	4 800	16 000	19 400	8 200
2221	应交税费	贷	4 400	36 781	15 581	—16 800
222101	应交增值税	贷	4 400	36 781	15 581	—16 800
22210101	进项税额	贷	2 981	36 781		—33 800
22210105	销项税额	贷	1 419		15 581	17 000
2241	其他应付款	贷			2 100	2 100
4001	实收资本	贷	7 770 444			7 770 444
4002	资本公积	贷	1 478 000			1 478 000
4103	本年利润	贷		13 172	9 330	—3 842
4104	利润分配	贷	—115 180			—115 180
410415	未分配利润	贷	—115 180			—115 180
5001	生产成本	借	18 575	8 711	10 121	17 165
500101	直接材料	借	11 171	4 800	5971	10 000
500102	直接人工	借	4 039	861	900	4 000
500103	制造费用	借	2 200	2 850	3 050	2 000
500104	折旧费	借	1 165	200	200	1 165
6001	主营业务收入	贷		350 000	350 000	
6051	其他业务收入	贷		250 000	250 000	
6401	主营业务成本	借		300 000	300 000	
6402	其他业务成本	借		220 096	220 096	
6403	税金及附加	借		8 561	8 561	
6601	销售费用	借		18 000	18 000	
660101	工资（销售部）	借		8 000	8 000	
660106	折旧费（销售部）	借		10 000	10 000	
6602	管理费用	借		49 185	49 185	
660201	工资（行政部）	借		8 000	8 000	
660202	福利费（行政部）	借		1 100	1 100	

续表

科目代码	科目名称	方向	年初余额	累计借方	累计贷方	期初余额
660203	办公费（行政部）	借		27 235	27 235	
660204	差旅费（行政部）	借		5 600	5 600	
660205	招待费（行政部）	借		4 600	4 600	
660206	折旧费（行政部）	借		2 600	2 600	
660299	其他（行政部）	借		50	50	
6603	财务费用	借		8 000	8 000	
660301	利息支出	借		8 000	8 000	

说明：(1) 期初试算平衡的合计数为 9 599 772。
(2) 部门核算期初数据没有列示部门的，均假设为行政部。

（2）辅助账期初余额表。

日期年份为 2019 年。

应收账款（1122）期初余额表如表 4－7 所示。

表 4－7　应收账款期初

日期	凭证号	客户	业务员	摘要	方向	期初余额	票号	票据日期
03－10	转－15	天津大华公司	朱小明	销售商品	借	58 000	Z111	03－10
03－25	转－118	重庆嘉陵公司	朱小明	销售商品	借	99 600	P111	03－25
				合计		157 600	借	

应收账款（1122）借贷方累计如表 4－8 所示。

表 4－8　应收账款累计

客户	业务员	借方累计	贷方累计
重庆嘉陵公司	朱小明		200 000
大津大华公司	朱小明	60 000	
合计		60 000	200 000

其他应收款——应收个人款（122102）期初如表 4－9 所示。

表 4－9　其他应收款——应收个人款期初

日期	凭证号	部门	个人	摘要	方向	期初余额
03－26	付－118	行政部	孙正	出差借款	借	2 000
03－27	付－156	销售部	朱小明	出差借款	借	1 800
				合计	借	3 800

其他应收款——应收个人款（122102）借贷方累计如表 4－10 所示。

表 4－10　其他应收款——应收个人款累计

部门	个人	借方累计	贷方累计
行政部	孙正	2 000	3 000
销售部	朱小明	5 000	2 300
合计		7 000	5 300

应付账款（2202）期初如表4－11所示。

表4－11 应付账款期初

日期	凭证号	供应商	业务员	摘要	方向	期初余额	票号	票据日期
01－20	转－45	重庆大江公司	杨真	购买原材料	贷	276 850	C123	01－20
				合计	贷	276 850		

应付账款（2202）累计如表4－12所示。

表4－12 应付账款累计

供应商	业务员	累计借方	累计贷方
重庆大江公司	杨真	150 557	60 000

生产成本（5001）期初如表4－13所示。

表4－13 生产成本期初

项目	借方累计	贷方累计	期初余额
（1）直接材料			
手持扫描器	4 800	5 971	4 000
桌面扫描器			6 000
（2）直接人工			
手持扫描器	861	900	1 500
桌面扫描器			2 500
（3）制造费用			
手持扫描器	2 850	3 050	800
桌面扫描器			1 200
（4）折旧费			
手持扫描器	200	200	500
桌面扫描器			665
合计	8 711	10 121	17 165

实验过程

1. 科目期初数据录入方法

选择“业务工作”|“财务会计”|“总账”|“设置”|“期初余额”，进入“期初余额录入”窗口。

在白色单元格内直接录入末级科目的期初余额，灰色单元格表示有下级科目，其余额由下级科目自动汇总计算。中行科目涉及人民币和美元，在输入时分别输入人民币和美元，如图4－17所示。

图 4－17　期初余额录入

操作提示

在输入期初余额的情况下，按以下方法删除明细科目：

(1) 先清除明细科目的累计借方、累计贷方、期初余额的数据。

(2) 若凭证类别已经设置，选择“基础设置”|“基础档案”|“财务”|“凭证类别”，将限制类型改为“无限制”，系统自动清除限制科目中的设置。

(3) 选择“基础设置”|“基础档案”|“财务”|“会计科目”，删除相应的明细科目。

在输入科目期初余额的时候，必须输入末级明细科目的余额，上级的余额会逐级计算。如果出现上级科目的汇总数据与下级明细汇总不一致，需要按照前述方法删除下级科目后，才能清除数据，然后再建立明细科目、输入数据。

2. 应收账款的输入

在应收账款的输入单元进行双击，会弹出应收账款的输入窗口。

单击“往来明细”按钮，进入“期初往来明细”窗口，单击“增行”，输入期初往来明细，如图 4－18 所示。

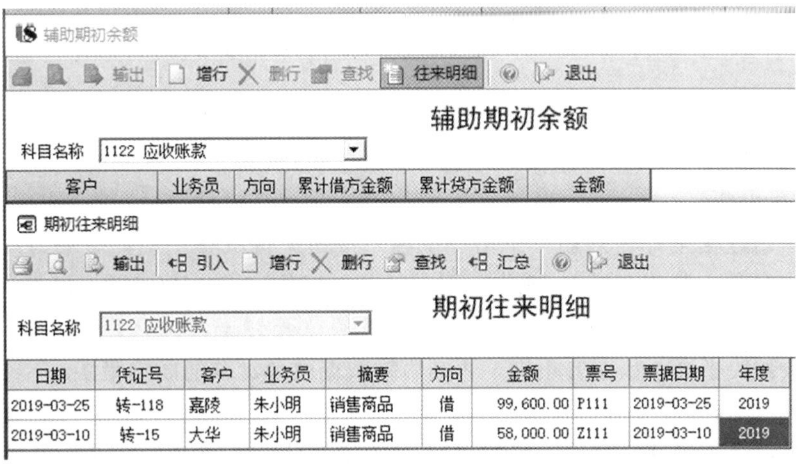

图 4－18　期初往来明细

明细输入完成后，单击“汇总”按钮，系统将按照单位进行汇总后，把汇总数据填入辅助期初余额，单击“退出”后返回到“辅助期初余额”窗口，输入累计数，如图 4－19 所示。

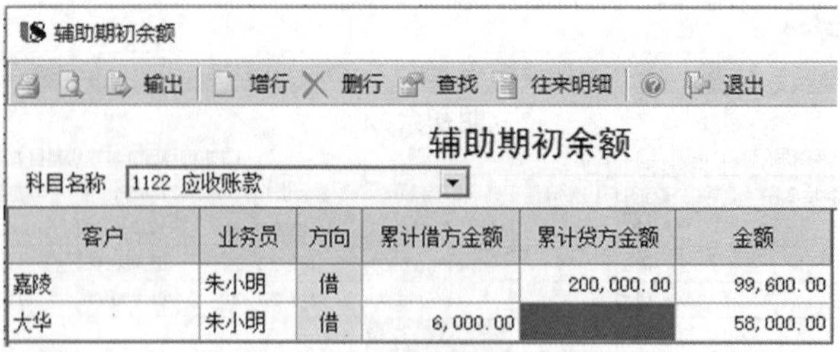

客户	业务员	方向	累计借方金额	累计贷方金额	金额
嘉陵	朱小明	借		200,000.00	99,600.00
大华	朱小明	借	6,000.00		58,000.00

图4-19 辅助期初余额

其他应收款、应付账款的输入方法相似。

操作提示

在输入人员的时候，如果看不到所选择的人，一般是在设置职员档案的时候没有把该人员设置为业务员，需要选择“基础设置”|“基础档案”|“机构人员”|“人员档案”，设置相关人员为业务员。

3. 生产成本（5001）的输入

在“生产成本——直接材料”科目上双击，进入后单击“增行”，输入案例数据，输入方法如图4-20所示。

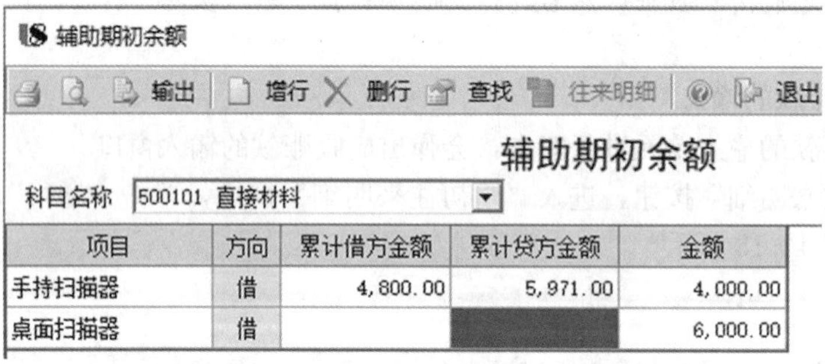

项目	方向	累计借方金额	累计贷方金额	金额
手持扫描器	借	4,800.00	5,971.00	4,000.00
桌面扫描器	借			6,000.00

图4-20 “生产成本——直接材料”期初输入

4. 试算平衡

科目初始数据全部输入后，单击“试算”按钮进行试算平衡，结果为：资产＝借9 582 607，负债＝贷470 350，成本＝借17 165，权益＝贷9 129 422，借方和贷方合计均为＝9 599 772。

期初余额要平衡，数据要正确，否则后续数据就会延续前面的错误。

操作提示

年初余额是根据期初余额、借方累计和贷方累计计算出来的，在试算平衡中是不检查的，因此要注意核对借方累计和贷方累计。如果年初余额不平衡，在期末制作资产负债表的时候就会显现出来，且不能修改。

选择“业务工作”|“财务会计”|“总账”|“账表”|“科目账”|“余额表”，按照图4-21设置查询条件。

可查询录入完成后的期初明细余额。

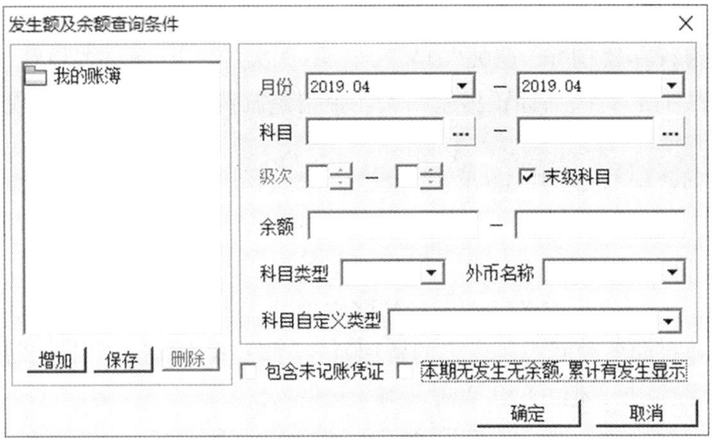

图 4-21　查询条件

4.3　日常总账业务处理

实验资料

(1) 4 月 1 日，采购部刘一江购买了 350 元的办公用品，以现金支付，附单据一张。

借：管理费用/办公费（660203）/采购部　　350

　贷：库存现金（1001）　　350

(2) 4 月 2 日，收到兴华集团投资资金 10 000 美元，汇率 1∶6.88，中行转账支票号 ZZW002。

借：银行存款/中行（100202）　　68 800

　贷：实收资本（4001）　　68 800

(3) 4 月 2 日，接银行通知，工行账户支付短期借款利息 2 000 元。结算方式：其他；结算号：QT001。

借：财务费用/利息支出（660301）　　2 000

　贷：银行存款/工行（100201）　　2 000

(4) 4 月 3 日，财务部赵小兵从工行提取现金 15 000 元，作为备用金，现金支票号 XJ001。

借：库存现金（1001）　　15 000

　贷：银行存款/工行（100201）　　15 000

(5) 4 月 4 日，工行账户收到存款利息收入 3 000 元。结算方式：其他；结算号：QT0002。

借：银行存款/工行（100201）　　3 000

　贷：财务费用——利息收入（660302）　　3 000

(6) 4 月 12 日，行政部支付业务招待费 1 500 元，转账支票号 ZZR004。

借：管理费用/招待费（660205）　　1 500

　贷：银行存款/工行（100201）　　1 500

(7) 4 月 18 日，开具工行转账支票（支票号：ZG1226）20 000 元支付本月制造中心租用房屋租赁费。

借：制造费用/租赁费（510103）　　20 000

　　贷：银行存款/工行（100201）　　20 000

（8）4月20日，行政部孙正出差归来，报销差旅费1 800元，交回现金200元。票号：QTS001。

借：管理费用/差旅费（660204）　　1 800

　　库存现金（1001）　　200

　　贷：其他应收款（122102）　　2 000

（9）4月24日，支付财务部购工行转账支票的工本费50元，对公收费明细入账费用200元（企业打印各种回单等产生的费用），结算方式为其他，附件2张。

借：管理费用/其他（660299）　　250

　　贷：银行存款/工行（100201）　　250

注：企业财务人员经常将两笔单据合并做账（实际为2张单据），出纳对账时可以练习手工勾对。

将上述凭证进行出纳签字、审核、记账。

（10）4月25日，发现第（6）笔经济业务的招待费应该为1 800元，转账支票金额误开为1 500元，故冲销第（6）笔凭证，再重新开一张1 800元的转账支票支付业务招待费，转账支票号ZZR005。

借：管理费用/招待费（660205）　　1 500（红字）

　　贷：银行存款/工行（100201）　　1 500（红字）

再填一张正确的蓝字凭证。

借：管理费用/招待费（660205）　　1 800

　　贷：银行存款/工行（100201）　　1 800

实验过程

1. 凭证输入方法

（1）进入凭证输入功能。在U8企业应用平台，选择“业务工作”|“财务会计”|“总账”|“凭证”|“填制凭证”，如图4-22所示。

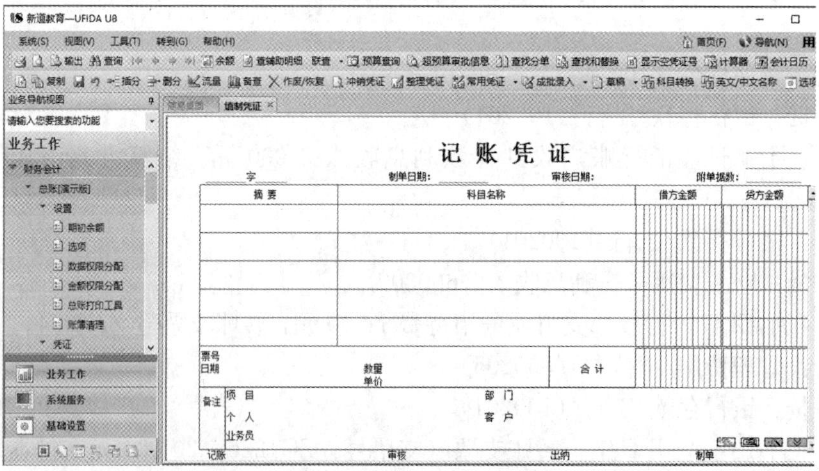

图4-22　凭证录入界面

（2）凭证输入参数设置。在输入凭证前，可以设置凭证输入的参数。选择工具栏的“选项”功能，可根据自己的需要进行设置，如图 4－23 所示。

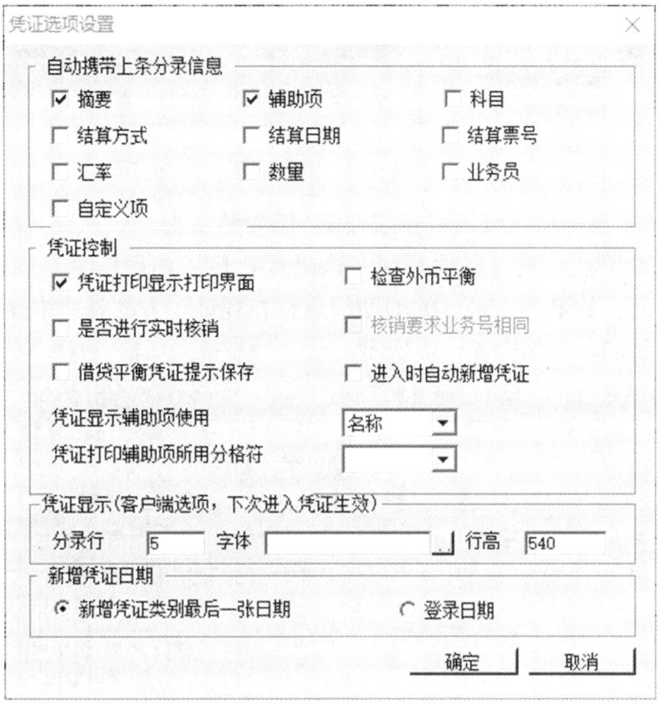

图 4－23　凭证选项设置

当在“基础设置”|“业务参数”|“财务会计”|“总账”的“凭证”选项设置中设置了“制单序时控制”时，凭证填制必须按时间顺序，新增加的凭证日期不能小于系统中已有凭证的制单日期，否则系统会弹出错误提示。修改这一错误有两种方法：一是按照时间序列重新填写制单日期；二是取消控制参数中的“制单序时控制”选择。

（3）凭证输入过程。单击工具栏上的“增加”按钮（或者按 F5 功能键），进入凭证输入状态。后续输入中凡在输入项目后面有“…”的，均可按 F2 键或单击“…”调出已经有的代码或项目资料，供选择使用。

1）凭证字号。自动生成凭证号（具体看设置情况）。在“基础设置”|“业务参数”|“财务会计”|“总账”的“凭证”选项设置中设置凭证编号方式（系统编号或手工编号）。

2）制单日期。制单日期要求不能大于机器的系统日期。在新增凭证日期设置为“登录日期”的情况下，可以通过登录日期来变更制单日期。

3）附单据数。直接输入单据数。当需要将某些图片、文件作为附件链接凭证时，可单击附单据数录入框右侧的图标，选择文件的链接地址。附单据数上面的两个空白项目，可以自由输入内容，如凭证的分卷号等。

4）摘要。可直接输入。还可以按 F2 调入常用摘要。常用摘要就是把经常要输入的摘要保存起来，这样在输入摘要的时候调入，以提高输入摘要的速度。进入常用摘要后，可以增加、修改、删除常用摘要，如图 4－24 所示。

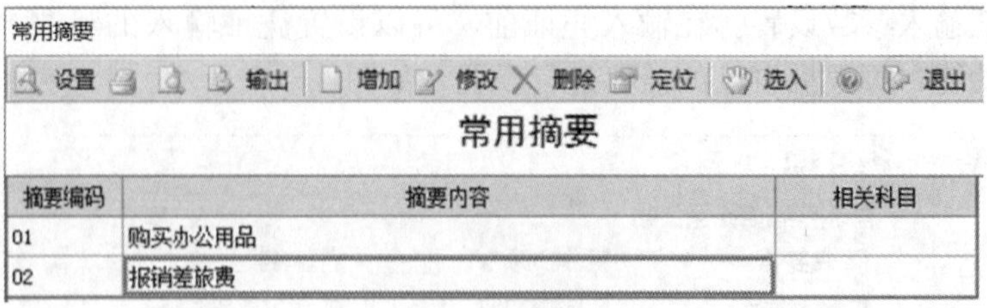

图 4-24 常用摘要

5）科目名称。直接输入每级科目或按 F2 键参照录入。

如果科目设置了辅助核算属性，则在这里还要输入辅助信息，如部门、个人、项目、客户、供应商、数量等。录入的辅助信息将在凭证下方的备注中显示。

辅助核算项目的输入如图 4-25 所示。

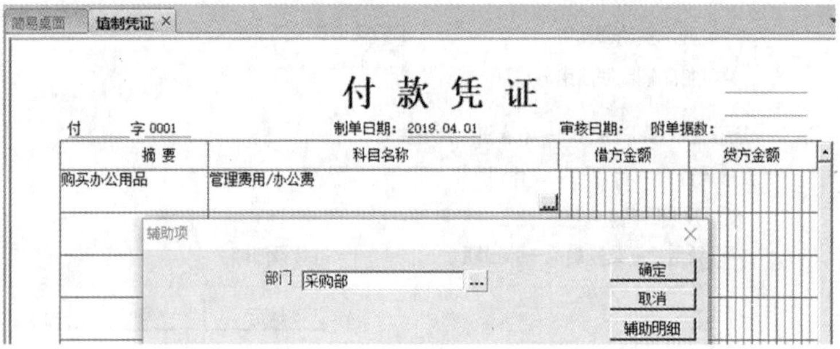

图 4-25 输入辅助核算项目

如果是多部门同时输入，可以点击“辅助明细”，这时可同时输入多个部门的金额，如图 4-26 所示。

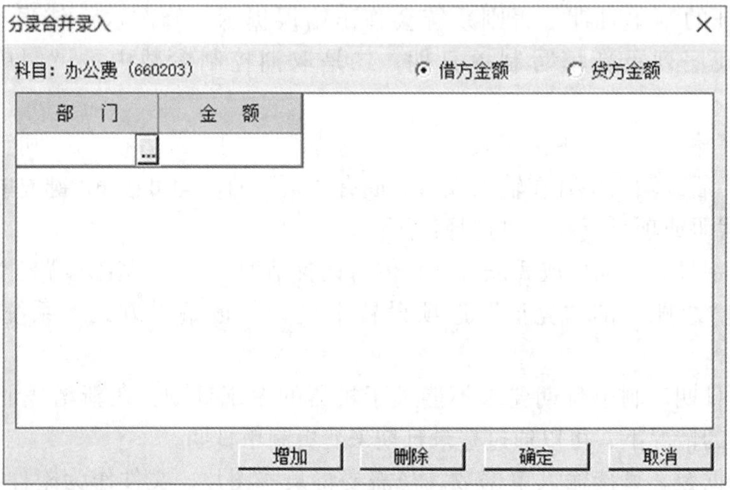

图 4-26 多部门输入

输入多个部门的金额后，会在凭证上自动生成多条分部门的分录。

单击凭证右下角的扩展界面图标“≚”，可以输入现金流量信息。

6）录入借贷方金额。录入分录的借方或贷方本币发生额，金额不能为零，但可以是红字，红字金额以负数形式输入。如果方向不符，可按空格键调整金额的借贷方向。

在录入金额时，可按“＝”（等号）键，将当前凭证借贷方金额的差额填入光标所在的借方或者贷方位置。

7）其他操作。若想放弃当前未完成的分录的输入，可按“删分”按钮或 Ctrl＋D 键删除当前分录。

8）完成。当凭证全部录入完毕后，按“保存”按钮保存输入的凭证（也可以按 F6 键保存）。

9）常用功能。

余额：可查询当前科目＋辅助项＋自定义项的最新余额一览表。

插分：插入一条分录。快捷键 CTRL＋I。

删分：删除光标当前行分录。快捷键 CTRL＋D。

流量：查询或录入当前科目的现金流量明细。

备查：查询当前科目的备查资料。

查找和替换：在当前凭证的摘要、科目或金额列中查找内容或进行替换。

输入完成的凭证如图 4－27 所示。

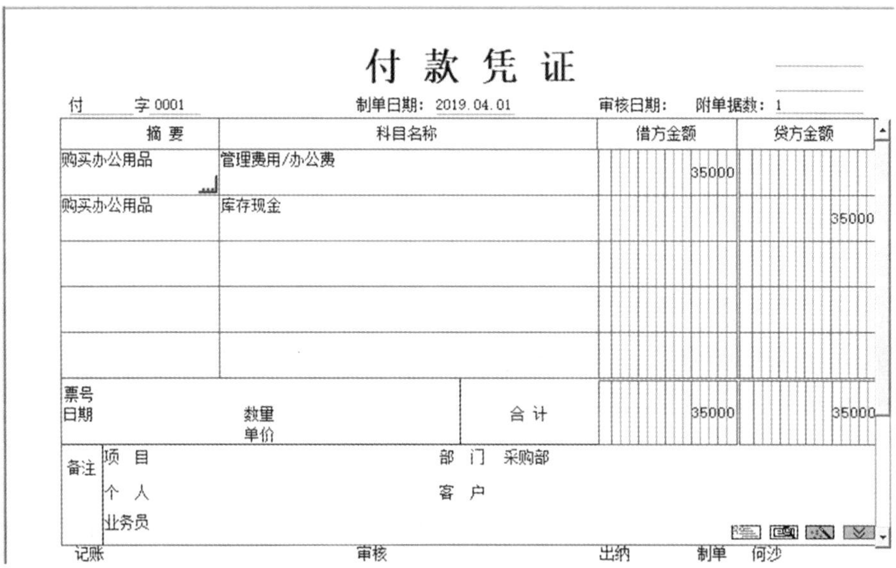

图 4－27　付款凭证

（4）外币凭证的输入。输入涉及外币的凭证时，凭证格式会自动转变为外币凭证格式，需要输入外币的数量和汇率，如图 4－28 所示。

图 4－28　外币凭证

2. 查询凭证

（1）选择“业务工作”|“财务会计”|“总账”|“凭证”|“查询凭证”，如图4－29所示。

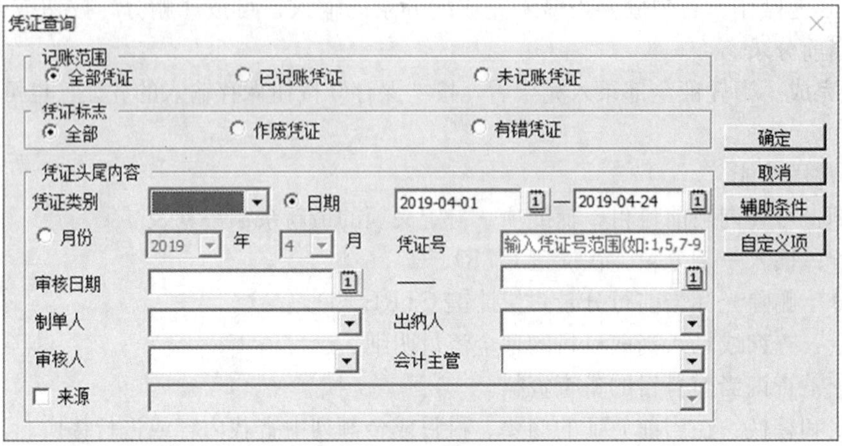

图4－29　凭证查询条件

按照设置条件显示的凭证如图4－30所示。

制单日期	凭证编号	摘要	借方金额合计	贷方金额合计	制单人
2019-04-02	收 - 0001	收到股东投资：业务2	68,800.00	68,800.00	何沙
2019-04-04	收 - 0002	收到存款利息收入：业务5	3,000.00	3,000.00	何沙
2019-04-20	收 - 0003	报销差旅费：业务8	2,000.00	2,000.00	何沙
2019-04-01	付 - 0001	购买办公用品：业务1	350.00	350.00	何沙
2019-04-02	付 - 0002	支付短期借款利息：业务3	2,000.00	2,000.00	何沙
2019-04-03	付 - 0003	提取现金备用：业务4	15,000.00	15,000.00	何沙
2019-04-12	付 - 0004	支付业务招待费：业务6	1,500.00	1,500.00	何沙
2019-04-18	付 - 0005	支付房屋租赁费：业务7	20,000.00	20,000.00	何沙
2019-04-24	付 - 0006	付工本费和回单等收费明细：业务9	250.00	250.00	何沙
		合计	112,900.00	112,900.00	

图4－30　凭证列表

双击任一行，就可以调出这张凭证查询，并可单击“修改”按钮对凭证进行修改。

操作提示

修改凭证编号的方法：选择“业务工作”|“财务会计”|“总账”|“设置”|“选项”，将凭证编号方式改为“手工编号”，这样就可以在修改凭证的时候修改凭证编号。凭证编号方式为“系统编号”时，凭证编号由系统自动生成，不能修改。

（2）选择“业务工作”|“财务会计”|“总账”|“账表”|“科目账”|“序时账”，先设置查询条件，如果凭证还没有记账，就需要选择“包含未记账凭证”，如图4－31所示。

单击“确定”，显示的查询结果如图4－32所示。

序时账的行高和列宽可以根据需要调整。

在序时账中，可以双击某一条记录查询对应的凭证，直接看到凭证的每一笔分录情况。

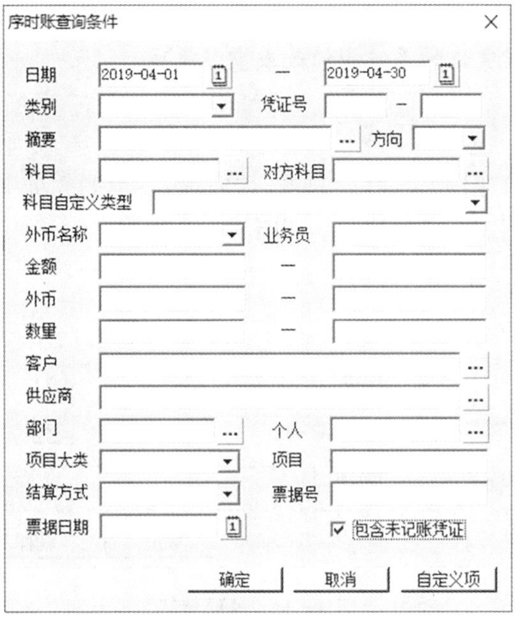

图 4-31　序时账查询条件

日期	凭证号数	科目编码	科目名称	摘要	方向	数量	外币	金额
2019.04.01	付-0001	660203	办公费	*购买办公用品：业务1_采购部	借			350.00
2019.04.01	付-0001	1001	库存现金	*购买办公用品：业务1	贷			350.00
2019.04.02	收-0001	100202	中行	*收到股东投资：业务2_02_ZZW002_2019.04.02	借		10,000.00	68,800.00
2019.04.02	收-0001	4001	实收资本	*收到股东投资：业务2	贷			68,800.00
2019.04.02	付-0002	660301	利息支出	*支付短期借款利息：业务3	借			2,000.00
2019.04.02	付-0002	100201	工行	*支付短期借款利息：业务3_99_QT001_2019.04.02	贷			2,000.00
2019.04.03	付-0003	1001	库存现金	*提取现金备用：业务4	借			15,000.00
2019.04.03	付-0003	100201	工行	*提取现金备用：业务4_01_XJ001_2019.04.03	贷			15,000.00
2019.04.04	收-0002	100201	工行	*收到存款利息收入：业务5_99_QT0002_2019.04.04	借			3,000.00
2019.04.04	收-0002	660302	利息收入	*收到存款利息收入：业务5	贷			3,000.00
2019.04.12	付-0004	660205	招待费	*支付业务招待费：业务6_行政部	借			1,500.00
2019.04.12	付-0004	100201	工行	*支付业务招待费：业务6_02_ZZR004_2019.04.12	贷			1,500.00
2019.04.18	付-0005	510103	租赁费	*支付房屋租赁费：业务7	借			20,000.00
2019.04.18	付-0005	100201	工行	*支付房屋租赁费：业务7_02_ZG1226_2019.04.18	贷			20,000.00
2019.04.20	收-0003	660204	差旅费	*报销差旅费：业务8_行政部	借			1,800.00
2019.04.20	收-0003	1001	库存现金	*报销差旅费：业务8	借			200.00
2019.04.20	收-0003	122102	应收个人款	*报销差旅费：业务8_行政部_孙正	贷			2,000.00
2019.04.24	付-0006	660299	其他	*付工本费和回单等收费明细：业务9_财务部	借			250.00
2019.04.24	付-0006	100201	工行	*付工本费和回单等收费明细：业务	贷			250.00
				合计	借			112,900.00

图 4-32　序时账

3. 修改凭证

选择“业务工作”|“财务会计”|“总账”|“凭证”|“查询凭证”进入凭证查询，然后可以选择需要修改的凭证进行修改。具体方法与输入相同。

操作提示

未经审核的凭证可查询到后直接修改；已审核的凭证应先取消审核再修改。

如果采用“制单序时控制”，则单据日期不能修改为在上一张凭证的制单日期之前。

业务系统（如采购、销售、薪资、固定资产等）制作传过来的凭证不能在总账系统中修改，只能在生成凭证的系统中修改或重新生成。

4. 冲销凭证

选择“业务工作”|“财务会计”|“总账”|“凭证”|“填制凭证”，再选择“冲销凭证”功能，可以选择相关的凭证进行冲销，如图4-33所示。

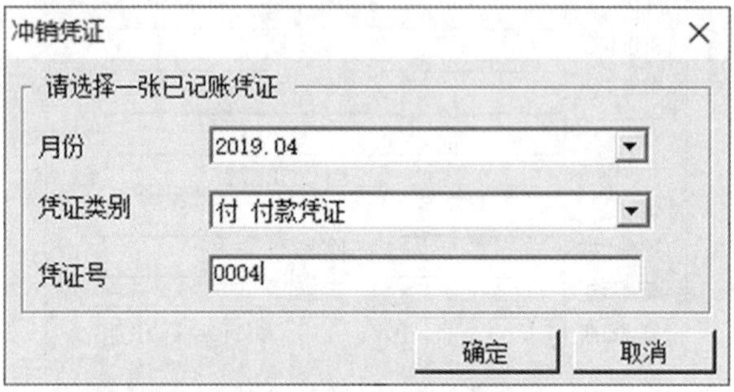

图4-33 冲销凭证

冲销凭证是制作一张与原凭证相同、金额相反的凭证，将其金额冲销为零的凭证。

注意：冲销凭证是针对已经记账的凭证，如果记账后发现凭证有误，则可以通过冲销凭证功能冲销凭证，业务（10）需用此方法操作完成。

5. 作废与恢复凭证

选择“业务工作”|“财务会计”|“总账”|“凭证”|“填制凭证”，再选择“作废/恢复”，作废凭证的左上角出现“作废”红字签章，表示该凭证已作废，其凭证数据将不登记到相关账簿中。

在“填制凭证”窗口，查询到要恢复的已作废凭证，选择“作废/恢复”，凭证左上角的“作废”红字签章消除，该张凭证恢复为有效凭证。

6. 整理凭证

（1）在“填制凭证”窗口，选择“整理凭证”功能，系统弹出对话框，选择要进行凭证整理的所属会计期间。

（2）选择要整理的会计期间后，点击“确定”按钮，系统弹出已作废的凭证列表，选择要真正删除的凭证，点击“确定”按钮，系统将从凭证数据库中删除所选定的凭证，并对剩余凭证的凭证号重新编排，以消除断号；如果系统没有作废凭证，那么凭证整理将对凭证编号进行重新排号整理，消除凭证断号。

操作提示

只能对未记账凭证进行凭证整理。

7. 出纳签字

（1）出纳签字设置。选择“业务工作”|“财务会计”|“出纳管理”|“设置”|“系统设置”，再选择“账套参数”，将“出纳签字功能”设为“GL-总账”，如图4-34所示。

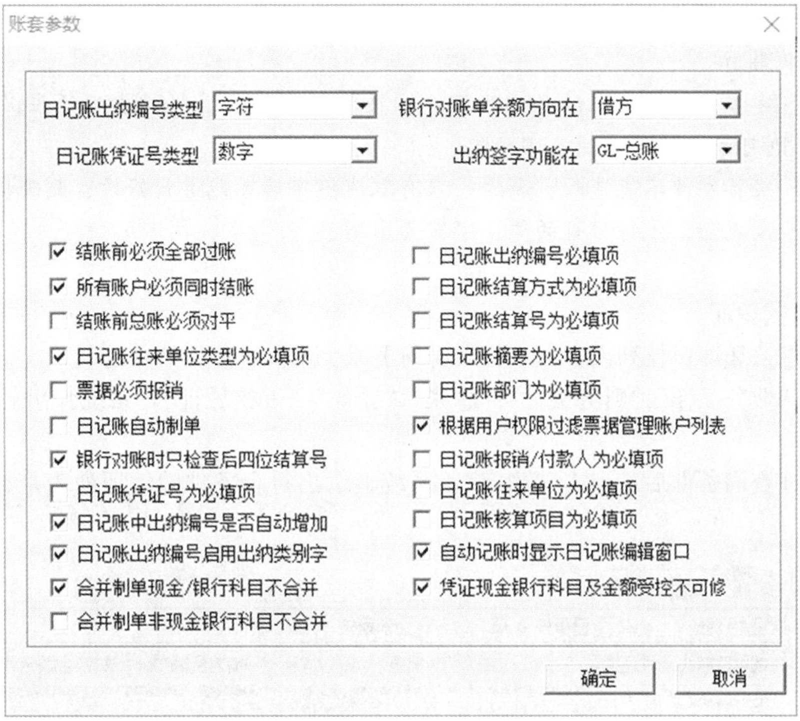

图 4－34　账套参数

单击“确定”完成设置。

（2）进入出纳签字。以出纳员身份登录。选择“业务工作”|“财务会计”|“总账”|“凭证”|“出纳签字”，系统弹出出纳签字条件设置窗口。在此窗口中设置需要进行签字的凭证查询条件。

条件设置后点击“确定”，系统将符合查询条件的需要进行出纳签字的凭证列示出来，如图 4－35 所示。

凭证共 9张　　已签字 0张　　未签字 9张

制单日期	凭证编号	摘要	借方金额合计	贷方金额合计
2019-04-02	收 - 0001	收到股东投资：业务2	68,800.00	68,800.00
2019-04-04	收 - 0002	收到存款利息收入：业务5	3,000.00	3,000.00
2019-04-20	收 - 0003	报销差旅费：业务8	2,000.00	2,000.00
2019-04-01	付 - 0001	购买办公用品：业务1	350.00	350.00
2019-04-02	付 - 0002	支付短期借款利息：业务3	2,000.00	2,000.00
2019-04-03	付 - 0003	提取现金备用：业务4	15,000.00	15,000.00
2019-04-12	付 - 0004	支付业务招待费：业务6	1,500.00	1,500.00
2019-04-18	付 - 0005	支付房屋租赁费：业务7	20,000.00	20,000.00
2019-04-24	付 - 0006	付工本费和回单等收费明细：业务9	250.00	250.00

图 4－35　未出纳签字的凭证列表

（3）双击某一要签字的凭证，进入“出纳签字”窗口，系统调出要签字的凭证。单击工具栏上的“签字”按钮，凭证底部的“出纳”处自动签上出纳员姓名。

单击“下张凭证”按钮（显示为➡），对其他凭证签字。或者选择“批处理”|“成批出纳签字”，对所有凭证进行签字，最后返回到出纳签字列表，这时签字人栏目

下会显示出每个已经签字的名字。

操作提示

出纳签字不是审核凭证的必需步骤。如果控制参数不选择“出纳凭证必须经由出纳签字”，则可以不执行出纳签字功能。

凭证一经签字就不能修改、删除，只有取消签字后才能进行修改、删除操作。

只有涉及现金、银行科目的凭证才需要出纳签字。

8. 审核凭证

（1）进入凭证审核列表。以审核员身份登录U8企业应用平台。

选择“业务工作”|“财务会计”|“总账”|“凭证”|“审核凭证”，系统弹出凭证审核条件设置窗口。

设置好查询条件后，点击“确定”，系统显示出符合条件的凭证列表，如图4－36所示。

制单日期	凭证编号	摘要	借方金额合计	贷方金额合计
2019-04-02	收 - 0001	收到股东投资：业务2	68,800.00	68,800.00
2019-04-04	收 - 0002	收到存款利息收入：业务5	3,000.00	3,000.00
2019-04-20	收 - 0003	报销差旅费：业务8	2,000.00	2,000.00
2019-04-01	付 - 0001	购买办公用品：业务1	350.00	350.00
2019-04-02	付 - 0002	支付短期借款利息：业务3	2,000.00	2,000.00
2019-04-03	付 - 0003	提取现金备用：业务4	15,000.00	15,000.00
2019-04-12	付 - 0004	支付业务招待费：业务6	1,500.00	1,500.00
2019-04-18	付 - 0005	支付房屋租赁费：业务7	20,000.00	20,000.00
2019-04-24	付 - 0006	付工本费和回单等收费明细：业务9	250.00	250.00

图4－36 凭证审核列表

（2）凭证审核。双击要进行审核的凭证，进入“审核凭证”窗口。

检查要审核的凭证，确认无误后，单击工具栏上的“审核”按钮，凭证底部的“审核”处自动签上审核员姓名。

点击“下张”按钮（显示为➡），对其他凭证进行审核。或者选择“批处理”|“成批审核凭证”，完成所有凭证的审核工作。

操作提示

若凭证有错，可以点击“标错”按钮，在凭证上显示“有错”红字签章；错误修改后，再点击“标错”按钮，将消除“有错”红字签章。

凭证一经审核，就不能修改、删除，只有取消审核后才可以修改或删除。

作废凭证不能被审核，也不能被标错。

制单人不能审核自己制作的凭证。

9. 凭证记账

（1）记账凭证选择。以账套主管身份或具有记账权限的人员登录系统。

选择“业务工作”|“财务会计”|“总账”|“凭证”|“记账”，进入“记账”窗口。选择

要进行记账的凭证范围，如图 4－37 所示。

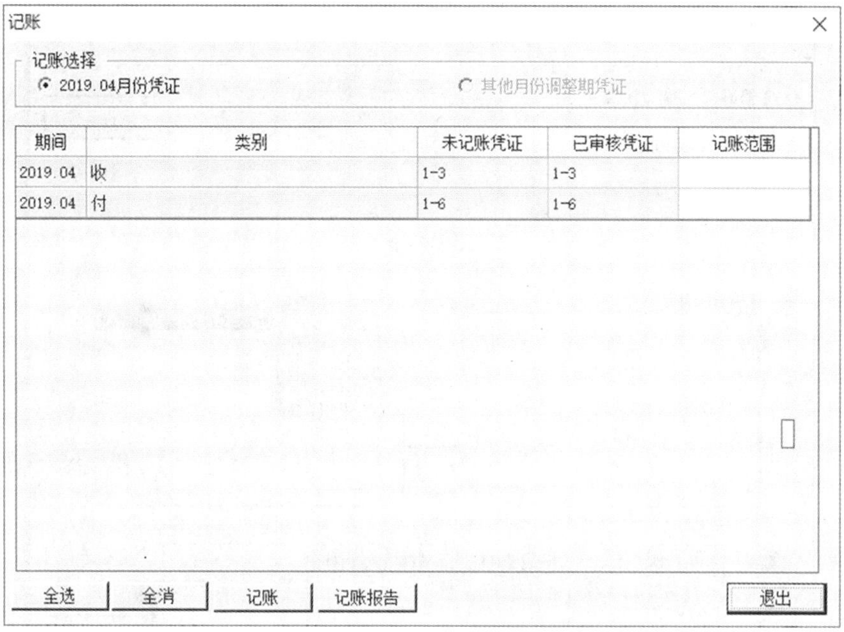

图 4－37　进行记账的凭证范围选择

可以在“记账范围”栏中自行决定要进行记账的凭证范围，也可以点击“全选”按钮（对所有凭证进行记账）。

（2）记账。单击“记账”进行记账工作。

记账完成后，系统弹出“期初试算平衡表”窗口，点击“确定”，系统开始登记总账、明细账、辅助账。

操作提示

首次使用总账系统进行记账时，如果期初余额不平衡，则不能记账。

上月未结账，本月不能记账。

如果所选范围内有不平衡凭证，系统将列出错误凭证，并重选记账范围。

10. 恢复记账前状态

如果有数据错误等，需要恢复到记账前状态才能处理，方法如下：

（1）以账套主管身份登录总账系统，选择“业务工作”|“财务会计”|“总账”|“期末”|“对账”，进入“对账”窗口。

（2）按 Ctrl＋H 键，系统弹出“恢复记账前状态功能已被激活！”提示（再按 Ctrl＋H 键则隐藏该功能）。点击“确定”，再点击“退出”按钮，退出“对账”窗口。

（3）选择“业务工作”|“财务会计”|“总账”|“凭证”|“恢复记账前状态”，进入“恢复记账前状态”窗口，如图 4－38 所示。

选择“最近一次记账前状态”，点击“确定”按钮，系统弹出“请输入口令”提示框，输入正确的口令后，点击“确认”按钮，系统取消已记账凭证的记账操作。

（4）选择“业务工作”|“财务会计”|“总账”|“期末”|“对账”，进入“对账”窗口，按 Ctrl＋H 键，取消恢复记账前状态功能。

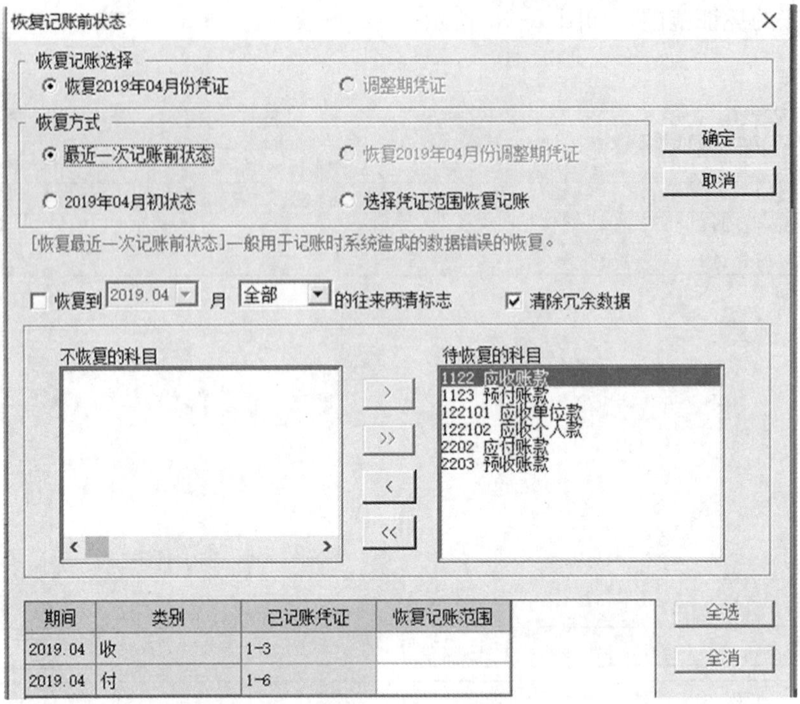

图 4-38 恢复记账前状态选择

操作提示

已结账月份不能取消记账。

只有账套主管才能恢复到月初的记账前状态。

恢复记账前状态功能需慎重使用，在使用时要做好相关记录，防止被利用为做假账的工具。

上述操作完成后，利用“冲销凭证”功能完成业务（10），即冲销第（6）笔凭证，再填一张正确的蓝字凭证，对凭证进行出纳签字、审核、记账。

4.4 出纳管理

4.4.1 出纳管理概述

出纳管理在用友U8中是总账系统的一个模块，是为出纳业务提供的一套管理工具，主要功能包括查询和打印现金日记账、银行存款日记账和资金日报；登记和管理支票登记簿；输入银行对账单，进行银行对账，输出余额调节表，并可对银行长期未达账提供审计报告。

由于企业与银行的账务处理和入账时间上的差异，通常会发生双方账面不一致的情况。为防止记账发生差错，正确掌握银行存款的实际余额，必须定期将企业银行存款日记账与银行发出的对账单进行核对并编制银行存款余额调节表。

银行对账就是将企业登记的银行存款日记账与银行对账单进行核对，银行对账单来自企业开户行。银行对账的流程如图4-39所示。

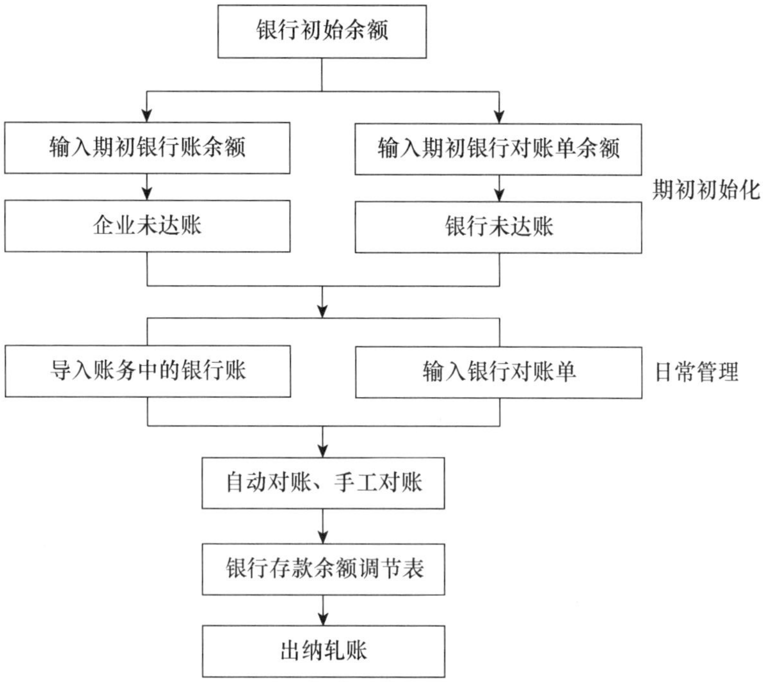

图 4－39 银行对账流程

1. 输入银行对账期初数据

输入银行对账期初数据需要做的工作如下：

（1）确定银行账户的启用日期。

（2）输入企业银行日记账和银行对账单的调整前余额。

（3）输入企业银行日记账和银行对账单期初未达账项。系统将根据调整前余额及期初未达账项自动计算出银行对账单与企业银行日记账的调整后余额，如果调整后余额不平，应该调平。否则在执行银行对账之后，会造成账面不平。

2. 输入银行对账单

当需要进行银行对账时，选择银行账户，输入银行对账单。

3. 银行对账

银行对账采用自动对账和手工对账相结合的方式进行。自动对账是系统根据对账依据自动进行核对、勾销，对账依据根据需要选择，方向、金额相同是必要条件，其他可选条件是票号相同、结算方式相同、日期在多少天之内等。

对于已经核对上的银行业务，系统将自动在银行存款日记账和银行对账单双方标上两清标志，并视为已达账。对于在两清栏上未写上两清符号的记录，系统视为未达账项。

由于自动对账是以银行存款日记账和银行对账单双方对账依据相同为条件，为了保证自动对账的正确和彻底，必须保证对账数据的规范合理。例如，银行存款日记账和银行存款对账单的票号要统一位长，否则系统将无法识别。

手工对账是对自动对账的补充。使用自动对账后，可能还有一些特殊的已达账没有核对出来，而被视为未达账项，可以用手工对账方式进行调整。

4. 编制余额调节表

银行存款余额调节表是系统自动编制的。对账结束后，就可编制、查询和打印银行存款余额调节表，以检查对账是否正确。

4.4.2 期初设置

实验资料

（1）工商银行期初数据。工商银行期初数据如下：

工行人民币户企业日记账调整前余额为511 057.00元。

银行对账单调整前余额为467 557.00元。

1）企业未达账。

银行已收企业未收：

3月26日，银行自动收到利息收入3 000元，结算方式为其他，票号QT0002，银行收款票据企业未收到。

银行已付企业未付：

3月28日，银行自动支付短期借款利息2 000元，票号QT001，银行付款票据企业未收到。

2）银行未达账。

企业已付银行未付：

3月28日，企业用现金支票支付零星采购货款2 500元，票号XJ445353，银行未入账，付款凭证号27。

3月29日，企业用转账支票支付货款3 000元，票号ZZ30254，银行未入账，付款凭证号32。

企业已收银行未收：

3月30日，已收未收货款（重庆嘉陵公司转账支票，票号ZZ8341）50 000元，收款凭证号56，银行未入账。

（2）中国银行账户不进行银行对账。

实验过程

1. 银行科目选择

选择“业务工作”|“财务会计”|“总账”|“出纳”|“银行对账”|“银行对账期初录入”，进入银行科目选择，选择“工行（100201）”。

单击“确定”，进入“银行对账期初”窗口。

2. 输入期初未达账

（1）在“单位日记账”栏的调整前余额后录入工行账户期初余额511 057.00元，在“银行对账单”栏的调整前余额后录入对账单期初余额467 557.00元，如图4-40所示。

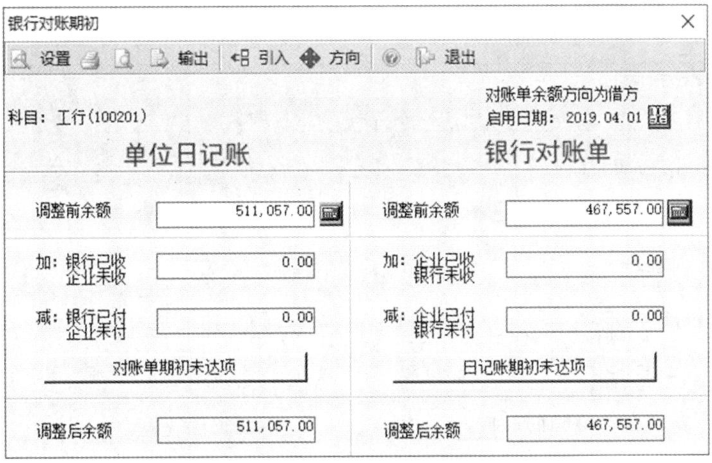

图 4－40　银行对账期初

单击“方向”按钮，将银行对账单余额方向调整为贷方。

操作提示

系统默认的银行对账单余额方向在借方，而在现实中，银行对账单余额一般在贷方，故本实验将其调整为贷方。

(2) 单击“对账单期初未达项”按钮，进入“银行方期初”窗口，单击“增加”，录入银行对账单期初未达账数据，如图 4－41 所示。

日期	结算方式	票号	借方金额	贷方金额
2019.03.26	99	QT0002		3,000.00
2019.03.28	99	QT001	2,000.00	

图 4－41　对账单期初未达账

点击“保存”按钮，然后退出“银行方期初”窗口。

(3) 单击“日记账期初未达项”按钮，进入“企业方期初”窗口，单击“增加”，录入企业日记账期初未达账数据，如图 4－42 所示。

凭证日期	凭证类别	凭证号	结算方式	票号	借方金额	贷方金额	票据日期
2019.03.28	付	27	01	XJ445353		2,500.00	2019.03.28
2019.03.29	付	32	02	ZZ30254		3,000.00	2019.03.29
2019.03.30	收	56	02	ZZ8341	50,000.00		2019.03.30

图 4－42　企业方期初未达账

点击“保存”，退出“企业方期初”窗口。

(4) 在“银行对账期初”窗口的下方，单位日记账调整后的余额与银行对账单调整后的余额相等，如图 4－43 所示。

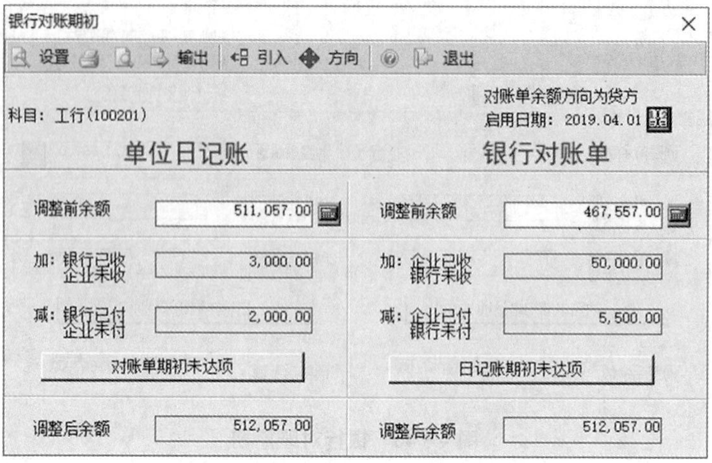

图 4－43　调整后的银行对账期初余额

4.4.3　出纳日常业务处理

实验资料

（1）工商银行对账单。2019 年 4 月底，工行账户对账单部分资料如表 4－14 所示。

表 4－14　工行账户 4 月对账单

日期	结算方式	结算方式名称	票号	借方金额	贷方金额	余额
2019/04/01		期初余额				467 557.00
2019/04/02	01	现金支票	XJ445353	2 500.00		465 057.00
2019/04/04	02	转账支票	ZZ30254	3 000.00		462 057.00
2019/04/05	02	转账支票	ZZ8341		50 000.00	512 057.00
2019/04/06	01	现金支票	XJ001	15 000.00		497 057.00
2019/04/06	02	转账支票	ZZ123	32 205.00		464 852.00
2019/04/06	02	转账支票	ZZ011	20 340.00		444 512.00
2019/04/07	02	转账支票	ZZ002		15 000.00	459 512.00
2019/04/09	02	转账支票	ZZ456325	22 600.00		436 912.00
2019/04/11	02	转账支票	ZR001188		11 934.00	448 846.00
2019/04/12	02	转账支票	ZP1155		146 900.00	595 746.00
2019/04/15	02	转账支票	YZ6767		66 105.00	661 851.00
2019/04/16	02	转账支票	ZZ971121	10 000.00		651 851.00
2019/04/20	02	转账支票	ZZ099		125 000.00	776 851.00
2019/04/20	02	转账支票	ZS002		10 000.00	786 851.00
2019/04/20	02	转账支票	ZF002	90 000.00		696 851.00
2019/04/20	02	转账支票	ZZR005	1 800.00		695 051.00
2019/04/25	04	其他		50.00		695 001.00
2019/04/25	04	其他		200.00		694 801.00

根据以上资料，进行银行对账，生成银行存款余额调节表。

（2）中行账户期初及期末均无未达账，不进行银行对账。

实验过程

1. 票据管理

选择“业务工作”|“财务会计”|“总账”|“出纳”|“支票登记簿”，在弹出的“银行科目选择”窗口选择“工行（100201）”，进入工行账户的“支票登记簿”窗口，如图 4－44 所示。

简易桌面　支票登记簿 ×

支票登记簿

科目：工行(100201)　　支票张数：0(其中：已报0 未报0

领用日期	领用部门	领用人	支票号	预计金额	用途	收款人	对方科目	付款银行名称	银行账号	预计转账日期	报销日期

图 4－44　工行支票登记簿

单击“增加”按钮，添加新的支票信息。

2. 银行对账

（1）输入银行对账单。选择“业务工作”|“财务会计”|“总账”|“出纳”|“银行对账”|“银行对账单”；在弹出的“银行科目选择”窗口中，科目选择“工行（100201）”，月份为 2019 年 4 月，点击“确定”进入“银行对账单”窗口。

点击“增加”按钮，输入本年 4 月的部分对账单信息，如图 4－45 所示。

简易桌面　银行对账单 ×

银行对账单

科目：工行(100201)　　对账单账面余额:694,801.00

日期	结算方式	票号	借方金额	贷方金额	余额
2019.03.26	99	QT0002		3,000.00	469,557.00
2019.03.28	99	QT001	2,000.00		467,557.00
2019.04.02	01	XJ445353	2,500.00		465,057.00
2019.04.04	02	ZZ30254	3,000.00		462,057.00
2019.04.05	02	ZZ8341		50,000.00	512,057.00
2019.04.06	01	XJ001	15,000.00		497,057.00
2019.04.06	02	ZZ123	32,205.00		464,852.00
2019.04.06	02	ZZ011	20,340.00		444,512.00
2019.04.07	02	ZZ002		15,000.00	459,512.00
2019.04.09	02	ZZ456325	22,600.00		436,912.00
2019.04.11	02	ZR001188		11,934.00	448,846.00
2019.04.12	02	ZP1155		146,900.00	595,746.00
2019.04.15	02	YZ6767		66,105.00	661,851.00
2019.04.16	02	ZZ971121	10,000.00		651,851.00
2019.04.20	02	ZZ099		125,000.00	776,851.00
2019.04.20	02	ZS002		10,000.00	786,851.00
2019.04.20	02	ZF002	90,000.00		696,851.00
2019.04.20	02	ZZR005	1,800.00		695,051.00
2019.04.25	99		50.00		695,001.00
2019.04.25	99		200.00		694,801.00

图 4－45　银行对账单信息

保存后退出“银行对账单”窗口。

（2）银行对账。选择“业务工作”|“财务会计”|“总账”|“出纳”|“银行对账”|“银行对账”，选择科目、月份（2019.03—2019.04），确认后进入“银行对账”窗口，如图 4－46 所示。

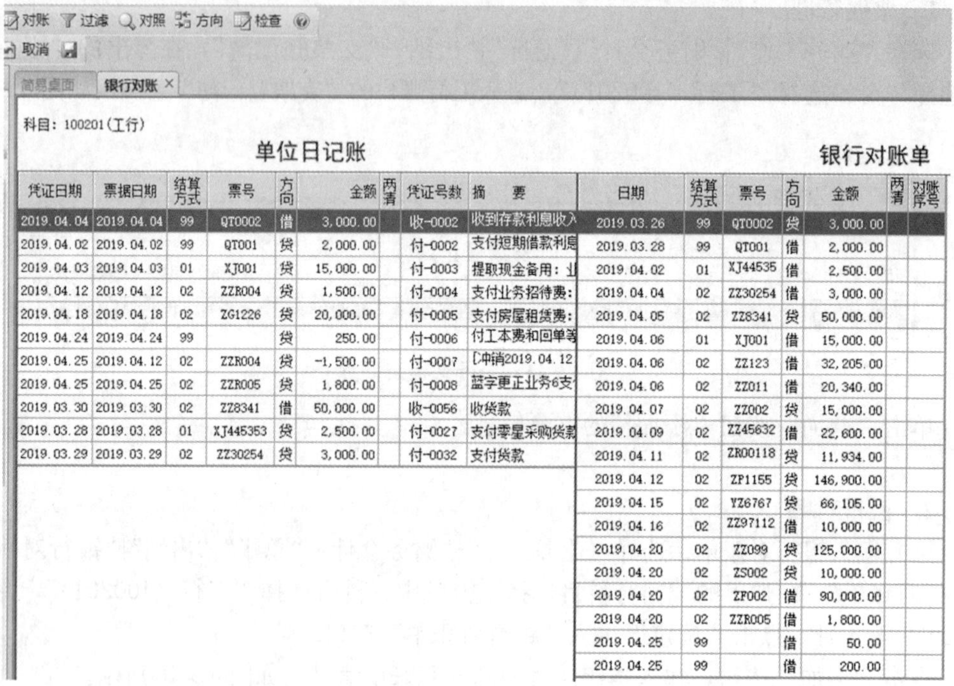

单位日记账

凭证日期	票据日期	结算方式	票号	方向	金额	两清	凭证号数	摘　要
2019.04.04	2019.04.04	99	QT0002	借	3,000.00		收-0002	收到存款利息收入
2019.04.02	2019.04.02	99	QT001	贷	2,000.00		付-0002	支付短期借款利息
2019.04.03	2019.04.03	01	XJ001	贷	15,000.00		付-0003	提取现金备用：业
2019.04.12	2019.04.12	02	ZZR004	贷	1,500.00		付-0004	支付业务招待费：
2019.04.18	2019.04.18	02	ZG1226	贷	20,000.00		付-0005	支付房屋租赁费：
2019.04.24	2019.04.24	99		贷	250.00		付-0006	付工本费和回单等
2019.04.25	2019.04.12	02	ZZR004	贷	-1,500.00		付-0007	[冲销2019.04.12
2019.04.25	2019.04.25	02	ZZR005	贷	1,800.00		付-0008	蓝字更正业务6支
2019.03.30	2019.03.30	02	ZZ8341	借	50,000.00		收-0056	收货款
2019.03.28	2019.03.28	01	XJ445353	贷	2,500.00		付-0027	支付零星采购货款
2019.03.29	2019.03.29	02	ZZ30254	贷	3,000.00		付-0032	支付货款

银行对账单

日期	结算方式	票号	方向	金额	两清	对账序号
2019.03.26	99	QT0002	贷	3,000.00		
2019.03.28	99	QT001	借	2,000.00		
2019.04.02	01	XJ44535	借	2,500.00		
2019.04.04	02	ZZ30254	借	3,000.00		
2019.04.05	02	ZZ8341	贷	50,000.00		
2019.04.06	01	XJ001	借	15,000.00		
2019.04.06	02	ZZ123	借	32,205.00		
2019.04.06	02	ZZ011	借	20,340.00		
2019.04.07	02	ZZ002	贷	15,000.00		
2019.04.09	02	ZZ45632	借	22,600.00		
2019.04.11	02	ZR00118	贷	11,934.00		
2019.04.12	02	ZP1155	贷	146,900.00		
2019.04.15	02	YZ6767	贷	66,105.00		
2019.04.16	02	ZZ97112	借	10,000.00		
2019.04.20	02	ZZ099	贷	125,000.00		
2019.04.20	02	ZS002	贷	10,000.00		
2019.04.20	02	ZF002	借	90,000.00		
2019.04.20	02	ZZR005	借	1,800.00		
2019.04.25	99		借	50.00		
2019.04.25	99		借	200.00		

图 4－46　银行对账

点击工具栏上的“对账”按钮，在弹出的“自动对账”窗口中，录入截止日期“2019－04－25”，选择对账条件，如图 4－47 所示。

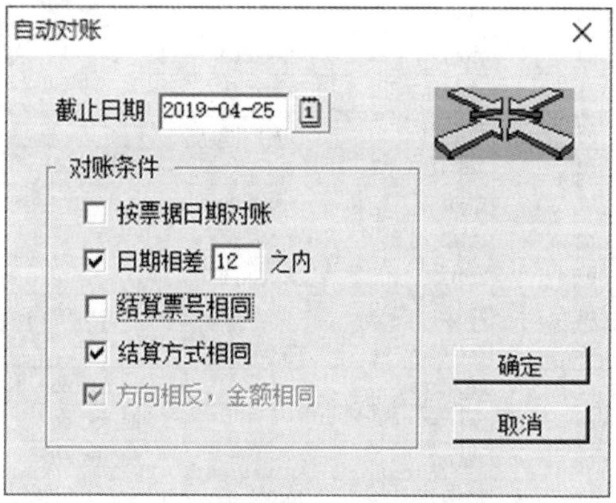

图 4－47　自动对账条件定义

点击“确定”按钮，系统自动对账，完成后显示对账结果，如图 4－48 所示。

在该窗口中，可以看到自动对账两清的记录标记“O”，手工对账的两清标志“Y”，且背景色为黄色。

上面的对账情况与前面的凭证已经记账的多少有关系。

简易桌面　银行对账

科目：100201(工行)

单位日记账

票据日期	结算方式	票号	方向	金额	两清	凭证号数	摘　要
2019.04.04	99	QT0002	借	3,000.00	○	收-0002	收到存款利
2019.04.02	99	QT001	贷	2,000.00	○	付-0002	支付短期借
2019.04.03	01	XJ001	贷	15,000.00	○	付-0003	提取现金备
2019.04.12	02	ZZR004	贷	1,500.00		付-0004	支付业务招
2019.04.18	02	ZG1226	贷	20,000.00		付-0005	支付房屋租
2019.04.24	99		贷	250.00	Y	付-0006	付工本费和
2019.04.12	02	ZZR004	贷	-1,500.00		付-0007	[冲销2019
2019.04.25	02	ZZR005	贷	1,800.00	○	付-0008	蓝字更正业
2019.03.30	02	ZZ8341	借	50,000.00	○	收-0056	收货款
2019.03.28	01	XJ445353	贷	2,500.00	○	付-0027	支付零星采
2019.03.29	02	ZZ30254	贷	3,000.00	○	付-0032	支付货款

银行对账单

日期	结算方式	票号	方向	金额	两清
2019.03.26	99	QT0002	贷	3,000.00	○
2019.03.28	99	QT001	借	2,000.00	○
2019.04.02	01	XJ445353	借	2,500.00	○
2019.04.04	02	ZZ30254	借	3,000.00	○
2019.04.05	02	ZZ8341	贷	50,000.00	○
2019.04.06	01	XJ001	借	15,000.00	○
2019.04.06	02	ZZ123	借	32,205.00	
2019.04.06	02	ZZ011	借	20,340.00	
2019.04.07	02	ZZ002	贷	15,000.00	
2019.04.09	02	ZZ456325	借	22,600.00	
2019.04.11	02	ZR001188	贷	11,934.00	
2019.04.12	02	ZP1155	贷	146,900.00	
2019.04.15	02	YZ6767	贷	66,105.00	
2019.04.16	02	ZZ971121	借	10,000.00	
2019.04.20	02	ZZ099	贷	125,000.00	
2019.04.20	02	ZS002	贷	10,000.00	
2019.04.20	02	ZF002	借	90,000.00	
2019.04.20	02	ZZR005	借	1,800.00	○
2019.04.25	99		借	50.00	Y
2019.04.25	99		借	200.00	Y

图 4-48　已进行自动对账的银行日记账与对账单

操作提示

自动对账条件越多，对账越准确，但如果日记账、对账单信息不全，那么能对上的记录也就越少。

“方向相反、金额相等”是系统默认条件，不能取消；如果在“银行对账期初”中定义“银行对账单余额方向”为借方，则对账默认条件为“方向、金额相同”。

使用自动对账后，可能还有一些特殊的已达账没有核对出来，而被视为未达账项，为了保证对账更彻底正确，可用手工对账来进行调整。

手工对账通过在单位日记账与银行对账单记录的两清标志区双击鼠标左键，打上两清标志“Y”来完成。

点击“取消”按钮，可取消自动对账标志；在手工对账的两清标志“Y”处，双击鼠标左键，可取消手工对账标志。

对账本身不会影响银行账的数据。

(3) 银行存款余额调节表。选择“总账”|“银行对账”|“余额调节表查询”，查看银行存款余额调节表情况。选中银行科目“工行”，双击可查看该科目的余额调节表，如图 4-49 所示。

银行存款余额调节表

银行科目(账户)	对账截止日期	单位账账面余额	对账单账面余额	调整后存款余额
工行(100201)	2019.04.25	475,007.00	694,801.00	674,801.00
中行(100202)		10,000.00	0.00	10,000.00

银行存款余额调节表

设置　输出　详细　退出

银行账户：工行(100201)　　对账截止日期：2019.04.25

单位日记账		银行对账单	
账面余额	475,007.00	账面余额	694,801.00
加：银行已收企业未收	374,939.00	加：企业已收银行未收	0.00
减：银行已付企业未付	175,145.00	减：企业已付银行未付	20,000.00
调整后余额	674,801.00	调整后余额	674,801.00

图 4-49　工行账户期末余额调节表

特别说明：由于以后还有固定资产、薪资管理、供应链系统及期末业务等，等本期所有经济业务全部处理完毕，在编制报表前，还需回到出纳管理再进行一次对账，生成余额调节表，出纳管理的所有工作才算处理完毕。

4.4.4 信息查询

1. 日记账查询

选择“业务工作”|“财务会计”|“总账”|“出纳”|“现金日记账”，选择科目、月份，进入“现金日记账”窗口，如图 4-50 所示。

2019年 月	日	凭证号数	摘要	对方科目	借方	贷方	方向	余额
			月初余额				借	6,785.00
04	01	付-0001	购买办公用品：业务1	660203		350.00	借	6,435.00
04	01		本日合计			350.00	借	6,435.00
04	03	付-0003	提取现金备用：业务4	100201	15,000.00		借	21,435.00
04	03		本日合计		15,000.00		借	21,435.00
04	20	收-0003	报销差旅费：业务8	122102	200.00		借	21,635.00
04	20		本日合计		200.00		借	21,635.00
04			当前合计		15,200.00	350.00	借	21,635.00
04			当前累计		34,089.00	19,210.00	借	21,635.00
			结转下年				借	21,635.00

图 4-50 现金日记账

在现金日记账中，双击某行记录或选中某行再点击“凭证”按钮，可查看该记录对应的凭证信息。单击“总账”按钮，可查看现金科目总账。

与查询现金日记账类似，可以查看银行存款日记账。

2. 资金日报表

选择“财务会计”|“总账”|“出纳”|“资金日报”，科目级次选择 1～3 级，选择“有余额无发生额也显示”条件，单击“确定”后如图 4-51 所示。

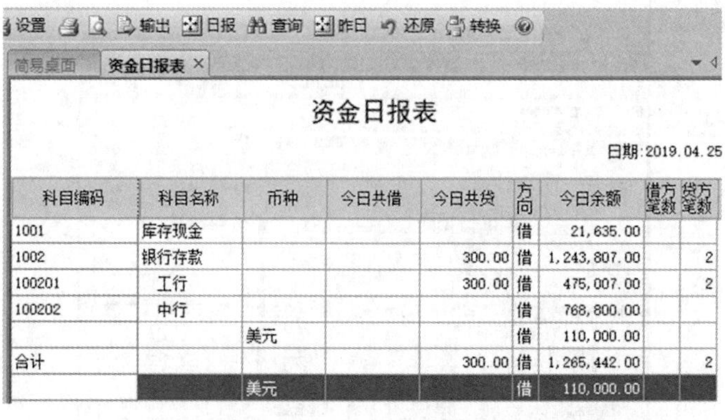

科目编码	科目名称	币种	今日共借	今日共贷	方向	今日余额	借方笔数	贷方笔数
1001	库存现金				借	21,635.00		
1002	银行存款			300.00	借	1,243,807.00		2
100201	工行			300.00	借	475,007.00		2
100202	中行				借	768,800.00		
		美元			借	110,000.00		
合计				300.00	借	1,265,442.00		2
		美元			借	110,000.00		

图 4-51 资金日报表

4.5 总账查询

1. 余额表

余额表可以反映总括的数据情况，在实际工作中十分有用。查看方法是，选择“财务会计”|“总账”|“账表”|“科目账”|“余额表”，显示出条件设置窗口，本处不选择“本期无发生无余额，累计有发生显示”，其他按照默认设置。

点击“确定”后如图 4－52 所示。

设置 输出 查询 定位 过滤 转换 还原 专项 累计

简易桌面 发生额及余额表

金额式

发生额及余额表

月份：2019.04-2019.04

科目编码	科目名称	期初余额		本期发生		期末余额	
		借方	贷方	借方	贷方	借方	贷方
1001	库存现金	6,785.00		15,200.00	350.00	21,635.00	
1002	银行存款	1,211,057.00		71,800.00	39,050.00	1,243,807.00	
1122	应收账款	157,600.00				157,600.00	
1221	其他应收款	3,800.00			2,000.00	1,800.00	
1231	坏账准备		10,000.00				10,000.00
1403	原材料	1,004,000.00				1,004,000.00	
1405	库存商品	3,569,000.00				3,569,000.00	
1601	固定资产	3,690,860.00				3,690,860.00	
1602	累计折旧		108,995.00				108,995.00
1701	无形资产	58,500.00				58,500.00	
资产小计		9,701,602.00	118,995.00	87,000.00	41,400.00	9,747,202.00	118,995.00
2001	短期借款		200,000.00				200,000.00
2202	应付账款		276,850.00				276,850.00
2211	应付职工薪酬		8,200.00				8,200.00
2221	应交税费	16,800.00				16,800.00	
2241	其他应付款		2,100.00				2,100.00
负债小计		16,800.00	487,150.00			16,800.00	487,150.00
4001	实收资本		7,770,444.00		68,800.00		7,839,244.00
4002	资本公积		1,478,000.00				1,478,000.00
4103	本年利润	3,842.00				3,842.00	
4104	利润分配	115,180.00				115,180.00	
权益小计		119,022.00	9,248,444.00		68,800.00	119,022.00	9,317,244.00
5001	生产成本	17,165.00				17,165.00	
5101	制造费用			20,000.00		20,000.00	
成本小计		17,165.00		20,000.00		37,165.00	
6602	管理费用			4,200.00		4,200.00	
6603	财务费用			2,000.00	3,000.00		1,000.00
损益小计				6,200.00	3,000.00	4,200.00	1,000.00
合计		9,854,589.00	9,854,589.00	113,200.00	113,200.00	9,924,389.00	9,924,389.00

图 4－52 发生额及余额表

可以双击某科目，直接查询该明细账。

2. 明细账

选择“财务会计”|“总账”|“账表”|“科目账”|“明细账”，显示出条件设置窗口。这里按照科目范围进行查询，科目设置为“6602”，管理费用的明细账如图 4－53 所示。

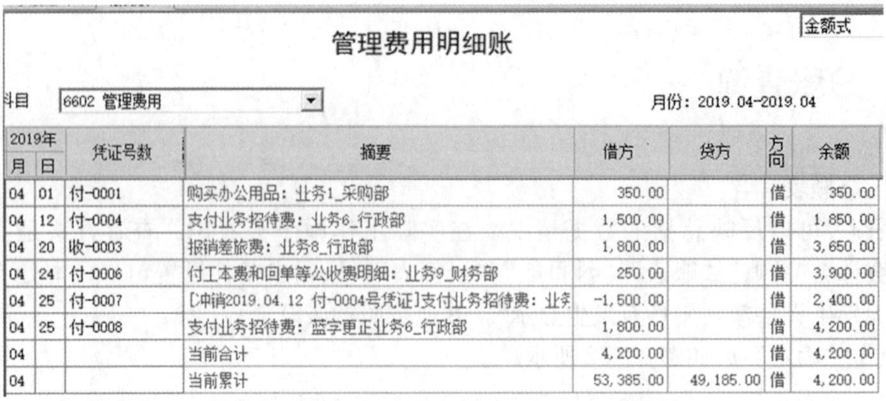

金额式

管理费用明细账

科目 6602 管理费用　　月份：2019.04-2019.04

2019年 月	日	凭证号数	摘要	借方	贷方	方向	余额
04	01	付-0001	购买办公用品：业务1_采购部	350.00		借	350.00
04	12	付-0004	支付业务招待费：业务6_行政部	1,500.00		借	1,850.00
04	20	收-0003	报销差旅费：业务8_行政部	1,800.00		借	3,650.00
04	24	付-0006	付工本费和回单等公收费明细：业务9_财务部	250.00		借	3,900.00
04	25	付-0007	[冲销2019.04.12 付-0004号凭证]支付业务招待费：业务	-1,500.00		借	2,400.00
04	25	付-0008	支付业务招待费：蓝字更正业务6_行政部	1,800.00		借	4,200.00
04			当前合计	4,200.00		借	4,200.00
04			当前累计	53,385.00	49,185.00	借	4,200.00

图 4-53　明细账

双击任一分录，就会显示其凭证。

3. 多栏账

选择“财务会计”|“总账”|“账表”|“科目账”|“多栏账”，进入后单击“增加”，然后弹出“多栏账定义”，这里核算科目选择“6602 管理费用”，然后单击“自动编制”，如图 4-54 所示。

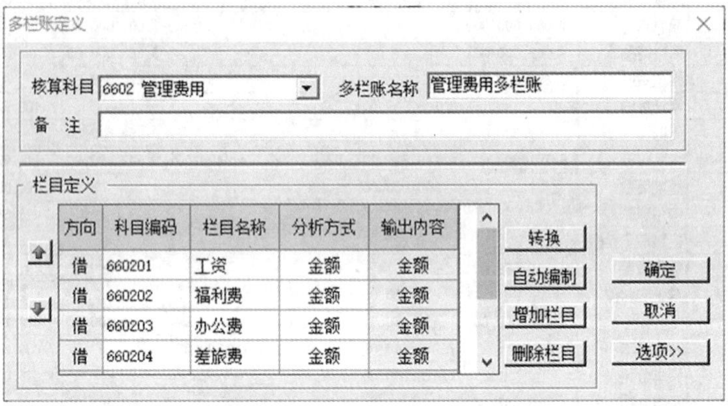

图 4-54　多栏账定义

单击“确定”，这时便定义好了一个多栏账，如图 4-55 所示。

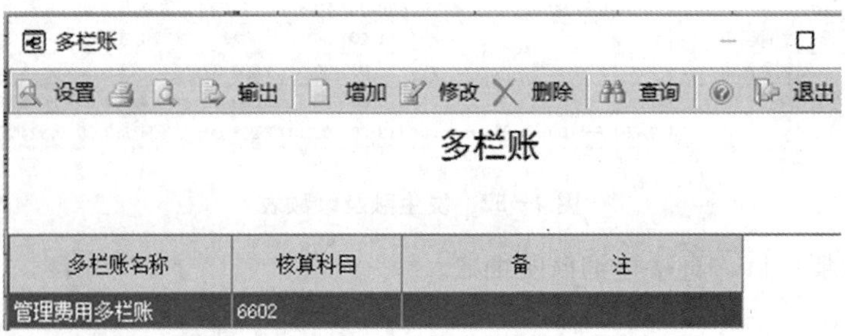

图 4-55　多栏账目录

双击“管理费用多栏账”，再选择会计期间，单击“确定”后显示具体的多栏账，如图 4-56 所示。

多栏账

多栏 管理费用多栏账　　　　月份：2019.04-2019.04

2019年		凭证号数	摘要	借方	贷方	方向	余额	借方						
月	日							工资	福利费	办公费	差旅费	招待费	折旧费	其他
04	01	付-0001	购买办公用品：业务1	350.00		借	350.00			350.00				
04	12	付-0004	支付业务招待费：业务6	1,500.00		借	1,850.00					1,500.00		
04	20	收-0003	报销差旅费：业务8	1,800.00		借	3,650.00				1,800.00			
04	24	付-0006	付工本费和回单等公收费明	250.00		借	3,900.00							250.00
04	25	付-0007	[冲销2019.04.12 付-0004号	-1,500.00		借	2,400.00					-1,500.00		
04	25	付-0008	支付业务招待费：蓝字更正	1,800.00		借	4,200.00					1,800.00		
04			当前合计	4,200.00		借	4,200.00			350.00	1,800.00	1,800.00		250.00
04			当前累计	53,385.00	49,185.00	借	4,200.00	8,000.00	1,100.00	27,585.00	7,400.00	6,400.00	2,600.00	300.00

图 4－56　多栏账

4.6 复习题

4.6.1 思考题

1. 简述总账处理的基本流程。
2. 结合软件说明总账系统的主要功能构成。
3. 试算平衡的主要作用是什么？
4. 银行对账的主要内容和步骤是什么？
5. 辅助核算的作用是什么？
6. 简述总账系统与其他业务系统的数据接口。

4.6.2 判断题

1. 凭证复核人和制单人不能为同一人。（　　）
2. 凭证必须在复核之后才能记账，未复核的凭证不能记账。（　　）
3. 总账系统业务处理过程中，可以随时查询包含未记账凭证的所有账表，满足管理中对信息及时性的要求。（　　）
4. 在总账系统中建立会计科目时，应根据经营管理需要自行设置一级科目及明细科目编码。（　　）
5. 在总账系统中，可根据需要随时更改已定义并使用的会计科目辅助账设置。（　　）
6. 总账系统“项目目录”功能中，标识已结算的项目不能再继续使用。（　　）
7. 记账凭证是登记账簿的依据，在实行计算机处理账务后，电子账簿的准确与完整完全依赖于记账凭证，因此一定要确保记账凭证的准确、完整。（　　）
8. 在总账系统中进行银行对账时，由于存在凭证不规范输入等情况，可能会造成一些特殊的已达账项未能被系统自动勾对出来。为了保证对账准确，可以通过手工对账进行调整勾销。（　　）
9. 通过总账系统账簿查询功能，既可以实现对已记账经济业务的账簿信息查询，也可以实现对未记账凭证的模拟记账信息查询。（　　）
10. 只能对未记账凭证进行凭证整理。（　　）

4.6.3 单项选择题

1. 不属于凭证字号的是（　　）。

A. 收　B. 转　C. 原始　D. 付

2. 在设置会计科目时，下列不属于辅助核算的是（　　）。

A. 日期　B. 供应商　C. 个人　D. 部门

3. 在总账系统中输入凭证时可以不输入或选择的项目是（　　）。

A. 凭证类别　B. 制单日期　C. 附单据数　D. 凭证摘要

4. 使用总账系统输入凭证时，对科目和金额的要求是（　　）。

A. 科目必须是一级科目，金额不能为零

B. 科目必须是末级科目，金额不能为零

C. 金额可以是任意数

D. 金额不能为负数

5. 在总账系统中，修改已记账凭证的正确方法是（　　）。

A. 直接修改　B. 取消审核后修改

C. 由账套主管修改　D. 红字冲销

6. 在总账系统中，凭证不能记账的原因是（　　）。

A. 凭证已审核　B. 上月未结账

C. 上月已结账　D. 已有部分凭证记账

7. 总账系统中取消凭证审核的操作员必须是（　　）。

A. 制单人　B. 审核人　C. 账套主管　D. 原审核人

8. 在总账系统中，对记账次数的要求是（　　）。

A. 每月只能记一次账　B. 每天只能记一次账

C. 月末时记一次账　D. 不受限制

9. 在总账系统中，计算机根据银行日记账与银行对账单进行核对、勾销，并生成银行存款余额调节表，称为（　　）。

A. 自动核销　B. 手工核销

C. 自动银行对账　D. 手工银行对账

10. 在总账系统中，银行对账工作过程的顺序是（　　）。

A. 输入银行对账单→输出余额调节表→自动对账→手工对账

B. 输入银行对账单→自动对账→手工对账→输出余额调节表

C. 输入银行对账单→手工对账→自动对账→输出余额调节表

D. 手工对账→自动对账→输出余额调节表→输出银行对账单

11. 在填制凭证时以下说法正确的是（　　）。

A. 增加凭证时按 F2 键

B. 按 F2 键参照录入会计科目

C. 按“=”键改变金额方向

D. 按空格键直接录入最后一个科目的金额

12. 在用友 ERP-U8 管理系统中，以下模块与总账系统之间不存在凭证传递关系的是（　　）。

A. 工资管理　　B. 应收管理

C. UFO 报表　　D. 固定资产管理

13. 在总账系统中，已记账凭证的查询应通过总账中的（　　）功能进行。

A. 凭证/填制凭证　　B. 凭证/查询凭证

C. 凭证/常用凭证　　D. 账表/科目账

14. 对于总账系统的“审核凭证”功能，下列说法中错误的是（　　）。

A. 审核人和制单人不能是同一人

B. 对已审核凭证可以由审核人自己或是会计主管取消审核签字

C. 对于错误的记账凭证，可以通过计算机在凭证上标明“有错”字样

D. 作废凭证不能被审核，也不能被标错

15. 在总账系统中，用户可通过（　　）功能彻底删除已作废的记账凭证。

A. 冲销凭证　　B. 作废凭证　　C. 整理凭证　　D. 删除分录

4.6.4　多项选择题

1. 进行凭证填制的内容包括（　　）。

A. 制单日期　　B. 摘要、会计科目名称

C. 借贷方金额　　D. 凭证字号

2. 在总账系统中，对于定义为部门辅助核算的会计科目，可以进行部门辅助账管理。部门辅助账管理主要涉及（　　）等方面。

A. 部门辅助总账查询　　B. 部门明细账查询

C. 部门账簿打印　　D. 部门费用管理

3. 通过总账系统的“银行对账”功能，可以实现（　　）等各项操作。

A. 输入银行对账单　　B. 银行对账单查询

C. 引入银行对账单　　D. 自动银行对账

4. 出纳凭证涉及企业现金的收入与支出，所以应对其加强管理，一般而言，企业出纳人员可以通过总账系统“出纳签字”功能完成（　　）等工作。

A. 检查核对出纳凭证

B. 对认为有错或有异议的凭证，交予填制人员修改后再核对

C. 对审核无误的出纳凭证进行出纳签字

D. 删除有错的凭证

5. 在总账系统中，只有经过审核的记账凭证才能作为正式凭证进行记账处理，审核凭证包括（　　）等几个方面的工作。

A. 出纳签字　　B. 主管签字

C. 审核员审核凭证　　D. 修改标错凭证

6. 关于总账系统中出错记账凭证的修改，下列说法中正确的是（　　）。

A. 外部系统传过来的凭证发生错误，既可以在总账系统中进行修改，也可以在生成该凭证的系统中进行修改

B. 已经记账的凭证发生错误，不允许直接修改，只能采取红字冲销法或补充更正

法进行更正

C. 已通过审核的凭证发生错误，只要该凭证尚未记账，可通过凭证编辑功能直接修改

D. 已经输入但尚未审核的记账凭证发生错误，可以通过凭证编辑功能直接修改

7. 在总账系统中填制记账凭证时，“科目名称”栏可采用（　　）等方法输入。

A. 输入科目编码　　B. 科目参照选择

C. 输入科目名称　　D. 输入科目助记码

8. 总账系统中记账凭证的来源有（　　）。

A. 根据审核无误的原始单据人工编制录入

B. 从其他业务系统自动传递转入

C. 从外部导入，如凭证引入或接口开发

D. 系统根据设定的自动转账分录自动生成

9. 总账系统用户可以根据本单位需要对记账凭证进行分类，系统提供的常用凭证分类方式有（　　）。

A. 记账凭证

B. 收款、付款、转账凭证

C. 现金、银行、转账凭证

D. 现金收款、现金付款、银行收款、银行付款、转账凭证

10. 企业在“项目目录”功能中可以进行（　　）等多项操作。

A. 定义项目大类　　B. 指定项目核算科目

C. 定义项目分类　　D. 定义项目目录

11. 在总账系统中可以对会计科目进行（　　）等辅助核算。

A. 分部门核算　　B. 客户往来核算

C. 内部往来核算　　D. 项目核算

12. 若会计科目的编码方案为 422，下列正确的会计科目编码为（　　）。

A. 22210105　　B. 222101　　C. 2221001　　D. 222102

13. 涉及（　　）科目的凭证需要进行出纳签字。

A. 应收账款　　B. 应付账款　　C. 现金　　D. 银行存款

14. 在总账系统“期初余额”功能中，下列科目不能直接输入期初余额，需要通过辅助项输入期初数据的有（　　）。

A. 项目核算科目　　B. 外币核算科目

C. 数量核算科目　　D. 往来核算科目

15. 关于总账系统结账功能，下列说法中正确的有（　　）。

A. 已结账月份不能再填制记账凭证　　B. 结账功能每月只能进行一次

C. 结账前必须进行数据备份　　D. 结账操作只能由会计主管进行

第 5 章 Chapter 5 固定资产业务处理

本章操作视频讲解

5.1 固定资产业务处理

5.1.1 系统使用前的准备工作

在固定资产子系统投入使用前要认真细致地做好系统使用的准备工作，这是因为企业固定资产的管理和核算由设备和会计部门分别进行，而固定资产的使用几乎与企业的所有部门均有关系，数据来源分散。由于固定资产的特殊情况，有关同一固定资产的数据在不同部门归口收集、汇总、使用，数据重复多。各部门往往难以得到必要的相关数据，造成各部门提供的数据遗漏、脱节、重复、交叉现象严重，产生较大的差异，各部门都无法提供完整的信息。限于手工处理能力，对固定资产核算的处理一般单位都采用简化的方法，这些方法远远不能满足现代企业的管理要求。例如，固定资产的计提折旧是固定资产核算的核心工作之一。手工条件下限于人的处理能力，多数企业采用按固定资产类别计提折旧的方式。这种方式对成本核算到班组甚至到岗位的企业则远远不能满足需要。

企业固定资产的管理从手工向计算机过渡，其基本目的是细化固定资产的核算、规范固定资产的管理。因此固定资产子系统使用前的准备工作主要是围绕这两方面进行。另外，信息化后会计业务处理与手工业务处理在处理方法上有很大区别。因此在做使用前的准备工作时，必须充分考虑这些区别和要求带来的影响。

固定资产子系统使用前的准备工作主要应从以下几个方面进行。

1. 规范固定资产数据的收集

根据企业管理的需要对现有手工系统数据的情况进行调查分析，搞清楚存在数据冗余、遗漏、脱节的原因。制定制度规定数据收集的方式、内容、凭证格式；优化数据传递的渠道；规定数据管理的责任部门，从而保证固定资产数据的完整、系统和及时。

2. 规范固定资产的基础数据和历史数据

（1）固定资产的基础数据主要是进行计算机处理必不可少的各种编码和为了管理需要而制定的各种控制指标数据。数据编码是系统高效运行的基础。手工条件下固定资产的各种资料，或者没有编码，或者编码存在不足，或者不便于计算机使用，因此在系统投入使用前需要根据企业管理和计算机系统数据处理的需要进行规范。对这些数据进行规范主要考虑：第一，编码是否科学、合理。第二，编码在各个会计子系统中是否统一。第三，确定的编码体系是否符合所选软件对编码的要求。

（2）对固定资产历史数据的规范其根本目的是对原有手工系统进行一次全面的清理，对历史遗留问题进行一次彻底解决，以便使计算机系统一开始就在一个良好的基础上运行。固定资产历史数据的清理规范主要解决两个问题。第一，会计部门固定资产二级明细账与设备部门管理的固定资产卡片的分类合计是否符合。固定资产卡片上每件固定资产是否记录了折旧计提的情况，是否与会计部门“累计折旧”账户的记录相符合。第二，所有部门记录的固定资产的单、证、账、表上的数据与实际存在的固定资产是否符合。

3. 确定折旧方法

固定资产折旧的计算是固定资产核算的核心工作。由于计算机系统基本不必考虑处理能力的问题，因此在向计算机系统过渡时只需根据企业细化会计核算的需要在会计制度允许的范围内选择折旧计算方法即可。一般选用单台折旧方法核算固定资产折旧更合适。

4. 规范信息输出

固定资产的信息输出主要是以报表形式提供。手工条件下，会计部门和固定资产管理部门分别根据自己记录的资料编制相应的报表。因此在系统投入使用前应根据企业管理的需要确定报表的种类、格式和具体内容，以便据以确定计算机系统报表的格式和计算公式。

5. 规范计算机系统的工作程序

规范计算机系统的工作程序有两个目的。一个是确保数据处理的正确性，另一个是通过规范工作程序从制度上建立系统使用的内部控制体系。这是因为会计核算工作有其确定的工作顺序：固定资产的各种增减、内部调动和使用状况变动没有进行处理，计提的折旧就可能发生错误；固定资产子系统生成的记账凭证没有向账务子系统传递，账务子系统就已结账，凭证无法传递，账务子系统与固定资产有关的账簿记录就会出现错误。

5.1.2 固定资产业务处理流程

固定资产日常都要发生增加、减少、内部调动等业务，其基本业务流程如图5-1所示。

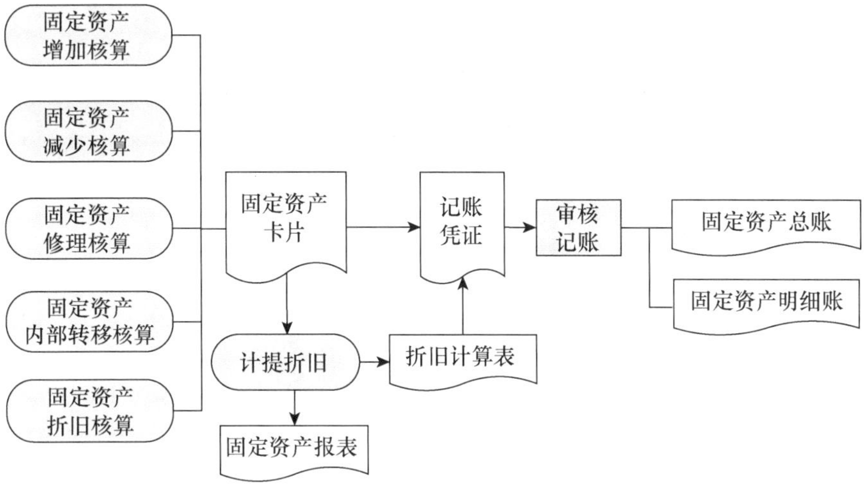

图 5-1　固定资产业务流程

5.1.3　系统初始设置和日常应用

1. 固定资产模块的基础设置

在运用固定资产模块进行核算之前，要先完成固定资产的定义。第一步就是在基础设置中完成初始信息的录入，即生成固定资产卡片。需要录入的初始信息包括固定资产的编码、名称、规格型号、类别、建造单位或生产厂家、数量、计量单位、原值、启用时间、预计使用年限、已使用年限、累计折旧、预计净残值、折旧方法、年（月）折旧率、保存地点、使用部门、附属设备清单、备注等。除了以上提到的基础信息外，系统要求输入的项目还包括固定资产的类型、增加减少的方式、使用状态等信息，以及用户根据自己的需要自定义的一些项目。

2. 固定资产模块的日常管理

对固定资产所有的日常管理都是基于固定资产卡片的，从图 5-2 很容易看出它们之间的关系。

（1）固定资产的增加。固定资产采用计算机管理后，当发生购入、投资转入、盘盈以及其他方式增加企业的资产时，对新增加的资产就要进行“新卡片录入”的操作。其基本操作与在基础设置阶段所做的工作基本一致，唯一不同的是，在资产的基本信息录入完成后，要根据该项业务的内容生成相关凭证，而凭证通常是由系统根据设置自动生成的。

新卡片第一个月不计提折旧。如果新增的是旧资产，其在其他企业已计提折旧的月份、累计折旧和累计工作量等信息应准确记录，否则不能正确计算折旧。

（2）固定资产的减少。这里所说的资产的减少，仅指系统已经开始计提折旧后发生的出售、报废、盘亏以及其他方式引起的企业资产的减少，否则减少资产只需移除相关卡片即可。

减少的固定资产当月仍要计提折旧。

（3）固定资产卡片的修改。固定资产卡片的修改通常有两种情况，一种是在当月

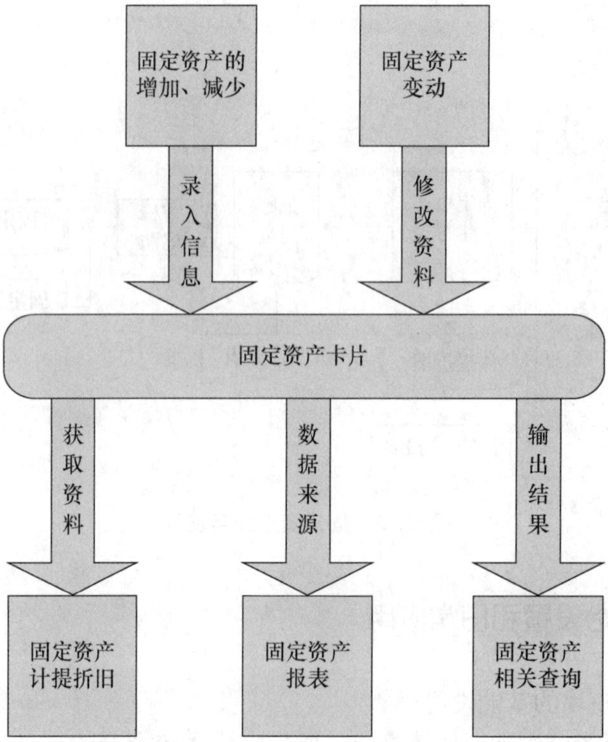

图5-2 固定资产日常管理与固定资产卡片的关系

结账前就发现录入的错误，可以直接对卡片进行编辑处理，这时所做的修改是没有痕迹的，也就是说修改完成后，被修改的内容将不能查到。另一种情况是资产的原值、使用部门、使用状况、折旧方法、累计折旧、使用年限、净残值率、资产类别、折旧费用科目等内容未在录入当月及时进行修改的，只能通过系统的变动功能来完成，这时所做的修改是有痕迹的。

已经生成固定资产凭证的变动资料不能直接进行删除或修改。如果需要修改或删除已生成记账凭证的变动资料，必须先删除根据该变动资料生成的记账凭证，然后才能对该变动资料进行修改或删除操作。

（4）固定资产的折旧处理。对固定资产计提折旧是有规律的操作，系统根据录入的各种固定资产增减变动情况，按照定义的折旧方法自动在每个会计期间的期末计算每项资产的折旧，完成折旧费用的分配，生成记账凭证，自动完成记账，并且自动登记固定资产卡片中的累计折旧信息。

（5）固定资产凭证和报表的生成。固定资产模块与账务模块之间存在着数据的传输，而这里的传输是通过制作传送到账务子系统的记账凭证来完成的。要生成正确的凭证，首先要正确完整地设置会计科目，如“固定资产”“累计折旧”，以及有关生产（经营）成本、费用账户。其中“累计折旧”是“固定资产”的备抵账户，这一账户只进行总分类核算，而不进行明细分类核算。如果要查看某一项固定资产的累计折旧，可以查阅该固定资产卡片中的累计折旧信息。由于固定资产折旧凭证是自动生成的，所以折旧费用科目和计提折旧的时间在固定资产初始设置时应进行定义，通过这些信息可以查询固定资产卡片。当会计核算方法改变时，也可以进行相应的修改。

固定资产的报表一般有如下几种：

- 统计类：固定资产汇总表、固定资产增减表、固定资产清单。
- 分析类：固定资产类别构成分析表、固定资产类别价值结构分析表、固定资产部门构成分析表，固定资产使用情况分析表。
- 折旧类：固定资产折旧汇总表、固定资产累计折旧表。
- 账簿类：固定资产总账、固定资产明细账（卡片）。

5.2　固定资产初始设置

5.2.1　控制参数

实验资料

约定与说明：我同意。

启用月份：2019.04。

折旧信息：本账套计提折旧；折旧方法：平均年限法（一）；折旧汇总分配周期：1 个月，当（月初已计提月份＝可使用月份－1）时，将剩余折旧全部提足。

编码方式：资产类别编码方式：2；固定资产编码方式：手工输入。

财务接口：与账务系统进行对账；固定资产对账科目：固定资产（1601）；累计折旧对账科目：累计折旧（1602）。

参数设置：业务发生后立即制单；月末结账前一定要完成制单登账业务；固定资产默认入账科目：1601；累计折旧默认入账科目：1602；减值准备默认入账科目：1603；增值税进项税额默认入账科目：22210101；固定资产清理默认入账科目：1606。

实验过程

1. 初始化账套

选择“业务工作”|“财务会计”|“固定资产”，首次使用时，系统将提示“这是第一次打开账套，还未进行过初始化，是否进行初始化”，选择“是”。

系统弹出“初始化账套向导”窗口，按照实验资料，完成初始化向导参数设置。

（1）约定及说明：选择“我同意”。

（2）账套启用月份：2019.04。

（3）折旧信息：按照资料设置，如图 5－3 所示。

（4）编码方式：资产类别编码长度为“2”，固定资产编码方式采用手工输入方式，如图 5－4 所示。

（5）账务接口：固定资产对账科目“1601”，累计折旧对账科目“1602”，其他参数采用默认设置。

设置完成后的信息如图 5－5 所示。

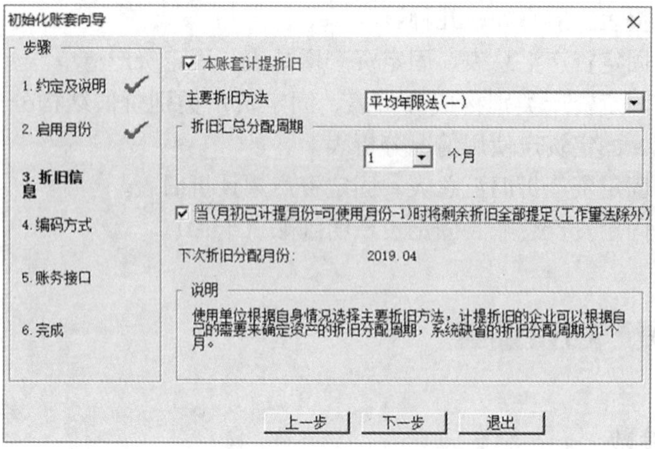

图 5－3　固定资产初始化参数设置（折旧信息）

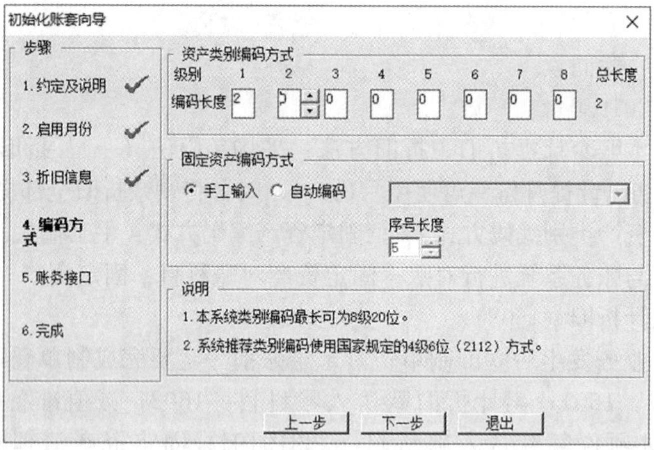

图 5－4　固定资产初始化参数设置（编码方式）

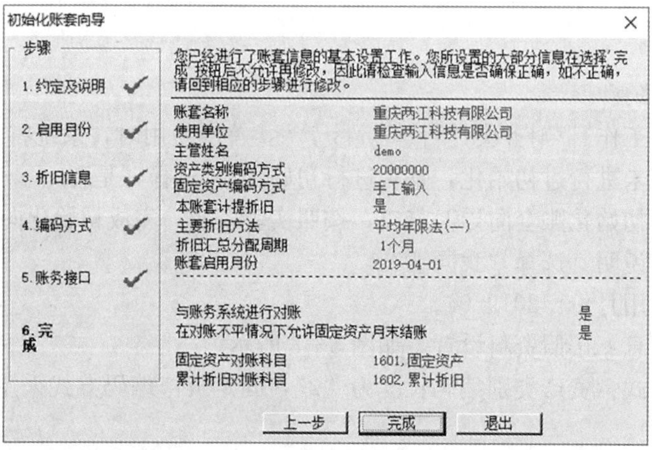

图 5－5　固定资产初始化参数设置（完成）

设置结束，点击“完成”按钮，系统弹出“是否确定所设置的信息完全正确并保存对新账套的所有设置”提示。选择“是”，系统初始化后弹出“已成功初始化本固定资产账套”提示，点击“确定”按钮，完成固定资产账套初始化。

2. 选项设置

选择"业务工作"|"财务会计"|"固定资产"|"设置"|"选项"，单击"编辑"，与账务系统接口的信息设置如图 5－6 所示。

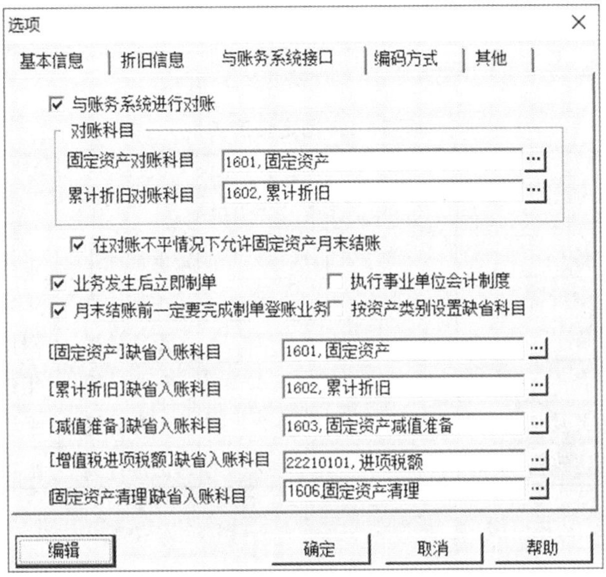

图 5－6　固定资产选项设置（与账务系统接口）

其他采用默认设置，单击"确定"完成。

5.2.2　部门对应折旧科目

实验资料

管理中心：管理费用/折旧费；供销中心、物流中心：销售费用/折旧费；制造中心：制造费用/折旧费。

实验过程

选择"业务工作"|"财务会计"|"固定资产"|"设置"|"部门对应折旧科目"，选择部门，单击"修改"，按照实验资料进行设置，如图 5－7 所示。

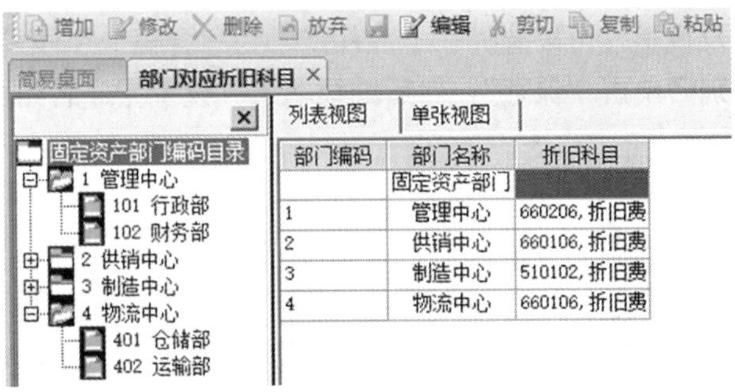

图 5－7　部门对应折旧科目设置

5.2.3 固定资产类别

实验资料

固定资产类别如表5-1所示。

表5-1 固定资产类别

类别编码	类别名称	使用年限（年）	净残值率（%）	计提属性	折旧方法
01	通用设备	3	3	正常计提	平均年限法（一）
02	交通运输设备	8	3	正常计提	工作量法
03	电气设备	5	3	正常计提	双倍余额递减法（一）
04	仪器仪表	5	3	正常计提	年数总和法
05	家具用具及其他	5	3	正常计提	平均年限法（一）
06	房屋及建筑物	30	3	正常计提	平均年限法（一）

实验过程

选择“业务工作”|“财务会计”|“固定资产”|“设置”|“资产类别”，单击“增加”，按照实验资料进行输入，如图5-8所示。

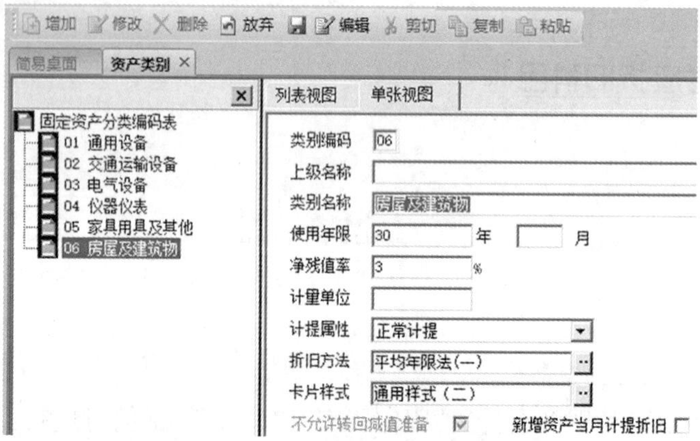

图5-8 资产类别

注意：如果涉及税金，可以选择“卡片样式”为“含税卡片样式”。

每设置一个类别后单击“保存”，然后继续输入。设置完成后如图5-9所示。

列表视图 | 单张视图

类别编码	类别名称	使用年限(月)	净残值率(%)	计量单位	计提属性	折旧方法	卡片样式
	固定资产分						
01	通用设备	36	3.00		正常计提	平均年限法(一)	含税卡片样式
02	交通运输	96	3.00		正常计提	工作量法	通用样式（二）
03	电气设备	60	3.00		正常计提	双倍余额递减法(一)	通用样式（二）
04	仪器仪表	60	3.00		正常计提	年数总和法	通用样式（二）
05	家具用具	60	3.00		正常计提	平均年限法(一)	通用样式（二）
06	房屋及建	360	3.00		正常计提	平均年限法(一)	通用样式（二）

图5-9 资产类别

5.2.4 增减方式的对应入账科目

实验资料

（1）增加方式。

直接购入：工行（100201）。

（2）减少方式。

出售：固定资产清理（1606）。

毁损：固定资产清理（1606）。

实验过程

选择“业务工作”|“财务会计”|“固定资产”|“设置”|“增减方式”，单击“修改”，按照实验资料进行输入，如图 5-10 所示。

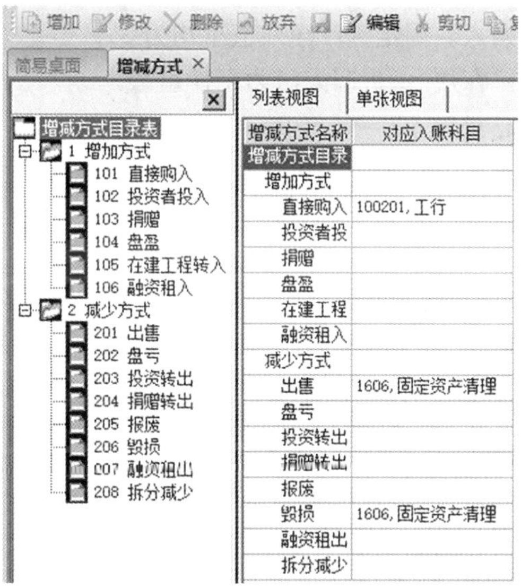

图 5-10 增减方式

5.2.5 原始卡片

实验资料

固定资产卡片如表 5-2 所示。

表 5-2 固定资产卡片

资产编码	固定资产名称	类别编号	所在部门	使用年限	开始使用日期	原值	累计折旧
01	红旗牌轿车	02	行政部	8	2018-01-01	215 470.00	11 060.91
02	复印机	01	行政部	3	2017-02-01	3 510.00	2 360.50

续表

资产编码	固定资产名称	类别编号	所在部门	使用年限	开始使用日期	原值	累计折旧
03	联想 T470S	01	财务部	3	2018-09-01	14 450.00	2 332.23
04	联想 T470S	01	行政部	3	2018-09-01	14 450.00	2 332.23
05	HP 计算机	01	采购部	3	2018-08-01	6 490.00	1 222.06
06	装配机 A 型	03	一车间	5	2018-12-31	200 000.00	19 980.00
07	质量检测仪	04	二车间	5	2018-08-01	6 490.00	1 225.07
08	装配机 B 型	03	二车间	5	2018-12-31	180 000.00	17 982.00
09	长安面包车	02	运输部	8	2018-10-31	50 000.00	10 000.00
10	办公楼	06	行政部 30%，其他部门均为 10%	30	2018-10-31	3 000 000.00	40 500.00
	合计					3 690 860.00	108 995.00

补充资料：

增加方式均为直接购入。固定资产净残值率均为 3%。

车辆的使用状况为“在用”，折旧方法为工作量法。

红旗牌轿车的工作总量为 800 000 千米，累计工作量 162 000 千米。

长安面包车工作总量为 200 000 千米，累计工作量 40 000 千米。

实验过程

1. 输入初始卡片

在具体的单位，如果预设的固定资产卡片项目不能满足要求，可以设置自定义项目，具体选择“业务工作”|“财务会计”|“固定资产”|“卡片”|“卡片项目”完成，如图 5-11 所示。

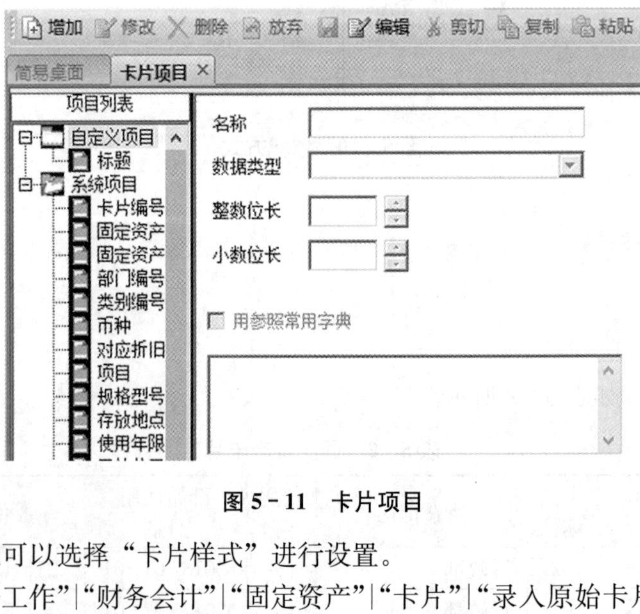

图 5-11 卡片项目

卡片样式也可以选择“卡片样式”进行设置。

选择“业务工作”|“财务会计”|“固定资产”|“卡片”|“录入原始卡片”，进入“固定资产类别档案”窗口，先选择资产类别，如图 5-12 所示。

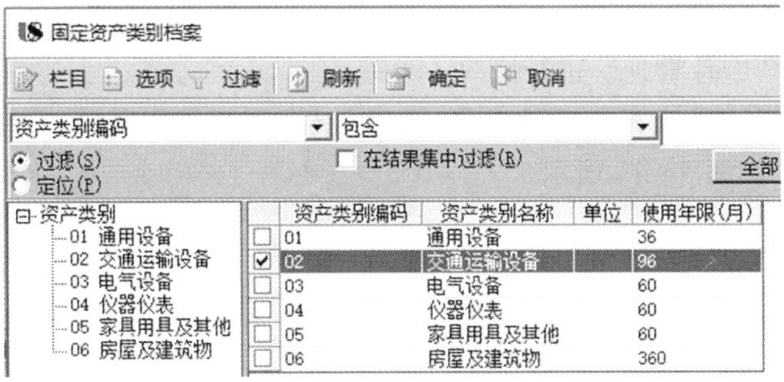

图 5－12　固定资产类别档案

单击“确定”，按照实验资料进行输入，如图 5－13 所示。

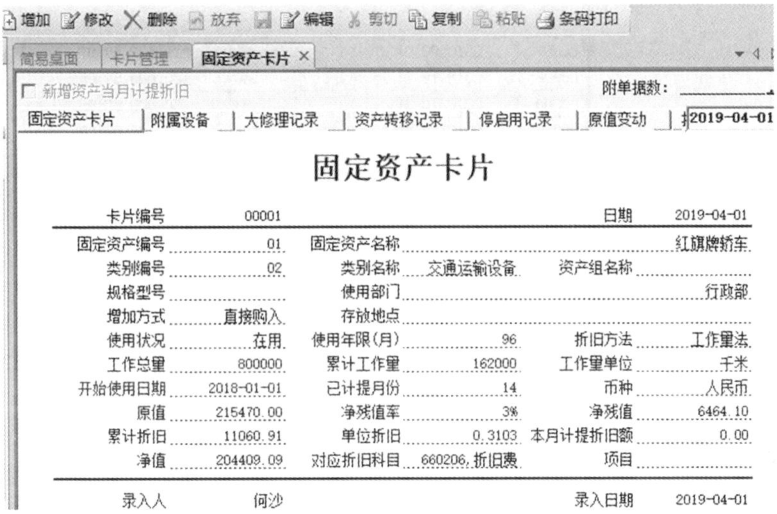

图 5－13　固定资产卡片（固定资产卡片）

输入一张卡片后，单击“保存”完成。

逐一输入实验资料。

在输入办公楼的资料时，对使用部门，要选择“多部门使用”，然后分部门输入，如图 5－14 所示。

图 5－14　办公楼的使用部门

如果发现录入的固定资产卡片数据需要修改，选择“业务工作”|“财务会计”|“固定资产”|“卡片”|“卡片管理”进行修改。

选择该功能后，进入查询条件选择，可以根据需要设置条件，单击“确定”后进入“卡片管理”，如图5-15所示。

卡片编号	开始使用日期	使用年限(月)	原值	固定资产编号
00001	2018.01.01	96	215,470.00	01
00002	2017.02.01	36	3,510.00	02
00003	2018.09.01	36	14,450.00	03
00004	2018.09.01	36	14,450.00	04
00005	2018.08.01	36	6,490.00	05
00006	2018.12.31	60	200,000.00	06
00007	2018.08.01	60	6,490.00	07
00008	2018.12.31	60	180,000.00	08
00009	2018.10.31	96	50,000.00	09
00010	2018.10.31	360	3,000,000.00	10
合计:(共计			3,690,860.00	

图5-15 卡片管理

卡片管理中显示的项目可选择“编辑”|“列头编辑”进行调整，如图5-16所示。

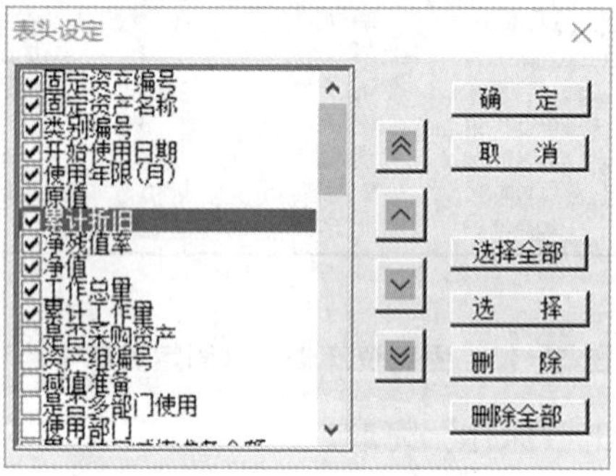

图5-16 表头设定

期初的固定资产卡片如图5-17所示。

卡片编号	固定资产编号	定资产名	类别编号	开始使用日期	使用年限(月)	原值	累计折旧	净残值率	工作总量	累计工作量
00001	01	红旗牌轿	02	2018.01.01	96	215,470.00	11,060.91	0.03	800,000.000	162,000.000
00002	02	复印机	01	2017.02.01	36	3,510.00	2,360.50	0.03	0.000	0.000
00003	03	联想T470	01	2018.09.01	36	14,450.00	2,332.23	0.03	0.000	0.000
00004	04	联想T470	01	2018.09.01	36	14,450.00	2,332.23	0.03	0.000	0.000
00005	05	HP计算机	01	2018.08.01	36	6,490.00	1,222.06	0.03	0.000	0.000
00006	06	装配机A生	03	2018.12.31	60	200,000.00	19,980.00	0.03	0.000	0.000
00007	07	质量检测	04	2018.08.01	60	6,490.00	1,225.07	0.03	0.000	0.000
00008	08	装配机B生	03	2018.12.31	60	180,000.00	17,982.00	0.03	0.000	0.000
00009	09	长安面包	02	2018.10.31	96	50,000.00	10,000.00	0.03	200,000.000	40,000.000
00010	10	办公楼	06	2018.10.31	360	3,000,000.00	40,500.00	0.03	0.000	0.000
合计:(共						3,690,860.00	108,995.00		1,000,000.000	202,000.000

图5-17 固定资产卡片

2. 固定资产对账

选择“业务工作”|“财务会计”|“固定资产”|“处理”|“对账”，系统将对固定资产原

始卡片数据与总账系统期初余额的对应科目（原值和累计折旧）数据进行检查，弹出检查结果提示，如果显示“结果：平衡”，则表示数据一致。如果固定资产账套与账务账套的数据不平衡，那么就需要检查数据的出错原因并予以改正。

5.3　固定资产日常业务处理

5.3.1　资产增加

实验资料

4 月 10 日，用工行存款购买 HP 服务器一台，取得的增值税专用发票上的金额为 20 000 元，税额为 2 600 元（增值税税率 13%），价税合计 22 600 元，用工行转账支票支付货款，支票号为 ZZ456325。

折旧按原值和预计使用期间计提，净残值率 3%，预计使用年限 3 年。详细资料如表 5－3 所示。

表 5－3　固定资产信息表

卡片编号	固定资产名称	固定资产类别	原值	使用状态	增加方式	使用部门
11	HP 服务器	通用设备	20 000	在用	购入	财务部

实验过程

选择“业务工作”|“财务会计”|“固定资产”|“卡片”|“资产增加”，先选择资产类别（通用设备），然后进行资料输入，如图 5－18 所示。

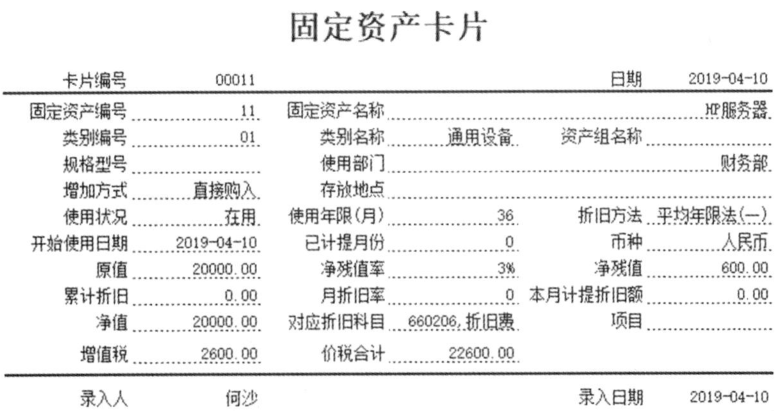
固定资产卡片

卡片编号 00011　　日期 2019-04-10

固定资产编号	11	固定资产名称	HP服务器		
类别编号	01	类别名称	通用设备	资产组名称	
规格型号		使用部门	财务部		
增加方式	直接购入	存放地点			
使用状况	在用	使用年限(月)	36	折旧方法	平均年限法(一)
开始使用日期	2019-04-10	已计提月份	0	币种	人民币
原值	20000.00	净残值率	3%	净残值	600.00
累计折旧	0.00	月折旧率	0	本月计提折旧额	0.00
净值	20000.00	对应折旧科目	660206,折旧费	项目	
增值税	2600.00	价税合计	22600.00		

录入人 何沙　　录入日期 2019-04-10

图 5－18　固定资产卡片（资产增加）

单击“保存”完成卡片录入，不生成凭证。

选择“业务工作”|“财务会计”|“固定资产”|“卡片”|“卡片管理”，双击录入的“HP 服务器”行，进入卡片模式。

单击工具栏上的“凭证”按钮，进入“填制凭证”窗口，修改生成的凭证。凭证类型为付款凭证，分录按照业务进行调整，具体凭证分录如下：

借：固定资产（1601） 20 000

应交税费/应交增值税/进项税额（22210101） 2 600

贷：银行存款/工行（100201） 22 600

单击“保存”生成凭证，并传送到总账系统。

操作提示

卡片输入完毕后，也可以不立即制单，即不保存凭证，月末的时候可以批量制单。

5.3.2 资产原值变动

实验资料

4月15日，行政部的红旗牌轿车添置新配件10 000元。用工行账户支付，转账支票号ZZ971121。

实验过程

选择“业务工作”|“财务会计”|“固定资产”|“卡片”|“变动单”|“原值增加”，输入变动资料信息，如图5-19所示。

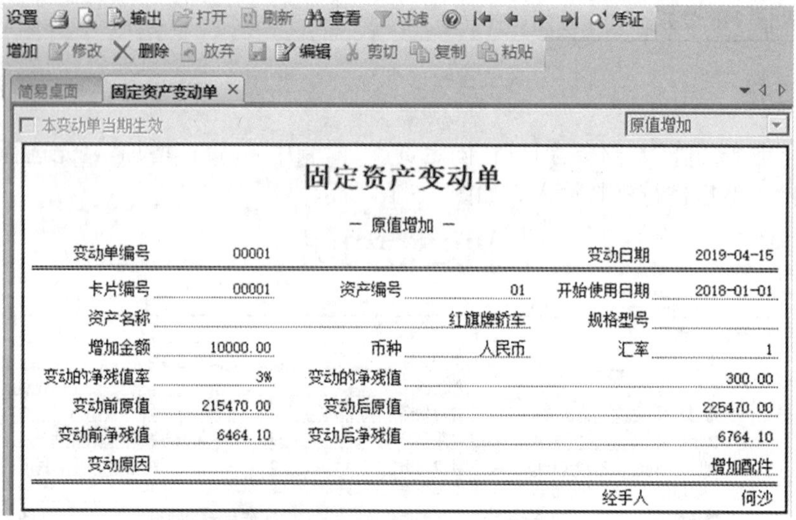

图5-19 固定资产原值增加

单击“保存”，再单击“凭证”，进入“填制凭证”窗口，凭证类型选择“付款凭证”，补充贷方科目为“100201”，凭证分录如下：

借：固定资产（1601） 10 000

贷：银行存款/工行（100201） 10 000

单击“保存”生成凭证，并传送到总账系统。

也可以选择“业务工作”|“财务会计”|“固定资产”|“卡片”|“变动单”|“变动单管理”，生成凭证。

5.3.3　计提减值准备

实验资料

4 月 25 日，因技术进步影响，经核查决定对装配机 A 型计提 2 500 元减值准备。

实验过程

选择“业务工作”|“财务会计”|“固定资产”|“卡片”|“变动单”|“计提减值准备”，输入减值准备资料信息，如图 5－20 所示。

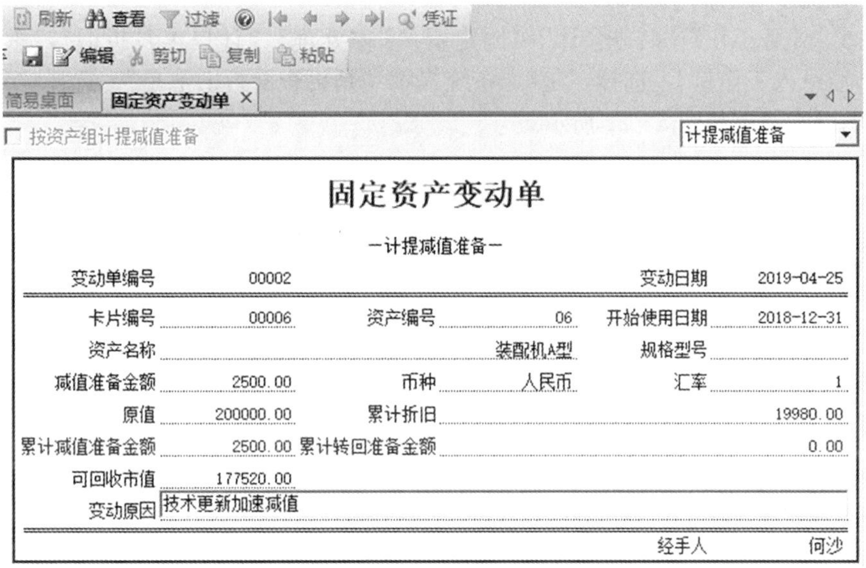

图 5－20　计提减值准备

单击“保存”，再单击“凭证”，进入“填制凭证”窗口，将凭证类型设置为转账凭证，补充借方科目“资产减值损失”，生成的凭证分录如下：

借：资产减值损失（6701）　　2 500

　贷：固定资产减值准备（1603）　　2 500

单击“保存”生成凭证，并传送到总账系统。

5.3.4　计提当月折旧

实验资料

4 月底，计提本月折旧费用。其中红旗牌轿车的本月工作量为 15 000 千米，长安面包车的本月工作量为 10 000 千米。

实验过程

1. 录入工作量

选择“业务工作”|“财务会计”|“固定资产”|“处理”|“工作量输入”，输入工作量信

息，如图 5－21 所示。

卡片编号	固定资产名称	*	工作总量	上期间工作量	本月工作量	累计工作量
00001	红旗牌轿车		800000	0	15000	177000
00009	长安面包车		200000	0	10000	50000

图 5－21　工作量

单击“保存”完成录入。

2. 计提本月折旧

选择“业务工作”|“财务会计”|“固定资产”|“处理”|“计提本月折旧”，系统提示“是否已经录入工作量”，选择“是”，系统提示“是否查看折旧清单”，选择“是”，折旧计算的详细清单如图 5－22 所示。

资产名称	原值	计提原值	本月计提折旧额	累计折旧	本年计提折旧	减值准备	净值	净残值
红旗牌轿车	225,470.00	215,470.00	4,654.50	15,715.41	4,654.50	0.00	209,754.59	6,764.10
复印机	3,510.00	3,510.00	94.42	2,454.92	94.42	0.00	1,055.08	105.30
联想T470S	14,450.00	14,450.00	388.71	2,720.94	388.71	0.00	11,729.06	433.50
联想T470S	14,450.00	14,450.00	388.71	2,720.94	388.71	0.00	11,729.06	433.50
HP计算机	6,490.00	6,490.00	174.58	1,396.64	174.58	0.00	5,093.36	194.70
装配机A型	200,000.00	200,000.00	6,660.00	26,640.00	6,660.00	2,500.00	170,860.00	6,000.00
质量检测仪	6,490.00	6,490.00	175.01	1,400.08	175.01	0.00	5,089.92	194.70
装配机B型	180,000.00	180,000.00	5,994.00	23,976.00	5,994.00	0.00	156,024.00	5,400.00
长安面包车	50,000.00	50,000.00	2,406.00	12,406.00	2,406.00	0.00	37,594.00	1,500.00
办公楼	3,000,000.00	3,000,000.00	8,100.00	48,600.00	8,100.00	0.00	2,951,400.00	90,000.00
	3,700,860.00	3,690,860.00	29,035.93	138,030.93	29,035.93	2,500.00	3,560,329.07	111,025.80

图 5－22　折旧清单

退出折旧清单后显示折旧分配表，按照部门分配的折旧分配表如图 5－23 所示。

01(2019.04—>2019.04)　⊙按部门分配　○按类别分配

部门编号	部门名称	项目编号	项目名称	科目编号	科目名称	折旧额
101	行政部			660206	折旧费	7,567.63
102	财务部			660206	折旧费	1,198.71
201	销售部			660106	折旧费	810.00
202	采购部			660106	折旧费	984.58
301	一车间			510102	折旧费	7,470.00
302	二车间			510102	折旧费	6,979.01
401	仓储部			660106	折旧费	810.00
402	运输部			660106	折旧费	3,216.00
合计						29,035.93

图 5－23　折旧分配表（部门分配）

按照类别分配的折旧分配表如图 5－24 所示。

可以选择“凭证”完成凭证制作，也可以在折旧分配表中完成凭证制作。

类别编号	类别名称	项目编号	项目名称	科目编号	科目名称	折旧额
01	通用设备			660106	折旧费	174.58
01	通用设备			660206	折旧费	871.84
02	交通运输设备			660106	折旧费	2,406.00
02	交通运输设备			660206	折旧费	4,654.50
03	电气设备			510102	折旧费	12,654.00
04	仪器仪表			510102	折旧费	175.01
06	房屋及建筑物			510102	折旧费	1,620.00
06	房屋及建筑物			660106	折旧费	3,240.00
06	房屋及建筑物			660206	折旧费	3,240.00
合计						29,035.93

图 5-24　折旧分配表（类别）

选择“业务工作”|“财务会计”|“固定资产”|“处理”|“折旧分配表”，单击“修改”，选择“按部门分配”。再单击“修改”（即退出修改状态），然后选择“凭证”，生成的凭证分录如下：

借：管理费用/折旧费（660206）/行政部	7 567.63
管理费用/折旧费（660206）/财务部	1 198.71
销售费用/折旧费（660106）/销售部	810.00
销售费用/折旧费（660206）/采购部	984.58
制造费用/折旧费	7 470.00
制造费用/折旧费	6 979.01
销售费用/折旧费（660206）/仓储部	810.00
销售费用/折旧费（660206）/运输部	3 216.00
贷：累计折旧	29 035.93

凭证类别改为“转账凭证”，单击“保存”完成。

操作提示

如果系统已经计提折旧并生成记账凭证，将数据传递到总账系统，那么必须删除该凭证后才能重新计提折旧。

5.3.5　固定资产减少

实验资料

4 月 25 日，二车间毁损 HP 计算机一台，进行报废处理，发生清理费 100 元，以现金支付。

实验过程

选择“业务工作”|“财务会计”|“固定资产”|“卡片”|“资产减少”，输入资产编号，单击“增加”，再输入减少方式，如图 5-25 所示。

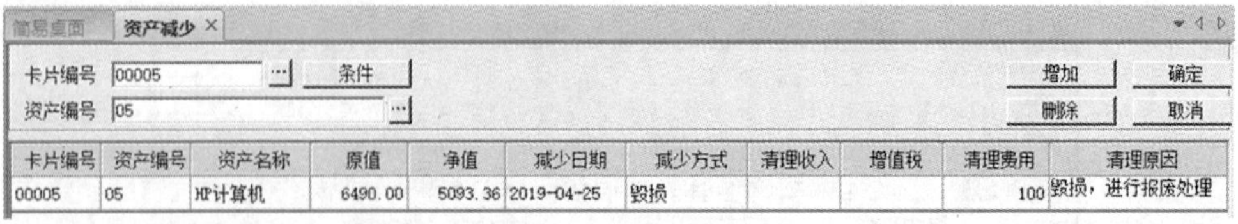

图 5-25　资产减少

单击“确定”退出。

选择“业务工作”|“财务会计”|“固定资产”|“处理”|“批量制单”，将凭证类别设为“付款凭证”，如图 5-26 所示。

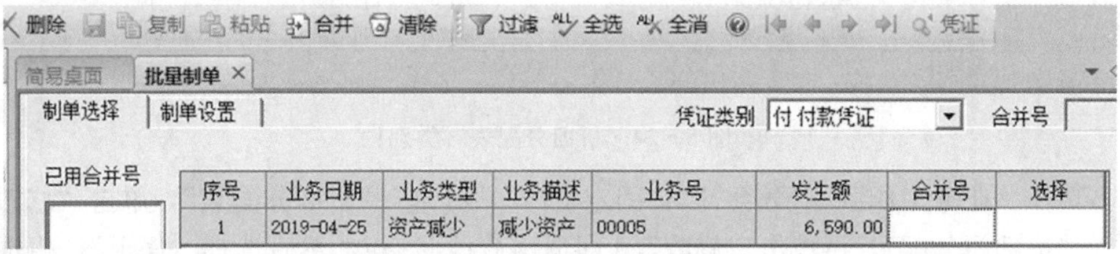

图 5-26　批量制单

单击“全选”，再选择“制单设置”设置凭证，如图 5-27 所示。

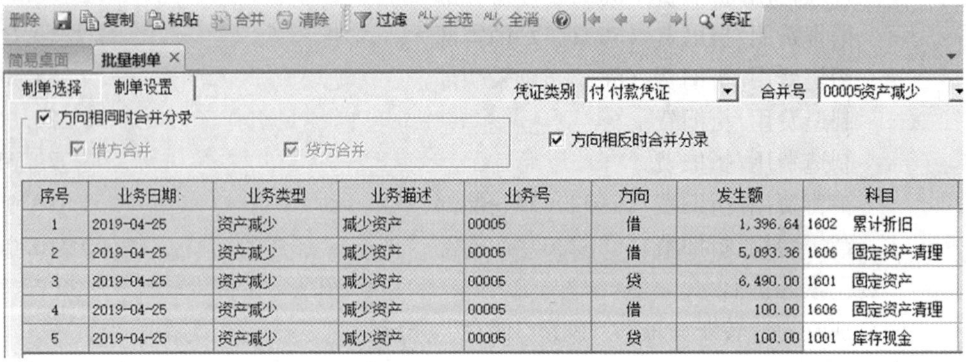

图 5-27　制单设置

单击“凭证”，生成的凭证分录如下：

借：累计折旧（1602）	1 396.64	
固定资产清理（1606）	5 093.36	
固定资产清理（1606）	100.00	
贷：固定资产（1601）		6 490.00
库存现金		100.00

将凭证类别设为“付款凭证”，单击“保存”生成凭证，并将凭证传递到总账系统中。

该业务的处理，按照固定资产的账务处理方法，还应该再到总账系统中手工录入结转毁损 HP 计算机清理净损失的分录。

借：营业外支出（6711）	5 193.36	
贷：固定资产清理（1606）		5 193.36

操作提示

只有在计提折旧后才能减少资产。

如果资产减少错误，且已制作凭证，只有删除凭证后才能恢复减少的固定资产。

5.4　固定资产查询

1. 固定资产凭证查询

选择“业务工作”|“财务会计”|“固定资产”|“处理”|“凭证查询”，如图 5－28 所示。

业务日期	业务类型	业务号	制单人	凭证日期	凭证号	标志
2019-04-10	卡片	00011	何沙	2019-04-10	付—9	
2019-04-15	变动单	00001	何沙	2019-04-15	付—10	
2019-04-25	变动单	00002	何沙	2019-04-25	转—1	
2019-04-25	折旧计提	01	何沙	2019-04-25	转—2	
2019-04-25	资产减少	00005	何沙	2019-04-25	付—11	

图 5－28　凭证查询

可以双击凭证调出凭证。

2. 固定资产账表查询

选择“业务工作”|“财务会计”|“固定资产”|“账表”|“我的账表”，有固定资产查询的账簿、分析报表、统计报表，可以根据需要选择使用。

5.5　月末对账与结账

1. 对账

在对账前应将固定资产生成的有关凭证记账。

选择“业务工作”|“财务会计”|“固定资产”|“处理”|“对账”，进行固定资产系统与账务系统数据的核对检查。

操作提示

只有在总账系统将所有涉及固定资产的记账凭证记账完毕后，对账结果才反映真实的情况，否则是不平衡的。

2. 月末结账

如果对账平衡，就可以进行月末结账。

选择“业务工作”|“财务会计”|“固定资产”|“处理”|“月末结账”，进行月末结账操作。

操作提示

本会计期间所有业务处理完毕后，才能进行月末结账操作。

月末结账后，所有的数据资料不能再修改。

只有进行月末结账后，才能处理下一会计期间的业务数据。

5.6 复习题

5.6.1 思考题

1. 固定资产系统与总账系统的关系体现在哪些方面？
2. 简述固定资产业务信息化后的处理流程。
3. 简述固定资产增加、减少业务的处理方法。

5.6.2 判断题

1. 对于固定资产系统传递到总账系统中的凭证，若发现该凭证制作错误，在总账系统中可通过凭证修改功能进行更改。（　　）

2. 已减少的固定资产，其原值、累计折旧等信息无法再看见。（　　）

3. 首次使用固定资产管理系统时，应先选择对固定资产账套进行初始化。（　　）

4. 计提折旧后又改变了某一固定资产的折旧方法，必须重新计提折旧，否则无法结账。（　　）

5. 在用友 U8 固定资产管理系统中，本月录入的卡片和本月增加的资产不能进行变动处理。如需变动可直接修改卡片。（　　）

6. 固定资产系统正常运行后，如果发现账套错误很多，或太乱，可以选择固定资产中“维护”|“重新初始化账套”功能将账套内容全部清空。（　　）

5.6.3 单项选择题

1. 下列项目中，在调整当月影响折旧计提的是（　　）。

A. 原值　　B. 累计折旧　　C. 净残值（率）　　D. 折旧方法

2. 在固定资产管理系统初始化过程中的折旧信息中，使用单位可以根据自己的需要来确定资产的折旧分配周期，系统默认的折旧分配周期为（　　）。

A. 1个月　　B. 1个季度　　C. 半年　　D. 1年

3. 下列关于固定资产折旧计提的说法中，正确的是（　　）。

A. 在没有输入本月工作量之前，不能计提折旧

B. 资产的使用部门必须是明细部门，折旧分配部门也必须是明细部门

C. 若自定义的折旧方法月折旧率或月折旧额出现负数，系统仍旧自动计提折旧

D. 在折旧分配表中，不仅有本月折旧额，还有各固定资产的累计折旧

4. 某企业固定资产管理系统初始化完成后，发现误将本账套计提折旧参数设为

否，则应采用（　　）方法进行更改。

A. 以后在录入固定资产卡片时修改该项

B. 用“上一步”到折旧信息中修改

C. 在“设置”|“选项”中进行重新设置

D. 重新初始化账套

5. 在固定资产系统中，下列任务中不能通过“处理”|“凭证查询”完成的是（　　）。

A. 制作凭证　　B. 查询凭证　　C. 修改凭证　　D. 删除凭证

6. 由于误操作，本月 1 日固定资产子系统计提了一次折旧，并已制单且传递到总账系统。要重新计提本月折旧，下列操作步骤中正确的是（　　）。

A. 单击“处理｜查询凭证”选择该凭证—【删除】—“处理｜计提本月折旧”

B. 单击“处理｜查询凭证”选择该凭证—【冲销】—“处理｜计提本月折旧”

C. 双击“处理｜计提本月折旧”

D. 单击“处理｜计提本月折旧”

7. 关于固定资产子系统中资产减少功能的运用，下列说法中正确的是（　　）。

A. 账套计提折旧前，要减少某项资产，可以通过“资产减少”功能实现

B. 账套计提折旧后，要减少某项资产，可以通过“删除卡片”功能实现

C. 当月减少的固定资产，可在当月恢复

D. 上月减少的固定资产，可在本月恢复

8. 关于固定资产卡片录入，下列说法中错误的是（　　）。

A. 在录入一张新卡片时，卡片编号根据固定资产编码方案自动给出，不能修改

B. “类别编号”项目和“类别名称”项目只需选择录入其中一项，另一项目能自动显示

C. 选择“部门名称”后，“对应折旧科目”能自动给出，不能再修改

D. 可以为一项资产选择多个使用部门

5.6.4　多项选择题

1. 固定资产系统不允许结账，可能的原因有（　　）。

A. 本月未提折旧

B. 提取本月折旧后又改变了某项固定资产的折旧方法

C. 有两项固定资产增加未制单

D. 对账不平

2. 固定资产管理系统的作用有（　　）。

A. 完成企业固定资产日常业务的核算和管理

B. 反映固定资产的增加、减少、原值变化及其他变动

C. 资产管理人员的变化情况

D. 自动计提折旧

3. 以下关于固定卡片删除功能的描述中，正确的是（　　）。

A. 不是本月录入的卡片，不能删除

B. 已制作过凭证的卡片删除时，提示请删除相应凭证，然后删除卡片
C. 卡片做过一次月末结账后不能删除
D. 做过变动单或评估单的卡片删除时，提示先删除相关的变动单或评估单

4. “资产增加”即新增加固定资产卡片，以下说法正确的是（　　）。
A. 新卡片第一个月不提折旧，折旧额为空或零
B. 原值录入的必须是卡片录入月月初的价值，否则将会出现计算错误
C. 允许在卡片的规格型号中输入或粘贴如直径符号等工程符号
D. 因为是资产增加，该资产需要入账，所以可执行制单功能

第 6 章

Chapter 6

薪资业务处理

本章操作视频讲解

6.1 工资业务处理

工资核算系统的应用流程主要是初始化工作、每月的数据变化录入、计算汇总后进行相关的查询打印和凭证结转，具体如图 6 - 1 所示。

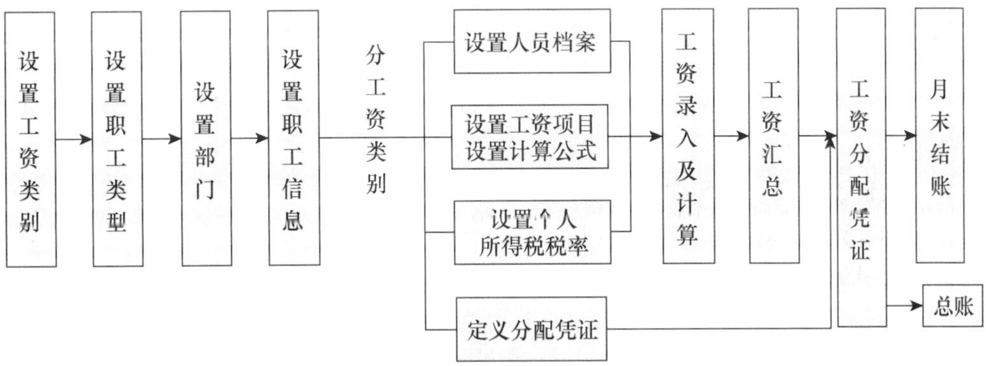

图 6 - 1　工资核算基本流程

下面就主要的功能进行说明。

（1）组织机构设置。组织机构设置是根据单位的组成情况，设置相应的二级部门组成机构、职工的岗位类别分类及职工的基本信息。有的系统是在人力资源管理中完成。一般在系统初始化时同时完成。

（2）工资初始化。根据国家和单位的工资政策设置工资种类和各类工资的对应项目结构，对每种工资项目结构定义其计算公式，根据工资发放特征，确定是否进行工资尾数结余、银行代储等。

（3）工资编辑。首先是对上月工资数据进行修改和增删。在编辑时，一方面需要根据人力资源管理部门或其他部门提供的人员变动或工资补贴调整资料、职工工资变动等信息，对相应工资的固定项目进行修改；另一方面还应根据本月生产、总务等部门的考勤记录、代扣款项等信息，对工资表中相应的变动项目（如病假扣款、事假扣款、奖金）进行修改。

（4）根据工资数据变动情况及计算公式计算工资，生成工资发放明细表。如果在工资初始化阶段定义了尾数结余，则要计算工资尾数。

（5）按职工类别和部门类别进行汇总，生成工资结算汇总表。如果是现金发放工资，应计算出每一部门实发工资的票面分解值，生成票面分解一览表，以便向银行提款发放工资；对实行工资代储的工资种类及项目，一般自动产生银行储蓄存条、储蓄明细表及汇总表等。

（6）按工资的用途对工资费用进行分配，形成工资费用分配汇总表，为成本计算提供资料。

（7）按职工费用类别、规定的工资组成和计算比例，计算本月应提取的职工福利等费用，并生成职工福利费计提分配表等。

（8）根据工资汇总数据、工资费用分配汇总表、职工福利费计提分配表等的内容，自动生成汇总转账凭证，传送给账务处理子系统和成本核算子系统，作为账务处理子系统和成本核算子系统登记总账和明细账的依据。

6.2 工资基础设置

6.2.1 初始化建账

实验资料

（1）参数设置。工资类别个数：多个；核算币种：人民币 RMB；不选择“是否核算计件工资”。

（2）扣税设置。要求代扣个人所得税。

（3）扣零设置。不进行扣零处理。

（4）人员编码。与公共平台的人员编码保持一致。

实验过程

选择“业务工作”|“人力资源”|“薪资管理”，系统提示设置工资类别，按照实验资料中的初始化参数对薪资账套参数进行设置。第1步设置如图6-2所示。

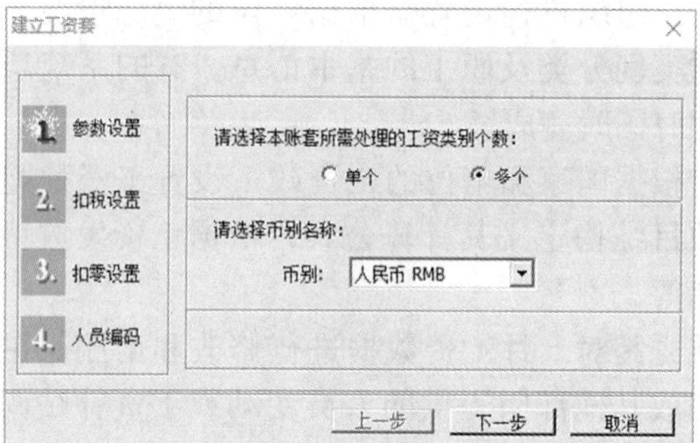

图6-2 建立工资账套

在第 2 步中，勾选“是否从工资中代扣个人所得税”。

在第 3 步中，不勾选“扣零”。

最后单击“完成”结束设置。

操作提示

工资账套与企业核算账套是不同的概念。企业核算账套是在系统管理中建立的，是针对整个 U8 系统；而工资账套只是针对 U8 系统中的薪资管理，是企业核算账套中的一个组成部分。

如果企业工资发放类别有多个，发放项目、计算公式都不相同，但需要在一个工资账套中进行统一管理，则工资类别选择“多个”。

建账完成后，部分建账参数可以选择“人力资源”|“薪资管理”|“设置”|“选项”进行修改。

6.2.2　工资类别

实验资料

薪资类别 1：计时人员工资。

部门选择：所有部门。

薪资类别 2：计件人员工资。

部门选择：制造中心。

实验过程

1. 计时人员工资类别建立

以 4 月 1 日登录系统。

选择“业务工作”|“人力资源”|“薪资管理”|“工资类别”|“新建工资类别”，进入“新建工资类别”窗口，输入要建立的工资类别名称，如图 6－3 所示。

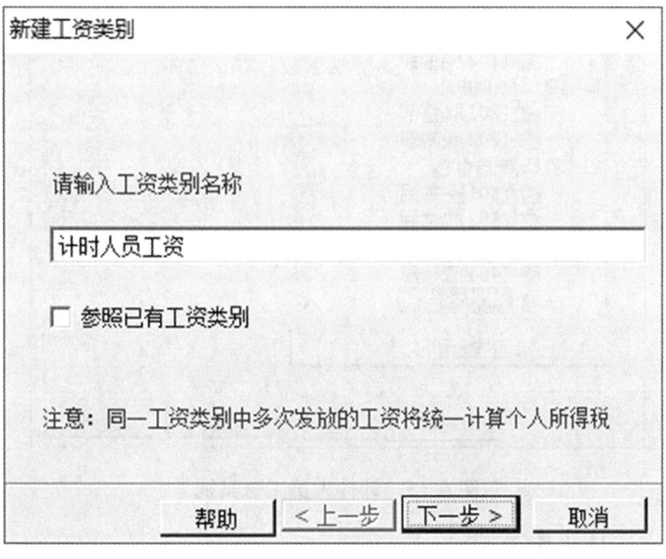

图 6－3　新建工资类别

单击“下一步”，在选择部门时，选全部部门，如图6－4所示。

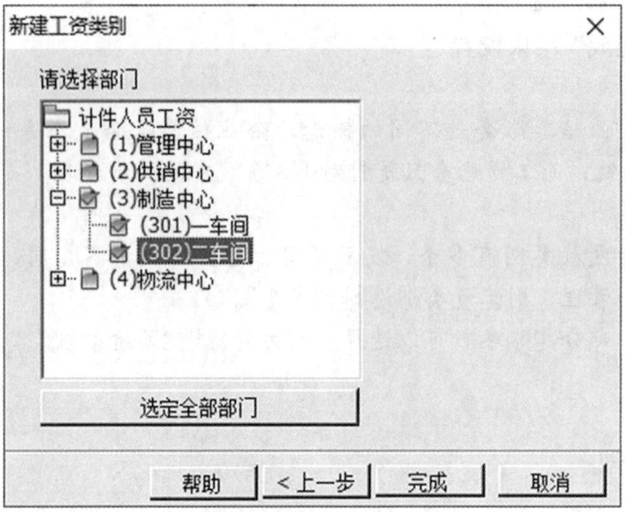

图6－4 选择部门

单击“完成”，提示工资类别的启用日期为“2019－04－01”，选择“是”完成建立。

选择“业务工作”|“人力资源”|“薪资管理”|“工资类别”|“关闭工资类别”，关闭计时人员的工资类别。

2. 计件人员工资类别建立

选择“业务工作”|“人力资源”|“薪资管理”|“工资类别”|“新建工资类别”，工资类别输入“计件人员工资”。

选择部门的时候，只选择“制造中心”及其下属的两个车间，如图6－5所示。

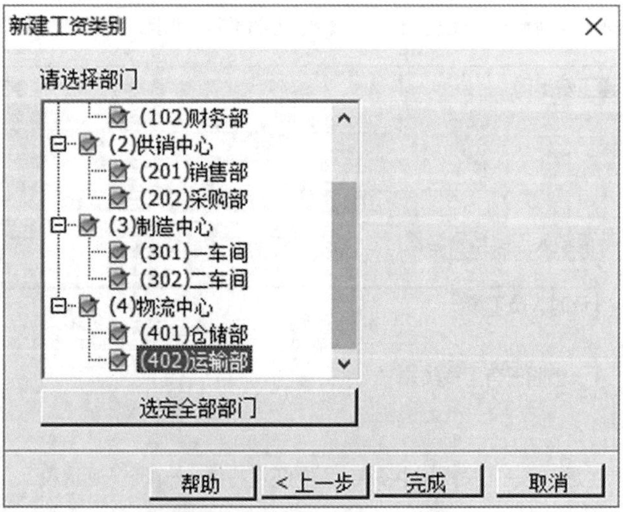

图6－5 计件人员工资类别

建立完成后，关闭工资类别。

6.2.3　公共工资项目设置

实验资料

工资项目如表 6－1 所示。

表 6－1　工资项目

项目名称	新增项目	类型	长度	小数位数	增减项
基本工资	是	数字	8	2	增项
岗位补贴	是	数字	8	2	增项
交通补贴	是	数字	8	2	增项
计件工时	是	数字	8	2	其他
工时工资	是	数字	8	2	其他
计件结算	是	数字	8	2	增项
应发合计		数字	10	2	增项
事假天数	是	数字	8	2	其他
事假扣款	是	数字	8	2	减项
养老保险	是	数字	8	2	其他
医疗保险	是	数字	8	2	其他
失业保险	是	数字	8	2	其他
个人负担的社保费	是	数字	8	2	减项
代扣税		数字	8	2	减项
扣款合计		数字	10	2	减项
实发合计		数字	10	2	增项
本月应付工资	是	数字	8	2	其他
上月累计已扣税额	是	数字	8	2	增项
其他劳务收入已扣税	是	数字	8	2	增项
上月累计应纳税收入	是	数字	8	2	其他
本月应纳税收入	是	数字	8	2	其他
本月累计应纳税收入	是	数字	8	2	其他
子女教育专项扣除	是	数字	8	2	其他
继续教育专项扣除	是	数字	8	2	其他
住房贷款利息专项扣除	是	数字	8	2	其他
住房租金专项扣除	是	数字	8	2	其他
赡养老人专项扣除	是	数字	8	2	其他
大病医疗专项扣除	是	数字	8	2	其他

实验过程

1. 项目设置

先关闭工资类别。

选择“业务工作”|“人力资源”|“薪资管理”|“设置”|“工资项目设置”，进入“工资项目设置”窗口。

系统提供了常设项目。这里设置的工资项目是不同工资类别之间共享的，在建立不同工资类别的工资项目时，只能在这里设置的项目中选择，这里设置的项目就是公共项目。项目相同，便于不同类别工资的数据汇总和分析。

2. 增加和减少项目

在“工资项目设置”窗口中，点击“增加”，输入相关项目，设置类型、长度、小数、增减项。设置完成后如图 6－6 所示。

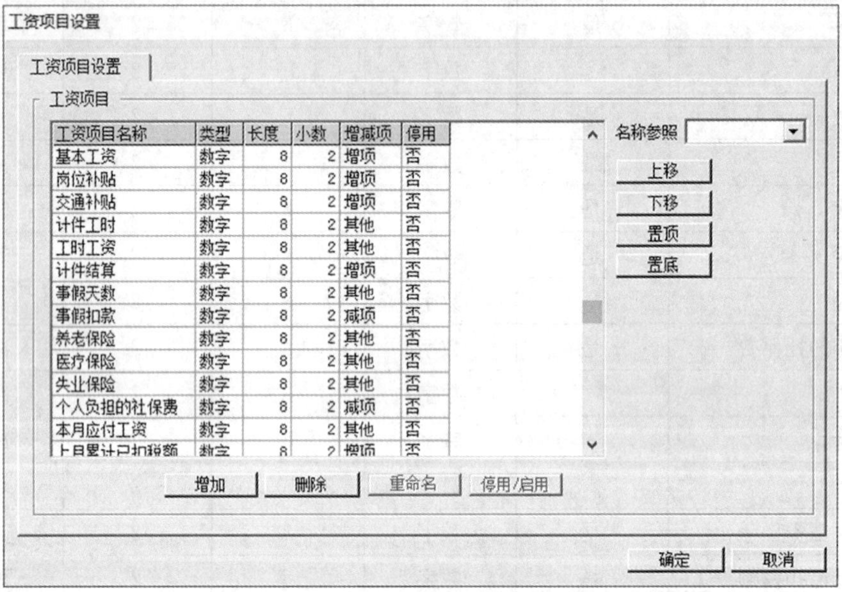

图 6－6 设置工资项目

可以点击“上移”或“下移”按钮，将工资项目移动到需要的位置。

点击“确定”，完成工资项目设置。

操作提示

此处所设置的工资项目是针对所有工资类别所需要使用的全部工资项目。

对新增的工资项目，如果“名称参照”下拉列表中没有，可以直接输入。

6.2.4 人员档案设置

实验资料

计时人员档案如表 6－2 所示。

表 6-2 计时人员档案

人员编码	人员姓名	性别	人员类别	部门	账号	是否计税
101	孙正	男	管理人员	行政部	1111	是
102	宋嘉	女	管理人员	行政部	1112	是
201	何沙	男	管理人员	财务部	1113	是
202	赵小兵	女	管理人员	财务部	1114	是
203	孙胜业	女	管理人员	财务部	1115	是
301	李天华	女	经营人员	采购部	1116	是
302	杨真	男	经营人员	采购部	1117	是
401	刘一江	男	经营人员	销售部	1118	是
402	朱小明	女	经营人员	销售部	1119	是
501	陈瓜瓜	男	经营人员	仓储部	1120	是
601	罗忠	男	经营人员	运输部	1121	是
			增加的人员			
701	湘路宇	男	车间管理人员	一车间	1180	是
702	秦地久	女	车间工人	一车间	1181	是
801	万思维	男	车间管理人员	二车间	1182	是
802	东方魂	男	车间工人	二车间	1183	是

以上所有人员的代发银行均为工商银行重庆分行两江支行；账号：787978797879。

增加的计件人员档案如表 6-3 所示。

表 6-3 计件人员档案

人员编码	人员姓名	性别	人员类别	部门	账号	是否计税
703	天河飞	男	车间工人	一车间	1190	是
704	秦半岛	女	车间工人	一车间	1191	是
803	叶海甸	男	车间工人	二车间	1192	是
804	万银大	女	车间工人	二车间	1193	是
805	珠海玉	男	车间工人	二车间	1194	是
806	温琼海	女	车间工人	二车间	1195	是

所有人员均为中方人员。

银行名称：工商银行重庆分行两江支行；账号：787978797879。

实验过程

1. 设置人员档案

在薪资管理中，人员档案必须包含企业所有需要发放工资的人员，只能多不能少。因此在进行薪资管理时，要仔细检查人员，将新增的人员录入人员档案。

选择“基础设置”|“基础档案”|“机构人员”|“人员档案”，单击“增加”功能，输入新增加的人员档案，如图 6-7 所示。

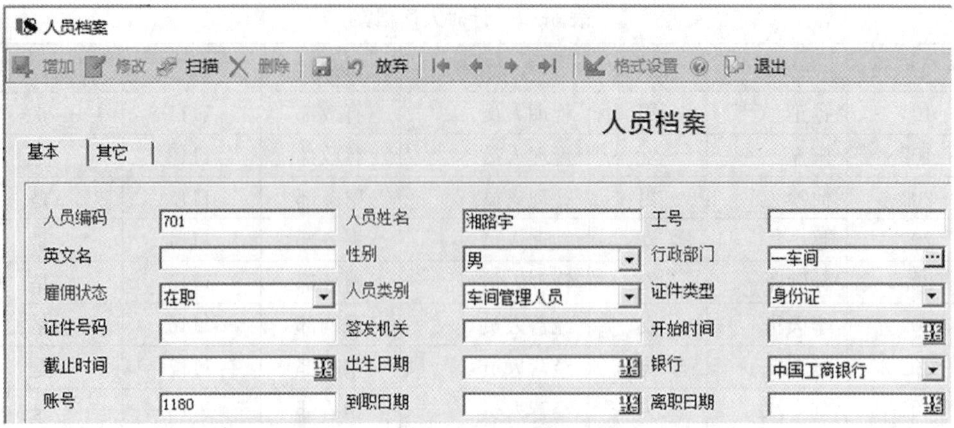

图 6-7 人员档案

补充输入没有银行、银行账号等信息的人员。方法是双击需要修改的人员，进入人员档案后，单击“修改”修改相关信息。

设置完成后全部人员的档案如图 6-8 所示。

选择	人员编码	姓名	行政部门名称	雇佣状态	人员类别	性别	账号
	101	孙正	行政部	在职	管理人员	男	1111
	102	宋嘉	行政部	在职	管理人员	女	1112
	201	何沙	财务部	在职	管理人员	男	1113
	202	赵小兵	财务部	在职	管理人员	女	1114
	203	孙胜业	财务部	在职	管理人员	女	1115
	301	李天华	采购部	在职	经营人员	女	1116
	302	杨真	采购部	在职	经营人员	男	1117
	401	刘一江	销售部	在职	经营人员	男	1118
	402	朱小明	销售部	在职	经营人员	女	1119
	501	陈瓜瓜	仓储部	在职	经营人员	男	1120
	601	罗忠	运输部	在职	经营人员	男	1121
	701	湘路宇	一车间	在职	车间管理人员	男	1180
	702	秦地久	一车间	在职	车间工人	女	1181
	703	天河飞	一车间	在职	车间工人	男	1190
	704	秦半岛	一车间	在职	车间工人	女	1191
	801	万思维	二车间	在职	车间管理人员	男	1182
	802	东方魂	二车间	在职	车间工人	男	1183
	803	叶海甸	二车间	在职	车间工人	男	1192
	804	万银大	二车间	在职	车间工人	女	1193
	805	珠海玉	二车间	在职	车间工人	男	1194
	806	温琼海	二车间	在职	车间工人	女	1195

图 6-8 人员档案

显示项目可以单击“栏目”进行设置。

操作提示

在总账的辅助核算中，需要用到“是否业务员”及“业务或费用部门”，如果只是在薪资管理中调用的人员，则可以不设置这两项内容。

2. 计时人员工资档案

选择“业务工作”|“人力资源”|“薪资管理”|“工资类别”|“打开工资类别”，进入“打开工资类别”窗口，如图 6-9 所示。

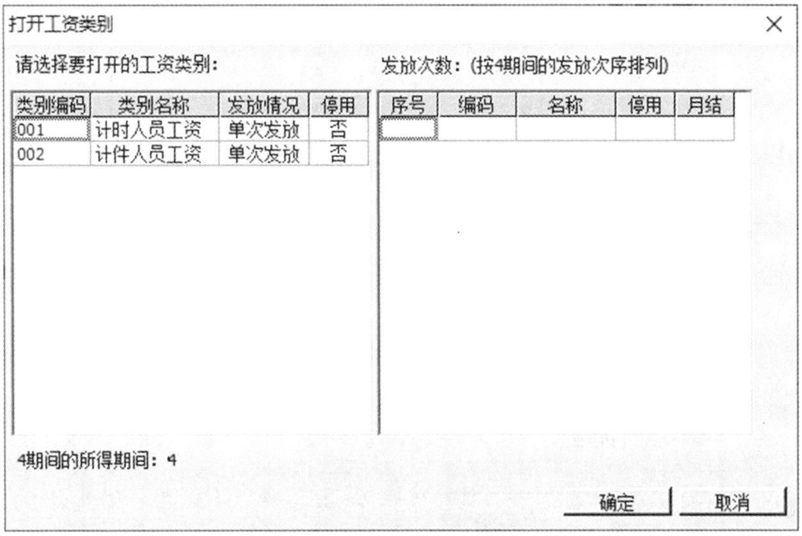

图 6-9　打开工资类别

选择“计时人员工资”类别，单击“确定”完成。工资类别打开成功后，在屏幕最下面的信息提示行会显示当前打开的工资类别。

打开某个工资类别后，相应的操作就是针对这个工资类别进行的。

选择“业务工作”|“人力资源”|“薪资管理”|“设置”|“人员档案”，进入“人员档案”窗口，如图 6-10 所示。

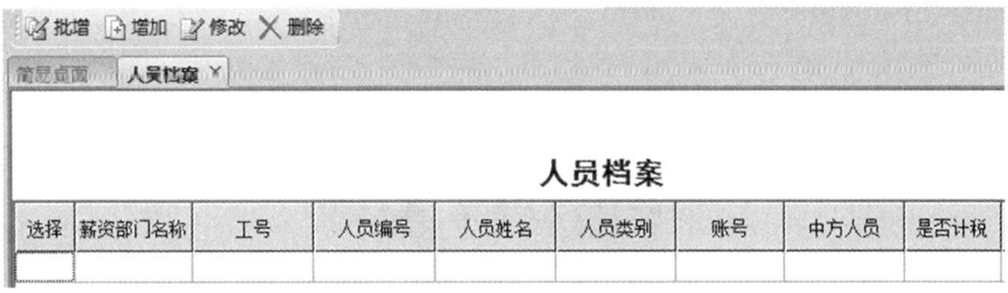

图 6-10　人员档案

点击工具栏上的“批增”按钮，系统弹出“人员批量增加”窗口。

点击左边栏中的全部部门（逐个选择每个部门），单击“查询”，再选择需要纳入计时人员工资类别的人员。方法是在“选择”栏下，双击某人就可以转换“是”或空白，“是”表示选择这个人员，如图 6-11 所示。

设置为“是”的是选入的人员，点击“确定”按钮，系统自动将人员引入计时人员工资类别的人员档案中。

单击“修改”可以输入相关信息。也可以选中某一人员双击鼠标，输入和设置有关信息，如图 6-12 所示。

完成后的人员档案如图 6-13 所示。

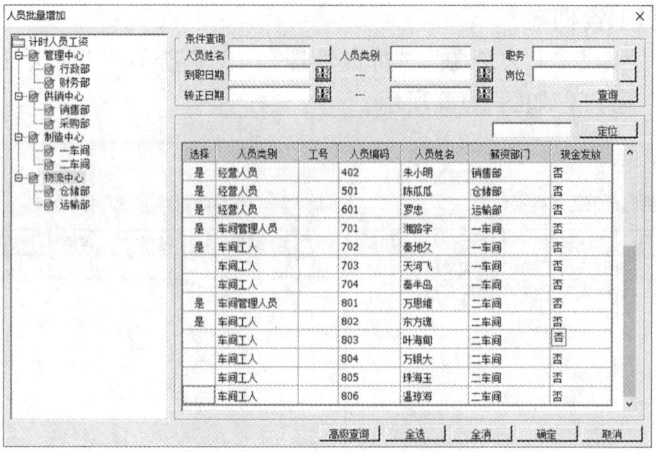

选择	人员类别	工号	人员编码	人员姓名	薪资部门	现金发放
是	经营人员		402	朱小明	销售部	否
是	经营人员		501	陈瓜瓜	仓储部	否
是	经营人员		601	罗忠	运输部	否
是	车间管理人员		701	湘路宇	一车间	否
是	车间工人		702	秦地久	一车间	否
	车间工人		703	天河飞	一车间	否
	车间工人		704	秦半岛	一车间	否
是	车间管理人员		801	万思维	二车间	否
是	车间工人		802	东方魂	二车间	否
	车间工人		803	叶海甸	二车间	否
	车间工人		804	万银大	二车间	否
	车间工人		805	珠海玉	二车间	否
	车间工人		806	温琼海	二车间	否

图 6-11 批量引入人员档案

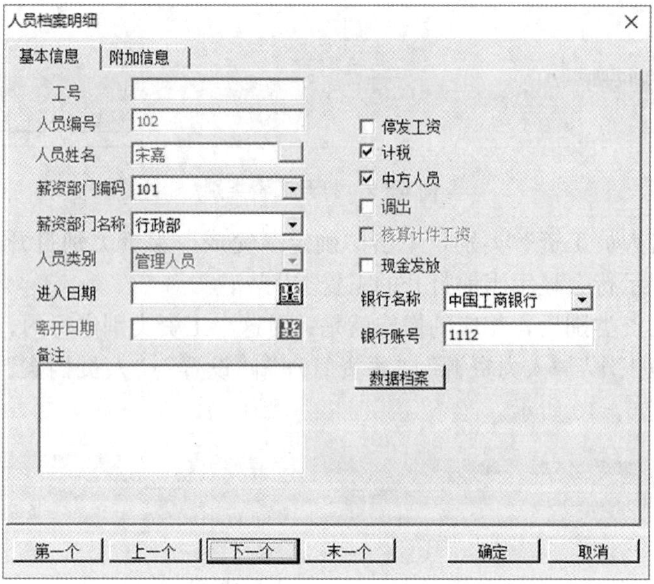

图 6-12 人员档案（基本信息）

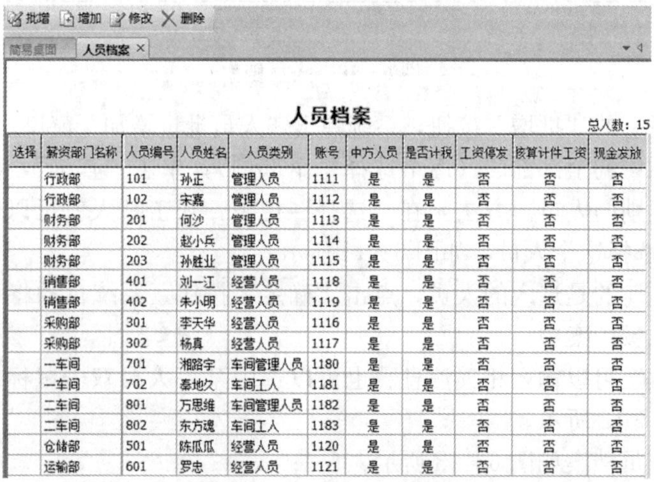

选择	薪资部门名称	人员编号	人员姓名	人员类别	账号	中方人员	是否计税	工资停发	核算计件工资	现金发放
	行政部	101	孙正	管理人员	1111	是	是	否	否	否
	行政部	102	宋嘉	管理人员	1112	是	是	否	否	否
	财务部	201	何沙	管理人员	1113	是	是	否	否	否
	财务部	202	赵小兵	管理人员	1114	是	是	否	否	否
	财务部	203	孙胜业	管理人员	1115	是	是	否	否	否
	销售部	401	刘一江	经营人员	1118	是	是	否	否	否
	销售部	402	朱小明	经营人员	1119	是	是	否	否	否
	采购部	301	李天华	经营人员	1116	是	是	否	否	否
	采购部	302	杨真	经营人员	1117	是	是	否	否	否
	一车间	701	湘路宇	车间管理人员	1180	是	是	否	否	否
	一车间	702	秦地久	车间工人	1181	是	是	否	否	否
	二车间	801	万思维	车间管理人员	1182	是	是	否	否	否
	二车间	802	东方魂	车间工人	1183	是	是	否	否	否
	仓储部	501	陈瓜瓜	经营人员	1120	是	是	否	否	否
	运输部	601	罗忠	经营人员	1121	是	是	否	否	否

图 6-13 计时人员档案

3. 计件人员工资档案

选择“业务工作”|“人力资源”|“薪资管理”|“工资类别”|“打开工资类别”，选择“计件人员工资”类别。

选择“业务工作”|“人力资源”|“薪资管理”|“设置”|“人员档案”，进入“人员档案”窗口。

单击“批增”，选择“制造中心”及所属车间，再单击“查询”，选择需要加入计件人员工资类别的人员，如图 6－14 所示。

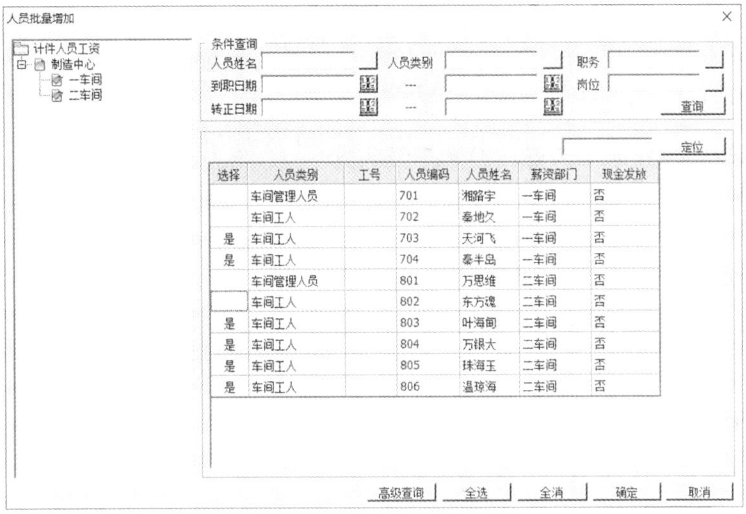

选择	人员类别	工号	人员编码	人员姓名	薪资部门	现金发放
	车间管理人员		701	湘路宇	一车间	否
	车间工人		702	秦地久	一车间	否
是	车间工人		703	天河飞	一车间	否
是	车间工人		704	秦半岛	一车间	否
	车间管理人员		801	万思维	二车间	否
	车间工人		802	东方魂	二车间	否
是	车间工人		803	叶海甸	二车间	否
是	车间工人		804	万银大	二车间	否
是	车间工人		805	珠海玉	二车间	否
是	车间工人		806	温琼海	二车间	否

图 6－14　人员批量增加

选择和设置后，单击“确定”完成导入。

设置完成后如图 6－15 所示。

人员档案

总人数：6

薪资部门名称	人员编号	人员姓名	人员类别	账号	中方人员	是否计税	工资停发	核算计件工资	现金发放
一车间	703	天河飞	车间工人	1190	是	是	否	否	否
一车间	704	秦半岛	车间工人	1191	是	是	否	否	否
二车间	803	叶海甸	车间工人	1192	是	是	否	否	否
二车间	804	万银大	车间工人	1193	是	是	否	否	否
二车间	805	珠海玉	车间工人	1194	是	是	否	否	否
二车间	806	温琼海	车间工人	1195	是	是	否	否	否

图 6－15　计件人员档案

6.2.5　计时人员工资项目设置

实验资料

(1) 工资项目：基本工资、岗位补贴、交通补贴、应发合计、事假天数、事假扣款、养老保险、医疗保险、失业保险、个人负担的社保费、代扣税、扣款合计、实发合计、本月应付工资、上月累计已扣税额、上月累计应纳税收入、本月应纳税收入、本月累计应纳税收入、子女教育专项扣除、继续教育专项扣除、住房贷款利息专项扣除、住房租金专项扣除、赡养老人专项扣除、大病医疗专项扣除。

（2）计算公式：

交通补贴＝iff(人员类别＝"管理人员" or 人员类别＝"车间管理人员",200,150)

说明：即管理人员和车间管理人员为200元，其他人员为150元，IIF() 为系统提供的函数。

应发合计＝基本工资＋岗位补贴＋交通补贴＋上月累计已扣税额

说明：应发合计由系统自动生成。此处的“应发合计”公式中包括“上月累计已扣税额”这个项目，是因为工资表中计算出来的“代扣税”是本年累计预扣预缴的税额，为了保证本月的实发合计的正确性和本月预缴的税金的正确性，作为增项包括在“应发合计”项目中。

事假扣款＝(基本工资/22)＊事假天数
养老保险＝(基本工资＋岗位补贴)＊0.08
医疗保险＝(基本工资＋岗位补贴)＊0.02
失业保险＝(基本工资＋岗位补贴)＊0.005
个人负担的社保费＝养老保险＋医疗保险＋失业保险
扣款合计＝个人负担的社保费＋代扣税＋事假扣款

说明：扣款合计由系统根据减项自动生成。

实发合计＝应发合计－扣款合计

说明：实发合计由系统自动生成。

本月应纳税收入＝基本工资＋岗位补贴＋交通补贴－养老保险－医疗保险
－失业保险－子女教育专项扣除－继续教育专项扣除
－住房贷款利息专项扣除－住房租金专项扣除
－赡养老人专项扣除－大病医疗专项扣除
本月累计应纳税收入＝本月应纳税收入＋上月累计应纳税收入

说明：用于计算个人所得税。在具体的实际工作中，应税所得额如何计算，有具体的规定，这里设置这个项目是体现一种方法。

本月应付工资＝应发合计－事假扣款－上月累计已扣税额

说明：本项目用于工资分配。

实验过程

1. 工资项目设置

选择“业务工作”|“人力资源”|“薪资管理”|“工资类别”|“打开工资类别”，选择“计时人员工资”类别。

选择“业务工作”|“人力资源”|“薪资管理”|“设置”|“工资项目设置”，进入“工资项目设置”窗口。

在“工资项目设置”页中，点击“增加”按钮，然后点击“名称参照”下拉列表，选择需要的项目，设置完成后如图6－16所示。

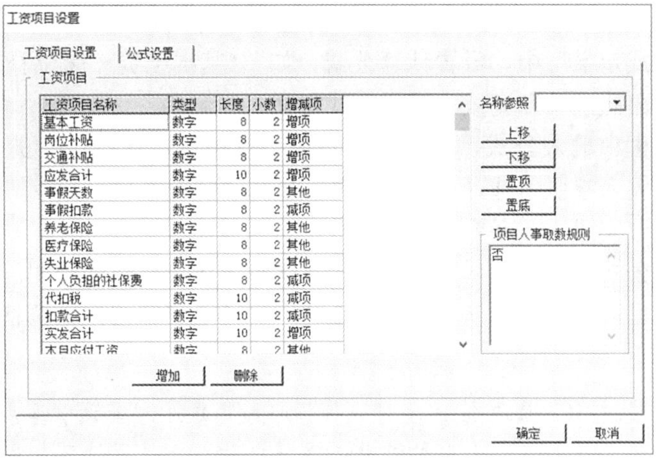

图 6-16　设置工资项目

可以点击“上移”或“下移”按钮，将工资项目移动到需要的位置。

2. 公式设置

选择“公式设置”设置计算公式。

其中：

应发合计＝基本工资＋岗位补贴＋交通补贴＋上月累计已扣税额

扣款合计＝个人负担的社保费＋代扣税＋事假扣款

实发合计＝应发合计－扣款合计

这几个项目是系统固定生成的，不能更改。应发合计按照工资项目的增项生成，扣款合计按照工资项目的减项生成。实发合计则是固定的公式。

如果有的项目不纳入自动生成的公式中，就需要在设置工资项目的时候，将“增减项”属性设置为“其他”。

除了系统固定生成的公式外，其他计算公式可以自行设定。在设定的同时还要注意先后顺序，在公式中引用的需要计算的项目要先进行计算。

公式设置如图 6-17 所示。

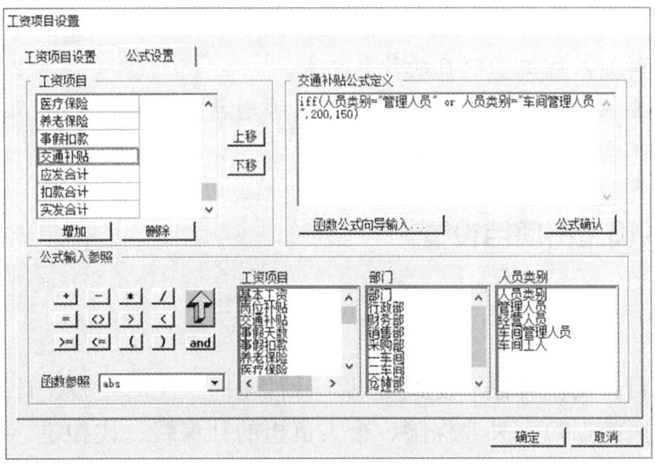

图 6-17　公式设置

先单击工资项目中的“增加”，增加需要进行计算的项目，如“养老保险”，然后在“养老保险公式定义”中，设置计算公式，如“(基本工资+岗位补贴)*0.08”，设置完成后单击“公式确认”完成本项目公式定义。

在公式定义框中输入公式，公式中涉及的工资项目、部门、人员类别、函数、运算符号均在公式输入参照中选择，也可以直接输入。

一个公式设置完成，务必要点击“公式确认”按钮。

单击“函数公式向导输入…”按钮，可具体查看每个函数的说明。

公式的顺序可以单击工资项目内的“上移”和“下移”按钮来调整。

案例公式如下：

交通补贴=iff(人员类别="管理人员" or 人员类别="车间管理人员",200,150)
应发合计=基本工资+岗位补贴+交通补贴+上月累计已扣税额
事假扣款=(基本工资/22)*事假天数
养老保险=(基本工资+岗位补贴)*0.08
医疗保险=(基本工资+岗位补贴)*0.02
失业保险=(基本工资+岗位补贴)*0.005
个人负担的社保费=养老保险+医疗保险+失业保险
扣款合计=个人负担的社保费+代扣税+事假扣款
实发合计=应发合计-扣款合计
本月应纳税收入=基本工资+岗位补贴+交通补贴-养老保险-医疗保险
-失业保险-子女教育专项扣除-继续教育专项扣除
-住房贷款利息专项扣除-住房租金专项扣除
-赡养老人专项扣除-大病医疗专项扣除
本月累计应纳税收入=本月应纳税收入+上月累计应纳税收入
本月应付工资=应发合计-事假扣款-上月累计已扣税额

设置完成，单击“确定”按钮。

操作提示

系统自动生成的应发合计、实发合计、扣款合计计算公式不能更改。

定义公式时，工资中没有的项目不允许在公式中出现。

定义公式时，可以使用函数向导输入、函数参照输入、工资项目参照、部门参照和人员参照，编辑输入该工资项目的计算公式。

定义公式后要注意调整公式的先后顺序，否则系统有可能无法正确计算，如应发合计应排在基本工资、岗位补贴等之后。

6.2.6 计件人员工资项目设置

实验资料

(1) 工资项目：岗位补贴、交通补贴、计件工时、工时工资、计件结算、应发合计、养老保险、医疗保险、失业保险、个人负担的社保费、代扣税、扣款合计、实发合计、本月应付工资、上月累计已扣税额、上月累计应纳税收入、本月应纳税收入、本月累计应纳税收入、子女教育专项扣除、继续教育专项扣除、住房贷款利息专项扣除、住房租金专项扣除、赡养老人专项扣除、大病医疗专项扣除。

（2）计算公式：

交通补贴＝iff(人员类别＝"车间工人",150)
计件结算＝计件工时＊工时工资
应发合计＝计件结算＋岗位补贴＋交通补贴＋上月累计已扣税额
养老保险＝(3 282＋岗位补贴)＊0.08
医疗保险＝(3 282＋岗位补贴)＊0.02
失业保险＝(3 282＋岗位补贴)＊0.005

说明：养老保险基数按照全市城镇非私营单位在岗职工年平均工资（5 469 元/月）的 60%（3 282 元/月）计算。

个人负担的社保费＝养老保险＋医疗保险＋失业保险
扣款合计＝个人负担的社保费＋代扣税

说明：扣款合计系统根据减项自动生成。

实发合计＝应发合计－扣款合计

说明：实发合计由系统自动生成。

本月应纳税收入＝计件结算＋岗位补贴＋交通补贴－养老保险－医疗保险
　　－失业保险－子女教育专项扣除－继续教育专项扣除
　　－住房贷款利息专项扣除－住房租金专项扣除
　　－赡养老人专项扣除－大病医疗专项扣除
本月累计应纳税收入＝本月应纳税收入＋上月累计应纳税收入

说明：用于计算个人所得税。在具体的实际工作中，应税所得额如何计算，有具体的规定，这里设置这个项目是体现一种方法。

本月应付工资＝应发合计－上月累计已扣税额

本项目用于分配工资费。

实验过程

1. 工资项目设置

选择“业务工作”|“人力资源”|“薪资管理”|“工资类别”|“打开工资类别”，选择“计件人员工资”类别，单击“确定”完成选择。

选择“业务工作”|“人力资源”|“薪资管理”|“设置”|“工资项目设置”，进入“工资项目设置”窗口。

在“工资项目设置”页中，点击“增加”按钮，然后点击“名称参照”下拉列表，选择需要的项目，设置完成后如图 6－18 所示。

可以点击“上移”或“下移”按钮，将工资项目移动到需要的位置。

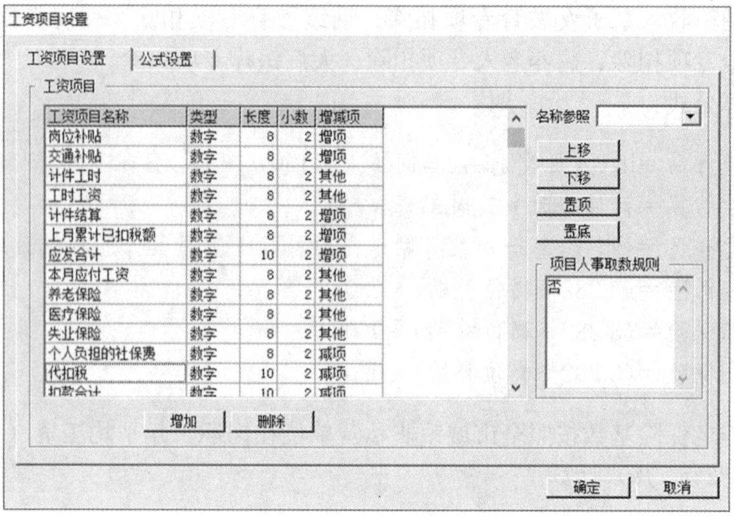

图 6-18 设置工资项目

2. 公式设置

选择“公式设置”，设置计件人员工资类别的公式。不同工资类别相同项目的计算公式是单独设置的，在工资类别之间不相同。公式设置如图 6-19 所示。

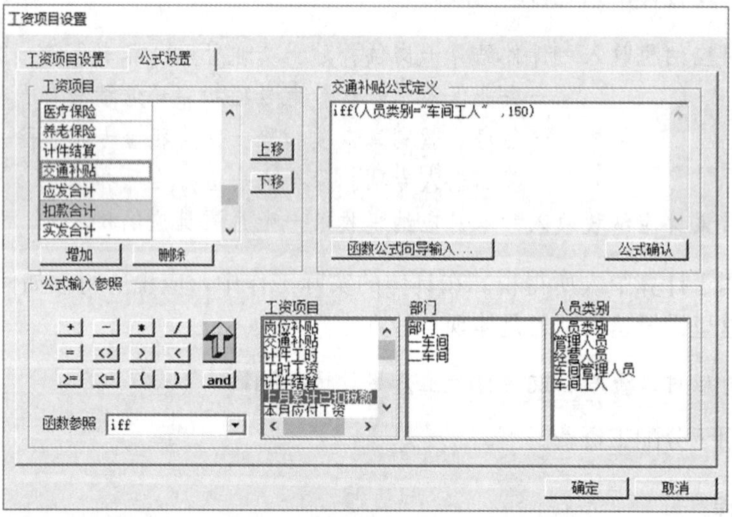

图 6-19 公式设置

计件人员工资类别的公式设置为：

交通补贴＝iff(人员类别＝"车间工人",150)
计件结算＝计件工时＊工时工资
应发合计＝计件结算＋岗位补贴＋交通补贴＋上月累计已扣税额
养老保险＝(3 282＋岗位补贴)＊0.08
医疗保险＝(3 282＋岗位补贴)＊0.02
失业保险＝(3 282＋岗位补贴)＊0.005
个人负担的社保费＝养老保险＋医疗保险＋失业保险

扣款合计＝个人负担的社保费＋代扣税

说明：扣款合计由系统根据减项自动生成。

实发合计＝应发合计－扣款合计

说明：实发合计由系统自动生成。

本月应纳税收入＝计件结算＋岗位补贴＋交通补贴－养老保险－医疗保险
－失业保险－子女教育专项扣除－继续教育专项扣除
－住房贷款利息专项扣除－住房租金专项扣除
－赡养老人专项扣除－大病医疗专项扣除

本月累计应纳税收入＝本月应纳税收入＋上月累计应纳税收入

本月应付工资＝应发合计－上月累计已扣税额

6.3　计时人员工资类别日常工资处理

6.3.1　输入工资数据

实验资料

计时人员 4 月初工资情况如表 6－4 所示。

表 6－4　计时人员工资情况

人员编号	姓名	基本工资	岗位补贴	上月累计已扣税额	事假天数	上月累计应纳税收入	子女教育专项扣除	继续教育专项扣除	住房贷款利息专项扣除	住房租金专项扣除	赡养老人专项扣除
101	孙正	10 000	1 000	1 496.00		38 560.00	500				
102	宋嘉	6 000	500	527.94	2	18 052.50			1 000		
201	何沙	5 000	500	448.12		15 337.50		400			
202	赵小兵	4 000	500	357.30		12 682.50					
203	孙胜业	4 500	500	411.00		14 025.00					
301	李天华	5 000	400	447.96		14 949.00					
302	杨真	5 000	400	447.96	1	14 949.00					
401	刘一江	4 000	400	295.56		12 264.00	500				1 000
402	朱小明	6 000	400	529.02		17 634.00					
501	陈瓜瓜	5 000	400	447.96		14 949.00					
601	罗忠	5 000	400	447.96		14 949.00					
701	湘路宇	7 000	400	599.07		20 469.00	500				
702	秦地久	6 000	400	517.02		17 634.00		400			
801	万思维	6 500	400	576.39	3	19 126.50				800	
802	东方魂	5 000	400	447.96		14 949.00					
	合计	84 000	7 000	7 997.22	6	260 530.00	1 500	800	1 000	800	1 000

实验过程

1. 选择工资类别

选择"业务工作"|"人力资源"|"薪资管理"|"工资类别"|"打开工资类别"，选择"计时人员工资"类别。

2. 输入工资数据

选择"业务工作"|"人力资源"|"薪资管理"|"业务处理"|"工资变动"，进入工资变动表。

输入的时候，可以在输入区单击右键，选择"排序"，再选择某列排序。

输入工资基本数据、考勤等资料。

输入数据后，单击工具栏上的"计算"按钮，系统根据定义好的公式，自动计算工资表有关项目的数据，如图 6-20 所示。

输出 设置 替换 定位 过滤 计算 汇总 编辑 锁定 全选 全消

简易桌面 工资变动

过滤器 所有项目 定位器

选择	人员编号	姓名	部门	人员类别	基本工资	岗位补贴	交通补贴	上月累计已扣税额	应发合计
	101	孙正	行政部	管理人员	10,000.00	1,000.00	200.00	1,496.00	12,696.00
	102	宋嘉	行政部	管理人员	6,000.00	500.00	200.00	527.94	7,227.94
	201	何沙	财务部	管理人员	5,000.00	500.00	200.00	448.12	6,148.12
	202	赵小兵	财务部	管理人员	4,000.00	500.00	200.00	357.30	5,057.30
	203	孙胜业	财务部	管理人员	4,500.00	500.00	200.00	411.00	5,611.00
	301	李天华	采购部	经营人员	5,000.00	400.00	150.00	447.96	5,997.96
	302	杨真	采购部	经营人员	5,000.00	400.00	150.00	447.96	5,997.96
	401	刘一江	销售部	经营人员	4,000.00	400.00	150.00	295.56	4,845.56
	402	朱小明	销售部	经营人员	6,000.00	400.00	150.00	529.02	7,079.02
	501	陈瓜瓜	仓储部	经营人员	5,000.00	400.00	150.00	447.96	5,997.96
	601	罗忠	运输部	经营人员	5,000.00	400.00	150.00	447.96	5,997.96
	701	湘路宇	一车间	车间管理人员	7,000.00	400.00	200.00	599.07	8,199.07
	702	秦地久	一车间	车间工人	6,000.00	400.00	150.00	517.02	7,067.02
	801	万思维	二车间	车间管理人员	6,500.00	400.00	200.00	576.39	7,676.39
	802	东方魂	二车间	车间工人	5,000.00	400.00	150.00	447.96	5,997.96
合计					84,000.00	7,000.00	2,600.00	7,997.22	101,597.22

图 6-20 工资变动表（应发部分）

实发部分的所得税计算要重新设置后再计算。

3. 代扣个人所得税

2019 年开始，实施累计预扣预缴个人所得税的计算方法。即扣缴义务人在一个纳税年度内，以截至当前月份累计支付的工资薪金所得收入额减除累计基本减除费用、累计专项扣除、累计专项附加扣除和依法确定的累计其他扣除后的余额为预缴应纳税所得额，对照个人所得税税率表，计算出累计应预扣预缴税额，减除已预扣预缴税额后的余额，作为本期应预扣预缴税额。该方法适用于综合所得，包括工资、薪金所得，劳务报酬所得，稿酬所得，特许权使用费所得。专项附加扣除项目包括子女教育支出、继续教育支出、大病医疗支出、住房贷款利息和住房租金以及赡养老人支出。

也就是说，扣缴义务人向居民个人支付工资、薪金所得时，按照累计预扣法计算预扣税款，并按月办理扣缴申报。累计预扣法是指扣缴义务人在一个纳税年度内预扣预缴税款时，以纳税人在本单位截至本月取得工资、薪金所得累计收入减除累计免税收入、累计减除费用、累计专项扣除、累计专项附加扣除和累计依法确定的其他扣除后的余额为累计预扣预缴应纳税所得额，适用个人所得税预扣率表（三）（见表 6-5），计算累计应预扣预缴税额，再减除累计减免税额和累计已预扣预缴税额，其余额为本期应预扣预缴税额。余额为负值时，暂不退税。纳税年度终了后余额仍为负值时，由纳税人通过办理综合所得年度汇算清缴，税款多退少补。具体计算公式如下：

$$\text{本期应预扣预缴税额}=\left(\text{累计预扣预缴应纳税所得额}\times\text{预扣率}-\text{速算扣除数}\right)-\text{累计减免税额}-\text{累计已预扣预缴税额}$$

$$\text{累计预扣预缴应纳税所得额}=\text{累计收入}-\text{累计免税收入}-\text{累计减除费用}-\text{累计专项扣除}-\text{累计专项附加扣除}-\text{累计依法确定的其他扣除}$$

式中，累计减除费用按照 5 000 元/月乘以纳税人当年截至本月在本单位的任职受雇月份数计算。即纳税人如果 1 月份入职，则扣缴义务人发放 1 月份工资扣缴税款时，减除费用按 5 000 元计算；2 月份发工资扣缴税款时，减除费用按 10 000 元计算，以此类推。

表 6-5　个人所得税税率表（三）

（居民个人工资、薪金所得预扣预缴适用）

级数	累计预扣预缴应纳税所得额	税率（%）	速算扣除数（元）
1	不超过 36 000 元的	3	0
2	超过 36 000 元至 144 000 元的部分	10	2 520
3	超过 144 000 元至 300 000 元的部分	20	16 920
4	超过 300 000 元至 420 000 元的部分	25	31 920
5	超过 420 000 元至 660 000 元的部分	30	52 920
6	超过 660 000 元至 960 000 元的部分	35	85 920
7	超过 960 000 元的部分	45	181 920

计算个人所得税的扣税项目设为“本月累计应纳税收入”（实际工作中要按照政策确定），每个职员需选择“征收个人所得税”，扣税标准：扣税起点每月 5 000 元。个人所得税的征收会随着国家个人所得税法的改变而改变，具体请参照当时的法规确定。

2019 年国家实施新的个人所得税政策后，到目前 U8V10.1 还没有推出相应的新版个人所得税处理补丁程序，因此这里仅仅是用一种变通方法实现部分功能，以了解个人所得税的基本处理方法。在实际工作中，实际使用的 U8 都会是比较新的版本，里面有新个人所得税的解决方案，具体按照当时的个人所得税政策予以处理。

选择“业务工作”|“人力资源”|“薪资管理”|“设置”|“选项”，再选择“扣税设置”页，单击“编辑”，应税计算项目设置为“本月累计应纳税收入”，如图 6-21 所示。

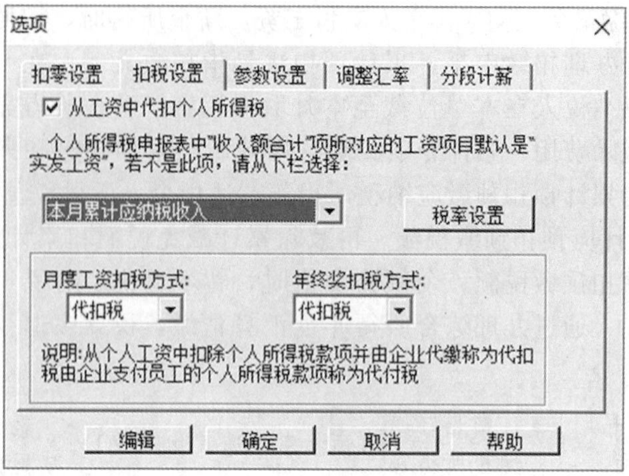

图 6-21　选项

单击“税率设置”，将附加费用设为 0，按照税率设置，如图 6-22 所示。

图 6-22　税率表

单击“确定”，退出税率表，然后再退出“选项”窗口。

选择“业务工作”|“人力资源”|“薪资管理”|“业务处理”|“工资变动”，进入后选择“计算”功能进行重新计算，结果如图 6-23 所示。

选择	人员编号	姓名	部门	人员类别	应发合计	事假天数	事假扣款	本月应付工资	养老保险	医疗保险	失业保险	个人负担的社保费	代扣税	扣款合计	实发合计
	101	孙正	行政部	管理人员	12,696.00			11,200.00	880.00	220.00	55.00	1,155.00	1,790.50	2,945.50	9,750.50
	102	宋嘉	行政部	管理人员	7,227.94	2.00	545.45	6,154.55	520.00	130.00	32.50	682.50	542.10	1,770.05	5,457.89
	201	何沙	财务部	管理人员	6,148.12			5,700.00	440.00	110.00	27.50	577.50	451.80	1,029.30	5,118.82
	202	赵小兵	财务部	管理人员	5,057.30			4,700.00	360.00	90.00	22.50	472.50	357.30	829.80	4,227.50
	203	孙胜业	财务部	管理人员	5,611.00			5,200.00	400.00	100.00	25.00	525.00	411.00	936.00	4,675.00
	301	李天华	采购部	经营人员	5,997.96			5,550.00	432.00	108.00	27.00	567.00	447.96	1,014.96	4,983.00
	302	杨真	采购部	经营人员	5,997.96	1.00	227.27	5,322.73	432.00	108.00	27.00	567.00	447.96	1,242.23	4,755.73
	401	刘一江	销售部	经营人员	4,845.56			4,550.00	352.00	88.00	22.00	462.00	295.56	757.56	4,088.00
	402	朱小明	销售部	经营人员	7,079.02			6,550.00	512.00	128.00	32.00	672.00	555.36	1,227.36	5,851.66
	501	陈瓜瓜	仓储部	经营人员	5,997.96			5,550.00	432.00	108.00	27.00	567.00	447.96	1,014.96	4,983.00
	601	罗忠	运输部	经营人员	5,997.96			5,550.00	432.00	108.00	27.00	567.00	447.96	1,014.96	4,983.00
	701	湘路宇	一车间	车间管理人员	8,199.07			7,600.00	592.00	148.00	37.00	777.00	653.76	1,430.76	6,768.31
	702	秦地久	一车间	车间工人	7,067.02			6,550.00	512.00	128.00	32.00	672.00	543.36	1,215.36	5,851.66
	801	万思维	二车间	车间管理人员	7,676.39	3.00	886.36	6,213.64	552.00	138.00	34.50	724.50	591.06	2,201.92	5,474.47
	802	东方魂	二车间	车间工人	5,997.96			5,550.00	432.00	108.00	27.00	567.00	447.96	1,014.96	4,983.00
合计					101,597.22	6.00	1,659.08	91,940.92	7,280.00	1,820.00	455.00	9,555.00	8,431.60	19,645.68	81,951.54

图 6-23　工资表（实发部分）

然后退出。

特别说明：表中“代扣税”的金额为累计应预扣预缴税额。

个人所得税计算验证：以孙正为例，代扣税（累计应预扣预缴税额）＝累计预扣预缴应纳税所得额×预扣率－速算扣除数＝(48 105－5 000)×10％－2 520＝4 310.5－2 520＝1 790.5（元）。

计算出累计应预扣预缴税额即可计算本期应预扣预缴税额，即本期应预扣预缴的税额＝代扣税（累计应预扣预缴税额）－上月累计已扣税额＝1 790.5－1 496＝294.5(元)。

操作提示

本月应预扣预缴的所得税也可以采用 iff( ) 函数嵌套的方式来实现，增设“本月累计应纳税所得额”工资项目，则本月应预扣预缴的所得税公式为：iff(本月累计应纳税所得额＞960 000，本月累计应纳税所得额 * 0.45－181 920，iff(本月累计应纳税所得额＞ 660 000，本月累计应纳税所得额 * 0.35－85 920，iff(本月累计应纳税所得额＞420 000，本月累计应纳税所得额 * 0.3－52 920，iff(本月累计应纳税所得额＞300 000，本月累计应纳税所得额 * 0.25－31 920，iff(本月累计应纳税所得额＞144 000，本月累计应纳税所得额 * 0.2－16 920，iff (本月累计应纳税所得额＞36 000，本月累计应纳税所得额 * 0.1－2 520，iff(本月累计应纳税所得额＞0，本月累计应纳税所得额 * 0.03)))))))－上月累计已扣税额，用这个公式计算出来的金额与上面验证的金额是相符的，金额为 294.5 元。

选择“业务工作”|“人力资源”|“薪资管理”|“业务处理”|“扣缴所得税”，进入个人所得税申报模板，选择“系统扣缴个人所得税年度申报表”，再单击“打开”，设置条件后进入“所得税申报”窗口，个人所得税申报表如图 6－24 所示。

姓名	所得项目	所属期间(起)	所属期间(止)	收入额	减费用额	应纳税所得额	税率	速算扣除数	应纳税额	已扣缴税款
孙正	工资	20190101	20191231			43105.00	10	2520.00	1790.50	1790.50
宋嘉	工资	20190101	20191231			18070.00	3	0.00	542.10	542.10
何沙	工资	20190101	20191231			15060.00	3	0.00	451.80	451.80
赵小兵	工资	20190101	20191231			11910.00	3	0.00	357.30	357.30
孙胜业	工资	20190101	20191231			13700.00	3	0.00	411.00	411.00
李天华	工资	20190101	20191231			14932.00	3	0.00	447.96	447.96
杨真	工资	20190101	20191231			14932.00	3	0.00	447.96	447.96
刘一江	工资	20190101	20191231			9852.00	3	0.00	295.56	295.56
朱小明	工资	20190101	20191231			18512.00	3	0.00	555.36	555.36
陈瓜瓜	工资	20190101	20191231			14932.00	3	0.00	447.96	447.96
罗忠	工资	20190101	20191231			14932.00	3	0.00	447.96	447.96
湘路宇	工资	20190101	20191231			21792.00	3	0.00	653.76	653.76
秦地久	工资	20190101	20191231			18112.00	3	0.00	543.36	543.36
万思维	工资	20190101	20191231			19702.00	3	0.00	591.06	591.06
东方魂	工资	20190101	20191231			14932.00	3	0.00	447.96	447.96
合计						264475.00		2520.00	8431.60	8431.60

图 6－24　个人所得税申报表

操作提示

一定要进行个人所得税计算项目设置、扣除基数和税率调整确认，然后再进行工资表数据重算业务处理，否则个人所得税计算可能出错。

如果将来税率等调整，可以点击“税率表”功能进行重新调整。

选择“业务工作”|“人力资源”|“薪资管理”|“业务处理”|“银行代发”，进入后选择全部部门，单击“确定”，银行模板选择“中国工商银行”，如图6-25所示。

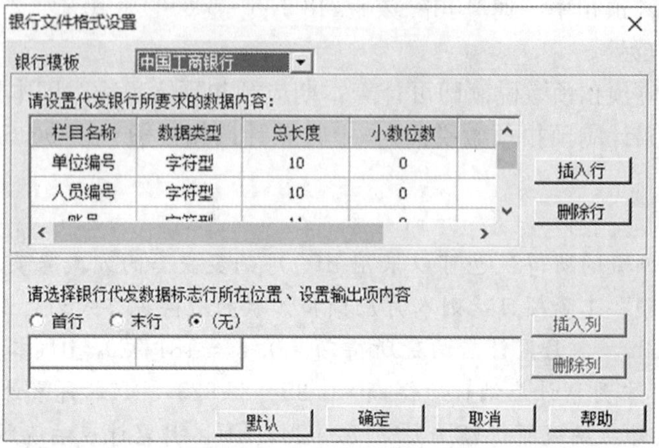

图6-25　银行文件格式设置

单击“确定”，银行代发一览表如图6-26所示。

简易桌面　银行代发

银行代发一览表

名称：中国工商银行　　人数：15

单位编号	人员编号	账号	金额	录入日期
1234934325	101	1111	9750.50	20190429
1234934325	102	1112	5457.89	20190429
1234934325	201	1113	5118.82	20190429
1234934325	202	1114	4227.50	20190429
1234934325	203	1115	4675.00	20190429
1234934325	301	1116	4983.00	20190429
1234934325	302	1117	4755.73	20190429
1234934325	401	1118	4088.00	20190429
1234934325	402	1119	5851.66	20190429
1234934325	501	1120	4983.00	20190429
1234934325	601	1121	4983.00	20190429
1234934325	701	1180	6768.31	20190429
1234934325	702	1181	5851.66	20190429
1234934325	801	1182	5474.47	20190429
1234934325	802	1183	4983.00	20190429
合计			81,951.54	

图6-26　银行代发一览表

单击工具栏上的“输出”按钮，可以存储为多种格式。在实际工作中，要联系具体银行，按照要求确定格式和内容。

6.3.2　工资分摊

实验资料

案例1：计时人员工资类别应付工资总额等于工资项目“本月应付工资”，薪资费用分配的转账分录如表 6－6 所示。

表 6－6　薪资费用分配转账分录

部门	人员类别	应付职工薪酬	
		借方科目	贷方科目
行政部、财务部	管理人员	660201	221101
采购部、销售部、仓储部、运输部	经营人员	660101	221101
一车间、二车间	车间管理人员	510101	221101
	车间工人	500102	221101

案例 2：计时人员工资类别“个人负担的社会保险费”分配的转账分录如表 6－7 所示。

表 6－7　个人负担的社会保险费的转账分录

部门	人员类别	个人负担的社保费	
		借方科目	贷方科目
行政部、财务部	管理人员	221101	2241
采购部、销售部、仓储部、运输部	经营人员	221101	2241
一车间、二车间	车间管理人员	221101	2241
	车间工人	221101	2241

实验过程

1. 工资分摊设置

选择“业务工作”|“人力资源”|“薪资管理”|“业务处理”|“工资分摊”，弹出“工资分摊”窗口，如图 6－27 所示。

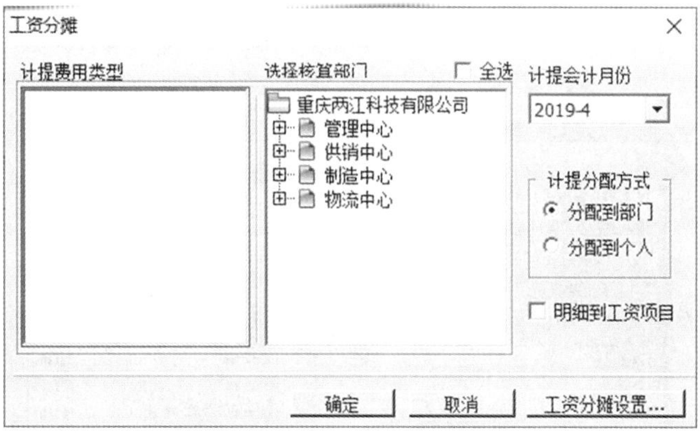

图 6－27　工资分摊

单击“工资分摊设置…”按钮，打开“分摊类型设置”窗口。

点击“增加”按钮，在计提类型名称栏录入“计时人员应付工资”，分摊比例为 100%。

点击“下一步”按钮，进行分摊构成设置，如图 6－28 所示。

分摊构成设置

部门名称	人员类别	工资项目	借方科目	借方项目大类	借方项目	贷方科目
行政部,财务部	管理人员	本月应付工资	660201			221101
销售部,采购部,仓储部,运输部	经营人员	本月应付工资	660101			221101
一车间,二车间	车间管理人员	本月应付工资	510101			221101
一车间,二车间	车间工人	本月应付工资	500102	研发项目	手持扫描器	221101

图6-28 分摊构成设置

点击“完成”按钮，返回“分摊类型设置”窗口，点击“返回”，回到“工资分摊”窗口。

2. 执行工资分摊

选中“工资分摊”窗口左边栏中的“计时人员应付工资”，然后选择参与分摊的部门，选中“明细到工资项目”“分配到部门”，如图6-29所示。

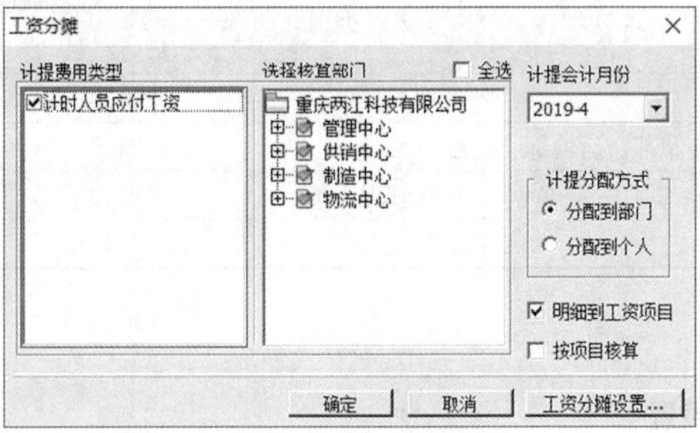

图6-29 工资分摊设置

单击“确定”，进入计时人员应付工资一览表，选中“合并科目相同、辅助项相同的分录”，如图6-30所示。

输出 重选 制单 批制

简易桌面 工资分摊明细

计时人员应付工资一览表

☑ 合并科目相同、辅助项相同的分录

类型 计时人员应付工资　　　　计提会计月份 4月

部门名称	人员类别	本月应付工资		
		分配金额	借方科目	贷方科目
行政部	管理人员	17354.55	660201	221101
财务部		15600.00	660201	221101
销售部	经营人员	11100.00	660101	221101
采购部		10872.73	660101	221101
一车间	车间管理人员	7600.00	510101	221101
	车间工人	6550.00	500102	221101
二车间	车间管理人员	6213.64	510101	221101
	车间工人	5550.00	500102	221101
仓储部	经营人员	5550.00	660101	221101
运输部		5550.00	660101	221101

图6-30 计时人员应付工资一览表

点击“制单”按钮，生成凭证。

设为“转账凭证”，补充“生产成本——直接人工”科目的项目名称为“手持扫描器”，点击“保存”，将凭证传递到总账系统。

用同样的方法完成计提个人负担的社保费的转账分录。分摊构成设置如图 6-31 所示。

分摊构成设置

部门名称	人员类别	工资项目	借方科目	借…	贷方科目
行政部,财务部	管理人员	个人负担的社保费	221101		2241
销售部,采购部,仓储部,运输部	经营人员	个人负担的社保费	221101		2241
一车间,二车间	车间管理人员	个人负担的社保费	221101		2241
一车间,二车间	车间工人	个人负担的社保费	221101		2241

图 6-31 社保费分摊构成设置

点击“完成”按钮，返回“分摊类型设置”窗口，点击“返回”，回到“工资分摊”窗口。选中“工资分摊”窗口左边栏中的“个人负担的社保费”，单击“确定”，出现个人负担的社保费一览表，如图 6-32 所示。

简易桌面 | 工资分摊明细

个人负担的社保费一览表

☑ 合并科目相同、辅助项相同的分录

类型 个人负担的社保费 计提会计月份 4月

部门名称	人员类别	个人负担的社保费		
		分配金额	借方科目	贷方科目
行政部	管理人员	1837.50	221101	2241
财务部		1575.00	221101	2241
销售部	经营人员	1134.00	221101	2241
采购部		1134.00	221101	2241
一车间	车间管理人员	777.00	221101	2241
	车间工人	672.00	221101	2241
二车间	车间管理人员	724.50	221101	2241
	车间工人	567.00	221101	2241
仓储部	经营人员	567.00	221101	2241
运输部		567.00	221101	2241

图 6-32 个人负担的社保费一览表

点击“制单”按钮，生成凭证。设为“转账凭证”，点击“保存”，将凭证传递到总账系统。

3. 生成工资分摊凭证有错的处理方法

(1) 选择“业务工作”|“人力资源”|“薪资管理”|“统计分析”|“凭证查询”，然后删除前面生成的有误凭证。

(2) 选择“业务工作”|“财务会计”|“总账”|“填制凭证”，单击“整理凭证”就可以彻底清除这张凭证。

(3) 建立新的工资分摊方案，就可以按照新的方案生成凭证。

操作提示

所有与工资相关的费用、基金都可以建立相应的分摊类型名称及分配比例，通过工资分摊功能进行计算并生成凭证。

工资分摊的设置也要按分摊顺序进行。

6.4 计件人员工资类别日常工资处理

6.4.1 输入工资数据

实验资料

计件人员工资资料如表6-8所示。

表6-8 计件人员工资情况

人员编码	人员姓名	工作岗位	岗位补贴	交通补贴	计件工时	上月累计已扣税额	上月累计应纳税收入	子女教育专项扣除	住房贷款利息专项扣除	住房租金专项扣除	赡养老人专项扣除
703	天河飞	组装	300	150	180			500			
704	秦半岛	组装	300	150	190						1 000
803	叶海甸	组装	300	150	200				1 000		
804	万银大	组装	300	150	250	20.79	1 350	500			
805	珠海玉	组装	300	150	210					800	
806	温琼海	测试	200	150	220			500			

计件工资标准：工时有“组装工时”和“测试工时”两项；计件工资单价是组装工时20.00元，测试工时15.00元。

实验过程

1. 选择工资类别

选择“业务工作”|“人力资源”|“薪资管理”|“工资类别”|“打开工资类别”，打开“计件人员工资”类别。

2. 设置扣税项目和税率

选择“业务工作”|“人力资源”|“薪资管理”|“设置”|“选项”，将扣税设置中的计算所得税项目设置为“本月累计应纳税收入”。

税率设置与计时人员工资类别相同，请参考前面讲述的设置方法。

3. 录入工资数据

选择“业务工作”|“人力资源”|“薪资管理”|“业务处理”|“工资变动”，进入工资变动表。

输入工资数据，单击工具栏上的“计算”按钮，系统根据定义好的公式，自动计算工资表信息，如图 6－33 所示。

工资变动

过滤器 所有项目　　定位器

选择	人员编号	姓名	部门	人员类别	岗位补贴	交通补贴	计件工时	工时工资	计件结算	上月累计已扣税额	应发合计	本月应付工资
	703	天河飞	一车间	车间工人	300.00	150.00	180.00	20.00	3,600.00		4,050.00	4,050.00
	704	秦半岛	一车间	车间工人	300.00	150.00	190.00	20.00	3,800.00		4,250.00	4,250.00
	803	叶海甸	二车间	车间工人	300.00	150.00	200.00	20.00	4,000.00		4,450.00	4,450.00
	804	万银大	二车间	车间工人	300.00	150.00	250.00	20.00	5,000.00	20.79	5,470.79	5,450.00
	805	珠海玉	二车间	车间工人	300.00	150.00	210.00	20.00	4,200.00		4,650.00	4,650.00
	806	温琼海	二车间	车间工人	200.00	150.00	220.00	15.00	3,300.00		3,650.00	3,650.00
合计					1,700.00	900.00	1,250.00	115.00	23,900.00	20.79	26,520.79	26,500.00

图 6－33　工资变动

实发部分的信息如图 6－34 所示。

工资变动

过滤器 所有项目　　定位器

选择	人员编号	姓名	部门	人员类别	应发合计	本月应付工资	养老保险	医疗保险	失业保险	个人负担的社保费	代扣税	扣款合计	实发合计
	703	天河飞	一车间	车间工人	4,050.00	4,050.00	286.56	71.64	17.91	376.11		376.11	3,673.89
	704	秦半岛	一车间	车间工人	4,250.00	4,250.00	286.56	71.64	17.91	376.11		376.11	3,873.89
	803	叶海甸	二车间	车间工人	4,450.00	4,450.00	286.56	71.64	17.91	376.11		376.11	4,073.89
	804	万银大	二车间	车间工人	5,470.79	5,450.00	286.56	71.64	17.91	376.11	27.72	403.83	5,066.96
	805	珠海玉	二车间	车间工人	4,650.00	4,650.00	286.56	71.64	17.91	376.11		376.11	4,273.89
	806	温琼海	二车间	车间工人	3,650.00	3,650.00	278.56	69.64	17.41	365.61		365.61	3,284.39
合计					26,520.79	26,500.00	1,711.36	427.84	106.96	2,246.16	27.72	2,273.88	24,246.91

图 6－34　工资变动（实发部分）

6.4.2　工资分摊处理

1. 工资分摊设置

选择“业务工作”|“人力资源”|“薪资管理”|“工资类别”|“打开工资类别”，选择“计件人员工资”类别。

选择“业务工作”|“人力资源”|“薪资管理”|“业务处理”|“工资分摊”，弹出“工资分摊”窗口，选择一车间和二车间，如图 6－35 所示。

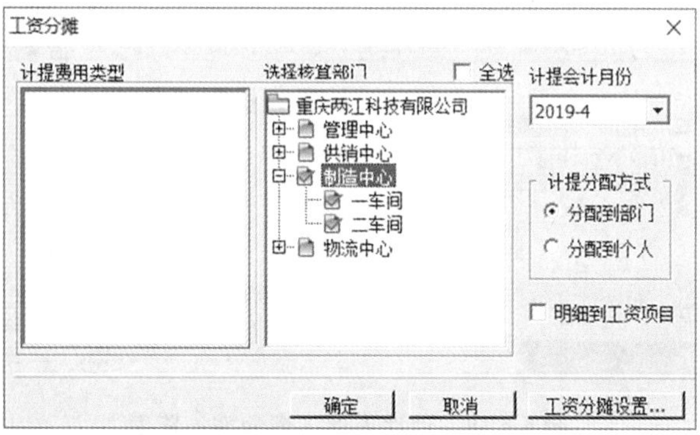

图 6－35　工资分摊

单击“工资分摊设置…”按钮，打开“分摊类型设置”窗口。

点击“增加”按钮，在计提类型名称处输入“计件人员工资分摊”，分摊比例为100%。

点击“下一步”按钮，进行分摊构成设置，如图6-36所示。

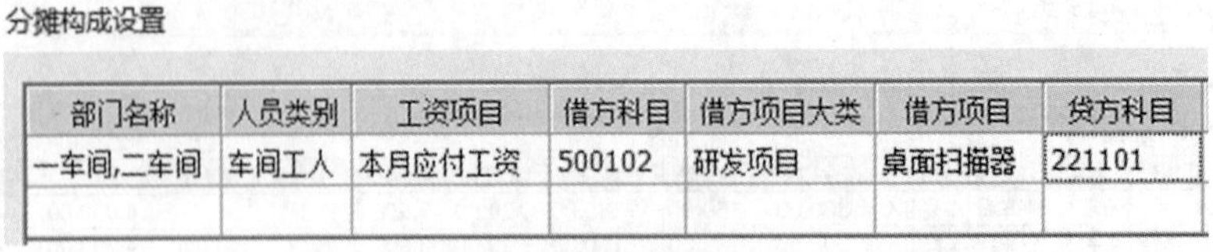

分摊构成设置

部门名称	人员类别	工资项目	借方科目	借方项目大类	借方项目	贷方科目
一车间,二车间	车间工人	本月应付工资	500102	研发项目	桌面扫描器	221101

图6-36　分摊构成设置

点击“完成”按钮，返回“分摊类型设置”窗口，点击“返回”按钮，回到“工资分摊”窗口。

2. 执行工资分摊

选中“工资分摊”窗口左边栏计提费用类型中的“计件人员工资分摊”，然后选择参与分摊的部门，选中“明细到工资项目”“分配到部门”，如图6-37所示。

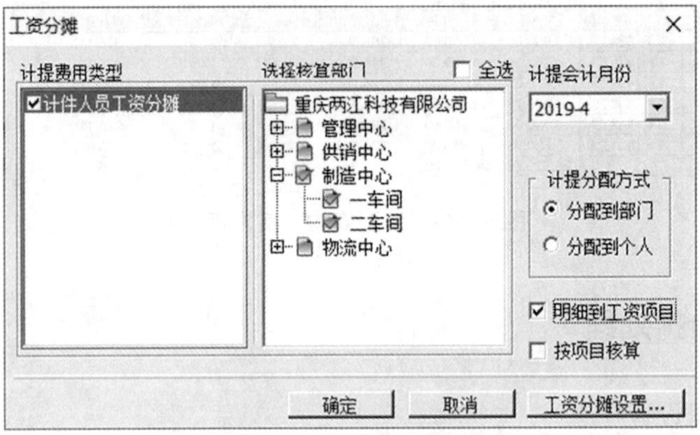

图6-37　薪资分摊设置

单击“确定”按钮，进入计件人员工资分摊一览表，选中“合并科目相同、辅助项相同的分录”，如图6-38所示。

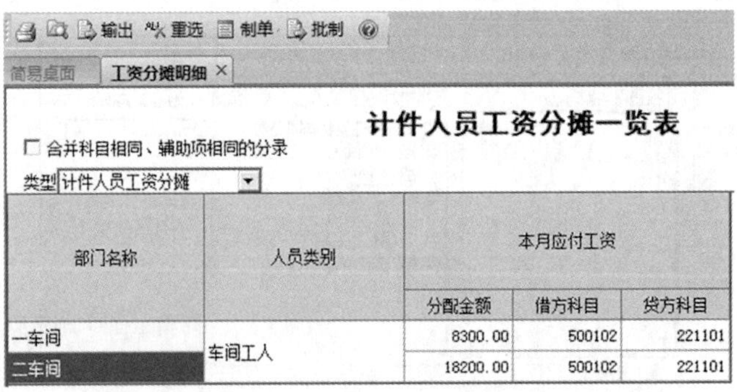

部门名称	人员类别	本月应付工资		
		分配金额	借方科目	贷方科目
一车间	车间工人	8300.00	500102	221101
二车间		18200.00	500102	221101

图6-38　计件人员工资分摊一览表

然后点击“制单”按钮，生成凭证，设为“转账凭证”，补充“生产成本——直接人工”科目的项目名称为“桌面扫描器”，点击“保存”按钮，将凭证传递到总账系统。

用同样的方法完成计提计件人员个人负担的社保费，如图6-39所示。

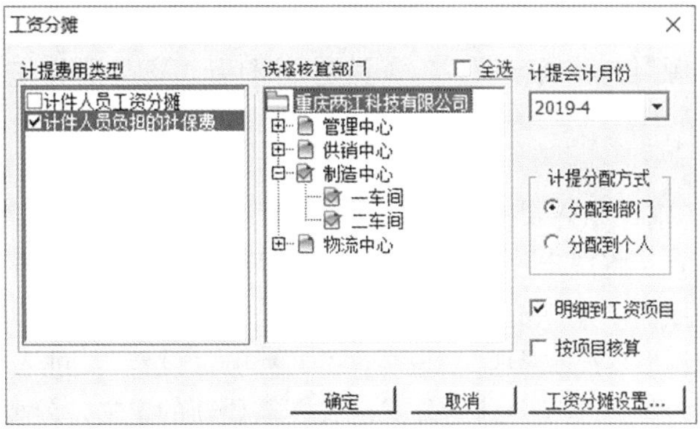

图 6-39　计提计件人员个人负担的社保费

单击“确定”按钮，进入个人负担的社保费一览表。选中“合并科目相同、辅助项相同的分录”，然后点击“制单”按钮，生成凭证，设为“转账凭证”，点击“保存”按钮，将凭证传递到总账系统。

操作提示

如果计件工资较为复杂，应采用 U8 中的计件工资模块进行管理，其数据能够传递到工资业务中。

6.5 工资汇总

职工在各工资类别发放的工资，常常需要掌握总体情况，这就需要将工资的各类别进行汇总，然后对数据进行查询与分析。

1. 关闭工资类别

选择“人力资源”|“薪资管理”|“工资类别”|“关闭工资类别”，关闭已经打开的工资类别。

2. 进行工资类别汇总

选择“人力资源”|“薪资管理”|“维护”|“工资类别汇总”，选择要进行汇总的工资类别，这里只有两个工资类别，就选择这两个，如图 6-40 所示。

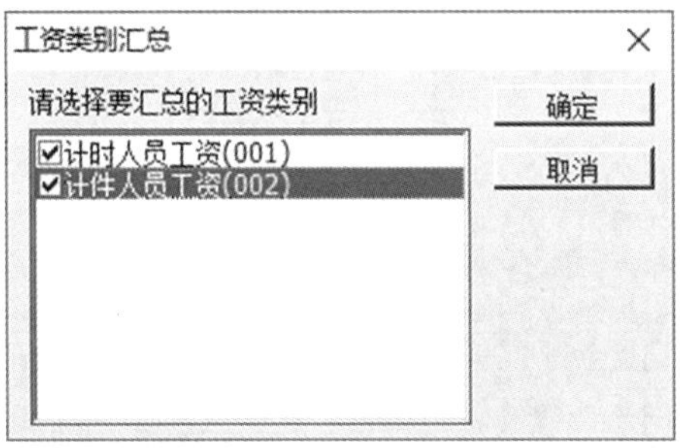

图 6-40　工资类别汇总

单击“确定”，汇总完成。这时候生成新的工资类别“998 汇总工资类别”。

3. 打开汇总工资类别

选择“人力资源”|“薪资管理”|“工资类别”|“打开工资类别”，选择“998 汇总工资类别”。

4. 汇总工资类别计算公式设置

汇总工资类别就是将选定的工资类别按照人员归集和汇总，相当于建立了一个新的工资类别，应按照需要建立汇总工资表的计算公式。

选择“人力资源”|“薪资管理”|“设置”|“工资项目设置”，进入公式设置，自动进行应发合计、扣款合计、实发合计的公式定义。需要新的定义，就要设置新的公式。

本案例保持默认公式设置。

然后在“工资项目设置”中对项目顺序进行调整，以符合汇总的阅读需要。

5. 汇总工资信息查询

选择“人力资源”|“薪资管理”|“业务处理”|“工资变动”，可以查看汇总后的工资表，项目顺序是在工资项目设置中确定的。

其他相关查询功能可选择应用。

汇总工资类别不需要时也可以删除。

6.6 工资信息查询

当分类别的月末处理完成后，选择“业务工作”|“人力资源”|“薪资管理”|“工资类别”|“打开工资类别”，选择需要打开的工资类别。

选择“业务工作”|“人力资源”|“薪资管理”|“统计分析”|“账表”|“我的账表”，显示相关的报表目录，根据需要选择，如图 6－41 所示。

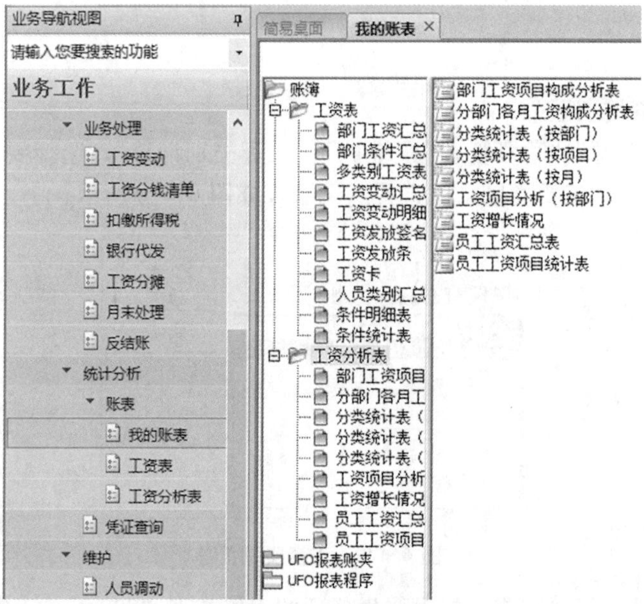

图 6－41 我的账表

6.7　月末处理

选择“业务工作”|“人力资源”|“薪资管理”|“工资类别”|“打开工资类别”，选择工资类别，如“计时人员工资”类别，单击“确定”按钮。

选择“业务工作”|“人力资源”|“薪资管理”|“业务处理”|“月末处理”，打开“月末处理”窗口。

点击“确定”，系统提示“月末处理之后，本月薪资将不许变动！继续月末处理吗?”点击“是”按钮。

系统弹出“是否选择清零项?”提示框，如果点击“是”，系统将打开“选择清零项目”窗口，可以选择清零项目，系统将对这些项目数据进行清零处理；如果不选择清零项目，系统直接进行月末处理。

操作提示

工资账套的反结账，必须由账套主管以下一个会计月的日期登录，使用反结账功能。

如果总账系统已结账，则薪资系统不允许反结账。

如果薪资系统处理多个工资类别，应分别打开工资类别，进行月末处理。

6.8　复习题

6.8.1　思考题

1. 简述信息化后工资业务的处理过程。
2. 如何定义工资表的计算公式？工资项目、计算公式与工资类别的关系如何？
3. 工资系统与总账系统的联系体现在哪些方面？

6.8.2　判断题

1. 修改个人所得税税率表，应纳税所得额上限不允许变动。（　）
2. 某客户实行多工资类别核算，工资项目公式设置只能在打开某工资类别的情况下进行。（　）
3. 属于不同工资类别的人员编码可以重复。（　）
4. 工资分摊的结果可以自动生成凭证传递到总账系统。（　）
5. 在工资管理系统中，定义公式时可不考虑计算的先后顺序，系统可以自动识别。（　）
6. 同一个人可以进入不同的工资类别进行工资核算。（　）
7. “应发合计”的计算公式可以由用户修改。（　）
8. “实发合计”的计算公式可以由用户修改。（　）

9. “扣款合计”的计算公式可以由用户修改。（ ）

10. 第一次进行工资类别汇总时，需要在工资类别中设置工资项目的计算公式。（ ）

6.8.3 单项选择题

1. 在用友 ERP-U8 中，工资系统和总账系统的联系是（ ）。

A. 工资分摊数据　　B. 工资里相关的费用数据

C. 工资变动后计算出的数据　　D. 工资分摊后的凭证

2. 下面有关人员调动功能的说法中，正确的是（ ）。

A. 必须在同一账套的同一工资类别间进行

B. 必须在同一账套的多工资类别间进行

C. 可以在不同账套的同一工资类别间进行

D. 可以在不同账套的多工资类别间进行

3. 以下关于工资系统月末处理的说法中，错误的是（ ）。

A. 月末处理只有主管人员才能执行

B. 本月工资数据未汇总不允许进行月末处理

C. 若存在多个工资类别，只需要对汇总工资类别进行月末处理

D. 12 月不需要进行月末处理

4. 增加工资类别下的工资项目时，可以采用的方法是（ ）。

A. 只能从名称参照中选择工资项目

B. 可以新增工资项目

C. 既可以从名称参照中选择工资项目，也可以自己新增工资项目

D. 自动带入工资账套中已经建立的全部工资项目，不允许修改和删除

5. 增加工资项目时，如果在“增减项”一栏选择“其他”，则该工资项目的数据（ ）。

A. 自动计入应发合计

B. 自动计入扣款合计

C. 既不计入应发合计也不计入扣款合计

D. 既计入应发合计也计入扣款合计

6. 如果企业需要核算计件工资，则需要（ ）。

A. 设置多个工资类别

B. 工资系统建账时选择“是否核算计件工资”

C. 在工资项目中增加“计件工资”项目

D. 在公式设置中增加“计件工资”的计算公式

6.8.4 多项选择题

1. 工资管理系统传递到总账系统中的凭证，在总账中可以进行（ ）。

A. 修改　　B. 删除　　C. 查询　　D. 审核

2. 工资变动界面中的排序功能可以按（　　）进行排序。

A. 人员编号　　B. 部门　　C. 基本工资　　D. 实发工资

3. 关于修改个人所得税税率表，以下描述正确的是（　　）。

A. 应纳税所得额上限不允许变动

B. 新增级数的下限等于其上一级上限加 1

C. 税率表初始界面的速算扣除数由系统给定，用户可进行修改

D. 删除税率级次时，必须从末级开始删除

4. 工资系统正常使用之前必须做好（　　）设置。

A. 部门　　B. 项目大类　　C. 人员类别　　D. 收发类别

5. 在工资分摊构成设置中，需要设置（　　）。

A. 部门　　B. 人员类别　　C. 工资项目　　D. 科目

第 7 章 Chapter 7 采购与应付业务

本章操作视频讲解（上）　　本章操作视频讲解（下）

7.1 采购业务处理

7.1.1 供应链管理与其他系统的关系

从总账的角度看，采购、销售、库存是发生业务数据的入口，所有的数据进入系统后，除了进行相关的业务处理，同时要传递到总账子系统进行账务处理，总账是会计数据处理的中心，采购、销售、库存与总账的关系如图 7－1 所示。

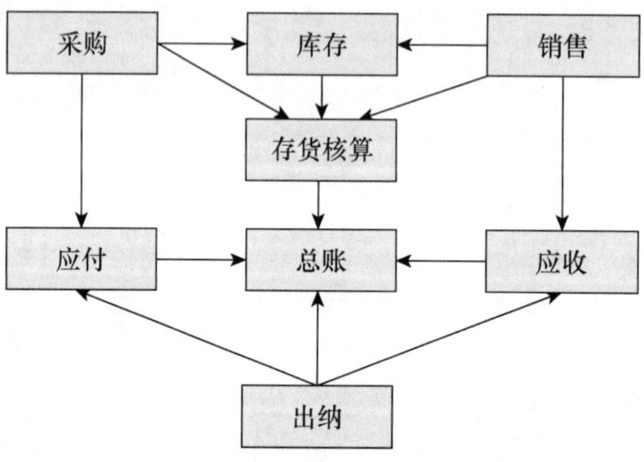

图 7－1 采购、销售、库存与总账的关系图

采购、销售、库存与总账一体化处理的流程如图 7－2 所示。

7.1.2 采购管理

采购过程是指企业获取其所需资源（包括各类原材料、配件、固定资产等）的业务过程。因此，采购模块涵盖与购买、维护及支付等业务过程有关的业务处理。由于商业信用关系，大多数企业存在赊购现象，通过购货活动先获取资源，在一定信用期后才支付货款。所以，采购过程与应付业务有密切联系。

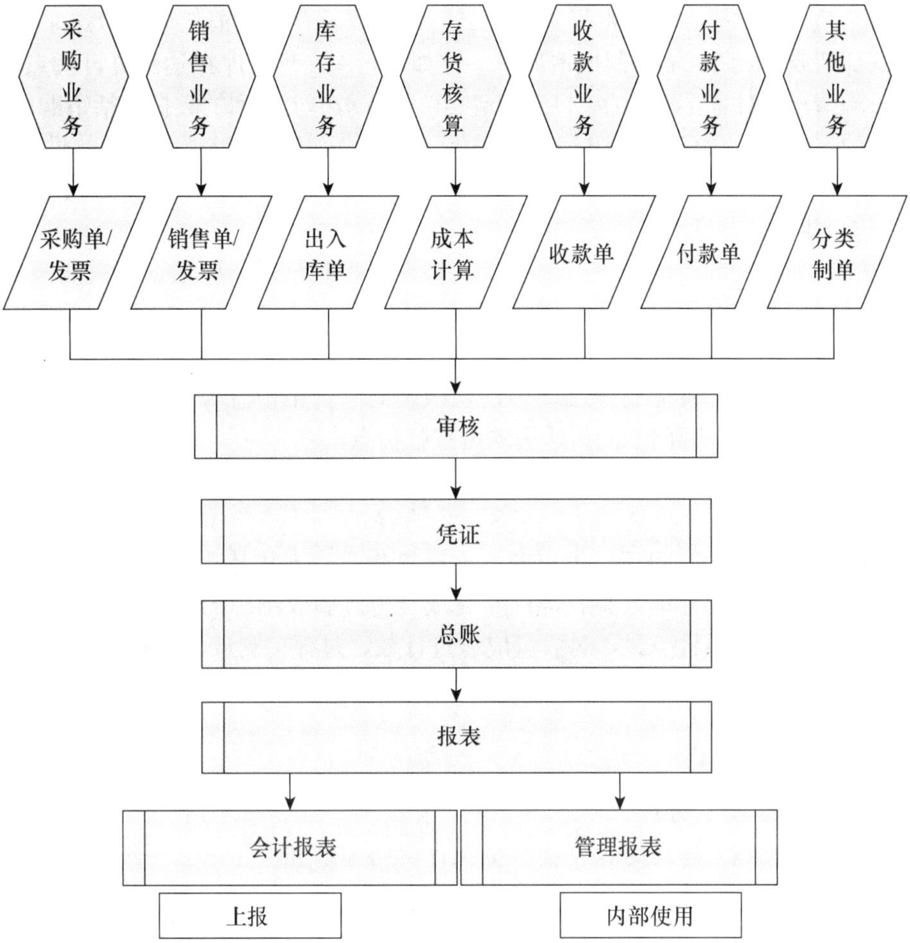

图 7-2 采购、销售、库存与总账的数据流程图

采购过程的总目标是获取、维护和支付组织所需的资源，也就是为组织的经营过程提供必需的资源。

采购模块是一个重要组成部分，其主要的功能有采购业务管理和采购核算，其中业务核算是采购模块的基础。通过采购业务管理，企业可在经营计划中拟定采购计划，并在经营过程中合理配置采购资金和人力资源，实施监控计划的执行情况；同时可对供应渠道、商品质量、价格、优惠条件进行管理，选择优秀的合作伙伴，提高商品采购的性价比；当然，也可以对业务部门及业务人员进行业绩考评。而采购核算的功能则是处理商品或材料等的购进业务，以及在采购过程中发生的各种费用的摊销。系统通过采购单据来记载采购过程，并根据这些采购单据形成对供应商的应付账款。同时，可对受托代销商品进行管理和核算。针对直运销售业务专门提供直运采购的核算，以及生成采购记账凭证、查询及打印各种账表等。

不同的行业或企业其采购过程有所不同，其中制造企业与商业企业的采购过程具有较大的代表性，对这两者进行分析可以将采购模块中基本业务流程总结如下。

1. 拟定采购计划

企业为了提高生产效率，降低成本，通常会建立存货再购点制度，即对各项存货设定一个最低库存水平。企业根据其生产经营计划以及存货的消耗量来拟定采购计划。需要采购部门或个人将其需求制成请购单。比如，仓库在现有库存达到再订货点时，可以提出采购请求，对需要购买的项目编制请购单。请购单上所列的数据包括请购的项目、发出请购的部门及批准该请购的主管人员签字，还可能列有提供该请购项目的供应商。

2. 选出供应商并发出采购订单

采购部门对收到的请购单进行复查，如果请求得到批准，应根据所需购买的存货项目及有关供应商资料挑选合适的供应商。对于得到批准的请求，采购部门编制采购订单。采购订单的部分内容与请购单相同（如发出请求部门及请购商品的数据），另外还有相应的核准信息、供应商信息、采购期限及商品价格信息等。采购订单主要用来在外部供应商及内部各部门之间传递采购的授权信息。

3. 验收购入物品

发出采购订单一段时间后，供应商发出所订物品。当物品到达时，验收部门应根据来自采购部门的采购订单（验收部门）完成交付。验收部门的任务是检查货物是否与采购订单上的详细项目一致，对数量应通过计数、过秤、测量、化验等手段来验证，并将结果记录到验收单上。验收单的内容包括存货品名规格、验收数量、到货时间及存货状况（如质量等）。

4. 信息记录和会计处理

验收后，根据购入物品的验收资料更新存货明细账和应付账款明细账。由于从发出采购订单到验收再到采购完成，往往有一段时间延迟，一般情况下，直至收到供应商发票后才能记录相应的负债。在收到供应商发票后，采购部门复查有关的凭证，提交会计部门对发票进行付款，并确认相应的负债。此时需复查四张凭证：采购订单，用来确认是经采购部门授权的采购；验收单，用来确认商品已验收；入库单，用来确认物料已经入库；供应商发票，用来确认供应商发票计算的正确性。如果订购的项目与实际验收的项目之间存在差异，应与供应商联系。在复查之后，对要支付的款项进行相关处理。

5. 定期汇总购货交易的各项资料

在会计部门复查了采购并确认了负债之后，应将到期金额记账。

6. 付款

当付款到期时，组织复查其有关负债并支付相应的货款。

采购管理与其他业务系统之间的数据关系如图7-3所示。

7.1.3 设置基础信息

实验资料

（1）计量单位。计量单位的有关信息如表7-1所示。

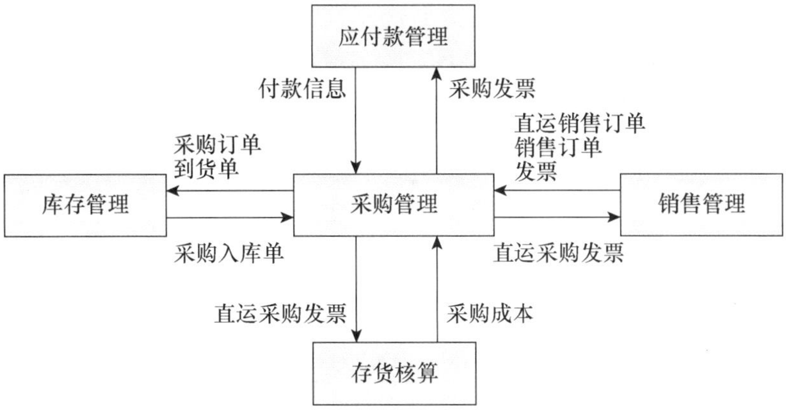

图 7-3　采购管理与其他业务系统的数据关系

表 7-1　计量单位

计量单位组名称	计量单位代码	计量单位名称	换算方式	换算率	是否默认
01：自然单位组，无换算率	0100	其他	无换算率		
	0101	吨	无换算率		
	0102	台	无换算率		
	0103	块	无换算率		
	0104	箱	无换算率		
	0105	盒	无换算率		
	0106	个	无换算率		
	0107	套	无换算率		
	0108	千米	无换算率		
02：鼠标组，固定换算率	0200	只	固定换算率	1	是
	0201	箱	固定换算率	12	
03：硬盘组，固定换算率	0300	盒	固定换算率	1	是
	0301	箱	固定换算率	10	

（2）存货分类。存货分类如表 7-2 所示。

表 7-2　存货分类

类别编码	类别名称	类别编码	类别名称
1	原材料	107	扫描器
101	主机	2	产成品
10101	处理器	201	创智一体机
10102	硬盘	3	配套用品
10103	主板	301	配套硬件
102	显示屏	30101	打印机
103	电子秤	30102	服务器
104	机箱	302	配套软件
105	键盘	8	应税劳务
106	鼠标		

（3）存货档案。存货档案如表 7－3 所示。

表 7－3　存货档案

存货编码	存货名称	存货大类编码	存货大类名称	计量单位组	计量单位	存货属性
		1	原材料			
001	CN 处理器	10101	处理器	自然单位组	盒	内销、外购、生产耗用
002	INT 处理器	10101	处理器	自然单位组	盒	内销、外购、生产耗用
003	2TSSD 硬盘	10102	硬盘	硬盘组	盒	内销、外购、生产耗用
004	1TSSD 硬盘	10102	硬盘	硬盘组	盒	内销、外购、生产耗用
005	LED 触摸屏	102	显示屏	自然单位组	块	内销、外购、生产耗用
006	LED 显示屏	102	显示屏	自然单位组	块	内销、外购、生产耗用
007	普通电子秤	103	电子秤	自然单位组	块	内销、外购、生产耗用
008	防水电子秤	103	电子秤	自然单位组	块	内销、外购、生产耗用
009	A 型机箱	104	机箱	自然单位组	个	内销、外购、生产耗用
010	B 型机箱	104	机箱	自然单位组	个	内销、外购、生产耗用
011	有线键盘	105	键盘	自然单位组	个	内销、外购、生产耗用
012	无线键盘	105	键盘	自然单位组	个	内销、外购、生产耗用
013	有线鼠标	106	鼠标	鼠标组	只	内销、外购、生产耗用
014	无线鼠标	106	鼠标	鼠标组	只	内销、外购、生产耗用
015	手持扫描器	107	扫描器	自然单位组	个	内销、自制、生产耗用
016	桌面扫描器	107	扫描器	自然单位组	个	内销、自制、生产耗用
		2	产成品			
017	创智 X 号	201	创智一体机	自然单位组	台	内销、自制
018	创智 N 号	201	创智一体机	自然单位组	台	内销、自制
		3	配套用品			
019	发票打印机	30101	打印机	自然单位组	台	内销、外购
020	HP 打印机	30101	打印机	自然单位组	台	内销、外购
021	联想服务器	30102	服务器	自然单位组	台	内销、外购
022	HP 服务器	30102	服务器	自然单位组	台	内销、外购
023	操作系统	302	配套软件	自然单位组	套	内销、外购、生产耗用
024	发票系统	302	配套软件	自然单位组	套	内销、外购、生产耗用
800	运费	8	应税劳务	自然单位组	千米	外销、外购、应税劳务

运费的计价方法为个别计价法，其他的按照库房计价。除 800 运费的税率为 6%外，其他的税率均为 13%。

（4）仓库档案。仓库档案如表 7－4 所示。

表 7－4　仓库档案

仓库编码	仓库名称	计价方式
1	原料库	移动平均法
2	成品库	全月平均法
3	配套用品库	全月平均法

存货核算方式为按照仓库核算。

（5）收发类别。收发类别如表 7－5 所示。

表 7－5 收发类别

编码	名称	标志	编码	名称	标志
1	正常入库	收	3	正常出库	发
101	采购入库	收	301	销售出库	发
102	产成品入库	收	302	领料出库	发
103	调拨入库	收	303	调拨出库	发
2	非正常入库	收	4	非正常出库	发
201	盘盈入库	收	401	盘亏出库	发
202	其他入库	收	402	其他出库	发

（6）采购类型。

编码：1；名称：普通采购；入库类别：采购入库；是默认值：是。

（7）销售类型。

编码：1；名称：经销；出库类别：销售出库；是默认值。

编码：2；名称：代销；出库类别：销售出库；非默认值。

（8）开户银行。

编码：01；开户银行：工商银行重庆分行两江支行；账号：787978797879；币种：人民币。

编码：02；开户银行：中国银行重庆分行两江支行；账号：112111211121；币种：美元；机构号：10465；联行号：86455。

账户名称均为：重庆两江科技有限公司。

（9）单据设置。将单据的编号设置改为“手工改动，重号时自动重取”，将流水依据的长度改为 3 位。在实验中，可以手工输入，也可以使用自动获取方式。在实际工作中，一般需要输入实际的发票号，以便对账。

实验过程

1. 设置计量单位组和计量单位

（1）设置计量单位组。以账套主管身份登录 U8 企业应用平台。

选择“基础设置”|“基础档案”|“存货”|“计量单位”，然后单击“分组”（即增加分组），进入“计量单位组”窗口后单击“增加”，输入计量单位组信息，单击“保存”按钮，计量单位组便建成。可继续增加计量单位组，设置完成后如图 7－4 所示。

无换算率计量单位组：在该组下的所有计量单位都以单独形式存在，各计量单位之间不需要输入换算率，系统默认为主计量单位。

固定换算率计量单位组：包括多个计量单位，其中一个主计量单位、多个辅计量单位。

浮动换算率计量单位组：只能包括两个计量单位，其中一个主计量单位、一个辅计量单位。

完成后单击“退出”。

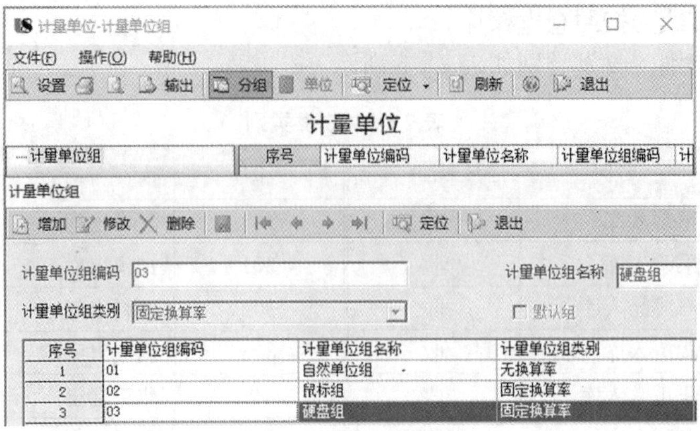

图7-4 计量单位组

（2）设置计量单位。选择“基础设置”|“基础档案”|“存货”|“计量单位”，先从左边选择计量单位组，然后单击工具栏上的“单位”按钮，进入“计量单位”窗口后单击“增加”，输入计量单位信息，如图7-5所示。

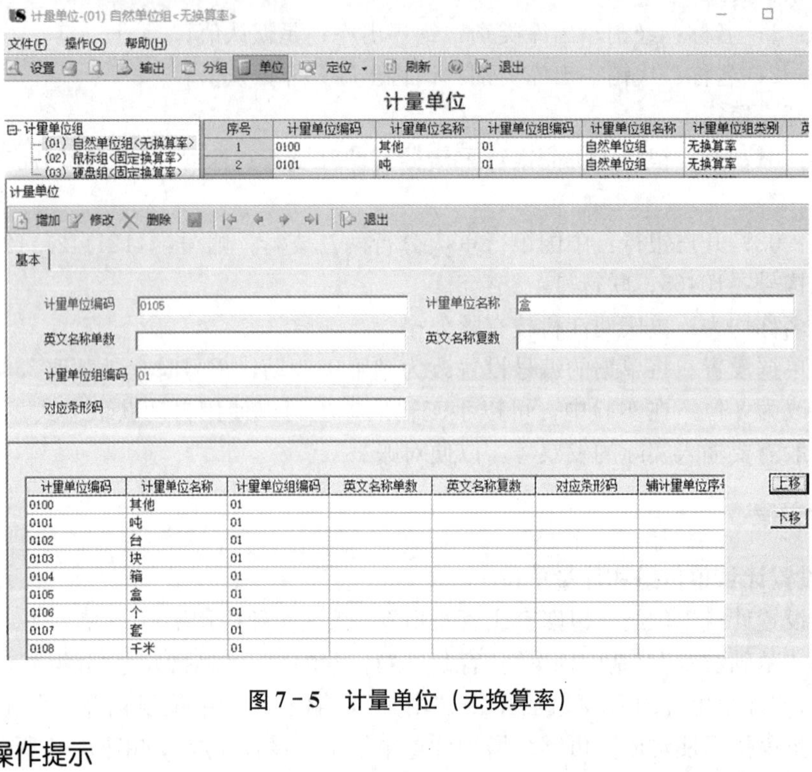

图7-5 计量单位（无换算率）

操作提示

主计量单位标志：打钩选择，不可修改。

无换算率计量单位组下的计量单位全部缺省为主计量单位，不可修改。

固定、浮动换算率计量单位组：对应每一个计量单位组必须且只能设置一个主计量单位，默认值为该组下增加的第一个计量单位。

每个辅计量单位都是和主计量单位进行换算。

设置完成一个计量单位组的计量单位后，然后再设置另一个计量单位组。固定换算率计量单位的设置如图7-6所示。

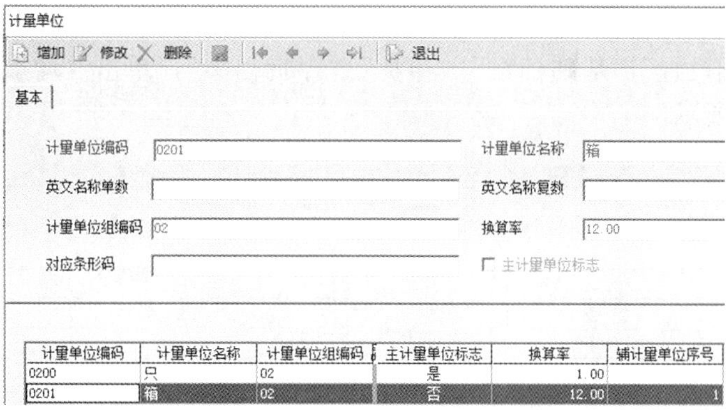

图 7－6　计量单位（固定换算率）

设置完成后，计量单位信息如图 7－7 所示。

图 7－7　计量单位

2. 设置存货分类

选择“基础设置”|“基础档案”|“存货”|“存货分类”，单击“增加”，在窗口右边栏中，输入存货分类编码与存货分类名称。设置完成后如图 7－8 所示。

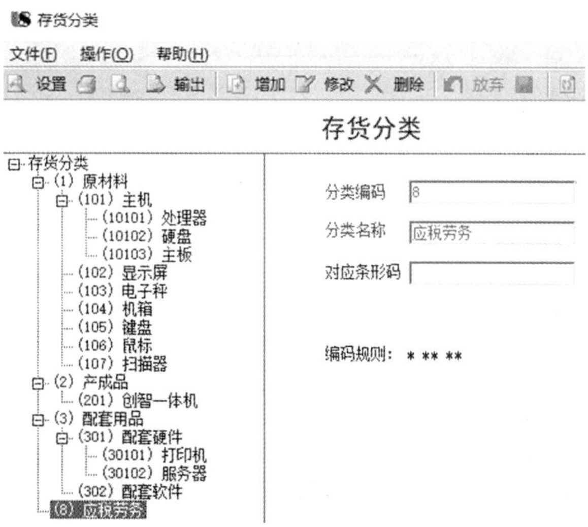

图 7－8　存货分类

3. 存货档案设置

选择“基础设置”|“基础档案”|“存货”|“存货档案”，单击“增加”，输入存货档案，如图 7－9 所示。

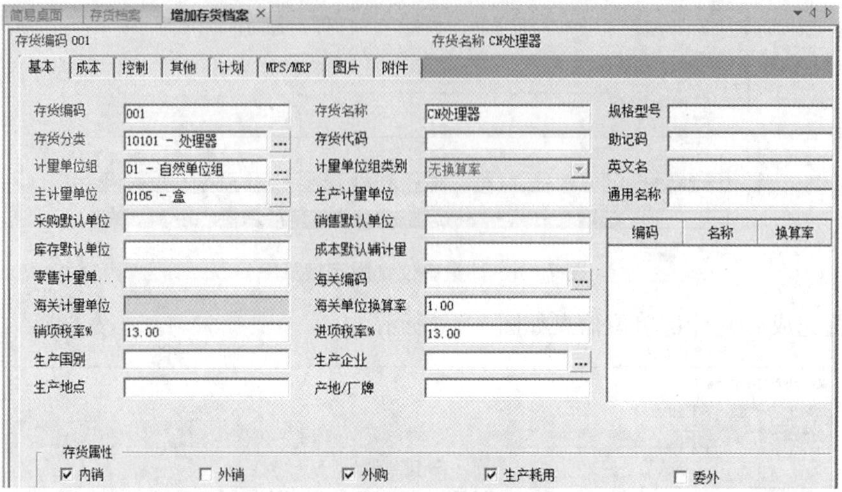

图 7－9　存货档案输入（基本）

输入完毕，单击“保存”按钮完成。

需要设置计价方式的，在“成本”页完成，如图 7－10 所示。

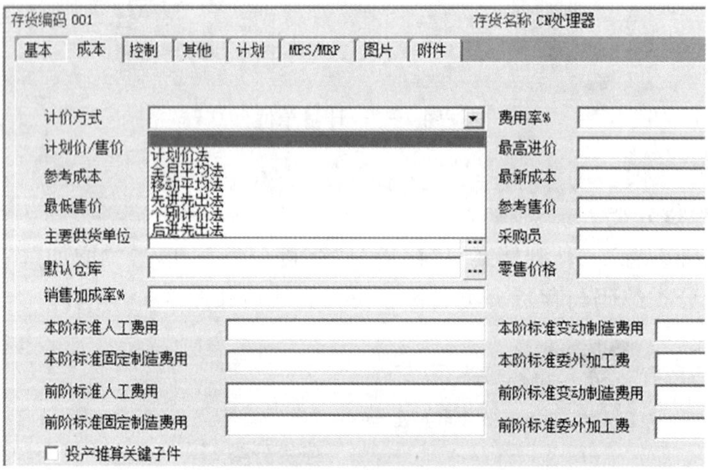

图 7－10　存货档案（成本）

在“存货档案-存货分类”窗口中选择“存货档案”页左边栏的“存货分类”，能够显示录入的存货档案信息。选择“栏目”，可以根据需要调整显示的项目和顺序。

设置完成的存货档案如图 7－11 所示。

4. 仓库档案设置

（1）仓库档案设置。选择“基础设置”|“基础档案”|“业务”|“仓库档案”，点击“增加”，弹出“增加仓库档案”窗口，然后根据实验资料录入仓库编码、仓库名称、计价方式等信息，如图 7－12 所示。

存货档案

序号	选择	存货编码	存货名称	存货大类编码	存货大类名称	计量单位组名称	计量单位组类别	主计量单位名称
1		001	CN处理器	10101	处理器	自然单位组	无换算率	盒
2		002	INT处理器	10101	处理器	自然单位组	无换算率	盒
3		003	2TSSD硬盘	10102	硬盘	硬盘组	固定换算率	盒
4		004	1TSSD硬盘	10102	硬盘	硬盘组	固定换算率	盒
5		005	LED触摸屏	102	显示屏	自然单位组	无换算率	块
6		006	LED显示屏	102	显示屏	自然单位组	无换算率	块
7		007	普通电子秤	103	电子秤	自然单位组	无换算率	块
8		008	防水电子秤	103	电子秤	自然单位组	无换算率	块
9		009	A型机箱	104	机箱	自然单位组	无换算率	个
10		010	B型机箱	104	机箱	自然单位组	无换算率	个
11		011	有线键盘	105	键盘	自然单位组	无换算率	个
12		012	无线键盘	105	键盘	自然单位组	无换算率	个
13		013	有线鼠标	106	鼠标	鼠标组	固定换算率	只
14		014	无线鼠标	106	鼠标	鼠标组	固定换算率	只
15		015	手持扫描器	107	扫描器	自然单位组	无换算率	个
16		016	桌面扫描器	107	扫描器	自然单位组	无换算率	个
17		017	创智X号	201	创智一体机	自然单位组	无换算率	台
18		018	创智N号	201	创智一体机	自然单位组	无换算率	台
19		019	发票打印机	30101	打印机	自然单位组	无换算率	台
20		020	HP打印机	30101	打印机	自然单位组	无换算率	台
21		021	联想服务器	30102	服务器	自然单位组	无换算率	台
22		022	HP服务器	30102	服务器	自然单位组	无换算率	台
23		023	操作系统	302	配套软件	自然单位组	无换算率	套
24		024	发票系统	302	配套软件	自然单位组	无换算率	套
25		800	运费	8	应税劳务	自然单位组	无换算率	千米

图 7－11　存货档案

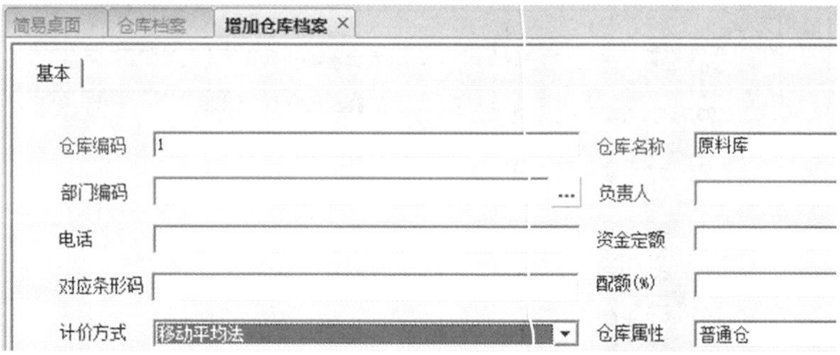

图 7－12　增加仓库档案

点击“保存”按钮，系统将当前录入的仓库信息保存，并新增一张空白卡片，以录入新的仓库资料。设置完成后仓库档案如图 7－13 所示。

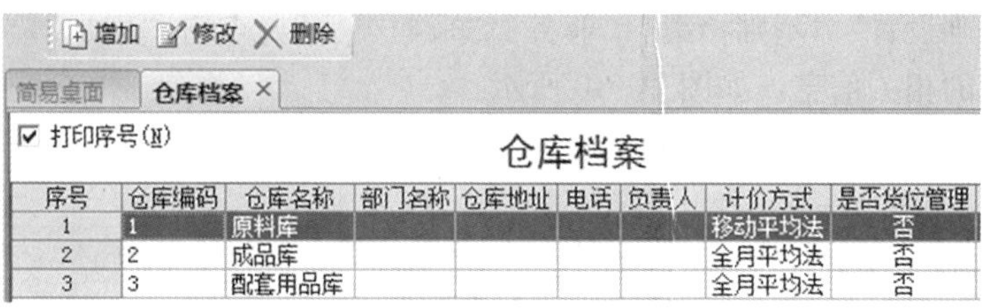

仓库档案

序号	仓库编码	仓库名称	部门名称	仓库地址	电话	负责人	计价方式	是否货位管理
1	1	原料库					移动平均法	否
2	2	成品库					全月平均法	否
3	3	配套用品库					全月平均法	否

图 7－13　仓库档案

（2）存货核算方式设置。用友 U8 中存货计价方式一是在存货档案里，根据每一种物料的要求设置；二是在仓库档案里按照仓库进行设置，也就是这个仓库里的所有物料都采用这种计价方法。

选择“基础设置”|“业务参数”|“供应链”|“存货核算”，选择“核算方式”，可以选择按仓库核算、按部门核算、按存货核算。这里设置为“按仓库核算”，如图 7－14 所示。

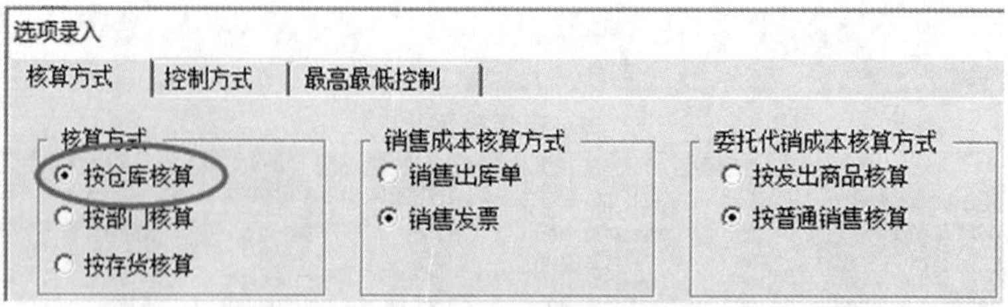

图 7-14　存货核算方式设置

5. 收发类别设置

选择“基础设置”|“基础档案”|“业务”|“收发类别”，进入后点击“增加”，根据实验资料录入收发类别的相关信息，如图 7-15 所示。

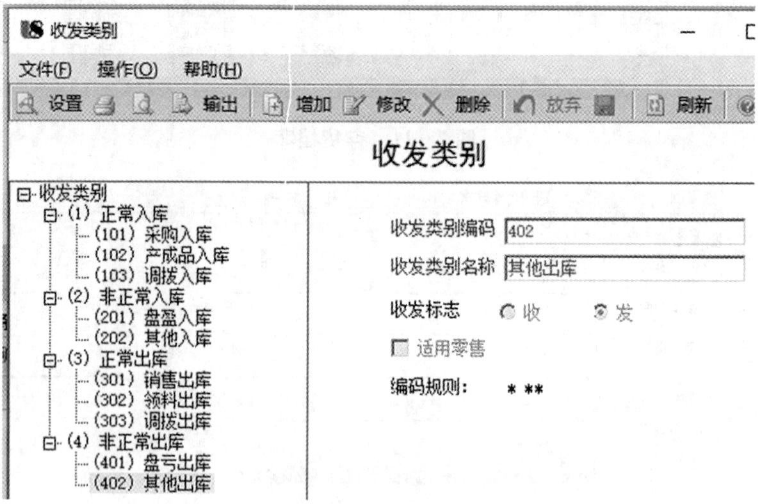

图 7-15　收发类别

6. 采购类型设置

选择“基础设置”|“基础档案”|“业务”|“采购类型”，点击“增加”，根据实验资料录入采购类型的相关信息，如图 7-16 所示。

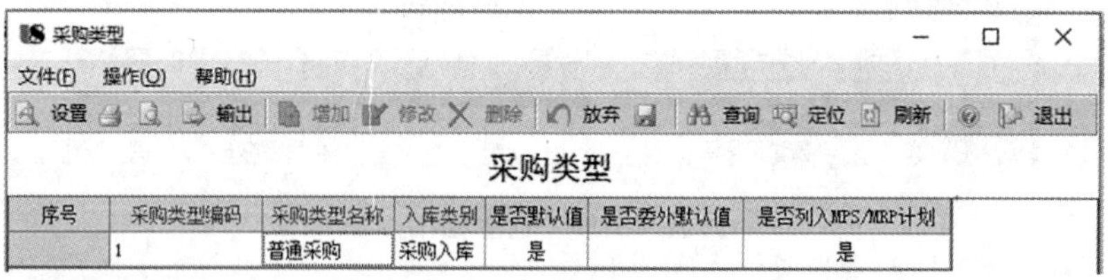

图 7-16　采购类型

7. 销售类型设置

选择“基础设置”|“基础档案”|“业务”|“销售类型”，进入后点击“增加”，根据实验资料录入销售类型的相关信息，如图 7-17 所示。

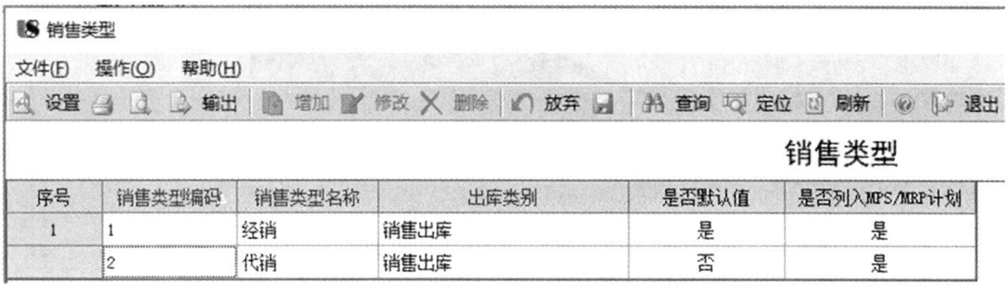

图 7-17　销售类型

8. 开户银行设置

选择“基础设置”|“基础档案”|“收付结算”|“本单位开户银行”，进入“本单位开户银行”窗口，点击“增加”，根据实验资料录入开户银行信息，如图 7-18 所示。

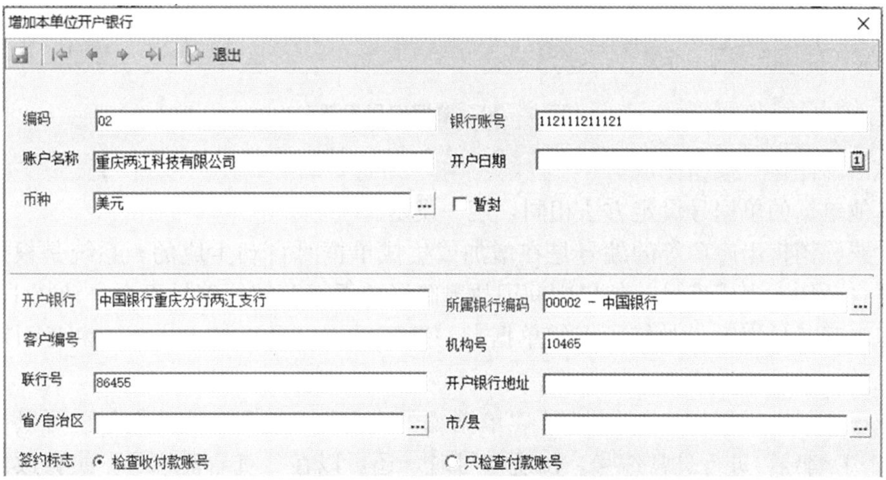

图 7-18　增加本单位开户银行

设置完成后如图 7-19 所示。

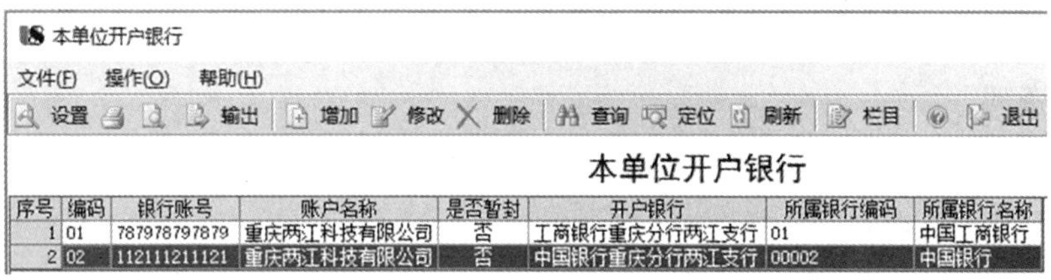

图 7-19　本单位开户银行

9. 单据编号设置

单据编号可以按照实际需要设置。实际工作中一般使用真实的发票号，这样也便于后续查询和核对。

选择“基础设置”|“单据设置”|“单据编号设置”，再选择“编号设置”页中的“应收款管理”|“其他应收单”，单击“修改”按钮，选择“手工改动，重号时自动重取”，将流水依据长度改为 3，如图 7-20 所示。

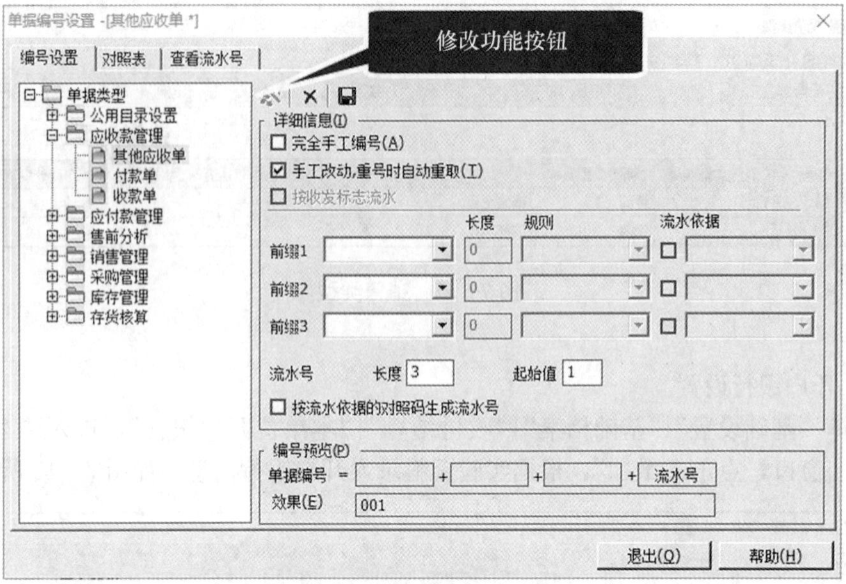

图7-20 单据编号设置

单击“保存”按钮完成。

其他单据的单据号设定方法相同，逐一设定。

发票、销售出库单等的编号是在增加或生成单据时自动生成的，系统是根据存储的编号自动加1生成编号，如果中间因故删除了单据，存储的编号不会自动减1，因此就可能出现断号情况。对打印出的单据，一般还采用打号机打号，防止断号引起的误解，也是一种保障手段。

选择“基础设置”|“单据设置”|“单据编号设置”，在“编号设置”页可以设置为“完全手工编号”进行日常编号。出现空号时，还可以在“查看流水号”页修改流水号的序号值，消除断号。

7.1.4 设置基础科目

实验资料

(1) 存货核算。

1) 存货科目设置。

原料库：生产用原材料（140301）；成品库：库存商品（1405）；配套用品库：库存商品（1405）。

2) 对方科目设置。

采购入库：在途物资（1402）；产成品入库：生产成本/直接材料（500101）；盘盈入库：待处理流动资产损溢（190101）；销售出库：主营业务成本（6401）；领料出库：生产成本/直接材料（500101）。

(2) 应收款管理。

1) 坏账处理方式。

应收余额百分比法；应收款核销方式：按单据；其他参数为系统默认。

2）基本科目设置。

应收科目：1122；预收科目：2203；销售收入科目：6001；税金科目：22210105；其他可暂时不设置。

3）控制科目设置。

所有客户的控制科目均相同；应收科目：1122；预收科目：2203。

4）结算方式科目设置。

现金支票对应科目：100201；转账支票（人民币）对应科目：100201；转账支票（美元）对应科目：100202；其他结算方式：100201。

5）坏账准备设置。

提取比例 0.5%，期初余额 10 000，科目 1231，对方科目 6701。

6）账期内账龄区间及逾期账龄区间的总天数项目设置。

01：30 天；02：60 天；03：90 天；04：120 天。

7）报警级别设置如表 7－6 所示。

表 7－6　报警级别

序号	起止比率	总比率（%）	级别名称
1	0 以上	10	A
2	10%～30%	30	B
3	30%～50%	50	C
4	50%～100%	100	D
5	100%以上		E

（3）应付款管理。

1）应付款核销方式。

按单据，其他参数为系统默认。

2）基本科目设置。

应付科目：2202；预付科目：1123；采购科目：1402；税金科目：22210101；其他可暂时不设置。

3）结算方式科目设置。

现金支票对应科目：100201；转账支票（人民币）对应科目：100201；转账支票（美元）对应科目：100202；其他结算方式：100201。

账期内账龄区间与逾期账龄区间设置同应收款管理。

实验过程

1. 设置存货科目

选择“业务工作”|“供应链”|“存货核算”|“初始设置”|“科目设置”|“存货科目”，进入后点击“增加”，根据实验资料录入信息，如图 7－21 所示。

2. 设置对方科目

选择“业务工作”|“供应链”|“存货核算”|“初始设置”|“科目设置”|“对方科目”，进入后点击“增加”，根据实验资料录入信息，如图 7－22 所示。

仓库编码	仓库名称	存货分类编码	存货分类名称	存货编码	存货名称	存货科目编码	存货科目名称	差异科目编码	差异科目名称
1	原料库					140301	生产用原材料		
2	成品库					1405	库存商品		
3	配套用品库					1405	库存商品		

图7-21　存货科目

收发类别...	收发类别名称	存货分类编码	存货分类名称	对方科目编码	对方科目名称	暂估科目编码
101	采购入库			1402	在途物资	
102	产成品入库			500101	直接材料	
201	盘盈入库			190101	待处理流动资产损溢	
301	销售出库			6401	主营业务成本	
302	领料出库			500101	直接材料	

图7-22　对方科目

3. 应收账款管理设置

（1）账套参数设置。选择“业务工作”|“财务会计”|“应收款管理”|“设置”|“选项”，弹出“账套参数设置”窗口，单击“编辑”，按实验资料设置参数，如图7-23所示。

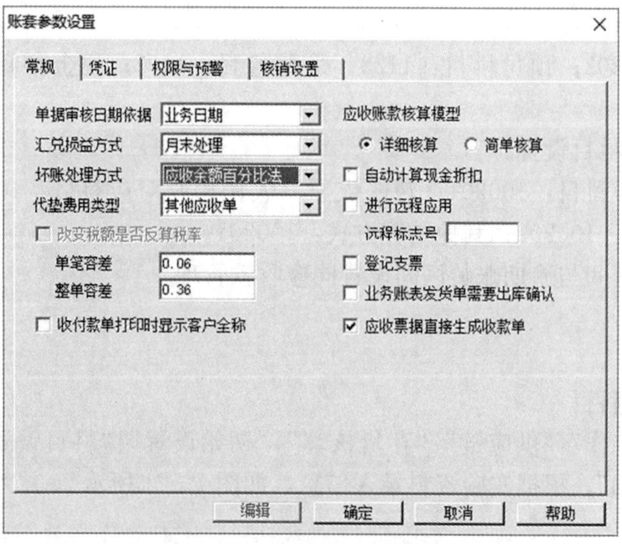

图7-23　账套参数设置

（2）基本科目设置。选择“业务工作”|“财务会计”|“应收款管理”|“设置”|“初始设置”，选择“基本科目设置”，然后单击“增加”，按实验资料逐一设置，如图7-24所示。

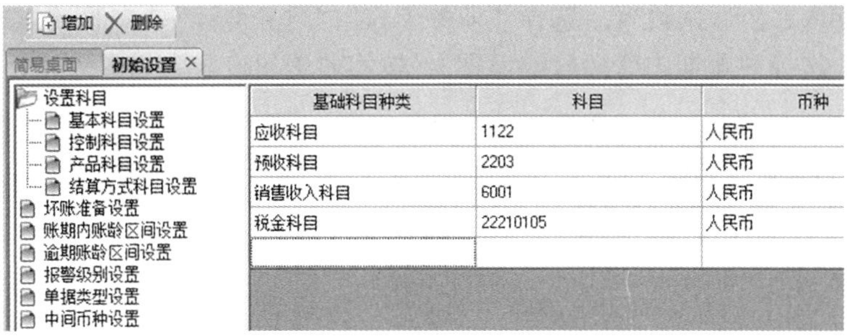

图 7－24　基本科目设置

（3）控制科目设置。选择“业务工作”|“财务会计”|“应收款管理”|“设置”|“初始设置”，选择“控制科目设置”，按实验资料设置科目，如图 7－25 所示。

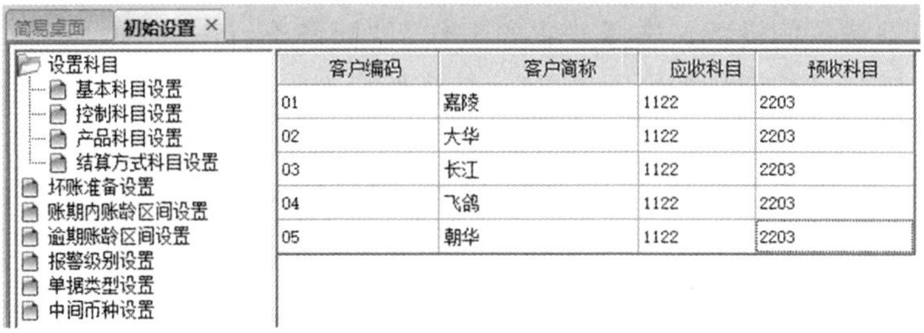

图 7－25　控制科目设置

（4）结算方式科目设置。选择“业务工作”|“财务会计”|“应收款管理”|“设置”|“初始设置”，选择“结算方式科目设置”，单击“增加”，按实验资料设置科目，如图 7－26 所示。

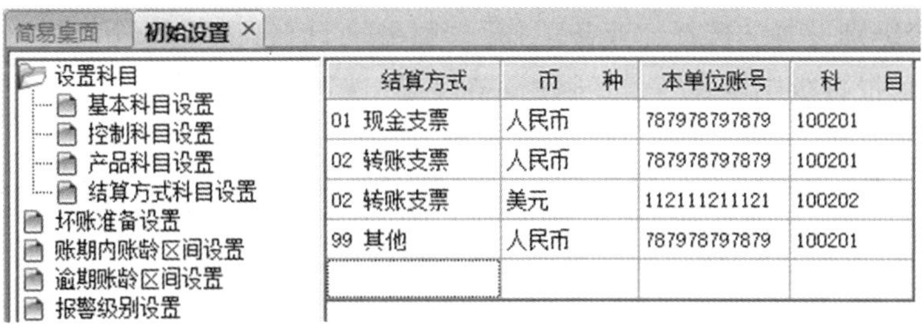

图 7－26　结算方式科目设置

（5）坏账准备设置。选择“业务工作”|“财务会计”|“应收款管理”|“设置”|“初始设置”，选择“坏账准备设置”，按实验资料设置，如图 7－27 所示。

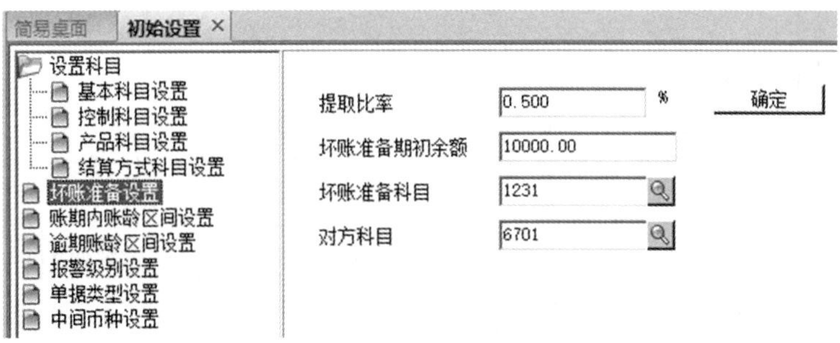

图 7－27　坏账准备设置

（6）账期内账龄区间设置。选择“业务工作”|“财务会计”|“应收款管理”|“设置”|“初始设置”，选择“账期内账龄区间设置”，按实验资料设置，如图7-28所示。

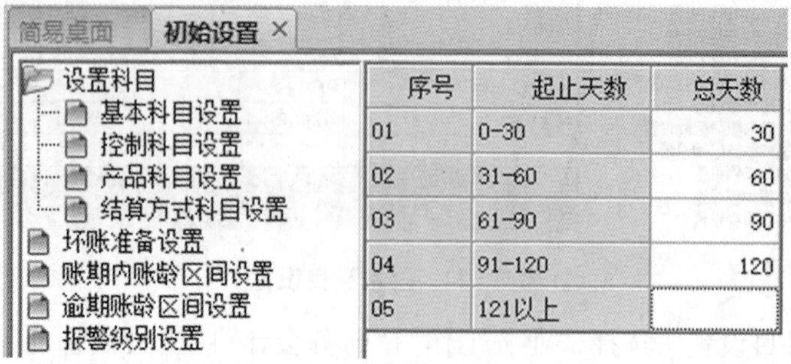

图7-28 账期内账龄区间设置

（7）逾期账龄区间设置。选择“业务工作”|“财务会计”|“应收款管理”|“设置”|“初始设置”，选择“逾期账龄区间设置”，按实验资料设置，如图7-29所示。

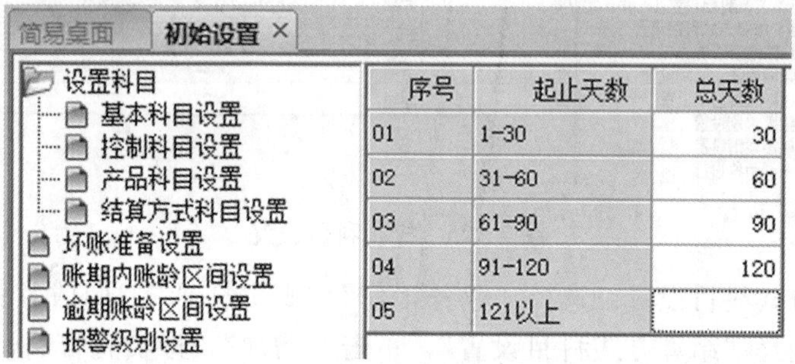

图7-29 逾期账龄区间设置

（8）报警级别设置。选择“业务工作”|“财务会计”|“应收款管理”|“设置”|“初始设置”，选择“报警级别设置”，按实验资料设置，如图7-30所示。

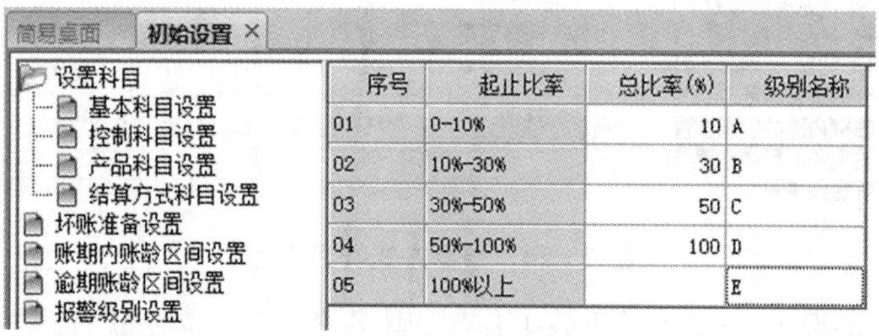

图7-30 报警级别设置

4. 应付款管理设置

（1）账套参数设置。选择“业务工作”|“财务会计”|“应付款管理”|“设置”|“选项”，弹出“账套参数设置”窗口，单击“编辑”，按实验资料设置参数，如图7-31所示。

（2）基本科目设置。选择“业务工作”|“财务会计”|“应付款管理”|“设置”|“初始设置”，选择“基本科目设置”，单击“增加”，按实验资料设置科目，如图7-32所示。

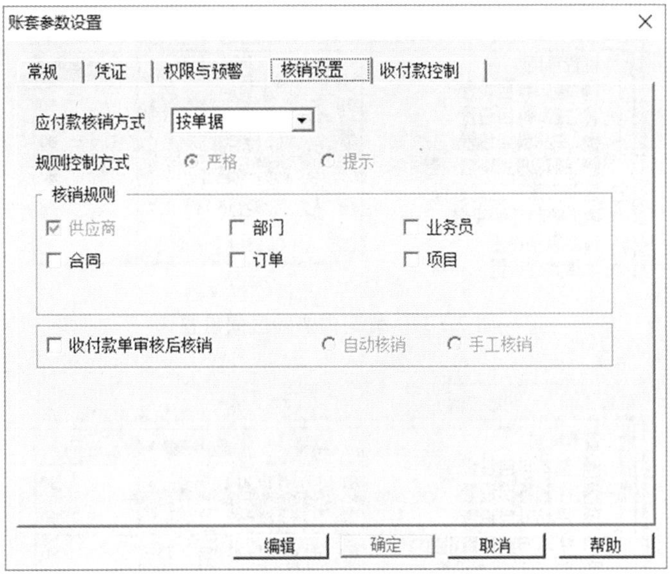

图 7－31　账套参数设置

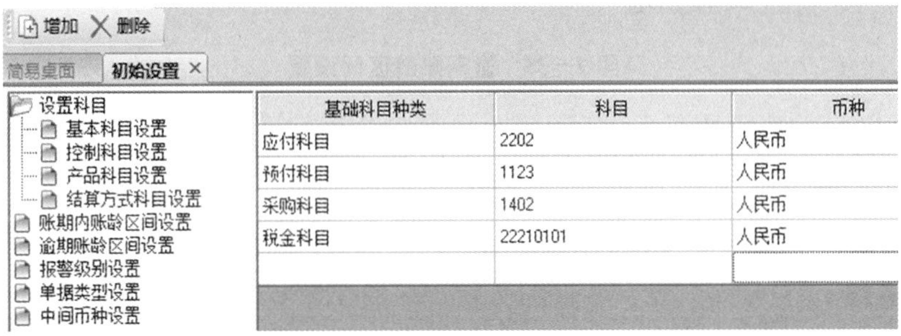

图 7－32　基本科目设置

（3）结算方式科目设置。选择“业务工作”|“财务会计”|“应付款管理”|“设置”|“初始设置”，选择“结算方式科目设置”，单击“增加”，按实验资料设置科目，如图 7－33 所示。

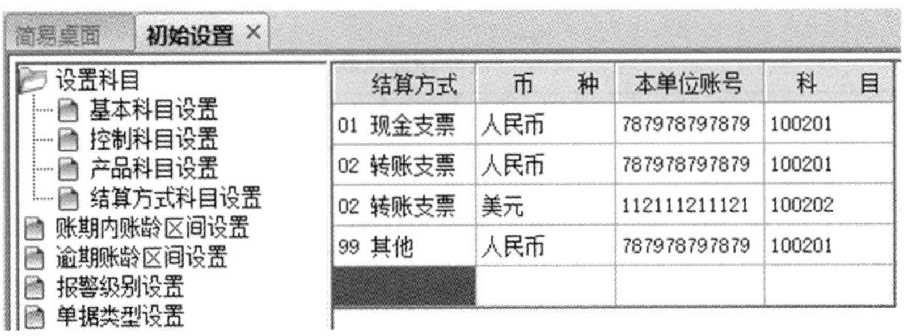

图 7－33　结算方式科目设置

（4）账期内账龄区间设置。选择“业务工作”|“财务会计”|“应付款管理”|“设置”|“初始设置”，选择“账期内账龄区间设置”，按实验资料设置，如图 7－34 所示。

（5）逾期账龄区间设置。选择“业务工作”|“财务会计”|“应付款管理”|“设置”|“初始设置”，选择“逾期账龄区间设置”，按实验资料设置，如图 7－35 所示。

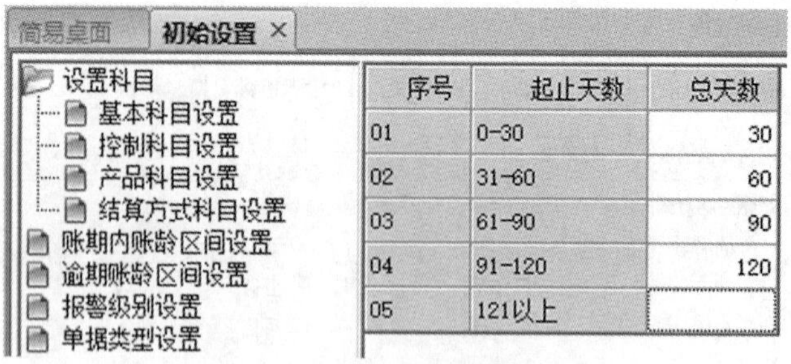

图7-34　账期内账龄区间设置

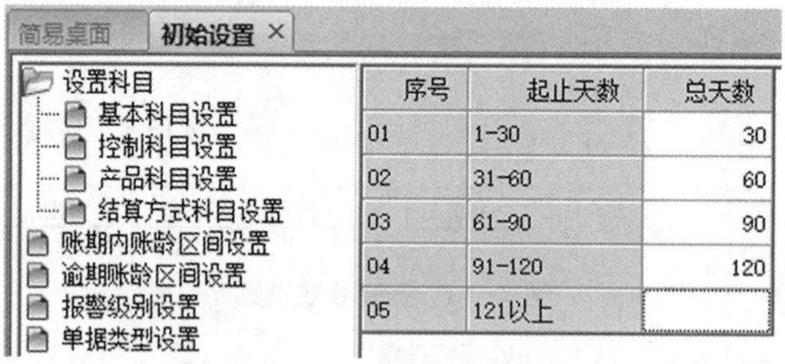

图7-35　逾期账龄区间设置

7.1.5　期初余额

实验资料

（1）采购管理期初数据。3月25日，收到重庆大江公司提供的2TSSD硬盘100盒，暂估单价为800元，商品已验收入原料库，至今尚未收到发票。

（2）销售管理期初数据。3月28日，销售部向天津大华公司出售创智X号10台，报价（无税单价）为6 500元，由成品库发货。该发货单尚未开票。

（3）库存和存货核算期初数据。3月底，对各个仓库进行了盘点，结果如表7-7所示。

表7-7　库存盘点表

仓库名称	物料名称	单位	数量	结存单价	结存金额
原料库	CN处理器	盒	700	1 200	840 000
	2TSSD硬盘	盒	200	820	164 000
原料库小计			900		1 004 000
成品库	创智X号	台	580	4 800	2 784 000
	手持扫描器	个	250	200	50 000
	桌面扫描器	个	60	250	15 000
配套用品库	HP打印机	台	400	1 800	720 000
库存商品小计			2 730		3 569 000
合计			3 630		4 573 000

（4）应收款管理系统期初数据。应收款以应收单形式录入，如表 7－8 所示。

表 7－8　应收账款期初

日期	客户	方向	金额	业务员
2019－02－25	重庆嘉陵公司	借	99 600	刘一江
2019－03－10	天津大华公司	借	58 000	刘一江
	合计	借	157 600	

（5）应付款管理系统期初数据。应付账款以应付单形式录入，如表 7－9 所示。

表 7－9　应付账款期初

日期	供应商	方向	金额	业务员
2019－01－20	重庆大江公司	贷	276 850	李天华

实验过程

1. 采购管理期初数据

选择“业务工作”|“供应链”|“采购管理”|“采购入库”|“采购入库单”，进入期初采购入库单，单击“增加”，按实验资料输入。本例属于货到发票未到的情况，如图 7－36 所示。

图 7－36　期初采购入库单

输入完成后，单击工具栏上的“保存”按钮，然后退出。

选择“业务工作”|“供应链”|“采购管理”|“设置”|“采购期初记账”，然后单击“记账”完成期初记账工作。记账后再选择本功能，则可以取消期初记账。

2. 销售管理期初数据

选择“业务工作”|“供应链”|“销售管理”|“设置”|“期初录入”|“期初发货单”，进入期初发货单，单击“增加”，按实验资料输入，如图 7－37 所示。

单击工具栏上的“保存”按钮，再单击“审核”按钮完成审核工作，然后退出。

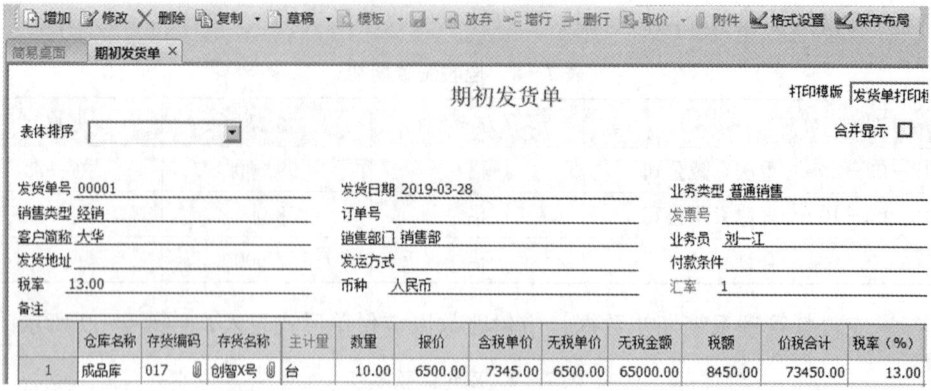

期初发货单

发货单号 00001	发货日期 2019-03-28	业务类型 普通销售
销售类型 经销	订单号	发票号
客户简称 大华	销售部门 销售部	业务员 刘一江
发货地址	发运方式	付款条件
税率 13.00	币种 人民币	汇率 1
备注		

	仓库名称	存货编码	存货名称	主计量	数量	报价	含税单价	无税单价	无税金额	税额	价税合计	税率（%）
1	成品库	017	创智X号	台	10.00	6500.00	7345.00	6500.00	65000.00	8450.00	73450.00	13.00

图 7－37　期初发货单

3. 库存和存货期初数据

（1）录入存货期初数据。选择“业务工作”|“供应链”|“存货核算”|“初始设置”|“期初数据”|“期初余额”，先选择原料库，再单击“增加”，按实验资料输入，如图 7－38 所示。

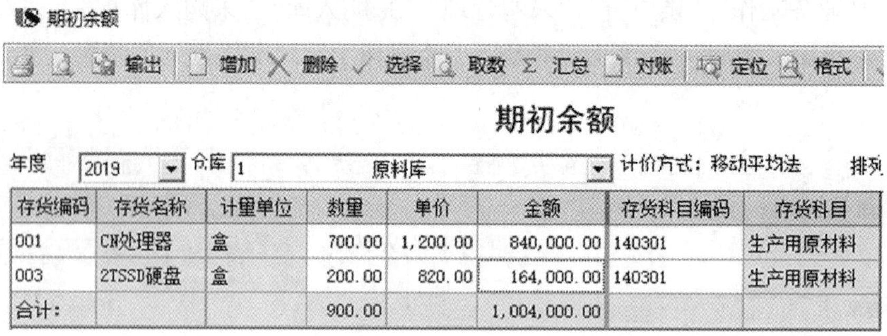

期初余额

年度 2019　仓库 1 原料库　计价方式：移动平均法

存货编码	存货名称	计量单位	数量	单价	金额	存货科目编码	存货科目
001	CN处理器	盒	700.00	1,200.00	840,000.00	140301	生产用原材料
003	2TSSD硬盘	盒	200.00	820.00	164,000.00	140301	生产用原材料
合计：			900.00		1,004,000.00		

图 7－38　期初余额（原料库）

选择成品库，期初余额输入如图 7－39 所示。

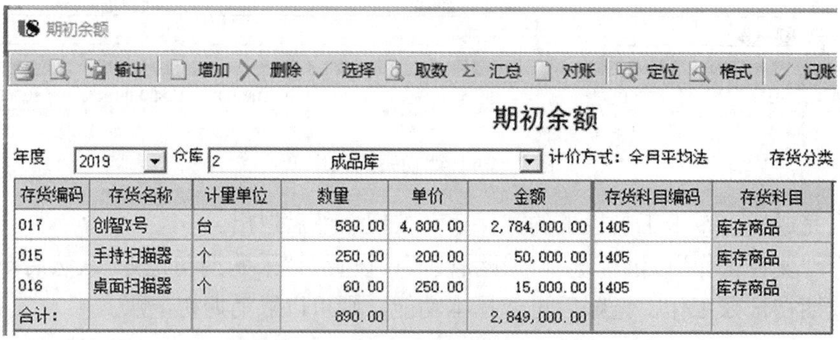

期初余额

年度 2019　仓库 2 成品库　计价方式：全月平均法

存货编码	存货名称	计量单位	数量	单价	金额	存货科目编码	存货科目
017	创智X号	台	580.00	4,800.00	2,784,000.00	1405	库存商品
015	手持扫描器	个	250.00	200.00	50,000.00	1405	库存商品
016	桌面扫描器	个	60.00	250.00	15,000.00	1405	库存商品
合计：			890.00		2,849,000.00		

图 7－39　期初余额（成品库）

选择配套用品库，期初余额输入如图 7－40 所示。

（2）录入库存期初数据。选择“业务工作”|“供应链”|“库存管理”|“初始设置”|“期初结存”，进入“库存期初数据录入”页，先选择“原料库”，再单击“修改”。可以按实验资料输入，还可以直接单击“取数”从存货期初数据中取来，如图 7－41 所示。

存货编码	存货名称	计量单位	数量	单价	金额	存货科目编码	存货科目
020	HP打印机	台	400.00	1,800.00	720,000.00	1405	库存商品
合计：			400.00		720,000.00		

图 7－40　期初余额（配套用品库）

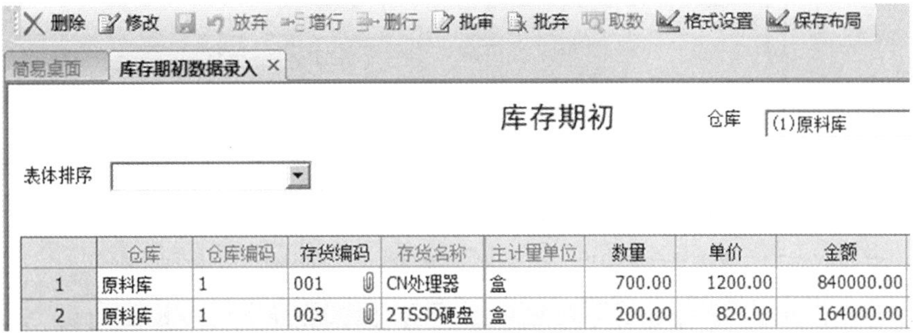

	仓库	仓库编码	存货编码	存货名称	主计量单位	数量	单价	金额
1	原料库	1	001	CN处理器	盒	700.00	1200.00	840000.00
2	原料库	1	003	2TSSD硬盘	盒	200.00	820.00	164000.00

图 7－41　库存期初数据（原料库）

单击“保存”后，选择成品库，输入期初数据，如图 7－42 所示。

	仓库	仓库编码	存货编码	存货名称	主计量单位	数量	单价	金额
1	成品库	2	017	创智X号	台	580.00	4800.00	2784000.00
2	成品库	2	015	手持扫描器	个	250.00	200.00	50000.00
3	成品库	2	016	桌面扫描器	个	60.00	250.00	15000.00

图 7－42　库存期初数据（成品库）

单击“保存”后，选择配套用品库，输入期初数据，如图 7－43 所示。

仓库	仓库编码	存货编码	存货名称	主计量单位	数量	单价	金额
配套用品库	3	020	HP打印机	台	400.00	1800.00	720000.00

图 7－43　库存期初数据（配套用品库）

保存后，单击工具栏上的“批审”按钮，分别对各仓库的期初数据进行审核。

操作提示

工具栏上的“审核”是审核当前存货记录，“批审”是审核当前录入的库房存货。

如果不审核，将不会在实际库存数据中体现出来，就无法保存录入的出库单。

单击“对账”按钮，按照仓库进行对账，会显示“对账成功”。

4. 应收款管理期初数据

选择“业务工作”|“财务会计”|“应收款管理”|“设置”|“期初余额”，进入“期初余额-查询”条件设置，这里按照默认设置，单击“确定”进入期初余额明细表，单击“增加”，显示出单据类别，选择应收单，如图 7－44 所示。

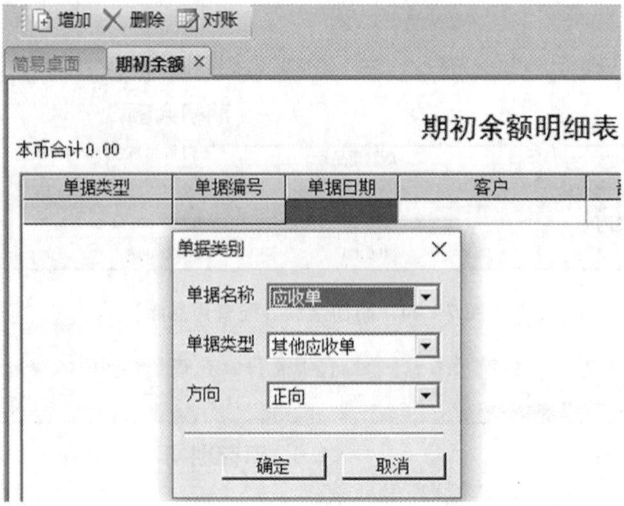

图 7-44 选择单据

进入应收单后，单击“增加”，按实验资料输入，如图 7-45 所示。

图 7-45 应收单

输入完成，单击“保存”，然后再单击“增加”继续输入。全部单据输入完毕后，返回到期初余额明细表。单击“刷新”，可以查看输入的期初单据，如图 7-46 所示。

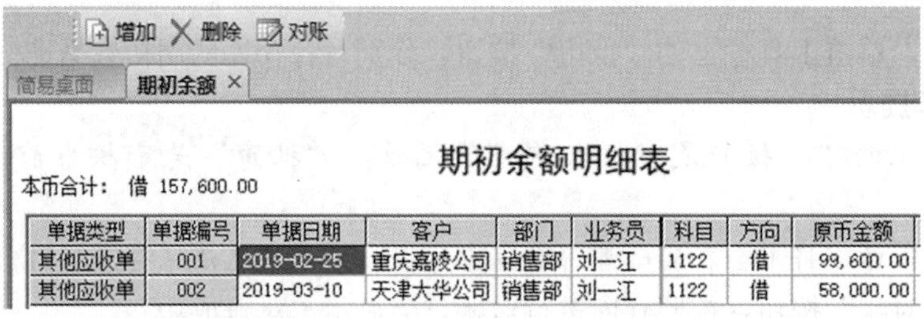

图 7-46 期初余额明细表

单击工具栏上的“对账”按钮，实现与总账相关数据的对账，显示对账结果。若对账差额为零，则说明对账正确。

5. 应付款管理期初数据

选择“业务工作”|“财务会计”|“应付款管理”|“设置”|“期初余额”，进入“期初余

额-查询”条件设置，这里按照默认设置，单击“确定”进入期初余额明细表，单击“增加”，显示出单据类别，选择应付单，单击“确定”进入应付单后，再单击“增加”，按照实验资料输入，如图 7-47 所示。

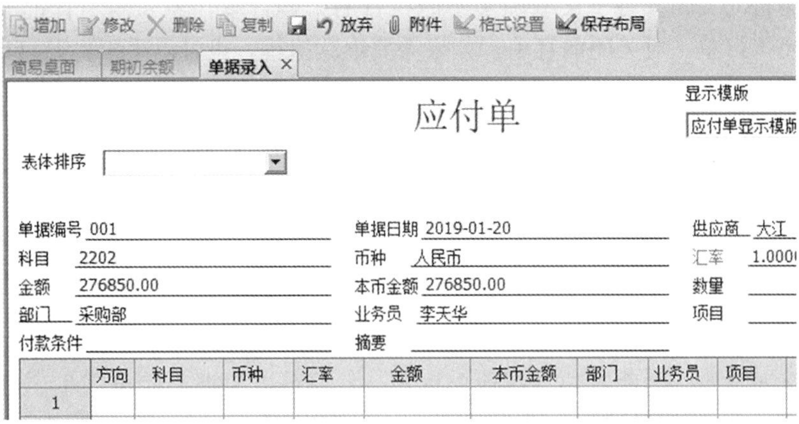

图 7-47　应付单

输入完成，单击“保存”，然后返回。

在“期初余额”窗口，单击工具栏上的“对账”按钮，实现与总账相关数据的对账。对账结果如果差额为零，说明对账正确。

7.2　采购管理

7.2.1　采购管理功能概述

采购管理是 U8 软件供应链管理中的一个重要部分，通过对采购订单、采购入库单、采购发票的处理，根据采购发票确认采购入库成本，并掌握采购业务的付款情况；与库存管理联合使用可以随时掌握存货的现存量信息，从而减少盲目采购，避免库存积压；与存货核算一起使用可以为核算提供采购入库成本，便于财务部门及时掌握存货采购成本。

首次使用采购管理模块时，应建立系统账套参数等基础数据，然后输入在使用本系统前未执行完的采购订单、采购入库单（暂估入库）和采购发票（在途数据），并进行期初记账处理；期初记账后，期初数据不能增加、修改，除非取消期初记账。

第二年以及以后各年再使用本模块，应首先完成上年度各项工作，做好数据备份，再建立新年度的账套。如果需要调整基础数据和基本参数，可以进行调整，之后利用结转上年功能将上年未执行完成的采购订单、未结算的采购入库单、发票和采购台账余额数据转入新一年的账套中。

1. 采购订货

采购订货主要是填制采购订单。采购订单反映业务部门与供应商签订的采购和受托代销合同，它是统计采购合同执行情况的依据。根据经供货单位审核确认后的订单，可以生成入库单和采购发票。

采购订单执行完毕，也就是说某采购订单已入库、取得采购发票并且已付款后，该订单将会自动关闭。对于某些确实不能执行的采购订单，经采购主管批准后，也可以人工关闭该订单。对关闭的订单，如果需要继续执行，也可以手工打开订单。

2. 采购业务

采购业务的关键步骤和内容如下：

（1）采购入库。可以根据采购订单和实际到货数量填制入库单，可以根据采购发票填制入库单。可以暂估入库，支持退货负入库和冲单负入库，并可处理采购退货。

（2）采购发票。能对取得供货单位开具的发票进行处理。采购发票分为增值税专用发票、普通发票、运费发票、其他票据等。发票可以根据入库单产生。可以处理负数发票。可以进行付款结算。

（3）采购结算。采购结算是针对采购业务的入库单，根据发票确认其采购入库成本。采购结算可以由计算机自动进行，也可以由人工进行，并且对采购费用，系统提供灵活的分摊计算功能。

3. 采购账表

提供采购功能中的有关报表，主要包括采购明细表、采购统计表、入库明细表、入库统计表、结算明细表、结算统计表、采购订货统计表等。

4. 采购业务处理流程

采购业务涉及众多单据，最后要生成凭证，其处理流程如图7－48所示。

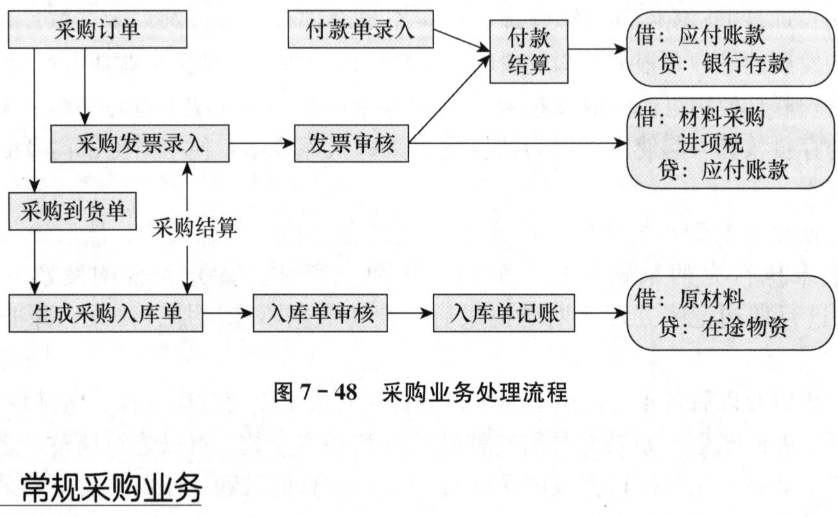

图7－48 采购业务处理流程

7.2.2 常规采购业务

实验资料

（1）4月1日，业务员李天华向成都大成公司询问有线键盘的价格（不含税95元/

只)，经过评估后确认价格合理，随即向主管领导提出请购要求，请购数量为 300 只。领导同意向成都大成公司订购有线键盘 300 只，单价为 95 元，要求到货日期为 4 月 3 日。

(2) 4 月 3 日，收到所订购的有线键盘 300 只。填制到货单。

将所收到的货物验收入原料库。填制采购入库单。

当天收到该笔货物的专用发票一张。

业务部门将采购发票交给财务部门，财务部门确定此业务所涉及的应付账款及采购成本。

(3) 4 月 4 日，财务部门开出工行转账支票一张，支票号 ZZ123，付清采购货款。

实验过程

本业务体现了采购的基本处理流程，其他采购业务都是基于本业务处理方法的演变，因此需要仔细体会每一步业务的处理流程、方法，以在实际工作中应对各种场景中的业务处理。

1. 填制并审核请购单

选择“业务工作”|“供应链”|“采购管理”|“请购”|“请购单”，进入“采购请购单”，单击“增加”，按实验资料输入，如图 7－49 所示。

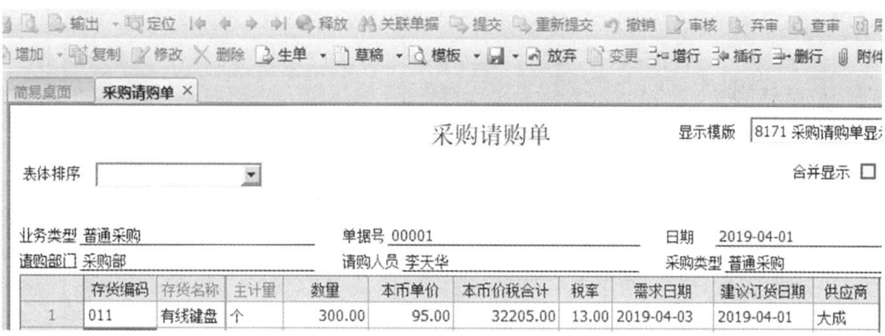

图 7－49　采购请购单

输入完毕，单击“保存”完成，然后单击“审核”对请购单进行审核。

操作提示

若在输入存货编码后，系统提示没有该物料，这时应选择“基础设置”|“基础档案”|“存货”|“存货档案”进行检查。如果有该物料的存货档案，就要检查存货属性是否进行了设置（如内销、外购、生产耗用），这些属性将限制具体物料采购、销售、使用等范围。

请购单录入后，需要进行审核，只有经过审核的采购请购单，在输入采购订单时才能将采购请购单的数据导入。

在实际工作中，业务单据的填制人与审核人一般是不同的。作为练习，除必须控制的外，可以由同一人完成审核或复核，以减少频繁的操作人员登录。

如果在操作中删除了单据，编号会继续自动向后编，就会出现断号，这时可以手工输入编号来填补空缺的号。

2. 填制并审核采购订单

选择"业务工作"|"供应链"|"采购管理"|"采购订货"|"采购订单"，进入"采购订单"，单击"增加"，进入输入状态，输入供应商等信息，如图7-50所示。

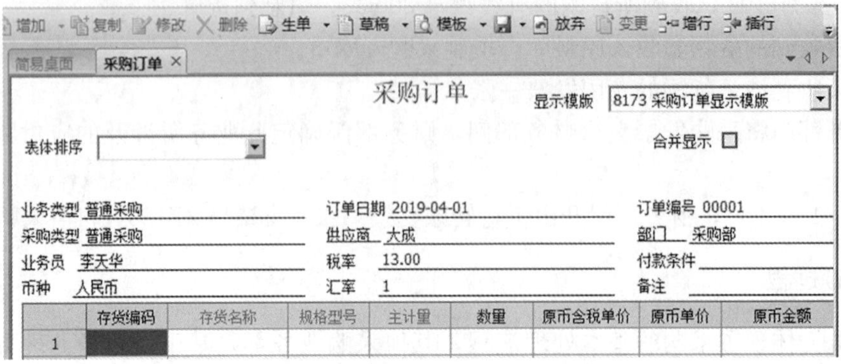

图7-50 采购订单

前面已经录入了采购请购单，因此可以通过关联方式从已经录入的采购请购单中转入数据。

选择"生单"|"请购单"，设置查询条件，如图7-51所示。

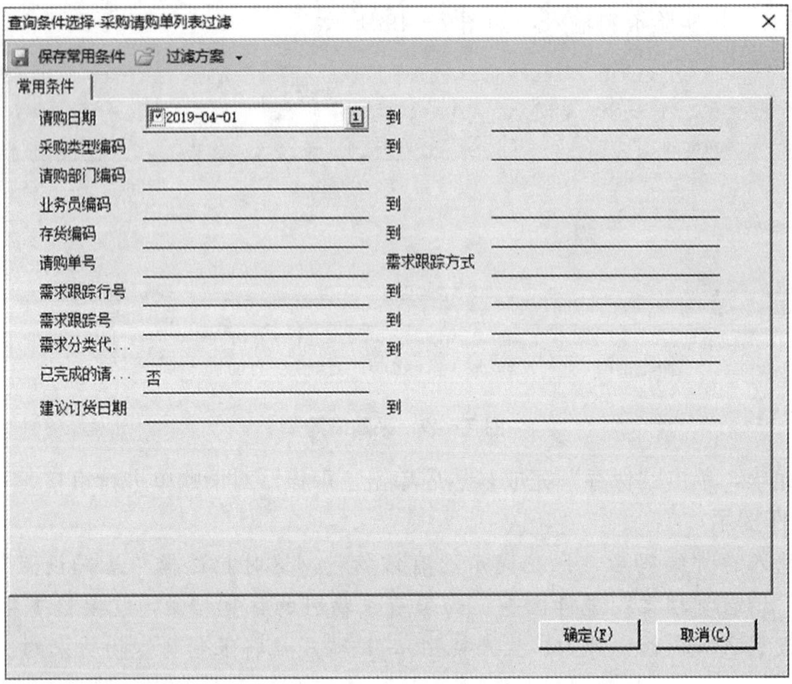

图7-51 查询条件

可以根据需要设置条件，单击"确定"。在订单拷贝请购单表头列表的"选择"列上，对需要拷贝（转入）的行进行双击，选择后会在订单拷贝请购单表体列表中显示相关信息，如图7-52所示。

单击"确定"返回，并将选择的采购请购单数据拷贝到采购订单中。补充相关信息，也可以修改相关数据，采购订单内容如图7-53所示。

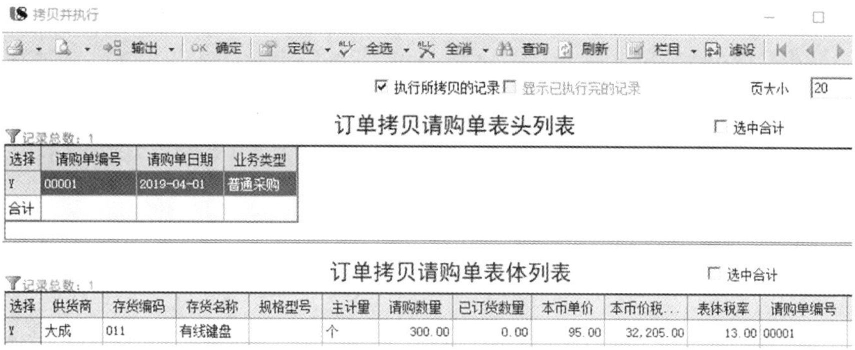

图 7－52　拷贝并执行

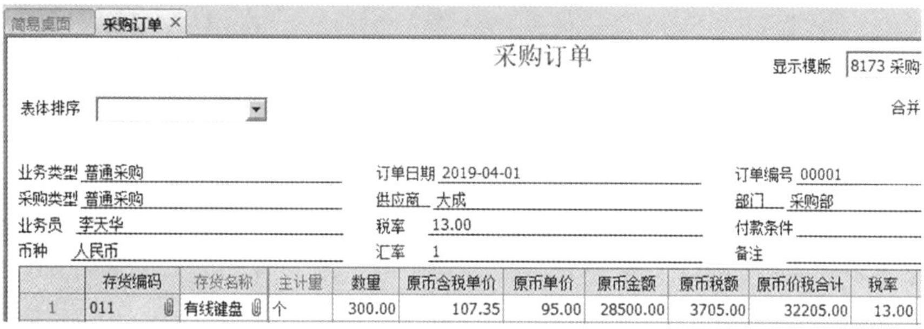

图 7－53　采购订单

单击“保存”，然后单击“审核”完成。

3. 填制并审核到货单

选择“业务工作”|“供应链”|“采购管理”|“采购到货”|“到货单”，进入“到货单”，单击“增加”，选择“生单”|“采购订单”，可以选择以供应商为条件，单位选择“成都大成公司”，进入采购订单选择状态，如图 7－54 所示。

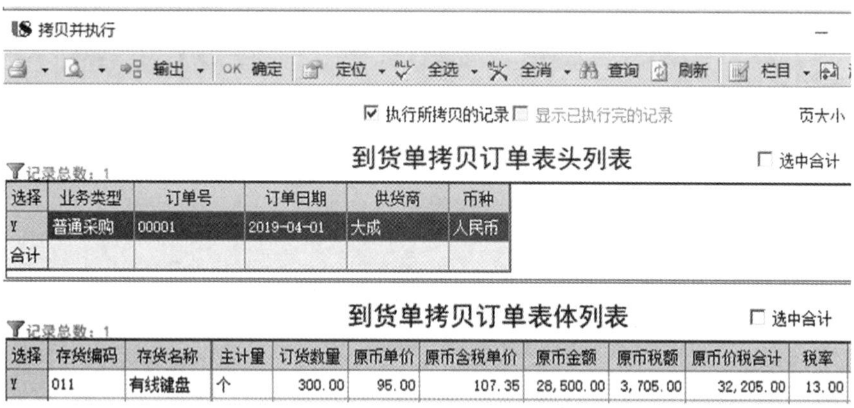

图 7－54　拷贝并执行

选择后，单击“确定”，采购订单的数据就会拷贝到到货单中，可以修改相关信息，到货单如图 7－55 所示。

单击“保存”，然后审核。

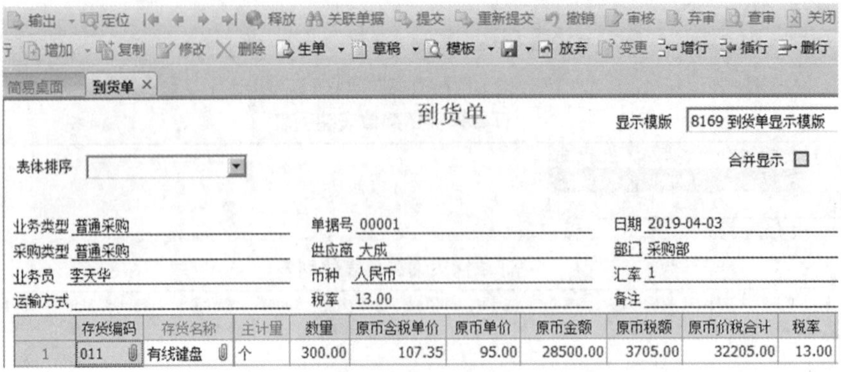

图 7-55　到货单

4. **填制并审核采购入库单**

选择"业务工作"|"供应链"|"库存管理"|"入库业务"|"采购入库单"，进入"采购入库单"，选择"生单"|"采购到货单（蓝字）"（注意：不能先单击"增加"，单击"增加"表示手工输入），可以选择以供应商为条件，单位选择"成都大成公司"，进入采购到货单选择状态，如图 7-56 所示。

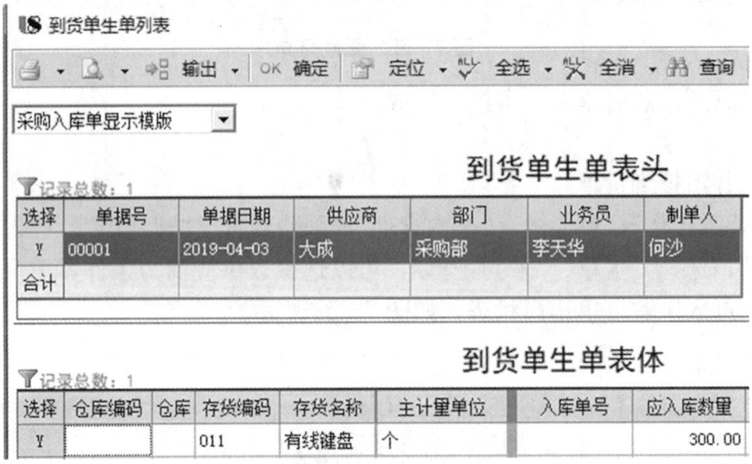

图 7-56　到货单拷贝

选择后单击"确定"返回，补充库房等信息，如图 7-57 所示。

图 7-57　采购入库单

单击“保存”，然后进行审核。

操作提示

采购管理中也有采购入库单，但只是提供查询，不能输入。在期初的时候可以输入期初的采购入库单。

5. 填制并审核采购发票

选择“业务工作”|“供应链”|“采购管理”|“采购发票”|“专用采购发票”，进入“专用发票”后单击“增加”，进入输入状态。选择“生单”|“入库单”，可以选择以供应商为条件，单位选择“成都大成公司”，进入入库单选择状态，选择后单击“确定”返回，补充发票日期等信息，如图 7－58 所示。

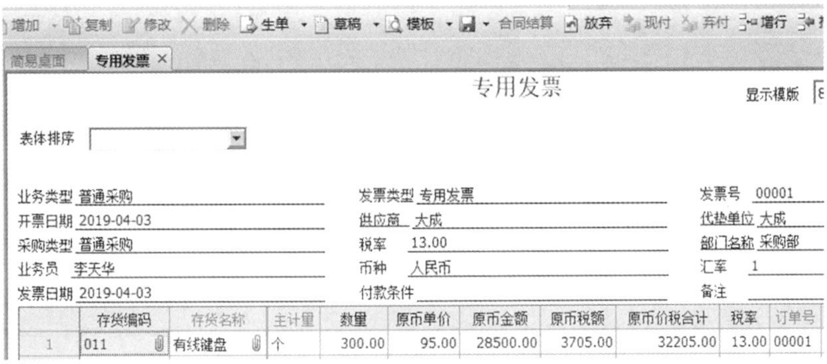

图 7－58　专用发票

单击“保存”完成。

6. 执行采购结算

(1) 采购结算的内容。采购结算也称采购报账，是指采购核算人员根据采购发票、采购入库单核算采购入库成本；采购结算的结果是采购结算单，它是记载采购入库单与采购发票对应关系的结算对照表。

采购结算从操作处理上分为自动结算、手工结算两种方式。另外，运费发票可以单独进行结算。

自动结算和手工结算时，可以同时选择发票和运费与入库单进行结算，将运费发票的费用按数量或金额分摊到入库单中。此时将发票和运费分摊的费用写入采购入库单的成本中。

如果运费发票开具时，对应的入库单已经与发票结算，在这种情况下，可以通过费用折扣结算将运费分摊到入库单中，此时运费发票分摊的费用不再记入入库单中，需要到存货核算系统中进行结算成本的暂估处理，系统会将运费金额分摊到成本中。

(2) 手工采购结算的操作流程。选择“业务工作”|“供应链”|“采购管理”|“采购结算”|“手工结算”，进入“手工结算”窗口，如图 7－59 所示。

单击工具栏上的“选单”按钮，进入“结算选单”窗口。再单击工具栏上的“查询”按钮，进入条件设置，设置合适的条件筛选要手工结算的发票和入库单，这里设置供应商为“成都大成公司”，系统进行筛选并显示结果，如图 7－60 所示。

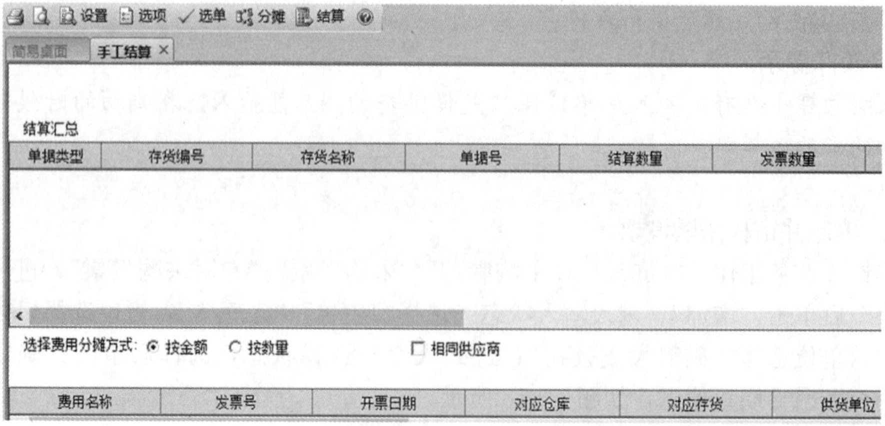

图 7－59 手工结算

图 7－60 结算选单

在“结算选发票列表”和“结算选入库单列表”分别进行选择，具体在“选择”栏对应的行进行双击。也可以先选择一个，然后选择“匹配”功能进行自动匹配。

选择完成后，单击“确定”，返回到“手工结算”窗口，这时会显示已经结算的单据，如图 7－61 所示。

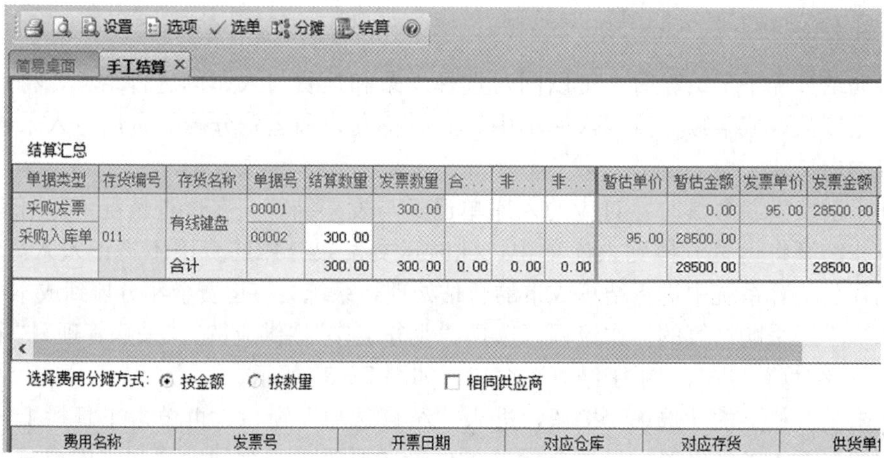

图 7－61 手工结算

单击工具栏上的“结算”按钮，系统显示“完成结算”，然后退出结算工作。

结算完成后，在“手工结算”窗口将看不到已结算的入库单和发票。

结算结果可以在“供应链”|“采购管理”|“采购结算”|“结算单列表”中查询，如图 7-62 所示。

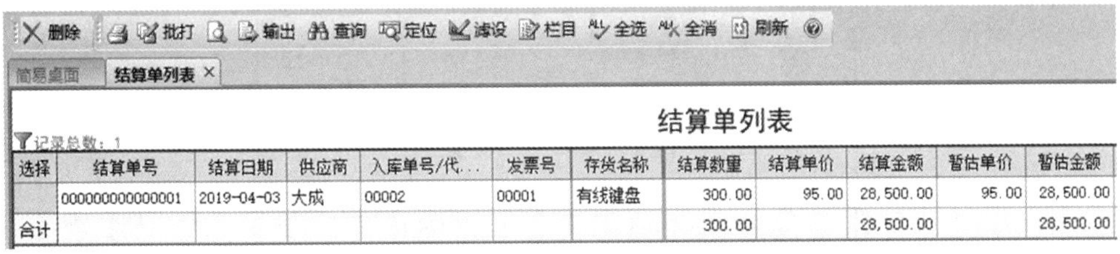

结算单列表

选择	结算单号	结算日期	供应商	入库单号/代...	发票号	存货名称	结算数量	结算单价	结算金额	暂估单价	暂估金额
	000000000000001	2019-04-03	大成	00002	00001	有线键盘	300.00	95.00	28,500.00	95.00	28,500.00
合计							300.00		28,500.00		28,500.00

图 7-62　结算单列表

如果选择“供应链”|“采购管理”|“采购结算”|“自动结算”，系统会自动结算，单击“确定”后，系统显示“结算模式[入库单和发票]，状态：全部成功，共处理了[1]条记录”。

操作提示

因为某种原因需要修改或删除入库单、采购发票时，需要先取消采购结算。具体操作为：采购结算—结算单列表—选择要取消的结算单—点击“删除”。

7. 生成应付凭证

（1）应付单据审核。应付单据审核就是财务部门对发票进行审核，以确认发票为合法发票、相关信息真实，以便进行相关的应收账款确认或直接进行付款。

选择“业务工作”|“财务会计”|“应付款管理”|“应付单据处理”|“应付单据审核”，进入“应付单查询条件”窗口，供应商选择“成都大成公司”，单击“确定”进入应付单据列表，如图 7-63 所示。

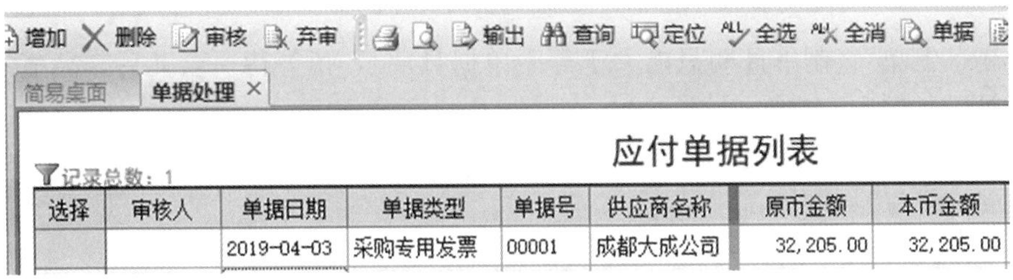

应付单据列表

选择	审核人	单据日期	单据类型	单据号	供应商名称	原币金额	本币金额
		2019-04-03	采购专用发票	00001	成都大成公司	32,205.00	32,205.00

图 7-63　应付单据列表

先选择单据，方法是在“选择”栏对需要选择的单据双击，然后单击工具栏上的“审核”按钮，系统会显示审核成功提示信息。

（2）生成凭证。通过制单处理生成凭证，并将凭证传递至总账，后续再审核和记账。系统对不同的单据类型或不同的业务处理提供制单（生成凭证）的功能；此外，系统提供了一个统一制单的平台，可以在此快速、成批生成凭证，并可依据规则进行合并制单等处理。

选择“业务工作”|“财务会计”|“应付款管理”|“制单处理”，然后出现“制单查询”窗口，选择“发票制单”，供应商选择“成都大成公司”，如图 7-64 所示。

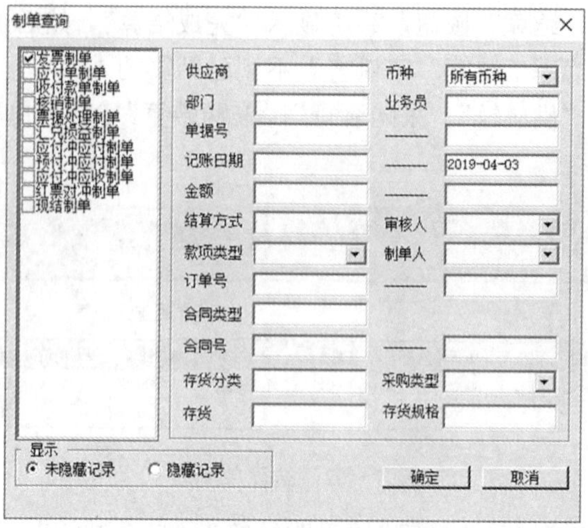

图 7－64　制单查询

单击“确定”，进入采购发票制单，凭证类别选择“转账凭证”，填入制单日期，单击“全选”按钮（选择要进行制单的单据，这里是发票），或在“选择标志”一栏双击，系统会在你双击的栏目给出一个序号，表明要将该单据制单。可以修改系统所给出的序号。例如，系统给出的序号为 1，也可以改为 2。相同序号的记录会制成一张凭证，如图 7－65 所示。

图 7－65　采购发票制单

单击“制单”（制单日期只能大于等于单据日期），稍等待一会儿后，会显示拟生成的凭证，如图 7－66 所示。

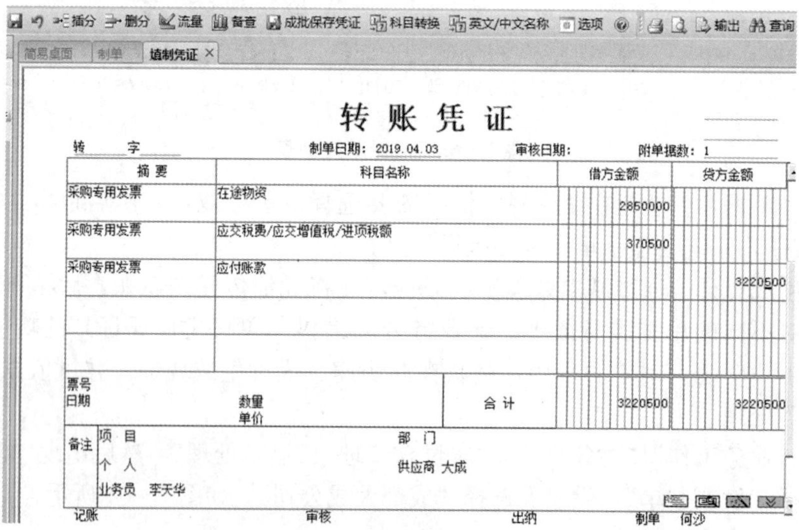

图 7－66　转账凭证

凭证生成后，可以对凭证进行调整，如补充相关信息。如先选择“应付账款”科目，双击“票号”后面的位置（会显示笔尖图形的标识），补充输入发票号等。单击“保存”完成凭证生成。

生成的凭证可以选择“业务工作”|“财务会计”|“应付款管理”|“单据查询”|“凭证查询”查看，还可以选择“业务工作”|“财务会计”|“总账”|“凭证”|“查询凭证”查看。

8. 生成入库凭证

（1）期初库存单据记账。选择“业务工作”|“供应链”|“存货核算”|“初始设置”|“期初数据”|“期初余额”，进入后先选择仓库，如图 7 - 67 所示。

图 7 - 67　期初记账

单击“记账”，完成期初记账工作。如果已经记账，则工具栏不会显示“记账”按钮。记账后在“记账”按钮位置显示的是“恢复”，单击“恢复”则返回到未记账状态。

（2）采购入库单记账。选择“业务工作”|“供应链”|“存货核算”|“业务核算”|“正常单据记账”，进入条件设置，可以按照仓库选择，或者选择单据类型（采购入库单），进入正常单据记账列表后如图 7 - 68 所示。

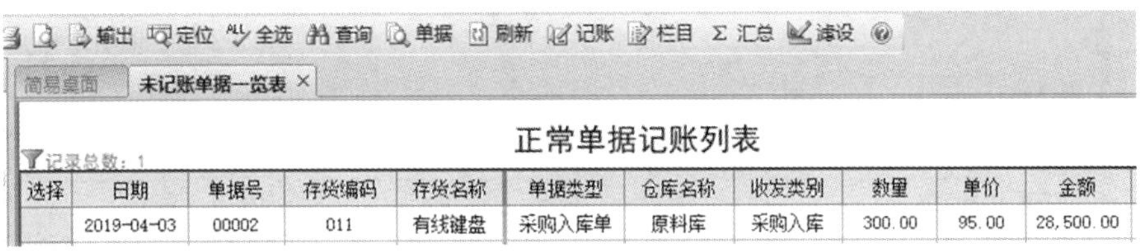

图 7 - 68　正常单据记账列表

先选择，再单击“记账”完成记账工作。

（3）生成凭证。选择“业务工作”|“供应链”|“存货核算”|“财务核算”|“生成凭证”，进入后单击工具栏上的“选择”，在查询条件中选择“(01) 采购入库单（报销记账)”，进入未生成凭证单据一览表，如图 7 - 69 所示。

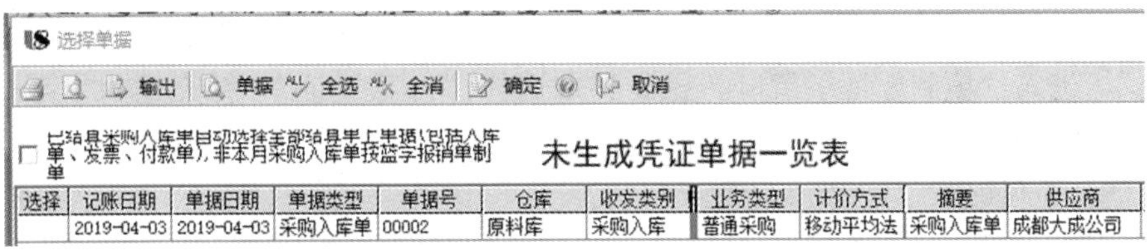

图 7 - 69　未生成凭证单据一览表

在“选择”栏选择要处理的行，单击“确定”功能，系统返回“生成凭证”窗口。凭证类别选择“转 转账凭证”，如图7－70所示。

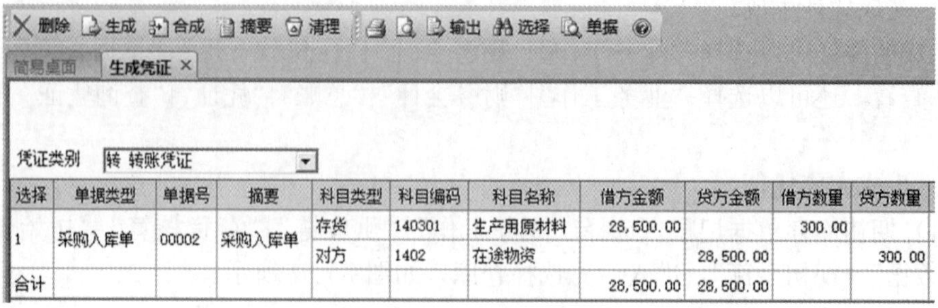

图7－70 生成凭证

若相关信息不完整，这里可补充填写。单击工具栏上的“生成”按钮，进入“填制凭证”窗口，单击“保存”，凭证左上角出现“已生成”标志，表示凭证已经传递到总账。

操作提示

可以选择“基础设置”|“业务参数”|“财务会计”|“总账”，在“凭证”页取消“制单序时控制”，否则的话要求生成凭证的日期是从小到大的。

9. 生成付款凭证

选择“业务工作”|“财务会计”|“应付款管理”|“付款单据处理”|“付款单据录入”，进入“付款单”，单击“增加”，供应商选择“成都大成公司”，结算方式选择“转账支票”，金额为32 205元，如图7－71所示。

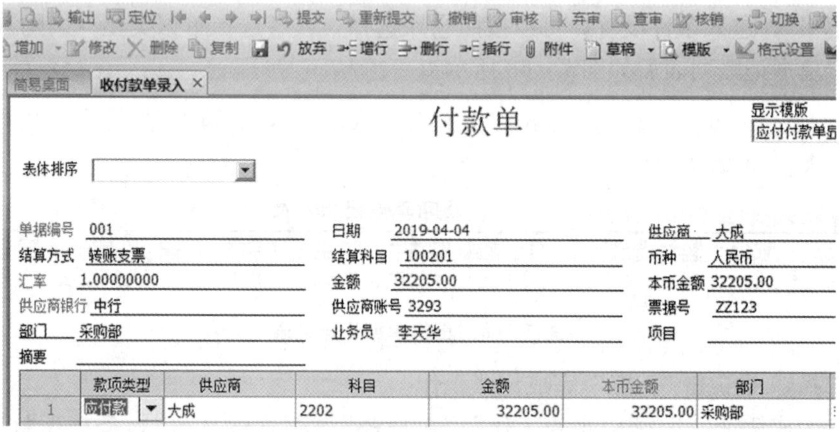

图7－71 付款单

单击“保存”，然后单击“审核”（也可以选择“业务工作”|“财务会计”|“应付款管理”|“付款单据处理”|“付款单据审核”进行审核），系统提示“是否立即制单？”选择“是”，进入“填制凭证”窗口。凭证类别选择“付款凭证”，补充输入发票号和支票号等信息（如果需要），生成的凭证分录如下：

借：应付账款（2202）/大成　　32 205

　贷：银行存款/工行（100201）　　32 205

单击“保存”，在凭证左上角显示“已生成”标志。这时凭证已经传递到总账系统中。

7.2.3　采购现结业务

实验资料

4 月 4 日，向成都大成公司购买无线鼠标 30 箱，单价为 600 元/箱（无税单价），直接验收入原料库。同时收到专用发票一张，立即以工行转账支票（支票号 ZZ011）支付其货款。确定采购成本，进行付款处理。

实验过程

1. 填制采购入库单并审核

选择“业务工作”|“供应链”|“库存管理”|“入库业务”|“采购入库单”，单击“增加”，输入实验资料，如图 7－72 所示。

	存货编码	存货名称	规格型号	主计量单位	数量	本币单价	本币金额
1	014	无线鼠标		只	360.00	50.00	18000.00

图 7－72　采购入库单

单击“保存”，再单击“审核”，然后退出。

2. 录入采购专用发票并进行现结处理和采购结算

选择“业务工作”|“供应链”|“采购管理”|“采购发票”|“专用采购发票”，单击“增加”，选择“生单”|“入库单”，单据来源类型为“采购入库单”，进入发票拷贝入库单列表，选择要传入数据的入库单，单击“确定”转入数据。专用发票如图 7－73 所示。

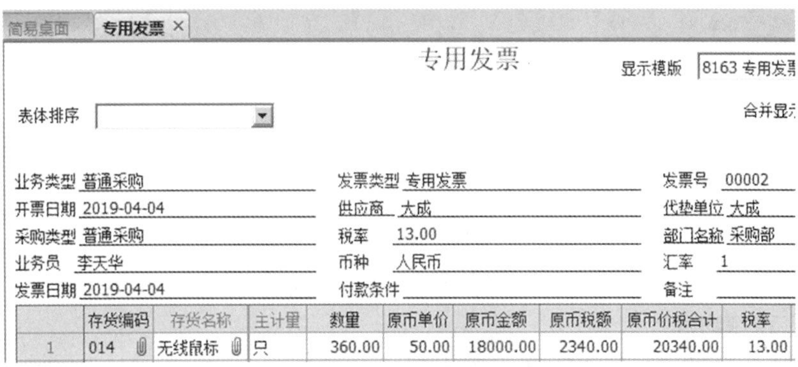

	存货编码	存货名称	主计量	数量	原币单价	原币金额	原币税额	原币价税合计	税率
1	014	无线鼠标	只	360.00	50.00	18000.00	2340.00	20340.00	13.00

图 7－73　专用发票

保存发票。单击工具栏上的“现付”按钮，输入付款金额，如图7－74所示。

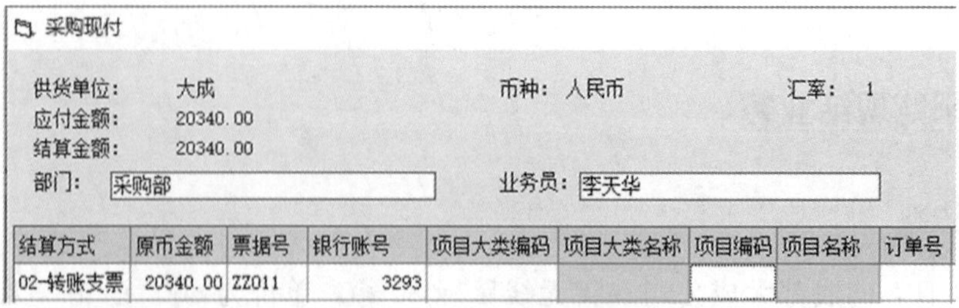

图7－74 采购现付

单击“确定”，执行现付后发票上显示“已现付”标记。

单击工具栏上的“结算”按钮，系统自动实现结算，即票据的自动配对勾销，在发票上显示“已结算”标记。

3. 审核应付单据进行现结制单

选择“业务工作”|“财务会计”|“应付款管理”|“应付单据处理”|“应付单据审核”，进入应付单条件设置，供应商选择“成都大成公司”，勾选“包含已现结发票”，单击“确定”进入应付单据列表，如图7－75所示。

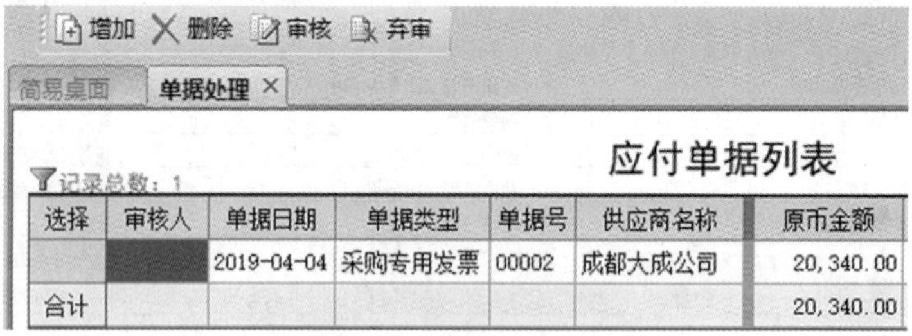

图7－75 应付单据列表

双击“单据”可以查看具体的发票，进行核对。

选择要审核的单据，单击“审核”，系统会显示审核成功提示信息，然后返回。

选择“业务工作”|“财务会计”|“应付款管理”|“制单处理”，在制单查询中选择“现结制单”，单击“确定”，进入现结制单，凭证类别选择“付款凭证”，再选择要制单的行，如图7－76所示。

图7－76 现结制单

单击“制单”，系统显示生成的凭证，其凭证分录如下：

借：在途物资 18 000

应交税费/应交增值税/进项税额 2 340

贷：银行存款/工行　　20 340

单击“保存”，凭证自动生成，在“填制凭证”窗口显示“已生成”标记，表示凭证已经生成并传递到总账系统中。

4. 生成入库凭证

选择“业务工作”|“供应链”|“存货核算”|“业务核算”|“正常单据记账”，进入条件设置，可以按照仓库选择，或者选择单据类型（采购入库单），进入正常单据记账列表，如图 7－77 所示。

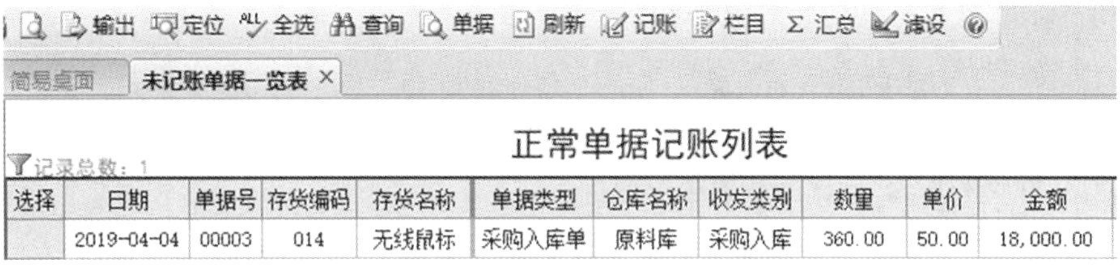

图 7－77　正常单据记账列表

先选择，然后单击“记账”，显示“记账成功”表示完成记账。

选择“业务工作”|“供应链”|“存货核算”|“财务核算”|“生成凭证”，进入后单击“选择”，在查询条件中选择“(01) 采购入库单（报销记账）”，单击“确定”，进入未生成凭证单据一览表。

在“选择”栏选择要制单的单据，单击“确定”，系统返回“生成凭证”窗口，凭证类别选择“转 转账凭证”，补充相关科目，如图 7－78 所示。

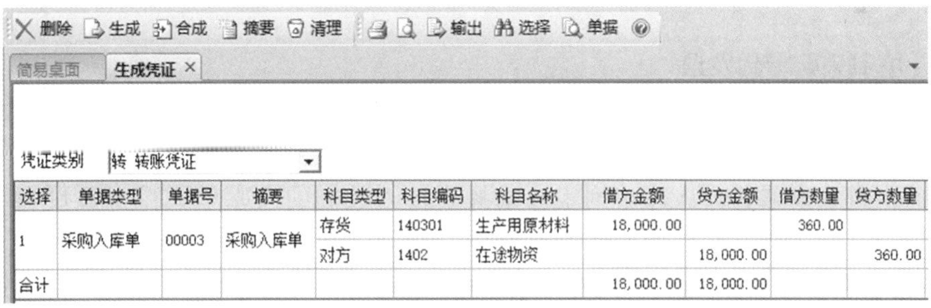

图 7－78　生成凭证

单击“生成”按钮，进入“填制凭证”窗口，其分录如下：

借：原材料/生产用原材料（140301）　　18 000

贷：在途物资（1402）　　18 000

单击“保存”，凭证左上角出现“已生成”标志，表示凭证已经生成并传递到总账系统中。

7.2.4　采购运费处理

实验资料

4 月 6 日，向成都大成公司购买 2TSSD 硬盘 200 盒，单价为 800 元/盒，验收入原料库。同时还购买有线鼠标 5 箱，单价为 600 元/箱，验收入原料库。

当天收到专用发票一张。

另外，在采购的过程中，还发生了一笔运输费 600 元，税率为 6%，收到相应的运费发票一张，费用按照金额分配。确定采购成本及应付账款，货款未付。

实验过程

1. 填制并审核采购入库单

选择“业务工作”|“供应链”|“库存管理”|“入库业务”|“采购入库单”，单击“增加”，输入实验资料，如图 7-79 所示。

图 7-79　采购入库单

单击“保存”，再单击“审核”，然后退出。

2. 填制采购专用发票

选择“业务工作”|“供应链”|“采购管理”|“采购发票”|“专用采购发票”，单击“增加”，选择“生单”|“入库单”，单位为“成都大成公司”，单据来源类型为“采购入库单”，进入发票拷贝入库单列表，选择要传入数据的入库单（2TSSD 硬盘和有线鼠标）。

单击“确定”，数据自动传到专用发票中，如图 7-80 所示。

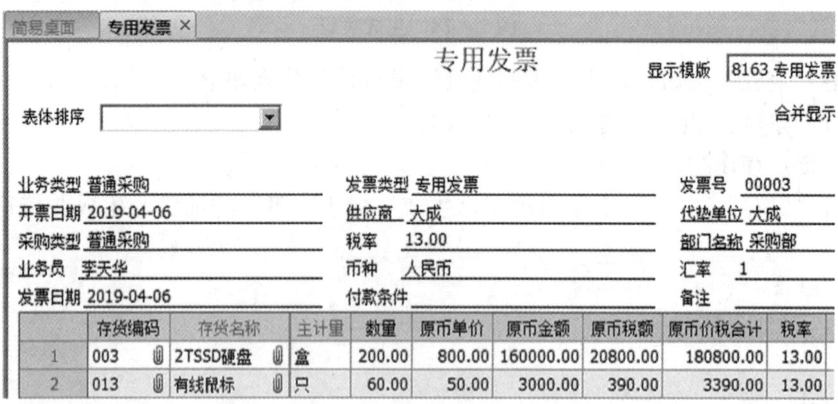

图 7-80　专用发票

单击“保存”，然后退出。

3. 填制运费发票并进行采购结算

选择“业务工作”|“供应链”|“采购管理”|“采购发票”|“运费发票”，单击“增加”，输入运费的相关信息，如图 7－81 所示。

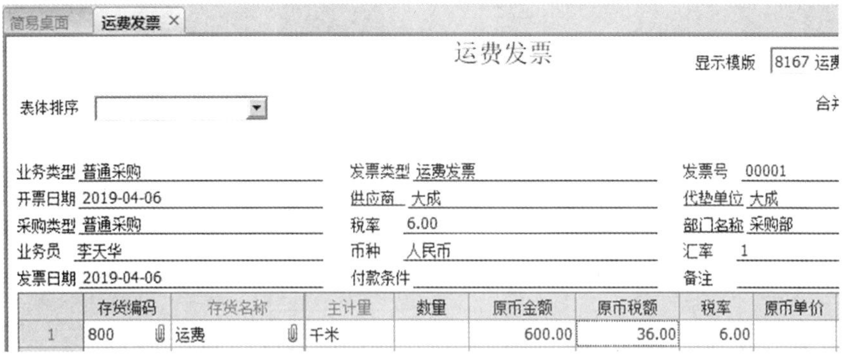
简易桌面　运费发票

运费发票

显示模版 8167 运费

表体排序

业务类型 普通采购　发票类型 运费发票　发票号 00001
开票日期 2019-04-06　供应商 大成　代垫单位 大成
采购类型 普通采购　税率 6.00　部门名称 采购部
业务员 李天华　币种 人民币　汇率 1
发票日期 2019-04-06　付款条件　备注

	存货编码	存货名称	主计量	数量	原币金额	原币税额	税率	原币单价
1	800	运费	千米		600.00	36.00	6.00	

图 7－81　运费发票

单击“保存”完成。

选择“业务工作”|“供应链”|“采购管理”|“采购结算”|“手工结算”，进入“手工结算”窗口，再单击“选单”进入“结算选单”窗口，单击工具栏上的“查询”按钮，在条件设置中选择“成都大成公司”，完成条件设置后未结算的单据就显示出来，选择要结算的发票和对应的入库单，如图 7－82 所示。

结算选单

定位　查询　设置　全选　全消　确定　匹配　栏目　滤设　刷新

结算选发票列表　☑ 扣税类别不同时给出提示

记录总数：3

选择	供应商简称	存货名称	发票号	供应商名称	开票日期	数量	计量单位	单价	金额	项目
	大成	2TSSD硬盘	00003	成都大成公司	2019-04-06	200.00	盒	800.00	160,000.00	
	大成	有线鼠标	00003	成都大成公司	2019-04-06	60.00	只	50.00	3,000.00	
	大成	运费	00001	成都大成公司	2019-04-06		千米	0.00	564.00	
合计										

结算选入库单列表

记录总数：2

选择	供应商简称	存货名称	仓库名称	入库单号	供应商名称	入库日期	入库数量	计量单位	件数	单价	金额
	大成	2TSSD硬盘	原料库	00004	成都大成公司	2019-04-06	200.00	盒	20.00	800.00	160,000.00
	大成	有线鼠标	原料库	00004	成都大成公司	2019-04-06	60.00	只	5.00	50.00	3,000.00

图 7－82　结算选单

先全部选择，单击“确定”，系统提示“所选单据和扣税类别不同，是否继续?”选择“是”完成。

在“手工结算”窗口，选择费用分摊方式选择“按金额”，如图 7－83 所示。

单击“分摊”，系统提示“选择按金额分摊，是否开始计算?”选择“是”进行计算。计算完成后，结算汇总表上会显示出分摊结果，如图 7－84 所示，分摊费用栏就是分摊的运费。

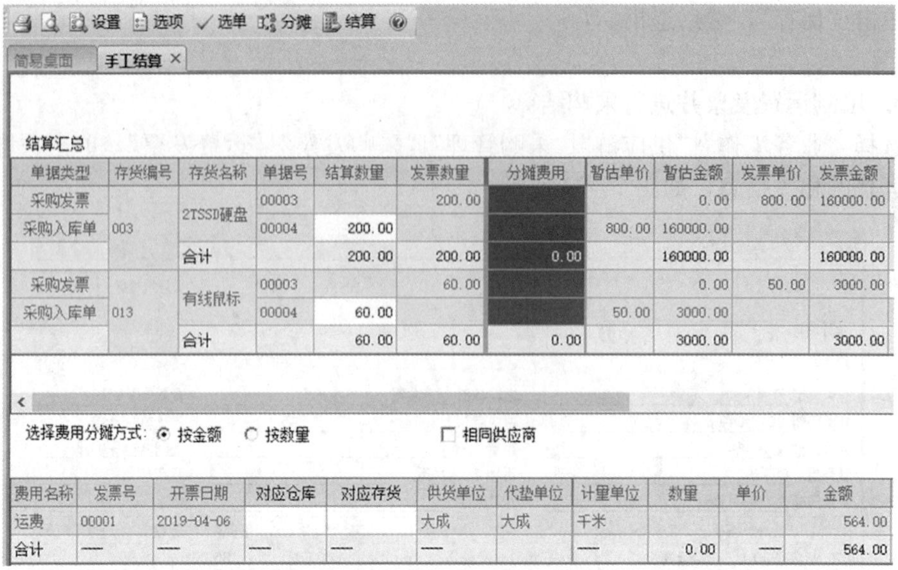

图 7-83 手工结算

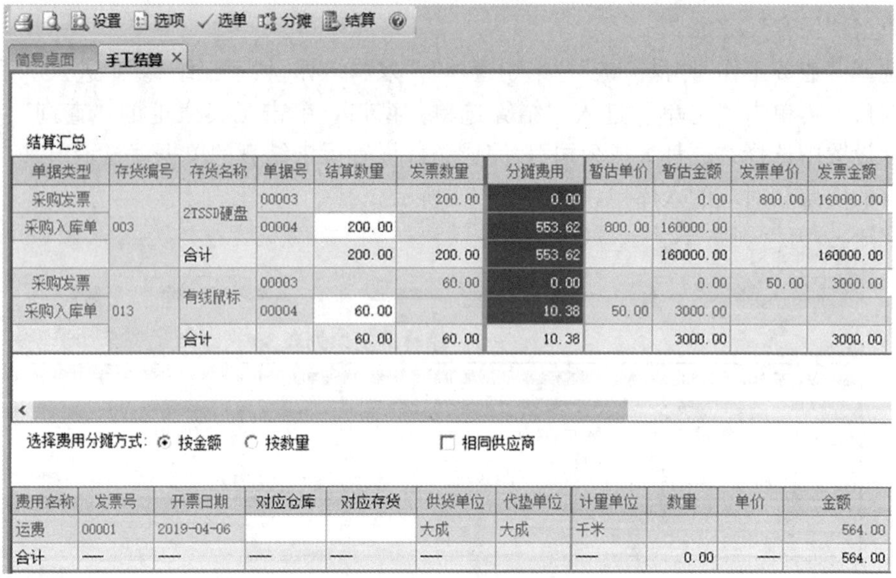

图 7-84 分摊运费的结果

单击“结算”，完成结算工作。

操作提示

不管采购入库单上有无单价，采购结算后，其单价都被自动修改为发票上的存货单价。

4. 审核发票并合并制单

选择“业务工作”|“财务会计”|“应付款管理”|“应付单据处理”|“应付单据审核”，进入应付单条件设置，供应商选择“成都大成公司”，完成设置后点击“确定”，进入应付单据列表，如图 7-85 所示。

选择要审核的采购专用发票和运费发票，单击“审核”，系统会显示审核成功提示

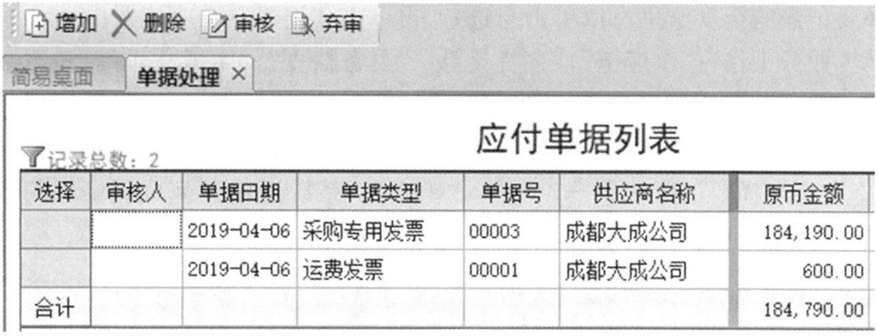

选择	审核人	单据日期	单据类型	单据号	供应商名称	原币金额
		2019-04-06	采购专用发票	00003	成都大成公司	184,190.00
		2019-04-06	运费发票	00001	成都大成公司	600.00
合计						184,790.00

图 7-85　应付单据列表

信息，然后返回。

选择“业务工作”|“财务会计”|“应付款管理”|“制单处理”，进入制单查询条件设置，选择“发票制单”，单击“确定”进入采购发票制单，凭证类别选择“转账凭证”，如图 7-86 所示。

选择标志	凭证类别	单据类型	单据号	日期	供应商编码	供应商名称	部门	业务员	金额
	转账凭证	采购专用发票	00003	2019-04-06	02	成都大成公司	采购部	李天华	184,190.00
	转账凭证	运费发票	00001	2019-04-06	02	成都大成公司	采购部	李天华	600.00

图 7-86　采购发票制单

先选择要生成凭证的采购专用发票和运费发票，单击“合并”（合并制作一张凭证），然后单击“制单”按钮，进入“填制凭证”窗口，生成的凭证分录如下。

借：在途物资（1402）　　163 564

　　应交税费/应交增值税/进项税额（22210101）　　21 226

　贷：应付账款（2202）/大成　　184 790

补充票号等信息后单击“保存”，完成凭证生成。

5. 生成入库凭证

选择“业务工作”|“供应链”|“存货核算”|“业务核算”|“正常单据记账”，进入查询条件设置，可以按照仓库（原料库）选择，或者选择单据类型（采购入库单），然后进入正常单据记账列表，如图 7-87 所示。

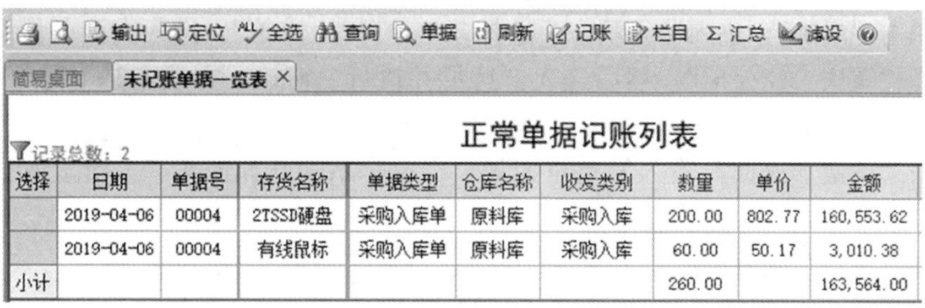

选择	日期	单据号	存货名称	单据类型	仓库名称	收发类别	数量	单价	金额
	2019-04-06	00004	2TSSD硬盘	采购入库单	原料库	采购入库	200.00	802.77	160,553.62
	2019-04-06	00004	有线鼠标	采购入库单	原料库	采购入库	60.00	50.17	3,010.38
小计							260.00		163,564.00

图 7-87　正常单据记账列表

选择要记账的行（这里可以单击全选），再单击“记账”完成记账。

选择“业务工作”|“供应链”|“存货核算”|“财务核算”|“生成凭证”，进入后单击工具栏上的“选择”按钮，在查询条件中选择“（01）采购入库单（报销记账）”，单击“确定”，进入未生成凭证单据一览表。

“选择”栏选择要记账的单据，单击“确定”，系统返回“生成凭证”窗口，凭证类别选择“转 转账凭证”，补充科目信息，如图7-88所示。

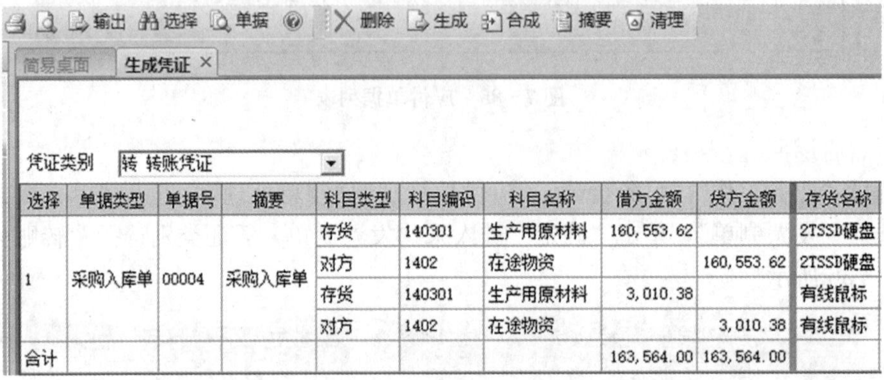

选择	单据类型	单据号	摘要	科目类型	科目编码	科目名称	借方金额	贷方金额	存货名称
1	采购入库单	00004	采购入库单	存货	140301	生产用原材料	160,553.62		2TSSD硬盘
				对方	1402	在途物资		160,553.62	2TSSD硬盘
				存货	140301	生产用原材料	3,010.38		有线鼠标
				对方	1402	在途物资		3,010.38	有线鼠标
合计							163,564.00	163,564.00	

图7-88 生成凭证

单击“合成”，进入“填制凭证”窗口，系统生成凭证，其分录如下：

借：原材料/生产用原材料（140301）　　163 564

　贷：在途物资（1402）　　163 564

单击“保存”按钮，凭证左上角出现“已生成”标志，表示凭证已经生成并传递到总账系统中。

7.2.5 暂估入库报销处理

实验资料

4月9日，收到重庆大江公司提供的上月已验收入库的100盒2TSSD硬盘的专用发票一张，发票单价为790元。进行暂估报销处理，确定采购成本及应付账款。

实验过程

1. 录入采购发票

选择“业务工作”|“供应链”|“采购管理”|“采购发票”|“专用采购发票”，进入专用发票后单击“增加”，进入输入状态。选择“生单”|“入库单”，进入查询条件设置，供应商选择“重庆大江公司”，然后进入“拷贝并执行”窗口，本业务是上月3月25日的暂估业务，然后进行选择，如图7-89所示。

单击“确定”返回，输入发票日期等，将单价从800元改为790元，如图7-90所示。

单击“保存”完成。

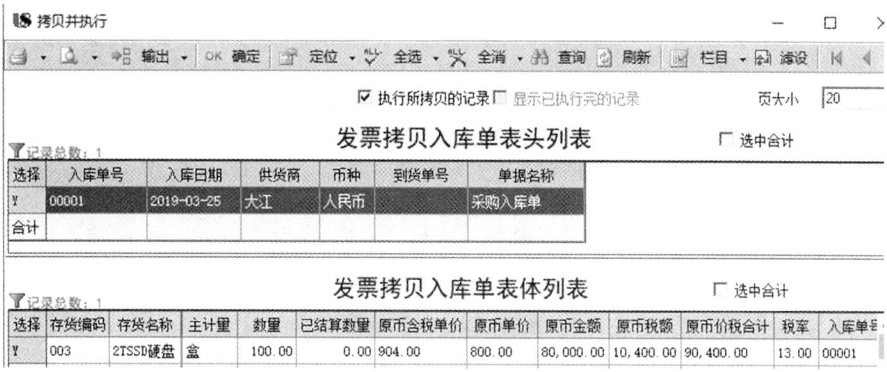

图 7-89　拷贝并执行

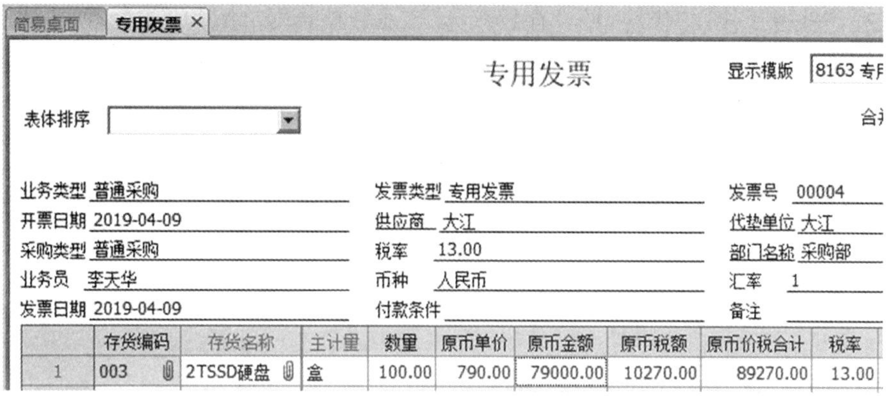

图 7-90　专用发票

2. 手工结算

选择"业务工作"|"供应链"|"采购管理"|"采购结算"|"手工结算"，进入"手工结算"窗口，单击"选单"，进入"结算选单"窗口，单击"查询"进行条件设置，可选择供应商"重庆大江公司"，返回"结算选单"窗口，如图 7-91 所示。

图 7-91　结算选单

在发票与入库单之间进行匹配选择，单击"确定"，返回"手工结算"窗口，如图 7-92 所示。

单击"结算"，完成结算工作。

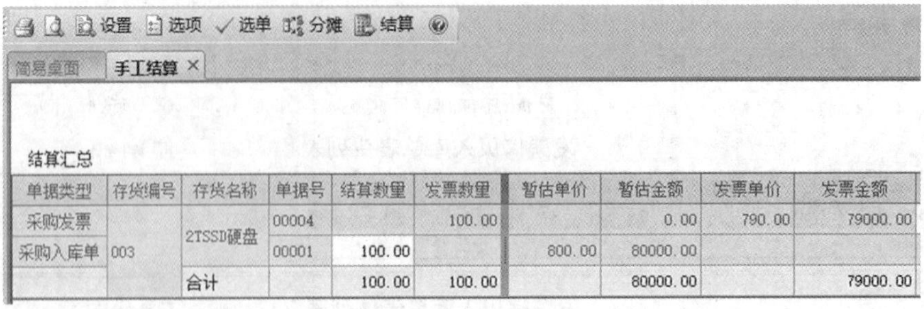

单据类型	存货编号	存货名称	单据号	结算数量	发票数量	暂估单价	暂估金额	发票单价	发票金额
采购发票	003	2TSSD硬盘	00004		100.00		0.00	790.00	79000.00
采购入库单			00001	100.00		800.00	80000.00		
		合计		100.00	100.00		80000.00		79000.00

图7-92 手工结算

3. 结算成本处理并生成凭证

选择“业务工作”|“供应链”|“存货核算”|“业务核算”|“结算成本处理”，进行暂估处理查询条件设置，选择原料库，单击“确定”，进入“结算成本处理”窗口，如图7-93所示。

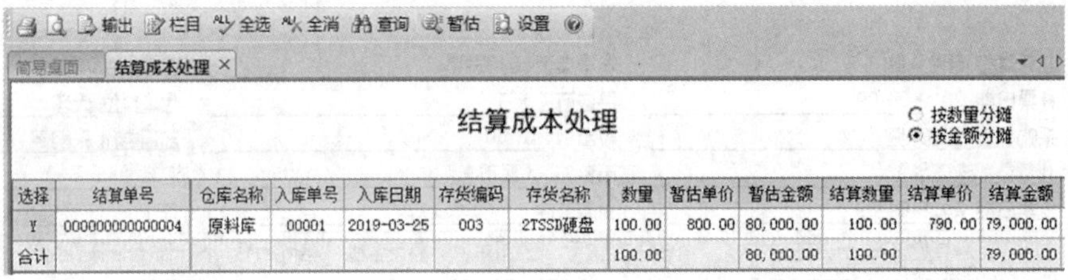

结算成本处理

选择	结算单号	仓库名称	入库单号	入库日期	存货编码	存货名称	数量	暂估单价	暂估金额	结算数量	结算单价	结算金额
Y	00000000000004	原料库	00001	2019-03-25	003	2TSSD硬盘	100.00	800.00	80,000.00	100.00	790.00	79,000.00
合计							100.00		80,000.00	100.00		79,000.00

图7-93 结算成本处理

选择需要暂估结算的单据，单击工具栏上的“暂估”按钮，系统会提示暂估处理完成。

选择“业务工作”|“供应链”|“存货核算”|“财务核算”|“生成凭证”，进入“生成凭证”窗口，单击工具栏上的“选择”按钮，进行查询条件设置，选择“红字回冲单”“蓝字回冲单（报销）”，单击“确定”，进入“选择单据”窗口，如图7-94所示。

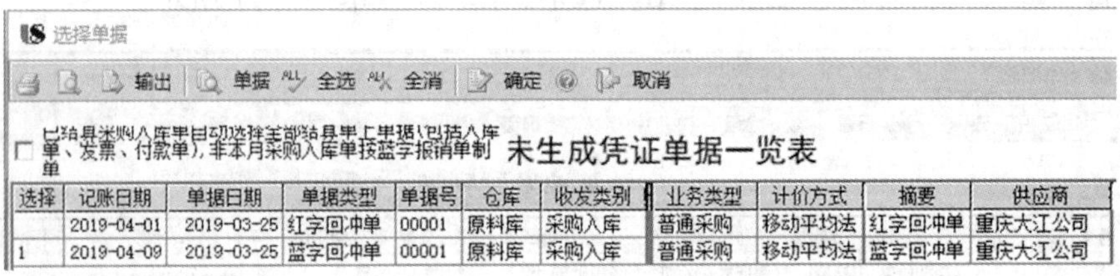

未生成凭证单据一览表

选择	记账日期	单据日期	单据类型	单据号	仓库	收发类别	业务类型	计价方式	摘要	供应商
	2019-04-01	2019-03-25	红字回冲单	00001	原料库	采购入库	普通采购	移动平均法	红字回冲单	重庆大江公司
1	2019-04-09	2019-03-25	蓝字回冲单	00001	原料库	采购入库	普通采购	移动平均法	蓝字回冲单	重庆大江公司

图7-94 选择单据

单击“全选”，再单击“确定”，进入“生成凭证”窗口。

凭证类别选择“转 转账凭证”，补充应付暂估的科目“1402 在途物资”，如图7-95所示。

单击“生成”，进入“填制凭证”窗口。凭证分录如下：

期初暂估红字回冲：

借：原材料/生产用原材料　　　　−80 000

　贷：在途物资　　　　−80 000

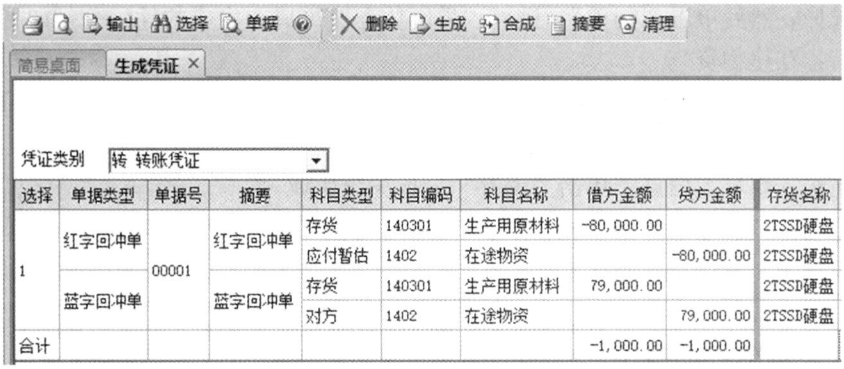

选择	单据类型	单据号	摘要	科目类型	科目编码	科目名称	借方金额	贷方金额	存货名称
1	红字回冲单	00001	红字回冲单	存货	140301	生产用原材料	-80,000.00		2TSSD硬盘
				应付暂估	1402	在途物资		-80,000.00	2TSSD硬盘
	蓝字回冲单		蓝字回冲单	存货	140301	生产用原材料	79,000.00		2TSSD硬盘
				对方	1402	在途物资		79,000.00	2TSSD硬盘
合计							-1,000.00	-1,000.00	

图 7－95　生成凭证

发票到时蓝字回冲：

借：原材料/生产用原材料　　79 000

　贷：在途物资　　79 000

单击“保存”，分别保存红字回冲单和蓝字回冲单生成的凭证。

操作提示

如果发现生成的凭证有误需要重新生成，可选择“供应链”|“存货核算”|“财务核算”|“凭证列表”，先选择要删除的凭证，然后单击“删除”按钮，即完成凭证删除。

4. 审核发票并制单处理

选择“业务工作”|“财务会计”|“应付款管理”|“应付单据处理”|“应付单据审核”，进行条件设置，供应商选择“重庆大江公司”，进入后如图 7－96 所示。

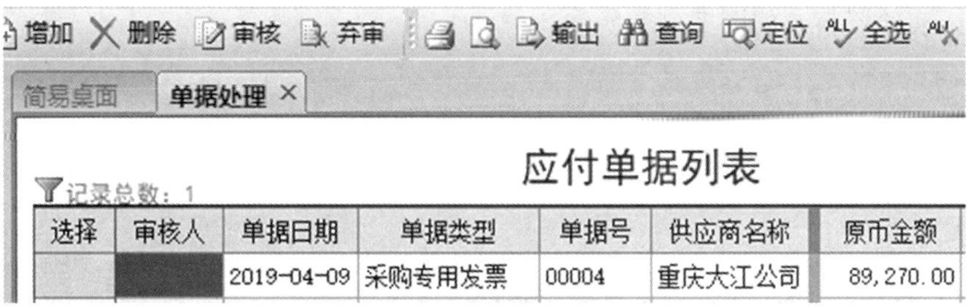

选择	审核人	单据日期	单据类型	单据号	供应商名称	原币金额
		2019-04-09	采购专用发票	00004	重庆大江公司	89,270.00

图 7－96　应付单据列表

先选择，然后单击“审核”完成审核工作。

选择“业务工作”|“财务会计”|“应付款管理”|“制单处理”，制单查询中选择“发票制单”，进入“制单”窗口后，将凭证类别改为“转账凭证”，如图 7－97 所示。

选择标志	凭证类别	单据类型	单据号	日期	供应商编码	供应商名称	部门	业务员	金额
	转账凭证	采购专用发票	00004	2019-04-09	01	重庆大江公司	采购部	李天华	89,270.00

图 7－97　采购发票制单

先选择，然后单击“制单”，进入“填制凭证”窗口，生成的凭证分录如下：

借：在途物资 79 000

　　应交税费/应交增值税/进项税额 10 270

　贷：应付账款 89 270

补充输入票号等信息，单击“保存”完成凭证生成。

可以选择“供应链”|“采购管理”|“报表”|“采购账簿”|“采购结算余额表”及“在途货物余额表”查询有关情况。

7.2.6 采购结算前退货

实验资料

4月9日，收到成都大成公司提供的LED显示屏，数量52块，单价为1 200元。验收入原料库。

4月10日，仓库反映有2块LED显示屏有质量问题，退回给供应商，办理相关出库手续。

收到成都大成公司开具的50块LED显示屏的专用发票一张，单价1 200元。编制应付账款凭证和入库凭证。

实验过程

1. 填制并审核采购入库单

选择“业务工作”|“供应链”|“库存管理”|“入库业务”|“采购入库单”，单击“增加”，输入实验资料，如图7-98所示。

简易桌面　采购入库单

采购入库单　采购入库单显示

表体排序　◉ 蓝字　○ 红字　合并显示 □

入库单号 00005　入库日期 2019-04-09　仓库 原料库

订单号　到货单号　业务号

供货单位 大成　部门 采购部　业务员 李天华

到货日期　业务类型 普通采购　采购类型 普通采购

入库类别 采购入库　审核日期　备注

	存货编码	存货名称	主计量单位	数量	本币单价	本币金额
1	006	LED显示屏	块	52.00	1200.00	62400.00

图7-98　采购入库单

单击“保存”，再单击“审核”，然后退出。

2. 填制红字采购入库单

选择“业务工作”|“供应链”|“库存管理”|“入库业务”|“采购入库单”，单击“增加”，选择入库单右上角的“红字”，输入实验资料，退货数量填写－2，单价填写1 200，如图7-99所示。

单击“保存”，再进行审核，然后退出。

图 7-99　采购入库单

3. 根据采购入库单生成采购专用发票

选择“业务工作”|“供应链”|“采购管理”|“采购发票”|“专用采购发票”，单击“增加”，选择“生单”|“入库单”，单据来源类型为“采购入库单”，然后进入发票拷贝入库单列表，选择要传入数据的蓝字入库单。

单击“确定”，数据自动传到专用发票中。

将发票中的数量改为 50，如图 7-100 所示。

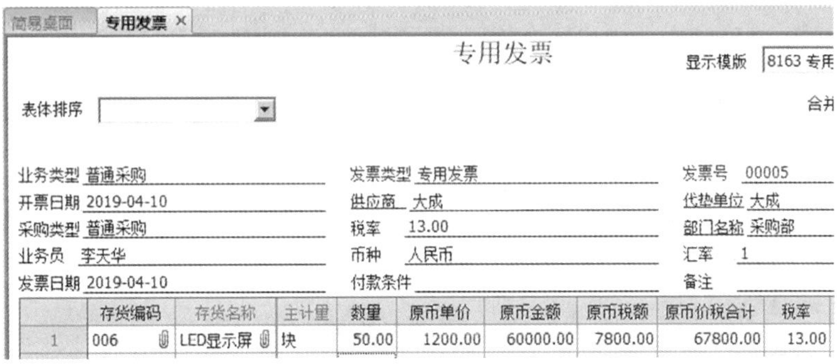

图 7-100　专用发票

单击“保存”完成。

4. 采购结算

选择“业务工作”|“供应链”|“采购管理”|“采购结算”|“手工结算”，进入“手工结算”窗口，单击“选单”进入“结算选单”窗口，再单击“查询”进行查询条件设置，供应商选择“成都大成公司”，然后选择要结算的单据，如图 7-101 所示。

图 7-101　结算选单

单击“确定”，返回到“手工结算”窗口，如图7-102所示。

单据类型	存货编号	存货名称	单据号	结算数量	发票数量	暂估单价	暂估金额	发票单价	发票金额
采购发票	006	LED显示屏	00005		50.00		0.00	1200.00	60000.00
采购入库单			00005	52.00		1200.00	62400.00		
采购入库单			00006	-2.00		1200.00	-2400.00		
		合计		50.00	50.00		60000.00		60000.00

图7-102　手工结算

单击“结算”，完成单据之间的钩稽。

5. 生成应付凭证

选择“业务工作”|“财务会计”|“应付款管理”|“应付单据处理”|“应付单据审核”，进入“应付单查询条件”，供应商选择“成都大成公司”，单击“确定”进入应付单据列表，如图7-103所示。

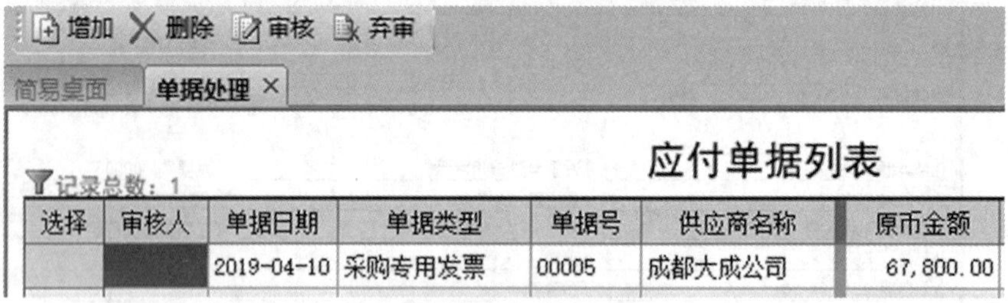

选择	审核人	单据日期	单据类型	单据号	供应商名称	原币金额
		2019-04-10	采购专用发票	00005	成都大成公司	67,800.00

图7-103　应付单据列表

先选择单据，然后单击“审核”，系统显示审核成功。

选择“业务工作”|“财务会计”|“应付款管理”|“制单处理”，出现“制单查询”窗口，选择“发票制单”，供应商选择“成都大成公司”，然后进入“采购发票制单”窗口，凭证类别选择“转账凭证”，如图7-104所示。

选择标志	凭证类别	单据类型	单据号	日期	供应商编码	供应商名称	部门	业务员	金额
	转账凭证	采购专用发票	00005	2019-04-10	02	成都大成公司	采购部	李天华	67,800.00

图7-104　采购发票制单

先选择，然后单击“制单”，显示生成的凭证，其凭证分录如下：

借：在途物资　　60 000

　　应交税费/应交增值税/进项税额　　7 800

贷：应付账款/大成　　67 800

补充输入发票号等信息后，单击“保存”完成凭证生成。

6. 生成入库凭证

选择“业务工作”|“供应链”|“存货核算”|“业务核算”|“正常单据记账”，进入条件设置，可以按照仓库选择，或者选择单据类型（采购入库单），然后进入正常单据记账列表，如图 7-105 所示。

输出　定位　全选　查询　单据　刷新　记账　栏目　汇总　滤设

简易桌面　未记账单据一览表

正常单据记账列表

记录总数：2

选择	日期	单据号	存货编码	存货名称	单据类型	仓库名称	收发类别	数量	单价	金额
	2019-04-09	00005	006	LED显示屏	采购入库单	原料库	采购入库	52.00	1,200.00	62,400.00
	2019-04-10	00006	006	LED显示屏	采购入库单	原料库	采购入库	-2.00	1,200.00	-2,400.00
小计								50.00		60,000.00

图 7-105　正常单据记账列表

先选择“全选”，再单击“记账”完成记账工作。

选择“业务工作”|“供应链”|“存货核算”|“财务核算”|“生成凭证”，进入后单击工具栏上的“选择”按钮，在查询条件中选择“（01）采购入库单（报销记账）”，单击“确定”，进入未生成凭证单据一览表，单击“全选”，如图 7-106 所示。

选择单据

输出　单据　全选　全消　确定　取消

□ 已结算采购入库单自动选择全部结算单上单据(包括入库单、发票、付款单)，非本月采购入库单按蓝字报销单制单

未生成凭证单据一览表

选择	记账日期	单据日期	单据类型	单据号	仓库	收发类别	业务类型	计价方式	摘要	供应商
	2019-04-10	2019-04-09	采购入库单	00005	原料库	采购入库	普通采购	移动平均法	采购入库单	成都大成公司
1	2019-04-10	2019-04-10	采购入库单	00006	原料库	采购入库	普通采购	移动平均法	采购入库单	成都大成公司

图 7-106　未生成凭证单据一览表

单击“确定”，系统返回“生成凭证”窗口，凭证类别选择“转 转账凭证”，如图 7-107 所示。

输出　选择　单据　删除　生成　合成　摘要　清理

简易桌面　生成凭证

凭证类别　转 转账凭证

选择	单据类型	单据号	摘要	科目类型	科目编码	科目名称	借方金额	贷方金额	借方数量	贷方数量
1	采购...	00005	采购入库单	存货	140301	生产用原材料	62,400.00		52.00	
				对方	1402	在途物资		62,400.00		52.00
		00006		存货	140301	生产用原材料	-2,400.00		-2.00	
				对方	1402	在途物资		-2,400.00		-2.00
合计							60,000.00	60,000.00		

图 7-107　生成凭证

单击工具栏上的“合成”按钮，将两张入库单合并生成一张凭证，凭证分录如下：

借：原材料/生产用原材料　　60 000

　贷：在途物资　　60 000

单击“保存”，凭证左上角出现“已生成”标志，表示凭证已经生成并传递到总账系统中。

7.2.7　采购结算后退货

实验资料

4 月 15 日，前期从成都大成公司购入的有线键盘质量有问题，从原料库退回 4 个给供货方，单价为 95 元，同时收到红字专用发票一张。对采购入库单和红字专用发票进行业务处理。

实验过程

1. 填制红字采购入库单并审核

选择“业务工作”|“供应链”|“库存管理”|“入库业务”|“采购入库单”，单击“增加”，选择右上角的“红字”，输入实验资料，退货数量填写－4，单价填写 95，如图 7－108 所示。

图 7－108　采购入库单

单击“保存”，再进行审核，然后退出。

2. 填制红字采购专用发票并执行采购结算

选择“业务工作”|“供应链”|“采购管理”|“采购发票”|“红字专用采购发票”，进入后先单击“增加”，再选择“生单”|“入库单”，进入查询条件设置，可设置以供应商为条件（成都大成公司），进入后选择相应的入库单。

单击“确定”返回专用发票，数据已经传递过来，如图 7－109 所示。

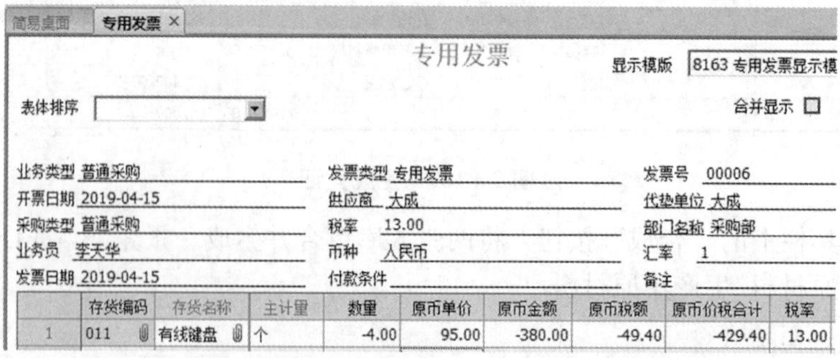

图 7－109　红字发票

单击“保存”，再单击“结算”完成自动结算，结算后发票上显示“已结算”标记。

3. 生成应付冲销凭证

选择“业务工作”|“财务会计”|“应付款管理”|“应付单据处理”|“应付单据审核”，进入应付单条件设置，供应商选择“成都大成公司”，单击“确定”进入应付单据列表，如图7-110所示。

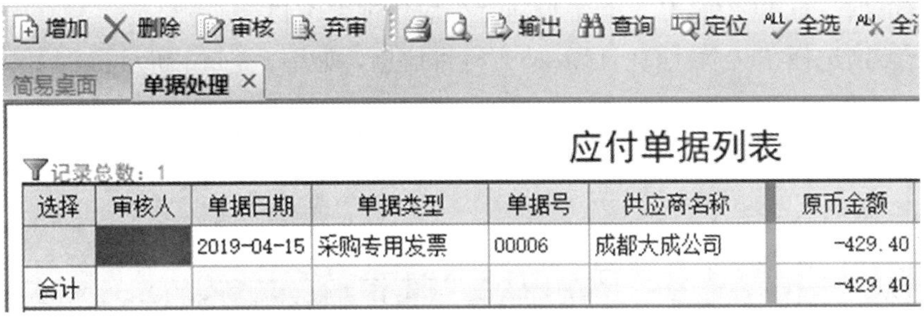

图7-110　应付单据列表

先选择单据，然后单击“审核”完成审核工作。

选择“业务工作”|“财务会计”|“应付款管理”|“制单处理”，进入“制单查询”窗口，选择“发票制单”，供应商选择“成都大成公司”，单击“确定”，进入“采购发票制单”窗口，凭证类别选择“转账凭证”，如图7-111所示。

图7-111　采购发票制单

先选择，再单击“制单”，显示生成的凭证，其凭证分录如下：

借：在途物资　　—380.00

　　应交税费/应交增值税/进项税额　　—49.40

　贷：应付账款/大成　　—429.40

补充输入发票号等信息后，单击“保存”完成凭证生成。

4. 生成入库凭证

选择“业务工作”|“供应链”|“存货核算”|“业务核算”|“正常单据记账”，进入条件设置，可以按照仓库选择（原料库），或者选择单据类型（采购入库单），然后进入正常单据记账列表，如图7-112所示。

先选择，再单击“记账”完成记账工作。

选择“业务工作”|“供应链”|“存货核算”|“财务核算”|“生成凭证”，进入后单击工具栏上的“选择”按钮，在查询条件中选择“(01) 采购入库单（报销记账）”，单击

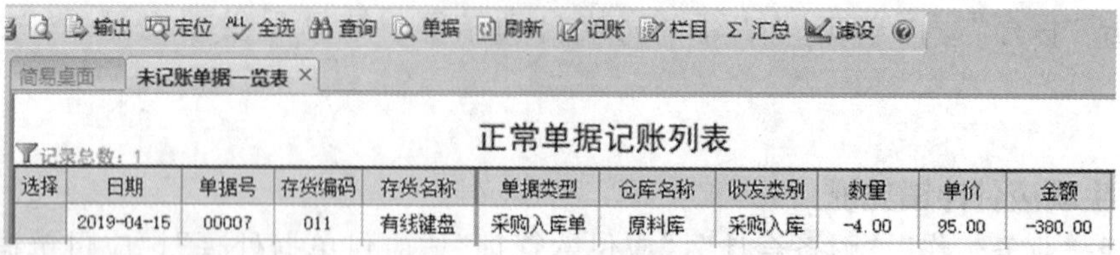

图 7-112　正常单据记账列表

“确定”，进入未生成凭证单据一览表。

选择单据，单击“确定”，系统返回“生成凭证”窗口。

凭证类别选择“转 转账凭证”，补充科目信息，如图 7-113 所示。

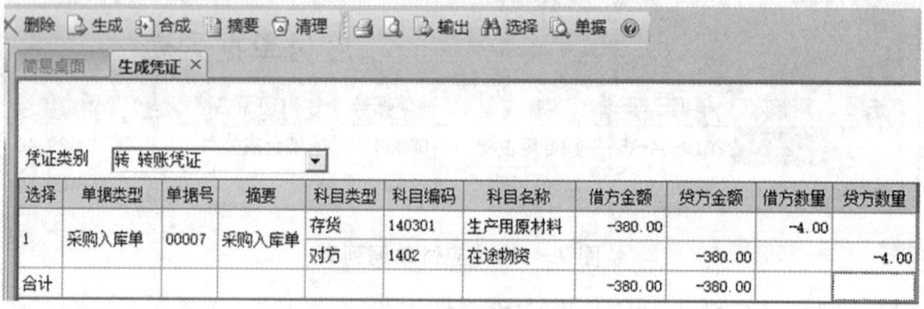

图 7-113　生成凭证

单击工具栏上的“生成”按钮，生成的凭证分录如下：

借：原材料/生产用原材料（140301）　　　　　　　　　　　　　　　　　　　—380

　贷：在途物资（1402）　　　　　　　　　　　　　　　　　　　　　　　　　—380

单击“保存”，凭证左上角出现“已生成”标志，表示凭证已经生成并传递到总账系统中。

7.2.8　暂估入库处理

实验资料

4 月 20 日，收到上海大坤公司提供的 HP 打印机 50 台，入配套用品库。由于到了月底发票仍未收到，进行暂估记账处理，暂估价为每台 1 500 元。

实验过程

1. 填制并审核采购入库单

选择“业务工作”|“供应链”|“库存管理”|“入库业务”|“采购入库单”，单击“增加”，输入实验资料，采购单价不用填写，如图 7-114 所示。

单击“保存”，再单击“审核”，然后退出。

2. 月末录入暂估入库成本并生成凭证

选择“业务工作”|“供应链”|“存货核算”|“业务核算”|“暂估成本录入”，进入查询条件设置，保持默认设置，单击“确定”，进入“暂估成本录入”窗口，输入暂估价，如图 7-115 所示。

图 7-114　采购入库单

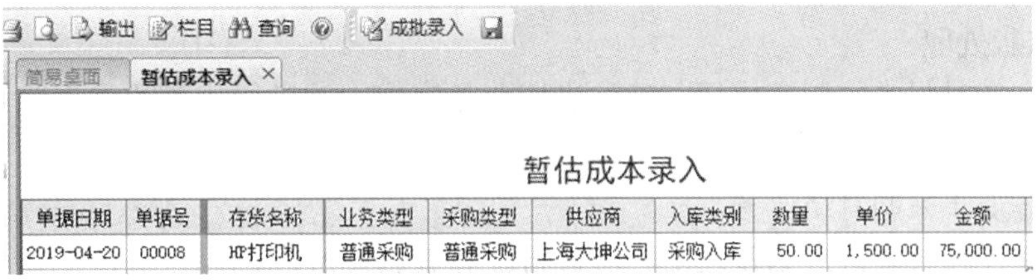

图 7-115　暂估成本录入

单击“保存”，提示保存成功，表明已经录入完成。

选择“业务工作”|“供应链”|“存货核算”|“业务核算”|“正常单据记账”，进入查询条件设置，不用更改条件，进入正常单据记账列表，如图 7-116 所示。

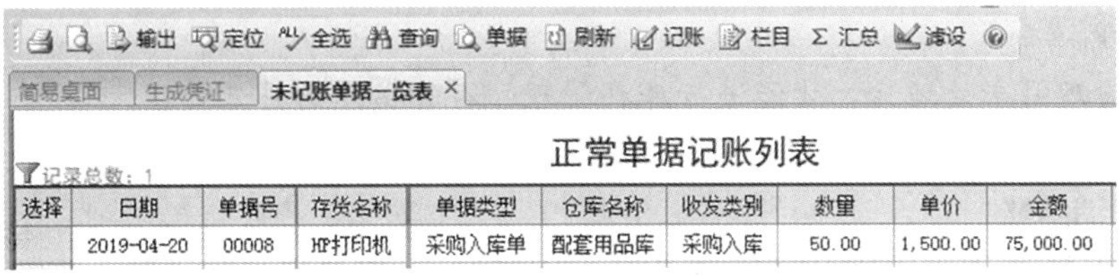

图 7-116　正常单据记账列表

选择要记账的单据，单击“记账”，提示记账成功，然后退出。

选择“业务工作”|“供应链”|“存货核算”|“财务核算”|“生成凭证”，进入“生成凭证”窗口。单击工具栏上的“选择”按钮，在查询条件中选择“采购入库单（暂估记账）”，单击“确定”，显示未生成凭证单据一览表。

选择要生成凭证的单据（采购入库单），单击“确定”返回到“生成凭证”窗口，将凭证类别改为“转 转账凭证”，补充应付暂估科目“在途物资（1402）”，如图 7-117 所示。

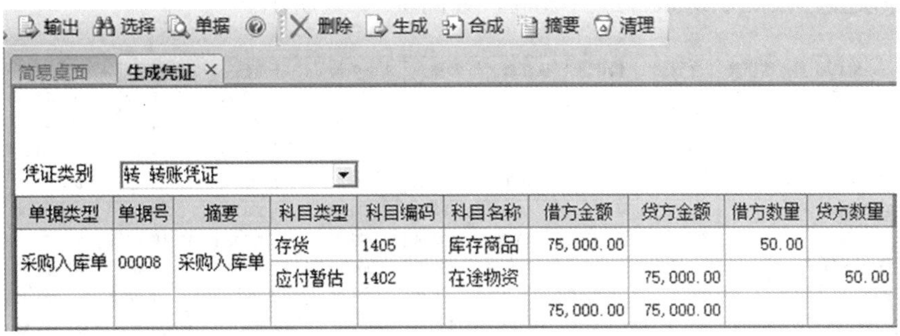

图 7-117　生成凭证

单击“生成”，进入“填制凭证”窗口，生成的凭证分录如下：

借：库存商品（1405）　　75 000

　　贷：在途物资（1402）　　75 000

单击“保存”完成。

操作提示

本案例采用的是月初冲回方式。月初，系统自动生成红字回冲单，记入明细账，回冲上月的暂估业务。

7.2.9 采购业务月末结账

1. 结账处理

一般在本月报表编制完成后，确认当期业务完成，才进行相关的月末结账等处理，这里是说明具体的方法。

该业务属于采购月结业务。

（1）在采购管理月末结账之前，应进行账套数据备份。

（2）选择“业务工作”|“供应链”|“采购管理”|“月末结账”，进入“月末结账”窗口，单击要结账的会计月份，单击“结账”，系统提示结账完成。

操作提示

未进行期初记账，将不能进行月末结账。

月末结账后，该月的单据将不能修改、删除。该月未输入的单据只能视为下个月的单据处理。

采购管理月末处理后，才能进行库存管理、存货核算的月末处理。

2. 取消结账

只有取消库存管理、存货核算系统的月末结账，才能取消采购管理系统的月末结账。如果库存管理、存货核算的任何一个系统未取消月末结账，那么也不能取消采购管理系统的月末结账。

7.2.10 采购查询

1. 采购明细表

选择“业务工作”|“供应链”|“采购管理”|“报表”|“统计表”|“采购明细表”，进入查询条件设置，按照默认条件进行查询，如图 7－118 所示。

存货名称	规格型号	主计量	辅计量	换算率	数量	本币单价	本币金额	本币税额	本币价税合计
有线键盘		个			300.00	95.00	28,500.00	3,705.00	32,205.00
无线鼠标		只	箱	12.00	360.00	50.00	18,000.00	2,340.00	20,340.00
运费		千米					564.00	36.00	600.00
2TSSD硬盘		盒	箱	10.00	200.00	800.00	160,000.00	20,800.00	180,800.00
有线鼠标		只	箱	12.00	60.00	50.00	3,000.00	390.00	3,390.00
2TSSD硬盘		盒	箱	10.00	100.00	790.00	79,000.00	10,270.00	89,270.00
LED显示屏		块			50.00	1,200.00	60,000.00	7,800.00	67,800.00
有线键盘		个			-4.00	95.00	-380.00	-49.40	-429.40
					1,066.00		348,684.00	45,291.60	393,975.60

图 7－118 采购明细表

表中显示的内容和格式可以单击工具栏上的“格式”按钮进行调整，如图 7-119 所示。

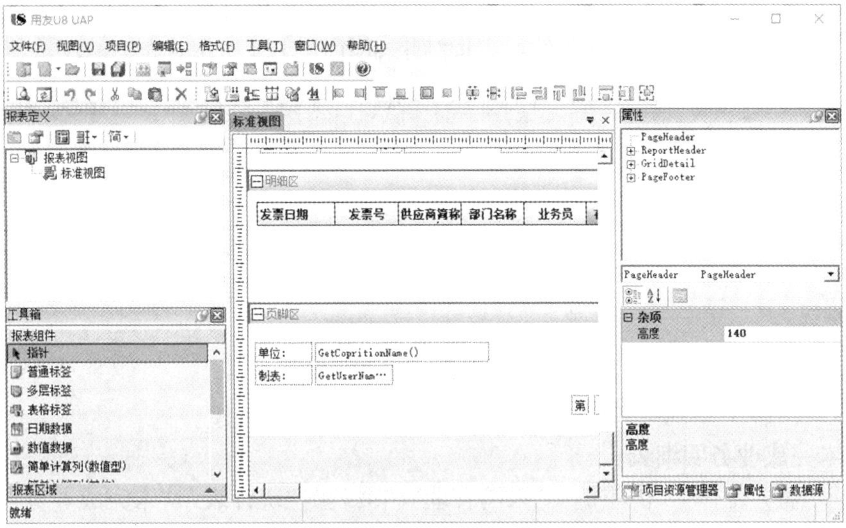

图 7-119　报表格式设计

2. 入库明细表

选择“业务工作”|“供应链”|“采购管理”|“报表”|“统计表”|“入库明细表”，进入查询条件设置，按照默认设置进行查询，如图 7-120 所示。

仓库名称	供应商简	存货名称	规格型号	主计量	入库数量	本币单价	本币金额
原料库	大成	有线键盘		个	300.00	95.00	28,500.00
原料库	大成	无线鼠标		只	360.00	50.00	18,000.00
原料库	大成	2TSSD硬盘		盒	200.00	802.77	160,553.62
原料库	大成	有线鼠标		只	60.00	50.17	3,010.38
原料库	大成	LED显示屏		块	52.00	1,200.00	62,400.00
原料库	大成	LED显示屏		块	-2.00	1,200.00	-2,400.00
原料库	大成	有线键盘		个	-4.00	95.00	-380.00
配套用…	大坤	HP打印机		台	50.00	1,500.00	75,000.00
					1,016.00		344,684.00

图 7-120　入库明细表

3. 采购发票列表

选择“业务工作”|“供应链”|“采购管理”|“采购发票”|“采购发票列表”，进入查询条件设置，这里选择默认条件，查询结果如图 7-121 所示。

存货名称	主计量	数量	原币无税单价	原币金额	原币税额	原币价税合计
有线键盘	个	300.00	95.00	28,500.00	3,705.00	32,205.00
无线鼠标	只	360.00	50.00	18,000.00	2,340.00	20,340.00
2TSSD硬盘	盒	200.00	800.00	160,000.00	20,800.00	180,800.00
有线鼠标	只	60.00	50.00	3,000.00	390.00	3,390.00
运费	千米			564.00	36.00	600.00
2TSSD硬盘	盒	100.00	790.00	79,000.00	10,270.00	89,270.00
LED显示屏	块	50.00	1,200.00	60,000.00	7,800.00	67,800.00
有线键盘	个	-4.00	95.00	-380.00	-49.40	-429.40
		1,066.00		348,684.00	45,291.60	393,975.60

图 7-121　采购发票列表

4. 结算明细表

选择“业务工作”|“供应链”|“采购管理”|“报表”|“统计表”|“结算明细表”，进入查询条件设置，这里选择默认条件，查询结果如图7-122所示。

存货名称	规格型号	主计量	结算数量	结算单价	结算金额	费用	发票号	入库单号	入库日期	结算暂估单价	结算暂估金额
2TSSD硬盘		盒	200.00	802.77	160,553.62	553.62	00003	00004	2019-04-06	800.00	160,000.00
2TSSD硬盘		盒	100.00	790.00	79,000.00		00004	00001	2019-03-25	800.00	80,000.00
LED显示屏		块	50.00	1,200.00	60,000.00		00005	00006	2019-04-10	1,200.00	60,000.00
有线键盘		个	300.00	95.00	28,500.00		00001	00002	2019-04-03	95.00	28,500.00
有线键盘		个	-4.00	95.00	-380.00		00006	00007	2019-04-15	95.00	-380.00
有线鼠标		只	60.00	50.17	3,010.38	10.38	00003	00004	2019-04-06	50.00	3,000.00
无线鼠标		只	360.00	50.00	18,000.00		00002	00003	2019-04-04	50.00	18,000.00
			1,066.00		348,684.00	564.00					349,120.00

图7-122 结算明细表

5. 未完成业务明细表

选择“业务工作”|“供应链”|“采购管理”|“报表”|“统计表”|“未完成业务明细表”，进入查询条件设置，这里选择默认条件，查询结果如图7-123所示。

单据类型	单据号	日期	结算日期	供应商简称	存货名称	规格型号	主计量	未结数量	暂估单价	未结金额
采购入库单	00008	2019-04-20		大坤	HP打印机		台	50.00	1,500.00	75,000.00
总计								50.00		75,000.00

图7-123 未完成业务明细表

7.3 应付款管理

7.3.1 概述

应付款管理系统通过其他应付单、付款单等单据的录入和处理，对企业的往来账款进行综合管理，及时、准确地提供供应商的往来账款余额资料，提供各种分析报表，帮助企业合理地进行资金的调配，提高资金的利用效率。

应付业务处理流程如图7-124所示。

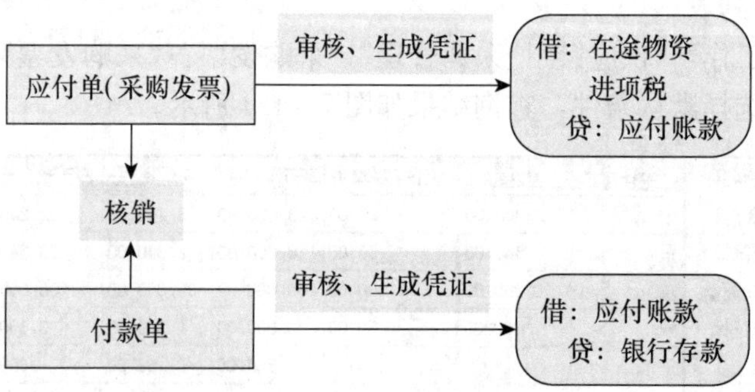

图7-124 应付业务处理流程

7.3.2　付款业务

实验资料

4 月 17 日，财务部开出转账支票一张（支票号 ZZ777），金额 12 000 元，支付重庆大江公司前欠部分货款。

实验过程

1. 填制付款单

选择“业务工作”|“财务会计”|“应付款管理”|“付款单据处理”|“付款单据录入”，单击“增加”，输入实验资料，如图 7－125 所示。

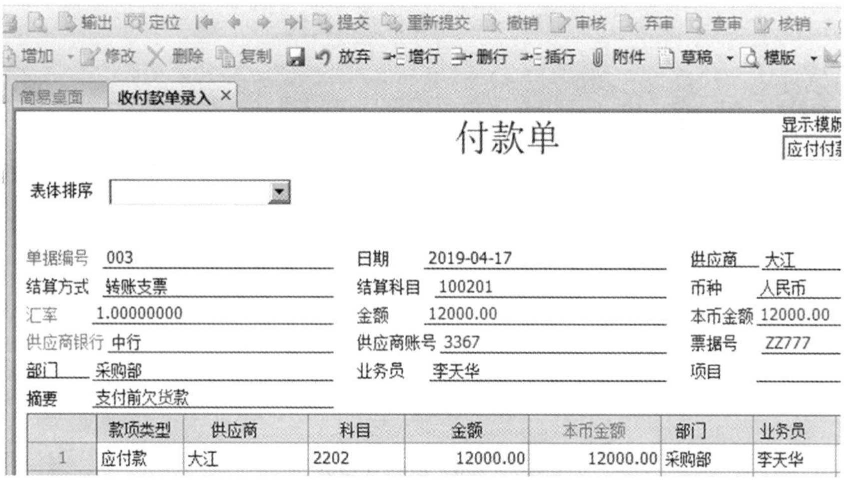

图 7－125　付款单

单击“保存”，再单击“审核”，系统提示是否立即制单，回答“是”，生成的凭证分录如下：

借：应付账款/大江　　12 000

　贷：银行存款/工行　　12 000

补充票号等信息后，单击“保存”完成凭证生成。

2. 查询业务明细账

选择“业务工作”|“财务会计”|“应付款管理”|“账表管理”|“业务报表”|“业务明细账”，选择“重庆大江公司”，查询结果如图 7－126 所示。

年	月	日	凭证号	供应商		摘要	单据号	本期应付	本期付款	余额
				编码	名称			本币	本币	本币
				01	重庆大江公司	期初余额				276,850.00
2019	4	9	转-0015	01	重庆大江公司	采购专用发票	00004	89,270.00		366,120.00
2019	4	17	付-0014	01	重庆大江公司	支付前欠货款	003		12,000.00	354,120.00
				(01)小计:				89,270.00	12,000.00	354,120.00

图 7－126　应付明细账（重庆大江公司）

7.3.3 查询

1. 应付款余额表

选择“业务工作”|“财务会计”|“应付款管理”|“账表管理”|“业务报表”|“业务余额表”，按照默认条件设置，如图 7－127 所示。

供应商编码	供应商名称	期初	本期应付	本期付款	余额	周转率	周转天数
		本币	本币	本币	本币	本币	本币
01	重庆大江公司	276,850.00	89,270.00	12,000.00	354,120.00	0.28	103.57
(小计)01		276,850.00	89,270.00	12,000.00	354,120.00		
02	成都大成公司	0.00	284,365.60	32,205.00	252,160.60	2.26	12.83
(小计)02		0.00	284,365.60	32,205.00	252,160.60		
总计		276,850.00	373,635.60	44,205.00	606,280.60		

图 7－127 应付款余额表

2. 应付账龄分析

选择“业务工作”|“财务会计”|“应付款管理”|“账表管理”|“统计分析”|“应付账龄分析”，按照默认条件设置，如图 7－128 所示。

供应商		本币余额	账期内		1-30		31-60		61-90	
编号	名称		本币金额	%	本币金额	%	本币金额	%	本币金额	%
01	重庆大江公司	366,120.00			89,270.00	24.38			276,850.00	75.62
02	成都大成公司	284,365.60			284,365.60	100.00				
数量					2				1	
金额		650,485.60			373,635.60	57.44			276,850.00	42.56

图 7－128 应付账龄分析

7.3.4 期末处理

期末处理指进行期末结账工作。如果当月业务已全部处理完毕，就需要执行月末结账功能，只有月末结账后，才可以开始下月工作。

7.4 复习题

7.4.1 思考题

1. 对于采购中的货到票未到业务，当发票上的商品价格与估价不一致时，如何处理？
2. 简述票先到货后到时的处理流程及涉及的会计分录。
3. 简述采购订单的作用。

7.4.2　判断题

1. 采购订单和采购入库单是一对一的关系，是唯一对应的。（　）

2. 请购单和采购订单是多对多的关系，即一张请购单可以对应多张采购订单，反之也可。（　）

3. 运费发票只能与采购入库单进行结算，不可单独进行结算。（　）

4. 采购费用处理时，可以在手工结算时进行费用分摊，运费发票也可以单独进行费用结算。（　）

5. 采购订单、到货单和发票的单价既可以通过手工录入，也可以由系统自动带入供应商存货对照表中的价格或取自采购订单、到货单和发票的最新价格，当然也可以修改带入的价格。（　）

6. ERP-U8 采购管理中暂估业务不支持发票与入库单部分结算。（　）

7. 参照销售订单的订货业务，如果已录入销售订单且已经过审核，可以通过参照的方式建立采购订单。（　）

8. 已经审核的请购单不能修改、删除，如果要修改、删除，需要先弃审。（　）

9. 采购入库单、销售出库单只能在存货管理子系统中输入。（　）

10. 采购管理系统中生成的凭证需要在采购管理系统中审核后，才能在总账系统中记账。（　）

11. 收到供货单位的发票但货物未到，有两种处理方法：第一种，对发票做压单处理，待货物到达后，再输入系统做报账结算处理；第二种，先将发票输入系统，便于实时统计在途货物。（　）

7.4.3　单项选择题

1. 采购运费的分摊方法有（　）两种。

A. 按费用分摊和按存货分摊　　B. 按费用分摊和按数量分摊

C. 按数量分摊和按金额分摊　　D. 按金额分摊和按存货分摊

2. 以下关于运费发票记录的费用结算功能的描述中，错误的是（　）。

A. 运费发票记录可以单独进行结算

B. 运费发票记录可以与采购入库单记录结算

C. 运费发票记录可以直接分摊到具体的存货上

D. 以上说法只有 AB 正确

3. 以下单据不能由采购订单生成的是（　）。

A. 采购到货单　　B. 到货退回单

C. 报检单　　D. 采购发票

4. 采购管理系统中，采购入库单界面中“生成”功能的作用是（　）。

A. 参照采购到货单生成采购入库单　　B. 生成采购入库单

C. 生成采购发票　　D. 参照采购发票生成采购入库单

5. 采购请购单在（　）情况下可以修改。

A. 已经审核未关闭　　B. 未审核
C. 关闭　　D. 已经执行

6. 下面关于采购流程的描述中，正确的是（　　）。
A. 采购业务流程的各项单据都是可选择的
B. 采购流程中必须有采购订单、采购入库单和采购发票
C. 最短的流程是只录入采购入库单
D. 采购流程中必须有采购入库单和采购发票

7. 下面关于采购发票的描述中，正确的是（　　）。
A. 采购发票可以在应付管理中审核，也能在采购管理中审核
B. 采购发票只能在采购管理中审核
C. 采购发票只能在应付管理中审核
D. 采购发票只有审核后才能在应付管理中查看到

8. 采购结算是指（　　）之间的结算。
A. 采购发票与采购订单　　B. 采购发票与采购到货单
C. 采购发票与采购入库单　　D. 采购发票与付款单

9. 采购业务的核销是指确定（　　）之间的对应关系的操作。
A. 付款单与收款单　　B. 付款单与采购发票
C. 付款单与入库单　　D. 付款单与采购订单

10. 下面方式中，不是存货核算的暂估方式的是（　　）。
A. 月初回冲　　B. 月末回冲　　C. 单到补差　　D. 单到回冲

7.4.4 多项选择题

1. 采购管理中发票主要有（　　）。
A. 专用采购发票　　B. 红字专用采购发票
C. 普通采购发票　　D. 红字普通采购发票

2. 以下关于暂估冲销方法的业务处理的描述中，正确的是（　　）。
A. 月初回冲方式下月末对本月未报销的入库单进行期末处理后，生成蓝字回冲单
B. 单到回冲方式下执行结算成本处理时系统自动生成红字回冲单，蓝字报销单
C. 单到回冲时结算处理生成红字回冲单，为原入库单暂估金额，方向与原单相反
D. 采用单到补差方式，如报销金额与暂估金额的差额为零，则不生成调整单

3. 存货核算系统提供的暂估处理方式有（　　）。
A. 月初回冲　　B. 单到回冲　　C. 单到补差　　D. 月末回冲

4. 关于货单同到的采购业务，以下流程错误的是（　　）。
A. 采购入库单—采购发票—单据记账—采购结算
B. 采购入库单—采购发票—采购结算—单据记账
C. 采购入库单—单据记账—采购发票—采购结算
D. 采购发票—采购入库单—单据记账—采购结算

5. 自动结算将进行以下（　　）操作。
A. 入库单和发票结算　　B. 红蓝入库单结算

C. 红蓝发票结算　　D. 盈余短缺结算

6. 供应链中的单据编号可以（　　）。

A. 完全手工编号　　B. 手工改动，重号时自动重取

C. 按收发标志流水　　D. 固定编号

第8章 Chapter 8 销售与应收业务

本章操作视频讲解（上）　　本章操作视频讲解（下）

8.1 销售管理

8.1.1 销售业务处理

企业要想完成交易，销售是一个重要环节，它是企业向客户销售和交付商品，并收取货款的业务过程。在商业信用环境下，大部分销售活动表现为赊销，即在产品与劳务的提供与货款的收取之间有一段时间间隔，所以，销售过程与应收业务有密切关系。

销售过程是企业实现增长和盈利的关键过程之一。以制造业为例，一般，销售过程决定了企业的生产计划，而生产计划又决定了购买过程中所需的资源。因此，如果销售过程不能很好地发挥作用，无论其他过程多么有效，企业也不可能取得足够的收入来维持运营。

通过销售业务管理，企业可以拟定销售计划，并在经营过程中合理配置促销资金和人力资源，实时监控计划的执行情况；同时，企业可对销售渠道、客户、销售价格、优惠条件等进行管理，选择优秀的合作伙伴，提高企业市场竞争力；当然，企业也可对业务部门及业务人员进行业绩考评。销售业务管理本质上是为了合理地利用资金和人力资源，以优质的产品和服务不断满足用户各种日益增长的需要。

销售核算的主要功能是处理商品或材料等的出售业务。系统通过销售单据来记载销售过程中发生的经济业务，并根据这些销售单据形成对客户单位的应收账款。同时，可管理和核算分期收款发出商品、委托代销商品等，还提供直销业务核算，以及生成销售记账凭证，查询及打印各种账表等。

销售过程包括接收顾客订购单，核准购货方信用，供应及装运商品，开具销货发票，记录收益和应收账款，收款和记录现金收入，坏账处理等业务。销售管理与其他业务系统的数据关系如图 8－1 所示。

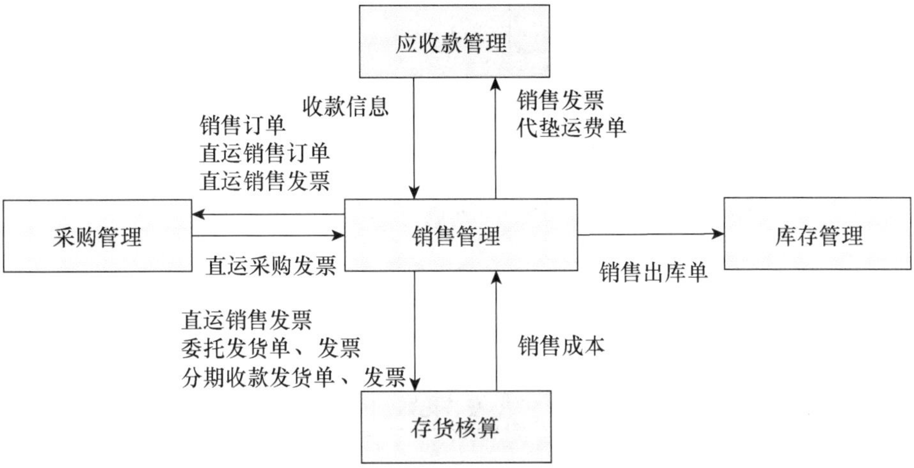

图 8－1 销售管理与其他业务系统的数据关系

销售过程中各基本环节的流程处理如下：

（1）接收客户订单。销售过程始于销售部门收到来自客户的口头、书面或其他形式的订单。由于不同客户的订单并无标准，因此，销售部门必须填制本企业的正式销售订单，记录各种销货信息，并将编制的销售订单发送信用、仓储、装运、销售等部门，作为业务的依据。

（2）信用核查。信用部门的责任在于审批客户信用以及授权销售交易。信用部门根据销售部门转来的销货单，查阅客户的信用记录，确定赊销信用的条件和限额，经信用审批后的销货单将返回到销货部门。

（3）仓储核查。仓储部门根据经过核准的销售订单确定所需物品的品种、数量，必要时应提交缺货商品延期交货清单。

（4）装运发送。装运部门收到仓储部门送来的提货单后，包装商品，选择运货人，开具提货单/货运通知单。

（5）开票。一般可由会计部门负责对客户开出并寄送销售发票或账单。其职责是：复查交易，比较销售订单、提货单、发运单以及变更通知等记录，将确认的交易信息记入会计系统；根据以上单据开出销售发票，并计算相关账单数据。

销售发票交给客户之前应加以审核，以确定价格、赊销条件、运费、总金额等是否正确。

（6）信息记录和会计处理，进行应收账款的相关处理。

（7）收款和记录收入。通常情况下，汇款通知单随客户的付款一同寄回。企业收到客户寄回的汇款通知单后，应至少有两人经手，以防止员工的错误或舞弊。收到的款项及相应的支付单据应予汇总，编制现金收账清单。收到的支票应及时背书或加盖背书章，支票上的金额应与汇款通知单上的金额进行比较。每批汇款通知单都应送到应收账款部门，登记客户明细账以反映客户支付情况。

（8）坏账处理。管理部门应及时判断无法收回的应收账款并进行相应的账务处理。应获取有关款项无法收回的确凿证据，经审批后及时做出会计记录的调整。

（9）票据与凭证之间的关系。在业务处理中，订单、单据、记账凭证之间存在业务流程处理关系，如图 8－2 所示。

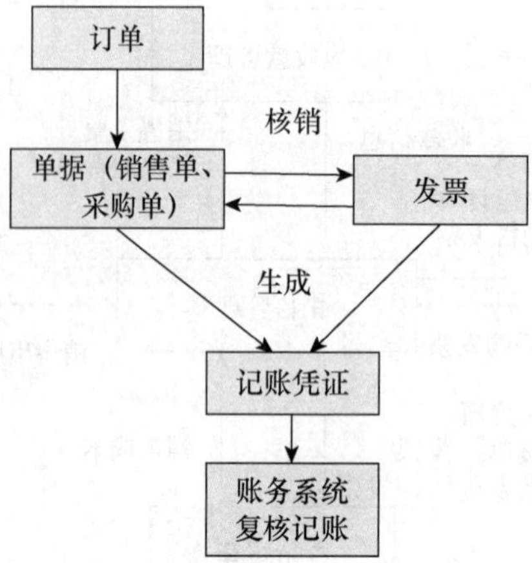

图 8－2　单证关系图

8.1.2　销售管理功能概述

销售管理是 U8 软件供应链管理系统中的一个子系统，它一般与采购、库存、存货核算、总账系统等一起使用，彼此之间共享数据，联系紧密，共同组成完整的业务处理系统。

与采购管理系统类似，在第一次使用销售管理系统处理日常销售业务之前，也要将日常业务中将要使用的目录档案准备好。

这些目录档案有些在进行基础设置时已经完成，如存货分类、客户分类、存货档案、客户档案等；有些可以在启用销售管理系统后进行设置，如本企业开户银行、费用项目等。如果本企业开户银行档案没有数据，那么系统就不能完成专用发票的填制操作，也就是说，如果企业只填制普通发票，那么也可以不设置开户银行的信息。同样的道理，如果在销售过程中不产生其他的代垫费用，用户也可以不设置费用项目档案。

1. 设置

销售管理系统的初始设置主要是根据企业的需要建立销售业务应用环境，将 U8 的销售管理变成适合本单位实际需要的专用系统。其中包括定义存货分类、地区分类、客户分类、收发类别、部门、结算方式的编码方案，定义存货数量、存货单价和开票单价显示的小数位数，设置存货档案、客户档案、本企业开户银行、费用项目等内容。这些初始数据一般在基础设置中进行设置。在启用销售管理系统后，有新增的档案信息，也可以继续在基础设置中进行添加。

其他的设置已经在前面内容中讲解，这里进行报价含税的设置。选择“业务工作”|“供应链”|“销售管理”|“设置”|“销售选项”，选择“业务控制”页，不选择“报价含税”，其他采用默认设置，如图 8－3 所示。

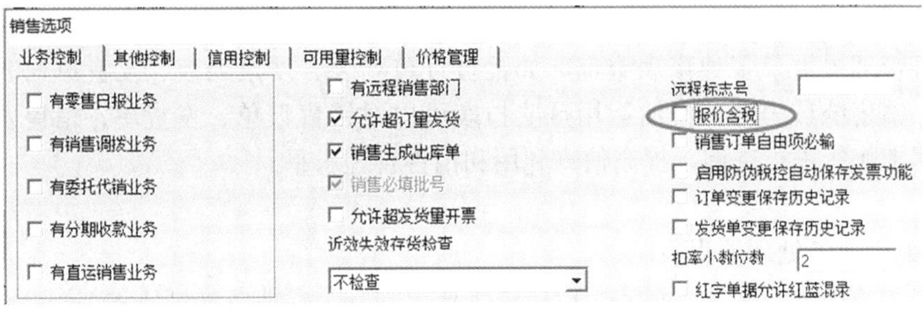

图 8-3 销售选项

2. 销售订单

销售订单是反映由购销双方确认的客户购货需求的单据。对于销售业务规范化管理的企业而言，销售业务的进行需经历一个客户询价，销售业务部门报价，双方签订购销合同（或达成口头购销协议）的过程。销售订单作为合同或协议的载体而存在，成为销售发货日期、货物明细、价格、数量等事项的依据。企业根据销售订单组织货源或组织生产，并对订单的执行进行管理、控制和追踪。在先发货后开票业务模式下，发货单可以根据销售订单开具；在开票直接发货业务模式下，销售发票可以根据销售订单开具。

在销售管理系统中，销售订单并不是不可或缺的，也可以不录入销售订单，而直接录入发货单或销售发票。

3. 发货单

发货单是普通销售发货业务的执行载体。在先发货后开票业务模式下，发货单由销售部门根据销售订单产生；在开票直接发货业务模式下，发货单由销售部门根据销售发票产生，作为货物发出的依据，而且在此情况下，发货单只能浏览，不能进行增删改等操作。

在先发货后开票业务模式下，发货单必须经过审核，数据才能记入相关的账表，同时生成与该单据有关联的其他单据，如销售发票。

4. 销售发票

销售发票是指给客户开具的增值税专用发票、普通发票及其所附清单等原始销售票据。销售发票可以由销售部门参照发货单生成，即先发货后开票业务模式；也可以参照销售订单生成或直接填制，即开票直接发货业务模式。

参照订单生成或直接填制的销售发票经复核后自动生成发货单，并根据参数设置生成销售出库单，或由库存系统参照已复核的销售发票生成销售出库单。一张订单或发货单可以拆分生成多张销售发票，也可以用多张订单或发货单汇总生成一张销售发票。销售发票经复核后登记应收账款。

5. 收款结算

收款结算功能主要处理销售过程中发生的各种款项的收入操作，冲销已登记的应收账款。

6. 查询

销售管理提供了多种账表查询，如销售订单列表、发票列表、发货单列表、销售明细表、销售统计表等，灵活运用这些报表可以对销售订单、发货单、销售发票、销售收入明细账等进行查询，提高信息利用和销售管理水平。

7. 销售业务处理流程

销售业务涉及销售、库存和生成凭证等环节，其主要业务处理流程如图8-4所示。

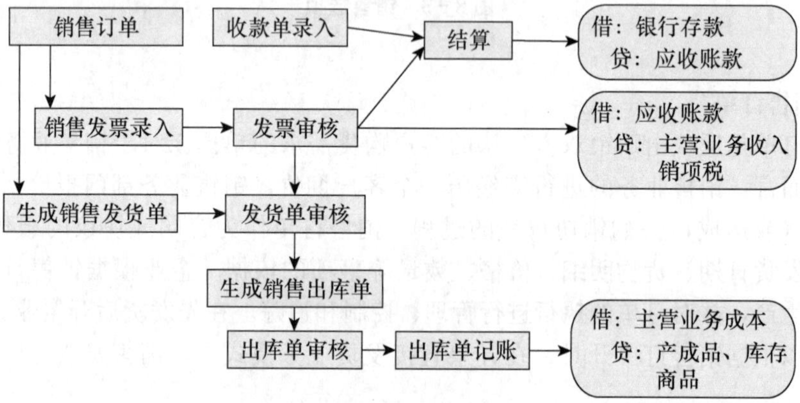

图8-4 销售业务处理流程

8.1.3 常规销售业务

实验资料

(1) 4月5日，天津大华公司欲购买10台创智X号，向销售部了解价格。销售部报价为6 500元/台。客户确定购买，填制并审核报价单。

该客户进一步了解情况后，要求订购20台，要求发货日期为4月8日。填制并审核销售订单。

(2) 4月8日，销售部门向成品库发出发货通知。

从成品库向天津大华公司发出其所订货物，并据此开具专用销售发票一张。

业务部门将销售发票（留存联）交给财务部门，财务部门结转此业务的收入和成本。

(3) 4月12日，财务部收到天津大华公司转账支票一张，金额146 900元，支票号ZP1155，款项入工行账户。据此填制收款单并制单。

实验过程

常规销售业务包含销售业务的主要流程和处理方法，需要仔细分析和掌握，在此基础上再扩展到其他业务处理方法。

1. 填制并审核报价单

选择“业务工作”|“供应链”|“销售管理”|“销售报价”|“销售报价单”，单击“增

加”，输入相关信息，如图 8-5 所示。

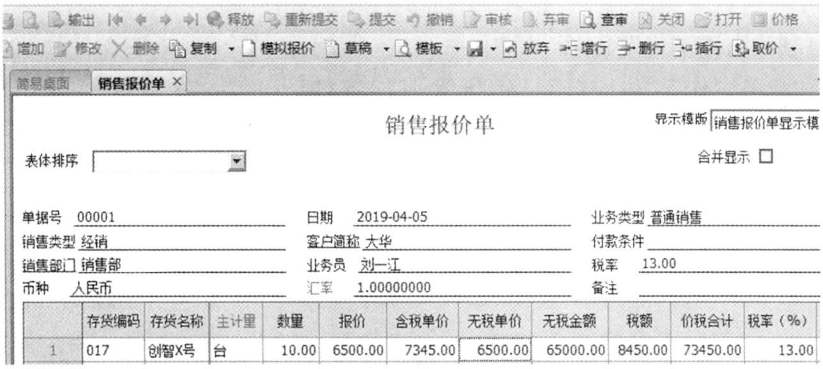

图 8-5 销售报价单

单击“保存”，再单击“审核”进行审核。

2. 填制并审核销售订单

选择“业务工作”|“供应链”|“销售管理”|“销售订货”|“销售订单”，单击“增加”，选择“生单”|“报价”，进行查询条件设置，输入查询条件，设置客户编码（天津大华公司），然后进入“参照生单”窗口，选择报价单，如图 8-6 所示。

图 8-6 参照生单（订单参考报价单）

单击“确定”，将数据复制到销售订单中，再修改发货日期、数量等相关信息，如图 8-7 所示。

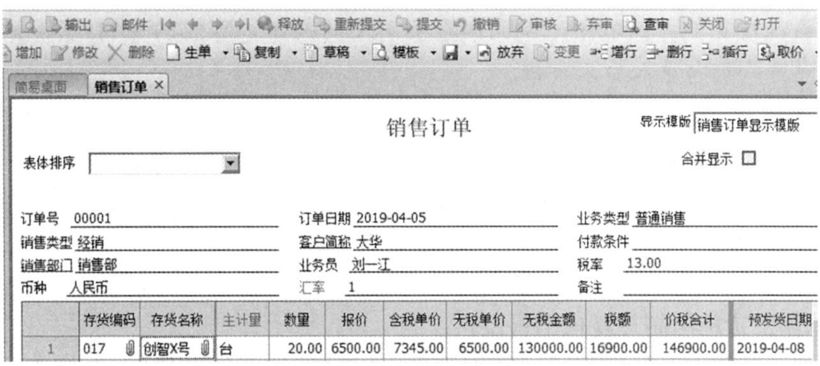

图 8-7 销售订单

单击“保存”，然后单击“审核”完成。

3. 填制并审核销售发货单

选择“业务工作”|“供应链”|“销售管理”|“销售发货”|“发货单”，单击“增加”，进行条件设置，客户选择“天津大华公司”，然后进入“参照生单”窗口，选择要参照的单据，如图8-8所示。

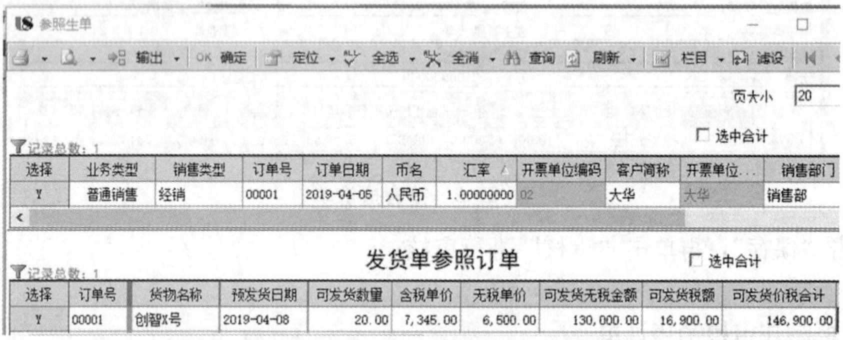

图8-8　参照生单（发货单参照生单）

单击“确定”，返回发货单，输入发货日期、仓库名称等，如图8-9所示。

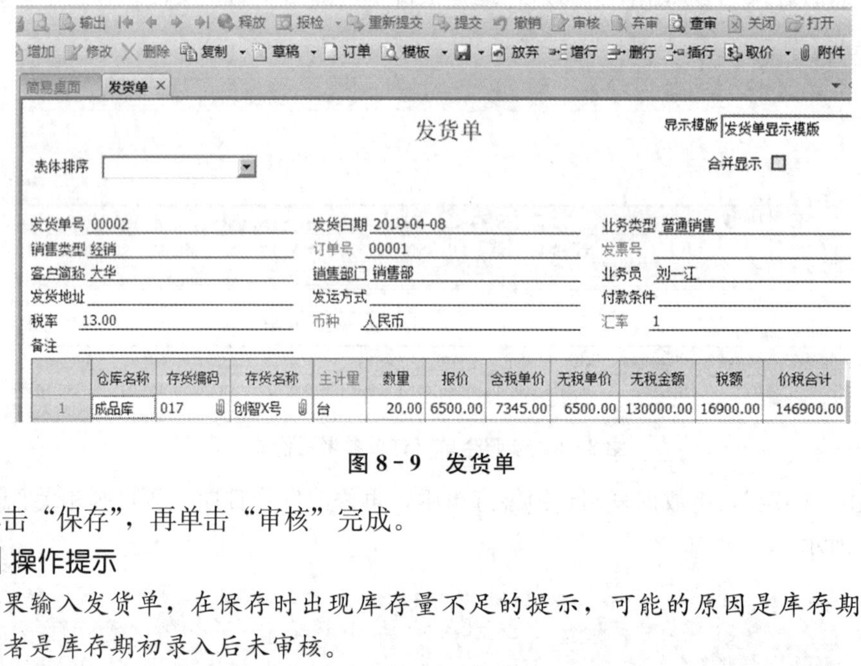

图8-9　发货单

单击“保存”，再单击“审核”完成。

操作提示

如果输入发货单，在保存时出现库存量不足的提示，可能的原因是库存期初录入错误或者是库存期初录入后未审核。

解决方法为：选择“业务工作”|“供应链”|“库存管理”|“初始设置”|“期初结存”，选择相应的仓库和物料进行修改或审核。

可以选择“业务工作”|“供应链”|“销售管理”|“销售发货”|“发货单列表”，对单据进行审核，或取消审核。

4. 依据发货单填制并复核销售发票

选择“业务工作”|“供应链”|“销售管理”|“设置”|“销售选项”，选择“其他控制”

页设置参数，将新增发票默认设置（默认设置是参照订单）改为“参照发货”。

操作提示

一些控制参数在实际工作中可以根据需要进行调整。

选择“业务工作”|“供应链”|“销售管理”|“销售开票”|“销售专用发票”，单击“增加”，进行参照发货单条件设置，客户选择“天津大华公司”，然后进入“参照生单”窗口，选择要参照的单据，如图 8－10 所示。

图 8－10　参照生单

单击“确定”，从发货单拷贝数据到销售专用发票，如图 8－11 所示。

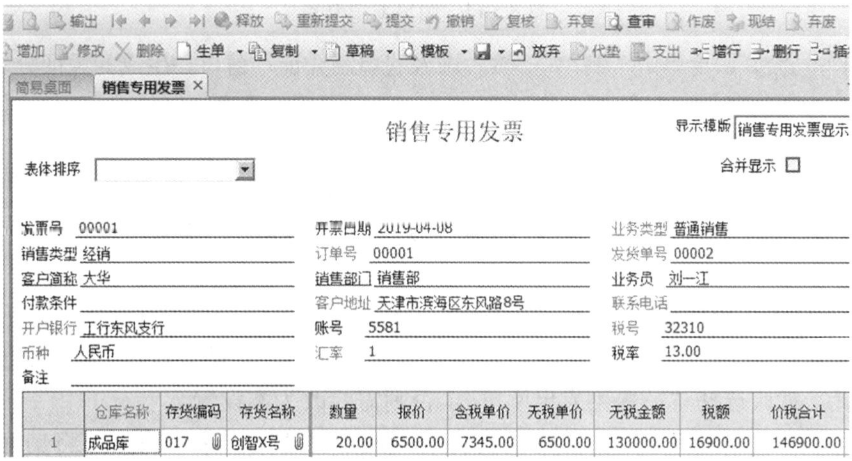

图 8－11　销售专用发票

单击“保存”，再单击“复核”完成复核工作。

操作提示

在票据处理的流程中，只有复核或审核后的票据才能进入下一业务流程的处理，没有复核或审核的票据在下一处理步骤则不能从该票据获取数据。

5. 审核销售专用发票并生成销售收入凭证

选择“业务工作”|“财务会计”|“应收款管理”|“应收单据处理”|“应收单据审核”，进行应收单查询条件设置，单据名称选择“销售发票”，单击“确定”进入应收单据列表，

在“选择”栏对要审核的行进行双击，然后单击“审核”完成审核工作，如图8－12所示。

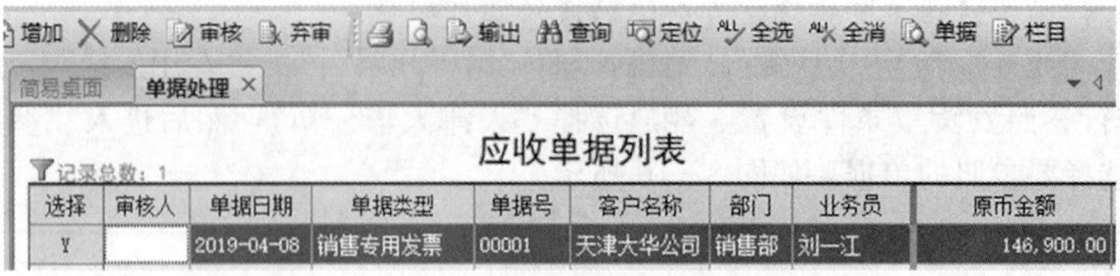

图8－12 应收单据列表

选择“业务工作”|“财务会计”|“应收款管理”|“制单处理”，进入制单查询，选择“发票制单”，单击“确定”，进入销售发票制单，将凭证类别改为“转账凭证”，如图8－13所示。

图8－13 销售发票制单

单击“全选”，再单击“制单”，然后进入“填制凭证”窗口，生成的凭证分录如下：

借：应收账款（1122）/大华　　146 900

　贷：主营业务收入（6001）　　130 000

　　应交税费/应交增值税/销项税额（22210105）　　16 900

补充票号等信息，单击“保存”完成凭证制作，凭证自动传送到总账系统。

6. 审核销售出库单

可以查看“业务工作”|“供应链”|“销售管理”|“设置”|“销售选项”中“业务控制”参数设置，默认选择“销售生成出库单”，否则需要改为本设置。

因此，在填制销售发货单的时候就自动生成了销售出库单，只需要将销售出库单调出来进行审核即可。若未生成，就需要在库存管理中通过参照完成销售出库单的输入。

选择“供应链”|“库存管理”|“单据列表”|“销售出库单列表”，进行查询条件设置，客户选择“天津大华公司”，然后进入销售出库单列表，如图8－14所示。

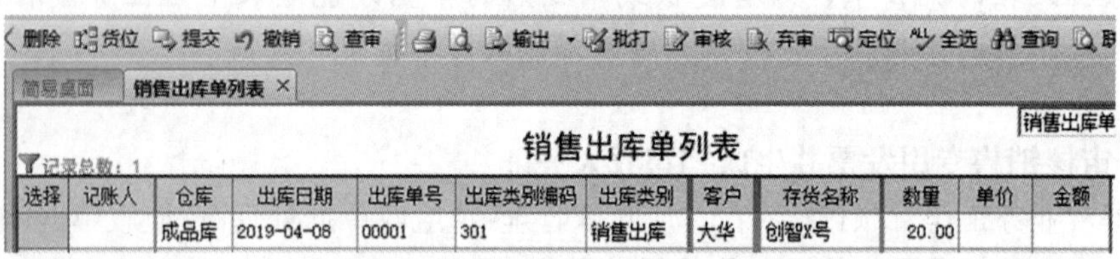

图8－14 销售出库单列表

双击可打开销售出库单。

先选择要审核的出库单，再单击“审核”按钮完成审核工作。

操作提示

若出现“方法”～“作用于对象”～“失败”的错误，可能是当前 Windows 10 版本与用友 U8 不兼容所致，需要换用本书推荐的 Windows 10 版本（版本号 1607）。方法是先备份账套，然后再安装 Windows 10 系统、SQL Server 数据库和用友 U8，具体方法请参见第 3 章相关部分。

7. 销售出库单记账

选择“业务工作”|“供应链”|“存货核算”|“业务核算”|“正常单据记账”，进行查询条件设置，可设置仓库为成品库，然后进入正常单据记账列表，如图 8－15 所示。

输出　定位　全选　查询　单据　刷新　记账　栏目　汇总　滤设

简易桌面　未记账单据一览表

正常单据记账列表

记录总数：1

选择	日期	单据号	存货编码	存货名称	单据类型	仓库名称	收发类别	数量	单价	金额
	2019-04-08	00001	017	创智X号	专用发票	成品库	销售出库	20.00		

图 8－15　正常单据记账列表

操作提示

正常单据记账有记账的日期控制，即新记账的日期只能在前面已经记账的日期之后。

可以重新登录，满足记账的日期控制要求。记账后再登录，改为业务日期。在实际工作中业务处理是并行的，很少出现类似情况。

先选择要记账的单据，然后单击“记账”，会显示记账成功信息。

成品库和配套用品库的物料计价采用的是全月平均法，因此成本需要在月末统一计算和结转。

选择“业务工作”|“供应链”|“存货核算”|“账表”|“账簿”|“明细账”，进行明细账查询条件设置，选择成品库，存货选择创智 X 号，单击“确定”，可以查看单据记账后的情况，如图 8－16 所示。

记账日期:	2019年		凭证号	摘要		收入			发出			结存		
	月	日		凭证摘要	收发类别	数量	单价	金额	数量	单价	金额	数量	单价	金额
				期初结存								580.00	4,800.00	2,784,000.00
2019-04-20	4	20			销售出库				20.00			560.00	4,971.43	2,784,000.00
				4月合计		0.00		0.00	20.00		0.00	560.00	4,971.43	2,784,000.00
				本年累计		0.00		0.00	20.00		0.00			

图 8－16　明细账

从明细账中可以看出，销售发出的商品还没有单价和金额。

8. 输入收款单并制单

选择“业务工作”|“财务会计”|“应收款管理”|“收款单据处理”|“收款单据录入”，单击“增加”，输入收款单中的有关项目，如图 8－17 所示。

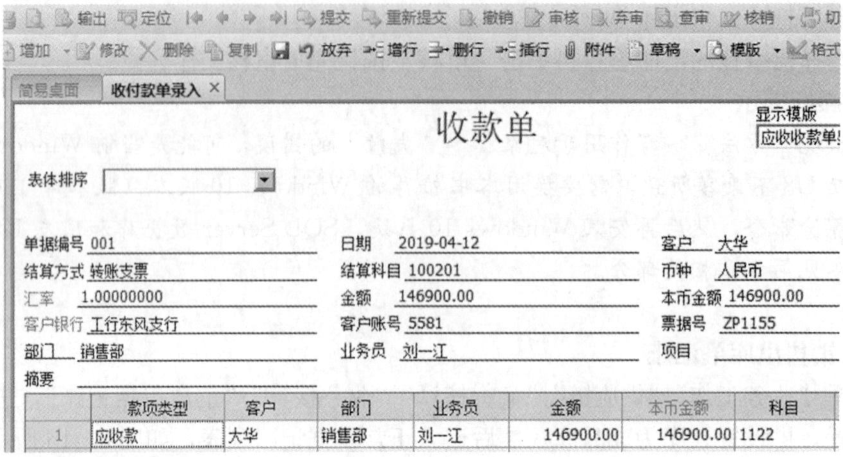

图 8-17 收款单

单击“保存”，再单击“审核”，系统提示“是否立即制单”，选择“是”，系统生成收款凭证，凭证分录为：

借：银行存款/工行（100201） 146 900

贷：应收账款（1122）/大华 146 900

补充票号等信息，单击“保存”，生成的凭证传递到总账系统中。

如果生成的凭证需要查询或修改，可以选择“财务会计”|“应收款管理”|“单据查询”|“凭证查询”，进入后可以删除、修改凭证。要彻底清除已经删除的凭证（删除了的凭证会占用凭证号），需要选择“财务会计”|“总账”|“凭证”|“填制凭证”，进入后选择“制单”|“整理凭证”。

如果输入收款单后没有立即制作凭证，可以选择“财务会计”|“应收款管理”|“制单处理”，再选择“收付款单制单”，进入后进行凭证制作。

8.1.4 商业折扣的处理

实验资料

4 月 12 日，销售部向天津大华公司出售 HP 打印机 10 台，报价为 2 400 元/台（不含税价，含税价为 2 712 元），通知仓库发货，然后货物从配套用品库发出。

最后商定的成交价为报价的 90%，根据上述发货单开具专用发票一张，编制应收账款凭证。

实验过程

1. 填制并审核发货单

选择“业务工作”|“供应链”|“销售管理”|“销售发货”|“发货单”，单击“增加”，进行查询条件设置，单击“取消”（不通过关联输入），输入实验资料，如图 8-18 所示。

单击“保存”，再单击“审核”完成。

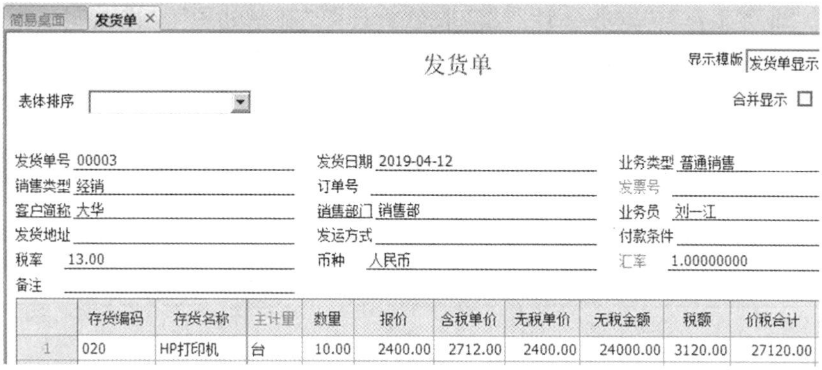

	存货编码	存货名称	主计量	数量	报价	含税单价	无税单价	无税金额	税额	价税合计
1	020	HP打印机	台	10.00	2400.00	2712.00	2400.00	24000.00	3120.00	27120.00

图 8-18　发货单

2. 填制并复核销售发票

选择“业务工作”|“供应链”|“销售管理”|“销售开票”|“销售专用发票”，单击“增加”，进行查询条件设置，客户选择“天津大华公司”，进入“参照生单”窗口后，选择要参照的发货单（HP 打印机）。

单击“确定”，返回到销售专用发票，系统已自动将发货单的数据拷贝过来，按照 90%的优惠更改报价（2 160 元），如图 8-19 所示。

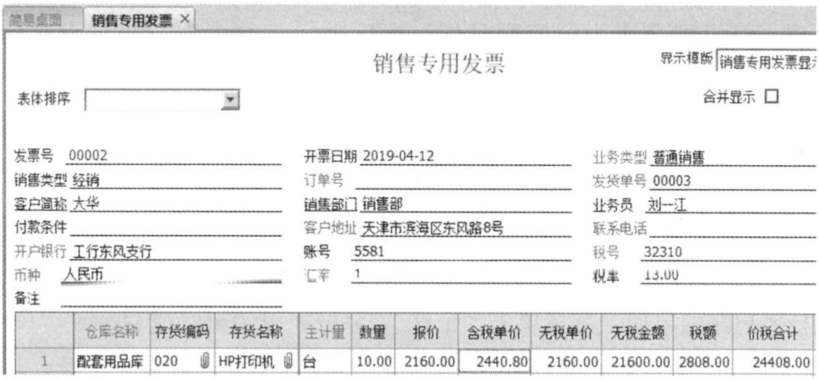

	仓库名称	存货编码	存货名称	主计量	数量	报价	含税单价	无税单价	无税金额	税额	价税合计
1	配套用品库	020	HP打印机	台	10.00	2160.00	2440.80	2160.00	21600.00	2808.00	24408.00

图 8-19　销售专用发票

单击“保存”，然后单击“复核”完成填制工作。

3. 审核销售专用发票并生成销售收入凭证

选择“业务工作”|“财务会计”|“应收款管理”|“应收单据处理”|“应收单据审核”，进行应收单查询条件设置，单据名称选择“销售发票”，单击“确定”，进入应收单据列表，在“选择”栏对要审核的行进行双击，然后单击“审核”完成审核工作，如图 8-20 所示。

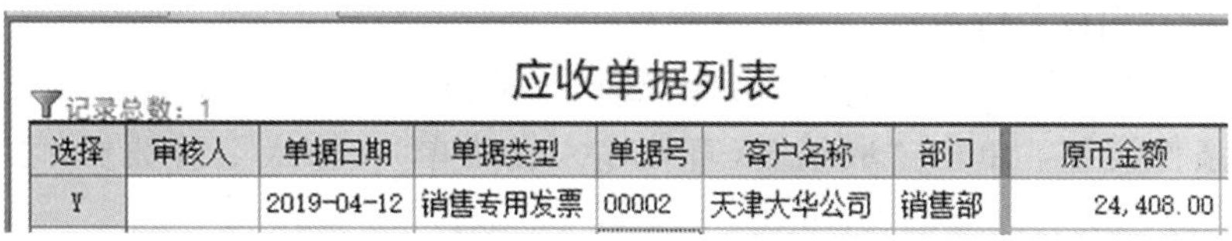

选择	审核人	单据日期	单据类型	单据号	客户名称	部门	原币金额
Y		2019-04-12	销售专用发票	00002	天津大华公司	销售部	24,408.00

图 8-20　应收单据列表

选择“业务工作”|“财务会计”|“应收款管理”|“制单处理”，进入制单查询，选择“发票制单”，进入“销售发票制单”窗口，将凭证类别改为“转账凭证”，如图 8－21 所示。

销售发票制单

凭证类别 转账凭证　制单日期 2019-04-12　共 1 条

选择标志	凭证类别	单据类型	单据号	日期	客户名称	部门	金额
	转账凭证	销售专用发票	00002	2019-04-12	天津大华公司	销售部	24,408.00

图 8－21　发票制单

单击“全选”，再单击“制单”，然后进入“填制凭证”窗口，生成的凭证分录如下：

借：应收账款（1122）/大华　　24 408

　贷：主营业务收入（6001）　　21 600

　　应交税费/应交增值税/销项税额（22210105）　　2 808

补充发票号等信息，单击“保存”完成凭证制作。

4. 销售出库单记账

选择“业务工作”|“供应链”|“存货核算”|“业务核算”|“正常单据记账”，进行查询条件设置，可设置仓库为配套用品库，然后进入正常单据记账列表，如图 8－22 所示。

正常单据记账列表

记录总数：1

选择	日期	单据号	存货编码	存货名称	单据类型	仓库名称	收发类别	数量	单价	金额
	2019-04-12	00002	020	HP打印机	专用发票	配套用品库	销售出库	10.00		

图 8－22　正常单据记账列表

先选择要记账的单据，然后单击“记账”，系统将显示记账成功。

8.1.5 现结业务

实验资料

4 月 15 日，向湖北朝华公司销售手持扫描器 90 个，每个 400 元（不含税价）；桌面扫描器 45 个，每个 500 元（不含税价）。销售专用发票已开，商品已从成品库出库，款项转账支票已经收到，入工行户，支票号 YZ6767。

实验过程

1. 填制并审核发货单

选择“业务工作”|“供应链”|“销售管理”|“销售发货”|“发货单”，单击“增加”，进行查询条件设置，单击“取消”（直接输入发货单），输入实验数据，如图 8－23 所示。

简易桌面　发货单

发货单

显示模版 发货

表体排序

合并显

发货单号 00004　发货日期 2019-04-15　业务类型 普通销售
销售类型 经销　订单号　发票号
客户简称 朝华　销售部门 销售部　业务员 朱小明
发货地址　发运方式　付款条件
税率 13.00　币种 人民币　汇率 1.00000000
备注

	仓库名称	存货编码	存货名称	主计量	数量	报价	含税单价	无税单价	无税金额	税额	价税合计
1	成品库	015	手持扫描器	个	90.00	400.00	452.00	400.00	36000.00	4680.00	40680.00
2	成品库	016	桌面扫描器	个	45.00	500.00	565.00	500.00	22500.00	2925.00	25425.00

图 8－23　发货单

输入后先保存，然后进行审核。

操作提示

如果输入发货单，在保存时出现库存量不足的提示，可能的原因是库存期初录入错误或者是库存期初录入后未审核。可选择“业务工作”|“供应链”|“库存管理”|“初始设置”|“期初结存”，再选择相应的仓库和物料进行审核。

2. 填制销售专用发票并执行现结

选择“业务工作”|“供应链”|“销售管理”|“销售开票”|“销售专用发票”，单击“增加”，进行条件设置，客户选择“湖北朝华公司”，然后进入“参照生单”窗口，选择要参照的发货单（手持扫描器和桌面扫描器）。单击“确定”后返回到销售专用发票，系统已自动将发货单的数据拷贝过来，如图 8－24 所示。

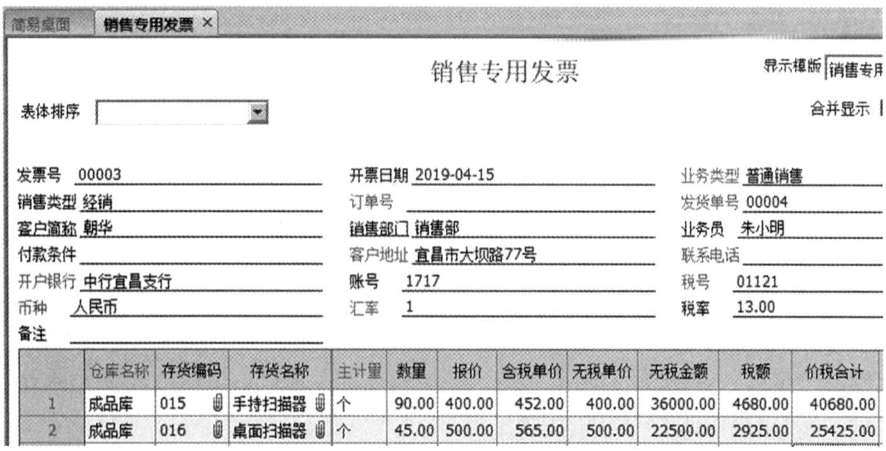
简易桌面　销售专用发票

销售专用发票

显示模版 销售专用

表体排序

合并显示

发票号 00003　开票日期 2019-04-15　业务类型 普通销售
销售类型 经销　订单号　发货单号 00004
客户简称 朝华　销售部门 销售部　业务员 朱小明
付款条件　客户地址 宜昌市大坝路77号　联系电话
开户银行 中行宜昌支行　账号 1717　税号 01121
币种 人民币　汇率 1　税率 13.00
备注

	仓库名称	存货编码	存货名称	主计量	数量	报价	含税单价	无税单价	无税金额	税额	价税合计
1	成品库	015	手持扫描器	个	90.00	400.00	452.00	400.00	36000.00	4680.00	40680.00
2	成品库	016	桌面扫描器	个	45.00	500.00	565.00	500.00	22500.00	2925.00	25425.00

图 8－24　销售专用发票

单击“保存”。

单击“现结”，进入“现结”窗口，输入现结资料，如图 8－25 所示。

单击“确定”，返回到销售专用发票，这时发票左上角显示“现结”标记。

单击“复核”，对现结发票进行复核。

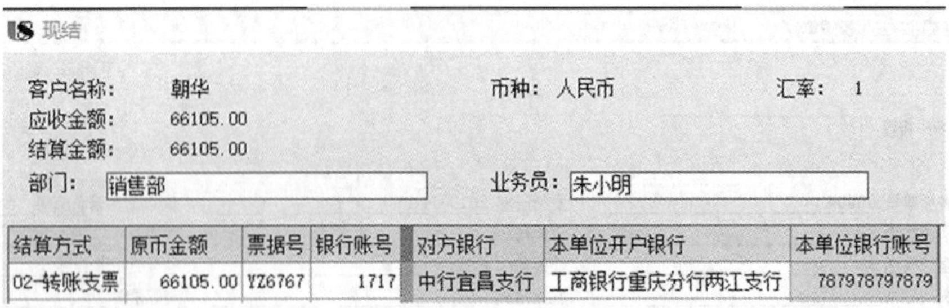

现结

客户名称：朝华　币种：人民币　汇率：1

应收金额：66105.00

结算金额：66105.00

部门：销售部　业务员：朱小明

结算方式	原币金额	票据号	银行账号	对方银行	本单位开户银行	本单位银行账号
02-转账支票	66105.00	YZ6767	1717	中行宜昌支行	工商银行重庆分行两江支行	78978797879

图 8－25　现结

操作提示

应在销售发票复核前进行现结处理。销售发票复核后才能在应收款管理中进行现结制单。

3. 审核应收单据和现结制单

选择“业务工作”|“财务会计”|“应收款管理”|“应收单据处理”|“应收单据审核”，进行应收单查询条件设置，勾选“包含已现结发票”，单击“确定”，如图 8－26 所示。

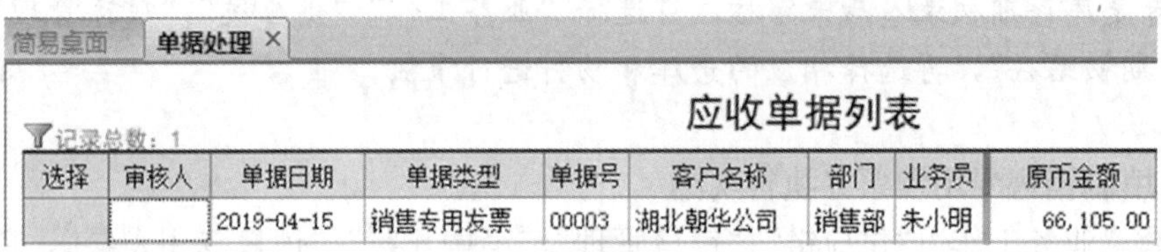

简易桌面　单据处理

应收单据列表

记录总数：1

选择	审核人	单据日期	单据类型	单据号	客户名称	部门	业务员	原币金额
		2019-04-15	销售专用发票	00003	湖北朝华公司	销售部	朱小明	66,105.00

图 8－26　应收单据列表

选择单据，再单击“审核”。

选择“业务工作”|“财务会计”|“应收款管理”|“制单处理”，进入制单查询，勾选“现结制单”，单击“确定”，进入现结制单，如图 8－27 所示。

简易桌面　制单

现结制单

凭证类别：收款凭证　制单日期：2019-04-15

选择标志	凭证类别	单据类型	单据号	日期	客户名称	部门	金额
	收款凭证	现结	002	2019-04-15	湖北朝华公司	销售部	66,105.00

图 8－27　现结制单

先单击“全选”，再选择“制单”进入“填制凭证”窗口，生成的收款凭证分录如下：

借：银行存款/工行（100201）　　66 105

　贷：主营业务收入（6001）　　58 500

　　　应交税费/应交增值税/销项税额（22210105）　　7 605

单击“保存”生成凭证。

4. 销售出库单记账

选择“业务工作”|“供应链”|“存货核算”|“业务核算”|“正常单据记账”，进行条件

设置，可设置仓库为成品库，然后进入正常单据记账列表，如图 8－28 所示。

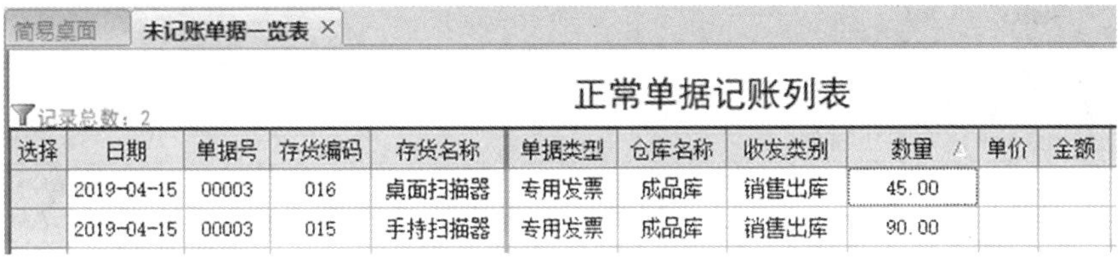

图 8－28 正常单据记账列表

单击“全选”，然后单击“记账”，系统将显示记账成功。

8.1.6 补开上月发票业务

实验资料

原业务（销售管理期初数据）：3 月 28 日，销售部向天津大华公司出售创智 X 号 10 台，报价（无税单价）为 6 500 元，由成品库发货。该发货单尚未开票。

4 月 15 日，向天津大华公司开具销售专用发票，经商定无税单价 6 400 元，款项转账支票已经收到，入工行户，支票号 TJ1234。

实验过程

1. 填制销售专用发票并执行现结

选择“业务工作”|“供应链”|“销售管理”|“销售开票”|“销售专用发票”，单击“增加”，进行查询条件设置，客户选择“天津大华公司”，然后进入“参照生单”窗口，选择要参照的上月发货单。单击“确定”，返回到销售专用发票，系统已自动将期初发货单的数据拷贝过来，然后修改单价，如图 8－29 所示。

图 8－29 销售专用发票

单击“保存”。

单击“现结”，进入“现结”窗口，输入现结资料，如图 8－30 所示。

单击“确定”，返回到销售专用发票，这时发票左上角显示“现结”标记。

单击“复核”，对现结发票进行复核。

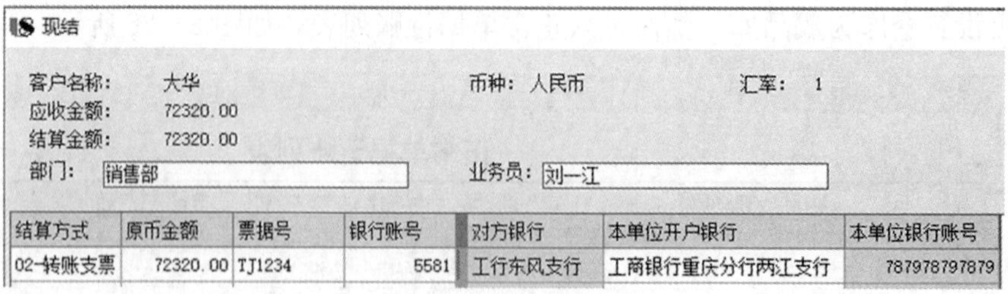

图 8-30 现结

2. 审核应收单据和现结制单

选择“业务工作”|“财务会计”|“应收款管理”|“应收单据处理”|“应收单据审核”，进行应收单查询条件设置，勾选“包含已现结发票”，单击“确定”，如图 8-31 所示。

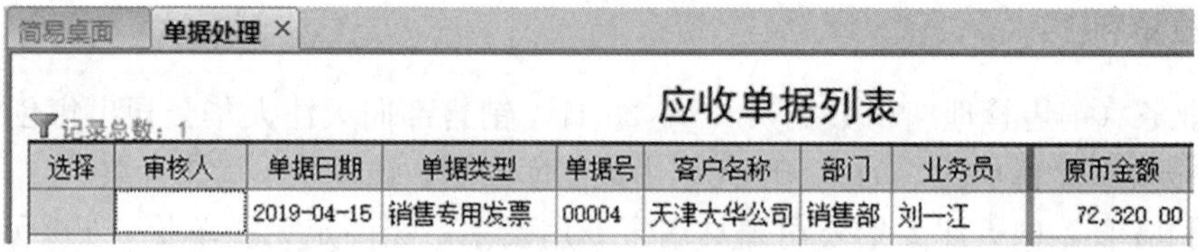

图 8-31 应收单据列表

选择单据，再单击“审核”。

选择“业务工作”|“财务会计”|“应收款管理”|“制单处理”，进入制单查询，勾选“现结制单”，单击“确定”，进入现结制单，如图 8-32 所示。

图 8-32 现结制单

先单击“全选”，再单击“制单”进入“填制凭证”窗口，生成的收款凭证分录如下：

借：银行存款/工行（100201）　　72 320

　贷：主营业务收入（6001）　　64 000

　　　应交税费/应交增值税/销项税额（22210105）　　8 320

单击“保存”生成凭证。

3. 销售出库单记账

选择“业务工作”|“供应链”|“存货核算”|“业务核算”|“正常单据记账”，进行查询条件设置，可设置仓库为成品库，然后进入正常单据记账列表，如图 8-33 所示。

单击“全选”，然后单击“记账”，系统将显示记账成功。

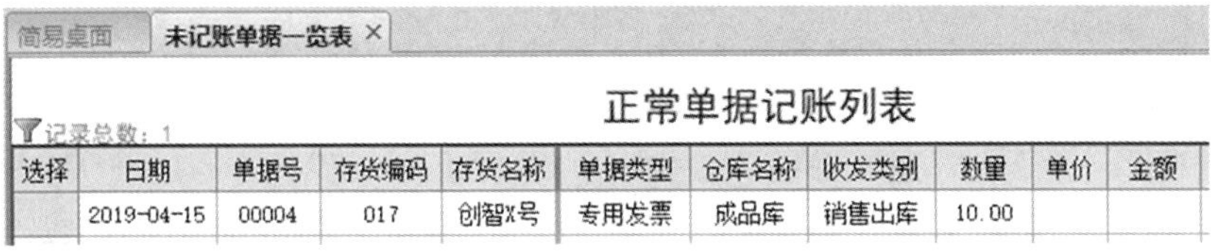

图 8 - 33　正常单据记账列表

8.1.7　汇总开票业务

实验资料

4 月 15 日，销售部向辽宁飞鸽公司出售创智 X 号 50 台，无税报价为 6 400 元/台（含税价 7 232 元），货物从成品库发出。

4 月 16 日，销售部向辽宁飞鸽公司出售 HP 打印机 50 台，无税报价为 2 300 元/台（含税价 2 599 元），货物从配套用品库发出。

根据上述两张出库单开具专用发票一张，并制作凭证。

实验过程

1. 填制并审核发货单

选择“业务工作”|“供应链”|“销售管理”|“销售发货”|“发货单”，单击“增加”，直接进入发货单，输入相关资料，如图 8 - 34 所示。

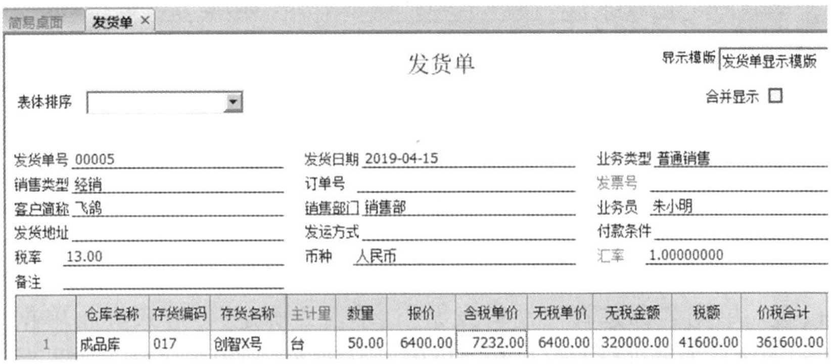

图 8 - 34　发货单

单击“保存”，再单击“审核”完成。

按照新的日期登录。选择“业务工作”|“供应链”|“销售管理”|“销售发货”|“发货单”，单击“增加”，直接进入发货单，输入相关资料，如图 8 - 35 所示。

单击“保存”，再单击“审核”完成。

2. 合并填制并复核销售发票

选择“业务工作”|“供应链”|“销售管理”|“销售开票”|“销售专用发票”，单击“增加”，进行条件设置，单位选择“辽宁飞鸽公司”，然后进入“参照生单”窗口，选择要合并开发票的发货单，分别选择创智 X 号和 HP 打印机发货单。单击“确定”，发货单数据转入销售专用发票中，如图 8 - 36 所示。

简易桌面 | 发货单

发货单

显示模版 发货单显示模版

表体排序

合并显示

发货单号 00006　发货日期 2019-04-16　业务类型 普通销售

销售类型 经销　订单号　发票号

客户简称 飞鸽　销售部门 销售部　业务员 朱小明

发货地址　发运方式　付款条件

税率 13.00　币种 人民币　汇率 1.00000000

备注

	仓库名称	存货编码	存货名称	主计量	数量	报价	含税单价	无税单价	无税金额	税额	价税合计
1	配套用品库	020	HP打印机	台	50.00	2300.00	2599.00	2300.00	115000.00	14950.00	129950.00

图8-35　发货单

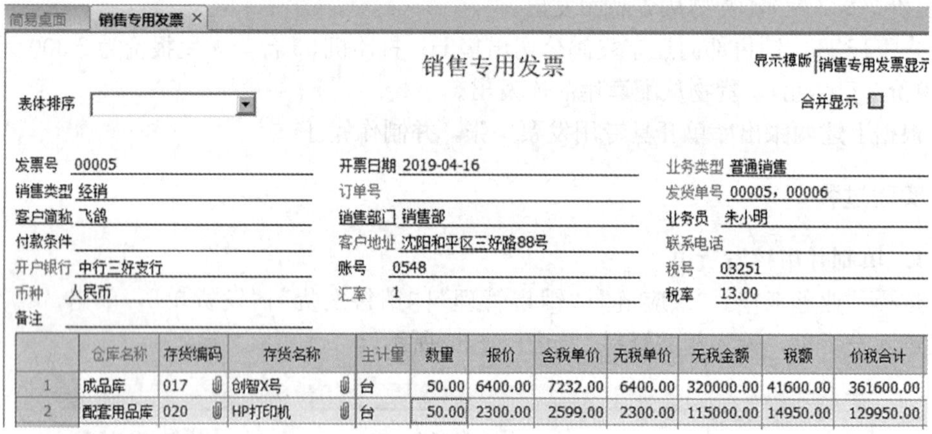
简易桌面 | 销售专用发票

销售专用发票

显示模版 销售专用发票显示

表体排序

合并显示

发票号 00005　开票日期 2019-04-16　业务类型 普通销售

销售类型 经销　订单号　发货单号 00005，00006

客户简称 飞鸽　销售部门 销售部　业务员 朱小明

付款条件　客户地址 沈阳和平区三好路88号　联系电话

开户银行 中行三好支行　账号 0548　税号 03251

币种 人民币　汇率 1　税率 13.00

备注

	仓库名称	存货编码	存货名称	主计量	数量	报价	含税单价	无税单价	无税金额	税额	价税合计
1	成品库	017	创智X号	台	50.00	6400.00	7232.00	6400.00	320000.00	41600.00	361600.00
2	配套用品库	020	HP打印机	台	50.00	2300.00	2599.00	2300.00	115000.00	14950.00	129950.00

图8-36　销售专用发票

单击“保存”，再单击“复核”完成。

3. 审核销售专用发票并生成销售收入凭证

选择“业务工作”|“财务会计”|“应收款管理”|“应收单据处理”|“应收单据审核”，进行条件设置，单据名称选择“销售发票”，单击“确定”，进入应收单据列表，在“选择”栏对要审核的行进行双击，然后单击“审核”完成审核工作，如图8-37所示。

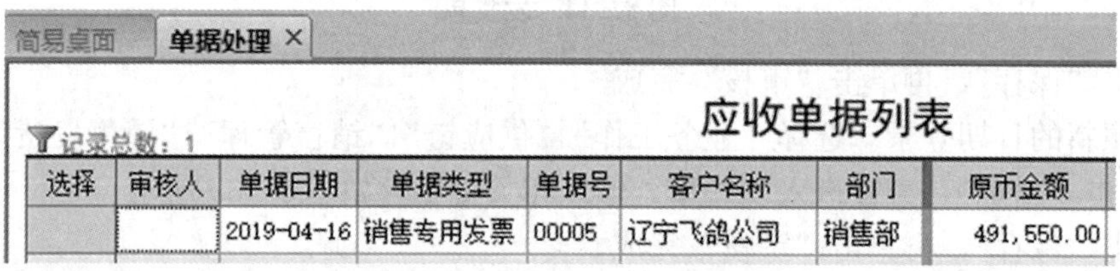
简易桌面 | 单据处理

应收单据列表

记录总数：1

选择	审核人	单据日期	单据类型	单据号	客户名称	部门	原币金额
		2019-04-16	销售专用发票	00005	辽宁飞鸽公司	销售部	491,550.00

图8-37　应收单据列表

选择“业务工作”|“财务会计”|“应收款管理”|“制单处理”，进入制单查询，选择发票制单，单击“确定”进入销售发票制单，将凭证类别改为“转账凭证”，如图8-38所示。

图 8－38　销售发票制单

单击“全选”，再单击“制单”按钮，然后进入“填制凭证”窗口，生成的凭证分录如下：

借：应收账款（1122）/飞鸽　　491 550

　贷：主营业务收入（6001）　　435 000

　　应交税费/应交增值税/销项税额（22210105）　　56 550

补充发票号等信息，单击“保存”完成凭证制作。

4. 对销售出库单记账

选择“业务工作”|“供应链”|“存货核算”|“业务核算”|“正常单据记账”，进行条件设置，按照默认设置，直接进入正常单据记账列表，如图 8－39 所示。

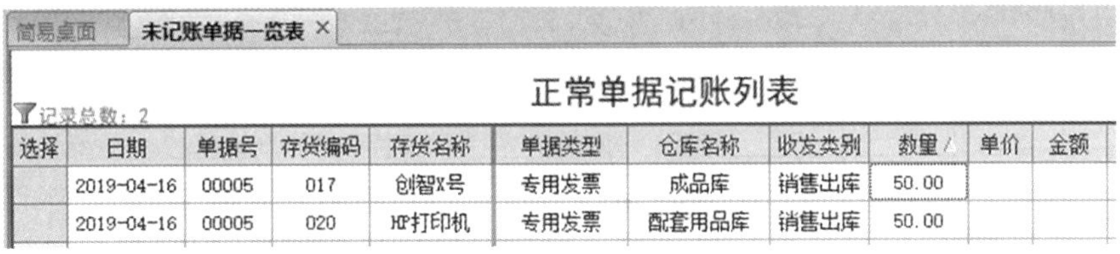

图 8－39　正常单据记账列表

单击“全选”，然后单击“记账”完成记账。

8.1.8　分次开票业务

实验资料

4 月 16 日，销售部向重庆嘉陵公司出售 HP 打印机 60 台，无税报价为 2 300 元/台（含税价 2 599 元），货物从配套用品库发出。

4 月 17 日，应客户要求，对上述所发出的商品开具两张专用销售发票，第一张发票中列示的数量为 40 台，第二张发票中列示的数量为 20 台。

实验过程

1. 填制并审核发货单

选择“业务工作”|“供应链”|“销售管理”|“销售发货”|“发货单”，单击“增加”，直接进入发货单，输入相关资料，如图 8－40 所示。

单击“保存”，再单击“审核”完成。

图 8-40 发货单

2. 分两次填制销售发票

选择“业务工作”|“供应链”|“销售管理”|“销售开票”|“销售专用发票”，单击“增加”，进行条件设置，客户选择“重庆嘉陵公司”，然后进入“参照生单”窗口，选择要开发票的发货单。单击“确定”，发货单数据转入销售专用发票中，将数量修改为40，如图8-41所示。

图 8-41 销售专用发票

单击“保存”，再单击“复核”完成。

选择“业务工作”|“供应链”|“销售管理”|“销售开票”|“销售专用发票”，单击“增加”，进行条件设置，客户选择“重庆嘉陵公司”，然后进入“参照生单”窗口，选择要开发票的发货单。这时上面的未开票数量已经变为20，单击“确定”，发货单数据转入销售专用发票中，如图8-42所示。

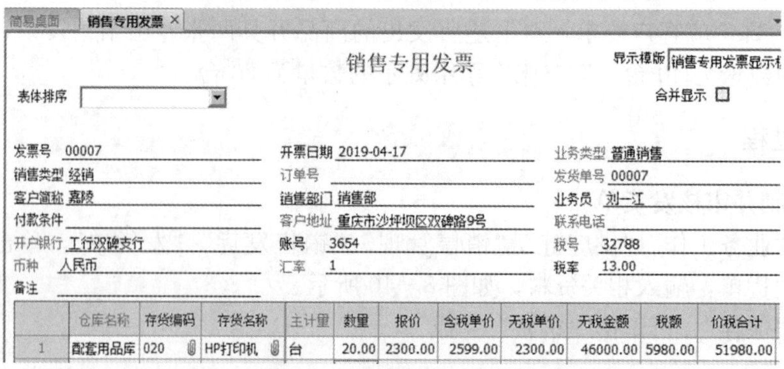

图 8-42 销售专用发票

单击“保存”，再单击“复核”完成。

3. 审核销售专用发票并生成销售收入凭证

选择“业务工作”|“财务会计”|“应收款管理”|“应收单据处理”|“应收单据审核”，进行条件设置，单据名称选择“销售发票”，单击“确定”，进入应收单据列表，在“选择”栏对要审核的行进行双击，然后单击“审核”完成审核工作，如图 8－43 所示。

简易桌面　单据处理 ×

应收单据列表

记录总数：2

选择	审核人	单据日期	单据类型	单据号	客户名称	部门	原币金额
		2019-04-17	销售专用发票	00006	重庆嘉陵公司	销售部	103,960.00
		2019-04-17	销售专用发票	00007	重庆嘉陵公司	销售部	51,980.00

图 8－43　应收单据列表

选择“业务工作”|“财务会计”|“应收款管理”|“制单处理”，进入制单查询，选择发票制单，单击“确定”，进入“制单”窗口，将凭证类别改为“转账凭证”，如图 8－44 所示。

简易桌面　制单 ×

销售发票制单

凭证类别　转账凭证　　制单日期　2019-04-17

选择标志	凭证类别	单据类型	单据号	日期	客户名称	部门	金额
	转账凭证	销售专用发票	00007	2019-04-17	重庆嘉陵公司	销售部	51,980.00
	转账凭证	销售专用发票	00006	2019-04-17	重庆嘉陵公司	销售部	103,960.00

图 8－44　发票制单

单击“全选”，单击“合并”（两张发票制作一张凭证），再单击“制单”，然后进入“填制凭证”窗口，生成的凭证分录如下：

借：应收账款（1122）/嘉陵　　155 940

　贷：主营业务收入（6001）　　138 000

　　　应交税费/应交增值税/销项税额（22210105）　　17 940

补充发票号等信息，单击“保存”完成凭证制作。

4. 对销售出库单记账

选择“业务工作”|“供应链”|“存货核算”|“业务核算”|“正常单据记账”，进行查询条件设置，直接进入正常单据记账列表，如图 8－45 所示。

简易桌面　未记账单据一览表 ×

正常单据记账列表

记录总数：2

选择	日期	单据号	存货编码	存货名称	单据类型	仓库名称	收发类别	数量	单价	金额
	2019-04-17	00006	020	HP打印机	专用发票	配套用品库	销售出库	40.00		
	2019-04-17	00007	020	HP打印机	专用发票	配套用品库	销售出库	20.00		
小计								60.00		

图 8－45　正常单据记账列表

单击“全选”，然后单击“记账”完成。

8.1.9 开票直接发货

实验资料

4月17日，销售部向上海长江公司出售HP打印机50台，无税报价为2 300元/台（含税价2 599元），物品从配套用品库发出，并据此开具专用销售发票一张。

实验过程

1. 填制并复核销售专用发票

选择“业务工作”|“供应链”|“销售管理”|“销售开票”|“销售专用发票”，单击“增加”，进行条件设置，单击“取消”直接进入销售专用发票，输入实验资料，如图8-46所示。

图8-46 销售专用发票

单击“保存”，再单击“复核”完成。

2. 查询销售发货单

在先输入销售发票的情况下，系统将自动生成销售发货单。

选择“业务工作”|“供应链”|“销售管理”|“销售发货”|“发货单列表”，进行查询条件设置，客户单位选择“上海长江公司”，如图8-47所示。

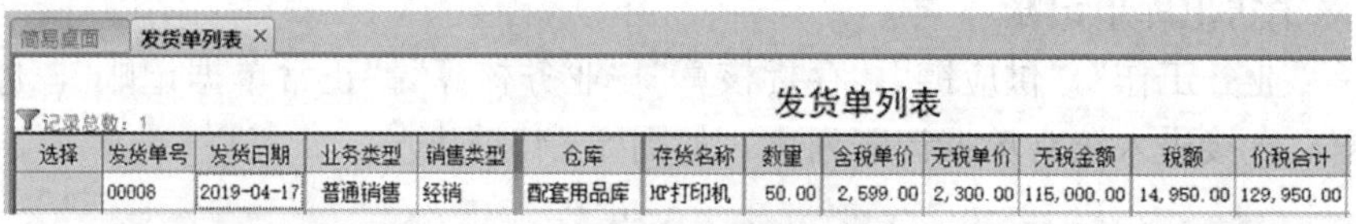

图8-47 发货单列表

双击选择发票自动生成的发货单，可以显示为发货单格式。

3. 查询销售出库单

在先输入销售发票的情况下，系统将自动生成销售出库单。

选择“业务工作”|“供应链”|“库存管理”|“单据列表”|“销售出库单列表”，进行查询条件设置，仓库选择“配套用品库”，客户选择“上海长江公司”，进入销售出库列表，如图 8－48 所示。

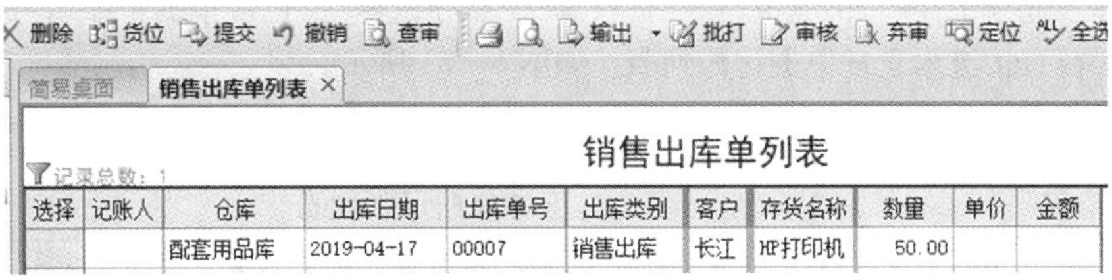

选择	记账人	仓库	出库日期	出库单号	出库类别	客户	存货名称	数量	单价	金额
		配套用品库	2019-04-17	00007	销售出库	长江	HP打印机	50.00		

图 8－48　销售出库单列表

双击要查看的销售出库单，显示为出库单格式，并进行销售出库单审核。这里的审核在实际业务中，表示已经完成出库事项。

4. 审核销售专用发票并生成销售收入凭证

选择“业务工作”|“财务会计”|“应收款管理”|“应收单据处理”|“应收单据审核”，进行应收单查询条件设置，单据名称选择“销售发票”，单击“确定”，进入应收单据列表，在“选择”栏对要审核的行进行双击，然后单击“审核”完成审核工作，如图 8－49 所示。

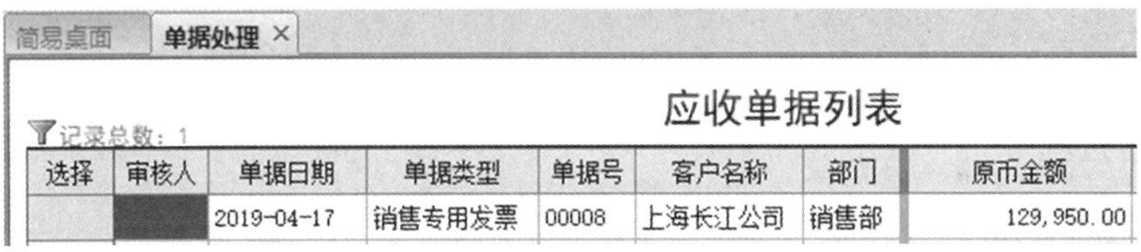
简易桌面　单据处理

应收单据列表

记录总数：1

选择	审核人	单据日期	单据类型	单据号	客户名称	部门	原币金额
		2019-04-17	销售专用发票	00008	上海长江公司	销售部	129,950.00

图 8－49　应收单据列表

选择“业务工作”|“财务会计”|“应收款管理”|“制单处理”，进入制单查询，选择“发票制单”，单击“确定”，进入销售发票制单，将凭证类别改为“转账凭证”，如图 8－50 所示。

简易桌面　制单

销售发票制单

凭证类别　转账凭证　　制单日期　2019-04-17

选择标志	凭证类别	单据类型	单据号	日期	客户名称	部门	金额
	转账凭证	销售专用发票	00008	2019-04-17	上海长江公司	销售部	129,950.00

图 8－50　销售发票制单

单击“全选”，再单击“制单”，然后进入“填制凭证”窗口，生成的凭证分录如下：

借：应收账款（1122）/长江　　129 950
　贷：主营业务收入（6001）　　115 000
　　应交税费/应交增值税/销项税额（22210105）　　14 950

补充发票号等信息，单击“保存”完成凭证制作。

5. 对销售出库单记账

选择“业务工作”|“供应链”|“存货核算”|“业务核算”|“正常单据记账”，进行查询条件设置，直接进入正常单据记账列表，如图8-51所示。

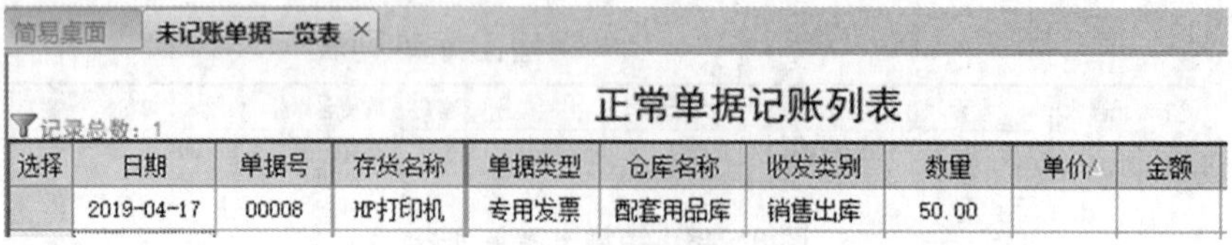

简易桌面　未记账单据一览表

正常单据记账列表

记录总数：1

选择	日期	单据号	存货名称	单据类型	仓库名称	收发类别	数量	单价	金额
	2019-04-17	00008	HP打印机	专用发票	配套用品库	销售出库	50.00		

图8-51　正常单据记账列表

单击“全选”，然后单击“记账”完成记账工作。

8.1.10　代垫费用处理

4月17日，销售部在向上海长江公司销售商品过程中，发生了一笔设备服务费800元。客户尚未支付该笔款项。

费用项目分类：

分类编码：1；分类名称：代垫费用。

费用项目：设备服务费。

实验过程

1. 设置费用项目

选择“基础设置”|“基础档案”|“业务”|“费用项目分类”，进入“费用项目分类”窗口，单击“增加”，增加项目分类，具体如图8-52所示。

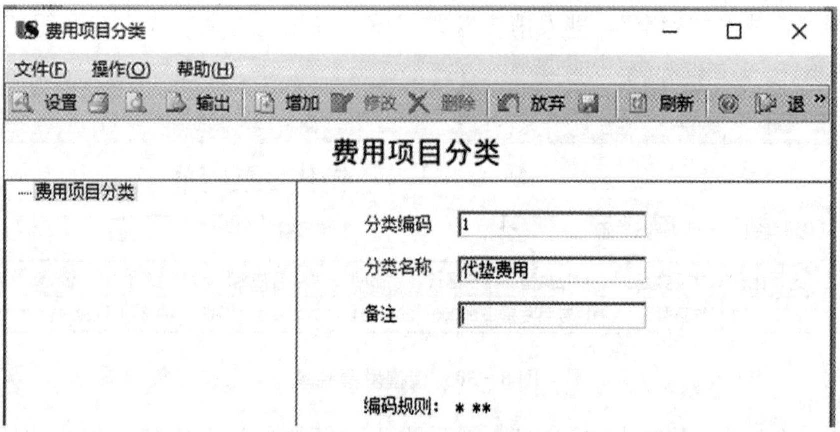

图8-52　费用项目分类

选择“基础设置”|“基础档案”|“业务”|“费用项目”，进入费用项目，单击“增加”，输入费用项目，如图8-53所示。

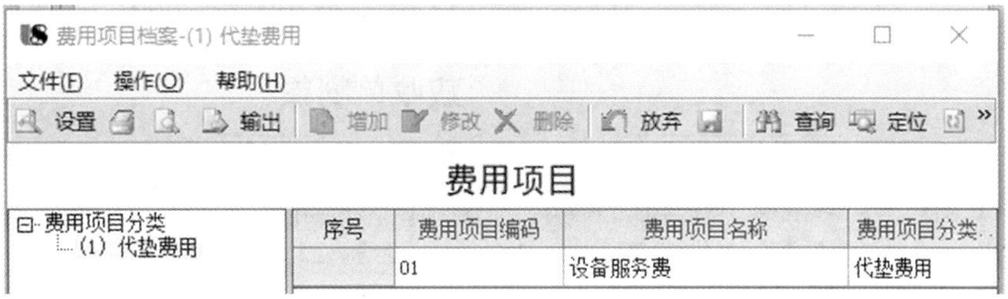

图 8－53　费用项目

单击“保存”完成。

2. 填制并审核代垫费用单

选择“业务工作”|“供应链”|“销售管理”|“代垫费用”|“代垫费用单”，单击“增加”，输入实验资料，如图 8－54 所示。

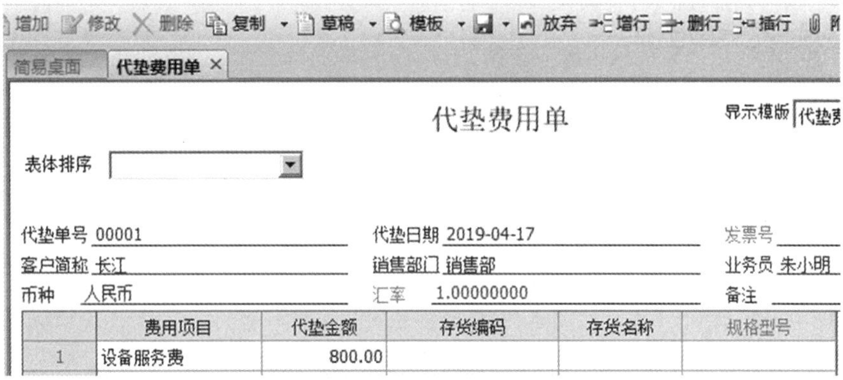

图 8－54　代垫费用单

单击“保存”，再单击“审核”完成。

3. 代垫费用单审核并确认应收款

选择“业务工作”|“财务会计”|“应收款管理”|“应收单据处理”|“应收单据审核”，进行应收单查询条件设置，单据名称选择“应收单”，单击“确定”进入应收单据列表，如图 8－55 所示。

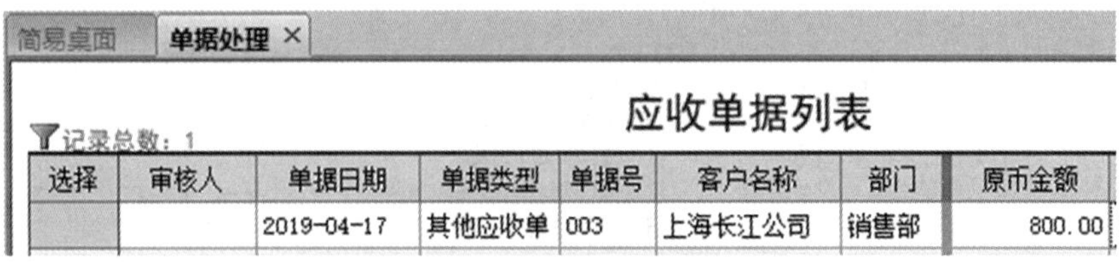

图 8－55　应收单据列表

选择要审核的单据，然后单击“审核”，系统提示审核成功。

选择“业务工作”|“财务会计”|“应收款管理”|“制单处理”，进行查询条件设置，选择“应收单制单”，单击“确定”，进入应收单制单，将凭证类别改为“转账凭证”，如图 8－56 所示。

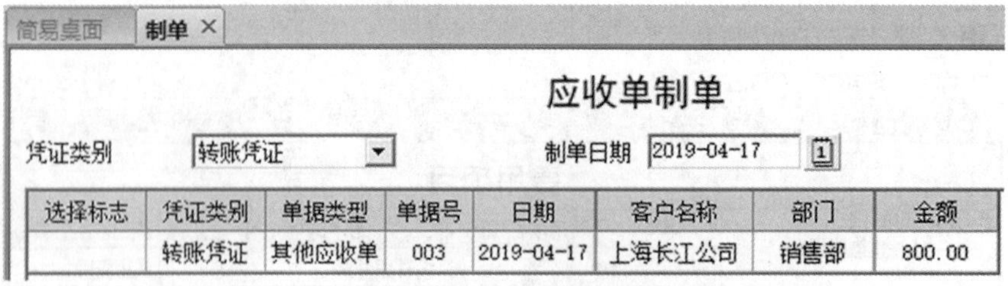

图 8-56　应收单制单

先选择，然后单击“制单”按钮，进入“填制凭证”窗口，输入借方科目“其他应收款/应收单位款（122101）”、贷方科目“其他业务收入（6051）”，其凭证分录如下：

借：其他应收款/应收单位款（122101）/长江　　800

　贷：其他业务收入（6051）　　800

单击“保存”完成凭证填制。

8.1.11　超发货单出库

实验资料

4 月 17 日，销售部向湖北朝华公司出售 CN 处理器 30 盒，由原料库发货，不含税报价为 1 500 元/盒（含税价 1 695 元）。

开具发票时，客户要求再多买 10 盒，根据客户要求开具了 40 盒 CN 处理器的专用发票一张。

4 月 18 日，客户从原料库领出 CN 处理器 40 盒。

实验过程

1. 设置参数

（1）修改相关选项设置。选择“业务工作”|“供应链”|“库存管理”|“初始设置”|“选项”，进入“库存选项设置”窗口，选择“专用设置”页，勾选“允许超发货单出库”，如图 8-57 所示。

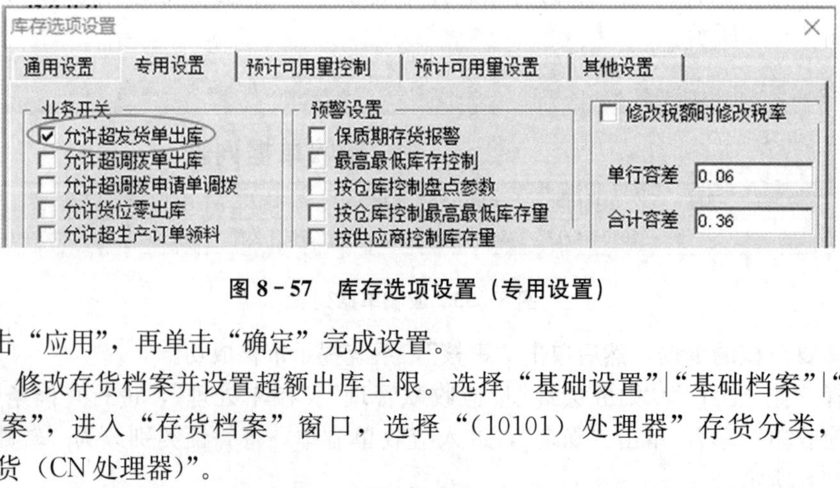

图 8-57　库存选项设置（专用设置）

单击“应用”，再单击“确定”完成设置。

（2）修改存货档案并设置超额出库上限。选择“基础设置”|“基础档案”|“存货”|“存货档案”，进入“存货档案”窗口，选择“（10101）处理器”存货分类，再选择“001 存货（CN 处理器）”。

单击工具栏上的“修改”按钮，进入“修改存货档案”窗口，打开“控制”页，“出库超额上限”输入 0.4，如图 8－58 所示。

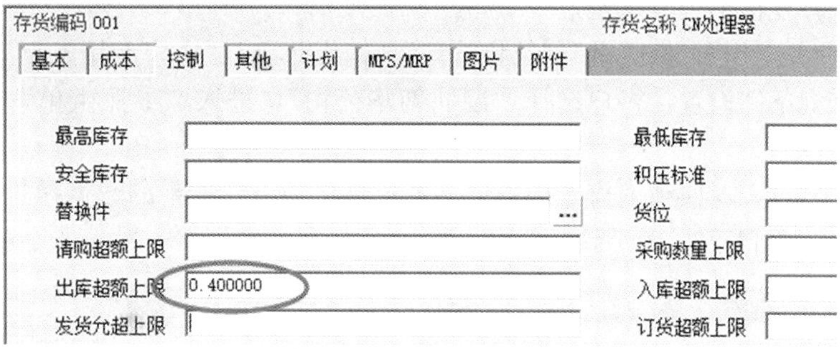

图 8－58　修改存货档案

单击“保存”完成设置。

(3) 修改销售选项参数。选择“业务工作”|“供应链”|“销售管理”|“设置”|“销售选项”，勾选“业务控制”页中的“允许超发货量开票”，取消“销售生成出库单”，如图 8－59 所示。

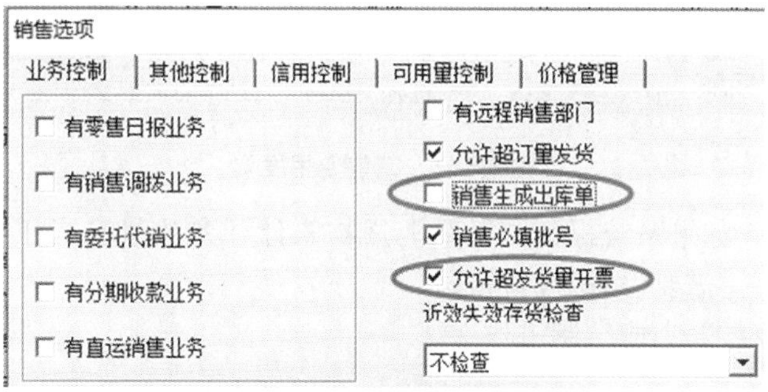

图 8－59　销售选项（业务控制）

单击“确定”完成设置。

2. 填制并审核发货单

选择“业务工作”|“供应链”|“销售管理”|“销售发货”|“发货单”，单击“增加”，进行查询条件设置，单击“取消”，直接输入实验资料，如图 8－60 所示。

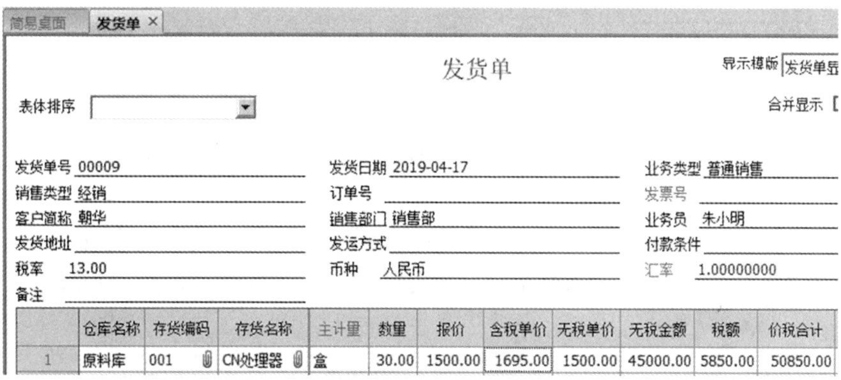

图 8－60　发货单

单击“保存”，再单击“审核”完成。

3. 填制并复核销售专用发票

选择“业务工作”|“供应链”|“销售管理”|“销售开票”|“销售专用发票”，单击“增加”，进行查询条件设置，客户选择“湖北朝华公司”，进入“参照生单”窗口后选择要参照的发货单。

单击“确定”，返回到销售专用发票，系统已自动将发货单的数据拷贝过来，然后将数量改为40，如图8－61所示。

图8－61 销售专用发票

单击“保存”，如果系统提示“发票上货物累计开票数量已大于发货数量”，说明控制参数未设置好，需要设置好后再开票。

然后单击“复核”完成填制工作。

4. 根据发货单生成销售出库单

选择“业务工作”|“供应链”|“库存管理”|“出库业务”|“销售出库单”，单击“生单”|“销售生单”，进行查询条件设置，客户设置为“湖北朝华公司”。选择相应的发货单，勾选“根据累计出库数更新发货单”，如图8－62所示。

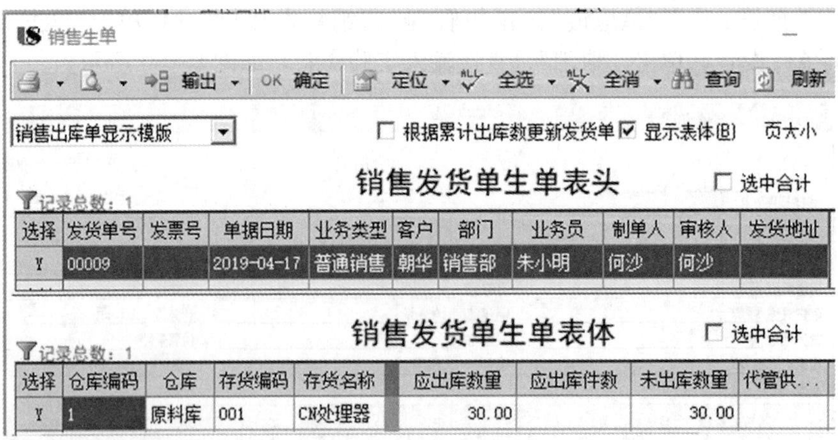

图8－62 销售生单

单击“确定”，然后将销售出库单中的数量改为 40，如图 8-63 所示。

图 8-63 销售出库单

单击“保存”，再单击“审核”完成制作。

如果在保存的时候，出现“单据保存失败，修改或稍后再试”的提示，则说明前面的超发货比例没有设置好，应去检查，重新设置。

选择“供应链”|“销售管理”|“销售发货”|“发货单列表”，这时查看该笔业务的发货单，数量已经由 30 变为 40。

5. 审核销售专用发票并生成销售收入凭证

选择“业务工作”|“财务会计”|“应收款管理”|“应收单据处理”|“应收单据审核”，进行应收单查询条件设置，单据名称选择“销售发票”，单击“确定”，进入应收单据列表，在“选择”栏对要审核的行进行双击，然后单击“审核”完成审核工作，如图 8-64 所示。

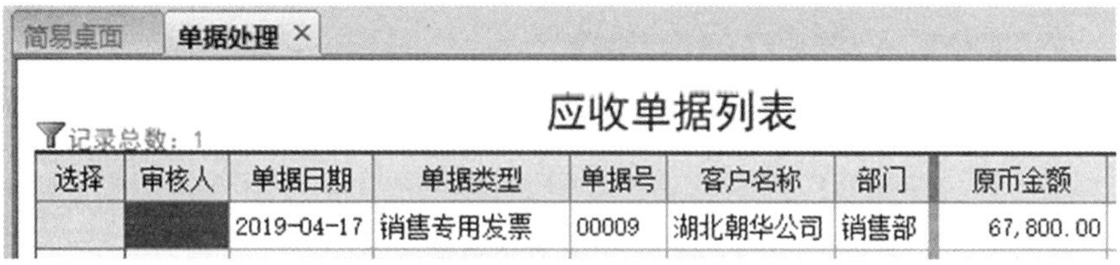

图 8-64 应收单据列表

选择“业务工作”|“财务会计”|“应收款管理”|“制单处理”，进入制单查询，选择“发票制单”，单击“确定”进入销售发票制单，将凭证类别改为“转账凭证”，如图 8-65 所示。

图 8-65 销售发票制单

单击“全选”，再单击“制单”，然后进入“填制凭证”窗口，生成的凭证分录如下：

借：应收账款（1122）/朝华　　67 800

　贷：主营业务收入（6001）　　60 000

　　应交税费/应交增值税/销项税额（22210105）　　7 800

补充发票号等信息，单击“保存”完成凭证制作。

6. 对销售出库单记账并生成凭证

选择“业务工作”|“供应链”|“存货核算”|“业务核算”|“正常单据记账”，进行查询条件设置，直接进入正常单据记账列表，如图8－66所示。

简易桌面 | 未记账单据一览表

正常单据记账列表

记录总数：1

选择	日期	单据号	存货编码	存货名称	单据类型	仓库名称	收发类别	数量	单价	金额
	2019-04-17	00009	001	CN处理器	专用发票	原料库	销售出库	40.00		

图8－66　正常单据记账列表

先选择，然后单击“记账”完成。

选择“业务工作”|“供应链”|“存货核算”|“财务核算”|“生成凭证”，单击工具栏上的“选择”按钮，进行查询条件设置，选择“销售专用发票”，再设置客户为“湖北朝华公司”，单击“确定”，显示未生成凭证单据一览表，如图8－67所示。

选择单据

输出　单据　全选　全消　确定　取消

□ 已结算采购入库单自动选择全部结算单上单据(包括入库单、发票、付款单),非本月采购入库单按蓝字报销单制单

未生成凭证单据一览表

选择	记账日期	单据日期	单据类型	单据号	仓库	收发类别	部门	业务类型	计价方式
	2019-04-20	2019-04-15	专用发票	00003	成品库	销售出库	销售部	普通销售	全月平均法
	2019-04-20	2019-04-17	专用发票	00009	原料库	销售出库	销售部	普通销售	移动平均法

图8－67　未生成凭证单据一览表

单击要选择的发票（计价方式为移动平均法），然后单击“确定”，返回到“生成凭证”窗口，将凭证类别改为“转 转账凭证”，如图8－68所示。

简易桌面 | 生成凭证

凭证类别　转 转账凭证

选择	单据类型	单据号	摘要	科目类型	科目编码	科目名称	借方金额	贷方金额	借方数量	贷方数量
1	专用发票	00009	专用发票	对方	6401	主营业务成本	48,000.00		40.00	
				存货	140301	生产用原材料		48,000.00		40.00
合计							48,000.00	48,000.00		

图8－68　生成凭证

单击“生成”，进入“填制凭证”窗口，生成的凭证分录为：

借：主营业务成本（6401）　　48 000

贷：原材料/生产用原材料（140301） 48 000

单击“保存”完成凭证编制。

8.1.12 分期收款发出商品

实验资料

4 月 18 日，销售部向上海长江公司出售创智 X 号 120 台。由成品库发货，无税报价为 6 600 元/台（含税价 7 458 元）。由于金额较大，客户要求以分期付款形式购买该商品。经协商，客户分 3 次付款，并据此开具相应销售专用发票。

第一次开具的销售专用发票数量为 40 台，无税单价 6 600 元/台。

业务部门将该业务所涉及的出库单及销售专用发票交给财务部，财务部据此制作凭证。

实验过程

1. 调整相关选项设置

选择“业务工作”|“供应链”|“销售管理”|“设置”|“销售选项”，勾选“业务控制”页中的“有分期收款业务”和“销售生成出库单”，如图 8－69 所示。

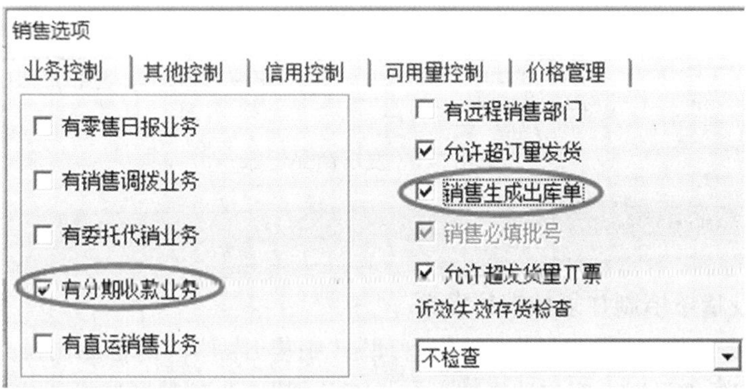

图 8－69 销售选项设置

单击“确定”，完成设置。

2. 设置分期收款业务相关科目

选择“业务工作”|“供应链”|“存货核算”|“初始设置”|“科目设置”|“存货科目”，将各仓库的分期收款发出商品科目均设置为“1406 发出商品”。

3. 填制并审核发货单

选择“业务工作”|“供应链”|“销售管理”|“销售发货”|“发货单”，单击“增加”，进行查询条件设置，单击“取消”直接进入，输入实验资料，业务类型选择“分期收款”，如图 8－70 所示。

单击“保存”，再单击“审核”完成。

图 8－70　发货单

4. 发出商品记账

选择“业务工作”|“供应链”|“存货核算”|“业务核算”|“发出商品记账”，进行查询条件设置，仓库选择“成品库”，单据类型选择“发货单”，业务类型选择“分期收款”，进入发出商品记账，如图 8－71 所示。

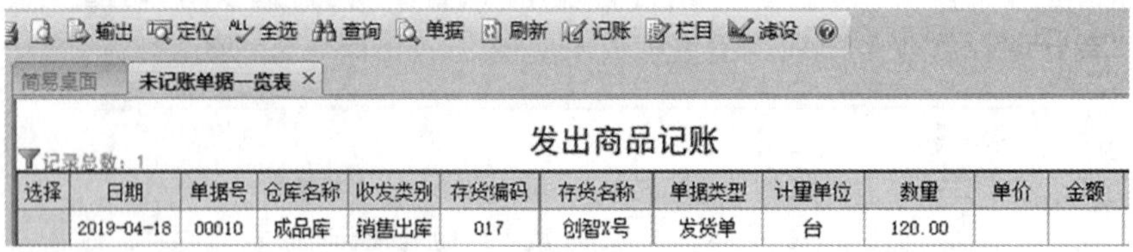

图 8－71　发出商品记账

先选择，然后记账。

5. 根据发货单填制并复核销售发票

选择“业务工作”|“供应链”|“销售管理”|“销售开票”|“销售专用发票”，单击“增加”，进行查询条件设置，客户选择“上海长江公司”，业务类型选择“分期收款”，然后进入“参照生单”窗口，选择要参照的发货单。单击“确定”，返回到销售专用发票，系统已自动将发货单的数据拷贝过来，将数量改为本次开票的数量 40，如图 8－72 所示。

图 8－72　销售专用发票

单击“保存”，然后单击“复核”完成填制工作。

6. 审核销售发票及生成应收凭证

选择“业务工作”|“财务会计”|“应收款管理”|“应收单据处理”|“应收单据审核”，进行应收单查询条件设置，客户选择“上海长江公司”，单击“确定”，如图 8-73 所示。

简易桌面　单据处理

应收单据列表

记录总数：1

选择	审核人	单据日期	单据类型	单据号	客户名称	部门	原币金额
		2019-04-18	销售专用发票	00010	上海长江公司	销售部	298,320.00

图 8-73　应收单据列表

选择单据，再单击“审核”。

选择“业务工作”|“财务会计”|“应收款管理”|“制单处理”，进入制单查询，勾选“发票制单”，单击“确定”进入销售发票制单，将凭证类别改为“转账凭证”，如图 8-74 所示。

简易桌面　制单

销售发票制单

凭证类别　转账凭证　　制单日期　2019-04-18

选择标志	凭证类别	单据类型	单据号	日期	客户名称	部门	金额
	转账凭证	销售专用发票	00010	2019-04-18	上海长江公司	销售部	298,320.00

图 8-74　销售发票制单

先选择，然后单击“制单”，进入“填制凭证”窗口，生成的凭证分录如下：

借：应收账款（1122）/长江　　298 320

　贷：主营业务收入（6001）　　264 000

　　应交税费/应交增值税/销项税额（22210105）　　34 320

补充票号等信息，单击“保存”生成凭证。

7. 发出商品记账

选择“业务工作”|“供应链”|“存货核算”|“业务核算”|“发出商品记账”，进行查询条件设置，单据类型选择“销售发票”，业务类型选择“分期收款”，进入发出商品记账，如图 8-75 所示。

简易桌面　未记账单据一览表

发出商品记账

记录总数：1

选择	日期	单据号	仓库名称	收发类别	存货编码	存货名称	单据类型	计量单位	数量	单价	金额
	2019-04-18	00010	成品库	销售出库	017	创智X号	专用发票	台	40.00		

图 8-75　发出商品记账

先选择，然后记账。

8. 查询分期收款相关账表

选择“业务工作”|“供应链”|“存货核算”|“账表”|“账簿”|“发出商品明细账”，输入查询条件，仓库选择“成品库”，存货选择“创智 X 号”。

单击“确定”后显示的发出商品明细账如图 8－76 所示。

记账日期	2019年		凭证号	凭证摘要	收发类别	借方			贷方			结存		
	月	日				数量	单价	金额	数量	单价	金额	数量	单价	金额
				期初结存								0.00	0.00	0.00
2019-04-20	04	20			销售出库	120.00						120.00	0.00	0.00
2019-04-20	04	20			销售出库				40.00			80.00	0.00	0.00
				4月合计		120.00		0.00	40.00		0.00	80.00	0.00	0.00
				本年累计		120.00		0.00	40.00		0.00			

图 8－76　发出商品明细账

8.1.13　委托代销业务

实验资料

4 月 18 日，销售部委托辽宁飞鸽公司代为销售创智 X 号 30 台，售价为 6 400 元/台（含税价 7 232 元），货物从成品库发出。

4 月 20 日，收到辽宁飞鸽公司的委托代销清单一张，结算创智 X 号 20 台，售价为 6 400 元/台。立即开具销售专用发票给辽宁飞鸽公司。

业务部门将该业务所涉及的出库单及销售发票交给财务部门，财务部门据此处理结转收入等业务。

实验过程

1. 初始设置调整

选择“业务工作”|“供应链”|“存货核算”|“初始设置”|“选项”|“选项录入”，将委托代销成本核算方式改为“按发出商品核算”，如图 8－77 所示。

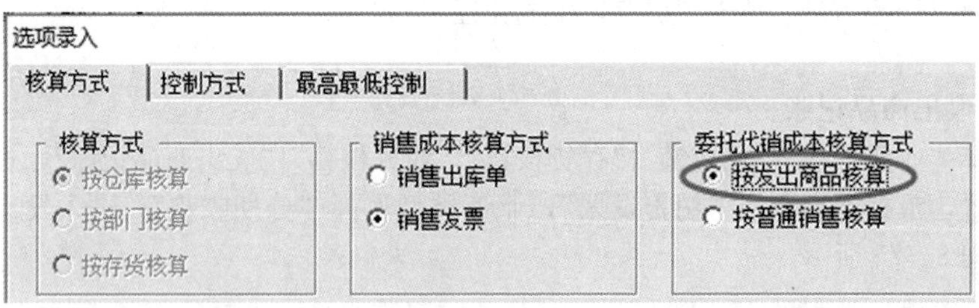

图 8－77　存货核算初始设置

单击“确定”完成设置。

选择“业务工作”|“供应链”|“销售管理”|“设置”|“销售选项”，在“业务控制”页中选择“有委托代销业务”，如图 8－78 所示。

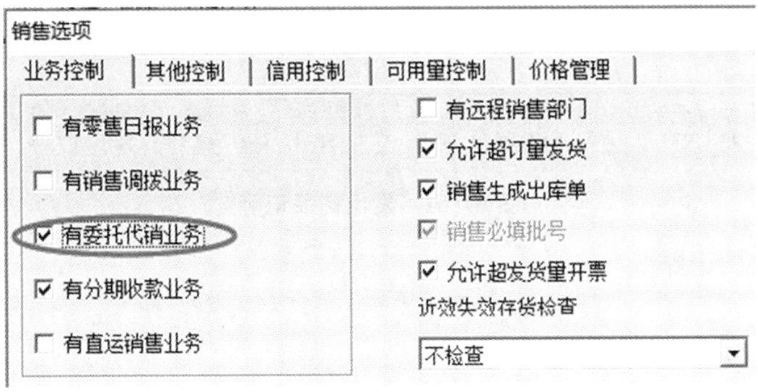

图 8 - 78　销售选项设置

单击“确定”完成设置。

2. 委托代销发货处理

选择“业务工作”|“供应链”|“销售管理”|“委托代销”|“委托代销发货单”，单击“增加”，在查询条件设置中选择“取消”，直接进入委托代销发货单，录入实验资料，如图 8 - 79 所示。

图 8 - 79　委托代销发货单

单击“保存”，再“审核”完成。

选择“业务工作”|“供应链”|“库存管理”|“单据列表”|“销售出库单列表”，进行查询条件设置，业务类型选择“委托代销”，然后进入销售出库单列表，如图 8 - 80 所示。

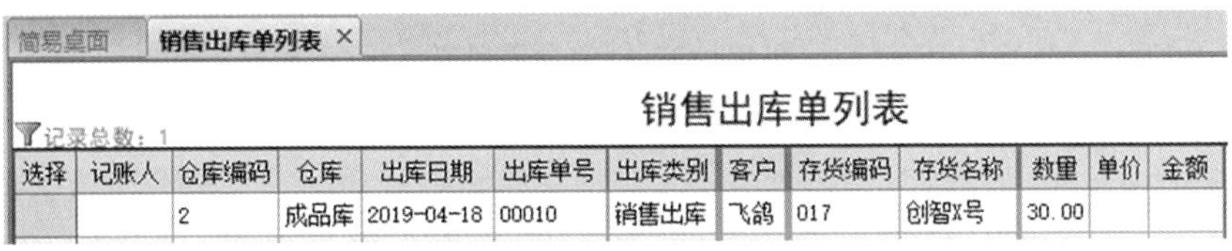

图 8 - 80　销售出库单列表

先选择，然后单击“审核”。

选择“业务工作”|“供应链”|“存货核算”|“业务核算”|“发出商品记账”，进行查询条件设置，业务类型选择“委托代销”，然后进入发出商品记账，如图 8 - 81 所示。

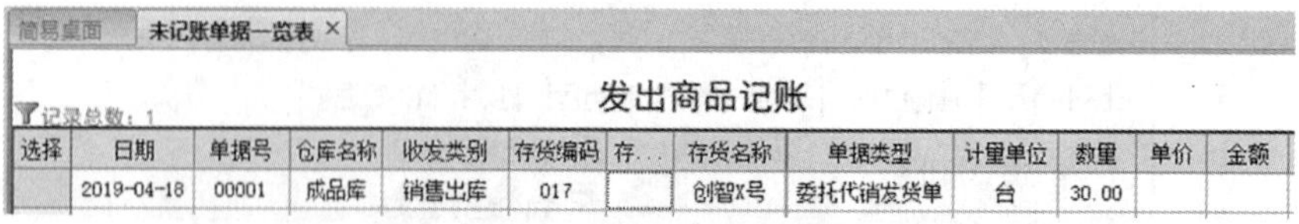

简易桌面 | 未记账单据一览表

发出商品记账

记录总数：1

选择	日期	单据号	仓库名称	收发类别	存货编码	存...	存货名称	单据类型	计量单位	数量	单价	金额
	2019-04-18	00001	成品库	销售出库	017		创智X号	委托代销发货单	台	30.00		

图8-81　发出商品记账

先选择，然后记账。

3. 委托代销结算处理

选择“业务工作”|“供应链”|“销售管理”|“委托代销”|“委托代销结算单”，单击“增加”，进行查询条件设置，业务类型选择“委托代销”，然后进入“参照生单”窗口，选择要参照的单据。单击“确定”，参照的数据已传入委托代销结算单，将数量改为要结算的数量20，如图8-82所示。

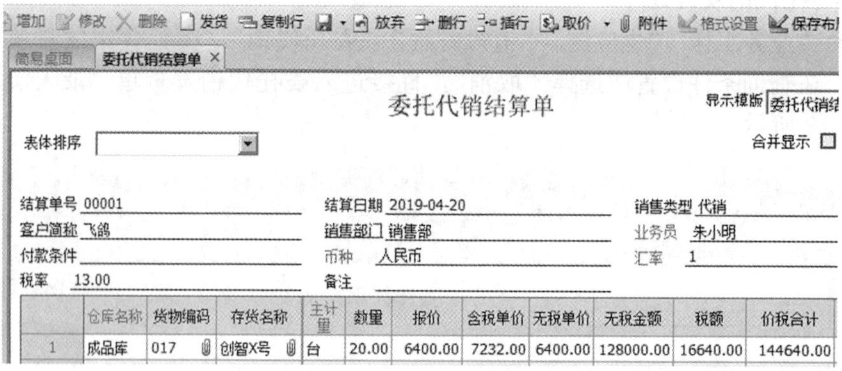

委托代销结算单

结算单号 00001　结算日期 2019-04-20　销售类型 代销

客户简称 飞鸽　销售部门 销售部　业务员 朱小明

付款条件　币种 人民币　汇率 1

税率 13.00　备注

	仓库名称	货物编码	存货名称	主计量	数量	报价	含税单价	无税单价	无税金额	税额	价税合计
1	成品库	017	创智X号	台	20.00	6400.00	7232.00	6400.00	128000.00	16640.00	144640.00

图8-82　委托代销结算单

单击“保存”，再单击“审核”，提示选择发票类型，选择“专用发票”，直接生成销售专用发票。

选择“业务工作”|“供应链”|“销售管理”|“销售开票”|“销售发票列表”，进行查询条件设置，业务类型选择“委托”，进入销售发票列表，如图8-83所示。

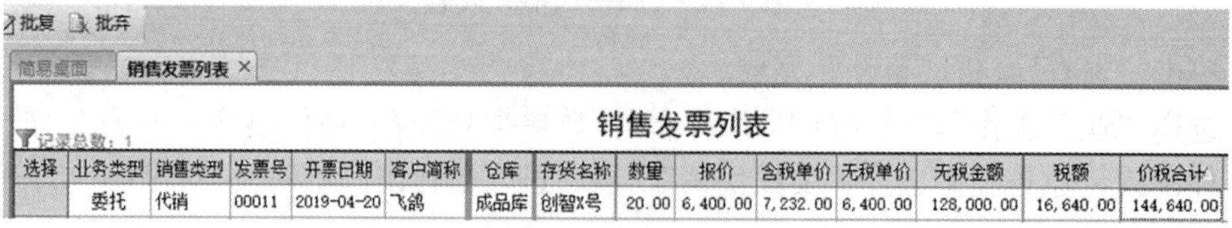

销售发票列表

记录总数：1

选择	业务类型	销售类型	发票号	开票日期	客户简称	仓库	存货名称	数量	报价	含税单价	无税单价	无税金额	税额	价税合计
	委托	代销	00011	2019-04-20	飞鸽	成品库	创智X号	20.00	6,400.00	7,232.00	6,400.00	128,000.00	16,640.00	144,640.00

图8-83　销售发票列表

先选择该发票，然后单击“批复”进行复核。

操作提示

委托代销结算单审核后，系统将自动生成相应的销售发票。系统可根据委托代销结算单按照需要生成普通发票或专用发票。

委托代销结算单审核后，系统自动生成相应的销售出库单，并传送到库存管理系统。

选择“业务工作”|“财务会计”|“应收款管理”|“应收单据处理”|“应收单据审核”，

进行应收单查询条件设置，单据名称选择“销售发票”，客户选择“辽宁飞鸽公司”，单击“确定”，进入“单据处理”窗口，如图 8－84 所示。

简易桌面　单据处理

应收单据列表

记录总数：1

选择	审核人	单据日期	单据类型	单据号	客户名称	部门	原币金额
		2019-04-20	销售专用发票	00011	辽宁飞鸽公司	销售部	144,640.00

图 8－84　应收单据列表

先选择，然后单击“审核”完成。

选择“业务工作”|“财务会计”|“应收款管理”|“制单处理”，进入制单查询，选择“发票制单”，单击“确定”，进入“制单”窗口，将凭证类别改为“转账凭证”，如图 8－85 所示。

简易桌面　制单

销售发票制单

凭证类别　转账凭证　　制单日期　2019-04-20

选择标志	凭证类别	单据类型	单据号	日期	客户编码	客户名称	部门	金额
	转账凭证	销售专用发票	00011	2019-04-20	04	辽宁飞鸽公司	销售部	144,640.00

图 8－85　销售发票制单

先选择，然后单击“制单”，生成的凭证分录为：

借：应收账款（1122）/飞鸽　　144 640

　贷：主营业务收入（6001）　　128 000

　　　应交税费/应交增值税/销项税额（22210105）　　16 640

先输入票号等信息，再单击“保存”完成凭证生成。

选择“业务工作”|“供应链”|“存货核算”|“业务核算”|“发出商品记账”，进行查询条件设置，仓库选择“成品库”，然后进入发出商品记账，如图 8－86 所示。

简易桌面　未记账单据一览表

发出商品记账

记录总数：1

选择	日期	单据号	仓库名称	收发类别	存货编码	存货名称	单据类型	计量单位	数量	单价	金额
	2019-04-20	00011	成品库	销售出库	017	创智X号	专用发票	台	20.00		

图 8－86　发出商品记账

先选择，然后单击“记账”完成。

4. 委托代销相关账表查询

选择“业务工作”|“供应链”|“销售管理”|“报表”|“统计表”|“委托代销统计表”，进行查询条件设置，然后进入委托代销统计表查询。

选择“业务工作”|“供应链”|“库存管理”|“报表”|“库存账”|“委托代销备查簿”，在查询条件中存货选择“创智 X 号”，显示结果如图 8－87 所示。

单据日期	单据号	摘要		档案换算率	发出件数	发出数量	结算件数	结算数量	未结算件数	未结算数量
		仓库	单据类型							
		期初结存							0.00	0.00
2019-04-18	00001	成品库	委托代销发货单		0.00	30.00			0.00	30.00
2019-04-20	00001	成品库	委托代销结算清单				0.00	20.00	0.00	10.00
			本月合计		0.00	30.00	0.00	20.00	0.00	10.00

图 8-87　委托代销备查簿

8.1.14　一次销售分次出库

4 月 19 日，向上海长江公司出售 CN 处理器 100 盒，由原料库发货，报价为 1 500 元/盒（含税价 1 695 元），同时开具专用发票一张。

客户根据发货单从原料库先领出 CN 处理器 80 盒。

4 月 20 日，客户根据发货单再从原料库领出余下的 CN 处理器 20 盒。

实验过程

1. 设置有关选项

选择“业务工作”|“供应链”|“销售管理”|“设置”|“销售选项”，在“业务控制”页取消“销售生成出库单”的勾选，如图 8-88 所示。

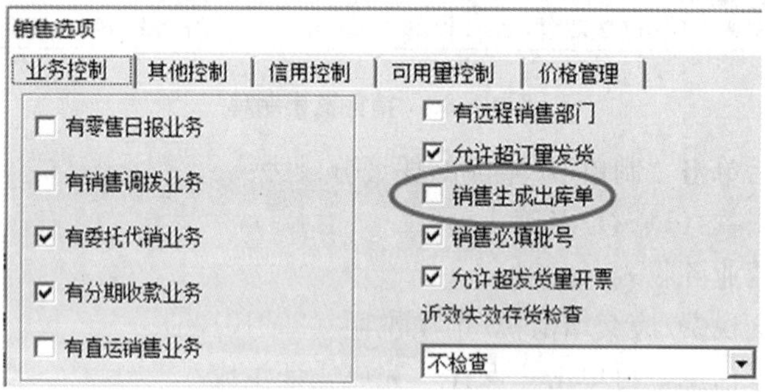

图 8-88　销售选项（业务控制）

单击“确定”完成。

操作提示

在原操作模式下的发货单、发票必须全部审核，然后才能修改本设置。

2. 填制并审核发货单

选择“业务工作”|“供应链”|“销售管理”|“销售发货”|“发货单”，单击“增加”，进行查询条件设置，单击“取消”后直接输入实验资料，如图 8-89 所示。

单击“保存”，再单击“审核”完成。

3. 根据发货单填制销售专用发票并审核

选择“业务工作”|“供应链”|“销售管理”|“销售开票”|“销售专用发票”，单击“增加”，进行查询条件设置，客户选择“上海长江公司”，然后进入“参照生单”窗口，选择要参照的发货单。单击“确定”，返回到销售专用发票，系统已自动将发货单的数据拷贝过来，如图 8-90 所示。

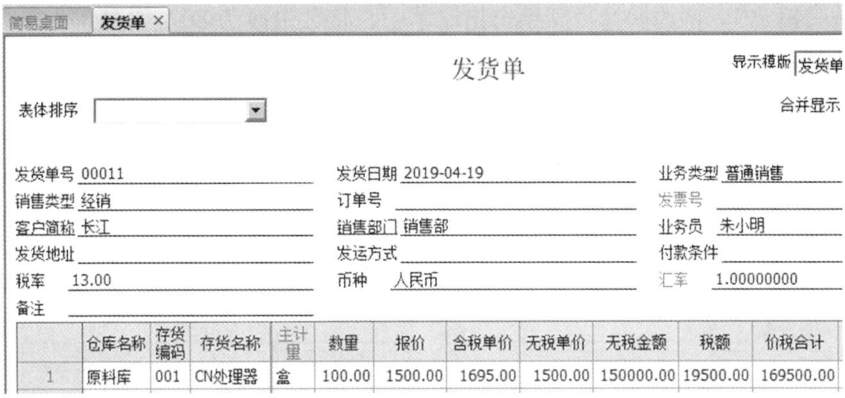

图 8－89　发货单

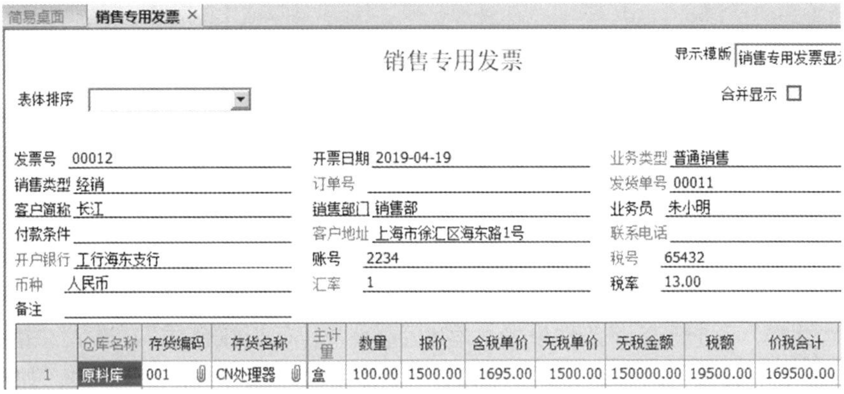

图 8－90　销售专用发票

单击“保存”，然后单击“复核”完成填制工作。

4. 根据发货单开具销售出库单

选择“业务工作”|“供应链”|“库存管理”|“出库业务”|“销售出库单”，选择“生单”|“销售生单”，进行查询条件设置，客户选择“上海长江公司”，单据类型选择“发货单”，然后进入“销售生单”窗口，选择要生成单据的行，取消“根据累计出库数更新发货单”选择，如图 8－91 所示。

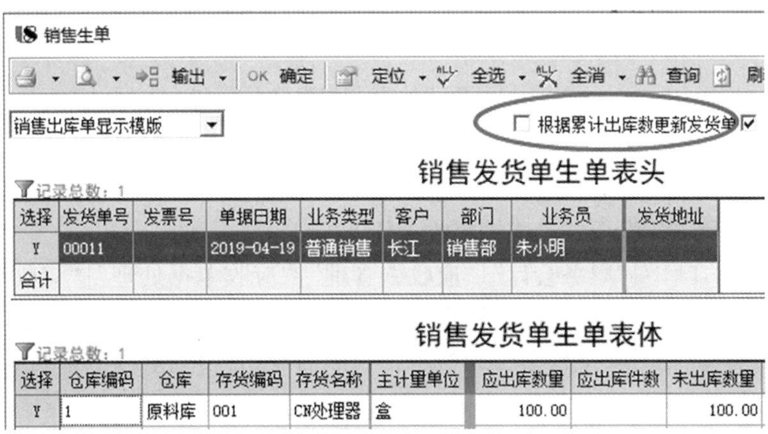

图 8－91　销售生单

单击“确定”，将数据拷贝到销售出库单中，将数量改为80，如图8-92所示。

图 8-92　销售出库单

单击“保存”，再单击“审核”。

操作提示

如果出现“单据保存失败，修改或稍后再试！实际出库数量小于开票数量”的提示，就是在参照销售生单时，没有取消“根据累计出库数更新发货单”选择。需要重新生单，并设置正确。

更换登录日期。

选择“业务工作”|“供应链”|“库存管理”|“出库业务”|“销售出库单”，选择“生单”|“销售生单”，进行查询条件设置，客户选择“上海长江公司”，进入“销售生单”窗口，选择要生成单据的行。单击“确定”，将数据拷贝到销售出库单中，如图8-93所示。

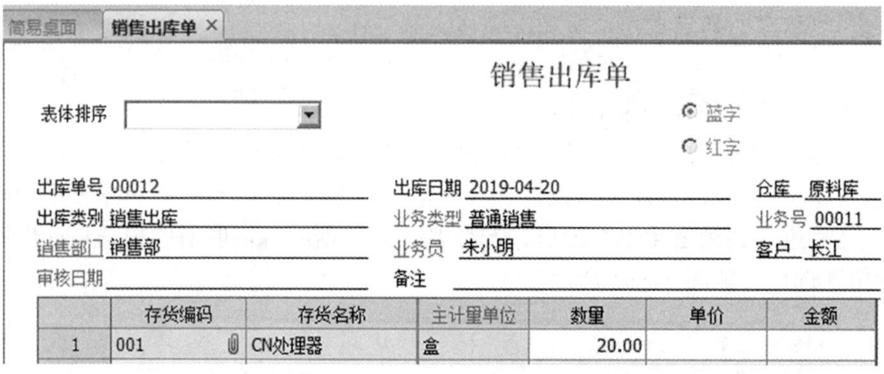

图 8-93　销售出库单

单击“保存”，再单击“审核”。

5. 审核销售专用发票并生成销售收入凭证

选择“业务工作”|“财务会计”|“应收款管理”|“应收单据处理”|“应收单据审核”，进行应收单查询条件设置，单据名称选择“销售发票”，单击“确定”，进入应收单据列表，在“选择”栏对要审核的行进行双击，然后单击“审核”完成审核工作，如图8-94所示。

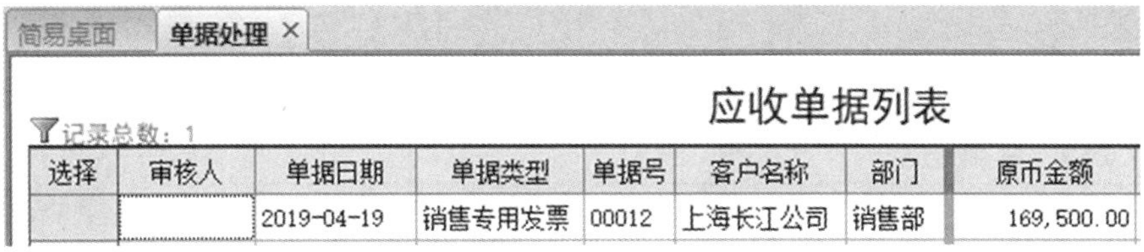

图 8-94　应收单据列表

选择“业务工作”|“财务会计”|“应收款管理”|“制单处理”，进入制单查询，选择“发票制单”，单击“确定”后进入销售发票制单，将凭证类别改为“转账凭证”，如图 8-95 所示。

图 8-95　销售发票制单

单击“全选”，再单击“制单”，然后进入“填制凭证”窗口，生成的凭证分录如下：

借：应收账款（1122）/大华　　169 500

　贷：主营业务收入（6001）　　150 000

　　应交税费/应交增值税/销项税额（22210105）　　19 500

补充票号等信息，单击“保存”完成凭证制作。

6. 对销售出库单记账并生成凭证

选择“业务工作”|“供应链”|“存货核算”|“业务核算”|“正常单据记账”，进行查询条件设置，按照默认设置直接进入正常单据记账列表，如图 8-96 所示。

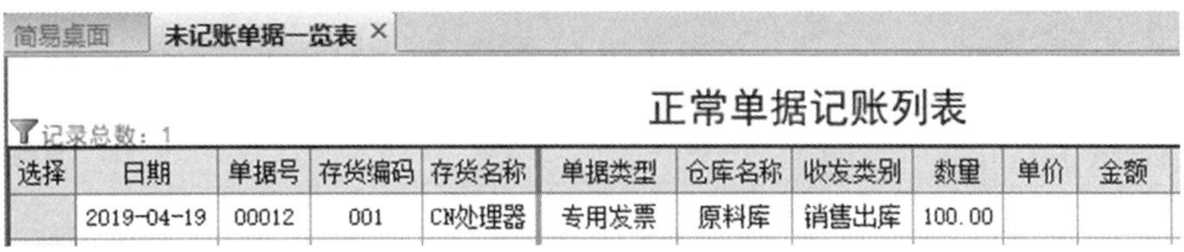

图 8-96　正常单据记账列表

先选择，然后单击“记账”，系统将显示记账成功。

选择“供应链”|“存货核算”|“财务核算”|“生成凭证”，单击工具栏上的“选择”按钮，进行查询条件设置，选择“销售专用发票”，再设置客户为“上海长江公司”，单击“确定”，显示未生成凭证单据一览表。

单击要选择的发票（计价方式为移动平均法），然后单击“确定”，返回到“生成凭证”窗口，将凭证类别改为“转 转账凭证”，补充科目后如图 8-97 所示。

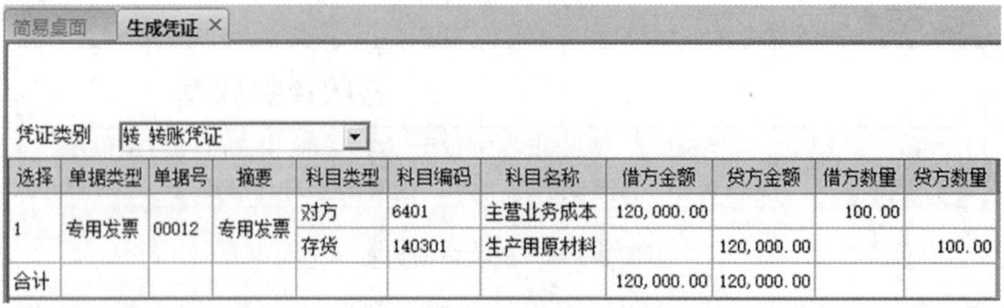
简易桌面 生成凭证

凭证类别 转 转账凭证

选择	单据类型	单据号	摘要	科目类型	科目编码	科目名称	借方金额	贷方金额	借方数量	贷方数量
1	专用发票	00012	专用发票	对方	6401	主营业务成本	120,000.00		100.00	
				存货	140301	生产用原材料		120,000.00		100.00
合计							120,000.00	120,000.00		

图 8－97 生成凭证

单击“生成”，进入“填制凭证”窗口，生成的凭证分录为：

借：主营业务成本（6401） 120 000

贷：原材料/生产用原材料（140301） 120 000

单击“保存”完成凭证编制，凭证被传递到总账系统中。

8.1.15 开票前退货业务

实验资料

4 月 20 日，销售部出售给湖北朝华公司创智 X 号 12 台，单价为 6 400 元/台（含税价 7 232 元），从成品库发出。

4 月 21 日，销售部出售给湖北朝华公司的创智 X 号因质量问题，退回 2 台，单价 6 400 元/台，收回成品库待修。

开具相应的专用发票一张，数量为 10 台。

实验过程

1. 填制并审核发货单

选择“业务工作”|“供应链”|“销售管理”|“销售发货”|“发货单”，单击“增加”，进行查询条件设置，单击“取消”，直接进入发货单，录入实验资料，如图 8－98 所示。

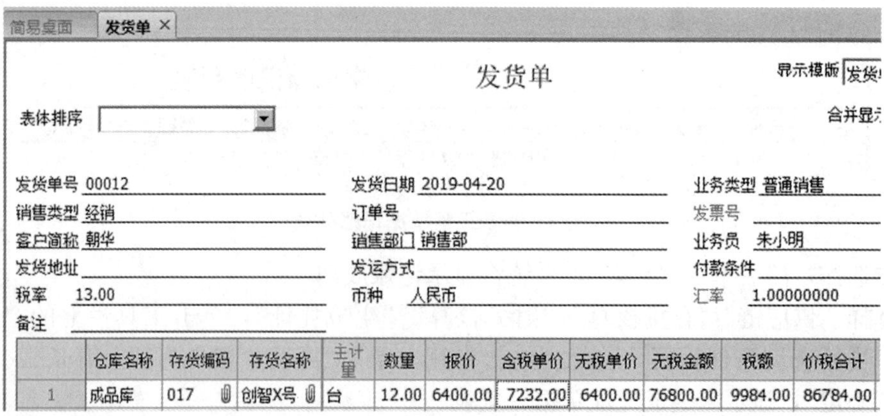
简易桌面 发货单

发货单

显示模版 发货

表体排序

合并显

发货单号 00012　发货日期 2019-04-20　业务类型 普通销售

销售类型 经销　订单号　发票号

客户简称 朝华　销售部门 销售部　业务员 朱小明

发货地址　发运方式　付款条件

税率 13.00　币种 人民币　汇率 1.00000000

备注

	仓库名称	存货编码	存货名称	主计量	数量	报价	含税单价	无税单价	无税金额	税额	价税合计
1	成品库	017	创智X号	台	12.00	6400.00	7232.00	6400.00	76800.00	9984.00	86784.00

图 8－98 发货单

单击“保存”，再进行审核。

2. 填制并审核退货单

选择“业务工作”|“供应链”|“销售管理”|“销售发货”|“退货单”，单击“增加”，进行查询条件设置，单击“取消”直接进入输入状态。

选择“生单”|“参照发货单”，客户选择“湖北朝华公司”，存货选择“创智 X 号”，进入“参照生单”窗口。选择相应的单据，单击“确定”，数据将拷贝到退货单中。

将数量改为－2，如图 8－99 所示。

图 8－99　退货单

单击“保存”，再单击“审核”完成制单。

3. 填制并复核销售发票

选择“业务工作”|“供应链”|“销售管理”|“销售开票”|“销售专用发票”，单击“增加”，进行查询条件设置，客户选择“湖北朝华公司”，单击“确定”，进入“参照生单”窗口，选择要参照的发货单。

单击“确定”，返回到销售专用发票，系统已自动将发货单的数据拷贝过来，数量为 10，如图 8－100 所示。

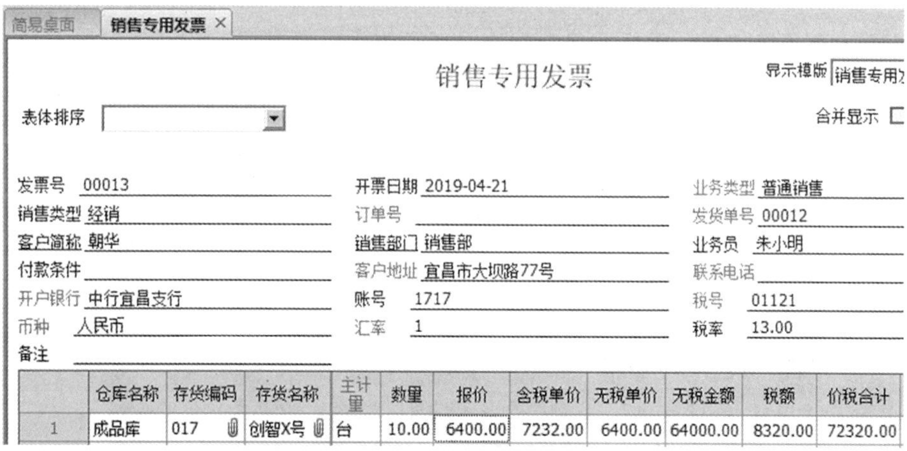

图 8－100　销售专用发票

单击“保存”，然后复核。

4. 审核销售专用发票并生成销售收入凭证

选择“业务工作”|“财务会计”|“应收款管理”|“应收单据处理”|“应收单据审核”，进行应收单查询条件设置，单据名称选择“销售发票”，单击“确定”，进入应收单据列表，在“选择”栏对要审核的行进行双击，然后单击“审核”完成审核工作，如图8-101所示。

简易桌面 | 单据处理 ×

应收单据列表

记录总数：1

选择	审核人	单据日期	单据类型	单据号	客户名称	部门	原币金额
		2019-04-21	销售专用发票	00013	湖北朝华公司	销售部	72,320.00

图8-101 应收单据列表

选择“业务工作”|“财务会计”|“应收款管理”|“制单处理”，选择“发票制单”，单击“确定”，进入销售发票制单，将凭证类别改为“转账凭证”，如图8-102所示。

简易桌面 | 制单 ×

销售发票制单

凭证类别 转账凭证　　制单日期 2019-04-21

选择标志	凭证类别	单据类型	单据号	日期	客户编码	客户名称	金额
	转账凭证	销售专用发票	00013	2019-04-21	05	湖北朝华公司	72,320.00

图8-102 销售发票制单

单击“全选”，再单击“制单”功能，然后进入“填制凭证”窗口，生成的凭证分录如下：

借：应收账款（1122）/朝华　　72 320

　贷：主营业务收入（6001）　　64 000

　　　应交税费/应交增值税/销项税额（22210105）　　8 320

补充发票号等信息，单击“保存”完成凭证制作。

5. 销售出库单记账

选择“业务工作”|“供应链”|“存货核算”|“业务核算”|“正常单据记账”，进行查询条件设置，按照默认条件，直接进入正常单据记账列表，如图8-103所示。

简易桌面 | 未记账单据一览表 ×

正常单据记账列表

记录总数：1

选择	日期	单据号	存货编码	存货名称	单据类型	仓库名称	收发类别	数量	单价	金额
	2019-04-21	00013	017	创智X号	专用发票	成品库	销售出库	10.00		

图8-103 正常单据记账列表

单击“全选”，然后单击“记账”，显示记账成功。

8.1.16　委托代销退货业务

实验资料

4 月 21 日，委托辽宁飞鸽公司销售的创智 X 号退回 3 台，入成品库。由于已经开具发票，故开具红字专用发票一张，单价 6 400 元（含税价 7 232 元）。

实验过程

1. 参照委托代销发货单填制委托代销结算退回

选择“业务工作”|“供应链”|“销售管理”|“委托代销”|“委托代销结算退回”，单击“增加”，进行查询条件设置，客户选择“辽宁飞鸽公司”，然后进入“参照生单”窗口。

选择要参照的发货单，单击“确定”，将数据拷贝到“委托代销结算退回”单据，数量改为—3，如图 8－104 所示。

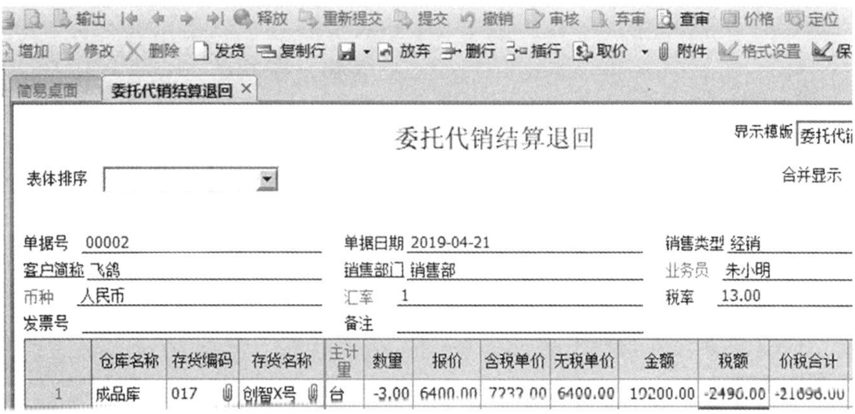

图 8－104　委托代销结算退回

单击“保存”，再单击“审核”，发票类型选择“专用发票”，自动生成专用发票。

2. 查看红字销售专用发票并复核

选择“业务工作”|“供应链”|“销售管理”|“销售开票”|“销售发票列表”，进行查询条件设置，客户选择“辽宁飞鸽公司”，业务类型选择“委托”，然后进入销售发票列表，如图 8－105 所示。

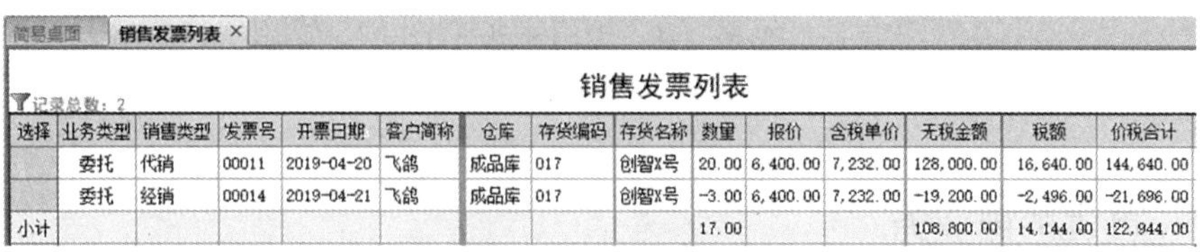

选择	业务类型	销售类型	发票号	开票日期	客户简称	仓库	存货编码	存货名称	数量	报价	含税单价	无税金额	税额	价税合计
	委托	代销	00011	2019-04-20	飞鸽	成品库	017	创智X号	20.00	6,400.00	7,232.00	128,000.00	16,640.00	144,640.00
	委托	经销	00014	2019-04-21	飞鸽	成品库	017	创智X号	-3.00	6,400.00	7,232.00	-19,200.00	-2,496.00	-21,696.00
小计									17.00			108,800.00	14,144.00	122,944.00

图 8－105　销售发票列表

双击退货的红字专用发票，进入发票查询后，再单击“复核”完成复核。

3. 退回后的业务处理

选择“业务工作”|“财务会计”|“应收款管理”|“应收单据处理”|“应收单据审核”，进行应收单查询条件设置，单据名称选择“销售发票”，客户选择“辽宁飞鸽公司”，然后进入“单据处理”窗口，如图 8－106 所示。

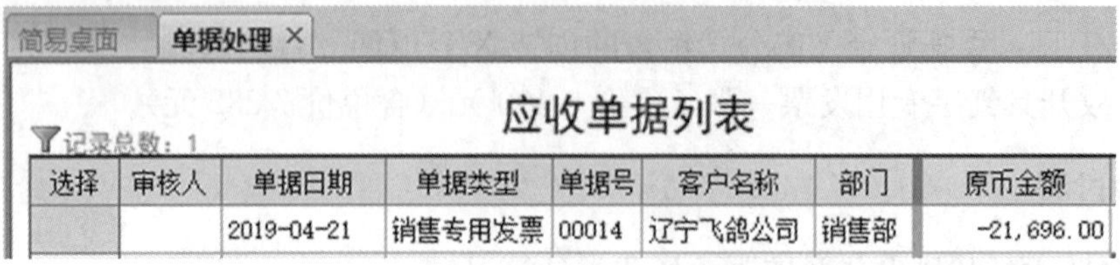

选择	审核人	单据日期	单据类型	单据号	客户名称	部门	原币金额
		2019-04-21	销售专用发票	00014	辽宁飞鸽公司	销售部	-21,696.00

图 8－106 应收单据列表

先选择，然后单击“审核”完成。

选择“业务工作”|“财务会计”|“应收款管理”|“制单处理”，进入制单查询，选择“发票制单”，单击“确定”，进入“制单”窗口，将凭证类别改为“转账凭证”，如图 8－107 所示。

选择标志	凭证类别	单据类型	单据号	日期	客户编码	客户名称	金额
	转账凭证	销售专用发票	00014	2019-04-21	04	辽宁飞鸽公司	-21,696.00

图 8－107 发票制单

先选择，然后单击“制单”，补充票号、科目，生成的凭证分录为：

借：应收账款（1122）/飞鸽　　—21 696

　贷：主营业务收入（6001）　　—19 200

　　　应交税费/应交增值税/销项税额（22210105）　　—2 496

单击“保存”完成凭证生成。

选择“业务工作”|“供应链”|“存货核算”|“业务核算”|“发出商品记账”，进行查询条件设置，业务类型选择“委托代销”，然后进入发出商品记账，如图 8－108 所示。

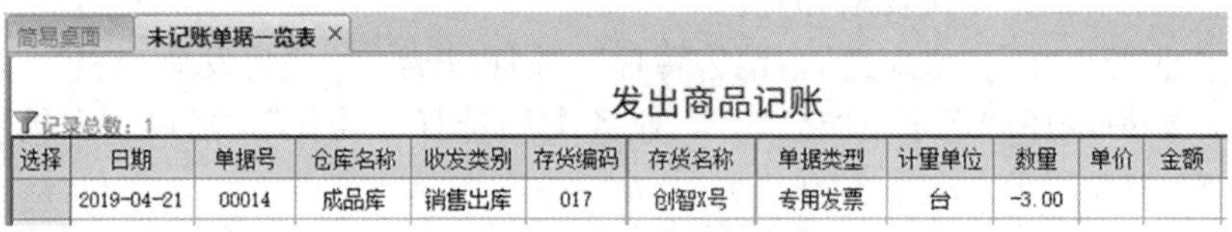

选择	日期	单据号	仓库名称	收发类别	存货编码	存货名称	单据类型	计量单位	数量	单价	金额
	2019-04-21	00014	成品库	销售出库	017	创智X号	专用发票	台	-3.00		

图 8－108 发出商品记账

先选择，然后记账。

8.1.17 直运销售业务

实验资料

4 月 21 日，销售部接到业务信息，上海长江公司欲购买联想服务器 2 台。经协商以单价 30 000 元/台成交，增值税税率为 13%，含税价为 33 900 元。随后，销售部填制相应销售订单。

销售部经联系以每台 20 000 元（不含税单价）的价格向上海大坤公司发出采购订单，并要求对方直接将货物送到上海长江公司。

4 月 22 日，销售部根据销售订单给上海长江公司开具专用发票一张。

货物送至上海长江公司，上海大坤公司凭送货签收单和订单开具了一张专用发票给销售部。

销售部将此业务的采购、销售发票交给财务部，财务部制作应收、应付凭证，结转收入和成本。

实验过程

1. 设置直运业务相关选项

选择“业务工作”|“供应链”|“销售管理”|“设置”|“销售选项”，选择“业务控制”页中的“有直运销售业务”，如图 8－109 所示。

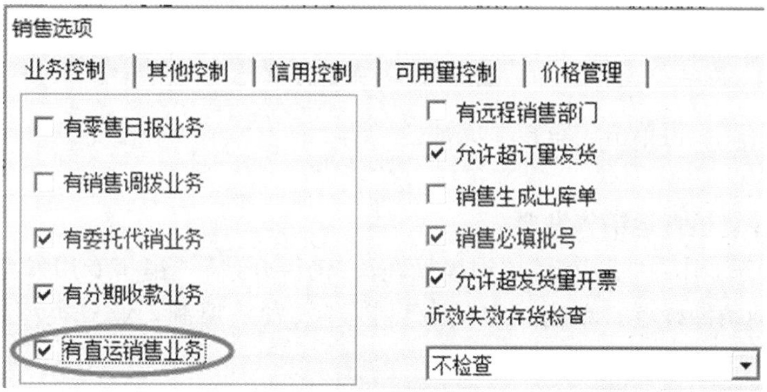

图 8－109　销售选项

单击“确定”完成设置。

2. 填制并审核直运销售订单

选择“业务工作”|“供应链”|“销售管理”|“销售订货”|“销售订单”，单击“增加”，业务类型选择“直运销售”，输入实验资料，如图 8－110 所示。

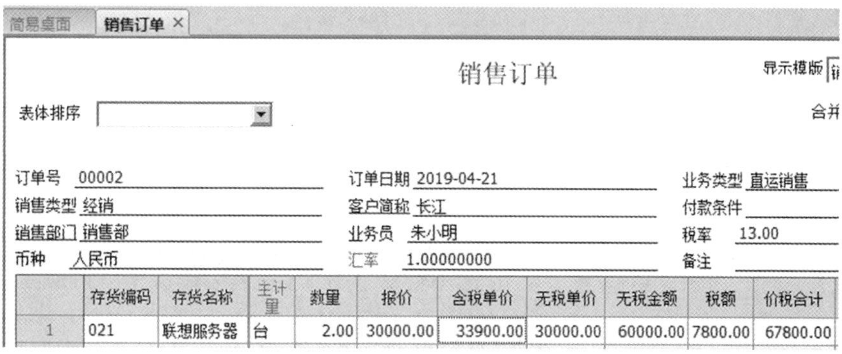

图 8－110　销售订单

单击“保存”，再单击“审核”完成。

3. 填制并审核直运采购订单

选择“业务工作”|“供应链”|“采购管理”|“采购订货”|“采购订单”，单击“增加”，业务类型设置为“直运采购”，单击“生单”|“销售订单”，进行查询条件设置，客户设置为“上海长江公司”，然后进入订单拷贝销售订单列表，选择要拷贝的销售订单。

单击“确定”，数据拷贝到采购订单中，再补充输入有关信息，如图8-111所示。

图8-111 采购订单

单击“保存”，再单击“审核”完成。

4. 填制并复核直运销售发票

选择“业务工作”|“供应链”|“销售管理”|“销售开票”|“销售专用发票”，单击“增加”，进行查询条件设置，单击“取消”直接进入发票填制，业务类型选择“直运销售”，客户选择“上海长江公司”。

单击“生单”|“参照订单”，客户选择“上海长江公司”，然后进入“参照生单”窗口，选择需要参照的业务。

单击“确定”，数据自动拷贝到销售专用发票中。输入相关数据后的发票如图8-112所示。

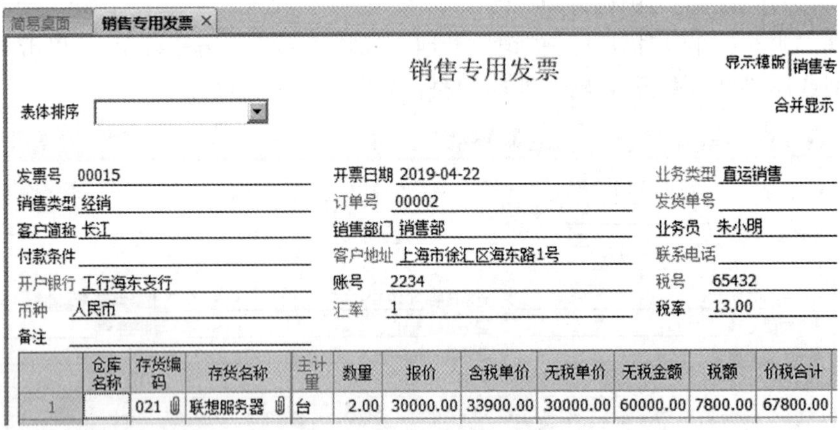

图8-112 销售专用发票

单击“保存”，再单击“复核”完成。

操作提示

如果订单号没有传入直运销售的销售专用发票，则需要手工补录，否则在直运销售记账时会要求补充输入单价。

5. 填制直运采购发票

选择“业务工作”|“供应链”|“采购管理”|“采购发票”|“专用采购发票”，单击“增加”，业务类型设置为“直运采购”，供应商选择“上海大坤公司”。

单击“生单”|“采购订单”，进行查询条件设置，供应商设置为“上海大坤公司”，然后进入发票拷贝订单列表，选择要拷贝的订单。单击“确定”，订单数据拷贝到专用发票中，如图 8－113 所示。

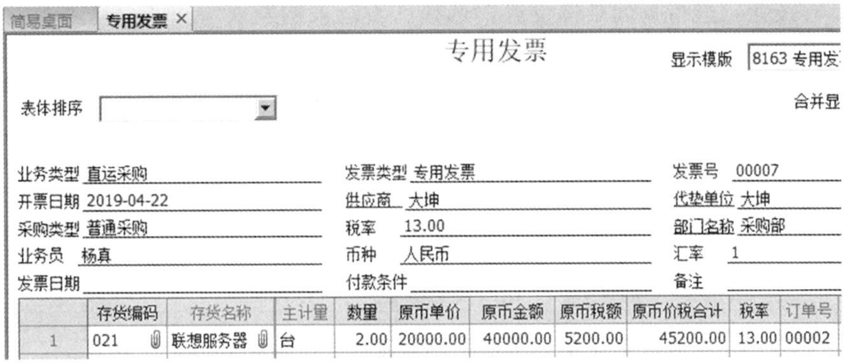

图 8－113　专用发票

单击“保存”完成。

6. 审核直运采购发票

选择“业务工作”|“财务会计”|“应付款管理”|“应付单据处理”|“应付单据审核”，进行应付单查询条件设置，单据名称选择“采购发票”，供应商选择“上海大坤公司”，单击“确定”，进入应付单据列表，如图 8－114 所示。

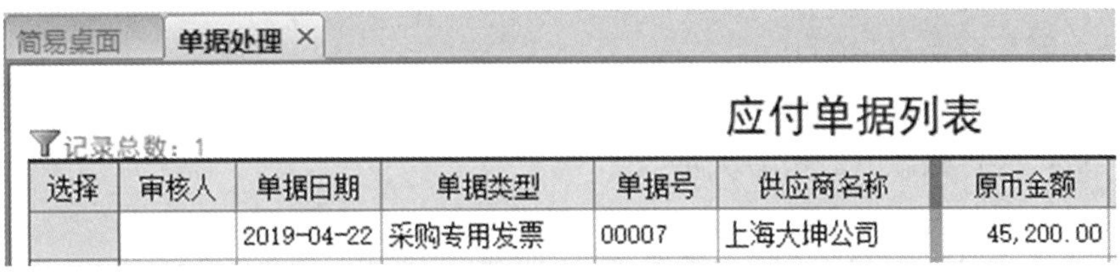

图 8－114　应付单据列表

先选择应付单据，然后单击“审核”完成。

7. 直运销售记账

选择“业务工作”|“供应链”|“存货核算”|“业务核算”|“直运销售记账”，进行查询条件设置，选择“采购发票”和“销售发票”，然后进入直运销售记账，如图 8－115 所示。

简易桌面 | 未记账单据一览表

直运销售记账

记录总数：2

选择	日期	单据号	存货编码	存货名称	收发类别	单据类型	数量	单价	金额
	2019-04-22	00007	021	联想服务器	采购入库	采购发票	2.00	20,000.00	40,000.00
	2019-04-22	00015	021	联想服务器	销售出库	专用发票	2.00		

图8-115　直运销售记账

选择采购发票和销售发票，进行记账。

8. 结转直运业务的收入及成本

选择“业务工作”|“供应链”|“存货核算”|“财务核算”|“生成凭证”，单击工具栏上的“选择”按钮，进行查询条件设置，选择“直运采购发票”和“直运销售发票”，然后进入未生成凭证单据一览表。

选择要生成凭证的单据（采购发票和专用发票），单击“确定”返回到“生成凭证”窗口，凭证类别选择“转 转账凭证”，补充输入相关科目，如图8-116所示。

凭证类别　转 转账凭证

选择	单据类型	单据号	摘要	科目类型	科目编码	科目名称	借方金额	贷方金额	借方数量	贷方数量
1	采购发票	00007	采购发票	存货	1405	库存商品	40,000.00		2.00	
				税金	22210101	进项税额	5,200.00		2.00	
				应付	2202	应付账款		45,200.00		2.00
	专用发票	00015	专用发票	对方	6401	主营业务成本	40,000.00		2.00	
				存货	1405	库存商品		40,000.00		2.00
合计							85,200.00	85,200.00		

图8-116　生成凭证

单击“生成”，显示直运销售发票生成的凭证，凭证分录如下：

借：主营业务成本（6401）　40 000

　贷：库存商品（1405）　40 000

单击“保存”生成凭证。

单击“下张凭证”，显示采购发票生成的凭证，凭证分录如下：

借：库存商品（1405）　40 000

　　应交税费/应交增值税/进项税额（22210101）　5 200

　贷：应付账款（2202）/大坤　45 200

单击“保存”完成。

选择“业务工作”|“财务会计”|“应收款管理”|“应收单据处理”|“应收单据审核”，进行应收单查询条件设置，单据选择“销售发票”，客户选择“上海长江公司”，单击“确定”进入应收单据列表，如图8-117所示。

简易桌面 | 单据处理

应收单据列表

记录总数：1

选择	审核人	单据日期	单据类型	单据号	客户名称	部门	原币金额
		2019-04-22	销售专用发票	00015	上海长江公司	销售部	67,800.00

图8-117　应收单据列表

选择要审核的单据，单击“审核”完成。

选择“业务工作”|“财务会计”|“应收款管理”|“制单处理”，进行查询条件设置，选择“发票制单”，进入“制单”窗口，凭证类别选择“转账凭证”，如图 8－118 所示。

图 8－118　发票制单

先选择，然后单击“制单”，生成的凭证分录如下：

借：应收账款（1122）/长江　　67 800

　贷：主营业务收入（6001）　　60 000

　　应交税费/应交增值税/销项税额（22210105）　　7 800

补充票号，然后单击“保存”，完成凭证生成。

8.1.18　销售查询

1. 销售明细账表

选择“业务工作”|“供应链”|“销售管理”|“报表”|“明细表”|“销售明细表”，进行查询条件设置，选择要查询的存货，这里选择“创智 X 号”，查询结果如图 8－119 所示。

销售明细表

部门名称	客户名称	业务员	日期	数量	本币税额	本币无税金额	本币价税合计
销售部	湖北朝华公司	朱小明	2019/4/21	10.00	8,320.00	64,000.00	72,320.00
	(小计)湖北朝华公司			10.00	8,320.00	64,000.00	72,320.00
销售部	辽宁飞鸽公司	朱小明	2019/4/16	50.00	41,600.00	320,000.00	361,600.00
销售部	辽宁飞鸽公司	朱小明	2019/4/20	20.00	16,640.00	128,000.00	144,640.00
销售部	辽宁飞鸽公司	朱小明	2019/4/21	-3.00	-2,496.00	-19,200.00	-21,696.00
	(小计)辽宁飞鸽公司			67.00	55,744.00	428,800.00	484,544.00
销售部	上海长江公司	朱小明	2019/4/18	40.00	34,320.00	264,000.00	298,320.00
	(小计)上海长江公司			40.00	34,320.00	264,000.00	298,320.00
销售部	天津大华公司	刘一江	2019/4/8	20.00	16,900.00	130,000.00	146,900.00
销售部	天津大华公司	刘一江	2019/4/15	10.00	8,320.00	64,000.00	72,320.00
	(小计)天津大华公司			30.00	25,220.00	194,000.00	219,220.00
总计				147.00	123,604.00	950,800.00	1,074,404.00

图 8－119　销售明细表（创智 X 号）

2. 销售统计表

选择“业务工作”|“供应链”|“销售管理”|“报表”|“统计表”|“销售统计表”，进行查询条件设置，按照默认条件设置，查询结果如图 8－120 所示。

部门名称	业务员名称	存货名称	数量	单价	金额	税额	价税合计	折	成本
销售部	朱小明	CN处理器	40.00	1,500.00	60,000.00	7,800.00	67,800.00		48,000.00
销售部	朱小明	创智X号	10.00	6,400.00	64,000.00	8,320.00	72,320.00		
销售部	朱小明	手持扫描器	90.00	400.00	36,000.00	4,680.00	40,680.00		
销售部	朱小明	桌面扫描器	45.00	500.00	22,500.00	2,925.00	25,425.00		
销售部	朱小明	HP打印机	50.00	2,300.00	115,000.00	14,950.00	129,950.00		
销售部	朱小明	创智X号	67.00	6,400.00	428,800.00	55,744.00	484,544.00		
销售部	刘一江	HP打印机	50.00	2,300.00	115,000.00	14,950.00	129,950.00		
销售部	朱小明	CN处理器	100.00	1,500.00	150,000.00	19,500.00	169,500.00		120,000.00
销售部	朱小明	创智X号	40.00	6,600.00	264,000.00	34,320.00	298,320.00		
销售部	朱小明	联想服务器	2.00	30,000.00	60,000.00	7,800.00	67,800.00		40,000.00
销售部	刘一江	HP打印机	10.00	2,160.00	21,600.00	2,808.00	24,408.00		
销售部	刘一江	创智X号	30.00	6,466.67	194,000.00	25,220.00	219,220.00		
销售部	刘一江	HP打印机	60.00	2,300.00	138,000.00	17,940.00	155,940.00		
总计			594.00	2,809.60	1,668,900.00	216,957.00	1,885,857.00		208,000.00

图 8-120 销售统计表

8.1.19 月末结账

一般在本月报表编制完成后，确认当期业务完成，才进行相关的月末结账等处理，这里是说明具体的方法。

当本月业务全部完成后，选择“业务工作”|“供应链”|“销售管理”|“月末结账”进行月结。也可以取消月末结账。如果应收款管理、库存管理、存货核算之一已经结账，销售管理就不能取消月结。

8.2 应收款管理

8.2.1 概述

1. 应收款管理概述

由于赊销或其他方面的原因，形成了企业往来款项，这些往来款项如果不能及时有效地加以管理，企业的经营活动就会受到一定影响。因此，加强往来款项管理是一项不容忽视的工作。应收应付系统可以分别对客户及供应商进行账表查询和往来款项的清理工作。

应收业务处理流程如图 8-121 所示。

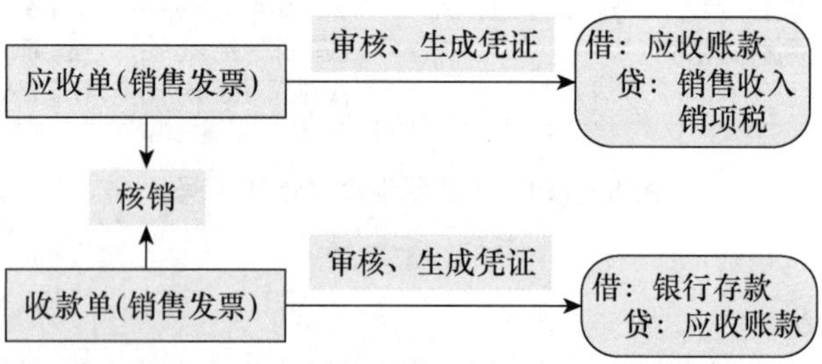

图 8-121 应收业务处理流程图

2. 参数设置

选择“业务工作”|“财务会计”|“应收款管理”|“设置”|“选项”，单击“编辑”，然后进行设置，坏账处理方式为应收余额百分比法。

8.2.2　预收款处理

实验资料

4 月 5 日，重庆嘉陵公司交来转账支票一张，金额 15 000 元，支票号 ZZ002，作为预购货物的定金。

实验过程

1. 填制收款单

选择“业务工作”|“财务会计”|“应收款管理”|“收款单据处理”|“收款单据录入”，单击“增加”，录入收款单的相关信息，如图 8－122 所示。

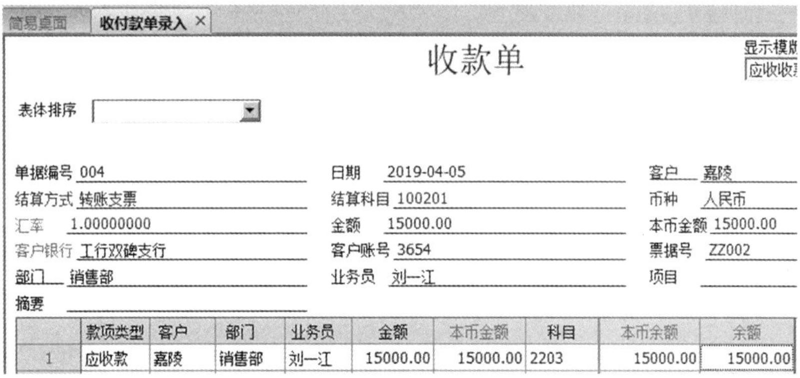

简易桌面　收付款单录入

收款单

显示模版　应收收

表体排序

单据编号 004　日期 2019-04-05　客户 嘉陵

结算方式 转账支票　结算科目 100201　币种 人民币

汇率 1.00000000　金额 15000.00　本币金额 15000.00

客户银行 工行双碑支行　客户账号 3654　票据号 ZZ002

部门 销售部　业务员 刘一江　项目

摘要

	款项类型	客户	部门	业务员	金额	本币金额	科目	本币余额	余额
1	应收款	嘉陵	销售部	刘一江	15000.00	15000.00	2203	15000.00	15000.00

图 8－122　收款单（预收）

单击“保存”，再单击“审核”，系统提示是否立即制单，回答“是”，生成的凭证分录如下：

借：银行存款/工行（100201）　15 000

　贷：预收账款（2203）　15 000

补充票号后单击“保存”生成凭证。

2. 查询预收款

选择“业务工作”|“财务会计”|“应收款管理”|“账表管理”|“科目账查询”|“科目明细账”，选择“预收账款”科目，显示相应账簿。

8.2.3　收款处理

实验资料

4 月 20 日，收到上海长江公司交来转账支票一张，金额 125 000 元，支票号

ZZ099，用以归还前欠货款。

实验过程

1. 填制收款单

选择“业务工作”|“财务会计”|“应收款管理”|“收款单据处理”|“收款单据录入”，单击“增加”，录入相关信息，如图8-123所示。

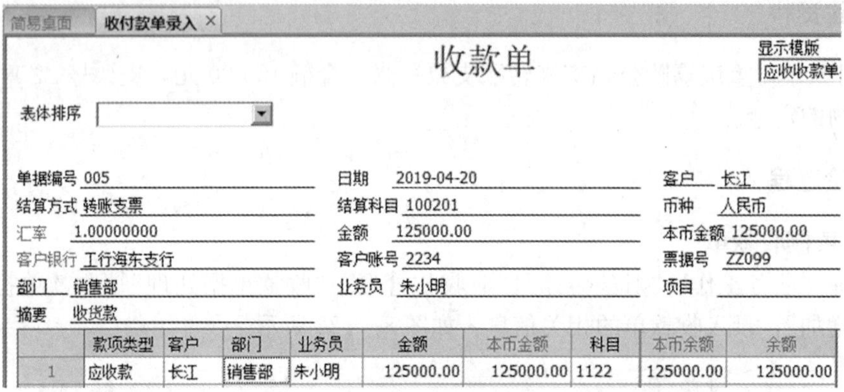

图8-123 收款单

单击“保存”，再单击“审核”，系统提示是否立即制单，回答“是”，生成的凭证分录如下：

借：银行存款/工行　　125 000

　贷：应收账款/长江　　125 000

补充票号信息，单击“保存”完成。

2. 查询应收款

选择“业务工作”|“财务会计”|“应收款管理”|“账表管理”|“业务账表”|“业务明细账”，选择查询的单位，上海长江公司的应收明细账如图8-124所示。

年	月	日	凭证号	摘要	订单号	发货单	出库单	单据类型	单据号	本期应收	本期收回	余额
										本币	本币	本币
2019	4	17	转-0025	销售专用发票		00008	00007	销售专用发票	00008	129,950.00		129,950.00
2019	4	17	转-0026	其他应收单				其他应收单	003	800.00		130,750.00
2019	4	18	转-0029	销售专用发票		00010	00009	销售专用发票	00010	298,320.00		429,070.00
2019	4	20	转-0031	销售专用发票		00011	00012	销售专用发票	00012	169,500.00		598,570.00
2019	4	20	收-0008	收货款				收款单	005		125,000.00	473,570.00
2019	4	22	转-0037	销售专用发票	00002			销售专用发票	00015	67,800.00		541,370.00
										666,370.00	125,000.00	541,370.00

图8-124 应收明细账（上海长江公司）

8.2.4 预收冲应收

实验资料

4月20日，经过与重庆嘉陵公司商定，前付来的15 000元定金用于冲销其应收款项。

实验过程

1. 填制预收冲应收单据

选择“业务工作”|“财务会计”|“应收款管理”|“转账”|“预收冲应收”，进入“预收冲应收”窗口后，客户选择“重庆嘉陵公司”，然后单击“过滤”，输入转账总金额 15 000 元，如图 8－125 所示。

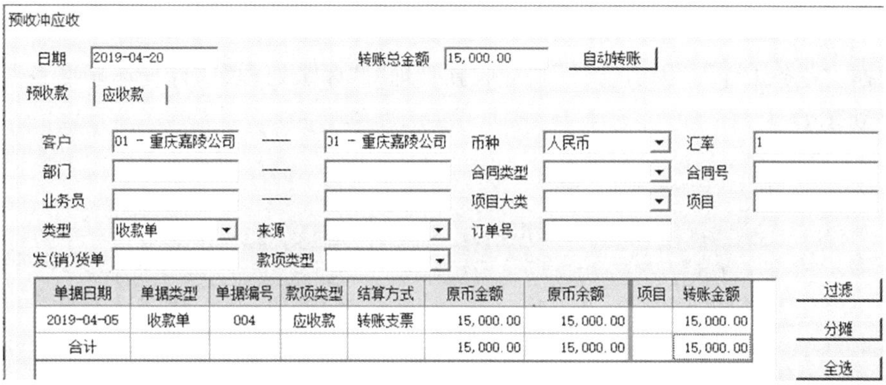

图 8－125　预收冲应收（预收款）

选择“应收款”页，单击“过滤”，系统显示应收款，输入转账金额 15 000 元，如图 8－126 所示。

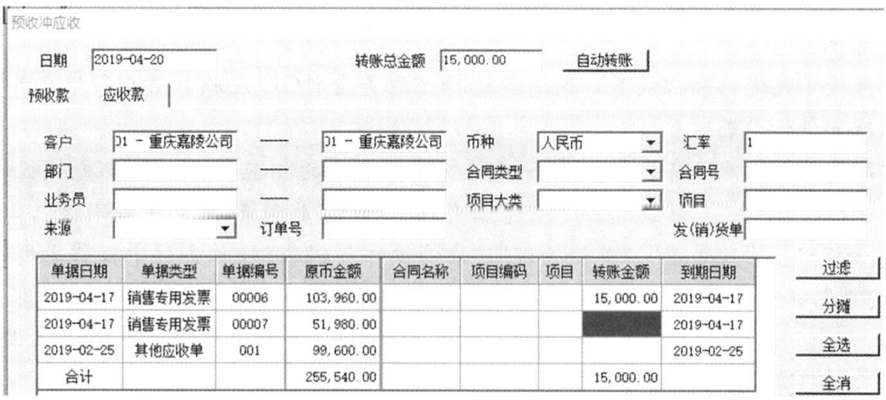

图 8－126　预收冲应收（应收款）

设置完成后单击“确定”，系统提示是否立即制单，回答“是”，生成的凭证分录如下：

借：预收账款/嘉陵　　15 000

　　贷：应收账款/嘉陵　　15 000

凭证类型为转账凭证，单击“保存”生成凭证。

2. 查询应收账款

选择“业务工作”|“财务会计”|“应收款管理”|“账表管理”|“业务报表”|“业务明细账”，选择要查询的单位，查看应收明细账。

8.2.5 计提坏账准备

实验资料

4月底，计提坏账准备。

实验过程

选择“业务工作”|“财务会计”|“应收款管理”|“坏账处理”|“计提坏账准备”，如图8-127所示。

应收账款总额	计提比率	坏账准备	坏账准备余额	本次计提
1,618,932.00	0.500%	8,094.66	10,000.00	-1,905.34

图8-127 计提坏账准备

单击“确认”，系统提示是否立即制单，回答“是”，生成的凭证分录如下：

借：资产减值损失（6701）　　　　　　　　　　　　　　　　　　　　　　—1 905.34

　贷：坏账准备（1231）　　　　　　　　　　　　　　　　　　　　　　　—1 905.34

凭证类型为转账凭证。单击“保存”生成凭证。

操作提示

如果提示先进行期初设置，则需要选择“财务会计”|“应收款管理”|“初始设置”，对坏账准备进行设置。

要取消计提坏账准备，若之前已经生成计提坏账的相应凭证，则要先执行“财务会计”|“应收款管理”|“单据查询”|“凭证查询”，将坏账处理的凭证“删除”，再执行“财务会计”|“应收款管理”|“其他处理”|“取消操作”（取消操作条件中操作类型选择为“坏账处理”），进入后选择要取消的具体业务，单击“确认”，可取消计提的坏账准备。

8.2.6 往来核销

对已达往来账应该及时做好往来账的两清工作，以便及时了解往来账的真实情况。往来两清的处理方式有计算机自动勾对和手工勾对两种。

1. 自动勾对

计算机自动将所有两清的往来业务打上勾对标志。两清依据包括按部门两清、按项目两清和按票号两清。

2. 手工勾对

无法自动勾对的，通过手工勾对方式将往来业务人为地打上勾对标记，它是自动勾对的补充。

收付款单列表显示收付款单的明细记录，包括款项类型为应收款和预收款的记录，而款项类型为其他费用的记录不允许在此作为核销记录，核销时可以选择其中一条记录进行。余额已经为 0 的记录不在此列表中显示。

选择“业务工作”|“财务会计”|“应收款管理”|“核销处理”|“手工核销”，在核销条件中选择客户单位，这里选择“天津大华公司”，单击“确定”进入“单据核销”窗口，如图 8-128 所示。

单据日期	单据类型	单据编号	客户	款项类型	结算方式	币种	原币金额	原币余额	本次结算金额	订单号
2019-04-12	收款单	001	大华	应收款	转账支票	人民币	146,900.00	146,900.00	146,900.00	
合计							146,900.00	146,900.00	146,900.00	

单据日期	单据类型	单据编号	到期日	客户	原币金额	原币余额	本次结算	订单号	凭证号
2019-03-10	其他应收单	002	2019-03-10	大华	58,000.00	58,000.00			
2019-04-08	销售专用发票	00001	2019-04-08	大华	146,900.00	146,900.00	146,900.00	0001	转-0021
2019-04-12	销售专用发票	00002	2019-04-12	大华	24,408.00	24,408.00			转-0022
合计					229,308.00	229,308.00	146,900.00		

图 8-128　单据核销

核销时，收款单列表中款项类型为应收款的记录，其缺省的本次结算金额为空；款项类型为预收款的记录，其缺省的本次结算金额为空。

核销时可以修改本次结算金额，但是不能大于该记录的原币余额。

用户手工输入本次结算金额，上下列表中的结算金额合计必须保持一致。

单击“保存”，完成核销。

8.2.7　往来账的查询

1. 应收余额管理

对客户/供应商的往来余额管理包括科目余额表、余额表、三栏余额表、部门余额表、项目余额表、业务员余额表、分类余额表、地区分类余额表的查询。

选择“业务工作”|“财务会计”|“应收款管理”|“账表管理”|“业务账表”|“业务余额表”，按照默认条件设置，进入后如图 8-129 所示。

客户编码	客户名称	期初	本期应收	本期收回	余额	周转率	周转天数
		本币	本币	本币	本币	本币	本币
01	重庆嘉陵公司	99,600.00	155,940.00	15,000.00	240,540.00	0.92	31.52
(小计)01		99,600.00	155,940.00	15,000.00	240,540.00		
02	天津大华公司	58,000.00	171,308.00	146,900.00	82,408.00	2.44	11.89
(小计)02		58,000.00	171,308.00	146,900.00	82,408.00		
03	上海长江公司	0.00	666,370.00	125,000.00	541,370.00	2.46	11.79
(小计)03		0.00	666,370.00	125,000.00	541,370.00		
04	辽宁飞鸽公司	0.00	614,494.00	0.00	614,494.00	2.00	14.50
(小计)04		0.00	614,494.00	0.00	614,494.00		
05	湖北朝华公司	0.00	140,120.00	0.00	140,120.00	2.00	14.50
(小计)05		0.00	140,120.00	0.00	140,120.00		
总计		157,600.00	1,748,232.00	286,900.00	1,618,932.00		

图 8-129　应收余额表

2. 往来明细账管理

对客户的往来明细账管理包括科目明细账、明细账、三栏明细账、部门明细账、项目明细账、业务员明细账、分类明细账、地区分类明细账、多栏明细账的查询。

3. 应收账龄分析

账龄是指某一往来业务从发生之日的时间期限。通过账龄分析表对应收账款拖欠时间的整理归类和分析，可以了解管理人员收款工作的效率，以便制定今后的收款策略，并能根据各种应收账款的时间和历史资料，估计坏账损失。

选择“业务工作”|“财务会计”|“应收款管理”|“账表管理”|“统计分析”|“应收账龄分析”，可设置查询条件，查看应收账龄分析。

8.2.8 期末处理

一般在本月报表编制完成后，确认当期业务完成，才进行相关的月末结账等处理，这里是说明具体的方法。

到月末，要进行月结。

在结账前，应当把当月单据全部审核，本月的结算单据在结账前全部核销。

选择“业务工作”|“财务会计”|“应收款管理”|“期末处理”|“月末结账”，进行月结。

8.3 复习题

8.3.1 思考题

1. 简述商品销售订单的作用。
2. 简述销售管理与基础设置的关系。
3. 简述销售管理与采购管理、库存管理、存货核算的关系。

8.3.2 判断题

1. 参照销售订单的订货业务，如果已录入销售订单且已经过审核，可以通过参照的方式建立采购订单。（ ）

2. 采购入库单、销售出库单只能在存货管理子系统中输入。（ ）

3. 应收系统中不能进行坏账准备处理。（ ）

4. 应收系统中设置的应收和预收科目必须是已经在科目档案中指定为应收系统的受控科目。（ ）

5. 销售系统中允许委托代销业务。（ ）

6. 直运业务包括直运销售业务和直运采购业务，没有实物的出入库，货物流向是直接从供应商到客户，财务结算通过直运销售发票、直运采购发票解决。（ ）

7. 销售管理中的退货单对应存货的数量为负数，金额也要为负数。　（　　）

8. 受托代销结算是企业完成委托代销单位的销售后，与供货单位办理付款结算。（　　）

9. 销售管理中复核后的发票才能进行现结处理。　（　　）

10. 销售管理中一张发票可以多次收款，同时多张发票可以一次收款。　（　　）

11. 开票直接发货业务模式下，发货单根据销售发票自动生成，作为货物发出的依据。在此情况下，发货单仍可进行增加、删除、修改、审核操作。　（　　）

12. 销售管理中销售发票现结时，系统会自动在应收系统生成相应的收款单。（　　）

13. 若应收款管理、库存管理、存货核算已结账，则销售管理不能取消结账。（　　）

14. 上月未结账，本月单据可以正常操作，不影响日常业务的处理，但本月不能结账。　（　　）

8.3.3　单项选择题

1. 在开票直接发货业务模式下，销售发货单由销售部门根据（　　）产生，作为货物发出的依据。

A. 销售发票　B. 销售订单　C. 销售出库单　D. 收款单

2. 在录入收款单时，若收款金额大于应收金额，则其余部分形成（　　）。

A. 应收款　B. 应付款　C. 预收款　D. 预付款

3. 销售业务的核销就是指定（　　）之间的对应关系的操作。

A. 收款单与付款单　B. 收款单与销售发票

C. 收款单与出库单　D. 收款单与销售订单

4. 销售订单参照报价单生成，报价单必须符合的条件是（　　）。

A. 已保存、未审核、未关闭　B. 已保存、已审核、未关闭

C. 已保存、已审核、已关闭　D. 任何时候都可以

5. 销售系统新增发票时，默认参照（　　）生成。

A. 销售报价单　B. 销售订单

C. 销售发票　D. 手工输入

6. 下面关于分期收款销售的特点的描述中，正确的是（　　）。

A. 一次性将货物发给客户，当时不确认销售收入

B. 适用于开票即发货业务模式

C. 客户交来部分销售款，部分确认收入，按该次收入占总收入的比例结转成本

D. 直至全部收款，全部确认收入，全部结转成本，方可全部核销该笔销售业务

7. 下面关于委托代销业务的描述中，正确的是（　　）。

A. 委托代销可以先结算后销售

B. 委托代销只能先销售后结算

C. 委托代销商品的所有权归受托方

D. 委托代销商品发货后，委托代销商品的所有权就发生转移

8. 供应链是围绕核心企业将外部一系列资源直接连成一个整体的功能网络，其中的资源不包括（　　）。

A. 银行　　B. 供应商

C. 最终客户　　D. 分销商和零售商

9. 下列表述中正确的是（　　）。

A. 一张发票可以多次收款，多张发票也可以一次收款

B. 一张发票只能一次收款，多张发票可以多次收款

C. 一张发票可以多次收款，多张发票只能多次收款

D. 一张发票只能一次收款，多张发票也只能一次收款

10. 应收账款确认的数据流程是（　　）。

A. 已保存销售发票→销售发票记账→生成应收凭证

B. 已保存销售发票→销售发票审核→销售发票记账→生成应收凭证

C. 已复核销售发票→销售发票审核→销售发票记账→生成应收凭证

D. 已复核销售发票→销售发票记账→生成应收凭证

11. 用友 ERP-U8 供应链管理的销售环节不必经过的是（　　）。

A. 销售报价　　B. 销售订单　　C. 销售出库　　D. 销售发票

12. 用友 ERP-U8 系统中，很多模块的接口都是通过公共单据传递信息，其中销售管理和库存管理的接口体现为（　　）。

A. 销售出库单　　B. 销售发票

C. 销售计划　　D. 销售订单

13. 用友 ERP-U8 系统对销售的产品确认销售成本，系统默认来源于（　　）。

A. 销售出库单　　B. 销售发票

C. 销售订单　　D. 发货单

14. 单据编号由于单据作废等原因可能会发生（　　）。

A. 重号　　B. 空号（无对应单据）

C. 断号　　D. 无号

8.3.4 多项选择题

1. 用友 ERP-U8 中，销售业务模式是指（　　）。

A. 先发货后开票　　B. 开票直接发货

C. 先开票后发货　　D. 发货直接开票

2. 应收系统转账处理包括（　　）。

A. 应收冲应付　　B. 预收冲应收

C. 销售发票冲销售出库　　D. 销售发票冲采购入库

3. 用友 ERP-U8 中销售管理系统支持的销售业务包括（　　）。

A. 代垫费用　　B. 零售

C. 分期付款销售　　D. 委托代销

4. 以下销售单据提供关闭功能的有（　　）。

A. 销售发货单　　B. 销售订单

C. 销售支出单　　　　D. 销售发票

5. 代垫费用是指在销售业务中，随货物的销售所发生的运杂费和保险费等暂时的代垫费用，用友 ERP-U8 系统支持多种单据的费用代垫，其中有（　　）。

A. 销售专用发票　　　　B. 销售普通发票

C. 销售出库单　　　　D. 销售调拨单

6. 销售出库成本确认因计价方式不同，确认的时点分为单据记账时确认和存货期末处理时确认，下列属于在记账时进行出库成本核算的有（　　）。

A. 先进先出/后进先出法　　　　B. 移动平均法

C. 个别计价法　　　　D. 全月平均法

第 9 章

Chapter 9

库存与存货核算业务

本章操作视频讲解

9.1 库存管理

9.1.1 库存管理业务处理

1. 库存管理日常业务

在制造企业、商业企业经营中，存货在资产总额中占有很大比重，存货流动构成企业经营活动的主要内容，从而库存也是一个重要的子系统。

所谓库存，是指企业为销售或耗用而储备的各种有形资产，如各种原材料、燃料、包装物、低值易耗品、委托加工材料、在产品、商品等。库存管理需要反映存货的变动、保管等情况，并且核算存货的收入、发出、结余成本等。由于存货在流动资产中的比重极高，其价值是决定销货成本的主要依据，对其管理是确保企业有效经营的重要手段，因此，会计部门及管理人员对存货都极为重视。这使得所有的企业都对存货循环加以认真管理，实施对采购、仓储、发出和结存有效的存货控制。

一般而言，库存模块中的业务基本流程如图 9－1 所示。

库存管理中几个重要的环节为：采购、验收、仓储、拣货、发运以及存货交易记录和计价等。其主要功能如下。

（1）采购。库存模块中的业务流程通常起源于向供应商采购所需的物品，一般由企业的采购部门处理。为了实现适当的存货库存，采购作业必须明确何时进行订购、订购物品的数量多少，以及如何确定订购价格和选择供应商。订购时间由存货物品的耗用或销售状况决定。倘若过早订购将导致存货过量，偏迟订购则会产生存货不足，均不利于存货业务流程的正常运行。

（2）验收。购入物品运抵时，必须先经过验收部门员工清点与检查，其目的在于确认购入物品符合经审批授权的采购单规定，数额不存在短缺或遗失，有关物品的规格、品种符合要求，性能良好；及时发现供应商的错漏发运物品；对不符合规格或质

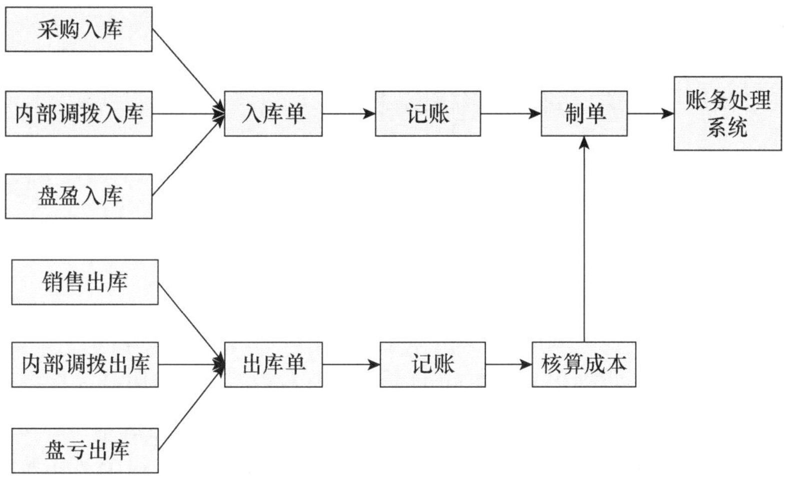

图 9－1　库存业务基本流程

量要求的物品及时办理退货，并要求供应商更改应付货款。在验收过程中还应注意是否有运输机构造成的物品短缺与毁损，根据采购合同区分责任。

（3）仓储。购入物品经验收后需转送仓储部门。入库时，必须由仓库保管人员再做清点，检查并验收，以确定其保管责任。存货仓储需要考虑不同物品的特性、种类、价值高低、保存方式、拣货便利性等因素，安排不同位置存储。全部存货物品都应有清楚的标识，避免混淆或造成出货差错。对于易损或价值高的物品需要设置特殊保护措施。仓库保管人员应定期巡视各个存放区，检查存货物品的状态，防止或及时发现可能的存货自然损耗或短缺。

（4）拣货与发运。这一职责旨在依据存货出仓请求，从不同储存区挑拣所需的存货物品，并且从货架搬到电动拖车或传送带上，分别送至出货区准备出货。在出货前，必须核对有关物品是否符合客户订单或生产调拨单的要求，然后装运，填妥装运单，由运输机构经办人核点签收，负责把物品送往客户指定的交货地点。

（5）存货交易记录和计价。存货业务流程中需要有多种交易记录，如采购时发出采购单资料、验收入库物品、应付账款、发出物品、库存材料和销货成本等，亦可能涉及多个职能部门，诸如采购、仓储、应付账款、存货控制和总账处理等。一般而言，存货控制或仓储部门应保持存货进、销及库存量变动的明细记录。

库存管理与其他业务系统的数据关系如图 9－2 所示。

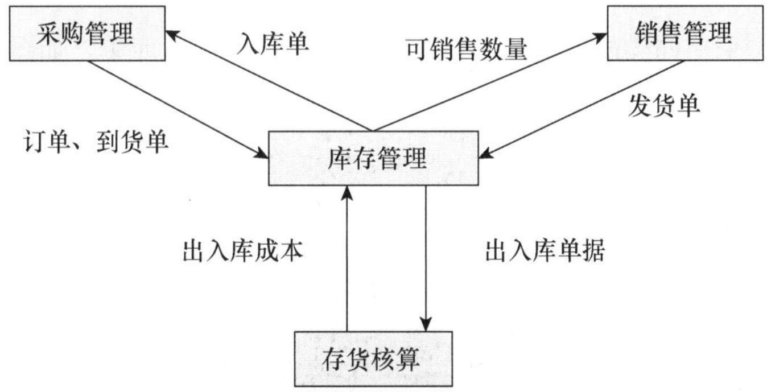

图 9－2　库存管理与其他业务系统的数据关系

2. 库存账簿及统计分析

库存管理系统提供了多种库存账簿报表查询，有出入库流水账、库存台账、收发存汇总表、货位汇总表等，方便进行统计分析。

9.1.2 产成品入库业务

实验资料

4 月 5 日，成品库收到二车间加工的手持扫描器 75 个、桌面扫描器 64 个，均入成品库。

4 月 10 日，成品库收到当月一车间加工的 30 台创智 X 号产成品入库。

4 月 25 日，收到财务部提供的完工产品成本。其中创智 X 号成本每台 3 000 元，计 90 000 元，随即做成本分配，生成记账凭证。手持扫描器的成本每个 200 元，计 15 000 元；桌面扫描器成本每个 250 元，计 16 000 元，随即做成本分配，生成记账凭证。

实验过程

1. 录入产成品入库单并审核

选择“业务工作”|“供应链”|“库存管理”|“入库业务”|“产成品入库单”，单击“增加”，录入实验资料，如图 9－3 所示。

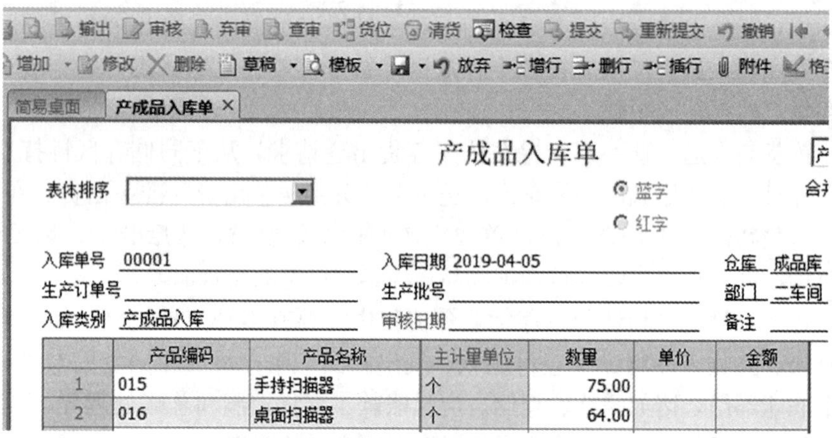

产成品入库单

入库单号 00001　入库日期 2019-04-05　仓库 成品库

生产订单号　生产批号　部门 二车间

入库类别 产成品入库　审核日期　备注

	产品编码	产品名称	主计量单位	数量	单价	金额
1	015	手持扫描器	个	75.00		
2	016	桌面扫描器	个	64.00		

图 9－3 产成品入库单

单击“保存”，再单击“审核”完成。

更换日期，采用同样的方法，输入创智 X 号的产成品入库单，如图 9－4 所示。

产成品入库单

入库单号 00002　入库日期 2019-04-10　仓库 成品库

生产订单号　生产批号　部门 一车间

入库类别 产成品入库　审核日期　备注

	产品编码	产品名称	主计量单位	数量	单价	金额
1	017	创智X号	台	30.00		

图 9－4 产成品入库单

单击“保存”，再单击“审核”完成。

操作提示

产成品入库单上不用填写单价，产成品成本分配后会自动写入。

2. 录入生产总成本并对产成品成本分配

选择“业务工作”|“供应链”|“存货核算”|“业务核算”|“产成品成本分配”，进入产成品成本分配，单击“查询”，进行产成品成本分配表查询，选择成品库，单击“确定”，系统将符合条件的记录带回产成品成本分配表中，按照实验资料输入创智 X 号等的成本，如图 9－5 所示。

存货/分类编码	存货/分类名称	计量单位	数量	金额	单价
	存货 合计		169.00	121,000.00	715.98
1	原材料小计		139.00	31,000.00	223.02
107	扫描器小计		139.00	31,000.00	223.02
015	手持扫描器	个	75.00	15,000.00	200.00
016	桌面扫描器	个	64.00	16,000.00	250.00
2	产成品小计		30.00	90,000.00	3000.00
201	创智一体机小计		30.00	90,000.00	3000.00
017	创智X号	台	30.00	90,000.00	3000.00

图 9－5　产成品成本分配

单击工具栏上的“分配”按钮，完成后提示分配操作完成。

选择“业务工作”|“供应链”|“存货核算”|“日常业务”|“产成品入库单”，这时可看到单价已填入并计算了金额，如图 9－6 所示。

	产品编码	产品名称	主计量单位	数量	单价	金额
1	017	创智X号	台	30.00	3000.00	90000.00

图 9－6　产成品入库单

可以单击“上张”“下张”查询其他的产成品入库单。

3. 对产成品入库单记账并生成凭证

选择“业务工作”|“供应链”|“存货核算”|“业务核算”|“正常单据记账”，进行查询条件选择，仓库选择“成品库”，然后进入正常单据记账列表，如图9-7所示。

简易桌面 | 未记账单据一览表 ×

正常单据记账列表

记录总数：3

选择	日期	单据号	存货编码	存货名称	单据类型	仓库名称	收发类别	数量	单价	金额
	2019-04-05	00001	015	手持扫描器	产成品入库单	成品库	产成品入库	75.00	200.00	15,000.00
	2019-04-05	00001	016	桌面扫描器	产成品入库单	成品库	产成品入库	64.00	250.00	16,000.00
	2019-04-10	00002	017	创智X号	产成品入库单	成品库	产成品入库	30.00	3,000.00	90,000.00
小计								169.00		121,000.00

图9-7 正常单据记账列表

选择要记账的行（全选），单击“记账”，系统显示记账成功提示信息。

选择“业务工作”|“供应链”|“存货核算”|“财务核算”|“生成凭证”，进入“生成凭证”窗口，单击工具栏上的“选择”按钮，进行查询条件设置，选择“产成品入库单”，单击“确定”，进入“选择单据”窗口。

选择要生成凭证的单据（可单击“全选”），然后单击“确定”，返回“生成凭证”窗口，将凭证类别改为“转 转账凭证”，补充科目信息后如图9-8所示。

凭证类别 转 转账凭证

选择	单据类型	单据号	摘要	科目类型	科目编码	科目名称	借方金额	贷方金额	借方数量	贷方数量
1	产成品入库单	00001	产成品入库单	存货	1405	库存商品	15,000.00		75.00	
				对方	500101	直接材料		15,000.00		75.00
				存货	1405	库存商品	16,000.00		64.00	
				对方	500101	直接材料		16,000.00		64.00
		00002		存货	1405	库存商品	90,000.00		30.00	
				对方	500101	直接材料		90,000.00		30.00
合计							121,000.00	121,000.00		

图9-8 生成凭证

单击“生成”，补充输入项目名称（合并的凭证任意输入一个就行），然后单击“保存”完成凭证生成。然后保存另一张凭证。

9.1.3 物料领用

实验资料

4月10日，一车间向原料库领用CN处理器100盒、2TSSD硬盘100盒，用于生产创智X号。

实验过程

1. 填制材料出库单

选择“业务工作”|“供应链”|“库存管理”|“出库业务”|“材料出库单”，单击“增加”，录入实验资料，如图9-9所示。

	材料编码	材料名称	主计量单位	数量	单价	金额
1	001	CN处理器	盒	100.00		
2	003	2TSSD硬盘	盒	100.00		

图 9-9　材料出库单

单击“保存”，再单击“审核”完成。

2. 材料出库单记账并生成凭证

选择“业务工作”|“供应链”|“存货核算”|“业务核算”|“正常单据记账”，进行查询条件选择，仓库选择“原料库”，然后进入正常单据记账列表，如图 9-10 所示。

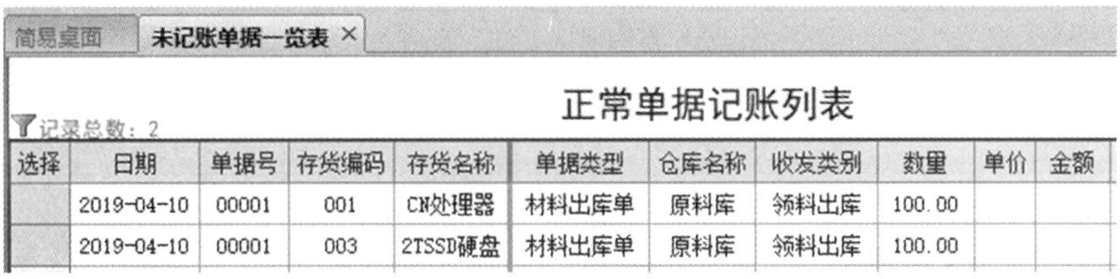

选择	日期	单据号	存货编码	存货名称	单据类型	仓库名称	收发类别	数量	单价	金额
	2019-04-10	00001	001	CN处理器	材料出库单	原料库	领料出库	100.00		
	2019-04-10	00001	003	2TSSD硬盘	材料出库单	原料库	领料出库	100.00		

图 9-10　正常单据记账列表

选择要记账的行，单击“记账”，会显示记账成功提示信息。

选择“业务工作”|“供应链”|“存货核算”|“财务核算”|“生成凭证”，进入“生成凭证”窗口，单击工具栏上的“选择”按钮，进行查询条件设置，选择“材料出库单”，单击“确定”，进入“选择单据”窗口。

选择要生成凭证的单据（可单击“全选”），然后单击“确定”，返回“生成凭证”窗口，将凭证类别改为“转 转账凭证”，如图 9-11 所示。

选择	单据类型	单据号	摘要	科目类型	科目编码	科目名称	借方金额	贷方金额	借方数量	贷方数量
1	材料出库单	00001	材料出库单	对方	500101	直接材料	120,000.00		100.00	
				存货	140301	生产用原材料		120,000.00		100.00
				对方	500101	直接材料	80,888.00		100.00	
				存货	140301	生产用原材料		80,888.00		100.00
合计							200,888.00	200,888.00		

图 9-11　生成凭证

单击“合成”，合并生成的凭证分录如下：

借：生产成本/直接材料（500101）（项目名称：创智 X 号）　200 888

　贷：原材料/生产用原材料（140301）　200 888

补充输入项目名称，然后单击“保存”完成凭证生成。

9.1.4 调拨业务

实验资料

4 月 15 日，将原料库中的 50 盒 CN 处理器从原料库调拨到配套用品库。

实验过程

1. 填制调拨单

选择“业务工作”|“供应链”|“库存管理”|“调拨业务”|“调拨单”，单击“增加”，输入领料的有关信息，如图 9－12 所示。

图 9－12 调拨单

单击“保存”，再单击“审核”完成。

操作提示

调拨单保存后，会自动生成其他入库单和其他出库单，且由调拨单生成的其他入库单和其他出库单不能修改和删除。

2. 其他出入库单审核

选择“业务工作”|“供应链”|“库存管理”|“单据列表”|“其他入库单列表”，查询条件选择默认值，进入其他入库单列表，如图 9－13 所示。

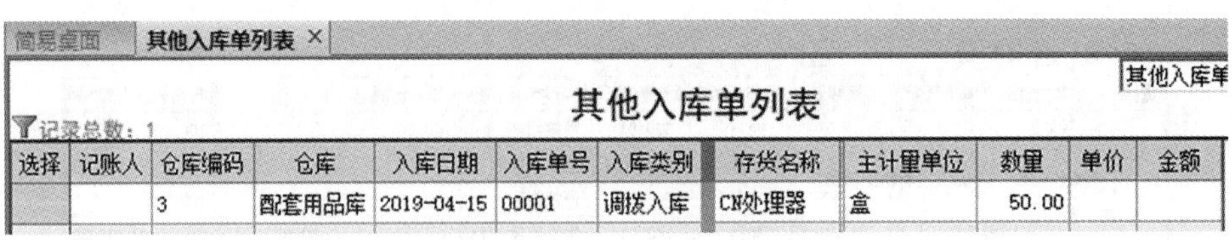

图 9－13 其他入库单列表

先选择要审核的行，然后单击“审核”。

选择“业务工作”|“供应链”|“库存管理”|“单据列表”|“其他出库单列表”，查询条件选择默认值，进入其他出库单列表，如图 9－14 所示。

先选择要审核的行，然后单击“审核”。

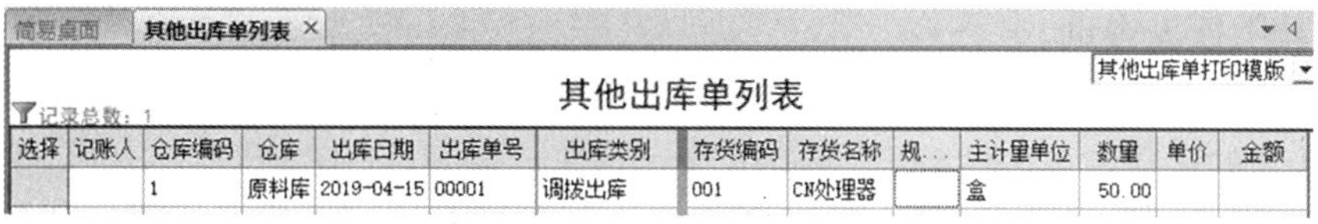

图 9－14　其他出库单列表

3. 调拨单记账

选择“业务工作”|“供应链”|“存货核算”|“业务核算”|“特殊单据记账”，进行查询条件设置，单据类型选择“调拨单”，进入特殊单据记账，如图 9－15 所示。

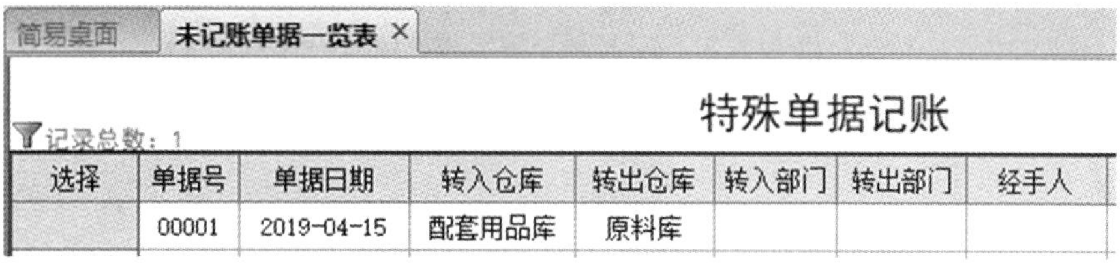

图 9－15　特殊单据记账

先选择，然后单击“记账”，记账完成后会提示记账成功。

选择“业务工作”|“供应链”|“存货核算”|“财务核算”|“生成凭证”，单击工具栏上的“选择”按钮，在查询条件中选择“调拨单”，进入未生成凭证单据一览表，如图 9－16 所示。

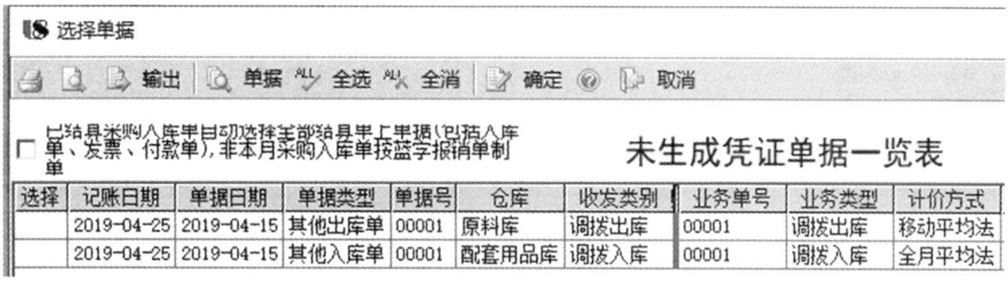

图 9－16　未生成单据一览表

选择要记账的单据（全选），然后单击“确定”，返回“生成凭证”窗口，将凭证类别设置为“转 转账凭证”，如图 9－17 所示。

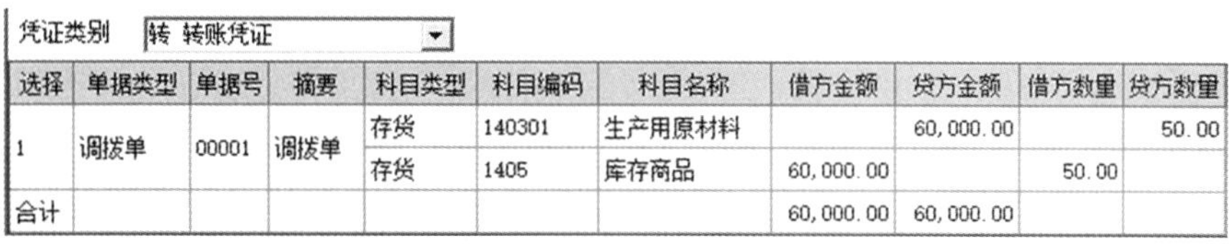

图 9－17　生成凭证

单击“合成”生成凭证，生成的凭证分录如下：

借：库存商品（1405）　　60 000

　　贷：原材料/生产用原材料（140301）　　60 000

单击“保存”完成凭证生成，并传递到总账系统中。

4. 相关账表查询

选择“业务工作”|“供应链”|“库存管理”|“报表”|“库存账”|“库存台账”，查询条件选择具体的存货，单击“确定”，进入库存台账，如图 9－18 所示。

库存台账

存货分类 处理器　　编码 001　　名称 CN处理器
规格　　单位 盒　　库存单位
最高库存　　最低库存　　代管供应商

单据日期	审核日期	单据号	摘要		收入数量	发出数量	结存数量
			仓库	单据类型			
			期初结存				700.00
2019-04-10	2019-04-10	00001	原料库	材料出库单		100.00	600.00
2019-04-15	2019-04-15	00001	原料库	其他出库单		50.00	550.00
2019-04-15	2019-04-15	00001	配套用品库	其他入库单	50.00		600.00
2019-04-18	2019-04-18	00008	原料库	销售出库单		40.00	560.00
2019-04-19	2019-04-19	00011	原料库	销售出库单		80.00	480.00
2019-04-20	2019-04-20	00012	原料库	销售出库单		20.00	460.00
			本月合计		50.00	290.00	460.00

图 9－18　库存台账

台账上可以看出调拨的情况。

选择“业务工作”|“供应链”|“存货核算”|“账表”|“账簿”|“明细账”，查询条件选择具体的存货（如 CN 处理器）和配套用品库，进入明细账，如图 9－19 所示。

简易桌面　明细账 ×

明细账

仓库：(3) 配套用品库
存货：(001)CN处理器　　规格型号：
计量单位：盒　　存货代码：
最高存量：　　最低存量：　　安全库存量：

记账日期:	2019年		凭证号	摘要		收入			发出			结存		
	月	日		凭证摘要	收发类别	数量	单价	金额	数量	单价	金额	数量	单价	金额
				期初结存								0.00		0.00
2019-04-22	4	22	转 43	调拨单	调拨入库	50.00	1,200.00	60,000.00				50.00	1,200.00	60,000.00
				4月合计		50.00		60,000.00	0.00		0.00	50.00	1,200.00	60,000.00
				本年累计		50.00		60,000.00	0.00		0.00			

图 9－19　明细账

9.1.5　盘点业务

实验资料

4 月 25 日，对原料库的有线键盘进行盘点，盘点后发现有线键盘多出 1 个。经确认，该有线键盘的成本为 95 元/个。

经批准，因管理不善冲减管理费用。

实验过程

1. 输入盘点单

选择“业务工作”|“供应链”|“库存管理”|“盘点业务”，单击“增加”，输入单据头

上的部分信息，如图 9－20 所示。

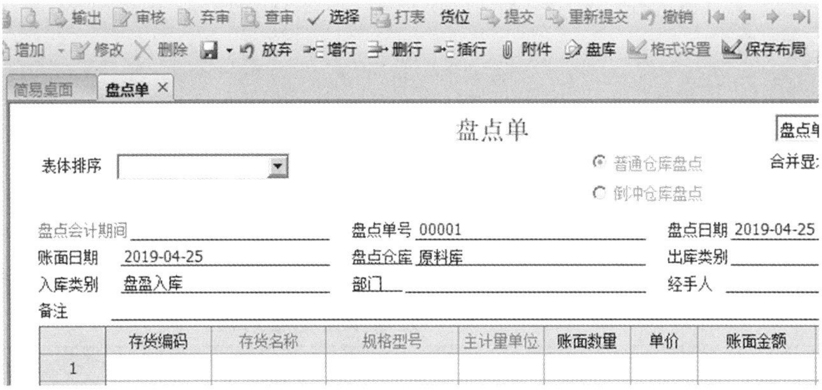

图 9－20　盘点单

单击工具栏上的“盘库”按钮，系统提示“盘库将删除未保存的所有记录，是否继续”，选择“是”，显示“盘点处理”窗口，选择“按仓库盘点”。

单击“确认”，系统将账面盘点结果带回盘点单，输入新的盘点数，如图 9－21 所示。

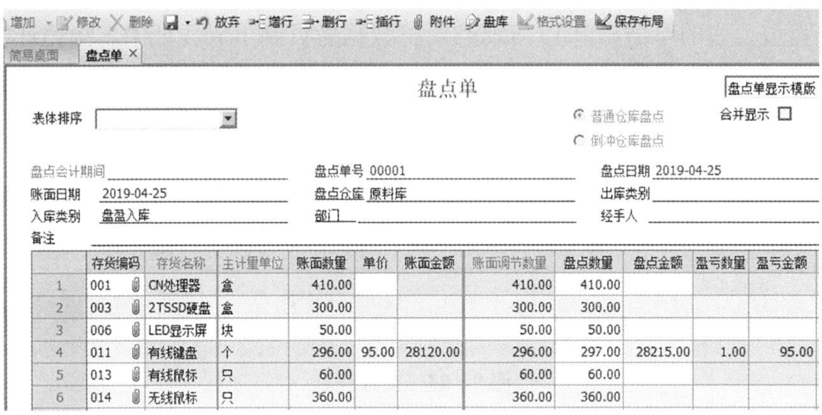

图 9－21　盘点单

正数表示盘盈，负数表示盘亏。单击“保存”，再单击“审核”。

操作提示

盘点单审核后会自动生成相应的其他入库单或其他出库单。

盘点单记账后，不能再取消记账。

2. 其他出入库单审核

选择“业务工作”|“供应链”|“库存管理”|“单据列表”|“其他入库单列表”，查询条件选择默认值，进入其他入库单列表，如图 9－22 所示。

图 9－22　其他入库单列表

先选择要审核的行（有线键盘），然后单击“审核”。

如果是盘亏，则选择“业务工作”|“供应链”|“库存管理”|“单据列表”|“其他出库单列表”进行审核。

3. 对其他入库单记账并生成凭证

选择“业务工作”|“供应链”|“存货核算”|“业务核算”|“正常单据记账”，进行查询条件设置，仓库选择“原料库”，进入正常单据记账列表，如图 9－23 所示。

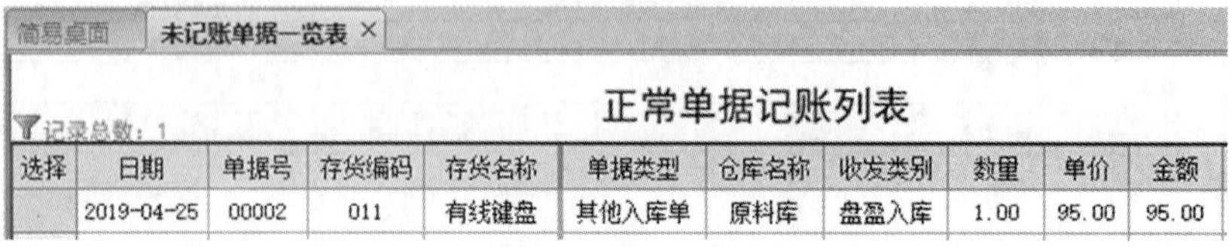

选择	日期	单据号	存货编码	存货名称	单据类型	仓库名称	收发类别	数量	单价	金额
	2019-04-25	00002	011	有线键盘	其他入库单	原料库	盘盈入库	1.00	95.00	95.00

图 9－23　正常单据记账列表

选择要记账的行，然后单击“记账”完成。

选择“业务工作”|“供应链”|“存货核算”|“财务核算”|“生成凭证”，单击工具栏上的“选择”按钮，查询条件选择“其他入库单”。

选择盘盈入库的单据，单击“确定”，将数据拷贝到生成凭证中，将凭证类别设置为“转 转账凭证”，如图 9－24 所示。

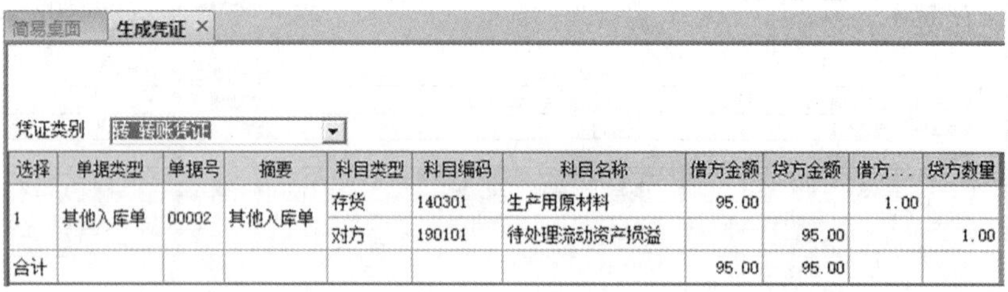

选择	单据类型	单据号	摘要	科目类型	科目编码	科目名称	借方金额	贷方金额	借方...	贷方数量
1	其他入库单	00002	其他入库单	存货	140301	生产用原材料	95.00		1.00	
				对方	190101	待处理流动资产损溢		95.00		1.00
合计							95.00	95.00		

图 9－24　生成凭证

单击“生成”，生成的凭证分录如下：

借：原材料/生产用原材料（140301）　　95

　　贷：待处理财产损溢/待处理流动资产损溢（190101）　　95

单击“保存”完成凭证生成工作。

4. 进入总账系统填制盘盈批准处理的记账凭证

选择“业务工作”|“财务会计”|“总账”|“凭证”|“填制凭证”，输入如下凭证的内容：

借：待处理财产损溢/待处理流动资产损溢（190101）　　95

　　贷：管理费用/其他（660299，部门为财务部）　　95

单击“保存”完成批准处理的凭证填制工作。

9.1.6 其他出库业务

实验资料

4 月 25 日，销售部从成品库领取 8 台创智 X 号样品，用于捐助西部贫困地区。

实验过程

1. 录入其他出库单

选择“业务工作”|“供应链”|“库存管理”|“出库业务”|“其他出库单”，单击“增加”，输入实验资料，如图 9－25 所示。

图 9－25　其他出库单

单击“保存”，再单击“审核”。

2. 对其他出库单记账

选择“业务工作”|“供应链”|“存货核算”|“业务核算”|“正常单据记账”，进行查询条件设置，仓库选择“成品库”，进入正常单据记账列表，如图 9－26 所示。

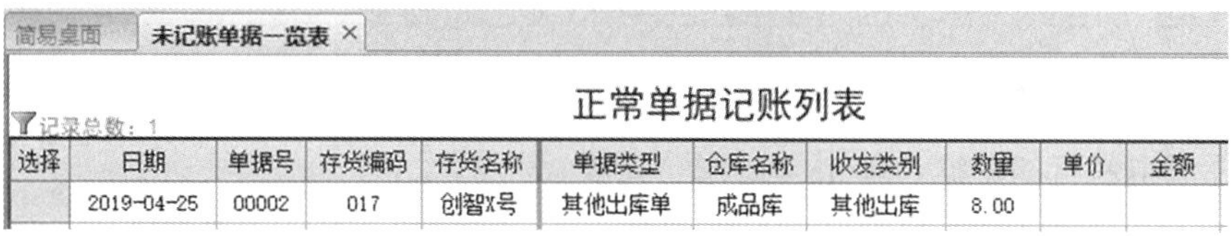

图 9－26　正常单据记账列表

选择要记账的其他出库单，然后单击“记账”完成。

9.1.7　假退料

实验资料

4 月 25 日，根据生产部门的统计，一车间本月生产任务完成，还有 10 个 CN 处理器当月未用完。先做假退料处理，下个月再继续使用。

实验过程

1. 填制假退料单

选择“业务工作”|“供应链”|“存货核算”|“日常业务”|“假退料单”，单击“增加”，输入假退料资料，如图 9－27 所示。

单击“保存”完成。

图 9-27　假退料单

2. 对假退料单进行记账

选择“业务工作”|“供应链”|“存货核算”|“业务核算”|“正常单据记账”，进行查询条件设置，仓库选择“原料库”，存货选择“CN 处理器”，进入正常单据记账列表，如图 9-28 所示。

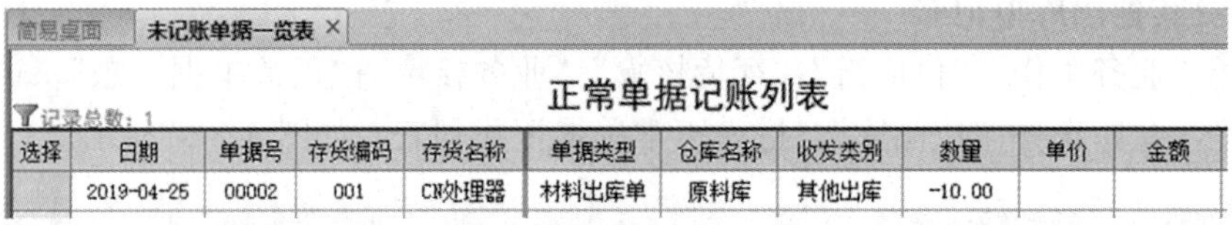

图 9-28　正常单据记账列表

选择假退料行的单据，单击“记账”完成。

3. 查询假退料相关的明细账

选择“业务工作”|“供应链”|“存货核算”|“账表”|“账簿”|“明细账”，进行查询条件设置，仓库选择“原料库”，存货选择“CN 处理器”，进入明细账，如图 9-29 所示。

记账日期:	2019年		凭证号	摘要		收入			发出			结存		
	月	日		凭证摘要	收发类别	数量	单价	金额	数量	单价	金额	数量	单价	金额
				期初结存								700.00	1,200.00	840,000.00
2019-04-20	4	20	转 28	专用发票	销售出库				40.00	1,200.00	48,000.00	660.00	1,200.00	792,000.00
2019-04-20	4	20	转 32	专用发票	销售出库				100.00	1,200.00	120,000.00	560.00	1,200.00	672,000.00
2019-04-22	4	22	转 42	材料出库单	领料出库				100.00	1,200.00	120,000.00	460.00	1,200.00	552,000.00
2019-04-22	4	22	转 43	调拨单	调拨出库				50.00	1,200.00	60,000.00	410.00	1,200.00	492,000.00
2019-04-25	4	25			其他出库				-10.00	1,200.00	-12,000.00	420.00	1,200.00	504,000.00
				4月合计		0.00		0.00	280.00		336,000.00	420.00	1,200.00	504,000.00

图 9-29　明细账

在明细账上已经出现了假退料数据。

4. 生成假退料凭证

选择“业务工作”|“供应链”|“存货核算”|“财务核算”|“生成凭证”，单击工具栏上

的“选择”按钮，查询条件选择“假退料单”。

选择单据，单击“确定”，进入“生成凭证”窗口，将凭证类别设置为“转 转账凭证”，如图 9－30 所示。

凭证类别　转 转账凭证

选择	单据类型	单据号	摘要	科目类型	科目编码	科目名称	借方金额	贷方金额	借方数量	贷方数量
1	假退料单	00002	假退料单	对方			-12,000.00		-10.00	
				存货	140301	生产用原材料		-12,000.00		-10.00

图 9－30　生成凭证

单击“生成”，补充科目（生产成本）和核算项目（创智 X 号）后，单击“保存”完成。

9.1.8　月末结账

一般在本月报表编制完成后，确认当期业务完成，才进行相关的月末结账等处理，这里是说明具体的方法。

（1）月末结账前，先要对出库、入库的单据进行审核等处理，全部业务完成后才能进行结账。

（2）月末结账处理之前，应先对库存数据进行备份处理。

（3）选择“业务工作”|“供应链”|“库存管理”|“月末结账”，在弹出的“结账处理”窗口中，选择月份，单击“结账”，完成库存系统结账。

操作提示

如果库存管理系统和采购、销售管理系统集成使用，则必须在采购管理系统和销售管理系统结账后，库存管理系统才能进行结账。

月末结账之前一定要进行数据备份，否则数据一旦发生错误，将造成无法挽回的后果。

月末结账后将不能再做当前会计月的业务，只能做下个会计月的日常业务。

当某月账结错了时，可用“取消结账”功能取消结账状态，然后进行该月业务处理，再结账。

如果库存管理系统和存货核算系统集成使用，只有存货核算系统当月未结账或取消结账后，库存管理系统才能取消结账。

9.2　存货核算

9.2.1　存货核算功能概述

存货核算系统是 U8 软件供应链管理中的一个重要组成部分，主要针对企业收发业务，核算企业存货的入库成本、出库成本和结存成本，反映和监督存货的收发、领退和保管情况，以及存货资金的占用情况。

存货核算系统的操作主要分为两个部分：一是针对各种出入库单据进行记账、制单，生成有关存货出入库的记账凭证；二是对已复核的客户、供应商单据如采购发票、销售发票、核销单据等进行制单，生成有关的往来业务记账凭证。

存货核算与其他业务系统的数据关系如图9-31所示。

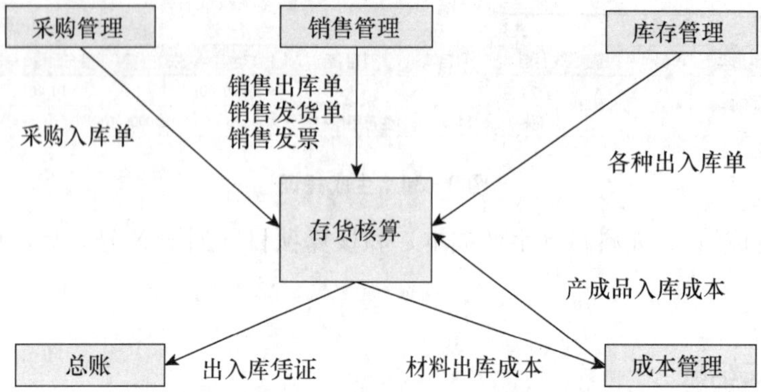

图9-31 存货核算与其他业务系统的数据关系

存货核算的功能在前面已经进行了使用，这里对整个过程做较系统的说明。

1. 初始设置

存货核算系统是供应链管理与财务系统联系的桥梁，各种存货的购进、销售及其他出入库业务，都要在存货核算系统中生成凭证，并传递到总账。为了快速、准确地完成存货核算操作，应事先定义核算参数及相关的会计科目。

(1) 基本参数设置。

1) 核算方式。初建账套时，可以选择按仓库核算或按部门核算。如果是按仓库核算，则按仓库设置计价方式，并且每个仓库单独核算出库成本；如果是按部门核算，则按仓库的所属部门设置计价方式，并且相同所属部门的各仓库统一核算出库成本。还可以选择按照具体存货核算成本。输入期初数据和日常数据后，此核算方式将不能修改。

2) 暂估方式。如果与采购系统集成使用，可以进行暂估业务，并且需要选择暂估入库存货成本的回冲方式，包括月初回冲、单到回冲、单到补差三种。月初回冲是指月初时系统自动生成红字回冲单，报销处理时，系统自动根据报销金额生成采购报销入库单；单到回冲是指采购发票到后进行采购结算报销处理时，系统生成红字回冲单，并生成采购报销入库单；单到补差是指报销处理时，系统自动生成一笔调整单，调整金额为实际金额与暂估金额的差额。

3) 启用会计月份。对新建的账套，应输入启用会计月份，如果想从4月份开始输入日常单据，则应设定启用会计月份为4月；设定启用会计月份后，启用会计月份以前的单据只能输入到期初余额中，而不能输入到日常单据中。

在基本参数设置中，还有其他一些参数设置，可以参考实际情况进行设置。

(2) 期初数据。如果存货核算系统单独使用，那么期初数据就在存货核算系统中直接录入；如果存货核算系统与库存管理系统联合使用，库存管理系统已经录入了存货期初数据，那么存货核算系统的期初数据就可以从库存管理系统中直接取得。

(3) 会计科目设置。

1) 存货科目。设置存货核算系统中生成凭证所需要的各种存货科目及差异科目，因此在制单之前应先在此模块中将存货科目设置正确、完整，否则无法生成科目完整的凭证。

2）对方科目。设置存货核算系统中生成凭证时所需要的存货对方科目，因此在制单之前应先在此模块中将存货对方科目设置正确、完整，否则无法生成科目完整的凭证。同时，在填制相应的采购入库单、销售出库单等单据时，也要完整填写对应的收发类别。

3）客户及供应商往来科目。用于设置核算客户、供应商往来账款所对应的会计科目。其中包括基本科目、控制科目、存货科目和结算方式科目。

- 基本科目：在核算应收款项时经常用到的科目。
- 控制科目：如果在核算客户或供应商的赊销或赊购欠款时，针对不同的客户或供应商分别设置了不同的应收账款科目和预收账款科目，可以先在账套参数中选择设置的依据（选择是针对不同的客户设置，还是针对不同的客户分类设置，或者针对不同的地区分类设置），然后在此处进行设置。
- 存货科目：如果针对不同的存货（存货分类）分别设置不同的销售收入科目、应交销项税科目和销售退回科目，则可以先在账套参数中选择设置的依据（选择是针对不同的存货设置，还是针对不同的存货分类设置），然后在此处设置。
- 结算方式科目：为每种结算方式设置一个默认的科目。例如，用现金支付货款的结算方式，其对应的会计科目就设定为“1001 库存现金”。

在科目设置中，特别要注意的是，存货的科目设置和对方科目设置应在基本单据记账之前，如果记账时，存货没有科目和对方科目，生成的凭证将没有科目，此时只能手工录入会计科目。

2. 日常业务处理

存货核算系统的日常业务处理包括出入库单据记账、暂估成本处理、客户/供应商往来制单、月末处理和月末结账。

（1）出入库单据记账。包括正常单据记账和特殊单据记账两项功能，其作用是将各种出入库单据记入存货明细账、差异明细账等。记账时要注意的是，各种单据要按业务发生的时间顺序记账；记账后的单据不能修改和删除，若记账后发现单据有误，在本月未结账状态下，可以取消记账后进行修改操作，但若是已记账单据，并已经生成凭证，那么只有先删除凭证后，才能取消记账。

（2）暂估成本处理。存货核算系统对货到发票未到的采购暂估入库业务提供了月初回冲、单到回冲、单到补差几种处理方式，需要在启用存货核算系统时在基础设置中进行设定，一旦选择就不能修改。但无论采用哪种暂估方式，在操作过程中都要遵循以下步骤：

1）采购发票到后，在采购管理系统填制发票并进行采购结算。

2）进入存货核算系统，完成暂估入库业务成本处理。

（3）客户/供应商往来制单。针对采购、销售管理系统中已复核的采购发票与销售发票，生成相应的往来款项记账凭证。

（4）月末处理。当存货核算系统日常业务全部完成后，通过月末处理功能由系统自动计算本期存货的平均单价以及出库成本，分摊差异。

（5）月末结账。当存货核算系统本期业务全部处理完毕后，就可以进行月末结账，进入下一个会计期间。如果存货核算系统与采购、销售、库存管理系统集成使用，那么必须在上述三个系统都月末结账后，存货核算系统才能结账。

3. 综合查询

存货核算系统与供应链其他系统一样，也提供了丰富的账表查询功能，可以进行多角度的查询和统计分析。

9.2.2 调整存货入库成本

实验资料

在采购现结业务中，后续发生了属于这笔业务的费用 720 元，原业务如下：

4 月 4 日，向成都大成公司购买无线鼠标 30 箱，单价为 600 元/箱（无税单价），直接验收入原料库。同时收到专用发票一张，立即以工行转账支票（支票号 ZZ011）支付其货款。确定采购成本，进行付款处理。

4 月 25 日，将 4 月 4 日发生的采购无线鼠标的入库成本增加 720 元。

实验过程

1. 录入调整单据

选择“业务工作”|“供应链”|“存货核算”|“日常业务”|“入库调整单”，单击“增加”，输入实验资料，如图 9－32 所示。

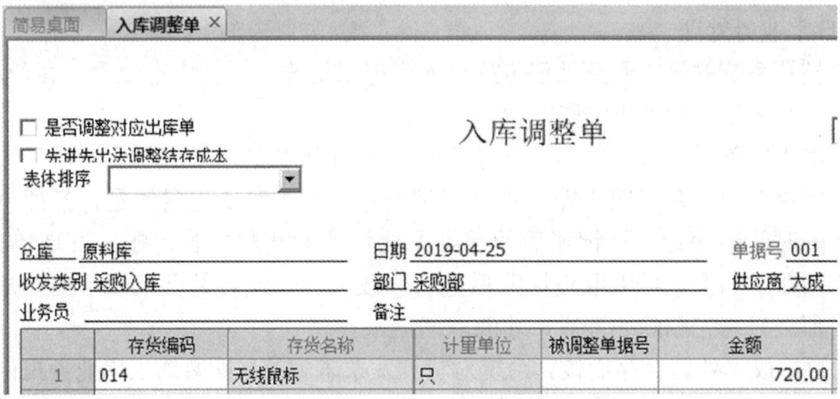

图 9－32 入库调整单

单击“保存”，然后单击“记账”完成。

操作提示

入库调整单可以针对单据调整，也可针对存货调整。

2. 生成入库调整凭证

选择“业务工作”|“供应链”|“存货核算”|“财务核算”|“生成凭证”，单击工具栏上的“选择”按钮，查询条件选择“入库调整单”。

选择要记账的单据，然后单击“确定”，返回“生成凭证”窗口，将凭证类别设置为“转 转账凭证”，如图 9－33 所示。

凭证类别 转 转账凭证

选择	单据类型	单据号	摘要	科目类型	科目编码	科目名称	借方金额	贷方金额	存货名称
1	入库调整单	001	入库调整单	存货	140301	生产用原材料	720.00		无线鼠标
				对方	1402	在途物资		720.00	无线鼠标

图 9－33 生成凭证

单击“生成”，生成的凭证分录如下：

借：原材料/生产用原材料（140301） 720

贷：在途物资（1402） 720

单击“保存”完成凭证生成。

3. 查询账簿

选择“业务工作”|“供应链”|“存货核算”|“账表”|“账簿”|“明细账”，进行查询条件设置，仓库选择“原料库”，存货选择“无线鼠标”，进入明细账，如图 9－34 所示。

记账日期:	2019年		凭证号	摘要		收入			发出			结存		
	月	日		凭证摘要	收发类别	数量	单价	金额	数量	单价	金额	数量	单价	金额
				期初结存								0.00		0.00
2019-04-04	4	4	转 10	采购入库单	采购入库	360.00	50.00	18,000.00				360.00	50.00	18,000.00
2019-04-25	4	25	转 47	入库调整单	采购入库			720.00				360.00	52.00	18,720.00
				4月合计		360.00		18,720.00	0.00		0.00	360.00	52.00	18,720.00

图 9－34 明细账

从明细账看出，调整数据已经入账，并影响单价。

9.2.3 调整存货出库成本

实验资料

在常规销售业务中，某批产品销售因故增加了成本 1 000 元。原业务简要情况如下：

4 月 5 日，天津大华公司欲购买 10 台创智 X 号，向销售部了解价格。销售部报价为 6 500 元/台。客户确定购买，填制并审核报价单。

该客户进一步了解情况后，要求订购 20 台，要求发货日期为 4 月 8 日。填制并审核销售订单。销售部门向成品库发出发货通知。

4 月 8 日，从成品库向天津大华公司发出其所订货物，并据此开具专用销售发票一张。

4 月 25 日，调整出售给天津大华公司的创智 X 号的出库成本，增加 1 000 元。

实验过程

1. 录入调整单据

选择“业务工作”|“供应链”|“存货核算”|“日常业务”|“出库调整单”，单击“增加”，输入实验资料，如图 9－35 所示。

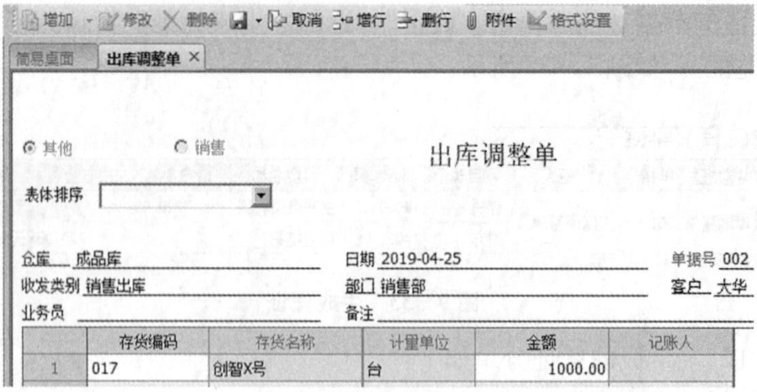

图 9－35　出库调整单

单击“保存”，再单击“记账”完成。

2. 生成出库调整凭证

选择“业务工作”|“供应链”|“存货核算”|“财务核算”|“生成凭证”，单击工具栏上的“选择”按钮，查询条件选择“出库调整单”，进入未生成凭证单据一览表。

选择单据，然后单击“确定”，返回“生成凭证”窗口，将凭证类别设置为“转 转账凭证”，补充科目后如图 9－36 所示。

凭证类别 转 转账凭证

选择	单据类型	单据号	摘要	科目类型	科目编码	科目名称	借方金额	贷方金额	存货名称
1	出库调整单	002	出库调整单	对方	6401	主营业务成本	1,000.00		创智X号
				存货	1405	库存商品		1,000.00	创智X号

图 9－36　生成凭证

单击“生成”，生成的凭证分录如下：

借：主营业务成本（6401）　　1 000

贷：库存商品（1405）　　1 000

单击“保存”完成凭证生成。

3. 查询账簿

选择“业务工作”|“供应链”|“存货核算”|“账表”|“账簿”|“明细账”，仓库选择“成品库”，存货选择“创智 X 号”，明细账如图 9－37 所示。

记账日期:	2019年		凭证号	摘要		收入			发出			结存		
	月	日		凭证摘要	收发类别	数量	单价	金额	数量	单价	金额	数量	单价	金额
				期初结存								580.00	4,800.00	2,784,000.00
2019-04-20	4	20			销售出库				20.00			560.00	4,971.43	2,784,000.00
2019-04-20	4	20			销售出库				10.00			550.00	5,061.82	2,784,000.00
2019-04-20	4	20			销售出库				50.00			500.00	5,568.00	2,784,000.00
2019-04-20	4	20			销售出库				120.00			380.00	7,326.32	2,784,000.00
2019-04-20	4	20			销售出库				30.00			350.00	7,954.29	2,784,000.00
2019-04-21	4	21			销售出库				10.00			340.00	8,188.24	2,784,000.00
2019-04-22	4	22	转 41	产成品入库单	产成品入库	30.00	3,000.00	90,000.00				370.00	7,767.57	2,874,000.00
2019-04-25	4	25			其他出库				8.00			362.00	7,939.23	2,874,000.00
2019-04-25	4	25	转 48	出库调整单	销售出库						1,000.00	362.00	7,936.46	2,873,000.00
				4月合计		30.00		90,000.00	248.00		1,000.00	362.00	7,936.46	2,873,000.00

图 9－37　明细账

从明细账看出，调整数据已经入账。

9.2.4　核算资料查询

1. 收发存汇总表

选择“业务工作”|“供应链”|“存货核算”|“账表”|“汇总表”|“收发存汇总表”，进行查询条件设置，按照默认条件设置，如图 9－38 所示。

存货		期初			收入			发出			结存		
编码	名称	数量	单价	金额	数量	单价	金额	数量	单价	金额	数量	单价	金额
001	CN处理器	700.00	1,200.00	840,000.00	50.00	1,200.00	60,000.00	280.00	1,200.00	336,000.00	470.00	1,200.00	564,000.00
003	2TSSD硬盘	200.00	820.00	164,000.00	200.00	797.77	159,553.62	100.00	808.88	80,888.00	300.00	808.89	242,665.62
006	LED显示屏				50.00	1,200.00	60,000.00				50.00	1,200.00	60,000.00
011	有线键盘				297.00	95.00	28,215.00				297.00	95.00	28,215.00
013	有线鼠标				60.00	50.17	3,010.38				60.00	50.17	3,010.38
014	无线鼠标				360.00	52.00	18,720.00				360.00	52.00	18,720.00
015	手持扫描器	250.00	200.00	50,000.00	75.00	200.00	15,000.00	90.00			235.00	276.60	65,000.00
016	桌面扫描器	60.00	250.00	15,000.00	64.00	250.00	16,000.00	45.00			79.00	392.41	31,000.00
017	创智X号	580.00	4,800.00	2,784,000.00	30.00	3,000.00	90,000.00	248.00	4.03	1,000.00	362.00	7,936.46	2,873,000.00
020	HP打印机	400.00	1,800.00	720,000.00	50.00	1,500.00	75,000.00	170.00			280.00	2,839.29	795,000.00
合计		2,190.00		4,573,000.00	1,236.00		525,499.00	933.00		417,888.00	2,493.00		4,680,611.00

图 9－38　收发存汇总表

2. 暂估材料余额表

选择“业务工作”|“供应链”|“存货核算”|“账表”|“汇总表”|“暂估材料/商品余额表”，进行查询条件设置，按照默认条件设置，如图 9－39 所示。

存货		期初		本期暂估		本期报销		结存	
名称	单位	数量	金额	数量	金额	数量	金额	数量	金额
2TSSD硬盘	盒	100.00	80,000.00			100.00	80,000.00		
HP打印机	台			50.00	75,000.00			50.00	75,000.00
		100.00	80,000.00	50.00	75,000.00	100.00	80,000.00	50.00	75,000.00

图 9－39　暂估材料余额表

9.2.5　期末处理

1. 期末处理

（1）在存货核算系统中，对未记账的单据进行记账。选择“业务工作”|“供应链”|“存货核算”|“业务核算”|“正常单据记账”，对没有记账的单据进行记账。

然后分别选择“发出商品记账”“直运销售记账”“特殊单据记账”，完成相关未记账单据的记账工作。

（2）选择“业务工作”|“供应链”|“存货核算”|“业务核算”|“期末处理”，选择全部仓库，如图 9－40 所示。

选择左边栏的“处理”，进入仓库平均单价计算表，如图 9－41 所示。

由于原料库使用的是移动平均法，已经在业务处理过程中计算了单价，所以表上没有这部分。

单击工具栏上的“确定”按钮，会提示期末处理完毕。

（3）期末处理后，相关以全月平均法计价的物料，其发出的价格将确定，并进行相应的计算。

选择“业务工作”|“供应链”|“存货核算”|“账表”|“账簿”|“明细账”，库房选择“成品库”，物料选择“创智 X 号”，其明细账如图 9－42 所示。

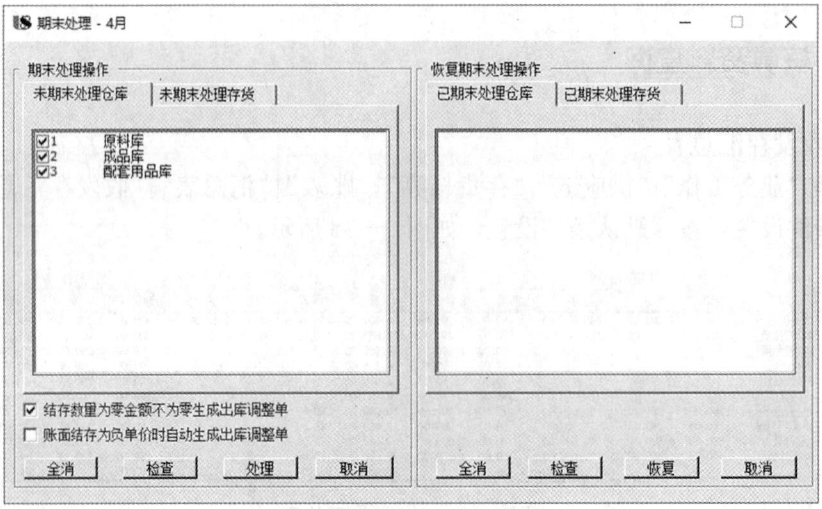

图 9-40　期末处理（选择仓库）

仓库名称	存货名称	存货单位	期初数量	期初金额	入库数量	入库金额	有金额出库成本	平均单价	无金额出库数量	无金额出库成本	出库合计数量	出库合计成本
成品库	手持扫描器	个	250.00	50,000.00	75.00	15,000.00	0.00	200.00	90.00	18,000.00	90.00	18,000.00
成品库	桌面扫描器	个	60.00	15,000.00	64.00	16,000.00	0.00	250.00	45.00	11,250.00	45.00	11,250.00
成品库	创智X号	台	580.00	2,784,000.00	30.00	90,000.00	1,000.00	4,709.84	248.00	1,168,039.34	248.00	1,169,039.34
配套用品库	HP打印机	台	400.00	720,000.00	50.00	75,000.00	0.00	1,766.67	170.00	300,333.33	170.00	300,333.33

图 9-41　仓库平均单价计算表

记账日期:	2019年		凭证号	摘要		收入			发出			结存		
	月	日		凭证摘要	收发类别	数量	单价	金额	数量	单价	金额	数量	单价	金额
				期初结存								580.00	4,800.00	2,784,000.00
2019-04-20	4	20			销售出库				20.00	4,709.84	94,196.80	560.00	4,803.22	2,689,803.20
2019-04-20	4	20			销售出库				10.00	4,709.84	47,098.40	550.00	4,804.92	2,642,704.80
2019-04-20	4	20			销售出库				50.00	4,709.84	235,492.00	500.00	4,814.43	2,407,212.80
2019-04-20	4	20			销售出库				120.00	4,709.84	565,180.80	380.00	4,847.45	1,842,032.00
2019-04-20	4	20			销售出库				30.00	4,709.84	141,295.20	350.00	4,859.25	1,700,736.80
2019-04-21	4	21			销售出库				10.00	4,709.84	47,098.40	340.00	4,863.64	1,653,638.40
2019-04-25	4	25	转 41	产成品入库单	产成品入库	30.00	3,000.00	90,000.00				370.00	4,712.54	1,743,638.40
2019-04-25	4	25			其他出库				8.00	4,709.84	37,678.72	362.00	4,712.60	1,705,959.68
2019-04-25	4	25	转 48	出库调整单	销售出库						1,000.00	362.00	4,709.83	1,704,959.68
				4月合计		30.00		90,000.00	248.00		1,169,040.32	362.00	4,709.83	1,704,959.68
				本年累计		30.00		90,000.00	248.00		1,169,040.32			

图 9-42　明细账（创智X号）

从明细账中看出，平均单价已经填入，并进行了金额和相关计算。

（4）结转销售出库成本。选择"供应链"|"存货核算"|"财务核算"|"生成凭证"，单击工具栏上的"选择"按钮，进行查询条件设置，选择"销售专用发票"，单击"确定"，显示未生成凭证单据一览表，单击"全选"，如图9-43所示。

选择单据

未生成凭证单据一览表

选择	单据日期	单据类型	单据号	仓库	收发类别	记账人	部门	部门编码	业务单号	业务类型	计价方式	摘要	供应商	客户
	2019-04-08	专用发票	00001	成品库	销售出库	何沙	销售部	201		普通销售	全月平均法	专用发票		天津大华公司
	2019-04-12	专用发票	00002	配套用品库	销售出库	何沙	销售部	201		普通销售	全月平均法	专用发票		天津大华公司
	2019-04-15	专用发票	00003	成品库	销售出库	何沙	销售部	201		普通销售	全月平均法	专用发票		湖北朝华公司
	2019-04-15	专用发票	00004	成品库	销售出库	何沙	销售部	201		普通销售	全月平均法	专用发票		天津大华公司
	2019-04-16	专用发票	00005	成品库	销售出库	何沙	销售部	201		普通销售	全月平均法	专用发票		辽宁飞鸽公司
	2019-04-16	专用发票	00005	配套用品库	销售出库	何沙	销售部	201		普通销售	全月平均法	专用发票		辽宁飞鸽公司
	2019-04-17	专用发票	00006	配套用品库	销售出库	何沙	销售部	201		普通销售	全月平均法	专用发票		重庆嘉陵公司
	2019-04-17	专用发票	00007	配套用品库	销售出库	何沙	销售部	201		普通销售	全月平均法	专用发票		重庆嘉陵公司
	2019-04-17	专用发票	00008	配套用品库	销售出库	何沙	销售部	201		普通销售	全月平均法	专用发票		上海长江公司
	2019-04-21	专用发票	00013	成品库	销售出库	何沙	销售部	201		普通销售	全月平均法	专用发票		湖北朝华公司

图 9-43　未生成凭证单据一览表

单击“全选”，然后单击“确定”，返回到“生成凭证”窗口，将凭证类别改为“转 转账凭证”，如图 9－44 所示。

凭证类别 转 转账凭证

选择	单据类型	单据号	摘要	科目类型	科目编码	科目名称	借方金额	贷方金额	存货名称
1	专用发票	00001	专用发票	对方	6401	主营业务成本	94,196.80		创智X号
				存货	1405	库存商品		94,196.80	创智X号
		00002		对方	6401	主营业务成本	17,666.70		HP打印机
				存货	1405	库存商品		17,666.70	HP打印机
		00003		对方	6401	主营业务成本	18,000.00		手持扫描器
				存货	1405	库存商品		18,000.00	手持扫描器
				对方	6401	主营业务成本	11,250.00		桌面扫描器
				存货	1405	库存商品		11,250.00	桌面扫描器
		00004		对方	6401	主营业务成本	47,098.40		创智X号
				存货	1405	库存商品		47,098.40	创智X号
		00005		对方	6401	主营业务成本	235,492.00		创智X号
				存货	1405	库存商品		235,492.00	创智X号
				对方	6401	主营业务成本	88,333.50		HP打印机
				存货	1405	库存商品		88,333.50	HP打印机
		00006		对方	6401	主营业务成本	70,666.80		HP打印机
				存货	1405	库存商品		70,666.80	HP打印机
		00007		对方	6401	主营业务成本	35,333.40		HP打印机
				存货	1405	库存商品		35,333.40	HP打印机
		00008		对方	6401	主营业务成本	88,333.50		HP打印机
				存货	1405	库存商品		88,333.50	HP打印机
		00013		对方	6401	主营业务成本	47,098.40		创智X号
				存货	1405	库存商品		47,098.40	创智X号
合计							753,469.50	753,469.50	

图 9－44 生成凭证

单击“合成”（生成一张凭证），进入“填制凭证”窗口，生成的凭证分录为：

借：主营业务成本（6401） 753 469.50

　贷：库存商品（1405） 753 469.50

单击“保存”，完成凭证编制。

（5）结转分期收款发出商品。选择“业务工作”|“供应链”|“存货核算”|“财务核算”|“生成凭证”，进入“生成凭证”窗口，单击工具栏上的“选择”按钮，查询条件选择“分期收款发出商品发货单”，单击“确定”进入未生成凭证单据一览表。

选择要生成凭证的行，单击“确定”，返回“生成凭证”窗口，将凭证类别选择为“转 转账凭证”，如图 9－45 所示。

凭证类别 转 转账凭证

选择	单据类型	单据号	摘要	科目类型	科目编码	科目名称	借方金额	贷方金额	存货名称
1	发货单	00010	发货单	发出商品	1406	发出商品	565,180.80		创智X号
				存货	1405	库存商品		565,180.80	创智X号

图 9－45 生成凭证

单击“生成”，进入“填制凭证”窗口，生成的凭证分录为：

借：发出商品（1406）　　565 180.80

　贷：库存商品（1405）　　565 180.80

单击“保存”，完成凭证生成。

选择“业务工作”|“供应链”|“存货核算”|“财务核算”|“生成凭证”，进入后单击“选择”，进行查询条件设置，选择“分期收款发出商品专用发票”，单击“确定”，进入“选择单据”窗口。

先选择，然后单击“确定”，进入“生成凭证”窗口，将凭证类别设置为“转 转账凭证”，如图 9－46 所示。

凭证类别：转 转账凭证

选择	单据类型	单据号	摘要	科目类型	科目编码	科目名称	借方金额	贷方金额	存货名称
1	专用发票	00010	专用发票	对方	6401	主营业务成本	188,393.60		创智X号
				发出商品	1406	发出商品		188,393.60	创智X号

图 9－46　生成凭证

单击“生成”，进入“填制凭证”窗口，生成的凭证分录如下：

借：主营业务成本（6401）　　188 393.60

　贷：发出商品（1406）　　188 393.60

单击“保存”，完成凭证生成。

（6）结转委托代销发出商品。选择“业务工作”|“供应链”|“存货核算”|“财务核算”|“生成凭证”，进入“生成凭证”窗口，单击工具栏上的“选择”按钮，查询条件选择“委托代销发出商品发货单”，单击“确定”进入未生成凭证单据一览表。

先选择，然后单击“确定”，返回到“生成凭证”窗口，将凭证类别设置为“转 转账凭证”，输入发出商品科目编码 1406，如图 9－47 所示。

凭证类别：转 转账凭证

选择	单据类型	单据号	摘要	科目类型	科目编码	科目名称	借方金额	贷方金额	存货名称
1	委托代销发货单	00001	委托代销发货单	发出商品	1406	发出商品	141,295.20		创智X号
				存货	1405	库存商品		141,295.20	创智X号

图 9－47　生成凭证

单击“生成”，生成的凭证分录如下：

借：发出商品（1406）　　141 295.20

　贷：库存商品（1405）　　141 295.20

单击“保存”，完成凭证生成。

选择“业务工作”|“供应链”|“存货核算”|“财务核算”|“生成凭证”，进入后单击“选择”，进行查询条件设置，选择“委托代销发出商品专用发票”，单击“确定”，进入“选择单据”窗口。

先选择，然后单击“确定”，进入“生成凭证”窗口，将凭证类别设置为“转 转账凭证”，补充输入科目，如图 9－48 所示。

凭证类别　转 转账凭证

选择	单据类型	单据号	摘要	科目类型	科目编码	科目名称	借方金额	贷方金额	借方数量	贷方数量	存货名称
1	专用发票	00011	专用发票	对方	6401	主营业务成本	94,196.80		20.00		创智X号
				发出商品	1406	发出商品		94,196.80		20.00	创智X号
		00014		对方	6401	主营业务成本	-14,129.52		-3.00		创智X号
				发出商品	1406	发出商品		-14,129.52		-3.00	创智X号
合计							80,067.28	80,067.28			

图 9－48　生成凭证

单击“合成”，进入“填制凭证”窗口，生成的凭证分录如下：

借：主营业务成本（6401）　　80 067.28

　贷：发出商品（1406）　　80 067.28

单击“保存”，完成凭证生成。

（7）其他未生成凭证的业务生成凭证。选择“业务工作”|“供应链”|“存货核算”|“财务核算”|“生成凭证”，进入后单击“选择”，进行查询条件设置，选择全部单据，单击“确定”，进入“选择单据”窗口，如图 9－49 所示。

选择单据

输出　单据　全选　全消　确定　取消

□ 已结算采购入库单自动选择全部结算单上单据(包括入库单、发票、付款单)，非本月采购入库单按蓝字报销单制单　凭证单据一览表

选择	记账日期	单据日期	单据类型	单据号	仓库	收发类别	业务类型	计价方式
	2019-04-25	2019-04-25	其他出库单	00002	成品库	其他出库	其他出库	全月平均法

图 9－49　未生成凭证单据一览表

选择全部单据，然后单击“确定”，进入“生成凭证”窗口，将凭证类别设置为“转 转账凭证”，补充科目信息，如图 9－50 所示。

凭证类别　转 转账凭证

单据类型	单据号	摘要	科目类型	科目编码	科目名称	借方金额	贷方金额	借方数量	贷方数量	存货名称
其他出库单	00002	其他出库单	对方	6711	营业外支出	37,678.72		8.00		创智X号
			存货	1405	库存商品		37,678.72		8.00	创智X号
						37,678.72	37,678.72			

图 9－50　生成凭证

单击“生成”，进入“填制凭证”窗口，生成的凭证分录如下：

借：营业外支出（6711）　　37 678.72

　贷：库存商品（1405）　　37 678.72

本笔就是捐助西部地区的业务。作为营业外支出处理，单击“保存”完成。

2. 与总账系统对账

选择“业务工作”|“供应链”|“存货核算”|“财务核算”|“与总账对账”，进入“对账”窗口，可查看相关数据。对账之前，应将凭证进行记账。

3. 月末结账

一般在本月报表编制完成后，确认当期业务完成，才进行相关的月末结账等处理，

这里是说明具体的方法。

选择“业务工作”|“供应链”|“存货核算”|“业务核算”|“月末结账”，进入“结账”窗口，选择要结账的月份，单击“结账”按钮。

9.3 复习题

9.3.1 思考题

1. 存货核算系统与采购、销售、库存管理系统之间关系如何？
2. 存货的库存成本是怎样核算的？销售成本是怎样核算的？

9.3.2 判断题

1. 库存期初数据录入完毕后，必须进行期初审核，期初数据审核后才能开始处理日常业务。审核以后，期初数据不能修改。（　）
2. 库存管理系统的结账工作应在采购与销售管理系统结账之前进行。（　）
3. 盘点单只能手工增加，不可以参照生成。（　）
4. 暂估价与结算价不一致暂估处理时是否调整出库成本，只针对先进先出、后进先出和个别计价三种方法，因为只有这三种计价方式可通过出库单跟踪到入库单。（　）
5. 单到补差是指报销处理时，系统自动生成一笔调整单，调整金额为实际金额与暂估金额的差额。（　）
6. 对于全月平均或是计划价/售价法核算的存货，需要在期末处理后方可将单价回填到销售出库单上。（　）
7. 采购入库单暂估记账指货到票未到，未做结算的采购入库单。（　）
8. 全月平均单价是通过存货核算下业务核算的期末处理完成自动计算的。（　）
9. 关于暂估入库业务，系统提供了月初回冲、单到回冲、单到补差三种常用的暂估处理方式。（　）
10. 存货核算提供了按仓库、按部门、按存货三种成本核算方式。（　）
11. 其他出库单一般情况下是由盘点、调拨、组装拆卸、形态转换、不合格品记录单等业务和单据生成的。（　）
12. 存货档案中“应税劳务”属性指开具在采购发票上的运费、包装费等采购费用。（　）

9.3.3 单项选择题

1. 存货核算系统中的平均单价计算功能是针对（　）存货计价方法提出的。

A. 先进先出　　B. 个别计价

C. 移动平均　　D. 全月一次平均

2. 暂估业务生成的红蓝回冲单会在（　　）中体现。

A. 存货明细账　　B. 入库汇总表

C. 出库汇总表　　D. 收发存汇总表

3. 存货系统核算采购入库成本以（　　）为依据。

A. 采购入库单　　B. 采购订单

C. 采购到货单　　D. 采购申请单

4. 先进先出计价方式核算的某存货，期初结存数为 10，单价为 10 元。4 月 1 日又购入一笔并记账，数量为 5，单价为 11 元。4 月 2 日需要发出一笔，数量为 11，则发出成本是（　　）元。

A. 111　　B. 100　　C. 55　　D. 155

5. 在按照存货核算成本时，以下操作中必要的是（　　）。

A. 在存货档案中设置存货的计价方式　　B. 在仓库档案中设置仓库的计价方式

C. 设置仓库存货对照表　　D. 设置存货货位对照表

6. 移动计价方式核算的某存货，期初结存数为 10，单价为 10 元。4 月 1 日又购入一笔并记账，数量为 10，单价为 8 元。4 月 2 日需要发出一笔，数量为 5，则发出成本是（　　）元。

A. 100　　B. 45　　C. 80　　D. 50

7. 存货核算不可以按（　　）核算成本。

A. 仓库　　B. 部门　　C. 存货　　D. 客户或供应商

8. 存货核算期末处理后，回写出库成本的计价方式是（　　）。

A. 个别计价法　　B. 先进先出法

C. 全月平均法　　D. 后进先出法

9. 按照（　　）进行暂估处理时，系统自动生成红字回冲单，同时生成蓝字报销单。

A. 月初回冲　　B. 单到回冲　　C. 单到补差　　D. 月末回冲

10. 下面关于销售出库单上的单价的说法中，正确的是（　　）。

A. 它是销售成本价　　B. 它是销售发货单上的含税单价

C. 它是销售发货单上的无税单价　　D. 它是销售发货单上的零售单价

9.3.4　多项选择题

1. 其他入库单是指除（　　）之外的其他入库业务形成的入库单。

A. 采购入库　　B. 产成品入库　　C. 调拨入库　　D. 盘盈入库

2. 库存管理系统中的盘点业务提供（　　）方法。

A. 按部门盘点　　B. 按存货种类盘点

C. 按仓库盘点　　D. 按批次盘点

3. 在（　　）存货计价法下，存货出库金额是在期末处理之后由系统计算出来的。

A. 全月平均　　B. 计划价/售价

C. 移动平均　　D. 先进先出

4. 下面关于调拨单业务的描述中，正确的是（　　）。
A. 调拨单可用于仓库之间存货的转库业务
B. 调拨单可用于部门之间存货的调拨业务
C. 调拨单在库存管理系统填制
D. 调拨单审核后，系统会生成相应的其他出入库单据
5. 下面关于假退料业务的描述中，正确的是（　　）。
A. 假退料回冲单在月末结账时自动记账
B. 恢复月末结账时，将假退料单生成的蓝字回冲单一起恢复
C. 假退料回冲单上的数量、金额的符号与假退料单完全相反
D. 假退料回冲单的单据号同原假退料单号
6. 下面关于直运销售业务核算的描述中，正确的有（　　）。
A. 采购直运发票是其记账的依据　　B. 直运采购入库单是其记账的依据
C. 销售直运发票是其记账的依据　　D. 直运销售出库单是其记账的依据
7. 以下关于调拨业务的描述中，正确的是（　　）。
A. 调拨单是指用于仓库之间存货的转库业务或部门之间的存货调拨业务的单据
B. 调拨单上转入仓库与转出仓库、转入部门与转出部门可以同时不同
C. 调拨单可以手工制单
D. 调拨单可以参照生产订单生成，同材料出库单一样回写订单相关信息
8. 以下关于库存管理系统月末结账功能的描述中，正确的是（　　）。
A. 月末结账后将不能再做已结账月份的业务，只能做未结账月的日常业务
B. 如果和采购、销售管理系统集成使用，只有在采购管理系统结账后、销售管理系统结账前，库存管理系统才能进行结账
C. 如果和采购、销售管理系统集成使用，只有在采购、销售管理系统结账后，库存管理系统才能进行结账
D. 和存货核算系统集成使用，存货核算系统必须当月未结账或取消结账后，库存管理系统才能取消结账
9. 以下关于库存账查询功能的描述中，正确的是（　　）。
A. 现存量可按仓库、存货、批号、货位、条形码等关键字进行组合查询
B. 出入库流水账可查询任意时间段或任意情况下的存货出入库情况
C. 库存台账主要用于查询各仓库各存货各月份的收发存明细情况
D. 入库跟踪表只显示入库跟踪出库属性存货的出入库单记录

第 10 章

Chapter 10

期末业务与报表编制

本章操作视频讲解

10.1 期末业务

10.1.1 期末业务处理

期末业务处理是指将企业本月所发生的日常业务处理全部记账后，在每个会计期末都需要执行的一些特定的会计工作，如期末转账、对账、结账工作等。

期末的主要业务如下：

1. 凭证处理

在做期末的有关结转凭证之前，由于结转凭证的依据主要是其他凭证或业务数据，因此需要对未审核的凭证进行审核，对未记账的凭证进行记账，完成采购、销售、库存、存货核算、工资、固定资产等的各种业务。

2. 定义和生成转账凭证

在每期期末有规律性发生的结转业务编制的凭证，通常选用的凭证类别也是转账凭证。通用转账凭证可以通过自定义，达到对有规律凭证数据的结转。

在定义完转账凭证后，并没有生成凭证，所以每月月末需要执行“生成转账凭证”功能快速生成转账凭证。

3. 月末对账与结转

（1）对账。对账就是对账簿数据进行核对。一般来说，只要记账凭证录入正确，计算机自动记账后各种账簿都应是正确、平衡的，但由于业务模式选择或非法操作等原因，有可能造成部分数据错误或被破坏。为了保证账证相符、账账相符，企业在结账之前都需要执行对账功能，以检查记账的正确性和账簿是否平衡。

（2）结账。在手工会计处理中，都有结账的过程，在会计信息化后也有这一过程，以符合会计制度的要求，因此系统提供了“结账”功能。结账工作由系统自动完成。一般，在结账之前要进行数据备份。结账后，只能进行相关账簿的查询和打印，不能再进行日常账务处理工作。

10.1.2 处理未复核和未记账凭证

选择“业务工作”|“财务会计”|“总账”|“凭证”|“审核凭证”，进行凭证审核。

选择“业务工作”|“财务会计”|“总账”|“凭证”|“记账”，进行凭证记账。

10.1.3 自动转账

实验资料

期末，分配结转本月的制造费用。将“制造费用”科目总账余额按50%的比例分配给手持扫描器和桌面扫描器，使用自动转账凭证完成。

实验过程

1. 定义转账凭证

（1）选择“业务工作”|“财务会计”|“总账”|“期末”|“转账定义”|“自定义转账”，进入“自定义转账设置”窗口。点击“增加”，添加转账目录，将凭证类别改为“转 转账凭证”，如图10-1所示。

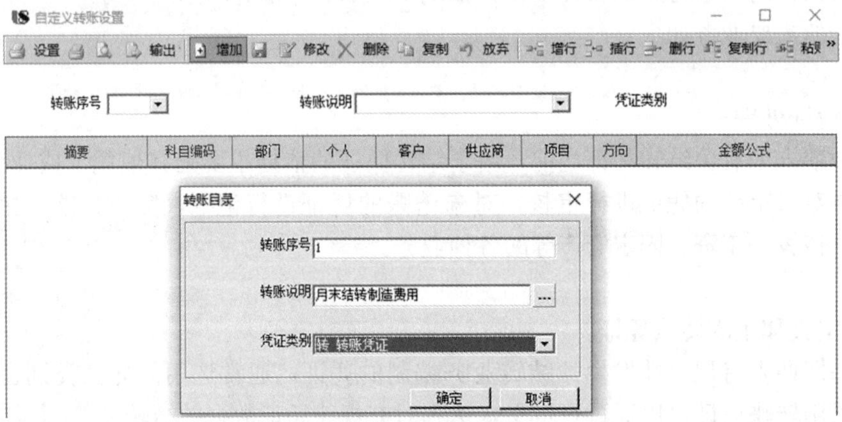

图10-1 转账目录定义

点击“确定”按钮，继续定义转账凭证的分录信息。

（2）设置公式。单击“增行”，在“科目编码”栏中输入500103（生产成本/制造费用），项目为“手持扫描器”，方向为“借”。

将光标移到“金额公式”栏下按F2键进入公式向导，选择QM( )（期末余额），如图10-2所示。

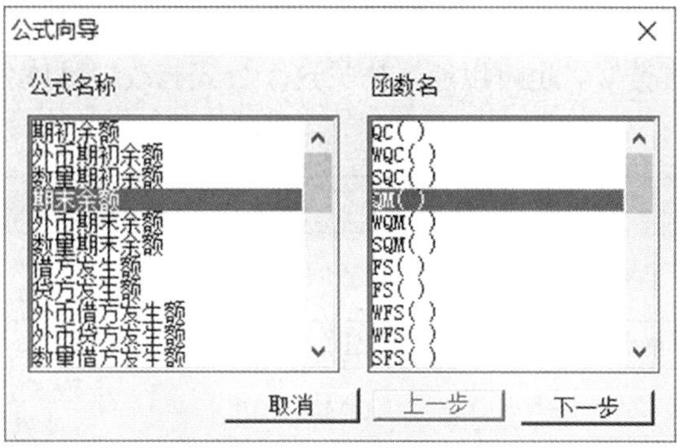

图 10－2　公式向导

单击“下一步”，科目输入“5101”（制造费用），选择“按科目（辅助项）总数取数”，勾选“继续输入公式”，选择运算符“*（乘）”，如图 10－3 所示。

图 10－3　公式定义

单击“下一步”，进入“公式向导”窗口，在公式名称中选择“常数”（在公式名称最后一行），再单击“下一步”输入 0.5，如图 10－4 所示。

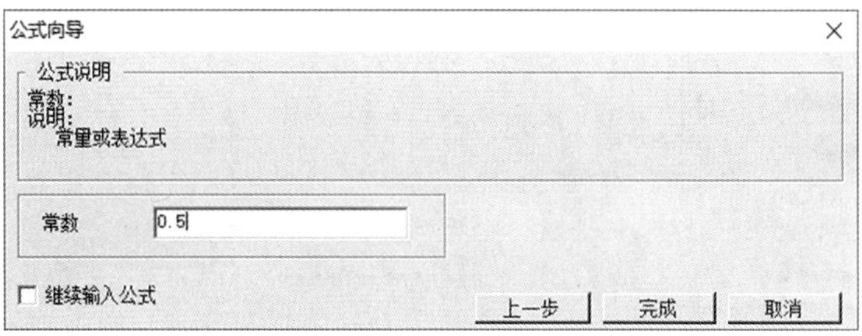

图 10－4　公式向导

点击“完成”按钮，返回“金额公式”栏，完成本公式定义：QM(5101，月)＊0.5。其他公式设置方法类似，也可以通过拷贝这个公式修改。具体公式如表 10－1 所示。

表 10－1　公式定义

科目	项目	方向	金额公式	取数公式说明
生产成本/制造费用	手持扫描器	借	QM(5101，月)＊0.5	按 50%分配制造费用的金额（按科目总数取数）
生产成本/制造费用	桌面扫描器	借	CE(　)	CE(　) 取借贷平衡差额
制造费用/工资		借	QM(510101，月)	取 510101 科目的期末余额（按默认值取数）
制造费用/折旧费		借	QM(510102，月)	取 510102 科目的期末余额（按默认值取数）
制造费用/租赁费		借	QM(510103，月)	取 510103 科目的期末余额（按默认值取数）

凭证定义完成后，如图 10－5 所示。

图 10－5　凭证设置

点击“保存”完成定义，然后退出。

2. 生成转账凭证

（1）生成凭证。选择“业务工作”|“财务会计”|“总账”|“期末”|“转账生成”，打开“转账生成”窗口。选择“自定义转账”，在“是否结转”下双击选择，如图 10－6 所示。

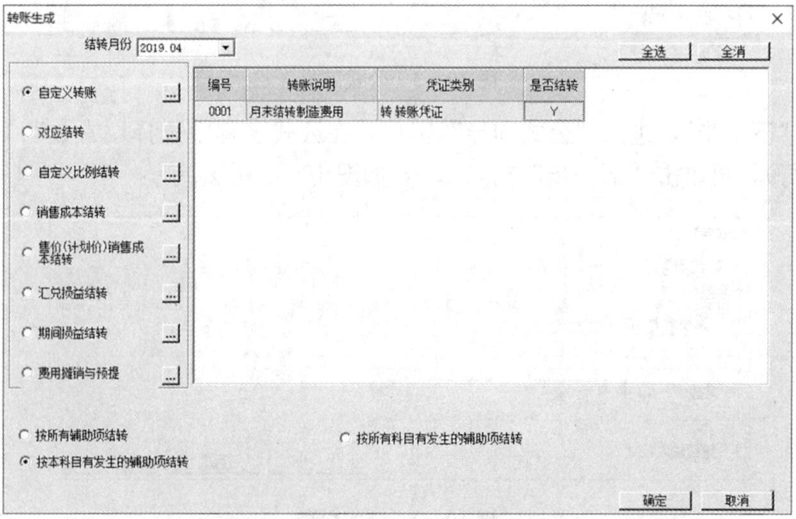

图 10－6　转账凭证生成选择

点击“确定”按钮，系统根据定义的转账公式生成凭证。凭证分录如表 10－2 所示。

表 10－2 月末结转制造费用转账凭证

科目	项目	方向	金额
生产成本/制造费用	手持扫描器	借	24 131.33
生产成本/制造费用	桌面扫描器	借	24 131.32
制造费用/工资		贷	13 813.64
制造费用/折旧费		贷	14 449.01
制造费用/租赁费		贷	20 000.00

点击“保存”完成凭证生成。结转之后，“制造费用”科目的余额为零。

（2）账簿查询。选择“业务工作”|“财务会计”|“总账”|“账表”|“科目账”|“余额表”，科目选择“5101 制造费用”，级次为 1 至 4 级，选择“包含未记账凭证”，单击“确定”，如图 10－7 所示。

科目编码	科目名称	期初余额		本期发生		期末余额	
		借方	贷方	借方	贷方	借方	贷方
5101	制造费用			48,262.65	48,262.65		
510101	工资			13,813.64	13,813.64		
510102	折旧费			14,449.01	14,449.01		
510103	租赁费			20,000.00	20,000.00		
成本小计				48,262.65	48,262.65		
合计				48,262.65	48,262.65		

图 10－7 部门科目总账

从表中可以看到制造费用的总账科目及其明细科目期末余额均为零。

选择“业务工作”|“财务会计”|“总账”|“凭证”|“审核凭证”，审核该凭证。

选择“业务工作”|“财务会计”|“总账”|“凭证”|“记账”，对该凭证记账。

10.1.4 汇兑损益

实验资料

4 月末，期末汇率调整，期末汇率为 1 美元＝6.95 元人民币。

借：财务费用/汇兑损益（660303）　　4 300

　　贷：银行存款/中行存款（100202）　　4 300

结算方式为其他，票号自定。

实验过程

1. 汇兑损益凭证设置

（1）选择“业务工作”|“财务会计”|“总账”|“期末”|“转账定义”|“汇兑损益”，进

入“汇兑损益结转设置”窗口。

(2) 汇兑损益入账科目选择科目编码“660303”，凭证类别选择“付 付款凭证”，然后双击中行存款“是否计算汇兑损益”栏，使该栏显示“Y”，如图10-8所示。

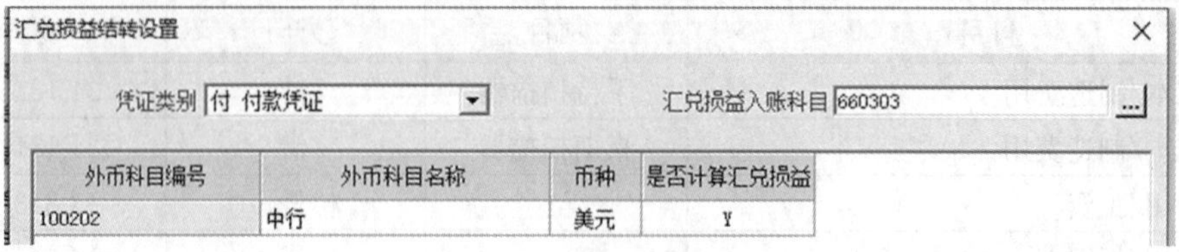

图10-8 汇兑损益凭证设置

点击“确定”完成。

2. 月末汇率设置

(1) 选择“基础设置”|“基础档案”|“财务”|“外币设置”，弹出“外币设置”窗口。

(2) 选中外币“美元”，在月份2019.04对应的“调整汇率”栏中输入6.95，如图10-9所示。

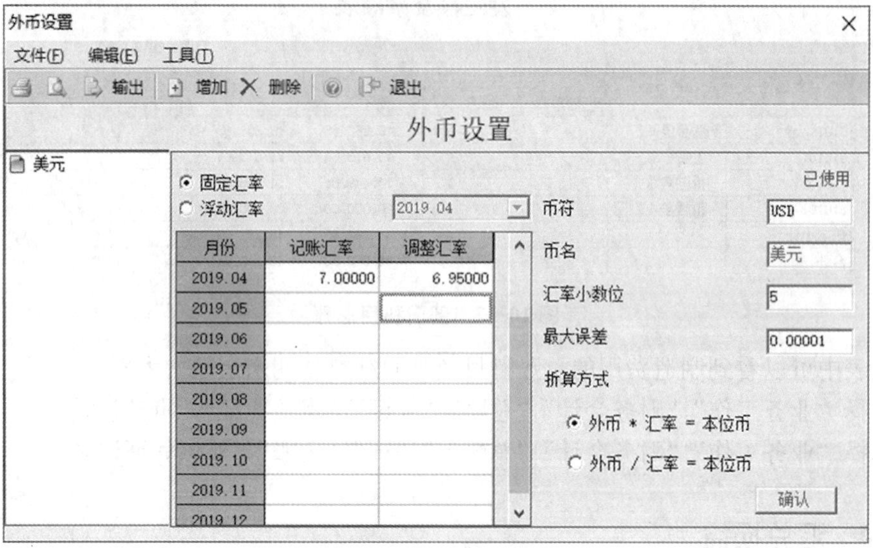

图10-9 输入期末调整汇率

点击“退出”完成设置。

3. 汇兑损益凭证生成

(1) 选择“业务工作”|“财务会计”|“总账”|“期末”|“转账生成”，选择“汇兑损益结转”，外币币种选择“美元”，再双击“是否结转”，设置为“Y”，如图10-10所示。

(2) 点击“确定”，系统弹出“汇兑损益试算表”窗口，显示外币余额、本币余额等信息，如图10-11所示。

点击“确定”，系统进入“生成凭证”窗口，凭证分录如下：

借：财务费用/汇兑损益（660303）　　4 300

　　贷：银行存款/中行存款（100202）　　4 300

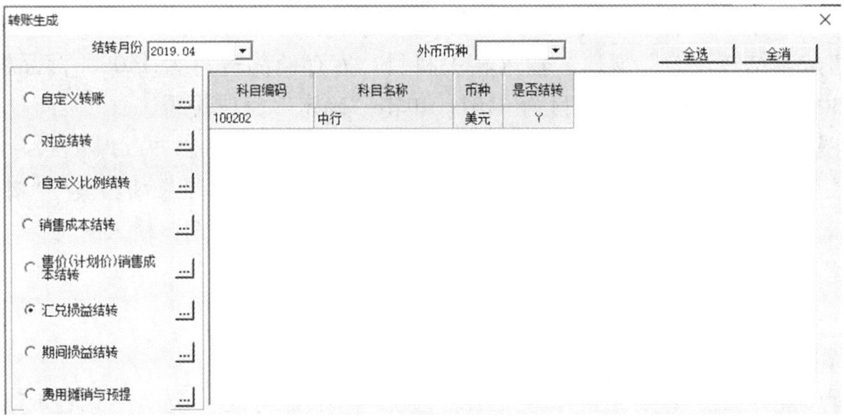

图 10－10 汇兑损益凭证生成设置

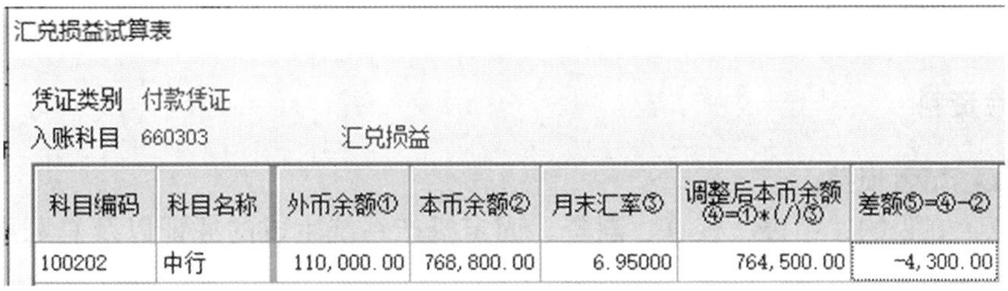

图 10－11 汇兑损益试算表

票号之类自行输入，单击“保存”完成凭证生成。

数据正确性验证方法：

期初 100 000 美元，汇率：7.00。金额为 100 000×7＝700 000（元）。

收到投资 10 000 美元，汇率：6.88。金额为 10 000×6.88＝68 800（元）。

期末余额 110 000 美元，汇率：6.95。金额为 110 000×6.95＝764 500（元）。

合计汇兑损失为 700 000＋68 800 －764 500 ＝4 300（元）。

操作提示

汇兑损益结转生成的凭证涉及银行科目，因此记账前仍然要进行出纳签字。

10.1.5 销售成本结转

实验资料

月末进行销售成本结转。

库存商品科目：1405。商品销售收入科目：6001。商品销售成本科目：6401。

实验过程

1. 销售成本结转设置

销售成本结转是将月末商品（或产成品）销售数量乘以库存商品（或产成品）的平均单价计算各类商品销售成本并进行结转。

如果在存货核算时已经结转，这里就不用结转。

本实验不用结转，以下供参考。

选择“业务工作”|“财务会计”|“总账”|“期末”|“转账定义”|“销售成本结转”，进入“销售成本结转设置”窗口。输入相关科目，库存商品科目为 1405，商品销售收入科目为 6001，商品销售成本科目为 6401。单击“确定”完成设置。

操作提示

如果提示某科目需要设置数量核算，可选择“基础设置”|“基础档案”|“财务”|“会计科目”，选择要设置的科目，单击“修改”，可选择数量核算和输入计量单位，计量单位可选一种输入。

2. 销售成本结转凭证生成

选择“业务工作”|“财务会计”|“总账”|“期末”|“转账生成”，选择“销售成本结转”。

10.1.6 损益结转

实验资料

月末，结转损益。

注意：在采购、销售、核算、薪资、固定资产系统生成的凭证以及总账手工填制的凭证，均记账完成后，再进行本实验。

实验过程

1. 期间损益结转设置

(1) 先将未记账的凭证进行审核、记账。

(2) 选择“业务工作”|“财务会计”|“总账”|“期末”|“转账定义”|“期间损益”，进入“期间损益结转设置”窗口。

(3) 选择本年利润科目编码“4103”（本年利润），凭证类别选择“转 转账凭证”，如图 10-12 所示。

期间损益结转设置

凭证类别 转 转账凭证　　本年利润科目 4103

损益科目编号	损益科目名称	损益科目账类	本年利润科目编码	本年利润科目名称	本年利润科目账类
6001	主营业务收入		4103	本年利润	
6011	利息收入		4103	本年利润	
6021	手续费及佣金收入		4103	本年利润	
6031	保费收入		4103	本年利润	
6041	租赁收入		4103	本年利润	
6051	其他业务收入		4103	本年利润	
6061	汇兑损益		4103	本年利润	
6101	公允价值变动损益		4103	本年利润	
6111	投资收益		4103	本年利润	
6201	摊回保险责任准备金		4103	本年利润	
6202	摊回赔付支出		4103	本年利润	
6203	摊回分保费用		4103	本年利润	
6301	营业外收入		4103	本年利润	
6401	主营业务成本		4103	本年利润	

每个损益科目的期末余额将结转到与其同一行的本年利润科目中.若损益科目与之对应的本年利润科目都有辅助核算，那么两个科目的辅助账类必须相同 。损益科目为空的期间损益结转将不参与

打印　预览　确定　取消

图 10-12 期间损益结转设置

单击“确定”完成设置。

2. 期间损益结转

（1）选择“业务工作”|“财务会计”|“总账”|“期末”|“转账生成”，再选择“期间损益结转”，单击“全选”按钮，如图 10－13 所示。

图 10－13　转账生成

（2）点击“确定”按钮，生成转账凭证，单击“保存”完成凭证生成。

选择“业务工作”|“财务会计”|“总账”|“账表”|“科目账”|“序时账”，显示的凭证分录如图 10－14 所示。

日期	凭证号数	科目编码	科目名称	摘要	方向	数量	外币	金额
2019.04.25	转-0056	4103	本年利润	*期间损益结转	贷			307,283.68
2019.04.25	转-0056	6001	主营业务收入	*期间损益结转	借			1,668,900.00
2019.04.25	转-0056	6051	其他业务收入	*期间损益结转	借			800.00
2019.04.25	转-0056	6401	主营业务成本	*期间损益结转	贷			1,230,930.38
2019.04.25	转-0056	660101	工资	*期间损益结转_销售部	贷			11,100.00
2019.04.25	转-0056	660101	工资	*期间损益结转_采购部	贷			10,872.73
2019.04.25	转-0056	660101	工资	*期间损益结转_仓储部	贷			5,550.00
2019.04.25	转-0056	660101	工资	*期间损益结转_运输部	贷			5,550.00
2019.04.25	转-0056	660106	折旧费	*期间损益结转_销售部	贷			810.00
2019.04.25	转-0056	660106	折旧费	*期间损益结转_采购部	贷			984.58
2019.04.25	转-0056	660106	折旧费	*期间损益结转_仓储部	贷			810.00
2019.04.25	转-0056	660106	折旧费	*期间损益结转_运输部	贷			3,216.00
2019.04.25	转-0056	660201	工资	*期间损益结转_行政部	贷			17,354.55
2019.04.25	转-0056	660201	工资	*期间损益结转_财务部	贷			15,600.00
2019.04.25	转-0056	660203	办公费	*期间损益结转_采购部	贷			350.00
2019.04.25	转-0056	660204	差旅费	*期间损益结转_行政部	贷			1,800.00
2019.04.25	转-0056	660205	招待费	*期间损益结转_行政部	贷			1,800.00
2019.04.25	转-0056	660206	折旧费	*期间损益结转_行政部	贷			7,567.63
2019.04.25	转-0056	660206	折旧费	*期间损益结转_财务部	贷			1,198.71
2019.04.25	转-0056	660299	其他	*期间损益结转_财务部	贷			155.00
2019.04.25	转-0056	660301	利息支出	*期间损益结转	贷			2,000.00
2019.04.25	转-0056	660302	利息收入	*期间损益结转	贷			-3,000.00
2019.04.25	转-0056	660303	汇兑损益	*期间损益结转	贷			4,300.00
2019.04.25	转-0056	6701	资产减值损失	*期间损益结转	贷			594.66
2019.04.25	转-0056	6711	营业外支出	*期间损益结转	贷			42,872.08

图 10－14　期间损益结转凭证

操作提示

期间损益结转前，系统内所有凭证都必须记账完毕。通过期间损益结转生成的凭证也要进行审核、记账。

如果凭证生成错误，选择“业务工作”|“财务会计”|“总账”|“凭证”|“查询凭证”，再选择要删除的凭证，执行“作废/恢复”功能中的“作废”，然后选择“填制凭证”，进入后选择“整理凭证”将凭证彻底清除。

10.1.7 重新进行出纳对账

前面章节所讲解的出纳业务只讲解了出纳系统的操作流程，由于后面还有固定资产、薪资管理、供应链系统及期末业务等，因此等本期所有经济业务全部处理完毕，在编制报表前，还需回到出纳管理再进行一次对账，生成余额调节表，出纳管理的所有工作才算处理完毕。最后的结果如图 10－15 所示。

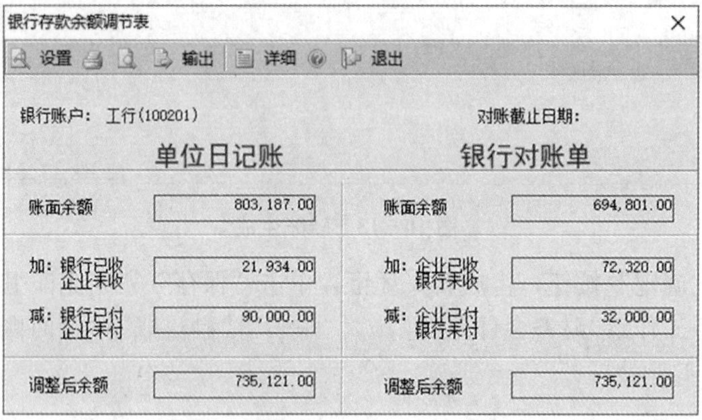

图 10－15　月末银行存款——工行余额调节表

10.2 报表编制

10.2.1 报表编制的一般方法

在手工记账的情况下，编制报表是一项非常复杂的工作。在实现会计信息化后，编制报表就简单多了。会计软件提供了非常丰富的报表模板，只需要利用系统提供的报表模板，对相应的参数进行设置，便可完成报表的编制工作。

通过报表模块来编制报表，主要工作流程如图 10－16 所示，不同的软件在操作上有一些差异。

1. 确定报表数据来源账套

这一步是对进行编制的报表数据来源及操作人员权限的定义。

（1）账套。指明所要编制的报表，其数据来自哪个账套，也就是由哪个账套的数据来加工产生目前的这张报表，可以通过浏览功能进行选择。

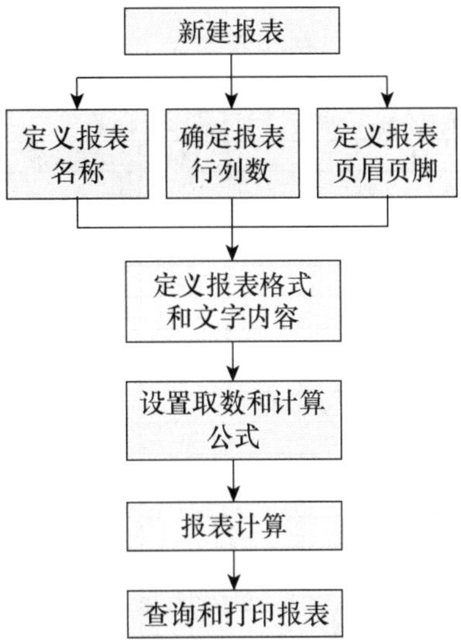

图 10－16　报表编制工作流程

（2）日期。系统会根据这一日期进行相关会计期间的报表编制，因此，在实际工作中，要根据编制报表的会计期间对这一日期进行更改。例如，要编制 2019 年 4 月份的利润表，就要将日期修改为 2019－04－30。

（3）操作员。指明是由谁来编制生成这张报表，这里的操作员只能是在前面指定的账套中出现过的、对此类报表有操作权限的操作员。

（4）口令。即操作员的口令，这样设置可以避免没有相关操作权限的人员通过电子表格来查看数据。

2. 定义报表

（1）会计报表的构成。

- 页眉（表头）：页眉是指报表上部的描述部分，如表名、编号、单位、日期等。
- 表体：表体是报表的主要组成部分，包括列标题、项目说明和数据。行、列坐标均从表体开始计算。
- 附注：附注是报表的补充资料，报表的附注始终在表体与页脚之间。
- 页脚（表尾）：页脚是指报表底部的描述部分，如制表人、审核人等。

下面以简化的利润表的格式来说明报表页眉、表体、附注、页脚的具体划分，如图 10－17 所示。

（2）定义报表。

- 报表项目：指明编制的报表所包含的经济项目。
- 行次：指明当前项目在报表中所处的行次。
- 数据来源：指明当前项目所表示的经济数据的来源。

3. 定义计算公式和勾稽关系公式

（1）定义计算公式。让报表软件来生成一张符合实际需要的报表，关键在于报表的数据来源，即如何让电子表格自动、快速、准确地生成报表中每个单元的数据。

取数公式就是从哪里把数据取来，如取出科目发生额余额表的某个数据。计算公

利润表

会企02表

编制单位：重庆两江科技有限公司　　2019 年　4 月　　单位：元

页眉

项　　目	行数	本期金额	上期金额
一、营业收入	1		
减：营业成本	2		
税金及附加	3		
销售费用	4		
管理费用	5		
财务费用	6		
资产减值损失	7		
加：公允价值变动收益（损失以"-"号填列）	8		
投资收益（损失以"-"号填列）	9		
其中：对联营企业和合营企业的投资收益	10		
二、营业利润（亏损以"-"号填列）	11		
加：营业外收入	12		
减：营业外支出	13		
其中：非流动资产处置损失	14		
三、利润总额（亏损总额以"-"号填列）	15		
减：所得税费用	16		
四、净利润（净亏损以"-"号填列）	17		
五、每股收益：	18		
（一）基本每股收益	19		
（二）稀释每股收益	20		

表体

附注：　　→报表附注

审核　　制表　　→页脚

图 10 - 17　报表构成示意图

式就是将有关数据进行加减乘除等运算，然后将计算获得的结果放入某单元。在具体定义公式时，取数和计算往往是放在一起的。

公共函数则包括数据转换函数、日期时间函数、文件系统函数、财务函数、系统信息函数、系统交互函数、数学函数和字符串函数等，可根据需要引用。

（2）定义勾稽关系公式。勾稽关系公式也称为审核公式。报表审核就是通过事先定义的审核公式，对相关数据进行自动核对以验证报表数据正确性的一种方法，又分为本表内的数据审核和表间数据审核。

报表计算与报表审核的差别是：报表计算是按照定义的报表取数和计算公式改变报表中的数据，而报表审核只是进行相关的验证，对不符合审核公式规则的数据进行提示，但不改变数据本身。

4. 生成报表

在报表项目、行次、数据来源、取数公式和计算公式定义完成后，系统将根据所指定的账套、会计期间以及相关公式，自动计算出报表各项目的数据。

5. 调整报表

如果电子表格生成的报表与实际所要求的格式不一致，或为了让报表更便于阅读和美观，可以对报表的格式进行设置。这需要通过对相关单元格的属性进行调整修改，使最后打印出来的报表与实际要求相符。除需要增补的内容外，应严格使用自动生成的数据，保证数据的一致性。

6. 完成报表编制

进行报表的查询、打印等工作。

对于一些常用的报表，一般在报表软件中事先设定了模板，并定义了相关的公式。因此，对于这部分报表，如果不需要修改，就可直接使用，一般称为“自动制表”。即便如此，具体应用时也应仔细检查，以防止错误发生。

10.2.2　U8 报表管理功能概述

1. 报表的基本功能

在 U8 系统中，财务报表集成在 U8 系统中，需要登录 U8 后才能使用。利用报表系统的功能既可以编制各种对外报表，也可以编制内部报表。

报表系统的主要功能是对报表文件进行管理，设计报表格式，定义报表公式，从总账系统和其他业务系统中取得有关数据，自动编制会计报表；对报表进行审核、汇总，生成各种分析图，并按预定格式输出各种报表。

2. 一般报表制作流程

要完成一般的报表处理，其流程一般是：第一步，启动 U8 报表，建立报表；第二步，设计报表的格式；第三步，定义各类公式；第四步，报表数据处理；第五步，报表图形处理；第六步，打印报表；第七步，退出报表系统。

实际应用时，具体的操作步骤应视情况而定，但以上步骤中的第一、二、四、七步是必需的。

制作报表的一个关键就是要明确数据的来源，实际上报表系统就是将各种来源的数据采集到所需的报表中，然后进行计算、汇总等，以达到一定的目的。报表数据的来源如图 10－18 所示。

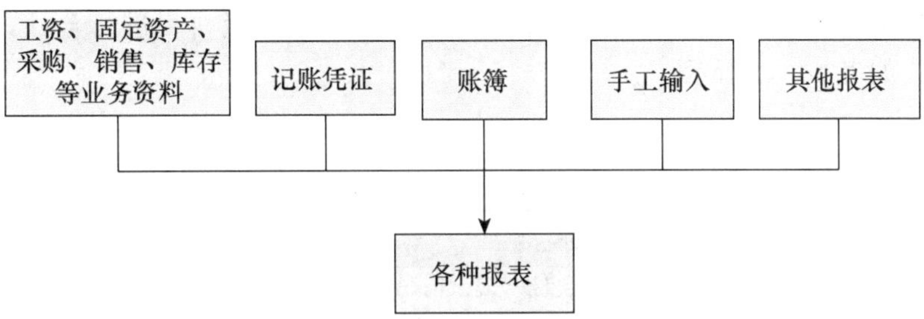

图 10－18　报表数据来源

3. 报表公式定义

(1) 公式定义类型。财务报表有三类公式：计算公式（单元公式）、审核公式、舍位平衡公式，公式的定义在格式状态下进行。

计算公式定义了报表数据之间的运算关系，在报表数值单元中键入“＝”就可直接定义计算公式，所以又称为单元公式。

审核公式用于审核报表内或报表之间的勾稽关系是否正确，需要用“审核公式”菜单项定义。

舍位平衡公式用于报表数据进行进位或小数取整时调整数据，避免破坏原数据平衡，需要用“舍位平衡公式”菜单项定义。

（2）财务函数基本说明。企业会计报表数据一般来自总账系统，而财务函数则是总账系统与财务报表之间的联系桥梁，通过定义财务函数，将总账系统数据取出放在定义的报表单元中，生成报表。财务函数的基本格式是：

函数名("科目编码",会计期间,["方向"],[账套号],[会计年度],[编码 1],[编码 2])

其中，科目编码可以是科目名称，并且使用英文字符的双引号括起来；会计期间可以是年、月等变量，也可以是具体的某年数值；方向指借或贷，可以省略；账套号指取数账套的代号，可以省略，如果省略，表示从默认账套中取数，可以利用“数据”菜单中的“计算时提示选择账套”功能指定账套；会计年度即数据取数时的年度，可以省略；编码 1、编码 2 是可以取科目的相关辅助项，如部门、个人等，如果科目没有辅助核算项，也可以省略。

在公式定义中，如果省略的参数后面没有内容，则可以不写逗号；如果省略的参数后面还有内容，则必须写逗号，把它们的位置留出来。

具体函数内容和使用见帮助说明。

4. 报表模板

在财务报表系统中，除了可以自定义报表格式外，系统还提供了包括多个行业的标准财务报表的报表模板，可以根据报表模板快速建立一张标准财务报表，或以此为基础进行调整。

10.2.3 自定义报表制作

实验资料

自定义费用统计表，按照销售费用和管理费用对应二级科目进行合计，报表格式及单元公式如表 10－3 所示。

表 10－3 费用统计表

单位名称：　　　　　　　　　　　　　　　　　　　　　年　　月

项目	行次	本期金额	本年累计金额
工资	1	FS("660201",月, "借",,,"",,) ＋ FS("660101",月, "借",,,"",,)	LFS("660101",月,"借",,,"",,) ＋ LFS("660201",月,"借",,,"",,)
福利费	2	FS("660202",月, "借",,,"",,) ＋ FS("660102",月, "借",,,"",,)	LFS("660102",月,"借",,,"",,) ＋ LFS("660202",月,"借",,,"",,)
办公费	3	FS("660203",月, "借",,,"",,) ＋ FS("660103",月, "借",,,"",,)	LFS("660103",月,"借",,,"",,) ＋ LFS("660203",月,"借",,,"",,)
差旅费	4	FS("660204",月, "借",,,"",,) ＋ FS("660104",月, "借",,,"",,)	LFS("660104",月,"借",,,"",,) ＋ LFS("660204",月,"借",,,"",,)
招待费	5	FS("660205",月, "借",,,"",,) ＋ FS("660105",月, "借",,,"",,)	LFS("660105",月,"借",,,"",,) ＋ LFS("660205",月,"借",,,"",,)
折旧费	6	FS("660206",月, "借",,,"",,) ＋ FS("660106",月, "借",,,"",,)	LFS("660106",月,"借",,,"",,) ＋ LFS("660206",月,"借",,,"",,)
其他	7	FS("660299",月, "借",,,"",,) ＋ FS("660199",月, "借",,,"",,)	LFS("660199",月,"借",,,"",,) ＋ LFS("660299",月,"借",,,"",,)
合计	8	C4＋C5＋C6＋C7＋C8＋C9＋C10	D4＋D5＋D6＋D7＋D8＋D9＋D10

实验过程

1. 格式定义

(1) 进入报表系统，新建一张空报表。选择“业务工作”|“财务会计”|“UFO 报表”，选择“文件”|“新建”创建一张空白的报表。

(2) 查看报表左下角的“格式/数据”按钮，让报表处于格式状态。

(3) 选择“格式”|“表尺寸”，设置报表行列数，行数 11 行，列数 4 列，如图 10－19 所示。

(4) 选择单元格区域 A1:D1，点击菜单“格式”|“组合单元”，在“组合单元”窗口中点击“整体组合”，将所选择的单元格组合成一个单元格，然后在单元格中输入“费用统计表”。

选择“格式”|“单元属性”，将设置的组合单元格设为字符型，字体为宋体，字号 18，对齐设置为水平、垂直方向均居中，如图 10－20 所示。

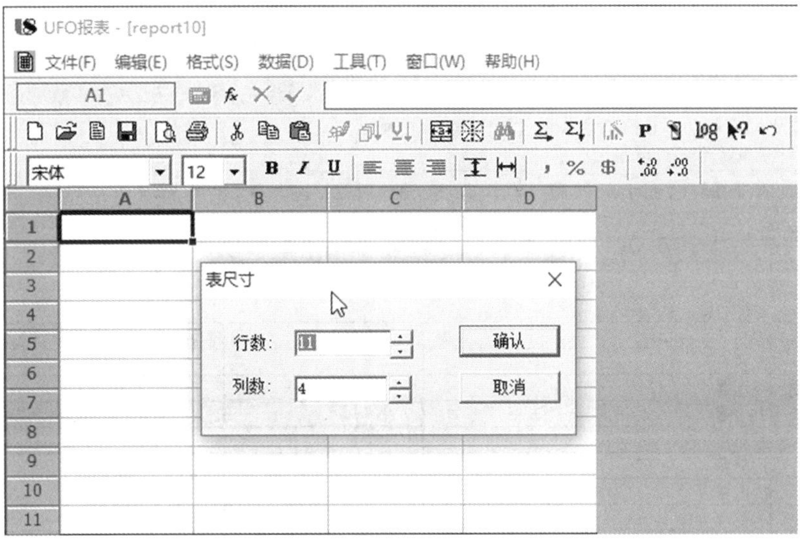

图 10－19　建立空表

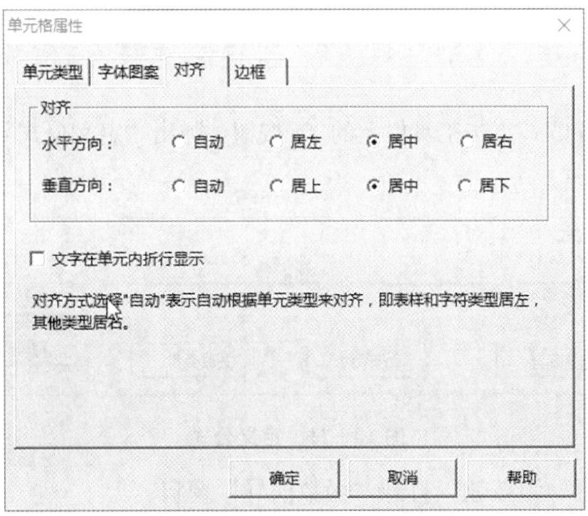

图 10－20　单元格属性设置

（5）选择单元格 A2，选择“数据”|“关键字”|“设置”，再选择“单位名称”，在单元格 C2 中设置关键字“年”，在单元格 D2 中设置关键字“月”，列宽适当调整，如图 10－21 所示。

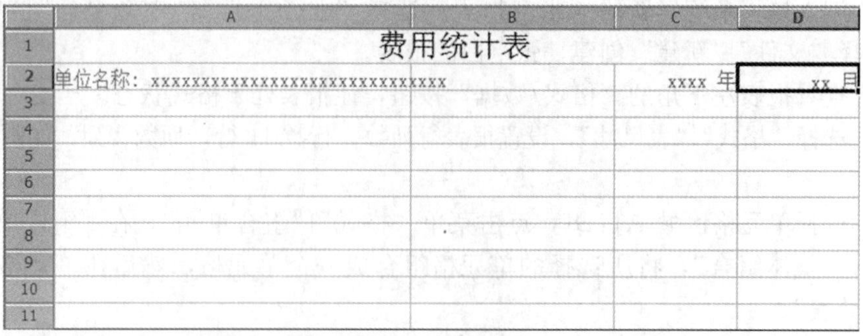

图 10－21　设置表头

（6）设置报表行列名称。选中单元格区域 A3:D11，选择“格式”|“区域画线”，在弹出的窗口中选择“网线”，输入相关内容后如图 10－22 所示。

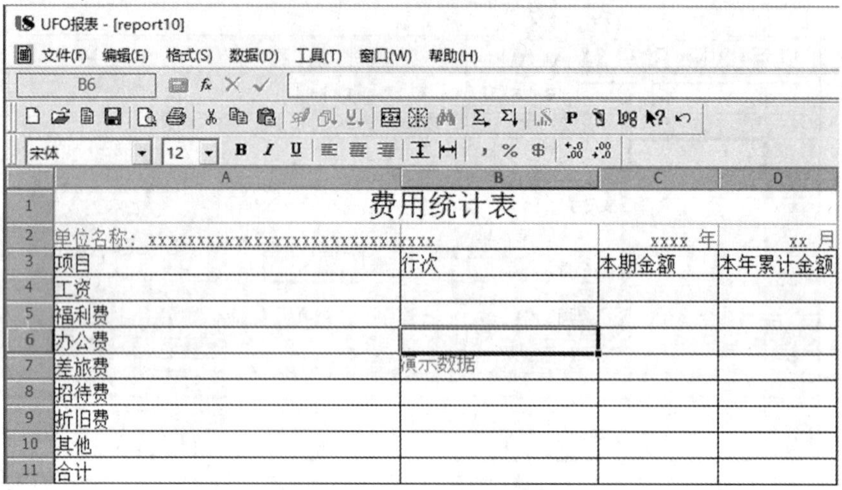

图 10－22　费用统计表

2. 公式定义

（1）选中单元格 C4，点击工具栏上的 fx 按钮，弹出“定义公式”窗口，如图 10－23 所示。

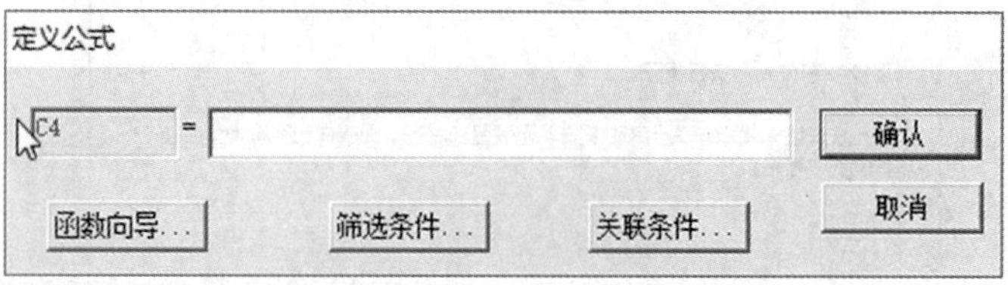

图 10－23　定义公式

单击“函数向导…”按钮，打开“函数向导”窗口。

（2）选择“用友账务函数”，再选择“发生（FS）”函数，如图 10－24 所示。

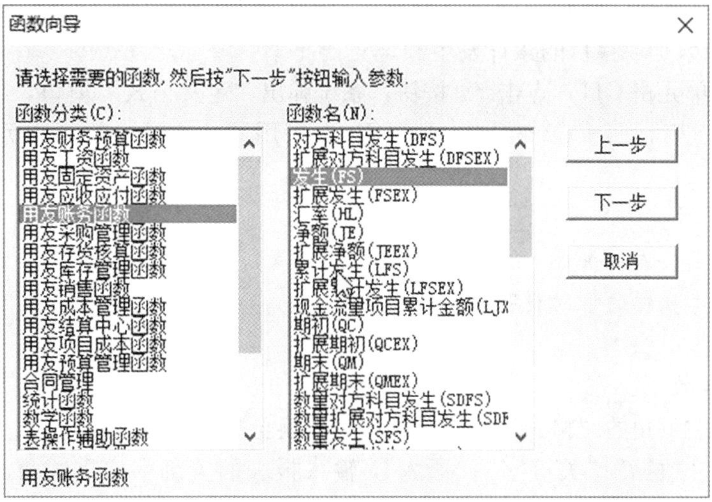

图 10－24 函数向导

（3）单击“下一步”。在“用友账务函数”窗口中，单击“参照”，在弹出的“账务函数”窗口中，选择科目代码“660101”，其他参数按默认设置，如图 10－25 所示。

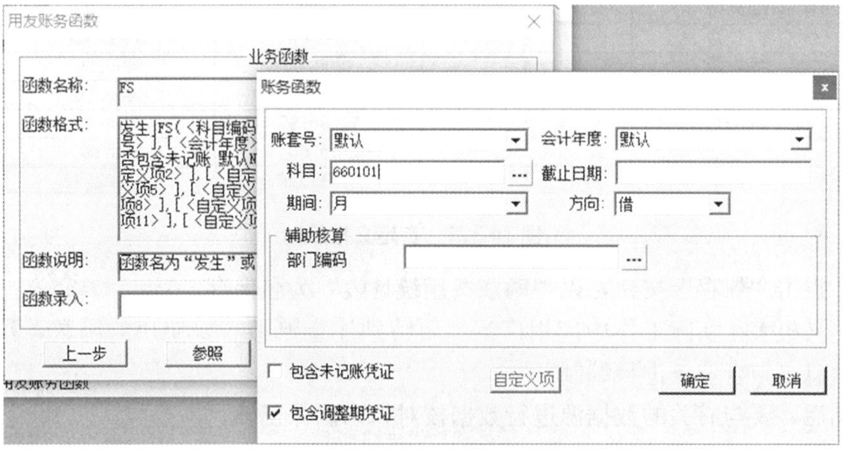

图 10－25 账务函数定义

返回到“定义公式”窗口，然后输入“＋”，再增加另一个公式，完成单元格 C4 的公式定义，结果为 FS（"660101"，月，"借",,,"",,）＋FS（"660201"，月，"借",,,"",,），如图 10－26 所示。

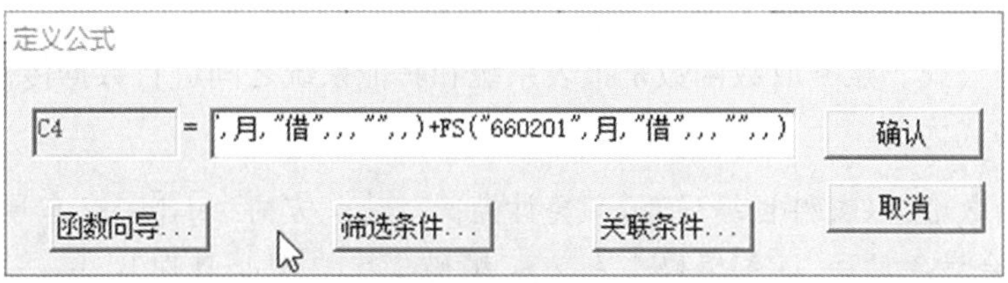

图 10－26 取数公式

单击“确认”完成定义。

后面的公式相近，也可以通过复制前一公式，通过修改完成。

LFS() 函数是取科目的累计发生额。

（4）选中单元格 C11，点击 fx 按钮，系统弹出“定义公式”窗口，在窗口中直接输入公式 C4＋C5＋C6＋C7＋C8＋C9＋C10；采用同样方法，输入单元格 D11 中的公式。

操作提示

函数是设定公式的关键，需要熟悉相关的公式，才能自如地定义公式。关于公式函数，具体参考软件的帮助说明。

3. 数据取数

（1）点击左下角的“格式”按钮，将报表切换至数据状态。

（2）选择“数据”|“关键字”|“录入”，输入报表的关键字“重庆两江科技有限公司”、“2019”年、“4”月，进行报表计算，完成报表编制，如图 10－27 所示。

费用统计表

单位名称：重庆两江科技有限公司　　2019 年　　4 月

项目	行次	本期金额	本期累计金额
工资	1	66027.28	82027.28
福利费	2		1100.00
办公费	3	350.00	27585.00
差旅费	4	1800.00	7400.00
招待费	5	1800.00	6400.00
折旧费	6	14586.92	27186.92
其他	7	155.00	205.00
合计	8	84719.20	151904.20

图 10－27　自定义报表

（3）点击“保存”按钮，以“两江费用统计表”为名保存。

自定义报表在实际工作中应用广泛，要特别注意熟悉需要使用的函数，具体可查看帮助信息，结合业务进行编制。

编制后，要与有关的数据源进行数据核对，以确保正确。

4. 报表公式

报表公式是编制报表的关键一步，需要非常熟悉系统提供的公式语法。使用 UFO 报表可以从各个产品模块中提取数据，包括账务、应收应付、工资、固定资产、财务分析、采购、存货、库存、销售、成本、资金管理。

（1）财务取数公式。账务取数是会计报表数据的主要来源，也是报表系统中使用最频繁的一类公式。账务取数函数是报表系统和其他系统之间进行数据传递的桥梁。

其基本格式为：

＜函数名＞(＜科目编码＞,＜会计期间＞,[＜方向＞],[＜账套号＞],
[＜会计年度＞],[＜编码 1＞],[＜编码 2＞],[截止日期],
[＜是否包含未记账＞],[＜编码 1 汇总＞],[＜编码 2 汇总＞])

式中，科目编码也可以是科目名称，必须用双引号括起来。会计期间可以是“全年”

“季”“月”等变量，也可以是整数表示的年季月。方向为“借”“贷”“j”“d”，缺省为“”。账套号为数字，缺省为第一套账。会计年度即数据取数的年度，可以省略。编码 1 和编码 2 与科目编码的核算账类有关，可以取科目的辅助账，如职员编码、项目编码等，如无辅助核算则省略。

具体公式如表 10－4 所示。

表 10－4　财务取数公式

函数名	金额式	数量式	外币式
期初额函数	QC	SQC	WQC
期末额函数	QM	SQM	WQM
发生额函数	FS	SFS	WFS
累计发生额函数	LFS	SLFS	WLFS
条件发生额函数	TFS	STFS	WTFS
对方科目发生额函数	DFS	SDFS	WDFS
净额函数	JE	SJE	WJE
汇率函数	HL		

（2）本表统计公式。用于在本表页的指定区域内相关数据的计算、统计，具体公式如表 10－5 所示。

表 10－5　本表统计公式

函数名		举例
求和	PTOTAL	PTOTAL(B3:F10)
平均值	PAVG	PAVG(B3:F10)
计数	PCOUNT	PCOUNT(B3:F10)
最大值	PMAX	PMAX(B3:F10)
最小值	PMIN	PMIN(B3:F10)
方差	PVAR	
偏方差	PSTD	

其他公式可参考用户手册和软件帮助。

10.2.4　通过预置模板制作常规报表

实验资料

（1）根据模板制作 4 月份资产负债表。

（2）根据模板制作 4 月份利润表。

实验过程

1．利用模板制作资产负债表

（1）选择“业务工作”|“财务会计”|“UFO 报表”，进入报表窗口。

（2）选择“文件”|“新建”，系统弹出新建窗口，选择“格式”|“生成常用报表”，生成后可以在“窗口”菜单下选择相应的报表，如图 10－28 所示。

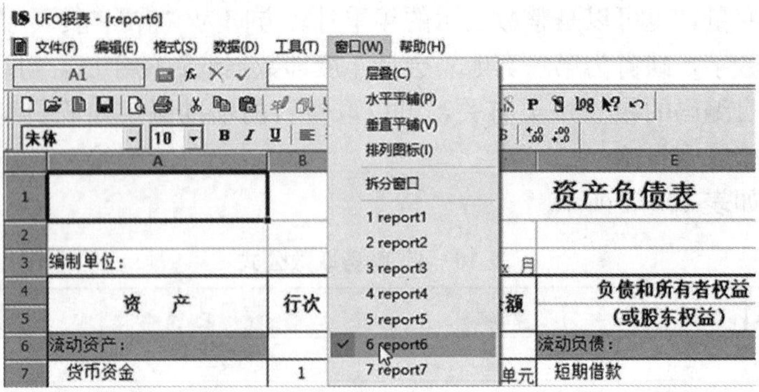

图 10-28 生成的报表目录

选择“report6”，就是资产负债表。

在报表的左下角显示“格式”（红颜色），表示此时报表处于格式状态，如图 10-29 所示。

图 10-29 报表的格式状态

在格式状态下，专门进行报表的格式设计，如设置表尺寸、行高列宽、单元属性、关键字、公式定义等。在格式状态下，不能进行数据输入、计算操作。

报表还有一种状态就是数据状态，数据状态下能进行数据录入、审核、计算。

(3) 单击显示有“公式单元”的单元格，在窗口上部的编辑框中会显示出当前单元格的公式，如果要修改公式，可以点击工具栏上的 fx 按钮或双击单元格，在弹出的“定义公式”窗口中，通过函数向导进行函数定义，或者直接手工输入公式，如图 10-30 所示。

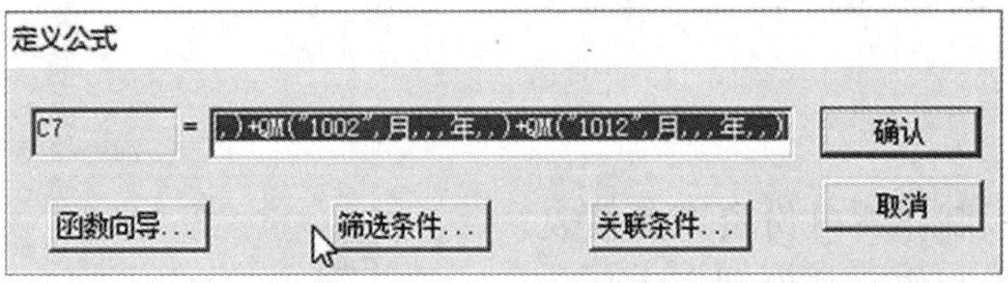

图 10-30 定义公式

(4) 根据企业的实际情况，调整资产负债表的公式定义、报表格式。

(5) 生成报表关键字的录入设置。在报表格式状态下，选择“数据”|“关键字”|“设置”，可以设置“单位名称”“年”“月”，如图 10-31 所示。

点击“确定”，然后单击左下角的“格式”，就转变为数据状态，系统提示“是否确定全表计算?”选择“是”。

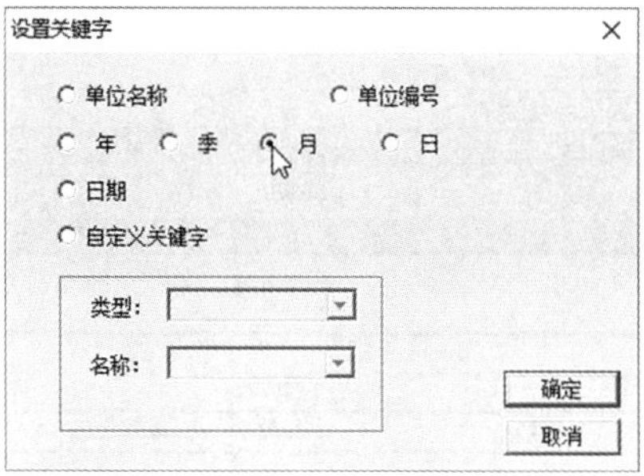

图 10 - 31　设置关键字

可设置报表的取数月份。选择“数据”|“关键字”|“录入”，输入关键字，如图 10 - 32 所示。

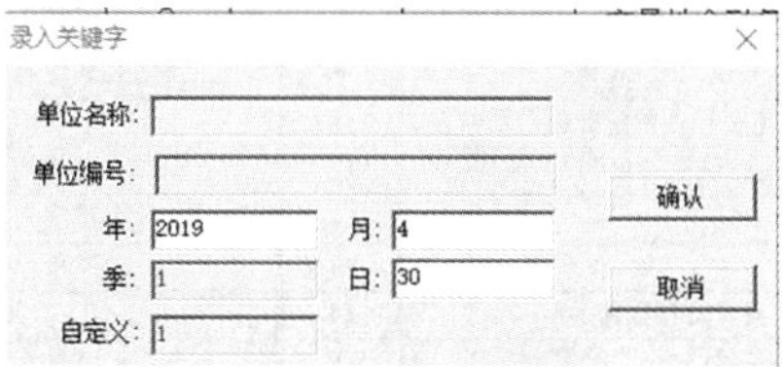

图 10 - 32　输入关键字

点击“确认”按钮，系统弹出提示“是否重算第 1 页?”选择“是”，系统自动根据单元公式计算报表数据，如图 10 - 33 所示。

资产负债表

会企01表

单位名称：重庆两江科技有限公司　2019 年　4 月　30 日　单位:元

资　产	行次	期末余额	年初余额	负债和所有者权益（或股东权益）	行次	期末余额	年初余额
流动资产：				流动负债：			
货币资金	1	1,589,222.00	1,150,542.00	短期借款	32	200,000.00	
交易性金融资产	2			交易性金融负债	33		
应收票据	3			应付票据	34		
应收账款	4	1,610,037.34	290,600.00	应付账款	35	651,480.60	367,407.00
预付款项	5			预收款项	36		
应收利息	6			应付职工薪酬	37	114,839.76	4,800.00
应收股利	7			应交税费	38	147,065.40	4,400.00
其他应收款	8	2,600.00	2,100.00	应付利息	39		
存货	9	3,797,197.55	4,328,253.00	应付股利	40		
一年内到期的非流动资产	10			其他应付款	41	13,901.16	
其他流动资产	11			一年内到期的非流动负债	42		
流动资产合计	12	6,999,056.89	5,771,495.00	其他流动负债	43		
非流动资产：				流动负债合计	44	1,127,286.92	376,607.00
可供出售金融资产	13			非流动负债：			
持有至到期投资	14			长期借款	45		
长期应收款	15			应付债券	46		
长期股权投资	16			长期应付款	47		
投资性房地产	17			专项应付款	48		
固定资产	18	3,575,235.71	3,621,376.00	预计负债	49		
在建工程	19			递延所得税负债	50		
工程物资	20			其他非流动负债	51		
固定资产清理	21			非流动负债合计	52		
生产性生物资产	22			负债合计	53	1,127,286.92	376,607.00
油气资产	23			所有者权益（或股东权益）：			
无形资产	24	58,500.00	117,000.00	实收资本（或股本）	54	7,839,244.00	7,770,444.00
开发支出	25			资本公积	55	1,478,000.00	1,478,000.00
商誉	26			减：库存股	56		
长期待摊费用	27	演示数据		盈余公积	57		
递延所得税资产	28			未分配利润	58	188,261.68	-115,180.00
其他非流动资产	29			所有者权益（或股东权益）合计	59	9,505,505.68	9,133,264.00
非流动资产合计	30	3,633,735.71	3,738,376.00				
资产总计	31	10,632,792.60	9,509,871.00	负债和所有者权益（或股东权益）总计	60	10,632,792.60	9,509,871.00

图 10 - 33　资产负债表

点击“保存”按钮，以“两江资产负债表”为名保存，具体保存的目录可自己选择。

2. 制作利润表

与利用模板制作资产负债表步骤相似，选择利润表（report3）模板，如图 10 - 34 所示。

利润表

会企02表

编制单位:	xxxx 年	xx 月	单位:元
项　　目	行数	本期金额	上期金额
一、营业收入	1	公式单元	公式单元
减：营业成本	2	公式单元	公式单元
税金及附加	3	公式单元	公式单元
销售费用	4	公式单元	公式单元
管理费用	5	公式单元	公式单元
财务费用	6	公式单元	公式单元
资产减值损失	7	公式单元	公式单元
加：公允价值变动收益（损失以“-”号填列）	8	公式单元	公式单元
投资收益（损失以“-”号填列）	9	公式单元	公式单元
其中：对联营企业和合营企业的投资收益	10		
二、营业利润（亏损以“-”号填列）	11	公式单元	公式单元
加：营业外收入	12	公式单元	公式单元
减：营业外支出	13	公式单元	公式单元
其中：非流动资产处置损失	14		
三、利润总额（亏损总额以“-”号填列）	15	公式单元	公式单元
减：所得税费用	演示数据16	公式单元	公式单元
四、净利润（净亏损以“-”号填列）	17	公式单元	公式单元
五、每股收益：	18		
（一）基本每股收益	19		
（二）稀释每股收益	20		

图 10-34　利润表（格式）

选择“数据”|“关键字”|“设置”，选择“月”，单击“确定”。

单击左下角的“格式”。

选择“数据”|“关键字”|“录入”，月份输入“4”，即4月，利润表如图10-35所示。

利润表

会企02表

编制单位:	2019 年	4 月	单位:元
项　　目	行数	本期金额	上期金额
一、营业收入	1	1,669,700.00	
减：营业成本	2	1,230,930.38	
税金及附加	3		
销售费用	4	38,893.31	
管理费用	5	45,920.89	
财务费用	6	6,300.00	
资产减值损失	7	594.66	
加：公允价值变动收益（损失以“-”号填列）	8		
投资收益（损失以“-”号填列）	9		
其中：对联营企业和合营企业的投资收益	10		
二、营业利润（亏损以“-”号填列）	11	347,060.76	
加：营业外收入	12		
减：营业外支出	13	42,872.08	
其中：非流动资产处置损失	14		
三、利润总额（亏损总额以“-”号填列）	15	304,188.68	
减：所得税费用	16		
四、净利润（净亏损以“-”号填列）	17	304,188.68	
五、每股收益：	18		
（一）基本每股收益	19		
（二）稀释每股收益	20		

图 10-35　利润表（数据部分）

选择“文件”|“保存”，保存为“两江利润表”。

报表生成后，需要进行验证，并根据账务处理的情况进行调整。

3. 报表调整方案

在首次使用时，要对报表的某个单元数据，按照科目余额表和其他有关数据进行验证，以确保数据的正确性。

在具体处理业务时，往往都有所差异，有时会因为忘记某些月末应该处理的业务，而导致报表数据不准确或者错误。

下面验算资产负债表和利润表的勾稽关系，这两张表的勾稽关系如下：

（1）利润表中净利润本期金额＝总账系统中“本年利润”科目本月发生净额。

（2）资产负债表的“未分配利润”项目的期末数＝“未分配利润”项目的年初数＋利润表中净利润本年累计金额。

先检查（1）是否平衡。具体步骤为：查询“本年利润”科目的余额，选择“业务工作”|“财务会计”|“总账”|“账表”|“科目账”|“明细账”，在查询条件窗口输入本年利润科目编码 4103 至 4103，单击“确定”，如图 10－36 所示。

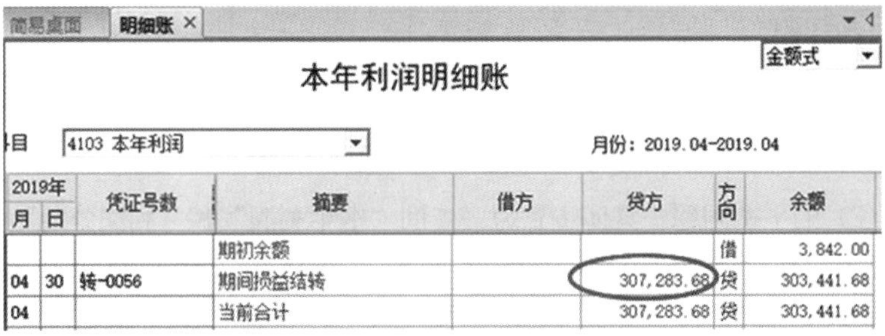

图 10－36　本年利润明细账

从表中查询到本年利润本期发生净额为 307 283.68 元，而利润表中净利润本期金额为 304 188.68 元，不平衡，两者差额为 3 095 元（307 283.68－304 188.68）。经查询，是总账日常业务的收 2 号凭证收到存款利息收入“财务费用/利息收入”科目 3 000 元和库存系统盘点业务批准处理的“管理费用/其他”95 元，在做账务处理时记在贷方，导致利润表不正确，少了 3 095 元。

解决方案：在软件中，损益的费用类科目如果出现贷方发生额，在凭证中用借方红字表示，利润表的结果才会正确。所以，以记账人和审核人（03 孙胜业）的身份将记账凭证恢复到记账前状态，取消审核，再以制单人（01 何沙）的身份修改凭证，将财务费用和管理费用的金额修改到借方，用红字表示，结果如下所示：

收 2 号凭证修改为：

借：银行存款/工行	3 000
借：财务费用/利息收入	－3 000

转 45 号凭证修改为：

借：待处理财产损溢/待处理流动资产损溢	95
借：管理费用/其他	－95

修改完成后保存，再以记账人和审核人（03 孙胜业）身份审核、记账，重新生成

资产负债表和利润表，资产负债表的结果没变，利润表如图 10－37 所示。

利润表

会企02表

编制单位： 2019 年 4 月 单位:元

项目	行数	本期金额	上期金额
一、营业收入	1	1,669,700.00	
减：营业成本	2	1,230,930.38	
税金及附加	3		
销售费用	4	38,893.31	
管理费用	5	45,825.89	
财务费用	6	3,300.00	
资产减值损失	7	594.66	
加：公允价值变动收益（损失以“－”号填列）	8		
投资收益（损失以“－”号填列）	9		
其中:对联营企业和合营企业的投资收益	10		
二、营业利润（亏损以“－”号填列）	11	350,155.76	
加：营业外收入	12		
减：营业外支出	13	42,872.08	
其中：非流动资产处置损失	14		
三、利润总额（亏损总额以“－”号填列）	15	307,283.68	
减：所得税费用	16		
四、净利润（净亏损以“－”号填列）	17	307,283.68	
五、每股收益：	18		
（一）基本每股收益	19		
（二）稀释每股收益	20		

图 10－37 利润表（修改正确后的利润）

再检查（2）的平衡问题。具体步骤为：查询“本年利润”和“利润分配”的相关数额。

选择“业务工作”|“财务会计”|“总账”|“账表”|“科目账”|“余额表”，在查询条件窗口输入科目编码 4103 至 4104，单击“确定”，出现发生额及余额表，如图 10－38 所示。

金额式

发生额及余额表

月份：2019.04-2019.04

科目编码	科目名称	期初余额		本期发生		期末余额	
		借方	贷方	借方	贷方	借方	贷方
4103	本年利润	3,842.00			307,283.68		303,441.68
4104	利润分配	115,180.00				115,180.00	
权益小计		119,022.00			307,283.68	115,180.00	303,441.68
合计		119,022.00			307,283.68	115,180.00	303,441.68

图 10－38 本年利润和利润分配的发生额及余额

从上表中看出，本月的利润为 307 283.68 元，本月期初有亏损 3 842 元（即 1 月至 3 月累计亏损 3 842 元），本年累计利润为 303 441.68 元，资产负债表的“未分配利润”项目的期末数＝“未分配利润”项目的年初数＋利润表中净利润本年累计金额（因上述利润表中无累计金额，而本年利润的余额就是本年累计实现的利润）＝－115 180＋303 441.68＝188 261.68（元），勾稽关系平衡，资产负债表和利润表的勾稽关系正确。

10.2.5 按照当前报表格式制作常规报表

会计软件在发版的时候，一般都预置了当时格式的资产负债表、利润表等格式和具体的公式，但这些预置的表在会计软件的后续使用过程中，因为会计准则的变化等因素有可能会改变；其次出于同样的原因，部分会计科目也会发生增加、减少或具体核算内容的变化。因此就需要对预置的报表进行修改甚至完全重新定义才能满足要求。

第一种方法：基于在预置表的基础上通过修改来满足新报表的要求。一般是在目前的报表与预置报表格式变化不大的情况下采用，首先是格式上按照新的格式进行调整，然后是对变化了的公式进行修改，最后生成满足要求的报表。

第二种方法：完全重新定义报表。这种情况是在报表变化较大的情况下采用，方法与自定义报表相同。

1. 按照 2019 年适用的资产负债表格式编制报表

重新定义报表的格式和公式，根据案例数据编制生成资产负债表数据部分如图 10－39 所示。

资产负债表

会企01表

编制单位：　　2019 年　　4 月　　30 日　　单位:元

资　　产	行次	期末余额	年初余额	负债和所有者权益（或股东权益）	行次	期末余额	年初余额
流动资产：				流动负债：			
货币资金	1	1,589,222.00	1,150,542.00	短期借款	32	200,000.00	
交易性金融资产	2			交易性金融负债	33		
衍生金融资产				衍生金融负债			
应收票据	3			应付票据	34		
应收账款	4	1,610,037.34	290,600.00	应付账款	35	651,480.60	367,407.00
应收款项融资				预收账款	36		
预付款项	5			合同负债			
其他应收款	8	2,600.00	2,100.00	应付职工薪酬	37	114,839.76	4,800.00
存货	9	3,797,197.55	4,328,253.00	应交税费	38	147,065.40	4,400.00
合同资产				其他应付款	41	13,901.16	
持有待售资产				持有待售负债			
一年内到期的非流动资产	10			一年内到期的非流动负债	42		
其他流动资产	11			其他流动负债	43		
流动资产合计	12	6,999,056.89	5,771,495.00	流动负债合计	44	1,127,286.92	376,607.00
非流动资产：				非流动负债：			
债权投资	13			长期借款	45		
其他债权投资	14			应付债券	46		
长期应收款	15			其中：优先股			
长期股权投资	16			永续债			
其他权益工具投资				租赁负债			
其他非流动金融资产				长期应付款	47		
投资性房地产	17			预计负债	49		
固定资产	18	3,575,235.71	3,621,376.00	递延收益			
在建工程	19			递延所得税负债	50		
生产性生物资产	22			其他非流动负债	51		
油气资产	23			非流动负债合计	52		
使用权资产				负债合计	53	1,127,286.92	376,607.00
无形资产	24	58,500.00	117,000.00	所有者权益（或股东权益）：			
开发支出	25			实收资本（或股本）	54	7,839,244.00	7,770,444.00
商誉	26			其他权益工具			
长期待摊费用	27			其中：优先股			
递延所得税资产	28			永续债			
其他非流动资产	29			资本公积	55	1,478,000.00	1,478,000.00
非流动资产合计	30	3,633,735.71	3,738,376.00	减：库存股	56		
				其他综合收益			
				专项储备			
				盈余公积	57		
				未分配利润	58	188,261.68	-115,180.00
				所有者权益（或股东权益）合计	59	9,505,505.68	9,133,264.00
资产总计	31	10,632,792.60	9,509,871.00	负债和所有者权益(或股东权益)总计	60	10,632,792.60	9,509,871.00

图 10－39　资产负债表

2. 按照2019年适用的利润表格式编制报表

重新定义利润表的格式和公式，根据案例数据编制生成后数据部分如图10－40所示。

利润表

会企02表

编制单位： 2019年 4月 单位：元

项目	行数	本期金额	上期金额
一、营业收入	1	1,669,700.00	
减：营业成本	2	1,230,930.38	
税金及附加	3		
销售费用	4	38,893.31	
管理费用	5	45,825.89	
研发费用	6		
财务费用	7	3,300.00	
其中：利息费用		6,300.00	
利息收入		-3,000.00	
加：其他收益	8		
投资收益（损失以"-"号填列）	9		
其中：对联营企业和合营企业的投资收益			
以摊余成本计量的金融资产终止确认收益（损失以"-"号填列）			
净敞口套期损益（损失以"-"号填列）	10		
公允价值变动收益（损失以"-"号填列）	11		
信用减值损失（损失以"-"号填列）	12	1,905.34	
资产减值损失（损失以"-"号填列）	13	-2,500.00	
资产处置收益（损失以"-"号填列）	14		
二、营业利润（亏损以"-"号填列）	15	350,155.76	
加：营业外收入	16		
减：营业外支出	17	42,872.08	
三、利润总额（亏损总额以"-"号填列）	18	307,283.68	
减：所得税费用	19		
四、净利润（净亏损以"-"号填列）	20	307,283.68	
（一）持续经营净利润（净亏损以"-"号填列）			
（二）终止经营净利润（净亏损以"-"号填列）			
五、其他综合收益的税后净额			
（一）不能重分类进损益的其他综合收益			
1. 重新计量设定受益计划变动额			
2. 权益法下不能转损益的其他综合收益			
3. 其他权益工具投资公允价值变动			
4. 企业自身信用风险公允价值变动			
（二）将重分类进损益的其他综合收益			
1. 权益法可转损益的其他综合收益			
2. 其他债权投资公允价值变动			
3. 金融资产重分类计入其他综合收益的金额			
4. 其他债权投资信用减值准备			
5. 现金流量套期准备			
6. 外币财务报表折算差额			
六、综合收益总额			
七、每股收益：			
（一）基本每股收益			
（二）稀释每股收益			

图10－40 利润表

由于本账套是2007新会计制度科目，没包括最新的会计科目，所以两张报表的公式大部分已按新会计科目设置取数公式。但有个别项目采用变通的方式取数，如："信用减值损失"项目，取"1231坏账准备科目的贷方发生额"；"资产减值损失"项目取"1603固定资产减值准备科目的贷方发生额"。

在实际工作中，由于管理的需要会提出设计一些新报表，但会计科目是在年初就进行了设定，这就可能存在某些数据无法直接获取，就要采用一些变通的方法来实现。所以设计会计报表要充分了解业务，同时要非常熟练的掌握报表的公式、函数使用方法，以达到满足日常工作的需要。

10.2.6　期末调账

在编制报表过程中，可能会发现少数凭证需要调整。基本方法是，根据出错凭证的情况，编制更正凭证，然后再审核、记账，并结转损益等。

根据已经定义好的报表，再逐一重新取数，生成新的报表。

10.3　期末结账

本期业务完成，报表制作完毕后，在开始下月业务前，需要进行结账。

期末结账涉及相关业务的处理，其基本流程如图 10－41 所示。

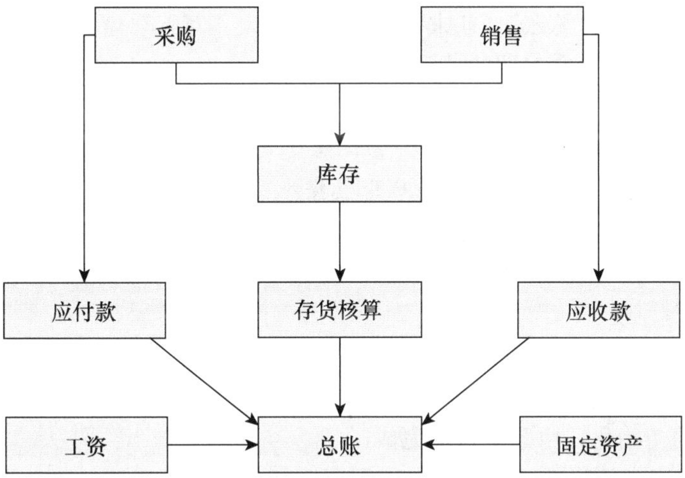

图 10－41　月末结账流程

10.3.1　供应链期末处理

1. 采购管理月末结账

选择“业务工作”|“供应链”|“采购管理”|“月末结账”。

选择“结账”，系统会提示“是否关闭订单”。如果有未关闭的订单，选择“是”，进行关闭订单操作；如果已经关闭相关订单，选择“否”，系统完成结账工作。

2. 销售管理月末结账

选择“业务工作”|“供应链”|“销售管理”|“月末结账”。

单击“结账”完成。

3. 库存管理月末结账

（1）对账。选择“业务工作”|“供应链”|“库存管理”|“对账”|“库存与存货对账”，然后选择对账月份进行对账。

（2）月末结账。选择“业务工作”|“供应链”|“库存管理”|“月末结账”，然后选择结账月份，单击“结账”，系统提示“库存启用月份结账后将不能修改期初数据”，选择“是”，完成结账。

4. 存货核算月末结账

选择“业务工作”|“供应链”|“存货核算”|“业务核算”|“期末处理”，选择全部库房。

单击“确定”，处理后会提示处理完成。

选择“业务工作”|“供应链”|“存货核算”|“业务核算”|“月末结账”。

10.3.2 期末对账

选择“财务会计”|“总账”|“期末”|“对账”，进入“对账”窗口，选择对账月份。

单击“试算”，可查看本期的试算平衡结果。

操作提示

对账是对账簿数据进行核对，以检查记账是否正确，以及账簿是否平衡。它主要是通过核对总账与明细账、总账与辅助账数据来完成账账核对。为了保证账证相符、账账相符，应经常使用本功能进行对账，至少一个月一次，一般可在月末结账前进行。

10.3.3 月末结账

结账是一种批量数据处理工作，每月只结账一次，主要是对当月日常处理的终止和对下月账簿的初始化，由系统自动完成。

1. 结账前检查工作

（1）检查本月业务凭证是否全部记账，有未记账凭证不能结账。

（2）月末结转必须全部生成凭证并记账，否则本月不能结账。

（3）检查上月是否已结账，如果上月未结账，则本月不能记账。

（4）核对总账与明细账、主体账与辅助账、总账系统与其他子系统数据是否一致，若不一致则不能结账。

（5）检查损益类账户是否全部结转完毕，如未完成则本月不能结账。

（6）若与其他子系统联合使用，应检查其他子系统是否已结账，若没有则本月不能结账。

2. 结账与反结账

结账处理就是计算本月各账户发生额合计和本月账户期末余额，并将余额结转到下月作为下月月初余额。结账完成后不得再录入本月凭证。如果结账以后发现本月还有未处理的业务或其他情况，可以进行“反结账”，取消本月结账标记，然后进行修正，再进行结账工作。

3. 执行结账

选择“财务会计”|“总账”|“期末”|“结账”，进入“结账”窗口，如图 10－42 所示。

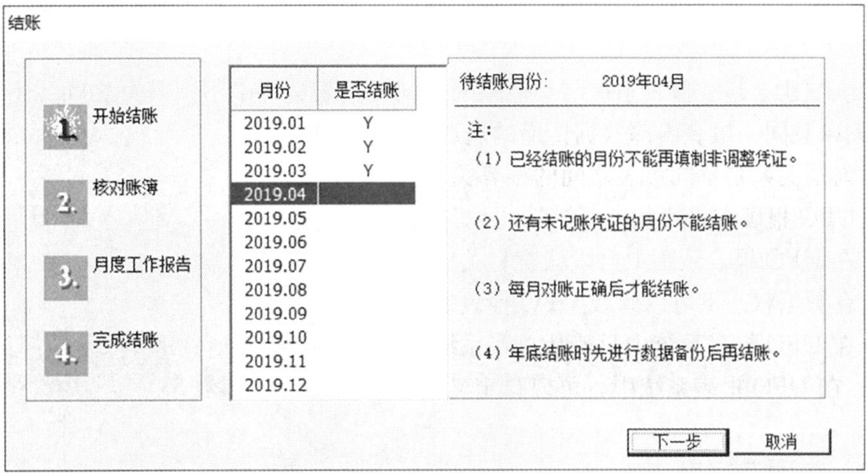

图 10－42　结账

单击“下一步”，系统进行账簿核对，单击“对账”，完成后单击“下一步”，系统显示本月工作报告。

单击“下一步”，然后单击“结账”，进行结账处理。

操作提示

本月还有未记账凭证时，不能结账。

结账必须按月进行，上月未结账，本月不能结账。

如果与其他系统联合使用，其他子系统未结账，本月也不能结账。

结账后，除查询外，不得对本月业务进行任何操作。

结账后如果要取消结账，可在“结账”窗口选中要取消的结账月份，按 Ctrl＋Shift＋F6 键，激活“取消结账”功能，按提示操作，取消结账标志。

10.4　复习题

10.4.1　思考题

1. 自动转账的作用是什么？
2. 期末业务主要包括哪些内容？
3. 简述制作报表的流程。
4. 期末结账前要做好哪些准备？
5. 怎样验证报表数据的正确性？

10.4.2 判断题

1. 每个月末，均需要先进行转账定义，再进行转账生成。（ ）

2. 在总账系统中设置对应结转自动转账分录时，对应结转的科目必须为末级科目，且其科目结构和辅助账必须一致。（ ）

3. 在生成期末自动转账凭证时必须注意业务发生的先后顺序，否则计算金额时就可能会发生差错。（ ）

4. 函数建立起了报表系统与其他系统、同一报表文件中不同表页之间、不同报表文件之间以及同一报表内部数据传递的通道。（ ）

5. 勾稽关系是不同报表之间的核算关系。（ ）

6. UFO 报表在格式状态下，按“＝”键可以输入公式。（ ）

7. 在 UFO 报表系统中可以联查有关凭证。（ ）

8. 在数据状态下可以修改 UFO 报表的审核公式。（ ）

9. 在 UFO 报表系统中只能从总账系统中提取财务数据。（ ）

10. 在 UFO 报表系统中，可以自定义报表模板。（ ）

10.4.3 单项选择题

1. 在总账系统中，若期末转账业务要从会计账簿中提取数据，在转账前必须先将全部相关的业务（ ）。

A. 填制凭证　B. 审核凭证　C. 记账　D. 月末结账

2. 以下对结账的描述中，错误的是（ ）。

A. 结账前，本月凭证必须登记入账　B. 结账后，不能再输入该月凭证

C. 结账必须按月连续进行　D. 每月可以结多次账

3. 在总账系统中，结账处理过程的顺序是（ ）。

A. 选择结账月份→结账前检验→结账处理→备份结账前数据

B. 选择结账月份→结账前检验→备份结账前数据→结账处理

C. 选择结账月份→备份结账前数据→结账处理→结账前检验

D. 结账前检验→选择结账月份→备份结账前数据→结账处理

4. 在用友 ERP-U8 总账系统中，以下关于结账意义的说法中不正确的是（ ）。

A. 结账就是计算本月各科目的本期借贷方累计发生额和期末余额

B. 结账就是计算和结转各账簿的本期发生额和期末余额

C. 结账就是终止本月的账务处理工作

D. 结账工作每月进行一次

5. 在总账系统中，采用自定义转账分录生成机制凭证前，需要做好的工作是（ ）。

A. 本月发生的经济业务已制成凭证，但未审核记账

B. 本月发生的经济业务已制成凭证，已审核但未记账

C. 本月发生的经济业务已制成凭证，已审核且已记账

D. 本月发生的经济业务已制成凭证，已审核、已记账且已结账

6. 在总账系统中设置转账分录时无须定义（ ）。

A. 凭证号 B. 凭证类别 C. 摘要 D. 借贷方向

7. 关于总账系统自动转账分录凭证生成，下列说法中不正确的是（ ）。

A. 独立自动转账分录可以在任何时候用于填制机制凭证

B. 相关自动转账分录只能在某些相关经济业务入账后使用，否则计算金额时会发生差错

C. 系统按设定的自动转账分录生成转账凭证后自动审核凭证并记账

D. 同一张自动转账凭证，年度内可根据需要多次生成，但每月一般只需结转一次

8. 下列自动转账分录中，属于独立自动转账分录的是（ ）。

A. 固定资产计提折旧自动转账分录 B. 制造费用结转自动转账分录

C. 销售成本结转自动转账分录 D. 期间损益结转自动转账分录

9. UFO 报表正确的基本操作流程是（ ）。

A. 设计格式→定义公式→数据处理→图形处理→打印

B. 设计格式→图形处理→数据处理→定义公式→打印

C. 定义公式→设计格式→数据处理→图形处理→打印

D. 设计格式→定义公式→图形处理→数据处理→打印

10. 如果发现 UFO 报表系统生成的财务报表中有公式的单元格数据错误，应该（ ）。

A. 直接键入正确的数据 B. 返回格式状态修改数据

C. 返回格式状态修改公式 D. 直接修改公式

11. 编制 UFO 报表时，通过（ ）让计算机自动完成取数计算。

A. 输入单位名称 B. 录入关键字

C. 输入单位编号 D. 输入日期

10.4.4 多项选择题

1. 关于总账系统结账功能，下列说法中正确的有（ ）。

A. 结账功能每月可根据需要多次进行

B. 结账前，一般应进行数据备份

C. 已结账月份不能再填制记账凭证

D. 结账操作只能由会计主管进行

2. 由于各会计期间的许多转账和期末业务具有规律性，可以通过设定自动转账分录达到快速生成转账凭证的目的。目前总账系统转账定义功能可以实现（ ）。

A. 自动转账定义 B. 对应转账设置

C. 销售成本结转设置 D. 期间损益结转设置

3. 月末处理是指在将本月发生的经济业务全部登记入账后所要做的工作，通过总账系统月末处理功能，用户可以实现（ ）等操作。

A. 转账定义 B. 转账生成 C. 对账 D. 结账

4. UFO 报表系统提供（ ）供选择使用。

A. 单元公式　　B. 审核公式
C. 舍位平衡公式　　D. 批命令公式

5. 用 UFO 报表系统生成报表数据时，下列条件必需的是（　）。
A. 已经输入审核公式　　B. 手工输入关键字
C. 已经设置好报表格式　　D. 已经输入舍位平衡公式

6. 在 UFO 报表系统中，可以输入单元公式的方法是（　）。
A. 按“＝”键输入公式　　B. 在编辑框中输入“＝”和公式
C. 点击 fx 按钮，输入公式　　D. 双击单元格输入公式

图书在版编目（CIP）数据

会计信息系统原理与应用：基于用友 ERP-U8V10.1 版/毛华扬，刘红梅，王婧婧编著. --2 版. --北京：中国人民大学出版社，2020.11
21 世纪会计系列教材
ISBN 978-7-300-28713-3

Ⅰ.①会… Ⅱ.①毛… ②刘… ③王… Ⅲ.①会计信息-财务管理系统-高等学校-教材 Ⅳ.①F232

中国版本图书馆 CIP 数据核字（2020）第 205412 号

21 世纪会计系列教材
会计信息系统原理与应用（第 2 版）
——基于用友 ERP-U8V10.1 版
毛华扬　刘红梅　王婧婧　编著
Kuaiji Xinxi Xitong Yuanli yu Yingyong——Jiyu Yongyou ERP-U8V10.1 Ban

出版发行	中国人民大学出版社		
社　　址	北京中关村大街 31 号	**邮政编码**	100080
电　　话	010－62511242（总编室）		010－62511770（质管部）
	010－82501766（邮购部）		010－62514148（门市部）
	010－62515195（发行公司）		010－62515275（盗版举报）
网　　址	http://www.crup.com.cn		
经　　销	新华书店		
印　　刷	中煤（北京）印务有限公司	**版　　次**	2018 年 2 月第 1 版
规　　格	185 mm×260 mm　16 开本		2020 年 11 月第 2 版
印　　张	26 插页 1	**印　　次**	2023 年 8 月第 6 次印刷
字　　数	604 000	**定　　价**	56.00 元

教师教学服务说明

中国人民大学出版社财会出版分社以出版经典、高品质的会计、财务管理、审计等领域各层次教材为宗旨。

为了更好地为一线教师服务，近年来财会出版分社着力建设了一批数字化、立体化的网络教学资源。教师可以通过以下方式获得免费下载教学资源的权限：

在中国人民大学出版社网站 www. crup. com. cn 进行注册，注册后进入“会员中心”，在左侧点击“我的教师认证”，填写相关信息，提交后等待审核。我们将在一个工作日内为您开通相关资源的下载权限。

如您急需教学资源或需要其他帮助，请在工作时间与我们联络：

中国人民大学出版社　财会出版分社

联系电话：010-62515987，62511076

电子邮箱：ckcbfs@crup. com. cn

通讯地址：北京市海淀区中关村大街甲 59 号文化大厦 1501 室（100872）